Peter Diet?

Nicholas Hawksmoor (1661-1736) - Kirchenbauten

Band II

Peter Dietl

Nicholas Hawksmoor (1661-1736)
Kirchenbauten

Hawksmoors Arbeiten

für die

Commission for Building Fifty New Churches **(1711)**

Form und Bedeutung

Entwurf und Entwurfsmethode - Entstehung und Hintergrund

eine Untersuchung zur Genese architektonischer Form

Band II

2000

4 Bände
mit 210 Abbildungen

ISBN 3-89811-967-X

Gliederung

Band I

Band II

Band III

Band IV

Inhaltsverzeichnis

Band II

372

375

376

IV.
St. George-in-the-East
(Abb. 105-142)

Der Entwurf für *St. George-in-the-East* wurde als letztes der drei Projekte für die mittelalterliche Gemeinde Stepney in Angriff genommen. Der Vorentwurf ist ab Juni 1714 entstanden,[1] vier Monate später als derjenige für die Schwestergemeinde in Spitalfields und ein bis zwei Jahre nach den ersten Ideen für *St. Anne, Limehouse*. Die Genehmigung des Entwurfes erfolgte allerdings gleichzeitig mit derjenigen des Projektes für *St. Anne* und nur drei Monate nach der Verabschiedung des Entwurfs für *Christ Church*. Die Bauarbeiten begannen dann bei allen drei Kirchen gleichzeitig Mitte 1714. Vor allem mit dem Projekt für Limehouse verbindet den Bau eine deutliche zeitliche Parallelität im Ablauf der Ausführung.

IV.1.
Baubeschreibung:
die Rekonstruktion der Form in ihrem Originalzustand und deren analytische Beschreibung
(Abb. 105-128)

IV.1.1.
Erhaltungszustand - nachträgliche Veränderungen

Das Bauwerk hat im Laufe seiner Geschichte mehr gelitten als all die anderen hier betrachteten Kirchen. Zwar blieb es bis in unser Jahrhundert hinein vollständig und praktisch unverändert - mit der originalen Ausstattung - erhalten,[2] im Jahre 1941 ereilte es dann aber das Schicksal in Form deutscher Brandbomben, welche den Innenraum vollständig zerstörten. Lediglich Turm und Außenwände konnten danach noch bewahrt werden.

Diese Hülle, inzwischen angefüllt mit einem modernen Einbau von 1964,[3] ist alles was wir heute noch vorfinden. Glücklicherweise steht uns über die Dokumente der Kommission hinaus aber eine Reihe historischer Aufnahmen und Pläne zur Verfügung,[4] so daß wir uns dennoch ein Bild von der Kirche vor der Zerstörung machen können.

---

1   L.P.L., *Minutes, MS.2690*, S. 169, in: Port, M.H., Hrsg., *The Commissions for Building Fifty New Churches: The Minute Books, 1711-1727, a Calendar*, London Record Society, Bd. 23, London 1986;
Evans, Michael, *Nicholas Hawksmoor's Stepney Churches*, Dipl. Diss. (unveröffentl. Manuskript), Cambridge 1982, S. 79.

2   Summerson, John, *St. George's-in-the-East*, S. 136, in: *Architectural Review*, Bd. XC, November 1941, S. 153-140.

3   Architekt: Arthur Bailey (vgl. hierzu: *St. George-in-the-East, Centre Appeal*, hrsg. v. St. George-in-the-East, London 1992, S. 1).

4   Adams, Bernard, *London Illustrated 1604-1851, A Survey and Index of Topographical Books and their Plates*, London 1983;
Maitland, *History of London*, 1756, S. 1361;
Chamberlain, *New and Compleat History and Survey*, 1770, S. 609;
Harrison, *History of London*, 1775, S. 548;
Architectura Ecclesiastica Londini, 1819, Nr. 45;
Britton and Pugin, *Illustrations of Public Buildings of London*, 1825-1828, S. 94-98;
Goodhart-Rendel, Harry Stuart, *Nicholas Hawksmoor* (Masters of Architecture, hrsg. v. Stanley C. Ramsey), London 1924, Abb. 15-18;
The Builder, Bd. CVIII, Nr. 3773, 28. Mai 1915, S. 510-511 (Aufmaßzeichnungen von Frederick J. Sievens);
Bildmaterial des *National Building Record*, zum Teil veröffentlicht in:
Summerson, John, *St. George's-in-the-East*, in: *Architectural Review*, Bd. XC, November 1941, S. 153-140.

IV.1.2.
Kurzbeschreibung: die dreidimensionale Komposition

Die grundsätzliche Geometrie des Entwurfes ist denkbar einfach. Kern der Komposition ist der den Gemeinderaum beherbergende Hauptbaukörper, ein nur leicht längsrechteckiger, vergleichsweise niedriger Quader mit einer Proportion von circa 11:9:5. Nach oben schließt diesen ein flach geneigtes Satteldach ab. Im Osten ist dem Hauptbaukörper eine halbrunde Apsis angefügt. Der Halbzylinder dieses Teilbaukörpers endet kurz über Traufhöhe. Er bleibt von daher ein klar isolierbares, selbständiges Element der Komposition. Als sein Gegenstück befindet sich am Westende ein auffällig hoher Turm. Dieser überragt den Hauptbaukörper um mehr als das Doppelte seiner Höhe.[5] Sein leicht querrechteckiger Schaft[6] trägt eine oktogonale Laterne. Mit seiner Ostseite dringt er etwas in den Hauptbaukörper ein und sprengt dessen östliche Giebelwand. Es ergibt sich ein die Lösung der Westfassade von *St. Alfege* konsequent weiterentwickelnder Sprenggiebel, ein Motiv, das sich in ähnlicher Weise nicht nur in Wrens Sakralarchitektur, sondern auch in zeitgenössischen Palast- und Kirchenbauten wiederfindet.[7]

Zu beiden Seiten des Turmes sind kleine quaderförmige Baukörper[8] angefügt. Deren Höhe beträgt lediglich etwas mehr als die Hälfte derjenigen der Fassade des Hauptbaukörpers.[9] Zusammen mit dem Turm bilden sie eine zweite Ebene der Westfassade, welche in ihrer Breite aber deutlich hinter der Abmessung der Giebelwand des Hauptbaukörpers zurückbleibt.

Als weitere Akzente sind über den Längswänden des Hauptbaukörpers jeweils zwei achteckige Türmchen angeordnet, welche die Treppenhäuser nach oben fortsetzen. Ihre Höhe beträgt circa 7/9 der Höhe der Hauptfassade. Ihre Achsen teilen die Längswand in einem Verhältnis von circa 3:5:3. Dadurch entsteht auch auf diesen Seiten eine zur Mittelachse der Fassade, das heißt zur Querachse des Hauptbaukörpers, symmetrische Anordnung, was die rein longitudinale Lesung der Komposition in Frage stellt.

Hierbei beließ es Hawksmoor jedoch nicht. Vielmehr manipulierte er diese per se klare und einfache Kompositionen an vielen Stellen. Er verlieh ihr dadurch eine starke Ambiguität. So zog er im Bereich der Treppenhäuser die Fassade des Hauptbaukörpers leicht nach außen. In der Zone dazwischen hingegen schob er die Längswände über die Linie der Verbindung der beiden Ecken der Giebelwände hinein in den Kubus des Baukörpers. In der sich somit zwischen den beiden Treppenhäusern ergebenden breiten Nische ordnete er einen die Krypta belichtenden Lichtgraben an.

Auf den Längsseiten ergeben sich folglich drei verschiedene Fassadenebenen, innerhalb des Hauptbaukörpers werden mehrere untergeordnete Baukörper angedeutet. Die beiden Endbereiche im Osten und Westen erscheinen folglich wie dem dadurch erst definierten Kern des Hauptbaukörpers quer vorgelagerte Riegel, eine Interpretation die durch die Ausbildung der Giebelwände allerdings

---

5   Fassadenhöhe : Turmhöhe = ca. 5:16.

6   Turm, gesamt: b:t:h = ca. 8:7:40;
    Turm ohne Laterne: b:t:h = ca. 8:7:31;
    Laterne: d:h = ca.7:11.

7   Downes, Kerry, *Hawksmoor* (Studies in Architecture, Bd. II), 1. Ausg., London 1959, S. 178-179. Downes faßt hier die möglichen Vorbilder und zeitgenössischen Beispiele für das Motiv des Sprenggiebels zusammen:
    Villa Aldobrandini von Giacomo della Porta,
    Sheldonian Theatre von Wren,
    Chapel von *Emmanuel College, Cambridge*, von Wren,
    Roehampton House von Archer,
    Monmouth House, Soho Square, von Archer,
    St. John, Smith Square, von Archer,
    Kensington Charity School von Hawksmoor selbst
    Westfassade von *St. Alfege*.

8   Ca. 5:4:5.

9   Ca. 4:7.

kontinuierlich in Frage gestellt wird. Die Treppenhäuser können als rechteckige Türme gelesen werden, welche jedoch vollkommen mit der Außenwand des Hauptbaukörpers verschmolzen sind. Sie tragen als hohe Sockel - wie der Schaft des Turmes die Laterne - die additiv aufgesetzten Türmchen. Das Dach schließlich löst sich infolge der durch diese Manipulation der grundlegenden Geometrie erzwungene Verlegung der Traufe auf die Linie des zurückgenommenen mittleren Teils der Längswand aus seiner notwendigen Verbindung mit dem Hauptbaukörper. Es bleibt mit seiner Oberfläche deutlich unterhalb der Oberkanten des Dreiecks der beiden Giebelwände, welches an seiner Basis den breiteren Stirnwänden entspricht und dadurch den wahren Querschnitt des Daches nachzuzeichnen nicht in der Lage ist. Zu der das einzelne Element der Komposition isolierenden Additivität von Laterne und Türmchen, von Turm, Apsis und Eckräumen tritt also eine die Deutung der Elemente der an sich klaren Komposition in Frage stellende formale Ambiguität. Diese schafft durch eine angedeutete Unterteilung des Hauptbaukörpers eine Einordnung dieses durch seine Größe aus dem Rahmen fallenden Elementes in den kleinteiligeren Maßstab der Gesamtkomposition. Somit entsteht eine bei aller Additivität deutlich erkennbare Einheit kompatibler, füreinander geschaffener Elemente. Erkauft wird letztere durch eine spannungsvolle und vor allem vieldeutige Komposition.

Das Durchdringen von Turm und Hauptbaukörper mag vor diesem Hintergrund als eine Übergangsform zwischen der realen Additivität der Laterne und der angedeuteten Additivität des Hauptbaukörpers betrachtet werden. Im Vergleich mit den vorangegangenen Lösungen für das Verhältnis von Turm und Hauptbaukörper bildet das vorliegende Beispiel ebenfalls eine Zwischenform. Bei *St. Alfege* steht der Turm vollkommen frei, bei *St. Anne* und vor allem bei *Christ Church, Spitalfields*, ist er dagegen vollkommen eingebunden in den Hauptbaukörper[10].

Kleinere, für die Gesamtkomposition weniger bedeutende Elemente ergänzen den Bau im Bereich des Sockels. Vor den Endfeldern der Längswände flankieren jeweils Paare waagrechter Wangen die Treppen zu den dort angeordneten Seiteneingängen. Im Westen formen eben solche Wangen vor dem Turm zwei zur Ost-West-Achse hin geöffnete U-formige Mauerzüge. Diese schirmen die in ihrem Inneren angeordnete Treppenanlage nach außen hin ab. Die Höhe dieser Wangen entspricht dem in allen Wänden angedeuteten Sockel. Auch dieser ist allerdings an vielen Stellen in Frage gestellt.

---

10   Vgl.: Rub, T.F., *A Most Solemn and Awfull Appearance: Nicholas Hawksmoor's East London Churches*, S. 24, in: *Marsyas*, Bd. XXI, 1981-1982, S. 17-27.

IV.1.3.
die Grundrisse
(Abb. 105, 108-109)

IV.1.3.1.
die Westpartie

IV.1.3.1.a.
Die ursprüngliche Form der Freitreppe
(Abb. 105)

Der Hauptzugang zur Kirche befand sich - wie heute noch - schon immer auf deren Westseite. Die Form der Treppenanlage vor dem Hauptportal dieser Fassade wurde allerdings stark verändert. Dem ursprünglich vorhandenen Zustand entspricht sie in ihrer gegenwärtigen Gestalt nicht mehr. In der für die Realisation maßgeblichen, da so umgesetzten Ausführungsplanung Hawksmoors betrat man die vom natürlichen Niveau hinauf auf die leicht angehobene Ebene des Hauptgeschosses führende Treppenanlage erst hinter den beiden die Pilaster der Westfassade im Grundriß wiederholenden Pfeilern an den Enden der zu beiden Seiten der Ost-West-Achse angeordneten, U-förmigen Wangen. Diese umfaßten den Treppenaufgang vollständig und machen die Läufe von außen unsichtbar. Erst mit dem Eintritt in diese Umfassung wurde der Aufgang erkennbar.

Rechts und links führten von dort geradläufige Treppen auf die jeweils im Halbrund des U angeordneten Zwischenpodeste, von welchen ein etwas kürzerer Lauf entlang der Westfassade des Turmes hinauf zu dem vor dem Hauptportal angeordneten Podest führte. Es ergab sich also eine wesentlich interessantere Lösung als sie die Freitreppe in ihrer heute vorhandenen Form zu bieten hat.

IV.1.3.1.b.
„Portico" und Turm
(Abb. 105, 109)

Im Gegensatz zur Freitreppe praktisch unverändert erhalten sind der Eingangsbereich der Kirche von *St. George* und ihre *Vestry Rooms*.

Das Portal in der Basis des Turmes erschließt einen quadratischen Raum, den Hawksmoor selbst als „*Portico*" bezeichnete.[11] Diesem sind zu beiden Seiten halbrunde Nischen angefügt. In deren Scheiteln sind die Eingänge in die Räume des Gemeinderats[12] angeordnet, welche sich in den Baukörpern zu beiden Seiten des Turmes befinden. Insgesamt entsteht eine deutlich quer gelagerte Raumform, die dem querrechteckigen Grundriß des Turmes entspricht[13].

Interessant ist die Ähnlichkeit der sich hier ergebenden Grundrißform mit derjenigen der Johannes dem Täufers geweihten Kirche in Jerusalem - allerdings unter Mißachtung der östlichen Apsis des historischen Vorbildes. Hawksmoor war dieser Grundriß aus Amicos Veröffentlichung

---

11   *B.L., Map Library, K.Top.23.21.2a.*

12   „*Vestry-Rooms*".

13   Ca. 30' x 27'.

bekannt.[14] Die Annahme der bewußten Verwendung einer an Johannes und damit den Ursprung der Taufe erinnernden Raumform im Westen des Kirchenbaus, wo die anglikanische Kirche der Restauration die Ansiedlung eben dieses Sakramentes verlangt hatte, erscheint wahrscheinlich und plausibel.

Die östlichen Ecken des „*Portico*" sind abgeflacht. So findet eine die oberen Turmgeschosse erschließende schmale Spindeltreppe Platz im südöstlichen Pfeiler des Turmes. Dieselbe wird durch ein in diesem Eck angeordnetes, kleines Türchen erschlossen. Durch letzteres gelangt man zu den übereinander angeordneten, sich direkt über dem „*Portico*" befindlichen Räumlichkeiten des Turmes, zur *Ringing Chamber*, zur *Bell Chamber*, das heißt zur Glockenstube, und schließlich in die offene Laterne.

IV.1.3.1.c.
Vestry Rooms
(Abb. 105)

Die beiden *Vestry Rooms*, die ausgewiesenermaßen für die Zwecke des Gemeinderats geschaffenen Räume in der Westpartie der Kirche, weisen einen vollkommen klaren, rechteckigen Grundriß auf. Ihr Seitenverhältnis entspricht in etwa 5:8.[15] Sowohl im Westen der Zimmer als auch auf deren jeweiliger Stirnseite im Süden beziehungsweise Norden ist ein einziges Fenster angeordnet. Auf der Ostseite verband die Räume im ursprünglichen Zustand zusätzlich eine großzügige Tür mit dem Gemeinderaum. Während die beiden Öffnungen an den Stirnwänden - die Tür zum „*Portico*" und das dieser gegenüber liegende Fenster - in der Mitte der jeweiligen Wand angeordnet sind, orientieren sich die beiden verbleibenden Öffnungen, wiederum Fenster und Tür, an der Achse der „Seitenschiffe" des Gemeinderaumes. Sie sind infolgedessen zur Außenseite hin verschoben.[16]

IV.1.3.2.
Der Gemeinderaum
(Abb. 105, 108)

Eine zweite, mit dem Portal in der Westfassade identische Öffnung führt vom „*Portico*" hinein in den insgesamt nicht mehr erhaltenen Gemeinderaum. Ihr Gewände ist auf der Innenseite konkav in die Masse der Mauer der Westwand des Gemeinderaumes eingetieft. Im Grundriß scheint der Durchgang in eine abgeflachte apsidiale Nische am Westende des Gemeinderaumes zu münden.

---

14   Amico, Bernardino, *Plans of the Sacred Edifices of the Holy Land*, translated from the Italian by Fr. Theophilus Bellorini O.F.M. and Fr. Eugene Hoade O.F.M. with a Preface and Notes by Fr. Bellarmino Bagatti O.F.M., Jerusalem 1953, S. 117.

15   Ca. 23' x 14'6".

16   Möglicherweise hatte dies auch Auswirkungen auf die Gestaltung der Westfassade und die Ausbildung der Pfeiler auf den Seiten des Turmes.
Mehr dazu s.u.: Teil B, IV.1.4.4.c.

IV.1.3.2.a.
Die Großform - ein einfaches Rechteck
(Abb. 105)

Wie im Falle der drei bisher behandelten Kirchenentwürfe so war auch im vorliegenden Beispiel der ursprünglich ausgeführte Grundriß des Gemeinderaumes denkbar einfach konzipiert. Die Außenform des Hauptbaukörpers ist zwar wesentlich komplexer als bei den anderen Bauten. Die Treppenhäuser sind 3' vor die Linie der Endfelder gezogen und die mittleren Bereiche der Längswände sind gegenüber dieser Linie 7' nach innen gedrückten. Es ergibt sich somit eine mehr oder weniger H-förmige Gestalt. Bei dem sich innerhalb dieser Form befindlichen Gemeinderaum handelt es sich aber dennoch um ein einfaches Rechteck mit einer Proportion von circa 7:10[17].

Diesem Rechteck sind an den vier Ecken im Norden beziehungsweise Süden jeweils kleine Rechtecke[18] angefügt. Diese verbinden die Eingänge an den Längsseiten des Hauptbaukörpers mit dem eigentlichen Gemeinderaum. Da diese Teilräume im Originalzustand durch hölzerne Trennwände zum Gemeinderaum hin abgeschlossen wurden, also zwischen Gemeinderaum und Außenraum eingeschobene Schleusen bildeten, verblieb im EG ursprünglich wirklich das glatte Rechteck für den Gemeinderaum. Wie aber in der dreidimensionalen Komposition die große kubische Form des Hauptbaukörpers mit kompositorischen Mitteln in Frage gestellt wird, so wurde auch in dem heute leider nur noch auf dem Papier nachzuvollziehenden Grundriß die grundsätzlich gegebene Einheit und Einfachheit des Gemeinderaumes durch in den Raum eingestellten Elemente an vielen Stellen zumindest angezweifelt.

IV.1.3.2.b.
Die internen Stützen - zusätzliche Komplexität
(Abb. 105)

24 Stützen waren im Gemeinderaum plaziert. Sie verwandelten das einfache Rechteck des Raumes in einen interessanten, mehrdeutigen Grundriß. Form und Funktion der Stützen definierten hierbei drei klar zu differenzierende Gruppen.

Jeweils circa 12' von den Wänden entfernt[19] waren in allen vier Ecken des Raumes kreuzförmige Pfeiler angeordnet. Deren Form ergab sich aus vier einem quadratischen Kern vorgelegten Pilastern. Gewissermaßen als Antwort auf ihre Einführung waren sowohl an den Stirnwänden als auch an den Längswänden des Gemeinderaumes korrespondierende Pilaster appliziert. Mit der zur Stirnseite des Gemeinderaumes weisenden Außenseite des Kernes setzten diese Pfeiler die die kleinen Rechtecke der Vorräume vom Kubus der Treppenhäuser trennenden Seitenwände fort. Zusammen mit diesen definierten sie schmale, quer zur primären Ausrichtung des Grundrisses orientierte Vorzonen im Osten und Westen des Gemeinderaumes. Die sich ergebenden Teilräume lösten die Grenze des Rechteckes des Gemeinderaumes auf oder stellten diese zumindest in Frage. Wie bereits bemerkt sind diese Zonen auch in der dreidimensionalen Komposition als angedeutete Körper innerhalb des Hauptbaukörpers spürbar. Entsprechend ersetzten hier im Innenraum in diesen Bereichen einer nur noch angedeuteten Grenze seiner Form hölzerne Paneele die massiven Längswände des Gemeinderaumes. Die Additivität der vom Schreiner eingefügten Trennwände und damit auch die potentielle Einheit des Raumes auf der gesamten Breite des Baus wurde durch die leicht in das

---

17   Ca. 65' x 92'.

18   Ca. 13' 6" x 8' 3".

19   Zu den Stirnwänden des Gemeinderaumes beträgt der Abstand 12' + 9".
      Die 9" entsprechen der Tiefe des hier angeordneten, der Wand vorgelegten Pilasters.
      Zu den Längswänden beträgt der Abstand lediglich 12' 6", da die hier vorgelegten Pilaster lediglich 6" tief sind.

Rechteck des Hauptraumes vorgezogene Position der hölzernen Elemente zusätzlich hervorgehoben. Diese ergab sich allerdings zwangsläufig aus den Vorgaben des Rohbaus. Offensichtlich hatte Hawksmoor ursprünglich keine Windfänge vorgesehen. Die von den tiefer gelegenen Vorbereichen auf das Niveau des Gemeinderaumes ansteigenden Treppen wurden ohne Berücksichtigung eines Anschlags für eine Abtrennung bis auf die Verlängerung der Vorderkante der der Längswand des Gemeinderaumes vorgelegten Pilaster nach innen gezogen. Die Einheit besagter Raumzonen - auch über die später geplanten und ausgeführten, trennenden Holzwände hinweg - war folglich integraler Bestandteil der ursprünglichen Konzeption des Baus - und mit ihr die Ambiguität des Grundrisses des Gemeinderaumes.

Die erwähnte Linie auf der Außenseite der quadratischen Kerne der kreuzförmigen Pfeiler formte zusammen mit der Innenseite der Längswände des Gemeinderaumes ein Quadrat mit 65' x 65'. Da die Pfeiler selbst sich jedoch innerhalb dieses Quadrats befanden, war es visuell nur schwer wahrnehmbar. Der effektiv definierte Kernraum hatte eine Abmessung von circa 65' x 60'. Im Zusammenhang der oben mehrfach bemerkten Orientierung der Kirchenentwürfe Hawksmoors an früh-christlichen Beispielen - und besonders im Zusammenhang der im Folgenden beschriebenen internen Säulenstellung - ist es bemerkenswert, daß auch der *„Cheur"* der *Grabeskirche* von Jerusalem, wie ihn der Entwerfer aus Le Brun kannte,[20] etwas breiter ist als lang. Le Brun gibt die Maße an mit 60' x 50'.[21]

In diesen Kernbereich hinein plazierte Hawksmoor vier weitere Stützen, vier Säulen. Diese markierten im Zentrum des Gemeinderaumes ein perfektes Quadrat mit 36' Seitenlänge. In Ost-West-Richtung befanden sich die Säulen auf der Achse der kreuzförmigen Pfeiler oder auch der entsprechenden vorgelegten Pilaster an den Stirnseiten des Gemeinderaumes. An den Längswänden hingegen fanden sie keine direkte Entsprechung. Allerdings stimmte der lichte Zwischenraum zwischen ihren Podesten exakt mit den 32' der zwischen den Treppenhäusern verbleibenden Längsfassade überein. Die drei dort angeordneten Fenster waren insofern auch auf die Stützenstellung bezogen. Dennoch ergab sich eine Einbindung der Säulen in eine in Ost-West-Richtung orientierte Abfolge, wodurch die Idee des Quadrats im Quadrat in Frage gestellt wurde. Die Anordnung ist insofern als eine weitere Variation der schon bei *Christ Church* und *St. Anne* anzufindenden Kombination zentralisierender Vier-Säulen-Gruppen[22] mit einer basilikalen Grundstruktur zu betrachten. Die Vier-Säulen-Gruppe - und damit der Zentralraumgedanke - fanden hier allerdings ihren bisher klarsten Ausdruck. Die vorliegende Lösung verbindet die Freistellung der vier zentralen Säulen, die wir von *St. Anne* kennen, mit der durch die symmetrische Anordnung von Vorzonen beruhigten Komposition von *Christ Church, Spitalfields*[23]. Die dynamische Asymmetrie von Limehouse ist ebenso vermieden wie die übermäßig starke Unterordnung der Vier-Säulen-Gruppe in Spitalfields. Das Ergebnis schafft - zumindest im Grundriß - einen Ausgleich beider Ideen - derjenigen des longitudinalen Raumes und derjenigen der zentralisierten Kreuzkuppelkirche[24]. Insofern kam Hawksmoor dem schon mehrfach erwähnten Vorbild der *Hagia Sophia* hier näher als je zuvor. Die Möglichkeit einer Anregung durch Grelots Darstellung dieses historischen Gebäudes liegt nahe.[25] Nicht nur die

20   Le Brun, Corneille, *Voyage au Levant*, Delft 1700.
      Das Buch war in Hawksmoors Besitz,
      vgl. hierzu: Watkin, D., *Sale catalogues of libraries of eminent persons*, Bd. IV, London 1974, S. 45-105.

21   Le Brun, a.a.O., S. 289, Abb. 145.

22   Vgl. auch: Downes, Kerry, *Hawksmoor*, London 1970, Reprint 1987, S. 116-127.

23   Vgl. auch: Downes, a.a.O., 1987, S. 116-127.

24   Vgl. hierzu auch: Odgers, Juliat, *Hawksmoor's part in building the Fifty New Churches*, A Dissertation presented to the Department of Architecture, University of Cambridge for the Diploma Examination (unveröffentl. Manuskript), Cambridge Mai 1984, S. 59.

25   Grelot, G.J., *Relation Nouvelle d'un Voyage de Constantinople*, Paris 1681;
      Grelot, J., *A Late Voyage to Constantinople*, London 1683;
      Wrens Bibliothek verzeichnet eine französische Ausgabe von 1689 als

Stützenstellung, sondern auch die quer gelegten Vorbereiche und die massiven, in die Außenwand integrierten Treppenhäuser könnten mit diesem spezifischen Vorbild in Zusammenhang gebracht werden. Odgers verweist darüber hinaus auf die Ähnlichkeiten der Apsis von *St. George* mit derjenigen der *Hagia Sophia* in Grelots Abbildungen und bemerkt den dort ebenfalls dargestellten Westturm der *Sophienkirche*.[26] Interessant ist es auch zu bemerken, daß gerade die in diesem Vorbild vorgezeichnete gleichzeitige Gültigkeit beider Raumkonzeptionen die vorliegende Lösung unterscheidet von Versuchen Wrens zur Zentralbaukirche. Man denke hier nur an *St. Mary at Hill, St. Anne and St. Agnes* oder auch an *St. Martin Ludgate*.[27]

Die dritte und letzte der erwähnten Gruppen von Stützen bildeten die die Galerie der Kirche tragenden Säulen. Diese hölzernen Elemente unterschieden sich stark von den konstruktiv erscheinenden Stützen der beiden anderen Gruppen. Sie waren wesentlich kleiner. Im Gegensatz zu den anderen Stützen reichten sie nicht bis unter die Decke, sondern endeten unter der Galerie. Zudem waren sie hinter die Linie der Front der Galerie zurückgenommen. Vor allem im Vergleich mit *St. Anne* wird deutlich, daß sie hier in ihrer Wirkung eher heruntergespielt wurden zu sekundären Elementen.

Im Westen des Raumes waren zwei dieser Stützen frei in die Vorzone eingestellt. Sie flankierten Hauptachse und Westportal.[28] Auf den Längsseiten befand sich hinter jeder der großen Stützen eine dieser Säulen. Dazwischen waren im Bereich des mittleren Interkolumniums zwei weitere plaziert. Diese nahmen die Achsen der zwischen den Fenstern der Längsfassade verbleibenden Wandfelder auf und ergänzten die Reihe zu einer durchgehenden sechsachsigen Kolonnade. Schließlich befand sich auch vor der Ostwand des Gemeinderaumes zu beiden Seiten des Chorbogens je eine der Säulen. Wie ihre Pendants im Westen waren auch diese gegenüber der Achse der acht großen Stützen leicht nach innen gezogen und traten damit deutlich vor die Linie der anderen Galeriestützen. In Längsrichtung waren sie von der Mitte der Vorzone etwas zur jeweiligen Stirnwand des Gemeinderaumes gerückt. Ihre Position befand sich dabei in etwa auf der diagonalen Verbindung des kreuzförmigen Pfeilers zur Leibung des Chorbogens. In ihrer Gesamtheit verdeutlichten die Galeriestützen trotz dieser leichten Verengung an den Enden das ansonsten nur bedingt spürbare, grundsätzlich aber auch ohne sie vorhandene, basilikale Element des Grundrisses. Dies geschah allerdings neben dem von den acht großen Stützen vorgegebenen Hauptthema in einer die Unterordnung dieses sekundären Motivs verdeutlichenden Weise.

IV.1.3.2.c.
Der Altarraum
(Abb. 105)

Den Altarraum beherbergte von Anfang an die heute als einziges Relikt des originalen Interieurs erhaltene halbrunde Apsis mit 22' Durchmesser. Diese schloß direkt an den Gemeinderaum an und war auf ihrer gesamten Breite zu letzterem geöffnet.

Auffallend ist, daß in der ausgeführten Planung hier erstmals keine Sakristeien zu beiden Seiten des Chores angeordnet wurden, wie wir das von den anderen Kirchen Hawksmoors kennen. Es gibt Hinweise darauf, daß ursprünglich eine weit nach vorne gerückte Position von Altar und Retabel vorgesehen war. Die Apsis selbst hätte in diesem Falle als Sakristei gedient. *B.L., Map Library,*

"*Relation d' un Voyage de Constantinople, Paris, 1689*",
vgl. hierzu: Watkin, a.a.O., S. 1-43.

26 Vgl. hierzu:
Grelot, a.a.O., 1683, S. 100;
Odgers, a.a.O., S. 52-54.

27 Vgl. hierzu auch: Odgers. a.a.O., S. 59.

28 S. dazu: Teil B, IV.1.3.2.d.

K.Top.23.21.2a (Abb. 130) zeigt eine derartige Planung. In der Apsis sind leichte Trennwände eingetragen. Diese lassen zwei jeweils die Hälfte des Halbrundes einnehmende Räume entstehen. Eine weitere, abschließende Wand ist auf der Linie der Außenseite der Ostwand des Gemeinderaumes dargestellt. Offensichtlich sollte sie als Rückwand für den Altar dienen. Der Chor hätte sich in diesem Fall in der östlichen Vorzone des Gemeinderaumes befunden. Im ausgeführten Zustand war der Altar dann aber an die Rückwand der Apsis geschoben. Es verblieb keinerlei Raum hinter der Retabel.

Im Westen endete der im Niveau gegenüber dem Gemeinderaum angehobene Chorraum in etwa auf Höhe der Innenseite der Ostwand des Gemeinderaumes. Er wurde dort durch eine Altarschranke abgeschlossen.

IV.1.3.2.d.
Die Galerien

Die Galerie war in ihrer ursprünglichen Form zweigeteilt. Zu beiden Seiten des Gemeinderaumes zog sie sich hinter den Stützen entlang der Längswände bis an die Stirnseiten des Raumes. Im Osten und Westen ragte sie zudem ein wenig über die durch sie selbst betonte Grenze der „Seitenschiffe" in das sich somit ergebende „Hauptschiff". Im Osten endeten diese „Flügel" nur knapp vor der Öffnung zum Altarraum, im Westen flankierten sie mit etwas größerem Abstand die deutlich schmalere Nische des Westportals.

Die Vorderkante der Galerien entsprach auf den Längsseiten der Achse der Stützen. Hinter den Schäften der Säulen war ihre Brüstung in einem Segmentbogen vorbeigeführt, so daß die zentrale Gruppe der vier Säulen auch im Galeriegeschoß freizustehen schien. An den beiden Enden löste sich die Galeriefront von der Ordnung der Stützen und führte die Linie der Brüstungen der Längsseite noch etwas weiter. Nach ungefähr einem Drittel der Breite des Endjoches war sie dann - ohne ersichtlichen Bezug zur Ordnung der Wände - rechtwinklig nach innen gebrochen. Zwischen den beiden einander gegenüber liegenden Enden dieser vor den Stirnwänden wie Balkone ins Hauptschiff ragenden Partien verblieb nur wenig mehr als die Breite des Chorbogens. Das Ergebnis muß im Eindruck den Balkönchen von *St. Alfege, Greenwich*, nahe gekommen sein.

Die 1826 von Britton und Pugin veröffentlichten Zeichnungen[29] der Kirche belegen diesen Zustand am Ostende des Gemeinderaumes. Im Westen zeigen sie dagegen eine auf der Achse der kreuzförmigen Pfeiler quer durchgeführte Orgelgalerie. Durch sie wird das westliche Portal vollständig verdeckt. In den Papieren der Kommission findet sich allerdings kein Beleg für diese Westgalerie. Zudem wird in diesen von den Galerien immer nur im Plural gesprochen. Nachdem zwei Ebenen hier aber auf gar keinen Fall geplant waren, muß von der beschriebenen Zweiteilung der Galerie ausgegangen werden.[30] Sowohl die zur Querachse symmetrische Gestaltung des gesamten Gemeinderaumes als auch die 1826 trotz der Ergänzung der Orgelgalerie weiterhin unverändert erhaltene Ordnung der *pews* lassen eine dem Ostende exakt entsprechende Gestaltung im Westen nahezu unausweichlich erscheinen.

Im Galeriegeschoß ergab sich folglich ein deutlich die Längsachse betonender Grundriß. Die Galerie führte zu einer im EG-Grundriß für sich nur zu erahnenden Differenzierung von Haupt und

---

29   Britton and Pugin, a.a.O., Abb. I-III.

30   Vgl. zum Bsp.:
      L.P.L., Book of Works, MS.2700, S. 206, 207;
      L.P.L., Bills, MS.2722, fol. 50r, 61.
      Zu späteren Zuständen der Galerien vgl.:
      Britton and Pugin, a.a.O., Abb. 1;
      Cockerell-Zeichnungen von 1896[?], *V&A, prints & drawings, (D.D.7) E2999-1909* bzw. *E3000-1909*;
      The Builder, Bd. CVIII, Nr. 3773, 28. Mai 1915, S. 510-511.

Nebenschiffen, so daß der zur Querachse symmetrische Grundriß eine deutliche Longitudinaltendenz erhielt. Gleichzeitig markierten die vor Westeingang und Chorbogen ums Eck geführten Enden der Galerie eine deutlich wahrnehmbare U-Form. Dies ließ auch in dieser Kirche den Eindruck einer an ein Chorgestühl erinnernden Anordnung entstehen - eine Raumauffassung die sich auf der Galerieebene in Hawksmoors Sakralbauten nahezu durchgehend nachweisen läßt.

Erschlossen wurden die Galerien über Wendeltreppen in den zuvor bereits erwähnten Treppenhäuser. Diese waren sowohl von außen - über die beschriebenen, von Wangen flankierten Freitreppen - als auch von innen - von den Enden der Vorzonen, den direkt hinter den Seiteneingängen angeordneten Windfängen - aus zugänglich. Nach unten führten dieselben Treppen in die sich unter dem Bau befindliche Krypta.

IV.1.3.3.
Die Krypta
(Abb. 108)

Das Gebäude war vollständig unterkellert. Die Krypta spiegelte in ihrem Grundriß exakt das Erdgeschoß. Auf der Längsachse war allerdings eine zusätzliche Stützenreihe eingeführt. Es ergab sich eine vierschiffige Pfeilerkrypta. Die beiden mittleren Schiffe waren hierbei deutlich breiter und wurden von Flachtonnen überwölbt, deren Profil einen Korbbogen formte. Die Seitenschiffe dagegen mit ihrer geringeren Spannweite erlaubten einen vollen Halbbogen. Die Abmessung der durchweg quadratischen Pfeiler variierte entsprechend der eingebrachten Last oder auch der Abmessung der sich darüber befindlichen Stütze.

Interessant sind einige kleinere Abweichungen von der Ordnung des EG-Grundrisses. So befanden sich die den beiden zwischen den großen Säulen der zentralen Vierergruppe auf den Längsseiten eingefügten Galeriestützen entsprechenden Pfeiler auf der Achse der Hauptstützen. Zudem waren weder unter den westlichen noch unter den östlichen Galeriestützen Pfeiler vorgesehen. Dies läßt vermuten, daß die Galerien in der ausgeführten Form nicht der ursprünglichen Planung entsprachen. Möglicherweise war anfangs eine im Verhältnis zu den acht großen Stützen eher dem Beispiel von *St. Anne* entsprechende, die Galeriefläche vollständig auf die Seitenschiffe beschränkende Lösung angestrebt worden. In jedem Fall können wir von einer den basilikalen Charakter des Grundrisses noch stärker unterstreichenden ersten Vorstellung zur Gestaltung der Galerien ausgehen.

IV.1.3.4.
Zusammenfassung

IV.1.3.4.a.
Die Differenzierung der Gestalt - Form und Funktion

Während die interne Organisation der Grundrisse eindeutig als eine Weiterentwicklung der Ideen der anderen, oben bereits behandelten Kirchenbauten des Architekten verstanden werden kann, stellt die starke Differenzierung der Gesamtform des Grundrisses eine Neuheit im Werk Hawksmoors dar. Was bei der Diskussion der dreidimensionalen Komposition als angedeutete Additivität des Hauptbaukörpers bezeichnet wurde, erweist sich im Zusammenhang der Grundrisse von *St. George-in-the-East* als das Sichtbar-Werden der in den früheren Entwürfen Hawksmoors innerhalb der Großform des Hauptbaukörpers lediglich angedeuteten funktionalen Differenzierung des Gemeinderaumes. So ist die in *St. Anne* einseitig schon vorhandene, bei *Christ Church* durch die Säulenschirme beidseitig ausgewiesene Raumzone an den Stirnseiten des Gemeinderaumes hier auch im Außenbau spürbar und erkennbar.

Evans bringt die Ausbildung dieser Teilräume mit den Bedürfnissen der anglikanischen Liturgie in Zusammenhang. Er sieht in ihnen eine an sich funktional gedachte Gestaltung gesonderter Zonen für den Empfang der Kommunion einerseits sowie des Sakraments der Taufe andererseits.[31] Ansätze für die faktische Plazierung der entsprechenden liturgischen Orte in diesen Vorzonen haben wir sowohl bei *Christ Church* als auch im vorliegenden Fall von *St. George-in-the-East* beobachtet. In der Ausführung entfiel die Verbindung von westlicher Vorzone und Taufsakrament jedoch weitgehend. Das Taufbecken wurde in der Regel - wahrscheinlich aus praktischen Erwägungen heraus - in eine *Christening Pew* am Westende des Hauptraumes integriert. Dennoch blieb die Funktion der Vorzone als Verteiler erhalten. Hier bei *St. George* erlangte diese durch die Anordnung der Seiteneingänge an den Stirnseiten dieses Teilraumes eine besondere Bedeutung. Insofern spiegelt die differenzierte Außenform des Baus eine fraglos auch funktional begründete Ordnung des Grundrisses.

Der Andeutung der Vorzonen des Gemeinderaumes in Außenform und dreidimensionaler Komposition entsprechend sind im vorliegenden Entwurf auch die Treppenhäuser als isolierbare Elemente mit eigenem Charakter gestaltet. Während sie in den bisher besprochen Bauten wie reguläre Räume - teils mit einem nach außen hin spürbarem Baukörper, meist aber vollständig integriert in den Quader des Hauptbaukörpers - behandelt wurden, sind sie hier als massive Pfeiler artikuliert und als solche als plastische Elemente in die Außenwand integriert. Auch in diesem Fall entsprechen die Variation des Grundrisses und die in der dreidimensionalen Komposition konstatierte angedeutete Additivität der Gestaltung einer funktionalen Differenzierung.

Ähnliches gilt für die noch wesentlich klarer isolierbaren, im wahrsten Sinne des Wortes additiven Baukörper von Apsis und *Vestry Rooms*. Die differenziertere Ausgestaltung der Gesamtform und vor allem des Hauptbaukörpers von *St. George-in-the-East* muß insofern als ein Ausdruck einer schon in früheren Projekten vorhandenen räumlichen und funktionalen Differenzierung des Grundrisses im Innenraum betrachtet werden.

IV.1.3.4.b.
Die Ordnung des Grundrisses

Beachtung verdient, daß bei der Gestaltung des vorliegenden Entwurfes gleichzeitig mit der die Organisation des Grundrisses spiegelnden Differenzierung der Außenform die Beziehung von Hülle und Innenraum über ein intelligibles Ordnungssystem weitgehend aufgegeben wurde. Eine Untersuchung der Maße der realisierten Planung läßt es zwar möglich erscheinen, daß der gesamte Grundriß auf einer ersten Strichzeichnung beruht, der ein 5'-Raster zugrunde lag. Auch die Position der internen Stützen scheint an diesen Rasterlinien orientiert; sie ist aber keineswegs konsequent auf diese bezogen. Das Ordnungssystem wurde bei der Umsetzung des Entwurfes in eine die Wandstärken berücksichtigende Planung offensichtlich nicht weiter beachtet, und im weiteren Verlauf der Ausarbeitung ging seine visuelle Wirksamkeit weitgehend verloren. Im endgültigen Zustand läßt es sich daher nur noch erahnen. Ein durchgehendes System von Achsabständen, das Fenster- und Stützenachsen zusammenbindet, oder auch eine anders geartete, aber auf einem einheitlichen System beruhende Beziehung der in den Innenraum eingestellten Elemente zur Ordnung der Hülle ist nicht mehr nachzuweisen. Zwar findet die Position jedes internen Elements seine Begründung in einer Beziehung zu einem Element der Hülle, diese Beziehungen sind jedoch individuell verschieden.

---

31   Evans, Michael, *Nicholas Hawksmoor's Stepney Churches*, Dipl. Diss (unveröffentl. Manuskript), Cambridge 1982, S. 58-59.

In diesem Zusammenhang ist es aufschlußreich zu bemerken, daß in den anderen Kirchen Hawksmoors die Gestaltung der Stirnseiten der trotz aller Ambiguität gerichteten Komposition in der Regel aus der dort spürbar artikulierten grundlegenden Ordnung des Grundrisses auszubrechen scheinen. Infolge der deutlichen Betonung der Querachse im vorliegenden Entwurf unterliegt bei *St. George* jede Seite bis zu einem gewissen Grad eben diesen Bedingungen. Die hier besonders deutliche Tendenz zum Zentralraum läßt die bloße symmetrische Anordnung der Elemente von Hülle und Innenraum um die jeweilige Achse als logische Konsequenz erscheinen und macht eine überwiegend serielle Ordnung der Längsseiten praktisch unmöglich. Innerhalb der sich aus der Differenzierung der Gesamtform ergebenden Notwendigkeit der Beziehung von Hülle und Innenraum genügt die axiale Symmetrie zur Ordnung des Ganzen. Insofern geht dieser Entwurf nochmals einen Schritt weiter zur Auflösung der organischen Vorstellung architektonischer Einheit. Die Komposition wird auch auf dieser Ebene zu einer Anordnung notwendig miteinander verbundener, an sich aber individueller Elemente.

IV.1.3.4.c.

Typus und Bedeutung

Ein weiterer Aspekt der differenzierten Gesamtform der Kirche, welcher wiederum in unmittelbarem Zusammenhang mit der im vorliegenden Bau besonders deutlich artikulierten Tendenz zum Zentralraum zu sehen ist, ist die sich aus letzterer ergebende Ähnlichkeit des Grundrisses mit Darstellungen byzantinischer Kirchen[32] und osmanischer Moscheen[33] in Reiseberichten der Zeit sowie - ganz besonders - mit Hawksmoors eigener Rekonstruktion der *„Basilica after the primitive Christians"*[34].

Wie bereits mehrfach erwähnt, sind derartige Gedankenverbindungen weder im Falle des Architekten noch bei der Bauherrschaft von der Hand zu weisen. Sie entspringen der traditionellen Rechtfertigung der anglikanischen Kirche als einer Rückbesinnung auf die reinen Wurzeln der frühen Kirche[35] und müssen vor allem im Zusammenhang einer Legitimation des englischen Staatskirchentums durch die konstantinische Ordnung gesehen werden. Die osmanische Moschee wurde in der zeitgenössischen Literatur als eine Nachahmung und Fortschreibung des in der *Hagia Sophia*

---

32   Grelot, a.a.O., 1681, S. 133, 155, 175 (*Hagia Sophia*);
      Ball, John, *A Description of the City of Constantinopel As it stood in the Reigns of Arcadius and Honorius*, London 1729,
      Buch II, S. 82-88, 93, Abb. 3 (*Hagia Sophia*);
      Le Brun, a.a.O., 1700, S. 288-296, Abb. 144-147 (*Grabeskirche*);
      Odgers, a.a.O., S. 52-53.

33   Grelot, a.a.O., 1681, S. 329 (*Sultan Ahmet Moschee*), S. 341 (*Suleimanije*);
      Grelot, a.a.O., 1683, S. 210-215 (*Sultan Ahmet Moschee*), S. 215-217 (*Suleimanije*).

34   *L.P.L., MS.2750/16.*
      Vgl. auch:
      Smith, Peter, *An Attempt to Discover the Stylistic Preoccupations of the Architects who worked for the "Fifty New
      Churches" Commission*, a dissertation for a B.A.Hons Degree in the History of Art and Architecture, Reading University
      (unveröffentl. Manuskript), Reading 1980, S. 34;
      Cast, David, *Seeing Vanbrugh and Hawksmoor...*, S. 319, in: *Journal of the Society of Architectural Historians*,
      Bd. 43, Nr. 4, Dezember 1984, S. 310-327, S.319;
      Odgers, a.a.O., S. 52-53;
      Rub, a.a.O., S. 19-21.

35   Vgl. v.a.:
      Odgers, a.a.O., S. 1-12, 51-66;
      A.D. Profiles 22, *Hawksmoor's Christ Church Spitalsfield*, *Architectural Design*, Bd.49, Nr. 7, London 1979;
      de la Ruffinière du Prey, Pierre, *Hawksmoor's "Basilica after the Primitive Christians": Architecture and Theology*,
      in: *Journal of the Society of Architectural Historians*, Bd. 48, Nr. 1, März 1989, S. 38-52.

exemplarisch erhaltenen, vorbildlichen Sakralbautypus des frühen Christentums verstanden.[36] Ihr Vorbild war insofern durchaus auch geeignet für eine christliche Kirche. Die Gesamtform des Grundrisses von *St. George-in-the-East* muß folglich ebenso wie einzelne Elemente - so zum Beispiel die an Kreuzkuppelkirchen gemahnende Stützenstellung, die an einen Narthex erinnernden quer vorgelagerten Vorzonen und die massiven, in die Außenwand eingefügten Treppenhäuser - als ein Hinweis auf das frühe Christentum verstanden werden.

Nach dem eben Gesagten erscheint es nahezu notwendig, daß sich diese Vorbilder auch bei einem Kollegen Hawksmoors wie Thomas Archer nachweisen lassen. Seine Entwürfe für *St. John, Smith Square* und *St. George-in-the-East* wurden in der Literatur ebenfalls als Interpretationen der *Hagia Sophia* gedeutet. Da wir von einer engen Zusammenarbeit und Diskussion im Kollegium der an den Kirchen der Kommission arbeitenden Architekten ausgehen können, darf uns dies an sich nicht verwundern. Eine gegenseitige Beeinflussung oder auch direkte Übernahmen sind unter diesen Voraussetzungen unbedingt zu erwarten. Dessen ungeachtet belegt diese Beobachtung aber, daß die Idee einer Orientierung an byzantinisch-frühchristlichen Vorbildern keine exklusive Eigenart Hawksmoors war, daß diese vielmehr allgemein als ein sinnvoller und möglicherweise auch wünschenswerter Aspekt der Gestaltung der Kirchenentwürfe gesehen wurde.

Hierbei bleibt allerdings festzuhalten, daß Nicholas Hawksmoor der Betonung dieser Vorbilder zum Trotz die Andeutung der mittelalterlichen Basilika, des westlichen, heimischen Typus nie ganz aufgab. Dies unterscheidet den Entwurf für *St. George-in-the-East* auch von dem auf exakt denselben Vorbildern beruhenden ersten Projekt für *Radcliffe Camera*, das Hawksmoor 1712-1713 erarbei tete.[37] Wie der Architekt in der dreidimensionalen Komposition die schon mehrfach als geometrisches Symbol für den Kirchenbau bezeichnete Verbindung von Westturm und länglichen Hauptbaukörper deutlich spürbar werden ließ, so rekonstruierte er auch im Grundriß keinen frühchristliche Kirchenbau. Insgesamt blieb der Entwurf am traditionellen Typus der Pfarrkirche als übergeordnetem Leitthema orientiert. Innerhalb dessen entstand eine gerade in ihrem Eklektizismus zeitgenössische Gestaltung, in welche neben Motiven des frühchristlichen Kirchenbaus Hinweise auf die lokalen mittelalterlichen und neuzeitlichen, vor allem aber auch auf die auf Wrens *City Churches* beruhenden Traditionen einflossen.

Zusätzlich erweitert wurde das Spektrum der im Rahmen der hier erkenntlich werdenden grundlegenden übergeordneten Vorgaben angesprochenen Bedeutungen in der im Folgenden zu betrachtenden Umsetzung der Grundrisse in dreidimensionale Architektur.

---

[36]   Grelot, a.a.O., 1683, S. 209:
„And when they had occasion to build Mosques they took their Models from those of the Christians, not being Architects skilful enough to erect them after their own proper and particular manner. And this is the reason that all the Mosques in Constantinople are but imperfect copies of Sancta Sophia".
Vgl. auch: Sandys, George, *A Relation of a Journey begun An: Dom: 1610*, Foure Bookes, London 1615, S. 31.
Das Buch befand sich ebenfalls in Wrens Bibliothek, vgl. hierzu: Watkin, a.a.O. S. 1-43.

[37]   *Ashmolean Museum, Gibbs Collection, Hawksmoor portfolio I*, fol. 10 *(Gillam II.8)*

IV.1.4.
Die Ansichten
(Abb. 106-108, 111-126)

IV.1.4.1.
Elemente der Gestaltung
(Abb. 106-108, 115-117, 119, 124)

Die Ansichten des Hauptbaukörpers von *St. George-in-the-East* sind mit wenigen, sparsam aber effektvoll eingesetzten Mitteln gestaltet.

Die Wandflächen des in seiner dreidimensionalen Form außergewöhnlich stark differenzierten Kubus sind durchweg glatt belassen. Das Niveau des Erdgeschoßfußbodens der Kirche ist in den Fassaden als Sockel sichtbar gemacht. Dieser tritt ein wenig nach außen, seine Oberfläche ist aber ebenso glatt wie diejenige der restlichen Wand. Nach unten, gegen den Boden, ist er durch ein circa 1' breites Band, eine Art Basis, abgeschlossen. Am Fuß der Fenster der Galerieebene ist ein weiteres, ungefähr 1' 6" breites Band um den gesamten Baukörper gezogen. Es markiert den oberen Ansatzpunkt der Galerien und teilt die Ansichtsfläche der Wände ungefähr auf halber Höhe. An deren oberem Rand, unterhalb des sie fassenden Hauptgesimses, welches am ehesten dem um eine Fascie ergänzten Gesims der dorischen Ordnung bei Serlio[38] entspricht,[39] ist zudem ein den Sockel wiederholendes Band als Abschluß der massiven Wände ausgebildet. Die drei glatten Bänder deuten zusammen eine größtenteils entfernte obere Wandschicht an. Sie machen damit gewissermaßen den Kubus des Wandkörpers im unbearbeiteten Zustand spürbar. Dasselbe Phänomen haben wir auch schon bei *St. Anne* beobachtet. Die Eckquaderung ergänzt dort zusätzlich die Wirkung des Sockels sowie des Bandes unter dem Hauptgesims, welche auf die Assoziation einer theoretischen ursprünglichen Oberfläche der Wand zielt.

Auf Höhe der Kämpfer der Obergeschoßfenster vervollständigt ein viertes Band die horizontalen Elemente der Fassadengestaltung. Es handelt sich dabei allerdings um ein fein ausgearbeitetes klassisches Profil. Das an dorischen Pfeilerkapitellen orientierte Gesims entspricht im Typus den Kämpfergesimsen römischer Massenbauten. Hawksmoor kannte zweifelsohne die in der Literatur publizierten Beispiele klassischer Amphitheater oder Triumphbögen.[40] Exakt dasselbe Profil verwendete er in der Fassade des halbrunden Portikus von *St. Anne, Limehouse*, wo es wie hier die Kämpferzone markiert. Vor dem betont glatten Hintergrund der Fassaden von *St. George* erhält das Element jedoch eine wesentlich größere Wirkung und Aussage. Es erscheint sowohl als addierter klassischer Dekor als auch als eine fein ausgearbeitete Variante der glatten Bänder über und unter ihm.

Neben diesen horizontalen Bändern sind die Fenster- und Türöffnungen die einzigen Elemente der Fassadengestaltung. Klassische Ordnungen oder auch nur einzelne Säulen beziehungsweise

---

38   Serlios Gesims der dorischen Ordnung:
      Sima aus Plättchen und *cyma recta*,
      Geison aus Plättchen und Geisonstirn,
      Kehlenprofil aus Plättchen, viertelkreisförmiger Rundstab und Plättchen.
      Vgl.hierzu: Summerson, John, *Die klassische Formensprache der Architektur*, Braunschweig 1983, Abb. 1.

39   Von oben nach unten:
      Sima aus Plättchen und *cyma recta*,
      Geison aus cyma reversa und Geisonstirn,
      Kehlenprofil aus Plättchen, viertelkreisförmigem Rundstab und Plättchen.

40   Vgl. zum Bsp.: Serlio, Sebastiano, *The Five Books of Architecture, an Unabridged Reprint of the English Edition of 1611*, New York, 1982, Buch III, Kap. 4, fol. 22, 67 sowie Buch IV, Kap. VI, fol. 16-17.

Pilaster finden in den Fassaden keine Verwendung. Lediglich die Westfassade des Turmes stellt in dieser Beziehung eine Ausnahme dar.

Die Öffnungen sind in der Regel glatt aus der eben solchen Wand geschnitten. In einigen Fällen sind sie allerdings durch eine dekorative Gestaltung des Sturzes oder auch einen Rahmen ergänzt.

Im Galeriegeschoß ist lediglich eine einzige Fensterform verwandt: 5' breite, vom Fensterbrett bis zur Oberkante des Kämpfers 10' messende Öffnungen, überspannt von einem vollständigen Halbkreisbogen *(Abb. 107, 119)*. Die Archivolte ist in diesem Fall von einem im Detail erneut exakt mit dem Gegenstück in *St. Anne* übereinstimmenden, klassischen Profil nachgezeichnet.

Im Erdgeschoß ist die Variationsbreite etwas größer. Sowohl bei den Fenstern als auch bei den hier vorhandenen Türen sind jeweils zwei unterschiedliche Formen ausgebildet. Die zurückhaltendste der vier Lösungen ist eine vereinfachte, verkürzte Variante der OG-Fenster, ein 5' breites und 8' hohes Rechteck mit einem Rundbogen ohne jede Profilierung *(Abb. 107-108, 124)*. Die Kämpfer sind dabei durch glatte Quader oder auch Abschnitte eines glatten Bandes, wie es zwischen den Geschossen angeordnet ist,[41] betont. Des weiteren verkleinert ein hinter der Fassadenebene zurückbleibendes, von einem profilierten Simsen abgeschlossenes Brüstungselement die verbleibende lichte Öffnung in der Vertikalen um weitere 2'.

Daneben sind als zweite Fensterform quadratische Öffnungen mit 4' Seitenlänge eingesetzt *(Abb. 108, 117, 119)*. In ihrer Gestaltung sind diese wesentlich komplexer. Während ihr Fensterbrett sich als eine einfache, glatte Steinscheibe darstellt, die über die Seiten der Öffnung ein wenig in die Wand dringt, ist ihr Sturz äußerst phantasievoll gestaltet. Die Grundlage dieses plastischen Elementes bildet eine vor die allgemeine Wandfläche nach vorne tretende, erneut die Ebene der die Fassade gliedernden Bänder - und damit diejenige der angedeuteten Oberfläche des „ursprünglichen" Wandkörpers - aufnehmende Platte. Diese ist circa 7' breit und 2' hoch. Zu beiden Seiten des Fensters ist sie auf etwa 1' Breite um ungefähr 6" nach unten verlängert. Gewissermaßen umfaßt sie mit diesen „Zähnen" das Fenster. Nach oben ist die Platte durch ein Profil abgeschlossen. Letzteres entspricht exakt demjenigen der oben erwähnten Simsen über den Brüstungselementen der Rundbogenfenster. In der Mitte überlagert eine Gruppe von drei Keilsteinen das Sturzelement. Diese ragt einerseits ein bißchen nach unten in die Öffnung des Fensters, andererseits aber auch nach oben über die soeben beschriebene Sturzplatte hinaus.

Die sich ergebende Durchdringung von Platte und Keilsteingruppe führt zu einer Infragestellung der naheliegenden herkömmlichen Interpretationen beider Elemente. Sowohl die Auffassung der Sturzplatte als einem addierten, vorgelegen dekorativen Element als auch deren Deutung als einem monolitischen Sturz erscheinen durch die es durchstoßende Keilsteingruppe fragwürdig. Gleichzeitig entsteht der Eindruck, als werde die Keilsteingruppe von der Sturzplatte durchdrungen und diese damit ihrer - an sich allerdings ebenso fragwürdigen - konstruktiven Funktion beraubt. Zudem verleiht die übermäßige Größe dem Element insgesamt einen gewollten, demonstrativen Charakter. Die auffällig flächige, das Material betonende Gestaltung bietet eine Lösung des sich hieraus ergebenden Dilemmas in einer Auffassung des Ganzen als einem skulpturalen, aus dem Stein gehauenen Element. In herrlicher Weise spricht dieses Detail die konventionellen Codes der Architektur der Zeit an und stellt diese gleichzeitig in Frage, indem es auf die Grundlage der Architektur Hawksmoors verweist - den Block Stein.[42]

---

[41]   Ca. 1' 1" x 4'.

[42]   Whitechapel Art Gallery, *Hawksmoor* (Ausstellungs-Katalog), London 1977, S. 6.
       Der Autor, Kerry Downes, schreibt zu den Keilsteinen: „.... *the triple keystone comes from the Italian Mannerists, or perhaps from John Webb, Hawksmoor's predecessor at Greenwich, but nowhere except in Hawksmoor's other St. George in Bloomsbury is it displayed with such incongruity or over-emphasis. Incongruity because a monolitic lintel does not need a keystone anyway; it had to be there as part of a statement about the greatness of God and the goodness of the Church and its sovereign head, and also about the nature of stone and the truth of geometry (which for a believer are also about God).*"

Eine Weiterentwicklung dieses Details zeigen die Treppenhaustüren der Kirche *(Abb. 108, 115-116)*. Aus der EG-Zone reichen diese bis in den Sockel der Fassaden und auf das Niveaus des das Gebäude umgebenden Geländes. Die eben dargestellte Sturzplatte der benachbarten Fenster ist in deren Gestaltung übernommen. Mit derselben Breite ist diese nach unten verlängert bis auf den hier als Quader nach vorne gezogenen Basisstreifen des Sockels des Gebäudes. Mit ihr findet auch das den Sturz der Fenster abschließende Profil erneut Verwendung. Das sich ergebende Element stellt folglich einen Bezug selbst zu den Brüstungen in den Rundbogenfenstern des EG her. Motivisch sind auf diese Weise die bisher betrachteten Lösungen allesamt miteinander verbunden.

Die besagte Steintafel ist unterhalb der Verlängerung der Sturz- beziehungsweise Kämpferlinie der Fenster auf circa 2' Länge um 6" verbreitert. Es ergeben sich „Ohren", welche dem in den „Zähnen" der quadratischen Fenster angedeuteten Negativ zu antworten scheinen. Vor die der gesamten Komposition hinterlegte Platte ist zudem ein 1' breiter glatter Rahmen gestellt, welcher ein 4' breites, circa 12' hohes, bis zum Boden reichendes Rechteck rahmt. Die Position der seitlichen Bänder entspricht dabei einer Fortsetzung der kurzen „Zähne" der Sturzplatten zu beiden Seiten der quadratischen Fensterchen. *B.L., Map Library, K.Top.23.21.2i verso (Abb. 134)* beweist, daß dies de facto die Herleitung der Form ist. Das Blatt zeigt eine der ausgeführten noch nicht vollständig entsprechende Vorstufe des Entwurfs dieses Details. Anstelle der ausgeführten Lösung ist die Sturzplatte der Fensterchen hierbei unverändert am oberen Rand des Rahmens dargestellt.

Die in ihrer Wirkung so irritierende Keilsteingruppe der Fenster ist im Sturz der Treppenhaustüren ebenfalls wiederholt. Sie ist hierbei ein wenig verlängert, so daß ihr unteres Ende auch in diesem Falle etwas unterhalb des horizontalen Bandes des - wie soeben erläutert - vorgeblendeten Rahmens zu liegen kommt. Innerhalb des letzteren ist die Ebene der dem Kern der Wand gleichermaßen vorgestellten, die Sturzplatte fortsetzenden Scheibe sichtbar. In diese hinein ist die eigentliche Tür geschnitten. Letztere mißt in etwa 3' x 8'.[43] Zu beiden Seiten verbleibt folglich ein schmaler Rahmen von 6", und über der Öffnung ergibt sich ein Sturzfeld von circa 4' Höhe. Bis auf deren obere Enden sind die auf diese Weise definierten Pfosten der Tür vollkommen glatt belassen. Dort aber sind sie umgeformt in eine Art Triglyphe. Ihre Leibung weist zwei Rillen auf, die Außenseite des Rahmens eine einzelne. Oben und unten ist jeweils eine Tenia vorhanden, und selbst die Guttae sind in reduzierter Form - als ein abgeschrägtes Profil - angedeutet.

Nicht nur die Verwendung des Elementes außerhalb des regulären Zusammenhangs, auch die Beziehung desselben zu der ansonsten betont glatten Leibung ist aufschlußreich. Die Triglyphe selbst - ohne Tenia und Guttae - offenbart sich in diesem Zusammenhang als eine plastische Gestaltung des darunter sichtbaren unbearbeiteten Türpfostens. Die anderen Teile werden infolgedessen als aufgelegte Additionen verstanden. Erneut[44] weist Hawksmoors Gestaltung so auf die Entstehung klassischer Details aus einfachen Blöcken Stein sowie auf ihren additiv-dekorativen Charakter hin. Gleichzeitig stellt dieselbe durch die unorthodoxe Verwendung des Elementes aber auch die Gültigkeit der Regeln der klassischen Architektur in Frage. Klassische Details waren für den Architekten demnach offensichtlich isolierbar, als Motive für plastische Elemente waren sie insofern frei verfügbar.

Über den „Triglyphen" deutet ein etwas vor die reguläre Füllung des die Tür rahmenden Bandes vortretender Block einen Sturz an. In einem vertieften Paneel ist seine Außenfläche allerdings bis auf einen schmalen Rahmen zurückgenommen auf die Ebene besagter Füllung. Auf diese Weise ist dieser einzelne Block Stein optisch aus dem Verband der Mauer gelöst und als individuelles Element, als Baustein des Ganzen erfaßbar gemacht. Gleichzeitig weist aber das auf einem Großteil seiner Fläche vorgenommene Zurückschneiden auf die Ebene der Füllung dessen Zugehörigkeit zur Masse der Mauer nach. Ähnlich wie durch die triglyphenartigen Blöcke unterhalb wird hier deutlich, daß

---

43   Für eine vielleicht etwas weit hergeholte Interpretation den Türen als die kleinen Türen der Menschen innerhalb der übermenschlichen Portale für Gott vgl.: Davis, J.H.V., *Nicholas Hawksmoor*, S. 376, in: *R.I.B.A.-Journal*, Bd. LXIX, Oktober 1962, S. 368-76.

44   Vgl. hierzu auch: die Triglyphen an den Kryptatüren in *St. Anne, Limehouse*.

die ansonsten eher als in Schichten hintereinander geordneter Ebenen erfahrene Fassade aus einer aus einzelnen Blöcken gebildeten Mauer besteht, daß diese an sich nur der nach außen weisende Teil einer massiven, steinernen Scheibe ist, welche sich wiederum aus Steinquadern zusammensetzt. Der ambivalente Charakter gerade dieser beiden Details macht die angestrebte Unterordnung des einzelnen Bausteins unter das Element der Mauer bewußt, welche das Grundelement dieser Architektur ist.

Über diesem sich andeutungsweise aus der Masse lösenden Monolithen ist in die verbleibende, ansonsten vollständig glatte Füllung lediglich ein ovaler Okulus[45], gefaßt durch ein nicht weiter profiliertes Band, eingefügt. Hier dominiert bereits wieder die flächige Auffassung der Wand.

Wie an anderer Stelle, so stellt sich auch hier ein Gefühl der Verwandtschaft mit Michelangelos Schöpfungen ein, obwohl in dessen Werk kein exaktes Vorbild nachzuweisen ist und obwohl - wie oben schon beschrieben[46] - ein deutlicher Unterschied zwischen dessen Arbeiten und Hawksmoors Architektur besteht sowohl in den Mitteln als auch bezüglich des Effekts. Downes erwähnt die Triglyphen als Kämpferkapitelle ebenso wie die Ohren des Türrahmens und die Fassung einer vollständig ausgebildeten Tür mit einem weiteren Türrahmen als über Borromini und Maderno vermittelte Michelangelo-Motive.[47] Er verweist darüber hinaus auch für die quadratischen Fenster der Kirche auf Vorbilder bei Michelangelo: die Ädikulen der *Medici-Kapelle*, die Fenster in *St. Peter* oder auch davon abgeleitete Entwürfe von Ammanati.[48] Die dessen ungeachtet zweifelsohne vorhandene, deutliche Differenz anerkennt allerdings auch er.[49] Letztere ist fraglos unter anderem in dem das Material und dessen Massivität betonenden Ansatz der Architektur Hawksmoors begründet.

Der von Summerson vorgeschlagene Zusammenhang der Türgestaltung mit den Portalen der Flußfassade der *College Library* in Cambridge von Wren[50] betrifft gleichermaßen nur einen Aspekt der Gestaltung. Die Gemeinsamkeiten beschränken sich auf den Umgang mit der Wand, auf das in beiden Fällen zu beobachtende Arbeiten mit verschiedenen Wandschichten. Außerhalb von Hawksmoors Werk ist dies jedoch nicht nur in Wrens Portalen nachzuweisen.

Neben den beiden zuletzt betrachteten, äußerst komplexen, formal wie inhaltlich sehr interessanten und ausdrucksstarken Elementen muß die letzte, die vierte Variante der Öffnungen des EG blaß und uninteressant erscheinen. Es handelt sich bei ihr um die im ursprünglichen Zustand der Kirche den Gemeinderaum erschließenden Seiteneingänge, die Türen, welche in die bei der Rekonstruktion der Grundrisse beschriebenen Vorzonen des letzteren führten *(Abb. 115)*. Diese sind als verlängerte Versionen der Rundbogenfenster gestaltet. In der Höhe beträgt ihr Maß zwischen

---

[45]   Vgl. als Vorbild: *St. Mary-le-Bow*.
        Vgl.hierzu auch:
        Whitechapel Art Gallery, a.a.O., S. 6;
        Downes, a.a.O., 1987, S. 138-139.

[46]   Vgl.: Teil B, II.1.4.2.b.

[47]   Whitchapel Art Gallery, a.a.O., S. 6.

[48]   Downes, a.a.O., 1959, S. 178.
        Vgl. auch: Downes, a.a.O., 1987, S. 138-139.

[49]   Whitechapel Art Gallery, a.a.O., S. 6.
        Downes, der Autor des Katalogs, beschreibt treffend die ganz eigene Verwendung der Motive durch Hawksmoor: „*But Hawksmoor's personal intention is first to pore down the detail, removing all the mouldings from the doorcase and even running into one berelled moulding the little pyramids that belong under a tryglyth, and secondly to combine all these various motives to make a statement that is both declamatory and geometrical. Certainly knowing the sources allows us to understand the complexity of Hawksmoor's memory and imagination and to 'appreciate' the result [...], but mysteries remain: the strangeness which is something other than novelty, the eloquence of stone, the evocativeness of unnameable memories, the multiplicity of forms indispensable to the design.*".
        Vgl. auch:
        Summerson, John, *Georgian London*, überarb. Ausg. 1978, Reprint 1986, S. 88;
        Downes, a.a.O., 1959, S. 178.

[50]   Vgl.: Summerson, John, *Architecture in Britain 1530-1830*, 7. überarb. und erweiterte (3. integrierte) Ausg. 1983, Reprint 1986, S. 305.

Schwelle und Kämpfer circa 11' anstatt der 8' der Fenster. Die Öffnung reicht somit hinunter bis in etwa zur halben Höhe des Sockels. Ungefähr in der Mitte ihrer Leibungen ist auf beiden Seiten das glatte Kämpferprofil wiederholt, was dessen Lesung als Quader hier noch näher legt als bei den Fenstern. Im Scheitel der glatten Archivolte ist zudem ein einziger Keilstein eingefügt, welcher bis an das die Fassade horizontal gliedernde glatte Band reicht.

Im Sockelbereich sind ebenfalls zwei verschiedene Öffnungsformen entwickelt. Zum einen finden sich hier 7' breite, von einem breiten glatten Band gerahmte Lunetten mit Keilsteingruppe im Scheitel *(Abb. 107-108)*. Diese erinnern stark an die angedeuteten Thermenfenster im Sockel der Westfassade von *St. Anne, Limehouse,* und mehr noch an das Kryptafenster unter der Chorfassade derselben Kirche. Das Element sitzt direkt auf dem durchgehenden Basisstreifen des Sockels auf. Seine Keilsteine ragen ein wenig über die Oberkante des Sockels in die glatte Fläche der Erdgeschoßzone der Fassaden. Daneben sind aber auch die von anderen Kirchen[51] bekannten Kryptafenster mit Segmentbogen verwendet *(Abb. 107)*. Wie die quadratischen Fensterchen des EG sind diese 4' breit. Ihre Höhe ist mit 5' allerdings etwas größer. Schon auf Kämpferniveau beträgt das Maß mehr als 4'. Auch diese Fensterchen weisen einen Keilstein im Scheitel auf, welcher mit seiner Oberkante die Linie des Sockels durchstößt.

Lassen wir die Türen als Sonderelemente beiseite, sind es lediglich fünf Fensterformen, mit welchen der Architekt Nicholas Hawksmoor die an sich glatten Flächen der massiven Natursteinwände des Hauptbaukörpers der Kirche gestaltete. In einer derart reduzierten Umgebung wirken die wenigen räumlich-plastischen Elemente um so stärker, und ihre Variation wird besonders deutlich. Bemerkenswert ist hierbei vor allem auch der Kontrast zwischen den Öffnungen in EG und Sockel einerseits, welche allesamt einen sehr abstrahierten, flächigen, den Stein betonenden Dekor aufweisen, und dem Zusammenspiel des feinen klassischen Kämpfergesimses sowie der eben solchen Archivolten im Obergeschoß andererseits. Nicht nur das Thema der Verfeinerung glatter Blöcke Stein zu klassischen Details ist in dieser Gegenüberstellung erneut thematisiert; die Zuordnung der feinen, klassischen Profile zur Ebene der Galerie hat auch eine soziale Relevanz, selbst in einer armen Gemeinde wie Wapping Stepney. Auf den Galerien waren normalerweise die *pews* der besser gestellten Gemeindemitglieder untergebracht, die sich dadurch über das einfache Volk erhoben. Ihnen wurde in den Fassaden das verfeinerte, klassische Detail zugeordnet. Diese Beobachtung erklärt auch die betont auffällige Gestaltung der Treppenhaustüren, gegenüber welchen diejenige der ins Erdgeschoß führenden Seiteneingänge vollkommen zurücktritt.

IV.1.4.2.
Die Ostfassade
(Abb. 107, 112-114)

Die Ostfassade ist denkbar einfach aufgebaut. Über einem liegenden Rechteck mit einer Proportion von ungefähr 1:2 erhebt sich auf dessen gesamter Breite ein Giebel mit circa 20° Neigung. Die Ecken des Baukörpers sind durch 5' 6" breite, der allgemeinen Fassadenebene vorgelegte und bis ins Giebelfeld verlängerte Streifen betont. Wie bei *Christ Church* scheinen diese die Stärke der Längswand nach außen sichtbar zu machen - selbst wenn die letztere realiter viel geringer ist. In der Mitte der Fassade ist der halbrunde Baukörper der Apsis angefügt. Mit seiner Breite von 28' ist er etwas - wenn auch kaum merklich - breiter als die zwischen ihm und den hervortretenden Eckstreifen verbleibenden Wandstücke, welche lediglich 25' messen.

---

51   Vgl.: *Christ Church, Spitalfields,* und *St. Anne, Limehouse.*

Die horizontalen Bänder der Fassade sind über den Ansatz hinweg auch in der Wand der Apsis fortgesetzt; die dessen Baukörper nach oben abschließende, auf dem Hauptgesims aufsitzende Attika verdeutlicht aber dennoch die Selbständigkeit desselben in seiner klaren Geometrie. Der Halbzylinder des Chores ist kein autonomer Baukörper, er ist auch nicht demonstrativ abgesetzt, aber er bleibt isolierbar als ein selbständiges, auf das Ganze abgestimmtes Element der Komposition.

Im Obergeschoß der Apsis *(Abb. 113)* bilden fünf der regulären OG-Fenster[52] eine die gesamte Breite einnehmende, durchgehende Arkade. Sie unterteilen die Wand in fünf Felder gleicher Breite. Die zwischen den Fenstern verbleibenden Wandstücke sind so schmal, daß sie als Pfeiler erscheinen. Sie bilden insofern einen deutlichen Gegensatz zu den ebenso durch die Gesimsbänder begrenzten Wandstücken der benachbarten Fassadenteile des Hauptbaukörpers, welche eindeutig ein integraler Bestandteil der Wand sind.

Im EG der Chorfassade sind lediglich die mittleren drei der fünf Fensterachsen wiederholt. In die regulären Rundbogenöffnungen des EG[53] sind hier mit etwas Abstand Blendnischen eingefügt. Nach unten sind diese durch Niveau und Profil der Simsen der regulären Fenster übernehmende Platten begrenzt. Auf allen anderen Seiten verbleibt ein circa 1' breiter glatter Rahmen. Die eigentliche Blendnische ist von daher nur ungefähr 3' breit.

Von besonderem Interesse ist an diesem Punkt die Gestaltung des Kämpferprofils *(Abb. 114)*. Während in der äußeren Ebene das oben im Rahmen der Darstellung der Fenster bereits beschriebene glatte Band wie ein ein Kapitell abstrakt darstellender Quader unter den Ansatzpunkten der Bögen angeordnet ist, findet sich innerhalb des Bogens - in der tieferen Wandschicht - ein voll ausgeformtes dorisches Pilasterkapitell, wie es sich aus dem klassischen Kämpferprofil im OG ergibt. Block und klassisches Detail sind direkt gegenübergestellt. Diese ebenfalls schon vielfach bemerkte Verlegung des feineren Details in die tiefere Wandschicht betont den Prozeß der skulpturalen Formung aller Details aus dem glatten Stein zusätzlich. Mit ihrer in die Tiefe gestaffelten Abfolge von Wandschichten verdeutlichen die Blendnischen aber auch die Massivität und Stärke der Wand. Fast möchte man sich an die Gewände eines romanischen Stufenportals erinnert fühlen.

Im Bereich des Sockels setzen drei der üblichen Kryptafenster[54] mit Segmentbogen die Achsen der Blendnischen nach unten fort.

Die die Apsis flankierenden seitlichen Wandfelder der Ostfassade weisen jeweils eine einzige, mittig angeordnete Fensterachse auf. Im OG befindet sich das übliche Rundbogenfenster[55], im EG dessen verkürzte Variante[56], nach unten schließt die Gruppe eine der beschriebenen Lunetten[57] ab.

Im Giebelfeld findet sich das einzige Sonderelement der Ostfassade von *St. George*, ein Okulus mit circa 6' Durchmesser, gerahmt von einem Profil wie demjenigen der Archivolten der OG-Fenster[58]. Der Giebel selbst weist allerdings ebenfalls eine Besonderheit auf. Die die Unterseite des dreieckigen Giebelfeldes bildende Fortsetzung des Hauptgesimses ist nicht - wie in den meisten klassischen Lösungen - um die Sima oder auch um Sima und Geison reduziert, sondern vollständig beibehalten. Dasselbe Gesims ist aber auch als Giebelgesims verwendet. Um über Eck einen glatten Übergang des Giebels in das reguläre Kranzgesims zu ermöglichen, mußte jedoch - wie immer - ein Teil des horizontalen Gesimses an dieser Stelle entfallen. Die Gesimse stoßen im vorliegenden Fall allerdings nicht direkt aufeinander, vielmehr endet die Sima des horizontalen Gesimses bereits kurz

---

52   Vgl.: Teil B, IV.1.4.1.

53   Vgl.: Teil B, IV.1.4.1.

54   Vgl.: Teil B, IV.1.4.1.

55   Vgl.: Teil B, IV.1.4.1.

56   Vgl.: Teil B, IV.1.4.1.

57   Vgl.: Teil B, IV.1.4.1.

58   Vgl.: Teil B, IV.1.4.1.

vorher. An den beiden Ecken, wo die Gesimse zudem auch um die den Rand der Fassade betonenden Vorlagen verkröpft sind, ergibt sich folglich eine etwas unbefriedigende, um nicht zu sagen ungeschickte Situation. Dessen ungeachtet bewirkt die vorliegende Detaillierung aber auf jeden Fall, daß das ansonsten nicht in Frage gestellte Hauptgesims als Addition von „Profilleisten" erscheint. Damit fügt sich auch dieses Element ein in die allgemeine Behandlung klassischer Profile in den Fassaden der Kirche.

Insgesamt ist die Ostfassade in ihrer großen Einfachheit und strengen Symmetrie als Rückseite artikuliert - und zwar als die Rückseite eines longitudinalen Baus. Die Längsfassaden bieten im Gegensatz hierzu ein vollkommen anderes Bild. Gewissermaßen widersprechen sie mit ihrer Gestaltung auch ihrer Position innerhalb der Komposition und vor allem ihrer Bezeichnung.

IV.1.4.3.
Die Längsansichten
(Abb. 108, 112, 115-120)

IV.1.4.3.a.
Die Fassade des Hauptbaukörpers
(Abb. 108, 112, 115-117, 119)

Das liegende Rechteck der Ansicht der Längsseiten des Hauptbaukörpers hat inklusive der hier - wie auch über der Apsis - oberhalb des Hauptgesimses angeordneten Attika ein Seitenverhältnis von circa 5:11. Die kräftigen Vor- und Rücksprünge teilen dieses allerdings in fünf klar getrennte Bereiche. In der Breite verhalten sich deren Abmessungen zueinander wie 4:3:7:3:4. Es entstehen folglich Teilflächen deutlich unterschiedlicher Proportionen.

Die beiden Endfelder sind ungefähr 20' breit. Bei ihnen ergibt sich ein Seitenverhältnis von circa 2:5. Im Grundriß entsprechen sie den einem Narthex ähnlichen Vorzonen im Osten und Westen des Gemeinderaumes. Die Teilfassaden enthalten jeweils eine einzige Fensterachse. Im OG handelt es sich hierbei selbstverständlich um das übliche Rundbogenfenster[59], im EG hingegen befindet sich der beschriebene Seiteneingang[60] mit der vor diesem angeordneten Freitreppe. Ein Kryptafenster konnte hier nicht angeboten werden.

Zur Mitte hin schließen sich die Treppenhäuser an. Die Proportion dieser Fassadenteile ist mit 3:10 wesentlich steiler als diejenige der Endfelder. Auch diese nur 14' breiten Wandflächen enthalten lediglich eine Fensterachse: ein reguläres OG-Fenster[61] sowie das oben ausführlich dargestellte Türelement[62]. Die beiden in der Ansicht nicht sichtbaren Seiten des deutlich nach vorne gezogenen Treppenhauses sind geschlossen - glatte Wände ohne jede Öffnung.

Der 10' hinter der Fassade der Treppenhäuser und 7' hinter der Ebene der Endfelder gelegene mittlere Bereich schließlich mißt in der Breite 32'. Er umfaßt drei Fensterachsen mit je einem OG-Fenster[63], einem quadratischen EG-Fenster[64] und einem Kryptafenster mit Segmentbogen[65]. Der

---

59   Vgl.: Teil B, IV.1.4.1.

60   Vgl.: Teil B, IV.1.4.1.

61   Vgl.: Teil B, IV.1.4.1.

62   Vgl.: Teil B, IV.1.4.1.

63   Vgl.: Teil B, IV.1.4.1.

64   Vgl.: Teil B, IV.1.4.1.

Achsabstand ist deutlich größer als ein Drittel der Breite der Teilfassade. Die Öffnungen der beiden äußeren Achsen enden mit ihren Archivolten beziehungsweise ihren Sturzelementen daher praktisch in der Ecke zu den flankierenden Treppenhäusern. Deren Baukörper scheinen den mittleren Bereich der Fassade einzuzwängen, was den Eindruck der Selbständigkeit und Additivität der Treppenhäuser zusätzlich verstärkt.

Insgesamt bietet die auf den ersten Blick so einheitliche Fassade ein komplexes Bild. Zwar bewirkt die grundsätzliche Uniformität der Wand, die Durchführung sämtlicher horizontaler Ordnungselemente über Vor- und Rücksprünge hinweg eine deutliche Vereinheitlichung. Gleichzeitig wird die Einheit der Ansicht aber in Frage gestellt.

Betrachten wir zum Beispiel das Obergeschoß. Dort kommt keine Serie zustande, obwohl dasselbe Fensterelement immer wieder wiederholt wird. Die zwischen den Bögen verbleibenden Mauerpfeiler oder auch Wandstücke sind in ihren Abmessungen zu unterschiedlich. Sie variieren von 7' 6" in den Endfeldern über 7' im Mittelfeld und 4' 6" in den Treppenhäusern bis zu 1' 6" an den Rändern des Mittelfeldes.[66] Entsprechend variiert auch die Wirkung der vom Kämpfergesims nach oben begrenzten Wandstücke. Dieselben changieren auch hier zwischen glatter Wandfläche und massivem Pfeiler. Andererseits ist aber jeder der beschriebenen Fassadenbereiche für sich betrachtet symmetrisch gestaltet, und diese in sich symmetrischen Elemente bilden wiederum eine symmetrische Gruppierung. Insofern ergibt sich bei Betrachtung der Ansicht als Addition isolierbarer Einzelfassaden eine klare, das Ganze zusammenfassende Ordnung.

In EG und Sockel fällt das Fehlen einer durchgehenden Ordnung noch stärker ins Auge. Die Form der Öffnungen variiert hier sehr stark, und die Türen stellen die durch den Sockel angedeutete horizontale Trennung der Fassade in einigen Teilfassaden grundsätzlich in Frage. Die Seiteneingänge reichen mit ihrer Schwelle bis in die Mitte des Sockels hinab, die Treppenhaustüren gar bis zum Boden. Die Ansicht zerfällt hier noch deutlicher in Teilfassaden; diese sind dessen ungeachtet aber so deutlich von der Gesamtheit geprägt, daß sie für sich ebenfalls nicht denkbar wären.

Das sich somit allein schon aus dem Profil der Wandfläche sowie der Anordnung und Form der Öffnungen ergebende, oben als angedeutete Additivität bezeichnete Phänomen wird durch die Türmchen über den Treppenhäusern zusätzlich verstärkt.

IV.1.4.3.b.
Die Treppenhaustürmchen
(Abb. 118, 120)

Bei den über den Treppenhäusern von *St. George* angeordneten Konstruktionen handelt es sich um dekorative Elemente ohne eine rein praktische Funktion. Sie setzen direkt über dem Hauptgesims der Kirche an und greifen damit notwendigerweise in die Attika des Hauptbaukörpers ein. Diese ist allerdings über die Kante des Treppenhauses hinweg bis direkt an die Türmchen geführt. Auf den der Mitte zugewandten Seiten verschwindet sie in der Ansicht folglich hinter dem Fuß des jeweiligen Türmchens, während die von den Endfeldern herangeführten Teile der Attika deutlich sichtbar an die Vorderseite des Sockels desselben stoßen. Dieses Durchziehen der Attika bietet bei aller von dieser Maßnahme ausgehenden Irritation ein Gegengewicht zu der sich aus der Beziehung der Türmchen zum Teilbaukörper der Treppenhäuser ergebenden Betonung der angedeuteten Additivität des Hauptbaukörpers. Die Türmchen erscheinen infolgedessen als eine gewissermaßen nur widerstrebend aufgenommene Störung. Die Einheit des Hauptbaukörpers als „Sockel" wird dadurch

---

65   Vgl.: Teil B, IV.1.4.1.

66   Es ergibt eine Folge von 7' 6"-12'-6'-7'-7'-6'-12'-7' 6".

ebenso thematisiert wie die Isolierbarkeit der Türmchen. Es darf allerdings gefragt werden, ob dieser Gedanke hier auf gekonnte Weise umgesetzt ist.

Insgesamt sind die Türmchen circa 30' hoch, was in etwa 7/9 der Höhe der Hauptfassade bis zur Oberkante des Hauptgesimses entspricht. Am Fußpunkt sind sie nur wenig schmaler als die Treppenhäuser. Sie gliedern sich in vier Geschosse plus Turmhelm, wobei die unteren zwei Etagen durch vorgelegte Pfeiler zusammengefaßt sind.

Bei den beiden unteren Stockwerken handelt es sich um einen kreisrunden Zylinder, welcher in zwei Geschossen übereinander durch Rundbogenöffnungen durchbrochen ist. Die Fenstersimsen und Kämpfer derselben sind hierbei durch leicht erhabene, glatte Bänder und Blöcke betont. Die Öffnungen definieren acht Felder. Zwischen diesen verbleiben geschlossene Wandstücke. Dort sind dem Baukörper die beiden Geschosse zusammenfassende quadratische Pfeiler vorgelegt. Am oberen Ende der Pilaster ist ein kapitellähnlicher Abschluß ausgebildet. Es handelt sich bei diesem um ein zwischen Triglyphe und ionischer Kannellur changierendes würfelförmiges Element. Ähnliche Details finden sich in *St. Anne*[67] und bei den Entwürfen für *Christ Church, Spitalfields*[68]: Wie dort bereits bemerkt, ist dieses Motiv möglicherweise auf die *Porta Pia* Michelangelos zurückzuführen.

Ein der Sima des Hauptgesimses entsprechendes Profil schließt - verkröpft um Baukörper und Pfeilervorlagen geführt - die beiden Geschosse nach oben ab. Darüber ist ein mit Ausnahme der vorgelegten Pfeiler mit den beiden beschriebenen Geschossen identisches drittes Geschoß aufgesetzt. Die Rundbogenfensterchen sind hier allerdings etwas schmaler, und der Grundriß ist achteckig, nicht rund. Getrennt durch ein weiteres Gesims folgt schließlich ein ebenso achteckiges, nur minimal niedrigeres Attikageschoß ohne jede Öffnung. Dieses krönt eine oktogonale, bleigedeckte Kuppel. Mit ihrem halbrunden Querschnitt und den Stufen an ihrem Fuß orientiert sie sich eindeutig an römischen Vorbildern. Auf ihrem Scheitel ist eine flammende Urne angebracht.

Die Türmchen müssen - wie die Laterne von *St. Anne*[69] - als ein Kürzel eines Zentralbaus und damit als Symbol der idealen Kirche verstanden werden. Von den Treppenhäusern als Sockel getragen dienen sie - frei von praktischen Zwängen - der Verbildlichung der idealen, möglicherweise auch der himmlischen Kirche. Der Weg in die Galerien führt näher zu ihnen, erreicht sie jedoch nicht. Die wesentlich feinere und plastischere Gestaltung hebt sie deutlich von der allgemeinen Architektur der Kirche ab und kennzeichnet sie damit - wie bei den Laternen anderer Kirchen ebenfalls zu beobachten - als Zitate beziehungsweise Architekturminiaturen von besonderer Bedeutung.

Rein formal betrachtet sind sie zumindest in den beiden unteren Geschossen nahe verwandt mit dem halbrunden Portikus von *St. Anne*[70]. In gewisser Weise handelt es sich bei ihnen um eine „achteckige" Version des dort in die Westfassade eingefügten „sechseckigen" Rundbaus. Aber auch mit dem oben erwähnten Entwurf für die Laterne des so nie ausgeführten neuen Turmes für *St. Alfege*[71] verbindet sie eine große Ähnlichkeit. Dies verdeutlicht die Nähe der formalen Vorstellungen für Idealkirche, Baptisterium und Grabbau. Grabbau und Baptisterium sind wie die zentralsymmetrische Idealkirche Bautypen, welche weitgehend ohne prägende funktionale Anforderungen entwickelt werden können. Zudem verbindet sie alle die große Bedeutung des memorialen Aspekts. Sie alle wollen auch Denkmäler sein: für einen Verstorbenen, für den Auferstandenen oder für den Tod des alten Menschen und seine erneute Geburt im Glauben. Wie bereits erwähnt, läßt sich in Hawksmoors Kirchen allgemein eine Neigung zur Betonung eben dieses memorialen Aspekts des Sakralbaus feststellen. Die Assoziation dieser Bautypen hatte demzufolge ihre Gründe in der den Entwürfen zugrunde liegenden Auffassung des Kirchenbaus.

---

67   Vgl. hierzu: Teil B, II.1.4.3.e.

68   Vgl. hierzu: Teil B, III.2.2.6.a.2.

69   Vgl. hierzu: Teil B, II.1.4.3.e.

70   Vgl. hierzu: Teil B, II.1.4.3.b.

71   Vgl. hierzu: Teil B, I.2.2.3.

Sehr interessant ist allerdings auch die in der Sekundärliteratur mehrfach angedeutete Verbindung der Türmchen - und zwar vor allem ihrer Zahl und Plazierung - mit den Minaretten osmanischer Moscheen oder auch der *Haghia Sophia*[72]. Auffälligerweise findet sich selbst die Form der Kuppeln in Abbildungen der *Sultan Ahmet Moschee*[73]. Dies gibt den Konstruktionen auch im Rahmen der allgemein festzustellenden frühchristlichen Thematik eine gewisse Bedeutung und Berechtigung. Auf den ersten Blick vielleicht sogar noch naheliegender und sicher ebenfalls nicht von der Hand zu weisen ist das Vorbild der *King's College Chapel* in Cambridge,[74] zumal Hawksmoor selbst 1712-1713 für das College tätig war. Ähnliches gilt für die von Sir John Summerson angedeuteten Vorbilder aus dem Bereich der elisabethanischen beziehungsweise jakobitischen Profanarchitektur[75].

Selbst wenn wir nicht mit Sicherheit davon ausgehen können, daß Hawksmoor diese Assoziationen allesamt bewußt waren, an der Intentionalität der Vieldeutigkeit der entwickelten Form kann auf keinen Fall gezweifelt werden. Ganz im Einklang mit den bei den anderen Projekten gemachten Beobachtungen befindet sich die dabei festzustellende Verbindung des Denkmalsgedanken mit frühchristliche und mittelalterliche Themen ansprechenden Formen in einem komplexen symbolischen Objekt.

Die unmittelbare, zuerst einmal naheliegende Verbindung besteht natürlich zur Gestaltung der Laterne der Kirche selbst, die - wie wir sehen werden - die zwei unteren Geschosse praktisch wiederholt. An der Gültigkeit der eben angestellten Überlegungen ändert dies allerdings nichts. Vielmehr betont es die Bedeutung der sich aus der Analyse vor allem dieser beiden Stockwerke ergebenden Themenkreise.

IV.1.4.3.c.
Fazit - das Zusammenspiel

Als Gesamtheit betrachtet befindet sich die Längsansicht von *St. George-in-the-East* in einer Art Schwebezustand. Die Türmchen verstärken den Prozeß der Auflösung ihrer Einheit. Sie lösen die sie tragenden Treppenhäuser weiter aus der Ansicht und verstärken dadurch die angedeutete Additivität des Hauptbaukörpers. Gleichzeitig betonen sie aber auch die Symmetrie der Fassade. Offensichtlich soll eine serielle Auffassung der Ansicht vermieden werden. Nicht einmal das Mittelfeld weist eine Abfolge identischer Wandfelder auf. Die seitlichen Fensterachsen stoßen an die Treppenhäuser. Es ergibt sich keine Längsseite im eigentlichen Sinne, wie wir sie von *Christ Church* oder *St. Anne* her kennen. Gleichzeitig kann aber auch nicht von einer zweiten Hauptfassade im Sinne der Seitenfassaden von beispielsweise *St. John, Smith Square*, gesprochen werde. Die Mitte der Fassade ist deutlich zurückgezogen, eingespannt zwischen den Treppenhäusern. Eine Annäherung an sie ist durch den davor angeordneten Lichtgraben verwehrt, und selbst aus der Entfernung verstellt die Mauer der diesen begrenzenden Brüstung die Mittelachse. Deren Höhe ordnet sich in keiner Weise ein, sie bleibt unterhalb des Sockels, ist aber dennoch deutlich höher als der Basisstreifen. Dadurch fällt sie als „Hindernis" besonders deutlich ins Auge.

Hawksmoor intendierte offensichtlich bewußt eine ungeklärte Situation. Die Querachse wird zwar auch im Außenbau der Kirche so deutlich wie in keinem der anderen Bauten, sie bleibt aber sekundär, eher eine geplante Störung oder eine willentlich untergeordnete, quer zur Hauptbewegung

---

[72]   Evans, a.a.O., S. 100.

[73]   Grelot, a.a.O., 1681, S. 155, 175, 329.

[74]   Summerson, John, a.a.O., 1986, S. 305.

[75]   Summerson, John, a.a.O., 1986, S. 88.

verlaufende Unterströmung. Das Ganze ist absichtsvoll vieldeutig, nicht von vorne herein klar zweiachsig, sondern longitudinal und zentral auf ein Mal.

Diese Gestaltung entbehrt nicht einer gewissen inneren Notwendigkeit und Folgerichtigkeit. Der mächtige Westturm und die beiden kleinen *vestry rooms* sind auf den Längsseiten immer spürbar. Eine eindeutig achsial gedachte Längsfassade hätte die Einheit des Hauptbaukörpers mit dem Turm zerstört. So aber konnte der Kubus des ersteren an den leicht in seine Giebelseite geschobene Turm angehängt werden, ohne daß dies gewaltsam erschien.

Unter diesem Aspekt erweist sich auch die angedeutete Additivität des Hauptbaukörpers als notwendig. Die durch ihre Verbindung mit den Türmchen besonders selbständig gewordenen Treppenhäuser werden so zu kleinen Echos des Turms. Sie schaffen durch die gleichzeitig mit der angedeuteten Auflösung des monolitischen Hauptbaukörpers geleistete Einbindung in eben diesen eine Einheit der ansonsten praktisch unvereinbaren, klaren Geometrien der beiden Hauptkomponenten des Entwurfes.

IV.1.4.4.
Die Westansicht
(Abb. 106, 111, 120-126)

IV.1.4.4.a.
Der Hauptbaukörper
(Abb. 106, 111, 123-124, 126)

Zur Westfassade des Hauptbaukörpers ist infolge des seinen Giebel und die gesamte Westfassade sprengenden Einfügens des Turmes nur wenig zu sagen. Sie entspricht in den sichtbaren Teilen weitgehend der Ostfassade.[76] Auf die die Ecken betonenden Vorlagen ist hier allerdings verzichtet. Im Tympanon machen S-förmige Voluten die Sprengung des Giebels durch den Turm augenfällig. Unterhalb des Hauptgesimses ist der Bruch dagegen nicht spürbar gemacht, der Turm scheint nahtlos aus der Wand des Hauptbaukörpers herauszuwachsen.

IV.1.4.4.b.
Der Turm
(Abb. 106, 108, 111, 120, 122)

Der Turm von *St. George* ist etwas breiter als tief. Darüber hinaus vergrößern dem Baukörper im Norden ebenso wie im Süden angefügte Strebepfeiler die Abmessung seiner Hauptansicht. Wie bei den beiden anderen Kirchen in Stepney entsteht so auch hier eine betont dem Hauptzugang zugewandte Front.

Für die Fassaden des eigentlichen Turmes - ohne die Laterne und ohne die Strebepfeiler - ergibt sich im Westen eine Proportion von circa 10:40, im Norden und Süden verschiebt sich diese infolge der geringeren Breite auf ungefähr 9:40. Die Laterne erhöht den Turm nochmals um etwa ein Drittel.

---

76   Vgl. hierzu: Teil B, IV.1.4.2.

Trotz dieser Differenzen in der Breite unterscheiden sich die einzelnen Ansichten nur wenig. Die Hauptansicht im Westen gliedert sich über dem auch hier vorhandenen Sockel, welcher allerdings von der oben beschriebenen Treppenanlage aufgenommen und verdeckt wird, in vier Geschosse.

Die erste dieser Etagen entspricht exakt der Höhe der Wände des Hauptbaukörpers. Sie wird von dem hier ebenfalls durchgeführte Hauptgesims abgeschlossen. Das sich darunter um den gesamten Bau ziehende glatte Band ist dabei durch die Addition zweier Bänder sowie eines Profils in einen Architrav mit drei Fascien und einem glatten Fries verwandelt. Das reguläre Hauptgesims ist gleichermaßen durch wenige Veränderungen am unteren Rand zu einer abstrahierten Form eines ionischen Gesimses ergänzt.[77]

In der Symmetrieachse der Fassade ist das Hauptportal angeordnet, eine vergrößerte Version des regulären OG-Fensters[78], 8' breit und 15' hoch - von der Schwelle bis zur Oberkante des Kämpfers. Das gleiche Profil, welches auch die Fenster rahmt, zeichnet hier den Bogen nach. Flankiert wird das Tor von gekoppelten ionischen Pilastern, unkanneliert und ohne jede Entasis. Diese tragen das beschriebene, das glatte Band unter dem Hauptgesims fortsetzende Gebälk. Hinter ihnen ist das Kämpfergesims des Portals durchgeführt. Es wird zu beiden Seiten vom Kranzgesims der kleinen Eckbaukörper aufgenommen. In dem oberhalb des Portals verbleibenden Wandfeld ist zusätzlich ein Okulus mit 4' Durchmesser angeordnet, welcher an dieser Stelle deutlich an die Rosenfenster mittelalterlicher Kirchenbauten erinnert.

Die Fassade insgesamt gleicht allerdings eher einem römischen Triumphbogen[79]. Die klassische Ordnung, die einzige der Fassaden des Baus, verwandelt den Eingang in den Kirchenbau in ein Triumphtor, den Eintritt in die Kirche in einen Sieg über die Sünde. Nicht nur, daß diese Interpretation des Westeingangs der Kirche eine sehr alte Tradition hat,[80] das bereits erwähnte Beharren der anglikanischen Kirche auf der Plazierung des Taufplatzes am Eingang verdeutlicht, daß ihr immer noch sehr viel an dieser Symbolik des Eintritts in die Kirche lag. Hawksmoors Lösung setzt insofern die gültige Interpretation der Kirche - und damit das Selbstverständnis des Bauherrn - um in ein Bild.

Unter einem vollkommen anderen Aspekt von Interesse ist, wie die klassische Ordnung „entstand". Die Vorderkante der Pilaster entspricht derjenigen der oberen Turmgeschosse. Diese sind also nicht wirklich vorgelegt. Vielmehr sind die zwischen ihnen verbleibenden Interkolumnien aus der Masse der Mauer des Turmes geschält. Lediglich die Kapitelle und die Profile des Gebälks ragen über die so angegebene Ebene der glatten Außenseite der Mauer nach außen. Es ist dies ein weiterer Beleg für Hawksmoors Auffassung der klassischen Ordnung. Ihre auf die geometrische Grundform reduzierten Kerne sind aus der Wand geschält gedacht, der Dekor dagegen ist als konventionelle Addition charakterisiert. Goodhart-Rendels Kritik, die Pilaster seien zu schwach, den massiven Turm zu tragen,[81] ist daher unbegründet, geht sie doch - im Gegensatz zu der hier demonstrierten Auffassung Hawksmoors - von der Säulenordnung als einem freistehenden Tragelement aus.

[77]   Vgl.: das ionische Gebälks des *Marcellus-Theaters*, in: Serlio, a.a.O., Buch IV, Kap. 7, fol. 37.

[78]   Vgl.: Teil B, IV.1.4.1.

[79]   Vgl. hierzu zum Bsp.: Serlio, a.a.O.,
Buch III, Kap. IV, fol. 49 (*Titusbogen*),
Buch III, Kap. IV, fol. 53 (*Triumphbogen in Benevent*),
Buch III, Kap. IV, fol. 57 (*Triumphbogen in Ancona*),
Buch III, Kap. IV, fol. 59 (*Triumphbogen in Pola*),
Buch III, Kap. IV, fol. 61 (*Triumphbogen in Castelvecchio*).

[80]   Vgl. auch: Hawksmoors Verwendung eines ähnlichen Motivs in der Chorfassade von *St. Anne, Limehouse*.

[81]   Goodhart-Rendel, H.S., The Works of Hawksmoor, Teil II, S. 373,
in: The Architect and Building News, Bd. 145, 20. März 1936, S. 371-375.
Goodhart-Rendel schreibt: Durch die Pilaster erscheine „...the front of the magnificent tower [...] to stand upon four inadequate little legs...".

Das zweite Turmgeschoß ist wesentlich niedriger als das erste, es ist bloße 18' hoch. In der Ansicht ergibt sich ein liegendes Rechteck. Die Oberkante des abschließenden Gesimses liegt auf Höhe des Firstes des Daches. Letzteres besteht aus einer verkürzten Fassung der Profile des darunter verwendeten Hauptgesimses mit einem niedrigen, konvexen Fries.[82] Das zwischen den beiden Gesimsen verbleibende Feld hat eine Proportion von circa 2:1. In die glatte Oberfläche der Wand ist direkt über dem unteren Rand eine quadratische, 13' x 13' messende Nische eingeschnitten. Die daneben verbleibenden Reste der Oberfläche der Wand entsprechen in ihrer Breite in etwa den gekoppelten Pilastern des darunter liegenden Geschosses, während die Nische das Interkolumnium wiederholt. Gewissermaßen handelt es sich hier also um einen „Rohling" der Säulenordnung des ersten Turmgeschosses.

Die Rückwand der Nische entspricht in ihrer Lage der hinter den Pilastern im Eingangsgeschoß sichtbar werdenden Ebene. In sie ist ein 8' breiter Bogen eingefügt, dessen Scheitel circa 1' unter der Oberkante der Nische bleibt. Ein glattes Band[83] begleitet die Archivolte, ebenso glatte Blöcke betonen die Kämpferzone. Der Bogen läßt das Thema des Portals wieder anklingen. Er rahmt hier jedoch einen nochmals eine Schicht weiter in die Tiefe der Mauer gegrabenen, zweiten, kleineren Bogen. Dieser ist nur noch ungefähr 5' breit und sein Scheitel liegt circa 1' 6" unter demjenigen der ihn umfassenden Archivolte. Er birgt ein Fenster mit einer glatten Brüstung und belichtet die *ringing chamber*.

Das nächste, das dritte Turmgeschoß entspricht in seiner Höhe fast exakt der Abmessung des ersten Geschosses, das heißt des Eingangsgeschosses. Auch hier ist die Wand bis auf einen kleinen Sockelstreifen vollständig glatt belassen. Über diesem ist wie im Geschoß darunter eine 13' breite, nun aber 27' hohe rechteckige Nische kräftig eingetieft in die Masse der Wand. Da gut 7' glatter Wand oberhalb der Nische verbleiben, drängt sich der Eindruck einer „Rohform" der vorgelegten Ordnung hier erst recht auf.[84] Wie in der zweiten Etage ist auch in diesem Fall ein das Motiv des Portals wiederholender, zweifach zurückgestufter Bogen in die Rückwand der Nische eingefügt: 8' beziehungsweise 5' breit, circa 24' 6" beziehungsweise 23' hoch; die Archivolte wird von einem glatten Rahmen begleitet, die Kämpferzone ist durch ein glattes Band betont. Die verbleibende, hohe und steil proportionierte Öffnung wird durch Lamellen geschlossen. Dahinter befindet sich die Glockenstube.

Ein im Vergleich zum Gesims zwischen dem zweiten und dritten Stockwerk nochmals stark reduziertes Profil grenzt hier das Turmgeschoß nach oben ab.[85]

Darüber befindet sich als Abschluß des eigentlichen Turmes ein weiteres niedriges Geschoß, 12' hoch, oben von einem nochmals um einige Profile reduzierten, sehr schmalen Gesims gesäumt. Eine direkt auf dem unteren Gesims aufsitzende Lunette setzt die Folge der in die glatte Oberfläche des Turmes geschnittenen Nischen fort und schließt ihre Folge mit einem Bogen ab. Das auch hier zweifach zurückgestufte Gewände rahmt die lediglich circa 7' breite Öffnung.

Die Wirkung des letztgenannten Elementes ist vielschichtig. Einerseits betont es die Trennung dieses obersten Geschosses vom Rest des Turmes, indem es dieses quasi auf einen niedrigen Sockel mit vier Füßen reduziert. Andererseits nimmt es aber deutlich Bezug zu den Nischen darunter und faßt dieselben zu einer langgestreckten Bogenform zusammen. Schließlich verstärkt es den deutlich an romanische Beispiele erinnernden Effekt gestaffelter Gewände. Dieser Effekt ist hier noch wesentlich kräftiger als bei den Treppenhaustüren oder auch in anderen Beispielen des für Hawksmoor typischen „*layering*", welches im *Clarendon Building* in Oxford besonders eindrücklich - geradezu

---

[82] Es sind nur noch zwei Fascien, das den Zahnschnitt abstrahiert darstellende Band ist ausgelassen und die Geisonstirn ist deutlich niedriger. Das Gesims kann keiner der Ordnungen in einem der klassischen Traktate eindeutig zugeordnet werden.

[83] Ca. 1' breit.

[84] Vgl. auch: Goodhart-Rendel, a.a.O., 1936, Teil II, S. 373.

[85] Fries und Architrav entfallen vollständig.

exemplarisch - umgesetzt ist. Das Anliegen hinter dieser Eigenheit wird hier deutlich faßbar, die bewußte Darstellung der Massivität der Wand wird offensichtlich.[86]

Über dem abschließenden Gesims verbleibt lediglich ein circa 1' 6" breiter glatter Streifen Mauer, welcher wie eine Sockelplatte die Laterne trägt.

Auf der Ostseite, wo der Turm erst ab dem dritten Geschoß sichtbar ist, entspricht die Ansicht exakt derjenigen der Westfassade. An den beiden Schmalseiten, im Norden und Süden, verdecken die Eckräumchen lediglich den unteren Bereich des ersten Turmgeschosses. Auch hier gleicht die verbleibende Ansicht der Westfassade, allerdings sind die Nischen im zweiten und dritten Geschoß insgesamt circa 2' schmaler. Außerdem ist die Wirkung der Strebepfeiler hier eine wesentlich andere als in der Westansicht. Während die letztere optisch verbreitert wird, gewinnen die Schmalseiten durch die mittig vor den glatten Seitenstreifen angefügten Pfeiler an Plastizität.

Die Strebepfeiler selbst reichen vom Boden bis zu dem das dritte Geschoß abschließenden Gesims. Dieses ist wie alle anderen Gesimse des Turmes verkröpft um das Rechteck[87] der Pfeiler geführt. Deren oberen Abschluß bildet eine jeweils darüber angebrachte Urne mit würfelförmigem Sockel.

Im Bereich des dritten Turmgeschosses reduziert ein auf allen Ansichten in zwei Stufen in die Oberfläche eingetieftes Paneel den Querschnitt des Pfeilers nahezu zu einem Y[88]. Lediglich ein Quadrat am oberen Ende ist glatt belassen. In den Ansichten, vor allem aber derjenigen der Westseite, bewirkt dies eine deutliche Lösung des Elementes vom Kern des Turmes. Da der Pfeiler ansonsten vollständig glatte Oberflächen aufweist, ergibt sich der Eindruck eines Prozesses der allmählichen Lösung des zunehmend plastisch gestalteten Elementes von unten nach oben, dessen Endpunkt die freistehende Plastik der Urnen bildet.

Die Lage der Pfeiler entspricht im Osten der Westwand des Hauptbaukörpers, im Westen befinden sie sich in der Achse der westlichen Wände der kleinen Eckräumchen. Während sie im Osten vollständig und ohne jede sichtbare Fortsetzung nach unten in der Masse der Wand aufgehen, bleiben sie im Westen bis zum Boden als Element für sich wahrnehmbar. Dabei ergibt sich eine äußerst interessante, ambivalente Beziehung zu den Fassaden der beiden den Turm flankierenden Baukörper.

IV.1.4.4.c.
Die flankierenden *Vestry Rooms*
(Abb. 106, 111, 123-126)

Die Fassaden der beiden den Turm von *St. George-in-the-East* rahmenden Eckräume sind konsequent aus den bereits bekannten Elementen der anderen Ansichten des Baus entwickelt. Ihr Hauptgesims setzt das die Wandflächen des Hauptbaukörpers ungefähr auf halber Höhe teilende glatte Band fort und schließt auf der Westseite nahtlos an das Kämpferprofil des Hauptportals an. Darüber befindet sich lediglich eine glatte Attika, ein ruhiger horizontaler Abschluß der Fassaden. Am unteren Ende der Wände ist der Sockel des Hauptbaukörpers unverändert übernommen.

Die Seitenansichten dieser beiden Teilbaukörper, welche nach Norden beziehungsweise Süden blicken, weisen mit circa 4:5 eine leicht stehende Proportion auf. Ihre westlichen Ecken sind wie die

---

86   Vgl.: Downes, a.a.O., 1987, 68-70.
      Downes beschreibt dieses Charakteristikum wie folgt: „... *the wall surface is cut back in layers, a device invented by Michelangelo which explores the depth of masonry and takes over from the windows and pillars the definition and regulation of the facade*".

87   Die Pfeiler sind in N-S-Richtung etwas länger als in O-W-Richtung.

88   Vgl.: B.L., *Map Library, K.Top.23.21.2.f.*

Kanten der Chorfassade jeweils durch breite[89] Wandvorlagen betont. Mittig in das verbleibende Wandfeld sind eines der üblichen EG-Rundbogenfenster[90] sowie - im Sockel - eine der Lunetten mit Keilsteingruppe[91] eingefügt. Die bei den EG-Fenstern üblicherweise die Kämpferzone betonenden Quader sind hierbei - von der allgemeinen Regel abweichend - als glattes Band über die gesamte Breite der Front fortgesetzt.

Im Westen ist letzteres verkröpft um die Wandvorlage am Eck der Fassade geführt. Dabei ist ihm zusätzlich eine Platte unterlegt, welche die dreifache Breite des Bands aufweist *(Abb. 123-124)*. Diese setzt die Ebene des Sockels fort. Im Osten hingegen stößt das steinerne Band stumpf gegen die glatte Wand der Stirnseite des Hauptbaukörpers und betont damit demonstrativ die Additivität der Komposition beziehungsweise die Selbständigkeit der die Räume des Gemeinderats beherbergenden Baukörper. Ähnliches bewirkt die an derselben Nahtstelle vorgenommene direkte Konfrontation des ebenso glatten Bands in der Mitte der Fassade des Hauptbaukörpers mit dem fein ausgearbeiteten Kranzgesims der Eckräume

Die Westseiten der beiden Kuben wiederholen in der Gestaltung ihrer Fassade diejenige ihrer Seitenansichten. Allerdings findet sich hier das exzentrische Detail der „unterlegten" Verkröpfung des Bandes auf Höhe der Kämpfer der EG-Fenster auch vor den Strebepfeilern des Turmes *(Abb. 123-124)*. Frontal betrachtet bilden letztere ein Gegenstück zu den das Außeneck der *Vestry Rooms* betonenden Vorlagen.

Um eine symmetrische Ansicht zu erreichen und gleichzeitig die Anordnung der Fenster in der Achse der Seitenschiffe des ursprünglichen Grundrisses zu ermöglichen, war ein Element von der Breite der Strebepfeiler auf der Innenseite der Fassade der Eckräumchen notwendig gewesen. Insofern waren die Strebepfeiler im unteren Bereich unabdingbar für die Ansicht der Eckräume, sie mußten diesen zugeordnet werden. Ihre Fassaden usurpieren sie gewissermaßen. Ihr Hauptgesims ist es auch, das um sie verkröpft ist, nicht das etwas flachere Profil des Kämpfergesimses des Hauptportals. Daraus ergibt sich eine zwiespältige Situation. Im Bereich der Fassaden der Eckräumchen ist der Pfeiler eindeutig eben diesen zugeordnet. Darüber - zwischen dem Hauptgesims der *Vestry Rooms* und dem Gebälk der ionischen Ordnung -, wo sich eine Volute von der Attika der niedrigeren flankierenden Körper hinauf zum Strebepfeiler schwingt, ist seine Zuordnung fraglich, wenn auch der Turm den Kampf um ihn zu gewinnen scheint. Im Geschoß darüber ist die Vorlage dann eindeutig eine Fortsetzung der Turmfassade, und schließlich löst sich der Stab im oberen Bereich auch noch von dieser und wird als Element für sich spürbar. Es gelingt dadurch, sowohl den Turm als auch die Eckräumchen mit ihrer geradezu primitiven, elementaren Geometrie spürbar zu machen und sie dennoch miteinander zu verbinden. Das für sich erfahrbare Element des Strebepfeilers läßt sich von beiden zeitweise einvernehmen und dient insofern als verbindende Klammer, ohne die objektive Ordnung zu verschleiern. Die Westfassaden sowohl von *St. Anne* als auch von *Christ Church* weisen ähnliche Elemente auf. Während es sich dort jedoch um Blendfassaden handelt, vorgestellte Scheiben, die einer optischen Logik gehorchen, bleibt hier die geometrische Komposition der Westpartie in ihrer Gesamtheit - trotz aller Ambiguität - stets eindeutig erfaßbar. Der Turm ist von der Basis aufwärts nicht nur angedeutet, sondern zeichnet sich in voller Größe in der Front ab. Die Strebepfeiler sind unabhängig davon, wohin sie im Einzelfall bezogen werden, immer als das erkennbar, was sie sind. Die Ambiguität betrifft die Beziehungen der klar zu identifizierenden Teile, nicht die Deutung der Teile selbst. Die Lösung von *St. George-in-the-East* ist insofern nicht nur viel sparsamer und viel additiver als diejenige der anderen Kirchen, sie ist auch viel „ehrlicher", als es die Blendfassaden der anderen Kirchen sind. Die oben festgestellte „Fiktionalität" ist hier zugunsten einer einfachen Ambiguität aufgegeben.

---

89   Ca. 4' 6".

90   Vgl.: Teil B, IV.1.4.1.

91   Vgl.: Teil B, IV.1.4.1.

Zwei weitere Abfolgen oder auch Entwicklungen von Elementen verdienen in diesen Fassaden ebenfalls einen kurzen Blick.

Die erste der beiden wurde bereits erwähnt: die Fortsetzung des glatten Bandes in der Mitte der Wandfläche des Hauptbaukörpers. Zuerst übernimmt diese das Kranzgesims der Eckräumchen. Hierbei wird das glatte Band in eine um die Sima reduzierte Fassung des Hauptgesimses verwandelt. Eine weitere Veränderung erfährt das Profil im Bereich der Westseite des Turmes, wo es in einer flacheren Ausbildung hinter den Pilastern als ein eine kleinere Ordnung andeutendes Kämpfergesims durchgezogen ist. Während zum Hauptbaukörper hin ein klarer Bruch vollzogen ist, ist die Grenze zwischen Turm und Eckräumchen also eher heruntergespielt.

Noch interessanter ist allerdings die Entwicklung des glatten Bandes unterhalb des Hauptgesimses der Kirche in das Gebälk der ionischen Ordnung der Westfassade des Turmes. Dabei ist besonders beachtenswert, daß das glatte Band mitsamt den Profilen des Hauptgesimses auch an den Seiten des Turmes fortgesetzt ist. Erst am westlichen Strebepfeiler beginnt das der Ordnung als Gebälk zugeordnete Profil. Einerseits macht dies den Gedanken der skulpturalen Verfeinerung und ornamental aufgefaßten Ergänzung des glatten Grundmaterials als Prinzip der Entstehung der klassischen Ordnungen nochmals deutlich. Andererseits stellt der nahtlose Übergang zum Hauptbaukörper aber auch die Unabhängigkeit des Turmes in Frage. Durch die enge Verbindung im unteren Bereich erscheint dieser gewissermaßen wie aufgesetzt auf eine sein erstes Geschoß einnehmende Fortsetzung des Hauptbaukörpers nach Westen. Die Westansicht läßt diese Interpretation allerdings sofort wieder fragwürdig erscheinen. Die sich ergebende Ambiguität macht den Turm als eingebundenes, aber selbständiges Element in einem additiven Ganzen erkennbar. Gleichzeitig läßt sie die in ihm ebenfalls vorhandene horizontale Schichtung[92] visuell wirksam werden und stellt so die monolithische Auffassung des Turmes in Frage: es ergibt sich hier eine gewisse angedeutete Additivität in der Vertikalen.

Im Verhältnis zur Laterne ist die Einheit des Turmes aber dennoch klar erkenntlich. Innerhalb dieser Wechselbeziehung erscheint er als der massive Sockel der vergleichsweise luftigen, plastischen Bekrönung, welche sich - wie die Türmchen über den Treppenhäusern oder auch die Laternen der anderen Kirche - in ihrer feinen Detaillierung, dem offensichtlichen Maßstabssprung und der interessanten Geometrie mehr als deutlich vom Rest des Baus abhebt[93] und notwendigerweise den Gedanken an ein Zitat oder auch eine Architekturminiatur weckt.

IV.1.4.4.d.
Die Laterne
(Abb. 106, 108, 121)

Bei der Laterne von *St. George-in-the-East* handelt es sich um eine etwas steiler proportionierte[94] Fassung der beiden unteren Geschosse der Türmchen über den Treppenhäusern der Kirche. Nicht nur das Grundkonzept eines von acht vorgelegten Strebepfeilern gegliederten Zylinders ist identisch, auch die Details - wie die an Michelangelo Buonarottis *Porta Pia* erinnernde Kapitellgestaltung und die verwendeten Profile - sind exakt dieselben. Der beiden Elementen gemeinsame Tubus ist allerdings ergänzt durch eine abschließende Balustrade. Zudem sind über den Enden der Strebepfeiler römische Opferaltäre[95] plaziert.

---

[92]   Vgl. auch: Kaufmann, Emil, *Architecture in the Age of Reason*, New York 1968, S. 18-20.

[93]   Vgl. auch: Tunley, Antony, *Baroque Space in the Work of Nicholas Hawksmoor*, S. 15, in: 244 - *Journal of the University of Manchester Architectural and Planning Society*, Nr. t, Winter 1956-7, S. 14-19.

[94]   Ca.4:5.

[95]   Downes, a.a.O., 1987, S. 189-190;
Odgers, a.a.O., S. 36.

Ihre Berechtigung erhalten diese Objekte - wie ihre Gegenstücke in *St. Alfege* - aus ihrer Beziehung zu dem in der Eucharistie gefeierten Opfertod Christi und vor allem aus der Dedikation der Kirche an einen frühchristlichen Märtyrer, Sankt. Georg, den Schutzpatron Englands. Als bloße Objekte sind sie wie die Laterne selbst oder auch andere Exempel - die Miniatur-Kirchtürme in der Laterne von *St. Anne* zum Beispiel - zu verstehen als auf ein Postament, das heißt auf einen Sockel, gehobene historische Zitate. Das Prinzip der Differenzierung des eher konstruktiv aufgefaßten Kerns eines Gebäudes von zeichenhaft gedachten Objekten ist so innerhalb der insgesamt selbst von der regulären Architektur der Kirche abgehobenen Laterne wiederholt. Die Auffassung derselben als Architekturminiatur erfährt dadurch eine weitere Bestätigung.

Innerhalb des - dieser Additionen ungeachtet - praktisch unverändert von den die Treppenhäuser der Kirche krönenden Objekten übernommenen zylindrischen Kerns der Laterne weichen lediglich die oberen Öffnungen etwas ab von ihren Gegenstücken in den vier merklich kleineren Türmchen. Diese sind etwas höher angeordnet, so daß sich ihre gesamte Archivolte in der Kapitellzone befindet. Die Unterkante der Kapitelle der Strebepfeiler und die Kämpfer der Bögen sind dabei auf eine Höhe gebracht.

An der Basis der Laterne sind zudem zwischen den Strebepfeilern auf den Diagonalen völlig frei und additiv glatte, an Denkmalsockel erinnernde würfelförmige Blöcke angeordnet. Ihre Wirkung ist zwiespältig. Zwar betonen sie mit ihrer bauklotzartigen Additivität ihre eigene Selbständigkeit wie auch diejenige der Laterne. Gleichzeitig schaffen sie aber dennoch einen Übergang vom Rechteck des Turmes zu der quasi runden, in sich ruhenden Form der Laterne. Sie wirken fast wie an den Ecken gotischer Türme angeordnete Fialen.

Verstärkt durch die überhohen, kannellierten, mit Girlanden geschmückten Altäre über den Stebepfeilern weist auch die Laterne selbst deutliche Anklänge an gotische Vorbilder auf. Die wenigen dekorativen Formen sind zwar eindeutig klassischen Ursprungs, Struktur und Geometrie, vor allem aber die Silhouette erinnern jedoch primär an traditionelle, gotische Kirchtürme. Klassische und gotische Assoziationen werden hier wie in den anderen Kirchenbauten gleichzeitig von ein und demselben Baukörper angesprochen.[96] Entsprechend ist auch eine Vielzahl von teilweise vordergründig widersprüchlichen Anregungen anzunehmen. In der Literatur werden neben *Fotheringhay* und *Ely Cathedral* klassisch-antike Vorbilder wie der *Turm der Winde* genannt.[97]

Der Turm insgesamt erinnert ebenfalls an mittelalterliche Vorbilder, romanische wie gotische. Durch die Form der Laterne erhalten die gotischen Assoziationen ein deutliches Übergewicht. Als Vorbild oder - besser - als ein Beispiel des auf diese Weise umschriebenen traditionellen Typus wird in der Sekundärliteratur *St. Botolph* in Boston, Lincs., genannt.[98]

Für die Laterne gilt dabei ebenso wie für den Turm als Gesamtheit oder auch für den Bau in toto, daß Hawksmoor den auf seinen geometrischen Kern reduzierten traditionellen Typus in der ihm eigenen Massenarchitektur umsetzte. Dabei zitierte er lediglich die seiner Meinung nach grundlegenden und damit auch signifikanten, visuell wirksamen und semantisch nutzbaren Eigenschaften des Vorbildes. Daß dies bewußt geschehen sein dürfte, wurde oben anhand des Beispieles von

---

96   Summerson, a.a.O., 1986, S. 87-88;
      Summerson, a.a.O., 1941, S. 135-136;
      Rub, a.a.O., S. 18-21;
      Downes, a.a.O., 1987, S. 121;
      Watkin, David, *English Architecture*, London 1987, S. 118.
      Watkin beschreibt den Turm als „... *the result of an attemt to create Gothic effects with antique elements ...* ".

97   Pevsner, Nikolaus, *Buildings of England, London except the Cities of London and Westminster*, London 1952, S. 417;
      Cast, David, *Seeing Vanbrugh and Hawksmoor*, S. 319,
      in: *Journal of the Society of Architectural Historians*, Bd. 43, Nr. 4, Dezember 1984, S. 310-327;
      Odgers, a.a.O., S. 63-64;
      Rub, a.a.O., S. 24.

98   Summerson, a.a.O., 1986, S. 87-88;
      Downes, a.a.O., 1987, S. 121.

St. Anne, Limehouse, bereits gezeigt.[99] Die von diesen beiden grundlegenden Prämissen geprägte Architektur[100] ist auch im vorliegenden Fall offen für weitere Bedeutungsebenen.[101] An wenigen, hervorgehobenen Stellen verlieh Hawksmoor ihr eine eindeutig klassische Ausgestaltung, so zum Beispiel in der Ordnung im Eingangsgeschoß des Turmes. Teilweise schuf er aber auch stilistisch vieldeutige Situationen, wie in den tiefen Nischen mit ihren Stufengewänden oder auch gerade in der vorliegenden Laterne. Dieses Vorgehen ermöglichte eine vielschichtige Kombination verschiedener Assoziationen, es verstärkt die semantische Vieldeutigkeit der Form, wie wir sie schon bei der in ihrer Gestaltung sehr ähnlichen Laterne für *St. Alfege*[102] beobachtet haben. Die Burg Gottes, Kapitelsaal und Baptisterium, Grabbau und Idealkirche, all diese Themen klingen wie beim Vorschlag für Greenwich auch hier in der Laterne von *St. George-in-the-East* an. Die Motive für ihre Verwendung dürften sich ebenfalls geähnelt haben.

Neben der Wiederholung derselben multivalenten Symbolik muß allerdings auch die hier zu konstatierende, weitgehend exakte Reduplikation oder auch Wiederverwendung einer Form - eines Teiles eines anderen Entwurfes - Beachtung finden. Die für *St. Alfege* geplante Laterne weist in den Bogenöffnungen zwar etwas andere Proportionen auf, zeigt kannelierte Quader über quadratischem Grundriß anstelle der römischen Altäre und läßt die auf der Diagonale angeordneten Würfel zu Füßen der Laterne vermissen.[103] Ansonsten entspricht sie dem hier ausgeführten Objekt aber bis in Details wie die michelangelesken Kapitelle der Strebepfeiler. Die Tatsache, daß der Architekt sich offensichtlich in der Lage sah, ganze Partien praktisch unverändert zu übernehmen,[104] muß als erneuter Beleg für die additive Architekturauffassung Nicholas Hawksmoors verstanden werden. Hier wie dort plazierte er dieselbe Architekturminiatur auf den von durchaus deutlich unterschiedlich gestalteten Türmen gebildeten Sockeln.

IV.1.4.4.e.
Fazit - das Zusammenspiel

Die Westansicht von *St. George* ist ein weiteres gutes Beispiel für Hawksmoors additive, gleichzeitig aber doch nach einer komplexen Einheit strebende Kompositionsweise. Der Architekt ordnete die eben beschriebenen, klar zu isolierenden Elemente auf die dominante Mittelachse bezogen in die Tiefe gestaffelt an. Allein mit Turm und Hauptbaukörper hätte dies mißlingen müssen. Deshalb führte er zusätzlich kleinere Elemente ein, welche Übergänge schaffen. Zudem schaltete er die eine

---

99   Vgl.: Teil B, II.1.4.3.e.

100   Vgl. hierzu auch: *Bodl. Lib., Oxford, MS.Gough Plans 7.*

101   Für eine leicht abweichende Interpretation vgl.:
      Downes, a.a.O., 1987, S. 121.
      Downes schreibt: „*The steeple as a form is a Gothic invention, and Hawksmoor no doubt had in mind some of the great medieval English towers, but he arrived at the forms of the two Stepney steeples [St. Anne, Limehouse, und St. George-in-the-East] wholly by means of Renaissance or Antique detail. That they remind us of Gothic steeples is incidental; the architect considered them entirely appropriate to the other classical details of the church. When at the same date (1716) he built up forms that are, in abstract terms, very similar, but for a 'Gothic' ensemble at All Souls, he used medievalizing details. The basic forms are clothed in a style to fit their context.*"
      Zur Auseinandersetzung mit dieser Auffassung vgl. v.a. : Teil B, II.1.4.3.e.

102   Vgl.: Teil B, I.2.2.3.

103   Vgl. hierzu auch:
      Downes, a.a.O., 1987, S. 116-127;
      Downes, a.a.O., 1959, S. 178.

104   Downes beobachtete auch bei Wren ähnliche Beispiele.
      S. hierzu: Downes, a.a.O., 1959, S. 30.

Vorzone definierende Treppenanlage vor. Es ergab sich folglich eine grobe Staffelung von Treppenanlage, Eingangsfassade und Giebelwand.

Mit Hilfe der Ambiguität der Zuordnung einzelner Elemente, vor allem aber mit Hilfe der beschriebenen Vieldeutigkeit bezüglich der Zugehörigkeit der Strebepfeiler zu beiden Seiten des Turmes verführt Hawksmoors Gestaltung das Auge, die ersten Schritte in die Tiefe zu tun und ihr vom Turm selbst über die Strebepfeiler bis zur Ebene der Fassaden der flankierenden Eckräume zu folgen. Die in einem klaren Kreissegment von den Strebepfeilern zur Attika des Eckräume schwingenden Voluten betonen zudem die Achsialsymmetrie der Gesamtkomposition und schaffen damit eine die klare Additivität in Frage stellende Ambiguität. Sie lassen als offene Form in ihrer Asymmetrie und Unvollständigkeit eine bedingte Einheit von Flügel und Zentrum entstehen. Gewissermaßen kann diese auch als ein negatives Echo des dahinter sichtbar werdenden Sprenggiebels des Hauptbaukörpers verstanden werden.[105]

Nach diesen vorbereitenden Schritten ist der Sprung zur Giebelwand einfacher. Die visuelle Wirksamkeit dieser an sich weit zurückliegenden Ebene wird über die Beziehung zu Turm und Voluten hinaus durch das deutlich spürbare Vorhandensein einer weiteren Ebene, welche in den Türmchen über den Treppenhäusern sichtbar wird, zusätzlich betont. Diese setzen der sich ergebenden Serie von Schritten in die Tiefe einen Endpunkt und verhindern damit ein belangloses Auslaufen im Nichts.

Obwohl die Türmchen in der Realität in perspektivischer Verkürzung weniger deutlich sichtbar sind als in der orthogonalen Projektion der Ansicht, erhalten sie alleine schon aus ihrer Ähnlichkeit mit der Laterne eine starke optische Präsenz. Insofern kann man ihr Einbringen in die Komposition auch als eine Variante des vor allem bei *Christ Church* beobachteten motivischen Arbeitens bezeichnen. Ähnlich wie in den Längsfassaden werden die Treppenhäuser als angedeutete Echos des Turmes erfahrbar[106]. Sie bilden einen Art Dreiklang vertikaler, in der Tiefe wie der Höhe gegeneinander verschobener Elemente, in deren Kraftfeld die anderen Ebenen eingeordnet sind. Für sich alleine würden diese vom übermächtigen Westturm überwältigt. Vor allem die Westwand des Hauptbaukörpers erhält aus dieser Konstellation einen Halt und eine Einbindung, welche ein Auseinanderfallen in autonom gedachte Baukörper verhindern.[107]

Das Ergebnis ist additiv und doch zu einer Einheit verbunden, es ist eine Zueinanderordnung isolierbarer Teile in ein komplexes Ganzes. Insofern entspricht es voll und ganz den oben gemachten Beobachtungen zu Hawksmoors Prinzipien der Komposition. Deren Umsetzung ist im vorliegenden Falle allerdings eine wesentlich freiere und plastischere.

IV.1.4.5.
Zusammenfassung:
Kompositionsprinzipien und „Primitivismus"

Die Analyse der Ansichten von St. George-in-the-East offenbart als eine diesen Entwurf in besonderer Weise auszeichnende Eigenheit die Aufgabe der Verwendung von ordnenden Systemen wie Rastern oder intelligiblen ganzzahligen Proportionen als Mittel der Gestaltung. Diese ist so weit getrieben, daß selbst einfache serielle Reihungen vermieden sind. Die Gestaltung beruht statt dessen auf der Ausbildung von Teilflächen durch eine räumliche Differenzierung der Ansicht, sei es durch Vor-

---

105   Vgl. auch: Evans, a.a.O., S. 25.
       Folgen wir Evans' Anregung eines Bezugs zu *San Giorgio Maggiore*, so können wir die Eingangsfassade als eine freie Variation dieses Themas mit einer erneuten Variation in der Giebelwand auffassen.

106   Vgl. auch: Downes, a.a.O., 1959, S. 178-179.

107   Vgl. auch: Downes, a.a.O., 1987, S. 66. Der Vergleich mit der *Kensington Charity School* hinkt allerdings, dieser kann lediglich auf das Motiv des Sprenggiebels bezogen werden.

und Rücksprünge in den Längsfassaden oder eine Staffelung von Ebenen in der Westfassade. Die sich ergebenden Teilfassaden sind in sich symmetrisch gestaltet und damit gewissermaßen isoliert. Zusammengefaßt werden sie durch eine ebenso klare, stringente Axialsymmetrie der Gesamtkomposition.

Sehr interessant ist die dessen ungeachtet vorgenommene Differenzierung der Ansichten in ausdrücklich als solche erkennbare Längs- und Stirnseiten. Trotz der Aufgabe seriell gestalteter Fassaden ist dem Außenbau so eine deutliche Orientierung verliehen. Grundlage dieser Differenzierung ist eine unterschiedliche Genese der Teilflächen. Diese entstehen teilweise aus der Addition einfacher geometrischer Körper in einer Ansicht, was vor allem im Westen der Fall ist, teilweise aber auch durch die Differenzierung einer Großform. Letzteres führt zur oben beschriebenen angedeuteten Additivität der Längsseiten.

Entsprechend kommen auch unterschiedliche Methoden der Schaffung einer additiven Einheit zum Einsatz. Im Westen bedarf es der Ambiguität der Zugehörigkeit an sich selbständiger Elemente und der Hintereinanderordnung der Teilflächen der Ansicht zur Verbindung der Bausteine der Komposition zu einem Ganzen. Auf den durch eine Aneinanderreihung der Teilflächen charakterisierten Seiten übernimmt dagegen die in ihrer Infragestellung immer noch spürbare Großform beziehungsweise die sich aus der gleichzeitigen Erkennbarkeit von Teilflächen und Großform ergebende Ambiguität der Ansicht diese Aufgabe. Aus der angedeuteten Additivität des Baukörpers folgt hier eine angedeutete serielle Ordnung der Ansicht.

Zusätzlich zur bloßen Axialsymmetrie ist die Komposition der Kirche auch durch eine bewußte Begrenzung der Zahl der Elemente und deren wiederholte Verwendung vereinheitlicht. Wiederum ergeben sich dabei Unterschiede zwischen Längs- und Stirnseite. In den Nord- und Südansichten ist dieses motivische Arbeiten rein repetitiv, während es in der Westfassade von der Variation lebt. Hier ist es vor allem das Spiel mit dem Motiv des Bogens, das sich vom Portal bis zu den kleinen Öffnungen in der Laterne über die gesamte Fassade erstreckt.

Daneben zeichnet sich die Gestaltung der Wand im vorliegenden Fall durch ihre große Einheitlichkeit aus. Deren Wirkung erfaßt notwendigerweise Stirn- und Längsseiten gleichermaßen. Sie bewirkt eine den gesamten Bau vereinheitlichende Grundhaltung des Entwurfes.

Die Wände sind extrem glatt und durchgehend horizontal gegliedert. Die Ansichten weisen nahezu keinen Dekor auf. Die wenigen dekorativen Elemente sind größtenteils abstrahiert. Deren vereinfachte Form sowie vor allem ihre Flächigkeit und Glätte führen zu einem Einfügen derselben in die Textur der Wand und damit zu einer Betonung der Massivität der glatten Natursteinmauern. Die wenigen feinen Profile heben infolge ihrer Alleinstellung durch den sich ergebenden Kontrast diesen Aspekt zusätzlich hervor.[108] Die daraus folgende Betonung des quasi bloßen, rohen Materials durchzieht den gesamten Bau und verbindet die Einzelteile im Hinweis auf den identischen Grundstoff - glatte massive Mauern und Blöcke von Stein -, aus welchem sie alle gehauen zu sein scheinen.

Der ausgeprägte Reduktionismus dieser Gestaltung kann sowohl mit dem allgemeinen Primitivismus der Zeit als auch besonders mit Hawksmoors persönlichem Interesse an der Architektur der „*Primitive Christians*"[109] oder auch am *Tempel Salomo*[110] in Zusammenhang gebracht werden. Die zeitgenössische Literatur charakterisiert beide historischen Vorbilder in dieser Weise, was sich aus

---

[108]   Vgl. hierzu auch: Summerson, a.a.O., 1941, S. 139.
Summerson erkennt dies genau wenn er schreibt: „*No other English architect, not even Vanbrugh [..], has ventured to contrast so violently the bareness of unmoulded recesses, deep reveals and heavy architraves with the fantastic ornament blossoming out in a few sensitively chosen places.*".

[109]   Rub, a.a.O., S. 19-22;
Smith, Peter, a.a.O., S. 34-35.

[110]   Vgl. hierzu: Curl, James Stevens, *The art and architecture of freemasonry*, London 1991, S. 94.
Rekonstruktionen des Tempels - und bes. die Rekonstruktion von Lamy - weisen große Ähnlichkeiten mit Hawksmoors Stil auf.

dem Faktum des Interesses an ihnen fast von selbst ergibt. Die Beschäftigung mit diesen Bauten entspringt einer Suche nach den reinen Wurzeln einer biblisch-christlich geprägten Kultur, was einem geistigen Primitivismus gleichkommt. Die betonte Einfachheit und Glätte des vorliegenden Entwurfes, die geradezu archaische Grobheit und Massivität des Baus müssen insofern auch als Ergebnisse einer bewußten Suche nach einer „primitiven" Architektur verstanden werden.

Beachtenswert ist dabei, daß dieser Primitivismus bei Hawksmoor keine Wendung zur Darstellung einer intellektuellen Idee in einer weitgehend abstrakten Architektur bewirkt. Ebensowenig beschwört er einen archäologischen Klassizismus herauf. Vielmehr bringt er eine demonstrative Betonung der materiellen Grundlagen sowie der unvermittelten emotionalen Wirkung der Architektur mit sich. Der Primitivismus Hawksmoors versucht nicht die getreue Reproduktion eines „primitiven" Vorbildes. Sein Ziel ist viel eher eine gewissermaßen auszugsweise zitierende oder auch selektiv interpretierende Darstellung des Bezugs zu „primitiven" Vorbildern durch gezielte Hinweise - sei es in der Grundrißgestaltung oder der Detaillierung - auf Typen und Eigenschaften „primitiven" Bauens.

Die Gestaltung der Außenflächen des Baus hat insofern über ihre vereinheitlichende formale Wirkung hinaus unbedingt auch symbolische Konnotationen.[111] Die beiden Aspekte sind kaum voneinander zu trennen, ein eindeutiger kausaler Zusammenhang von Form und Bedeutung ist nicht herzustellen. Symbolische und formale Überlegungen fließen zu einem mehrdeutigen Ganzen zusammen, wie es die Teile der Komposition auch tun.

Lang sieht in der sich daraus ergebenden Kombination von betont glatter Gestaltung einerseits und vielschichtiger Bezugnahme auf historische Vorbilder verschiedenster Epochen andererseits einen Beleg für Vanbrughs Einfluß auf den Entwurf. Sie geht sogar so weit, Vanbrugh selbst als den Entwerfer vorzuschlagen. Downes lehnt diese Hypothese entschieden ab und weist an mehreren Stellen nach, daß sich Hawksmoors Stil schon vor Vanbrughs möglicher Einflußnahme in diese Richtung entwickelt hatte.[112] Unabhängig davon liefern die Unterlagen der Kommission aber auch keinerlei Hinweise, welche diese These stützen könnten. Mit der Entwertung des stilistischen Arguments wird sie insgesamt hinfällig.

Die Symbiose formaler und symbolischer Aspekte der Gestaltung ist nicht auf den Aspekt der Vereinheitlichung der Außenflächen beschränkt. Der semantisch wie formal eingesetzte Primitivismus der Gestaltung unterstützt auch die Wirksamkeit grundlegender Kompositionsprinzipien. Er macht diese erkennbar und nachvollziehbar.

Rein formal betrachtet entsteht somit auch hier bei *St. George-in-the-East* ein komplexes, vieldeutiges Ganzes aus isolierbaren aber keinesfalls autonomen Elementen, eine Einheit von Teilen, die eindeutig zusammengehören, welche aber alle mit einer eigenen Individualität ausgestattet sind und dieselbe zeigen dürfen. Diese Eigenständigkeit des Einzelelements droht zwar hin und wieder in einem größeren Zusammenhang aufzugehen, und in einigen Fällen erscheint es fraglich, inwieweit eine Lösung aus dem Zusammenhang überhaupt möglich wäre. Die Isolierbarkeit und Erkennbarkeit des Elementes und seiner geometrischen Form bleibt aber immer gewährleistet.

Die sich ergebende Gleichzeitigkeit von Additivität und Bindung - ein Charakteristikum aller bisher untersuchten Bauten - erhält im vorliegenden Fall eine etwas andere Qualität. Sie ist in einer ansonsten kaum anzutreffenden Weise nachvollziehbar. Verantwortlich dafür ist die durch den beschriebenen Primitivismus geförderte Klarheit und vor allem Ablesbarkeit der Geometrie der Kom-

---

111   Vgl. hierzu: Rub, a.a.O., S. 21.
      Rub schreibt entsprechend: „... *the peculiar frames of aisle windows and crypt doors, with their blocky pendants and oversize keystones, seem to have been selected more for their value as symbolic images then for their capacity to function together in a harmonious ensemble*".

112   Vgl. hierzu:
      Lang, S., *Vanbrugh's Theory and Hawksmoor's Buildings*, S. 147-151,
      in: *Journal of the Society of Architectural Historians*, XXIV, 1965, S. 127-151;
      Downes, a.a.O., 1987, S. 138-139.

position. Die Aufgabe ordnender Maßsysteme und die auffällig starke Dreidimensionalität des Entwurfes sind nur im Zusammenhang dieser Klarheit sinnvoll einsetzbar. Letztere bewirken lediglich unter diesen Bedingungen die oben bemerkte, im Vergleich mit den anderen Kirchen erweiterte, die Gesamtheit erfassende und damit zu einer komplexen Einheit verbindende offene Ambiguität der Komposition. Der Entwurf geht damit einen Schritt weiter als die einerseits „fiktionalen", andererseits teilweise aber auch immer noch zweidimensional-seriellen Gestaltungen der Fassaden von *St. Anne* und *Christ Church* in Richtung auf eine direkte, unverblümte Umsetzung des hinter diesen Gestaltungen ebenfalls deutlich erkennbaren additiven Kompositionsideals Hawksmoors. Letzteres durchdringt hier auch die Gestaltung der Fassaden, welche in früheren Entwürfen lediglich die in sich geordnete Hülle des als Ganzes einen Baustein der Komposition bildenden Hauptbaukörpers darstellen.

Mit der Ambiguität dieser prinzipiell additiven Form untrennlich verbunden ist die Ambiguität der Bedeutung. Die Verweise auf historische Vorbilder sind unterschiedlichster Art. Diese sind auf komplexe Weise ineinander verwoben. Unter der Großform der traditionellen Kirche mit Westturm sind nicht nur der antike Tempel und die römische Massenarchitektur angesprochen, romanische und gotische Beispiele scheinen ebenso durch wie byzantinische oder gar osmanische.[113] Hawksmoor versuchte weder die bloße Rekonstruktion eines Vorbildes[114] noch allein die Verbindung von gotischem Turm und römischem Tempel. Selbst Smiths Beschreibung des Baus als einer Kombination eines Turmes, eines Tempels und einer Basilika[115] erfaßt die Komplexität der Bedeutungen nicht und mißachtet zudem das unbestrittene Primat des „geometrischen Symbols" des traditionellen Bautypus.[116] Die offensichtlich weiterhin als zeitgemäß betrachtete Institution Kirche in ihrer traditionellen und etablierten Form - dargestellt durch den Typus der englischen Pfarrkirche - ist angereichert und damit gerechtfertigt durch Verweise auf ihre Herkunft, ihre Quellen und ihre Vorbilder. Frühes Christentum und konstantinischer Caesaropapismus, die nationalen Wurzeln in der angelsächsischen Kirche der Romanik und die Kontinuität der Tradition auch mit der Kirche des Mittelalters sind als positive Aspekte ihres Erbes zitiert. Das in Hawksmoors Bau auf diese Weise von der Kirche als Einheit gezeichnete Bild erhält ebenso viele Facetten wie die komplexe Form des Baus.

IV.1.5.
Der Innenraum - Rekonstruktion des Gemeinderaumes
(Abb. 110-111, 127-128)

Infolge der Zerstörungen des Krieges und der danach entstandenen Einbauten ist vom Gemeinderaum der Kirche und seiner originalen Ausstattung praktisch nichts erhalten. Lediglich die reich stukkierte Apsis erinnert innerhalb des von den Sechziger-Jahren entwickelten Sakralraumes heute noch an das Interieur der Hawksmoor-Kirche. Dies macht eine Beschreibung des Innenraumes und vor allem eine Darstellung seiner räumlichen Wirkung schwierig.

Die erhaltenen Pläne und Photographien lassen dessen ungeachtet erkennen, daß der räumliche Eindruck des Interieurs deutlich anders war als derjenige in den anderen Kirchen Hawksmoors. Primär verantwortlich für diese unterschiedliche Wirkung war die Tatsache, daß *St. George-in-the-East* als einzige der betrachteten Kirchen keine Flachdecke aufwies.

---

[113]   Evans, a.a.O., S. 100.

[114]   Worsley, Giles, *Wren and Hawksmoor, Two Conflicting Attitudes towards the Antique*, Lecture given to the Society of Antiquaries (unveröffentl. Manuskript des Vortrags), Donnerstag, 10. Oktober 1991, S. 11-12.

[115]   Smith, Peter, a.a.O., S. 33-35.

[116]   Vgl. auch: Summerson, a.a.O., 1986, S. 87-88.

IV.1.5.1.
Die Decke
(Abb. 127)

Das von den insgesamt acht im Gemeinderaum plazierten internen Stützen definierte Hauptschiff überspannte auf dessen gesamter Länge eine Flachtonne. Deren Querschnitt entsprach einem gedrückten Korbbogen. Sie stieß im Westen gegen den Turm und endete im Osten oberhalb der Apsis an der Stirnwand des Gemeinderaumes.

Eine weitere Tonne desselben Querschnitts kreuzte die erste auf der Mittelachse des Raumes. Das von den vier eingestellten Säulen ausgezeichnete zentrale Quadrat des Grundrisses wurde so zu einer Vierung im wahren Sinne des Wortes. Auch diese zweite Tonne stieß mit ihren Enden stumpf an die den Raum begrenzenden Elemente, die Seitenwände der Kirche.

Die schmalen Vorzonen im Osten und Westen des Gemeindraumes waren gleichermaßen je von einer Tonne nach oben abgeschlossen. Wie die zentrale Quertonne so kreuzten auch diese Wölbungen der Decke die Tonne über dem Hauptschiff. Ihr Querschnitt war allerdings halbkreisförmig. Die vergleichsweise schmalen Gewölbe erreichten damit dieselbe Scheitelhöhe wie die Korbbögen der beiden großen Tonnen.

Zwischen den beschriebenen gewölbten Streifen verblieben lediglich vier identische, jeweils quadratische Deckenfelder. Diese wiesen eine Flachdecke auf. Ihren Rand bildete ein voll ausgebildetes dorisches Gebälk mit auffallend schwerem Gesims, welches in seinen Details am ehesten Vignolas dorischer Ordnung entsprach. Die innere der beiden freien Ecken dieser horizontal gelagerten Quadrate unterstützte jeweils eine der eingestellten dorischen Säulen, die äußere einer der kreuzförmigen Pfeiler. Über letzteren - und nur über diesen - war das Gebälk verkröpft.

Breite, kassettierte Gurtbögen trennten das zentrale Feld mit dem sich aus der Überschneidung der beiden breiten Tonnen ergebenden Kreuzgratgewölbe von den Kreuzarmen. Eben solche waren auch von Pfeiler zu Pfeiler gespannt. Hier markierten sie die Grenze zu den beiden Vorzonen an den Stirnseiten des Gemeinderaumes. Das Profil der Gurtbögen war in letzterem Fall allerdings sichtbar stärker als bei ihren das zentrale Quadrat begrenzenden Pendants. Das große Quadrat des Kernbereiches des Gemeinderaumes war so merklich deutlicher von den beiden Vorzonen abgegrenzt, als es die Vierung in dessen Inneren war. Die erwähnte Verkröpfung des dorischen Gebälks über den Pfeilern erklärt sich ebenfalls aus dieser Absicht.

Fünf Rosetten - jeweils eine kleinere in den vier Kreuzarmen und eine größere im Mittelpunkt der Vierung - verstärkten die visuelle Wirksamkeit der Symmetrie des sich ergebenden griechischen Kreuzes im Kernbereich des Längsrechtecks des Gesamtraumes. Diese Maßnahme belegt, daß bewußt eine Assoziation der geometrischen Lösung der byzantinischen Kreuzkuppelkirche angestrebt wurde, wie sie Hawksmoor zum Beispiel von Le Bruns Darstellung der *Kirche von Chalcedon* kannte.[117]

Die Flächen der Decke waren ansonsten vollständig glatt belassen. In ihrem ursprüngliche Zustand - strahlend weiß und glatt - muß sie damit fast papieren und schwebend gewirkt haben[118] - ganz und gar nicht wie ein schweres lastendes Gewölbe. Dies muß zu einer Verfremdung des angesprochenen frühchristlichen Vorbildes geführt haben. Es war zitiert, aber nicht nachgeahmt. Bei Ball[119] findet sich allerdings eine Erwähnung einer ursprünglichen, hölzernen Deckenkonstruktion der *Hagia Sophia*. Die leichte Decke von *St. George* ist insofern möglicherweise auch als ein Versuch der Rückkehr zur konstantinischen[120] Urfassung der *Sophienkirche* zu deuten.

---

117   Le Brun, a.a.O., S. 53, Abb. 24.

118   Downes, a.a.O., 1959, S. 176-179.

119   Ball, a.a.O., Buch II, S. 82.

120   Ball, a.a.O., Buch II, S. 82.
       Vgl. hierzu auch: Teil B, IV.1.6.

Ball veröffentlichte darüber hinaus fünf Du Fresne entnommene Abbildungen der *Hagia Sophia*.[121] Auf einer Innenansicht zeigen diese an der Wand die für den Längsschnitt der vorliegenden Kirche so charakteristische Abfolge von Kreisbogen, gedrücktem Korbbogen und Kreisbogen. Die Korbbögen der Decke von *St.George-in-the-East* könnten demnach als Form an sich ebenfalls eine semantische Bedeutung gehabt haben - als zusätzliche Verweise auf den Kirchenbau der *„primitive christians"*.

Smith verweist daneben auf die Möglichkeit eines Bezugs der Flachtonnen zu Beispielen normannischer Sakralarchitektur. Der Chorbogen von *Blyth Priory* - ganz in der Nähe von Hawksmoors Geburtsort - ist ein in dieser Hinsicht sehr interessantes Beispiel. Smith hält eine Verbindung dieser Vorbilder zu Hawksmoors Interesse an der *„primitive church"* sowie an einer dieser entsprechenden Architektur für möglich und wahrscheinlich.[122] Im Zusammenhang der oben bereits erwähnten Belege für die vom Architekten der hier betrachteten Kirchen sowohl der romanischen Architektur als auch der frühen englischen Kirche entgegengebrachte Wertschätzung[123] erscheint diese These durchaus plausibel. Auch im vorliegenden Fall bewahrheitet sich folglich der sich allgemein ergebende Eindruck; das die Gestaltung der Decke des Innenraumes primär prägende Thema erhielt durch seine verfremdete und abstrahierte Darstellung ebenfalls das Potential zur Überlagerung mit anderen Konnotationen.

Unabhängig von diesen semantischen oder auch typologischen Aspekten macht die Analyse der Form der Decke auch die allein im Grundriß wenig sinnvoll erscheinende maßliche Ordnung der Plazierung der Stützen verständlich. Die durch das dorische Gebälk begrenzten Quadrate der Flachdecken entsprachen mit 16' 3" Seitenlänge exakt einem Viertel der lichten Weite des Raumes[124]. Diese klar definierten Teilräume waren als Einheit in die Hülle der Außenwände eingestellt. Die Stützen waren integraler Bestandteil der eingefügten Quadrate. Ihre Außenseite oder auch die Außenseite des von ihnen getragenen Gebälks war folglich ausschlaggebend für ihre Position - nicht ihre Achse.

Die zum Erreichen einer unmittelbaren visuellen Wirksamkeit dieser Ordnung notwendige und logische Anordnung weiterer Stützen vor den Außenwänden wurde allerdings nicht realisiert. Selbst im Zusammenhang mit der Decke oder auch nur in derselben ergab sich keine augenfällige visuelle Ordnung. Die Logik der Plazierung der internen Stützen wird im Gesamtzusammenhang des Baus zwar ersichtlich, sie war im realisierten Bau aber weder thematisiert noch demonstrativ dargestellt. Vielmehr war auch unter diesem Aspekt eine gewisse Ambiguität beabsichtigt, welche der offensichtlich bewußt geschaffenen räumlichen und semantischen Vieldeutigkeit des Interieurs diente.

Dem entsprach ebenfalls, daß das dorische Gebälk und die Tonne über dem Querarm des griechischen Kreuzes glatt bis zur Außenwand geführt waren. Sie stießen dort beide stumpf auf die Wandfläche, ohne ein abschließendes Element wie den in der Längstonne vorgesehenen Gurtbogen an der Grenze zu den Vorzonen des Gemeinderaumes. Für die hier angedeutete Kreuzkuppelkirche ergaben sich folglich in Nord-Süd-Richtung etwas längere Arme. Die Querachse verlor dabei allerdings eher an Gewicht. Dadurch, daß die Längswand ohne Unterbrechung oder Bezug zur Ordnung der Decke bis an die Ecken zu den nach außen gezogenen Enden der Vorzonen durchgeführt war, löste sich die Decke als Element hier von den raumbegrenzenden Mauern und erschien mitsamt den freistehenden Stützen als additiver Einbau eigener Ordnung - einer Ordnung, welche parallel zu derjenigen der Mauern Bestand hatte.

---

[121]   Ball, a.a.O., Buch II, S. 82.

[122]   Smith, Peter, a.a.O., S. 37, Anm. 57.

[123]   Vgl. hierzu: Teil B, II.1.3.3.a.

[124]   Bzgl. der Maße vgl. u.a.: *B.L., Map Library, K.Top.23.21.2.a.*

Das Fehlen jedweden Profils am Schildbogen und die Auflagerung des Gebälks auf einem Pfeilerkapitell ohne Schaft betonten diese Additivität. Letztere ließ das gesamte Interieur als Innenausbau, als Füllung des von den Mauern definierten Raumcontainers erscheinen.

Gurtbögen wie die oben beschriebenen gliederten auch die Tonnen über den Vorzonen. Sie unterteilten die Decke zu beiden Seiten der Längsachse jeweils zwei Mal. Von den kreuzförmigen Pfeilern und den an der äußeren Ecke des großen Quadrats des Kernbereiches der Wand vorgelegten Pilastern spannten sie zu ihren Pendants an den Stirnwänden des Gemeinderaumes. Damit setzten sie die Linie der Längswände sowie diejenige der Haupt- und Nebenschiff trennenden Stützenstellung über die Vorzonen fort bis an die Stirnwände des Gemeinderaumes. Dort ergab sich hieraus eine gewisse Einbindung der Decke in die Ordnung der Wand. Dies führte zusammen mit der Lösung der Decke des Kernbereiches von der den Raum fassenden Hülle zu einer Betonung der Längsachse innerhalb des Interieurs. Selbst innerhalb der Decke war diese spürbar. So verlieh auch die Ordnung der Decke - trotz ihrer deutlichen Bezugnahme auf den Typus der Kreuzkuppelkirche - dem Raum eine angedeutete Longitudinalität. Damit näherte sich die Raumauffassung von *St. George-in-the-East* ein weiteres Mal derjenigen der *Hagia Sophia* an.

IV.1.5.2.
Die Wände
(Abb. 109-110)

Die Gestaltung der Wände des Gemeinderaumes verstärkte die in der Decke anklingende Tendenz zum Longitudinalraum. Deutlich wird dies vor allem in der Differenzierung der Einzelansichten.

IV.1.5.2.a.
Die Längswände
(Abb. 109)

Die in sich symmetrischen Längswände waren betont glatt gehalten. Die einzigen plastischen Gestaltungselemente waren die jeweils auf der Achse der kreuzförmigen Pfeiler - an der Ecke zu den Seiteneingängen - vorgelegten Pilaster sowie die demgegenüber etwas beziehungslos in der Luft hängend erscheinenden, das dorische Gebälk am Rande des Querarmes des griechischen Kreuzes aufnehmenden Pilasterkapitelle.
    Die Fenster waren ohne rahmende Profile glatt aus der Wand geschnitten. In der Achse der Tonnen der Vorzonen lagen, deutlich zurückgenommen hinter die allgemeine Wandebene, die Seiteneingänge und ein OG-Fenster. Zwischen den Achsen der Stützen war ein ovaler Okulus plaziert, welcher sich im OG vom Treppenhaus aus öffnete. An der Stirnseite der Querarme des Kreuzes befanden sich die drei sich aus der Fassade ergebenden Fensterachsen. Die Kämpfer der Bögen der OG-Fenster und die Unterkante des die Decke tragenden Gebälks befanden sich hierbei bemerkenswerterweise auf derselben Höhe, was die Spannung zwischen Wand und Decke erhöhte und damit den Eindruck der Additivität verstärkte.

Die hier ersichtliche Kleinteiligkeit der Stirnseiten des Querarmes des griechischen Kreuzes kontrastierte deutlich mit der Gestaltung der beiden Enden des Längsarmes desselben und vor allem mit derjenigen der östlichen Innenansicht.

IV.1.5.2.b.
Ostwand und Altarraum
(Abb. 110, 127-128)

Im Osten des Gemeinderaumes öffnete sich der heute noch erhaltene Chorbogen mit der dahinter gelegenen halbrunden Apsis. Die Spannweite dieser Öffnung entsprach in etwa zwei Dritteln der Breite des quasi als Hauptschiff zu bezeichnenden Längsarmes des von Decke und internen Stützen innerhalb des Grundrisses definierten griechischen Kreuzes. Ihre Kämpferhöhe war diejenige der OG-Fenster und damit wiederum diejenige der Unterkante des die Decke tragenden Gebälks. Der Halbkreis des Bogens drang folglich bis weit in den Schildbogen am Ende der Flachtonne; zwischen seinem Scheitel und demjenigen der Tonne verblieben lediglich 1' bis 2'.

Am Ende der das Hauptschiff flankierenden Nebenschiffe waren jeweils zwei Rundbogenfenster übereinander angeordnet. Sie gaben dem zentralen Motiv des Chorbogens einen symmetrischen Rahmen.

Im Altarraum selbst war das Niveau - wie in allen sechs Kirchen Hawksmoors - um drei Stufen angehoben. Der Boden war mit schwarzem und weißem Marmor belegt.[125] Eine Balustrade[126] trennte Altarbereich und Gemeinderaum auf der Linie des Chorbogens.

Im Erdgeschoß blieb die Wand der Apsis vollkommen geschlossen. Vor ihr war die bis zur Unterkante der OG-Fenster hochgeführte Retabel plaziert. Korinthische Pfeiler und Pilaster rahmten deren zentrale Nische. Im Scheitel der letzteren war eine Muschel eingefügt.[127] Den Abschluß der Komposition bildete eine vollplastische Gruppe von Vasen und Draperien,[128] welche in die Zone der Fenster hinein ragte. Vor der Retabel war der von ionischen Säulchen getragene hölzerne Altartisch plaziert.[129]

Oberhalb des Gebälks der Altarretabel ist der originale Dekor heute noch erhalten. Hier ist die Wand in einer durchgehenden Arkade mit insgesamt fünf Rundbogenfenstern geöffnet. Die zwischen den Öffnungen verbleibenden Pfeiler sind als klassische Pilaster dorischer Ordnung artikuliert. Die ebenso fein profilierten Archivolten der Fenster dringen in die Zone der die Apsis nach oben abschließenden Halbkuppel ein. Ihr Ansatz fällt wie derjenige der Decke des Hauptraumes mit der Kämpferzone der OG-Fenster zusammen.

Die Kuppel der Apsis ist besonders reich gestaltet. In den Zwickel zwischen den Archivolten der Fenster sind jeweils Cherubim in Paaren angeordnet. Von dort aus steigen mit einem Blütenornament verzierte Rippen zur Scheitel der Kuppel auf und teilen deren Fläche in fünf identische Segmente. Im Scheitel selbst deutet ein großes Halbrund einen Okulus an, in welchem ein weiterer Putto mit Blütengirlanden dargestellt ist. In jedem der Segmente ist auf halber Höhe ein rundes Medaillon mit einer Rosette eingefügt. Die darüber verbleibenden Spickel füllt weitere florale Ornamentik. Die unterhalb entstehenden Felder hingegen fassen klar zu identifizierende Symbole.

Im mittleren der fünf Felder ist die Taube abgebildet vor einer Wolke, hinter der das Licht in Strahlen hervor scheint, eine symbolische Darstellung Gott Vaters und des heiligen Geistes. Die beiden flankierenden Felder zeigen jeweils ein Buch und Palmen, Symbole der Offenbarung, des

---

[125] *L.P.L., Book of Works, MS.2700*, S. 202;
L.P.L., Bills, MS.2722, fol. 68.

[126] *L.P.L., Book of Works, MS.2700*, S. 213.

[127] *L.P.L., Bills, MS.2722*, fol.73r-v, 78v, 79r;
L.P.L., Book of Works, MS.2700, S. 211-213.
Britton und Pugin, a.a.O., Abb. III (hier ist der originale Altar abgebildet).

[128] *L.P.L., Book of Works, MS.2700*, S. 211-213.

[129] *L.P.L., Book of Works, MS.2700*, S. 213;
L.P.L., Bills, MS.2722, fol. 73v, 79v.

Märtyrertums und des Sieges, Hinweise auf den durch das Evangelium und den Tod Christi möglich gewordenen Sieg über den Tod. In den beiden äußeren Feldern schließlich sind links eine Krone und rechts eine Mitra dargestellt, jeweils ergänzt durch Olivenblätter, Sinnbilder der Parallelität von Kirche und Staat sowie Symbole des Reichtums. Es wurde offensichtlich versucht, die staatskirchliche Verfassung als die Grundlage des wirtschaftlichen Erfolges Englands im 18. Jahrhundert zu identifizieren.

Rein gestalterisch verlieh die reiche Ausstattung dem Chorraum in seinem ursprünglichen Kontext eine visuelle Wirksamkeit, welche ihn zum primären Fokus des Innenraum werden ließ. Die aller zentralsymmetrischer Ansätze zum Trotz in der Planung vorgegebene Längsachse des Gemeinderaumes fand in ihm einen angemessenen, sie zusätzlich hervorhebenden Schlußpunkt.

IV.1.5.2.c.

Die Westseite

Die Westseite des Gemeinderaumes war wesentlich zurückhaltender gestaltet als ihr Gegenstück im Osten, die Chorfassade. Der von einem konkaven Gewände gerahmte Bogen des Hauptportals, das zentrale Element der hier realisierten Komposition, reichte mit seinem Scheitel nur knapp in die OG-Zone. Sein Kämpfer lag auf Höhe der Unterkante der OG-Fenster. Der sich daraus ergebende Bruch der Ordnung verlieh allerdings auch diesem Bogen eine etwas größere Bedeutung, keinesfalls konnte er aber mit dem Chorbogen konkurrieren.

Trotz des konkaven Gewändes ergab sich hier nicht der Eindruck eines angedeuteten Westchors, wie wir ihn von anderen Kirchen Hawksmoors kennen. Vielmehr wurde der Turm selbst im Inneren spürbar. Sein Baukörper, der ein wenig schmaler war als das Hauptschiff, trat etwas nach vorne in den Raum. Seine durch die plastische Gestaltung des Portals betont massiv erscheinende Ostwand wurde damit als Ende des Hauptschiffes wahrnehmbar. Es ergab sich eine Gegenüberstellung gegensätzlicher Raumabschlüsse. Als Gegenpol zur lichten, nach außen den Raum erweiternden Apsis war der massive, in den Raum nach vorne dringende Baukörper des Turmes spürbar gemacht. Dies führte zu einer eindeutigen Ausrichtung der alleine schon durch die Anordnung von Elementen größeren Maßstabs betonten Längsachse nach Osten.

In den Seitenschiffen waren wie in der gegenüber liegenden Wand in beiden Geschossen Öffnungen angeordnet. Im OG befanden sich die üblichen Rundbogenfenster, im EG dagegen waren hier die deutlich breiteren Durchgänge in die beiden *Vestry Rooms* angeordnet.

Hülle, Stützen und Decke bildeten in diesem Fall - wie auch bei den anderen Innenfassaden des Gemeinderaumes - eine makellos axialsymmetrische Anordnung. Insgesamt ergab sich hieraus eine zu beiden Achsen des Grundrisses weitgehend symmetrische, die Längsachse des Rechtecks des Gemeinderaums aber dennoch hervorhebende Anordnung, welche vor allem durch die gezielt unterschiedliche Gestaltung der beiden Stirnseiten eine eindeutige Ausrichtung nach Osten erfuhr.

IV.1.5.3.

Galerien und Möblierung

Durch den Innenausbau erhielt die oben beschriebene, für sich betrachtet ziemlich klare Konzeption des Raumes zusätzliche Akzente. Vor allem die Galerie, deren Gestaltung sie deutlich als dem Innenausbau zugehörig auswies, muß mit ihrer U-förmigen Anordnung zu beiden Seiten der Ost-West-Achse die Perzeption der Ordnung des Innenraums in vielfacher Weise verändert haben.

Die Längsseiten der Galerien waren deutlich länger als der quadratische Kernbereich des Gemeinderaumes, erst in dessen Vorzonen waren diese nach vorne geknickt und traten nach innen in den Raum des Hauptschiffes. Sie überspielten damit die ohne sie deutlich spürbare Trennung zwischen der „Kreuzkuppelkirche" des Kernbereiches und ihren Verlängerungen in den Vorzonen an den beiden Enden des Gemeinderaumes.

Die sich ergebende Diskrepanz betonte allerdings auch die Selbständigkeit der Galerien als Einbauten in die von der primär massiven, steinernen Architektur der Kirche vorgegebene Hülle. Dieser Differenzierung der Galerien als einem separaten Subsystem entsprach das Zurückziehen ihrer zierlichen hölzernen Stützen hinter die Linie der acht massiven Stützen des Gemeinderaumes selbst.[130] Ähnliches galt auch für das Verhältnis der Galeriefronten zu den Säulenschäften. Die die Decke tragenden Säulen und Pfeiler ruhten auf quadratischen Sockeln. Deren Oberkante entsprach der Unterkante der EG-Fenster und damit auch der Oberkante der *pews*. Diese Stützen erhoben sich also frei über dem dunklen Grund der Bestuhlung, gehörten aber nicht - wie zum Beispiel bei *Christ Church* oder noch deutlicher bei *St. Anne* - allein der OG-Zone an. Vielmehr wurde die Front der Galerie, deren Oberkante nur wenig unterhalb der Mitte der Säulen zu liegen kam, hinter diesen in einem konkav nach innen gezogenen Segmentbogen vorbeigeführt, so daß die Schäfte der Säulen vom Hauptschiff betrachtet vollkommen frei blieben. An den vier kreuzförmigen Pfeilern, wo die Fronten der Galerien stumpf anstießen, verhinderten die vorgelegen Pilaster in entsprechender Weise den Eindruck einer Unterbrechung der Stützen. Hier verblieb allerdings ein gewisser Grad der Einbindung, was im Sinne einer Betonung der zentralen Viersäulengruppe vielleicht gar nicht unerwünscht war.

Mit dem in diesem Sinne eindeutig als additiv zu bezeichnenden Einbau der Galerien wurde aber nicht nur die klare Trennung der Raumzonen aufgelöst, es erfolgte ebenso eine zusätzliche Betonung der Längsachse. Auch in vorliegenden Fall wurde diese je nach Standort des Betrachters im Raum deutlich anders erfahren.

Im EG entstand eine gewissermaßen basilikale Situation, zumal die vergleichsweise hohe Anordnung der Galerien die Nebenschiffe nicht zu dunklen Abseiten degradierte, wie das bei *Christ Church, Spitalfields*, der Fall war. Gleichzeitig verhinderte aber die fehlende Einordnung der Galeriestützen in die Reihe der anderen Stützen eine Lesung als Basilika mit Stützenwechsel, wie wir sie von *St. Anne* her kennen. Die Stützenstellung der die Decke tragenden Stützen war auch im EG klar und deutlich zu isolieren. Wie bei *St. Alfege* blieb zudem der gesamte Raum bis zu den Außenwänden spürbar. Das additiv eingefügte Element der Galerien war von daher - mitsamt den von ihm ausgehenden Manipulationen der Raumauffassung - immer dem vom Gesamtraum vorgegebenen Hauptthema - der verlängerten Kreuzkuppelkirche - untergeordnet.

Für die Erfahrung des Raumes im EG war darüber hinaus die sich ergebende Definition direkt Haupteingang und Chorraum zugeordneter Vorbereiche innerhalb der quergelagerten Vorzonen im Westen und Osten des Gemeinderaumes von Bedeutung. Vor allem der Chorraum erfuhr infolge der Rahmung durch die Enden der Galerien eine Steigerung seiner Wirkung. Diese hatte zur Folge, daß die quergelagerten Vorzonen in ihrer visuellen Wirkung und Erkennbarkeit stark beeinträchtigt wurden. Verstärkt wurde dies durch den Einbau der Windfänge, deren leichte Holztrennwände ein wenig vor die Ebene der Längswände traten. Wirklich erfaßbar war dieser Teilraum folglich lediglich im OG und in der Deckenzone.

Auf den Galerien selbst ergab sich erneut eine primär von einander entgegengesetzten, senkrecht zur Längsachse orientierten Kraftfeldern geprägte Situation, welche in ihrer symmetrischen Gegenüberstellung die Längsachse definierte. Verstärkt durch die nach vorne gezogenen Enden entstand hierbei ebenfalls eine assoziative Rekonstruktion des Raumeindrucks einer *College Chapel* oder auch eines Chorgestühls.

---

130   Vgl. auch: Pugin and Britton, a.a.O., Bd. II, S. 97.

Das zweite Element des Einbaus, welches zu einer Manipulation des Raumeindruckes führte, waren die Ausstattung mit Bestuhlung sowie die Gestaltung und Plazierung der liturgischen Orte innerhalb des Gemeinderaumes.

Vieles spricht dafür, daß der 1826 veröffentlichte Plan der *pews*[131] noch den originalen Zustand dokumentiert.[132] Derselbe zeigt zwei Blöcke von *pews* zu beiden Seiten der Längsachse, welche mit ihren Außenkanten bis ins erste Drittel der Seitenschiffe reichen. Das zweite Drittel nehmen die Seitengänge ein, während im verbleibenden dritten Drittel direkt vor den Längswänden wiederum Bänke angeordnet sind. Die quergelagerten Vorzonen blieben demnach vollkommen frei von jeder Bestuhlung.

Ungefähr auf Höhe der östlichen Säulen sind zu beiden Seiten des Hauptganges am Rande der Blocks, jedoch nicht ganz an deren östlichem Ende, symmetrisch zur Längsachse Kanzel und *Reader's Desk* plaziert. Die bei den Papieren der Kommission erhaltenen Rechnungen bestätigen die hier dargestellte Position indirekt. Sie verzeichnen Änderungen an den *pews*, um den Einbau von Kanzel[133], Ambo[134] und *Clerk's Desk* zu ermöglichen, was auf jeden Fall auf eine Anordnung im Inneren der Blocks hindeutet.[135]

Diese Möblierung des Raumes hatte zumindest zwei Folgen, die der Beachtung wert sind. Zum einen betonte der Mittelgang zusammen mit Kanzel und *Reader's Desk* die Längsachse und damit die Orientierung nach Osten. Zum anderen führten die die Grenzen von Haupt- und Seitenschiff überspielenden Blocks der *pews* zu einer weiteren Vereinheitlichung des Raumes in der Ebene des Bodens und ließen so die Galerien noch wesentlich deutlicher als Additionen erscheinen. *Pews* und Decke faßten den Raum zusammen, in welchen - wie bei *St. Alfege* - das Zusatzelement der Galerie eingestellt erschien.

IV.1.5.4.
Zusammenfassung:
das Interieur als additive Füllung des Raumcontainers

Im Innenraum von *St. George-in-the-East* war der Zentralraumgedanke deutlicher als in allen bisher betrachteten Interieurs artikuliert; seine Komposition war allerdings auch die additivste und gleichzeitig die am ehesten in sich ruhende der Kirchen. Gewissermaßen war Hawksmoor hier zum Raumcontainer von *St. Alfege* zurückgekehrt. In einem ersten Arbeitsgang hinzugefügt erschienen die internen Stützen und die Decke; in den sich daraus ergebenden Rahmen als additive Einbauten eingestellt die Möblierung und vor allem die Galerien. Die Additionen waren als solche kenntlich gemacht. Die an sich sehr einfache Konzeption des Raumes und die verschiedenen Ebenen beziehungsweise Subsysteme blieben ablesbar, wurden also trotz der teilweise komplexen Überlagerungen nicht grundsätzlich in Frage gestellt. Dabei ergab sich auch hier - und dies in besonders deutlicher Weise - eine hierarchische Unterordnung vielfältiger angedeuteter räumlicher Auffassungen unter eine klare, das Ganze umfassende, einfache Grundidee: den Raumcontainer.

---

131   Britton und Pugin, a.a.O., Abb. 1.

132   Summerson, a.a.O., 1941.

133   Zu Kanzel, *Reader's* und *Clerk's Desk* vgl.:
       L.P.L., Bills, MS.2722, fol. 79;
       L.P.L., Book of Works, S. 203, 214.
       Die Kanzel selbst war quadratisch. Sie wurde von vier Voluten getragen und wies verschiedenfarbige Intarsien auf.
       Ihr Schalldeckel wurde von kannelierten korinthischen Pilastern gestützt.

134   „Reader's Desk".

135   *L.P.L., Bills, MS.2722*, fol. 61.

IV.1.6.
Fazit - Prinzipien und Aussagen

Die Kirche von *St. George-in-the-East* erscheint in vielerlei Hinsicht als eine Neuinterpretation der die zuvor behandelten Beispiele prägenden Prinzipien. Sie scheint diese in einer bisher nicht beobachteten Deutlichkeit auszudrücken. Dabei sind sehr wohl einige Charakteristika der anderen Kirchenentwürfe aufgegeben, dies geschah jedoch nicht im Sinne einer Neuorientierung des in ihnen zum Ausdruck kommenden architektonischen Denkens.

In der grundsätzlichen geometrischen Komposition des Baus findet der allen Kirchen Hawksmoors zugrunde liegende traditionelle Typus des Langhauses mit Westturm seinen deutlichsten Ausdruck. Ausschlaggebend für diese Beurteilung ist vor allem die klare Darstellung des dennoch direkt mit dem Gemeindehaus verbundenen Baukörpers des Turmes. Im Vergleich damit und unter dem genannten Aspekt muß die Freistellung desselben bei *St. Alfege* als eine von der dort gegebenen Situation erzwungene Notlösung betrachtet werden.

Gleichzeitig steigerte Hawksmoor im vorliegenden Fall die Ambiguität seiner Komposition: es ergibt sich das oben als „angedeutete Additivität" bezeichnete Phänomen. In Frage gestellt ist hier nicht nur die Zuordnung oder Zugehörigkeit isolierbarer addierter Teile. Eindeutig als Einheit gedachten Großformen ergeht es ebenso. Diese sind „angelöst"; aufgelöst sind sie nicht. Sie zerfallen nicht, sind aber andeutungsweise geteilt. Man könnte vielleicht von einer „dekompositorischen" Ambiguität sprechen, welche die eher kompositorische der anderen Entwürfe hier bei *St. George* ergänzt.

Dabei führt die damit verbundene größere Differenzierung der Außenform trotz der Aufgabe klar intelligibler, innere und äußere Ordnung verbindender Achssysteme oder Raster zu einer größeren Übereinstimmung von Innen und Außen. Eher bildhaft abbildende Fassadengestaltungen, wie sie zum Beispiel bei *Christ Church* oder *St. Anne* zu beobachten sind, finden sich hier kaum. Der differenzierte Baukörper des Hauptbaus spiegelt weitgehend direkt die in den anderen Kirchen ebenso vorhandene, in deren äußeren Gestalt aber kaum spürbare Differenzierung des Gemeinderaumes.

Die nahezu vollständige Aufgabe serieller Reihungen macht das auch hinter den anderen Kompositionen Hawksmoors spürbare Prinzip der Schaffung einer Einheit aus der Addition mit einer gewissen Individualität versehener, sich soweit notwendig aber dennoch dem Ganzen anpassender Elemente um so deutlicher. Der bei aller Freiheit dennoch hierarchische Ansatz des Kompositionsprinzips Hawksmoors tritt dabei ebenso noch deutlicher hervor. Die Axialsymmetrie wird hier zum dominierenden Ordnungsfaktor.

Durch eine Differenzierung der Anordnung schuf Hawksmoor innerhalb dieser Regeln Kompositionen mit deutlicher Betonung der Mitte und solche, bei welchen sich aus ineinander verschränkten axialen Systemen eine gewissermaßen asymmetrische Komposition aufbaut. Die Längsfassaden der Kirche sind das beste Beispiel hierfür.

Der an sich symmetrische Hauptbaukörper ist durch die Betonung zweier zu dessen Mittelachse symmetrischer, aber nicht auf dieser selbst angeordneter Elemente - der Treppenhäuser - zu einer symmetrischen Komposition mit schwacher Mitte geformt. Die beiden kräftigen Akzente sind mit einer weiteren Achse, derjenigen des Turmes, in Beziehung gesetzt, und aus dieser Verschränkung entsteht eine in ihrer Asymmetrie klar als Seitenfassade erkennbare Komposition aus axialsymmetrisch geformten Teilsystemen.

Konsequenterweise tritt Hawksmoors „angedeutete Additivität" hauptsächlich auf diesen Längsseiten des Baus mit ihrer schwachen Mittelachse auf, während die Westfassade der Kirche wesentlich deutlicher additiv gestaltet ist. Sie ist eher von einer Schichtung additiver Element geprägt. Schichtung und „angedeutete Additivität" ersetzen in der vorliegenden Gestaltung einfache Axialsymmetrie und Reihung als die Kennzeichen von Haupt- und Nebenansichten. Das Ziel der Schaffung einer Einheit bleibt dessen ungeachtet erhalten.

Die auffallend glatte Gestaltung der Außenwände von *St. George* mit ihrem spärlichen Dekor dient unter anderem auch dem hier faßbar werdenden Ziel der Vereinheitlichung der Komposition. Selbst die in ihrer Glattheit außergewöhnliche Detaillierung ist jedoch nicht wirklich neu. Der spärliche, auffällig abstrakte, grob und massiv erscheinende Dekor, welcher mit noch sparsamer eingesetzten, fein ausgearbeiteten klassischen Details kontrastiert ist, findet sich auch an anderen Bauten des Architekten. Neu ist lediglich die im vorliegenden Fall anzutreffende Deutlichkeit - und vielleicht auch deren demonstrative Übertreibung. Konnten wir bei den anderen Kirchen auf Hawksmoors Verhältnis zur Rolle der Wand in der Architektur und sein Verständnis der klassischen Ordnungen manchmal nur schließen, so demonstriert es seine Gestaltung hier; auch dieses Charakteristikum des Entwurfes ist folglich als eine Bestätigung früher gemachter Beobachtungen zu bezeichnen.

Im Innenraum von *St. George* ist die Anknüpfung an Gedanken der anderen Entwürfe eher noch offensichtlicher. Das Interieur ist dabei wie in allen anderen Bauten als Einbau, als Addition gezeigt. Bezüglich Grundriß und Raumform ist es als das innerhalb der hier betrachteten Serie noch ausstehende, ergänzende Gegenstück zu *Christ Church* zu bezeichnen. Es betont den Zentralraumgedanken von *St. Anne*, während *Christ Church* den in der Pfarrkirche von Limehouse gleichermaßen vorhandenen Longitudinalraum der Basilika hervorhebt. *St. Alfege* ist auch in dieser Hinsicht eine Sonderfall; es erhebt den einfachen Raumcontainer selbst - und damit die *College Chapel* - zum Leitthema seines Interieurs.

Ein wirklich neuer Gedanke ist die hier realisierte Anordnung den Raum außerhalb der Achse erschließender Seiteneingänge. Diese ist sicher auch eine Konsequenz des aus der Verdeutlichung des Zentralraumgedankens folgenden Verzichts auf eine serielle Ordnung der Längsansichten und der sich damit ergebenden Probleme bezüglich des Einfügens des Westturmes in die Komposition, welche zur eben beschriebenen „schwachen" Symmetrie der Seiten führten. Für die räumliche Deutung der Vorzonen und für das Erlebnis des gesamten Innenraumes war diese Maßnahme allerdings ebenfalls von beachtlicher Bedeutung.

Die ersteren wurden durch diese Art der Erschließung auch als senkrecht zur Hauptachse angeordnete Querschiffe erlebbar. Gültig war diese Auffassung auf jeden Fall im Moment des Eintritts durch einen der Seiteneingänge. Dies offenbart eine erneute und besonders deutliche Umsetzung des ebenfalls schon bei den anderen Kirchen Hawksmoors beobachteten Gedankens einer bewußten Differenzierung der räumlichen wie semantischen Auffassung des Interieurs in Abhängigkeit von der jeweiligen Position des Betrachters und der sich daraus ergebenden Abfolge der Raumerlebnisse. Das Leitthema der Gestaltung des Innenraums von *St. George*, die Kreuzkuppelkirche, wurde beim Eintritt von Westen mit Anspielungen an die Basilika unterlegt, auf den Galerien schwang die Erinnerung an eine *College Chapel* mit. Beim Betreten der Kirche durch die Seiteneingänge hingegen wurden die Vorzonen - zumindest bis zur Wendung zum Altar - zu isolierbaren Raumteilen, zu Additionen zum Kernraum, der eigentlichen „Kreuzkuppelkirche". Fast wie in der viel gerühmten Raumfolge von *Easton Neston* wurde ein quer zur Hauptrichtung der Innenräume orientierter Eingangsbereich durch seine Gestaltung klar als Einheit definiert und damit die von der Funktion vorgeschriebene Änderung der Orientierung deutlich artikuliert. Die Tonnen über den Vorbereichen faßten beim Blick vom Eingang die gesamte Raumzone mitsamt den sie zum Kernbereich hin begrenzenden Pfeilern zusammen. Besonders galt dies beim Austritt aus den Treppenhäusern im Galeriegeschoß. Der Raum zerfiel aus dieser Perspektive in additiv aneinandergereihte Teilräume, was der angedeuteten Additivität der Längsansichten entsprach.

Die in diese Raumzone eingestellten Galerien mit ihren deutlich schmaler als dieselbe ausgebildeten Enden vor den Stirnwänden des Gesamtraumes stellten diese Auffassung jedoch in Frage. Sie zogen die Aufmerksamkeit durch die eben in diese Vorzone hinein plazierten Galeriestützen sowie die Andeutung eines Längsrechtecks - zunächst diagonal - ins Zentrum des Raumes, der sich im ersten Moment noch als Einheit für sich, als ein am Typus der Kreuzkuppelkirche orientierter Raum darstellte. Mit dem Eintritt in denselben wurde sogleich aber auch dessen Einordnung in eine längsrechteckige Gesamtform erkennbar. Die durchgehende Längstonne löste die zuvor dominierende Additivität wieder weitgehend auf, und die Longitudinalität des Gesamtraumes wurde erfahrbar.

Trotz dieser Vielschichtigkeit des Raumerlebnisses ist das Thema der Kreuzkuppelkirche beziehungsweise die Absicht einer bewußten und merklichen Orientierung der Innenraumgestaltung der Kirche am Modell der *Hagia Sophia* vorherrschend und prägend für *St. George-in-the-East*, wie es im Fall des realisierten Entwurfes von *Christ Church* die longitudinale, basilikale Auffassung ist. Die Betonung dieser Raumtypologie muß als eine weitere Variation der Umsetzung des Themas der Staatskirche in eine Raumform betrachtet werden. Bei *Christ Church* war es eher der Thronsaal des thriumphierenden Christus, hier ist es die Palastkapelle Kaiser Konstantins, ein Bau, welcher für Hawksmoors Ära antike Architektur, römisches Kaisertum, frühes, reines, „primitives" Christentum und Staatskirchentum gleichermaßen verkörperte.

Ball - zum Beispiel - belegt als zeitgenössischer Autor die diese Auffassung begründenden Informationen der Zeit. Er geht von einem ersten Bau der *Hagia Sophia* durch Kaiser Konstantin, den Sohn Konstantins des Großen, des ersten christlichen Kaisers des römischen Reiches aus.[136] Dies bringt das hier zitierte Vorbild unabhängig von seinen formalen Qualitäten in direkten Zusammenhang mit den von Nicholas Hawksmoor zitierten „purest times of christianity"[137]. Interessant ist allerdings auch die Erwähnung eines zweiten, von Procopius beschriebenen Portikus im Osten der Kirche.[138] Hawksmoors nachweisliche Verwendung des Begriffs für Vorräume innerhalb der Kirche[139] eröffnet die Möglichkeit einer Deutung der an einen Narthex erinnernden Vorzonen des Gemeinderaumes als Umsetzung eben dieses Charakteristikums des hier allgemein bemühten frühchristlichen Vorbildes.

Ein zweites Modell, das sich möglicherweise unmittelbar damit verband, ist der *Tempel Salomo*. Viele der Rekonstruktonen des Tempels, so etwa diejenige des Nicolaus von Lyra[140] oder die des Surenhusius in dessen *Mishnah*,[141] zeigen Darstellungen des inneren Hofes des Tempels, welche durchaus mit dem Typus der Kreuzkuppelkirche oder demjenigen des Vier-Säulen-Saales in Verbindung gebracht werden könnten. Daß die Idee der christlichen Kirche als einer Rekonstruktion des inneren Hofes des Tempels zu Hawksmoors Zeit keineswegs fern lag, beweist die von John Wood 1734-1752 ausgeführte Planung für die Kathedrale von LLandaff, welche sich ausdrücklich an diesem Vorbild orientierte.[142] Es erscheint folglich keineswegs unmöglich, daß die Kreuzkuppelkirche Konstantins als die römisch-christliche Umsetzung des von Salomo vorgegeben Modells verstanden wurde, daß der byzantinische Bautypus und dessen Verwendung damit zusätzlich biblisch begründet wurden.

Die Verbindung von weltlicher und geistlicher Macht im Oberhaupt des Staates bei Salomo ebenso wie bei Konstantin war hierbei sicher von besonderer Bedeutung. Die Bezugnahme auf eindeutig mit diesen historischen Persönlichkeiten verbundenen Bautypen muß im Rahmen der in sämtlichen Gestaltungen nachweisbaren Suche nach Bildern und Exempeln zur Darstellung der Rechtfertigung der englischen Staatskirche betrachtet werden. Die eindeutig staatskirchliche Symbolik der Dekoration des Chorraumes von *St. George-in-the-East* bestätigt diese Annahme für den vorliegenden Fall zusätzlich.

---

136   Ball, a.a.O., Buch II, S. 82.

137   *L.P.L., MS.2750/16.*
      Vgl. auch: Teil B, II.1.3.3.a.

138   Ball, a.a.O., Buch II, S. 83: „*Procopius writes, that the Church had two Portico's at each End of it, there is none remaining at present, but only that at the West End.* ".

139   *B.L., Map Library, K.Top.23.21.2a.*

140   1270-1349, bis ins frühe 16. Jahrhundert mehrfach veröffentlicht. Vgl. hierzu: Curl, a.a.O., S. 82-83, Abb. 42.

141   Curl, a.a.O., S. 89, Abb. 48.

142   Curl, a.a.O., S. 94.

IV.2.
Der Entwurfsprozeß:
Zeichnungen und Modelle - die geistige Entwicklung der Form

IV.2.1.
Die vorhandenen zeichnerischen Quellen
(Abb. 128-142)

Im Falle von *St. George-in-the-East* ist die Dokumentation des Entwurfsprozesses durch zeichnerische Quellen vergleichsweise gut. 19 Zeichnungen sind erhalten, wovon sich 15 auf den Gebäudeentwurf selbst beziehen. Diese erhellen seine Entwicklung von der Vorentwurfsphase bis zur Werkplanung sowie zur Überarbeitung des Projektes im Verlauf der Ausführung. Auch wenn hier und da Lücken klaffen, geben die zeichnerischen Dokumente uns einen guten Eindruck von der Genese der schließlich ausgeführten Form der Kirche.

Die unmittelbar mit dem Entwurf befaßten Zeichnungen befinden sich heute allesamt in der *Map Library* der *British Library*.

> *B.L., Map Library, 23.21.2i verso, links*[1],
> *B.L., Map Library, 23.21.2k recto*[2],
> *B.L., Map Library, 23.21.2a recto*[3],
> *B.L., Map Library, 23.21.2i recto*[4] und
> *B.L., Map Library, 23.21.2h*[5]

dokumentieren die Entwicklung der ersten Eingabepläne aus dem Vorentwurf im Verlauf des Juni 1714. Die letzten drei dieser Blätter wurden zweimal überarbeitet. Nach Eintragung der Änderungen des genehmigten Entwurfs im Juli 1714 erreichten sie erst im August desselben Jahres ihr endgültiges Aussehen. Zusammen mit *B.L., Map Library, 23.21.2i verso, rechts*[6] illustrieren sie die Überarbeitung des am 29. Juli 1714[7] genehmigten Entwurfs.

> *B.L., Map Library, 23.21.2b*[8] und
> *B.L., Map Library, 23.21.2e*[9]

halten den Stand der Entwurfsentwicklung direkt vor Beginn der Werkplanung Ende 1714 fest. Unmittelbar darauf - Ende 1714 bis Anfang 1715 - entstanden die ersten der erhaltenen Werkpläne:

> *B.L., Map Library, 23.21.2d*[10] und
> *B.L., Map Library, 23.21.2g*[11].

---

[1]   Downes-Katalog Nr. 82.

[2]   Downes-Katalog Nr. 81.

[3]   Downes-Katalog Nr. 83.

[4]   Downes-Katalog Nr. 84.

[5]   Downes-Katalog Nr. 85.

[6]   Downes-Katalog Nr. 86.

[7]   *L.P.L., Minutes, MS.2690*, S. 181, in: Port, M.H., *The Commissions for Building Fifty New Churches: The Minute Books, 1711-1727, a Calendar*, London Record Society, Bd. 23, London 1986.

[8]   Downes-Katalog Nr. 90.

[9]   Downes-Katalog Nr. 88.

[10]   Downes-Katalog Nr. 89.

[11]   Downes-Katalog Nr. 87.

Erst Anfang/Mitte 1717 folgte die abschließende Klärung der Form der Treppenhaustürmchen, des Turms und der Laterne.

B.L., Map Library, 23.21.2e, Deckblatt[12],

B.L., Map Library, 23.21.2k verso[13] und

B.L., Map Library, 23.21.2f[14]

belegen diesen Prozeß. Möglicherweise schon kurz darauf - vielleicht aber auch erst im Jahre 1719 - entstanden die letzten beiden Blätter:

B.L., Map Library, 23.21.2c[15] und

B.L., Map Library, 23.21.2l[16].

Bei den vier verbleibenden, nicht direkt mit dem Entwurf befaßten Zeichnungen, handelt es sich um Lagepläne aus den Papieren der Kommission, die in *Lambeth Palace* aufbewahrt werden.

L.P.L., MS.2750/26[17] und

L.P.L., MS.2714, fol. 111-113

zeigen frühe Lagepläne aus den Jahren 1711 beziehungsweise 1714. Bei

L.P.L., MS.2744/12 und

L.P.L., MS.2734/16

handelt es sich um später entstandene Lagepläne von 1729 beziehungsweise 1730.

Möglicherweise wurde auch ein Modell der Kirche angefertigt. Die Liste der am 6. 8. 1733 im Besitz der Kommission befindlichen Modelle enthält ein Modell von Hawksmoor für Wapping, wörtlich bezeichnet als *„1 Of Wapping Stepney by Ditto"*.[18] Vielleicht befand sich dieses auch unter den am 6. 6. 1717 in Rechnung gestellten Modellen Hawksmoors - entweder einfach als eines der mit *„...& others..."* bezeichneten oder auch in der Position *„Modells made by Mr Hawksmoor's Order"*.[19] Es besteht allerdings die Möglichkeit, daß es sich bei der hier in den Papieren nachzuweisenden Position um ein Modell für die nicht ausgeführte Kirche in Lower Wapping handelte. Einiges spricht für diese Annahme. Nachdem über Aussehen und Form des Modells keinerlei Zeugnisse vorhanden sind, und da das Modell selbst nicht erhalten ist, ist die Frage der exakten Identifizierung - ebenso wie das Modell selbst - allerdings auch nicht weiter von Belang.

---

12   Downes-Katalog Nr. 88, *flap*.

13   Downes-Katalog Nr. 93.

14   Downes-Katalog Nr. 94.

15   Downes-Katalog Nr. 91.

16   Downes-Katalog Nr. 92.

17   Downes-Katalog Nr. 79[?].

18   *L.P.L., MS.2724*, fol. 4, 5, 8.
      Auch ein Anhänger dafür ist erhalten: *L.P.L., MS.2724*, fol. 10-26.

19   *L.P.L., MS.2724*, fol. 3.

IV.2.2.
Entwurfsschritte:
Rekonstruktion und Kommentierung der Entwicklung der Form
anhand der zeichnerischen Quellen
(Abb. 129-142)

IV.2.2.1.
Voruntersuchungen: ein früher Lageplan
L.P.L., MS.2750/26 - Oktober/November 1711

Zeitlich das erste zeichnerische Dokument ist *L.P.L., MS.2750/26*, ein Lageplan im Maßstab 1:480[20]. Dieser muß deutlich vor Beginn der Entwurfsarbeit im Juni 1714 entstanden sein. Auf seiner Rückseite befindet sich eine Notiz bezüglich eines Verkaufsangebots der *Mercers' Company* vom 11. 6. 1713 in Dickinsons Handschrift.[21] Die Vorderseite ist mit größter Wahrscheinlichkeit noch vor diesem Datum gezeichnet.

Der in den Papieren dokumentierte Ablauf des Projektes unterstützt diese Annahme. Am 10. 10. 1711 wurde Dickinson beauftragt, bei der nächsten Sitzung über die der Kommission vorgeschlagenen Bauplätze zu berichten.[22] Sechs Tage später trugen die *Surveyors* ihre Beurteilung der Grundstücke vor, und der Bau einer Kirche in Upper Wapping wurde beschlossen.[23] Möglicherweise entstand das Blatt schon im Rahmen dieser Voruntersuchungen beziehungsweise des daraus resultierenden Berichts. Die insgesamt noch recht groben Angaben zu den Flächen sprechen eindeutig für eine derart frühe Datierung der Zeichnung.

Schon am 20. 11. 1711 wurde der endgültige Bauplatz vom *Building Committee* ausdrücklich als geeignet bezeichnet. Die Aufnahme von Kaufverhandlungen mit Mr. Watts, dem Besitzer, wurde angeordnet.[24] Am folgenden Tag billigte auch die Kommission den Bauplatz.[25] Weitere zwei Tage später lag ein Verkaufsangebot von Watts vor und wurde im Grundsatz gebilligt.[26] Spätestens dazu muß ein exakter Lageplan vorgelegen haben, der zumindest die Fläche des Grundstücks korrekt auswies. Das vorliegende Blatt dürfe daher schon früher im Rahmen der Voruntersuchung alternativer Bauplätze beziehungsweise bei Aufnahme der Verkaufsverhandlungen im Oktober/Anfang November 1711 entstanden sein.

In die Zeichnung ist dort, wo die Kirche später dann auch errichtet werden sollte, bereits der Umriß eines rechteckigen Kirchenbaus mit einem flachen apsidialen Chor und einem ihm im Westen additiv vorgestellten quadratischen Turm eingetragen. Diese Form entspricht exakt dem im einzigen erhaltenen Lageplan für *St. Anne*, die Pfarrkirche von Limehouse, dargestellten schamatischen

---

20   1":40'.

21   Downes, J.K., *Nicholas Hawksmoor*, Thesis submitted for the Degree of Ph.D. in the University of London, 2 Bde., Diss. (unveröffentl. Manuskript), University of London 1959/60, S. 54;
Bill, E.G.W., *The Queen Anne Churches - A Catalogue of the Papers in Lambeth Palace Library of the Commission for Building Fifty New Churches in London and Westminster 1711-1759*, London 1979.

22   *L.P.L., Building Committee, MS.2690*, S. 446, in: Port, a.a.O.

23   *L.P.L., Building Committee, MS.2690*, S. 445, in: Port, a.a.O.

24   *L.P.L., Building Committee, MS.2690*, S. 423, in: Port, a.a.O.

25   *L.P.L., Minutes, MS.2690*, S. 15, in: Port, a.a.O.

26   *L.P.L., Building Committee, MS.2690*, S. 419, in: Port, a.a.O.;
L.P.L., MS.2714, S. 90.

Grundriß. Auch dieses Blatt ist aller Wahrscheinlichkeit nach im Jahre 1711 entstanden.[27]. Der Typus der ausgeführten Kirche ist in Reinform somit schon vorhanden, und auch die angegebene Maße unterscheiden sich nicht wirklich gravierend vom realisierten Bau. Das Rechteck ist circa 70' breit und 96' lang.

Dennoch ließ der Beginn der eigentlichen Entwurfsarbeit noch etwas auf sich warten. Erst am 17. 6. 1714 wurden die *Surveyors* aufgefordert, Zeichnungen für das Projekt vorzubereiten[28].

IV.2.2.2.
Entwicklung des Vorentwurfs - Juni 1714

Bereits zwei Wochen nach Erteilung des Auftrags zur Entwicklung von Entwürfen für den Bau von *St. George-in-the-East*, am 1. Juli 1714, präsentierte Hawksmoor der Kommission einen Vorentwurf. Dieser verblieb zur weiteren Begutachtung auf deren Tisch.[29] Es handelte sich dabei allerdings noch nicht um den erst vier Wochen später genehmigte Entwurf. Die Papiere der Kommission enthalten zwar keinerlei ausdrückliche Anweisungen zur Änderung der Konzeption, wie dies in anderen Fällen nachweisbar ist,[30] sehr wahrscheinlich war der Entwurf infolge der knappen Zeit aber ganz einfach noch nicht vollständig ausgearbeitet und fertiggestellt. Am 29. Juli 1714, nach einer Gesamtplanungszeit von gerade sechs Wochen, legte Hawksmoor - zusammen mit einem Vorschlag zur Schaffung eines direkten Zugangs von Süden[31] - dann eine neue, geänderte Planung vor, die endgültigen Eingabepläne, welche umgehend genehmigt wurden.[32]

Die Hektik des Planungsprozesses spiegelt sich selbst in den erhaltenen Zeichnungen. Größtenteils wurden diese mehrfach überarbeitet. Offensichtlich hatte Hawksmoor der Kommission bei der ersten Vorstellung seiner Entwurfsideen Zeichnungen vorgelegt, welche nur unvollkommen fertiggestellt waren. Bis zum zweiten Termin überarbeitete er diese dann und erreicht damit die Verabschiedung seines Entwurfes.

Trennt man die Bearbeitungsschichten der erhaltenen Zeichnungen, so lassen sich fünf Pläne oder auch Zwischenstadien derselben feststellen, welche eindeutig der Vorentwurfsphase zuzuordnen sind. Eines dieser Blätter wurde allerdings sicherlich nicht zur Vorstellung verwendet. Ein weiteres wurde - wenn überhaupt - nur zur Illustration der Entwurfsidee im Allgemeinen herangezogen, nachdem sich die Maße des geplanten Gebäudes in der Zwischenzeit geändert hatten. Beide dokumentieren sie bereits vor dem ersten Vorstellungstermin verworfene frühe Stadien der Entwurfsentwicklung.

---

27   *L.P.L., MS.2750/18.*

28   *L.P.L., Minutes, MS.2690*, S. 169, in: Port, a.a.O.;
      Evans, Michael, *Nicholas Hawksmoor's Stepney Churches*, Dipl. Diss (unveröffentl. Manuskript), Cambridge 1982, S. 79.

29   *L.P.L., Minutes, MS.2690*, S. 173, in: Port, a.a.O.

30   Vgl. zum Bsp.: *L.P.L., Minutes, Ms.2690*, S. 334-336, in: Port, a.a.O.

31   *L.P.L., MS.2714*, fol. 95 (Bericht Hawksmoors);
      L.P.L:, MS.2714, fol. 111-113 (Verkaufsangebot von J. Poulson).

32   *L.P.L, Minutes, MS.2690*, S. 181, in: Port, a.a.O.

IV.2.2.2.a.
Frühe, verworfene Alternativen - Juni 1714

IV.2.2.2.a.1
B.L., Map Library, K.Top.23.21.2i recto, links

Zweifelsohne die früheste der erhaltenen Entwurfszeichnungen ist der mit Sicherheit niemals der Kommission vorgelegte, lediglich in Bleistift aufgerissene Grundriß auf der Rückseite von *K.Top.23.21.2i*. Überraschenderweise zeigt das im Maßstab 1:120[33] abgefaßte Blatt die endgültige Lösung schon weitgehend vollständig. Allerdings ist der Bau insgesamt circa 10' schmaler als ausgeführt. Diese Tatsache ermöglicht eine Einordnung des Blattes in den Entwurfsprozeß und seine grobe Datierung.

Die Fundamentarbeiten wurden am 29. 7. 1714 in Auftrag gegeben. Schon am 30. 9. 1714 waren sie nahezu fertiggestellt. Eine Änderung der Planung während der Ausführung war rein zeitlich schlichtweg unmöglich. Zudem finden sich keinerlei Hinweise auf derartige Korrekturen in den Dokumenten der Kommission. Zeichnungen, die eine geringere Breite der Kirche - oder auch eine von der Ausführung unterschiedliche Westpartie - aufweisen, sind demzufolge vor dem 29. 7. 1714 entstanden. Sie müssen dem am 1. 7. 1714 vorgestellten Vorentwurf oder auch dessen Entwicklung zugeordnet werden.[34] Bereits der zweite Vorstellungstermin ist als zu spät auszuschließen.

Der Plan wurde auffälligerweise nicht weiter ausgearbeitet. Eine Entstehung vor *K.Top.23.21.2k recto*, das trotz der maßlichen Differenzen zur Ausführung als Präsentationsplan fertiggestellt wurde, erscheint von daher glaubhaft. Möglicherweise wurde das vorliegende Blatt aber auch nur etwas früher wertlos. Die in *K.Top.23.21.2a recto* noch während der Vorentwurfsphase nachweisbare Verbreiterung des Grundrisses machte es als Grundriß obsolet, während die in *K.Top.23.21.2k recto* dargestellte Ansicht trotz ihrer Abweichungen von den Eingabeplänen weiterhin zur Veranschaulichung der Entwurfsideen herangezogen werden konnte.[35]

Die geringere Breite des hier dokumentierten Vorschlags hat Downes dazu verleitet, den Spielraum für dessen potentielle Entstehung bis vor den endgültigen Kauf des Grundstücks im Mai 1714 zu erweitern. Sicher ist diese Möglichkeit nicht vollständig auszuschließen, die große Nähe der Lösung zu Vorentwurf und Entwurf läßt die Deutung des Plans als verworfene Vorstufe innerhalb der Entwicklung des Vorentwurfes jedoch glaubhafter erscheinen. Die Wiederverwendung der Rückseite der Blattes noch während der Vorentwurfsphase für eine Ansicht[36] muß als ein weiterer Hinweis auf eine enge Beziehung der beiden Entwurfsschritte verstanden werden. Juni 1714, die Zeit der Erarbeitung des Vorentwurfs, erscheint daher auch für dieses Blatt als die naheliegende und die wahrscheinlichste Datierung.[37]

Die Unterschiede der dargestellten Planung zur Ausführung beschränken sich allerdings nicht allein auf die erwähnten maßlichen Differenzen. So ist die Westfassade in dieser Zeichnung im Bereich des Turmes weiter nach Westen gezogen. Es entsteht ein exakt quadratischer Turmgrundriß. Zudem sind anstelle der ausgeführten vorgelegten Pilasterordnung zwei Paare von je einer Dreiviertelsäule innen und einem Pfeiler an der Ecke vorgesehen; und weder auf der Westseite, an den Fas-

---

33   1":10'.

34   *L.P.L., Minutes, Ms.2690*, S. 79, 95, 173, in: Port, a.a.O.;
      L.P.L., MS.2726, fol. 37v.

35   Vgl. auch: Downes, a.a.O., 1959/60, S. 54-55.

36   Downes-Katalog Nr. 84.

37   Vgl.: Downes, a.a.O., 1959/60, S. 54-55.

saden der den Turm flankierenden Baukörper, noch im Osten sind die die Massivität der Wand verdeutlichenden pfeilerartigen Vorlagen vorgesehen, wie sie der heutige Bau aufweist.

Im Innenraum sind lediglich vier - grundsätzlich den späteren kreuzförmigen Pfeilern entsprechende - Stützen eingetragen. Offensichtlich sollte es sich dabei um Säulen auf quadratischen Sockeln handeln. Ihre Position in Ost-West-Richtung war durch die Breite der Seiteneingänge und damit der Vorzonen des Gemeinderaumes festgelegt. In Nord-Süd-Richtung scheint zu diesem Zeitpunkt allerdings noch keine endgültige Entscheidung gefallen gewesen zu sein. Der dargestellte Abstand von der Wand variiert. Die Podeste sind im Osten in wesentlich geringerer Entfernung von den Längswänden eingetragen als im Westen.

Beide Alternativen weisen darüber hinaus - und diesmal interessanterweise mit identischem Abstand zu den Seitenwänden - kleine quadratische Stützchen auf, welche direkt an die Säulen angelagert sind. Im Osten befinden sich diese auf der Westseite der Podeste, auf der Achse der Stützenstellung, im Westen hingegen sind sie der Stütze außen - der Längswand zugewandt - mittig vorgestellt. Offensichtlich wurden hier Überlegungen zur Beziehung von Hauptstütze und Galeriestütze vorgenommen und alternativ dargestellt. Eine Galerie war demnach von vorne herein Bestandteil des Entwurfes. Über ihre Form und vor allem über ihren Verlauf an den beiden Stirnseiten des Gemeinderaumes läßt sich allerdings nichts sagen.

Die Planung von Galerien und internen Stützen geschah bezeichnenderweise selbst in diesem frühen Stadium der Entwurfsentwicklung in eine als Rahmen vorgegebene, bereits entworfene Hülle hinein. Stützen und Galerien waren für Hawksmoor offensichtlich Elemente des Innenausbaus, welche die Hülle ergänzen. Für sie wurde in einem zweiten Arbeitsgang der richtige Platz innerhalb des bereits definierten Raumes gesucht. Bemerkenswert in diesem Zusammenhang ist auch die Tatsache, daß sich zu diesem Zeitpunkt keinerlei quadratischer Kernbereich ergab. Dessen Ausbildung geschah erst etwas später. Wieder zeigt sich die nachträgliche Entwicklung der auf den ersten Blick ideal und damit primär erscheinenden Geometrie des Interieurs. Der Zentralraumgedanke ist selbst in diesem Fall als eine nachträgliche Ergänzung der primären Entwurfsidee erkenntlich.

IV.2.2.2.a.2
B.L., Map Library, K.Top.23.21.2k recto
(Abb. 129)

Möglicherweise nicht später produziert als *K.Top.21.21.2i verso, links,* sicher aber später als diese wieder verworfen und vielleicht zusammen mit den drei im Folgenden zu besprechenden Blättern[38] am 1. 7. 1714 vorgelegt wurde *K.Top.23.21.2k recto,* eine voll ausgearbeitete Westansicht der Kirche im Maßstab 1:120[39]. Sie ist nicht nur in Tusche ausgezogen, sondern auch laviert und beschriftet[40]. Dies bestätigt, daß das Blatt für die Augen anderer bestimmt war, daß es der Kommission vorgelegt werden sollte.

Dessen ungeachtet stimmen die Maße der dargestellten Fassade in der Breite weder mit der Ausführung noch mit dem gerade besprochenen Grundriß überein. Die Ansicht ist nochmals 4' bis 5' schmaler und bleibt damit circa 15' unter den Abmessungen des realisierten Baus. Die Zeichnung muß demzufolge ebenfalls den frühen Alternativen des Vorentwurfs zugeordnet werden.[41]

---

38 *B.L., Map Library, K.Top.23.21.2a,* ursprüngliche Fassung (Downes-Katalog Nr. 83);
   B.L., Map Library, K.Top.23.21.2i recto, Bleistiftfassung (Downes-Katalog Nr. 84);
   B.L., Map Library, K.Top.23.21.2h, Bleistiftfassung (Downes-Katalog Nr. 85).

39 1":10'.

40 Rechts oben: „*Waping Stepney*".

41 Vgl.: Teil B, IV.2.2.2.a.1.

Die unter der Tuschezeichnung sichtbare Bleistiftvorzeichnung ist sogar noch etwas schmaler und höher. Downes erwägt daher auch in diesem Fall eine Entstehung vor Mai 1714.[42] Da der dargestellte Entwurf aber weitgehend der Lösung des am 1. 7. 1714 vorgestellten Vorentwurfs[43] entspricht, erscheint auch hier eine Datierung ihrer Entstehung auf Juni 1714 wahrscheinlich. Auf jeden Fall kann aber von einer Gültigkeit als Präsentationszeichnung bis zum ersten Vorstellungstermin ausgegangen werden.

Die hinter dem Turm und den beiden Eckbaukörpern der *Vestry Rooms* sichtbar werdende Westfassade des Hauptbaukörpers entspricht schon weitgehend dem ausgeführten Zustand. Über der gesamten Breite erhebt sich ein Dreiecksgiebel. Infolge der wie oben bei *K.Top.23.21.2i recto, links* anzunehmenden, vorgezogenen Position der Turmes und der von unten nach oben abnehmenden Tiefe der Turmgeschosse ergibt sich hier allerdings kein Konflikt mit dem Turm. Der Giebel ist nicht gesprengt, das Tympanon ist vollkommen glatt belassen.
Die horizontale Gliederung der Wandflächen ist mit Ausnahme der Ausbildung des Basisstreifens am Sockel und der Einführung des klassischen profilierten Kämpfergesimses im OG bereits vollständig. Auch die Anordnung der Rundbogenfenster oberhalb der Eckräumchen entspricht dem ausgeführten Entwurf. Allerdings fehlt den Fenstern der später noch eingeführte klassische Dekor, die fein profilierte Archivolte.

Die Fassaden der beiden niedrigen Baukörper unterhalb des Westgiebels unterscheiden sich deutlicher vom ausgeführten Zustand. Anstelle einer Lunette im Sockel und eines Rundbogenfensters im EG sind hier lediglich die - später nur noch auf den Längsseiten der Kirche verwandten - quadratischen EG-Fensterchen mit ihrem auffällig gestalteten Sturz vorgesehen. Diese sind innerhalb der Wandfläche asymmetrisch plaziert. An deren Außenseiten ist zwar schon die breite Vorlage mitsamt den später als eine unterlegte, verkröpfte Fortführung des Kämpferelementes erscheinenden Auflagen dargestellt, auf den Innenseiten fehlt jedoch das später von den seitlichen Strebepfeilern des Turmes gebildete Gegenstück. In Bleistift ist allerdings bereits etwas derartiges angedeutet.
Oberhalb des Hauptgesimses der *Vestry Rooms* befindet sich keine Attika, wie es im realisierten Gebäude der Fall ist. Vielmehr ist dort jeweils die Hälfte eines Sprenggiebels angeordnet. Das schräge Giebelgesims ist von der Traufe bis zur Achse der Fensterchen der Fassade geführt. Dort bricht es ab. Über den Ecken der *Vestry Rooms* sind - gewissermaßen als Akrotere - die Vorlagen der Wand hinter dem Giebelgesims fortgesetzt. Sie bilden flache Sockel für zwei Obelisken. Mit ihren Spitzen reichen diese bis auf die Höhe des Architravs der dem Eingangsgeschoß vorgeblendeten Ordnung. Downes verweist als Anregungen hierfür auf zwei dem Architekten zweifelsohne bekannte Vorbilder: Serlios Entwurf eines korinthischen Tempels[44] und Vignolas Darstellung von *S. Maria dell' Orto* in Rom[45].
Ein breites Band verbindet den Endpunkt des Giebelgesimses des Sprenggiebels in einer J-Form mit der Seite des Turmes. In diesem Element muß eine Vorform sowohl der späteren Strebepfeiler als auch der heute vorhandenen Voluten gesehen werden. In der vorliegenden Zeichnung endet das Band allerdings noch mit dem Gesims der Ordnung der Eingangsfassade.

Der Turm selbst unterscheidet sich am deutlichsten vom Entwurf des ausgeführten Bauwerks. Im Eingangsgeschoß rahmen, wie in dem eben besprochenen Grundriß dargestellt, zwei Kombinationen von Dreiviertelsäule und Pfeiler den Haupteingang sowie den über diesem angeordneten Okulus. Im Gegensatz zur ausgeführten vorgelegten Ordnung sind diese mit korinthischen Kapitel-

---

42   Downes, a.a.O., 1959/60, S. 54-55.

43   Vgl.: Teil B, IV.2.2.2.b.

44   Serlio, *De Architettura Libri Sex*, 1619, Buch IV, S. 180.

45   Downes, Kerry, *Hawksmoor* (Studies in Architecture, Bd. II), 1. Ausg., London 1959, S. 177.

len dargestellt. Über dem vereinfachten Gebälk ist ein gesprengter Giebel[46] angeordnet. Dessen fehlende Mittelpartie entspricht in ihrer Breite dem deutlich aufgeweiteten mittleren Interkolumnium der vorgelegten Ordnung. Dessen ungeachtet ist das Gebälk der Ordnung glatt durchgeführt und nicht verkröpft. Der hier angedeutete Bruch auf der Mittelachse zieht sich nicht durch die gesamte Gestaltung des Turmes. Entsprechend erscheint der kleine Sprenggiebel eher als eine dekorative Addition denn als notwendiger integraler Bestandteil des Baukörpers. Konsequenterweise entfiel er dann auch im weiteren Verlauf der Bearbeitung.

Vor der Eingangsfassade führt eine breite Freitreppe direkt auf das Portal zu. Die sie rahmenden Wangen verlängern die Sockel der Eckpilaster nach Westen und binden die Treppenanlage auf diese Weise ein in die Ordnung der Eingangsfassade.

Das zweite Turmgeschoß, die *ringing chamber*, ist deutlich schmaler als das EG. Die Breite des Turmes ist hier auf circa 80% derjenigen seiner Basisfläche reduziert. Ansonsten gleicht die Gestaltung aber weitgehend dem endgültigen Entwurf. Das in den glatten Baukörper versenkte Paneel mit seiner dem mittleren Interkolumnium entsprechenden Breite und der zweifach in die Tiefe der Wand zurückgestuften Rundbogenöffnung ist lediglich durch einen Keilstein ergänzt, und das abschließende Gesims weist anstelle des konvexen Frieses des ausgeführten Gebäudes einen Konsolfries auf.

Das dritte Turmgeschoß, die Glockenstube, ist nochmals etwas zurückgesetzt. Die Breite beträgt hier nur noch knapp 70% der Abmessung des Eingangsgeschosses. Aber auch hier ist die Fassadengestaltung mit einer rechteckigen Nische und einem Bogen mit Stufengewände dem realisierten Bau sehr ähnlich. Allerdings ist zu beachten, daß der Turm insgesamt - ebenso wie jedes der Geschosse - hier wesentlich niedriger dargestellt ist, als er im realisierten Bauwerk ausgeführt wurde. Zweites und drittes Turmgeschoß zusammen entsprechen gerade der Höhe des Eingangsgeschosses, während heute alleine das dritte Geschoß dieses Maß erreicht.

Ein viertes Turmgeschoß war zu diesem Zeitpunkt noch nicht vorgesehen. Statt dessen ist direkt über einer den eigentlichen Turm nach oben abschließenden Balustrade eine Laterne angeordnet. Bei dieser handelt es sich um eine sechseckige[47] Konstuktion. Im Gegensatz zur ausgeführten achteckigen Form ergibt sich hier also eine gewisse Orientierung der Turmbekrönung.

Das hohe Hauptgeschoß der Laterne weist sechs identische Fassaden auf. Sie zeigen eine weitere Variation des Themas des in eine flache rechteckige Nische eingelassenen Bogens. Nach oben werden sie von einem Gesims abgeschlossen. Darüber erhebt sich ein nur wenig schmalerer, aber deutlich niedrigerer Tambour. Dieser trägt eine sechseckige Kuppel, welche ihrerseits von einer ornamentalen Zier gekrönt ist. Die Kuppel weist deutliche Ähnlichkeiten mit den ausgeführten Hauben der zu diesem Zeitpunkt noch nicht angedachten Türmchen über den Treppenhäusern auf. In der vorliegenden Zeichnung erscheint sie allerdings flacher als die später realisierten Exemplare. Dieser Eindruck mag jedoch eine Folge der perspektivischen Darstellung der Laterne sein.

Diese den Baukörper von der restlichen Fassade abhebende Darstellungsweise ist in Hawksmoors Zeichnungen immer wieder anzutreffen. Auch die später in den Entwurf eingeführten Türmchen über den Treppenhäusern sind größtenteils so dargestellt. Einerseits betont dies die plastische Wirkung des derart dargestellten Elements in der Ansicht; andererseits untermauert dieses Vorgehen aber auch die Annahme einer bewußten Differenzierung zwischen regulärer Architektur einerseits und als Zeichen oder Zitat zu betrachtenden, primär plastisch gedachten und entwickelten Elementen andererseits. Diese an Architekturminiaturen erinnernden, oftmals als Träger idealer Konzepte oder symbolischer Aussagen verwandten Objekte erscheinen infolge dieser Darstellungsweise schon in der Zeichnung als Additionen einer anderen Qualität.

Im vorliegenden Fall ist eine Assoziation klassischer Zentralbauten - von Rundtempeln oder Idealkirchen wie dem *Tempietto* - ebenso denkbar wie eine Anspielung auf historische Grab- und Baptisteriumsbauten. Interessanterweise deuten die über den flankierenden Baukörpern der *Vestry*

---

46   Zu Vorbildern vgl. Downes, a.a.O., 1959, S. 177-179.

47   Vgl. auch: *B.L., Map Library, K.Top.23.21.2i recto*, Bleistiftfassung.

Rooms angebrachten Obelisken in dieselbe Richtung. Die Ikonographie der Fassade ordnet sich damit insgesamt reibungslos ein in diejenige der oben bereits betrachteten anderen Beispiele. Beachtenswert - vor allem im Vergleich mit der ausgeführten Lösung - ist allerdings, daß die im realisierten Bau so deutlich artikulierten gotischen Assoziationen hier noch nicht nachzuweisen sind. Insofern ist es sicher nicht korrekt, von den Turmentwürfen Hawksmoors allgemein als einer Umsetzung gotischer Vorbilder in klassische Formen zu sprechen.

Der genannten Differenzen ungeachtet lag die grundlegende Idee für die Gestaltung der Westfassade mit der vorliegenden Zeichnung fest. Zwar wurde der Entwurf bis zur Fertigstellung an vielen Stellen revidiert, die größte Veränderung, die Verbreiterung des Gesamtbaus um 15', überstand der Entwurf aber praktisch unverändert.

IV.2.2.2.b.
Die vorgestellte Alternative:
Eingabepläne - Juni 1714
(Abb. 130, 132-133)

IV.2.2.2.b.1
B.L., Map Library, K.Top.23.21.2a recto, ursprüngliche Fassung
(Abb. 130)

Den ersten Beleg für die Korrektur der Abmessungen des geplanten Baus und seine Verbreiterung auf das ausgeführte Maß liefert die ursprüngliche Fassung von *K.Top.23.21.2a recto*, ein Grundriß im Maßstab 1:120[48].

Das Blatt Papier, auf welchem diese Zeichnung entstand, ist aus zwei Bögen zusammengeklebt. Die Rückseite eines dieser Bögen weist eine Zeichnung für *Christ Church, Spitalfields*[49], auf. Diese muß auf jeden Fall im Zeitraum zwischen April und Juli 1714 entstanden sein. Aller Wahrscheinlichkeit nach ist sie aber eher später zu datieren, auf einen Zeitpunkt gegen Anfang Juli 1714.[50] Da sie ausgestrichen und damit ungültig gemacht wurde, bevor das Blatt für die Zeichnung für *St. George* verwendet wurde, dürfte dieselbe ebenfalls nicht wesentlich früher als Anfang Juli oder Ende Juni 1714 entstanden sein.

Die im vorliegenden Grundriß weiterhin von der Ausführung abweichende Westpartie macht andererseits eine Entstehung der Zeichnung vor 29. 7. 1714 notwendig[51] und setzt dem potentiellen Entstehungszeitraum damit auch nach hinten eine klare und enge Grenze. Die exakte Entsprechung der dargestellten Lösung mit den im Anschluß zu behandelnden Ansichten der Bleistiftfassungen von *K.Top.23.21.2i recto* und *K.Top.23.21.2h* einerseits und andererseits die Übereinstimmungen mit der vor dem 1. Juli entstandenen Ansicht in *K.Top.23.21.2k recto* machen eine Ansiedlung der Zeichnung im Bereich der Erarbeitung des Vorentwurfes notwendig. Zusammen mit den Bleistiftzeichnungen der Ansichten gibt der in diesem Stadium ebenso unfertig belassene Grundriß den Stand der Planung am 1. 7. 1714 - bei Vorstellung des Vorentwurfs in der Kommission[52] - wieder.

---

48   1":10'.

49   Downes-Katalog Nr. 51.

50   Vgl.: Teil B, III.2.2.6.1.a.

51   Vgl.: Teil B, IV.2.2.2.a.1.

52   *L.P.L., Minutes, MS.2690*, S. 173, in: Port, a.a.O.

Seine Entstehung ist daher praktisch gleichzeitig mit dem Schnitt der Kirche in Spitalfields auf der Rückseite auf Ende Juni/Anfang Juli 1714 zu datieren.[53]

Im Großen und Ganzen entspricht der dargestellte Grundriß dem ausgeführten Gebäude. Trotz der Vergrößerung der Breite des Baus auf das später ausgeführte Maß verbleiben aber noch einige Differenzen zum realisierten Entwurf.

In der Apsis ist ein so nicht ausgeführtes, großes Chorfenster auf der Mittelachse dargestellt. Im Außenbereich wird dieses von zwei ebenso von der Ausführung abweichenden runden Blendnischen flankiert. Die Apsis ist zudem durch eingestellte Trennwände in zwei Sakristeiräume geteilt.[54] Den Altarraum selbst muß man sich in einer nach Westen vorgeschobenen Position innerhalb der östlichen Vorzone des Gemeinderaumes vorzustellen. Er rückt also direkt vor an den Gemeinderaum. Eine Zwischenzone, wie sie der ausgeführte Bau aufwies, ist hier nicht vorgesehen.

Im Gemeinderaum selbst ist durch die Aufweitung des Grundrisses ein quadratischer Kernbereich geschaffen. Die maßliche Genauigkeit desselben verbietet es, dies als Zufall abzutun. Die Stützen können jedoch keinesfalls als integraler Bestandteil des damit eingeführten geometrischen Konzeptes bezeichnet werden. Weiterhin sind lediglich vier Säulen vorgesehen. Diese sind auf der Grenze zwischen Vorzonen und Kernbereich angeordnet. Offensichtlich war ihre exakte Position für dem Zeichner[55] aber nicht zwingend. Zuerst wurde die in *K.Top.23.21.2i verso* im Osten dargestellte, näher zu den Längswänden gerückte Position[56] erwogen. Bei drei der vier Stützen läßt sich eine entsprechende Eintragung nachweisen. Später wurde diese korrigiert. Die Säulen sind schließlich der westlichen Variante des besagten Grundrisses entsprechend plaziert. Zwischen Säule und Längswand ergibt sich nun ein zur Achse der Öffnungen in den Stirnwänden symmetrisches Interkolumnium. Dasselbe gilt für den Durchgang zwischen dem der Längswand vorgelegten Pilaster und der weiterhin direkt an die Säulen angelehnten Galeriestütze.

Diese Korrektur war praktisch unumgänglich. Durch sie wurde vermieden, daß die Kante der Säulen in die Flucht der Türöffnung der *Vestry Rooms* ragt. Aus der zuerst aufgegriffenen Alternative hätte sich diese räumlich wenig befriedigende Situation notwendig ergeben.

Auffällig ist, daß im Verlauf der Korrekturen die Entfernung der Galeriestützen zur Längswand unverändert konstant blieb. Die im schließlich entwickelten und realisierten Interieur sekundär erscheinende Stützenstellung war es, deren Position eine zur Achse der Öffnungen in den Stirnseiten des Gemeinderaumes symmetrische Abmessung der „Seitenschiffe" vorgab, festhielt und bestimmte. Ihr Verhältnis zu den Mauern der Hülle belegt dabei, daß die Innenseite der Längswand Ausgangspunkt der Ordnung der Elemente des Interieurs war. Die Außenwand selbst ist nicht in diese Ordnung eingebunden. Sie faßt und begrenzt das sich innerhalb entwickelnde Interieur. Dessen isolierbare Subsysteme gehorchen einer eigenen, an den Rahmen anknüpfenden, diesen jedoch nicht integrierenden Ordnung.

Die vier Säulen des Innenraumes orientieren sich in ihrer Position an der offensichtlich bereits finalisierten und durchgehend vorausgesetzten Stützenstellung der Galerie. Die naheliegende und vordergründig befriedigendere Lösung der axialen Beziehung beider Stützenstellungen scheiterte an der Ausdehnung der vier offensichtlich primär der Differenzierung von Kernraum und Vorzonen dienenden massiven Säulen. Folglich wurde ein weiterer Bruch der Ordnung eingeführt. Die Säulen wurden als Elemente für sich, als eigenes, isolierbares Subsystem in den Bau integriert. Hawksmoor

---

53   Vgl. auch:
      Downes, a.a.O., 1959/60, S. 55-56;
      Evans, a.a.O., S. 80-82.

54   Vgl.: Teil B, IV.1.3.2.c.

55   Downes bezeichnet die Hand als „impersonal".
      S. hierzu: Downes, a.a.O., 1959/60, S. 55.

56   Ca. 9' i. L. von der Längswand.

reagierte mit einer pragmatischen, additiven Lösung auf die Diskrepanz zwischen idealer, die räumliche Ausdehnung materieller Objekte vernachlässigender axialer Ordnung und der Wirklichkeit eines materiellen Bauwerks.

Insofern ist die von Downes zur Erklärung der Korrekturen angeführte Annahme eines Fehlers des Zeichners, der mit dessen Verwirrung infolge der Aufweitung des Grundrisses während des Kopierens erklärt wird, wenig überzeugend. Was hier einzeichnet wurde, sind die beiden bereits in der früheren Zeichnung erwogenen Positionen, zwei grundsätzliche Lösungen zur Beziehung der in ihrem Abstand von der Wand festliegenden Galeriestützen und der auf der Trennlinie zu den Vorbereichen plazierten Säulen. Offensichtlich hatte der Zeichner nicht erkannt, daß eine der Lösungen mit der Anordnung der Öffnungen kollidieren mußte. Was wir hier beobachten, ist ein Prozeß der Anpassung des Interieurs und seiner Subsysteme an die vorgegebene Hülle, nicht aber einfach ein gedankenloser Fehler.[57]

Evans Verlegung der Korrektur der Stützen in die Phase der Überarbeitung im August 1714 muß allerdings ebenso abgelehnt werden. Schon aufgrund der räumlichen Beziehungen erscheint ein längeres Festhalten an der ersten Lösung unwahrscheinlich. Zudem wird diese Annahme durch die merklich unterschiedliche Zeichentechnik grundsätzlich in Frage gestellt.[58]

Inwiefern bei der Entwicklung der die beiden internen Stützenstellungen als isolierbare Subsysteme differenzierenden, pragmatischen Lösung bereits an die Schaffung von exakt ein Viertel der Seitenlänge des Quadrats einnehmenden Eckfeldern gedacht wurde, muß offen bleiben. Selbst wenn dies der Fall war, handelte es sich dabei aber um eine Überlagerung und Verschränkung separater Ordnungssysteme und keinesfalls um eine Integration des Ganzen in eine durchgehende Ordnung. Das hier ersichtlich werdende Prinzip der Definition isolierbarer Subsysteme eigener Ordnung innerhalb des vorgegebenen Rahmens der Hülle bleibt davon unberührt.

Aus dem Vergleich mit *K.Top.23.21.2i verso, links* wird deutlich, daß die Einführung des Quadrats des Kernbereiches in den Grundriß eine nachträglich entwickelte und eingebrachte Idee darstellt. Die Unsicherheit bezüglich der Position der Stützen innerhalb des vorliegenden Blattes belegt darüber hinaus, daß die Idee der Artikulation desselben als Zentralraum, seine Interpretation als die byzantinische Kreuzkuppelkirche oder auch den antiken Vier-Säulen-Saal assoziierender Teilraum selbst nach Schaffung der quadratischen Grundrißform noch nicht angedacht waren.

Die dem vorliegenden Plan zugrunde liegende Vorstellung war ein trotz seiner Geometrie eindeutig orientierter, einfacher, quadratischer Gemeinderaum, von seitlichen Galerien flankiert, durch Säulen von den beiden ihn ergänzenden, identischen Vorbereichen getrennt. Der östliche Vorbereich sollte den Chor aufnehmen, die östlichen Säulen als ein angedeuteter Lettner fungieren. Die Idee der räumlichen Umsetzung des Quadrats in einen isolierbaren zentralisierten Raum mit eigenem Ausdruck und deutlicher Aussage entwickelte sich offensichtlich erst später.

Auch die Westpartie entspricht in dieser Planung noch nicht der Ausführung. Die Zeichnung zeigt weiterhin den quadratischen Turm früherer Planungsstadien. Dieser tritt circa 6' weiter nach Westen als in der fertiggestellten Kirche. Anstelle der vorgelegten Pilasterordnung weist seine Westfassade immer noch die oben beobachtete Kombination von Dreiviertelsäule und Pfeiler auf.

Der hier ersichtlich werdenden Grundrißlösung entsprechen die in der ursprünglichen Bleistiftfassung von *K.Top.23.21.2i recto* und *K.Top.23.21.2h* festgehaltenen Ansichten vollständig. An ihrer Zusammengehörigkeit kann daher kaum gezweifelt werden.

---

57   Vgl.: Downes, a.a.O., 1959/60, S. 55-56.

58   Vgl.: Evans, a.a.O., S. 80-82.

IV.2.2.2.b.2
B.L., Map Library, K.Top.21.2i recto, Bleistiftfassung
(Abb. 132)

Die ursprüngliche Bleistiftfassung von *K.Top.21.2i recto*, eine Ansicht im Maßstab 1:120, dokumentiert erstmalig Überlegungen zur Längsfassade von *St. George*.

Anordnung und Form der Öffnungen der Wand des Hauptbaukörpers entsprechen schon weitgehend dem ausgeführten Entwurf. Die Unterschiede beschränken sich auf wenige Details. Vor allem die Eingänge zu den Treppenhäusern sind noch nicht vollständig entwickelt. Die Gestaltung
ihrer Sturzelemente entspricht hier der bei den quadratischen EG-Fensterchen ausgeführten Form,
und anstelle der realisierten mehrschichtigen Fassung ist ein glatter Rahmen vorgesehen. Aber auch
die Seiteneingänge unterscheiden sich etwas von der realisierten Form. Ihre Schwelle ist circa 2'
höher angeordnet als ausgeführt, was zu einer allgemeinen Verkürzung der Proportion der Öffnung
führt. Im OG fehlt zudem - wie auch in der Westansicht in *K.Top.23.21.2k recto* - das durchgehende
Kämpfergesims. Aller Wahrscheinlichkeit nach war es selbst im Kernbereich noch nicht vorgesehen.

Die Form des hier geplanten Daches ist leider nur zu vermuten. Dünne Vorzeichnungen legen
den Schluß nahe, daß ein Satteldach - wie später vorhanden - den gesamten Hauptbaukörper über-
decken sollte. Die Apsis weist die in *K.Top.23.21.2. recto* dargestellten Blendnischen auf. In der
Ansicht entsprechen diese den Bögen der OG-Fenster und Seiteneingänge.

Die Fassade des *Vestry Rooms* weicht erneut besonders deutlich von der Ausführung ab. Wie bei
ihrem oben bereits dargestellten westlichen Pendant (*K.Top.23.21.2k recto*) ist hier lediglich eines
der regulären quadratischen EG-Fensterchen eingefügt. Selbst der die Ecke des Baukörpers betonende Obelisk findet sich hier wieder. Die in *K.Top.23.21.2k recto* für die schmalere Variante der
Westansicht belegte Lösung ist hier vollständig wiederholt. Dasselbe gilt für den Turm. Dieser ragt
mit seiner westlichen Kante auch in der vorliegenden Zeichnung 6' über die Ebene der Eingangsfassade nach Westen. Seine Gestaltung wiederholt dabei exakt den in der Westansicht *K.Top.23.21.2k
recto* dargestellten Entwurf. Sein Sockel ist in den die Freitreppe rahmenden Wangen glatt nach
Westen fortgesetzt.

Über die zahlreichen Gemeinsamkeiten hinaus belegen vor allem die letztgenannten, sich im
Fundament auswirkenden Abweichungen der Planung im Bereich der Westpartie die Verbindung des
Blattes zum Vorentwurf. Dieselben machen eine zeitgleiche Entstehung mit der ursprünglichen
Fassung von *K.Top.23.21.2a recto* notwendig.[59]

IV.2.2.2.b.3
B.L., Map Library, K.Top.23.21.2h, Bleistiftfassung
(Abb. 133)

Zu *K.Top.23.21.2h* ist wenig zu sagen. Bei der Westansicht im Maßstab 1:120 handelt es sich ohne
jeden Zweifel um das westliche Gegenstück zu *K.Top.23.21.2i recto*. Der in ihrer ursprünglichen
Bleistiftfassung festgehaltene Entwurf zeigt nichts anderes als eine praktisch unveränderte, allerdings verbreiterte Version von *K.Top.23.21.2k recto*.[60]

---

[59]   Vgl. auch:
Downes, a.a.O., 1959/60, S. 56-57;
Evans, a.a.O., S. 83.

[60]   Zur Datierung vgl.: *K.Top.23.21.2i recto*: Juni 1714.

IV.2.2.2.c.
Zusammenfassung:
die am 1. Juli 1714 vorgelegte Planung

Aus der Betrachtung der obigen Zeichnungen ergibt sich ein ziemlich klares Bild der am 1. 7. 1714 der Kommission als Vorentwurf vorgelegten Planung.

Der Hauptbaukörper entsprach bereits weitgehend der Ausführung. Dies galt auch für das ihn abschließende durchgehende Satteldach. Auf die später vorgenommene Betonung der Treppenhäuser durch Türmchen wurde allerdings noch verzichtet. Im Westen war ein gegenüber der ausgeführten Planung deutlich weiter nach außen gerückter Turm vorgestellt. Damit war der Konflikt mit der Giebelwand des Hauptbaukörpers vermieden. Der Turm selbst erinnerte mit seinen additiv aufeinander getürmten, von Geschoß zu Geschoß in der Breite reduzierten Teilbaukörpern eher an Albertis Rekonstruktionen antiker Turmbauten[61] denn an die im ausgeführten Bau deutlich thematisierten gotische Vorbilder. Die Westansicht mit ihrer Kombination dreier Giebel war ebenso wesentlich deutlicher an Palladios Kirchenfassaden orientiert, als dies beim fertiggestellten Bau der Fall ist.

Im Innenraum fehlten die vier in den quadratischen Kernbereich des Gemeinderaums eingestellten Säulen. Mit den sich an den Seiten des Raumes entlang ziehenden Galerien wies das Interieur insgesamt noch keinerlei Charakteristika des später klar artikulierten Typus der Kreuzkuppelkirche auf. Vielmehr erschien es als eine Addition einfacher Teilräume, als eine Kombination eines quadratischen Saales mit quer vorgelagerten, dem Raum eine eindeutige Orientierung verleihenden Vorzonen. Die östliche dieser Vorzonen diente als Chorbereich, als der Ort der Eucharistie, welcher aus der eigentlichen Apsis nach vorne gebracht war in den Gemeinderaum. Möglicherweise war im Westen ähnliches für den Ort des Sakraments der Taufe geplant.

Evans' liturgische Rechtfertigung dieser Vorzonen wird dadurch bestätigt, allerdings war die östliche Vorzone nicht - wie von ihm postuliert - der Raum für die Gemeinde während des Empfangs der Kommunion, sondern der Standort des Altars selbst.[62]

In Anbetracht der Überschneidungen zwischen den von den Zeichnungen festgehaltenen Entwurfsstadien erscheint es unangebracht, zwischen einem „schmalen Entwurf" und dem eigentlichen Vorentwurf zu unterscheiden, wie dies Downes tut. Die gesamte Gruppe muß als Zeugnis eines in sich geschlossenen, unter zeitlichem Druck ablaufenden Entwicklungsprozesses betrachtet werden, der am 1. 7. 1714 durch den Vorstellungstermin künstlich unterbrochen wurde. Sehr wahrscheinlich legte Hawksmoor an diesem Tag die nur teilweise ausgezogenen Pläne vor. Danach arbeitete er in ihnen umgehend weiter und entwickelte sie zu den im Folgenden zu besprechenden Plänen des genehmigten Entwurfes.[63]

IV.2.2.3.
Der genehmigte Entwurf:
Überarbeitung der Vorentwurfspläne - Juli 1714
(Abb. 130, 132-133)

In den bis zu der in den Quellen belegten Vorlage des genehmigungsfähigen Entwurfes am 29. Juli 1714[64] verbleibenden vier Wochen nahm Hawksmoor drastische Änderungen vor. Vor allem die

---

61 Alberti, Leon Battista, *On the Art Of Building in Ten Books*, translated by Joseph Rykwert, Neil Leach and Robert Tavernor, Paperback, Cambridge, Mass. und London 1991, Buch VIII, Kap. 5, S. 257-261 (143v-145).

62 Evans, a.a.O., S. 81.

63 Vgl.: Downes, Kerry, *Hawksmoor* (Studies in Architecture, Bd. II), 2. Ausg., London 1979, S. 276.

64 *L.P.L., MS.2714*, S. 95.

Dachzone, die Gestaltung des Turmes sowie dessen Verhältnis zum Hauptbaukörper waren davon betroffen. All diese Änderungen sind als nachträgliche Überarbeitungen und Änderungen in den oben bereits besprochenen Blättern des Vorentwurfes dokumentiert.

IV.2.2.3.a.
Überarbeitung des Grundrisses
B.L., Map Library, K.Top.23.21.2a. recto, Deckblatt
(Abb. 130)

K.Top.23.21.2a wurde am wenigsten verändert. Ein kleines Stück Papier ist über den ursprünglichen Grundriß des Turmes geklebt. Auf diesem ist die der Ausführung entsprechende Lösung dargestellt, welche sich nahtlos in den ansonsten unveränderten Grundriß einfügt. Die Freitreppe ist hier allerdings in das Portal selbst verlegt - eine Lösung, die nicht zur Ausführung kam. Selbst in die zugehörigen Ansichten ist diese jedoch nicht übernommen. Dort wurde der von Wangen flankierte breite Treppenaufgang vor der Westseite des Turmes vorläufig unverändert beibehalten.

Die Einordnung der vorliegenden Korrekturen an dieser Stelle der Entwicklung des Projektes ergibt sich zwangsläufig. Die Änderung der Planung muß aufgrund ihrer Auswirkungen für die Gründung auf jeden Fall vor dem 29. 7. 1714, der Vergabe der Fundamentarbeiten, erfolgt sein - und damit auch vor der Präsentation des genehmigten Entwurfes. Aus den oben erläuterten Überlegungen zur Entstehung der Pläne und vor allem aus der durch die Zeichnung auf der Rückseite belegten späten Entstehung der ursprünglichen Fassung des vorliegenden Grundrisses[65] folgt aber auch eine Notwendigkeit zur Entstehung nach Vorlage des Vorentwurfs. Es verbleibt lediglich der Monat Juli 1714 als möglicher Entstehungszeitraum.[66]

IV.2.2.3.b.
Überarbeitung der Ansichten

In den Ansichten wurde wesentlich intensiver gearbeitet als im Grundriß. Die entsprechenden Zeichnungen des Vorentwurfes waren nicht ausgezogen. Sie konnten leicht verändert und weiterentwickelt werden - und das geschah auch. Die im Grundriß recht unkompliziert erscheinende Änderung von Form und Position des Turmes hatte weitreichende Folgen für Ansicht und Silhouette der Kirche. Mit dem Zurückziehen seiner Westfront ging ein leichtes Verschieben der Ostwand des Turmes in den Hauptbaukörper einher, was Reaktionen sowohl im demselben als auch vor allem in dessen Dachzone nach sich zog. Auf eine Aussage über das Aussehen des veränderten Turmes oberhalb des zweiten Turmgeschosses wurde dabei allerdings vorläufig verzichtet.

---

65   Vgl.:
      Teil B, III.2.2.6.1.a.;
      Teil B, IV.2.2.2.b.1.

66   Vgl. auch:
      Downes, a.a.O., 1959/60, S. 55-56;
      Evans, a.a.O., S. 80-82.

IV.2.2.3.b.1
B.L., Map Library, K.Top.23.21.2i recto, Tusche-Fassung
(Abb. 132)

K.Top.23.21.2i recto, die Längsansicht,[67] zeigt die Auswirkungen der Überarbeitung des Vorentwurfes am deutlichsten.

Die Fassade des Hauptbaukörpers sowie diejenige der kleinen Eckräume wurden beim Ausziehen nur wenig geändert. Das Absenken der Schwelle der Seiteneingänge auf das ausgeführte Niveau ist die einzige mit Sicherheit in Zuge dieses Phase der Entwurfsarbeit vorgenommene Korrektur der beiden Teilfassaden. Möglicherweise erfolgten aber auch die den quadratischen Kernbereich des Gemeinderaumes in den Fassaden spürbar machende Einführung des Kämpfergesimses im OG sowie die Addition der profilierten Archivolten über den fünf mittleren OG-Fenstern erst bei dieser Überarbeitung des Vorentwurfs. Auf jeden Fall entspräche dies der allgemeinen Entwicklung des Entwurfes, welche offensichtlich auf eine zunehmende Betonung und Isolierung des Kernbereiches zielte.

Der Turm hingegen ist deutlich verändert. Mit seiner Westfront ist er auf die ausgeführte Ebene zurückgenommen. Die gleichzeitig eingeführte Pilasterordnung bewahrt allerdings noch die korinthische Ordnung des Vorentwurfs. Der in seiner Tiefe nur wenig reduzierte Turm ragt nun in etwa um Mauerstärke in den Hauptbaukörper. Zudem setzt das zweite Turmgeschoß, die *ringing chamber,* den Querschnitt des Turmes ohne die bisher vorgesehene Verringerung der Tiefe unverändert nach oben fort. Wäre in der Dachzone keine Änderung vorgenommen worden, hätte dies unbedingt zu einem Konflikt mit der Giebelwand des Hauptbaukörpers und dessen Dach geführt. Hawksmoors hier vorliegende Lösung ist eine Beschränkung des Satteldachs auf den quadratischen Kernbereich des Hauptbaukörpers. Die in Grundriß und Innenraum von Anfang an angelegte Unterteilung des Hauptbaukörpers in Vorzonen an den Stirnseiten und einen zentralen Kernbereich erhält hier einen deutlichen Ausdruck in Außenform und Silhouette des geplanten Bauwerks. Zusammen mit der Betonung der mittleren fünf Fensterachsen ergibt sich die Definition eines isolierbaren hohen Mittelteils. Dieser wird von zwei flach gedeckten, die beiden Vorzonen des Gemeinderaumes beherbergenden Bereichen flankiert. Die um ihn gruppierte Gesamtkomposition endet einerseits - im Westen - mit dem Turm und andererseits mit der Apsis im Osten.

Die Apsis setzt die Ansicht des Hauptbaukörpers allerdings ohne eine Differenzierung der Höhe der Fassade fort, was eine formal etwas unausgesprochene, unbefriedigende Situation ergibt. Eine Lösung dieses kompositorischen Problems fand sich jedoch erst mit dem ausgeführten Entwurf.

Wie bei *St. Anne*[68] führte der Weg zur schließlich entwickelten spannungsvollen Einheit des ausgeführten Entwurfes demnach auch hier über eine betont additive Variante. Wie wir im Folgenden sehen werden, sollte die Additivität der Kompositon im vorliegenden Falle sogar noch stärker herausgearbeitet werden. Die Entwicklung der Komposition im Verlauf des Entwurfsprozesses ging damit zeitweise deutlich über die endgültig erzielte angedeutete Additivität des realisierten Bauwerks hinaus.

Unabhängig davon ist es von großem Interesse, daß diese Phase der Entwicklung des Entwurfes bei beiden Kirchen - bei *St. Anne* wie bei *St. George* - zur selben Zeit durchlaufen wurde sowie - vor allem - daß es sich bei der somit besonders additiven und damit auch besonders wenig spannungsvollen Lösung jeweils um den von der Kommission genehmigten Entwurf handelte. Es ist zumindest eine Überlegung wert, ob nicht ein weniger spannungsvolles, Innen und Außen aber augenfällig in einen logischen Zusammenhang bringendes Ganzes bei der Kommission einfacher durchzusetzen

---

67   Juli 1714. Zur Begründung der Datierung vgl.:
      Teil B, IV.2.2.3.a;
      Teil B, IV.2.2.2.

68   Vgl.: *B.L., Map Library, K.Top.28.11.d* (Downes-Katalog Nr. 35).

war als ein formal gelungener, aber komlexer und damit nicht unbedingt als offensichtlich logisch und nachvollziehbar zu bezeichnender Entwurf, wie er sich am Ende der Projekte in der Regel herausbildete.

IV.2.2.3.b.2

B.L., Map Library, K.Top.23.21.2h, Tusche-Fassung

(Abb. 133)

In der Westansicht, *K.Top.23.21.2h*,[69] änderte sich überraschender Weise nichts. Dieselbe wurde praktisch unverändert in Tusche ausgezogen.

Der in *K.Top.23.21.2k* deutlich gemachte Unterschied zwischen Dreiviertelsäule und Pfeiler entfiel zwar mit der Einführung der Pilasterordnung, er ist in dieser Ansicht an sich aber irrelevant. Die Tuschezeichnung ist exakt bis zur gleichen Höhe geführt wie in der Längsansicht: bis zur Oberkante der *ringing chamber*. Nachdem dabei keine Änderung am zweiten Turmgeschoß vorgenommen wurde, müssen wir davon ausgehen, daß Hawksmoor de facto von einem einseitigen Zurückstaffeln der Turmgeschosse in der Breite ausging. Daß er in der Tiefe anders verfuhr, belegt - wie bereits beschrieben - *K.Top.23.21.2i recto*. Möglicherweise sollte mit dieser ungewöhnlichen Maßnahme der durch das Zurücknehmen der Westfassade entstandene rechteckige Grundriß des Turms in den oberen Geschossen wieder auf ein Quadrat gebracht werden. Die Zeichnungen der beiden Ansichten erfuhren auf jeden Fall noch eine weitere Überarbeitung, ohne daß diese exklusive Verringerung der Außenmaße einer der Seiten des Grundrisses des Turmes in Frage gestellt wurde.

IV.2.2.4.

Die Idee eines südlichen Zugangs:

Lageplan *L.P.L., MS.2714*, fol. 111-113 - Juli 1714

Bevor wir uns der weiteren Überarbeitung obiger Pläne zuwenden, sei kurz ein weiteres zeichnerisches Dokument erwähnt, das derselben Zeit entstammt: der im Juli 1714 entstandene Lageplan zu J. Poulsons Verkaufsangebot.

Am 29. Juli 1714 legte Hawksmoor dieses Angebot zusammen mit dem genehmigten Entwurf und einem schriftlichen Bericht der Kommission vor.[70] Der Plan ergänzte den Vorschlag des Berichts zum Kauf von vier Häusern im Süden der Kirche. Er zeigt einen Durchgang von 16' Breite zum *Ratcliffe Highway*, welcher - wäre es nach Hawksmoors Willen gegangen - auf Poulsons Land hätte geschaffen werden sollen. Dieser zweite Zugang zur Kirche hätte der Betonung der Querachse im genehmigten Entwurf und damit auch derjenigen des Kernbereiches eine zusätzliche Berechtigung verliehen. Die Kommission lehnte den Vorschlag des Architekten jedoch ab.

Möglicherweise kann diese Entscheidung der Bauherrschaft für die erneute Überarbeitung des Entwurfes im folgenden Monat und langfristig auch für das Abgehen Hawksmoors von der extremen Additivität des genehmigten Entwurfes verantwortlich gemacht werden.

---

69   Juli 1714. Zur Begründung der Datierung vgl.: Teil B, IV.2.2.3.a.

70   *L.P.L., MS.2714*, S. 95.

IV.2.2.5.
Überarbeitung des genehmigten Entwurfs
Freihand-Ergänzungen - August 1714
(Abb. 130, 132-134)

Während die Fundamentarbeiten sofort nach der Genehmigung des Entwurfes anliefen[71] und damit Tatsachen geschaffen wurden, die nur noch schwer zu ändern waren, ging Hawksmoor vor Beginn der Arbeiten an den aufgehenden Teilen noch einmal an eine gründliche Überarbeitung des Entwurfes, welche erneut wichtige Änderungen mit sich brachte. Sämtliche dem genehmigten Entwurf zuzurechnenden Pläne enthalten freihand eingetragene Änderungen aus dem August 1714, die diesen Prozeß dokumentieren.

Eine exakte Fixierung der Zeit ihrer Entstehung ist aufgrund der handschriftlichen Datierung von *K.Top.23.21.2h* möglich. Das Datum ist mit derselben Tusche und in derselben Schrift in die Zeichnung der Westansicht von *St. George* eingefügt, welche auch die offensichtlich zuletzt ergänzten Freihand-Eintragungen des Blattes charakterisieren. Da dieselben Eigenheiten auch auf die Ergänzungen der anderen oben genannten Zeichnungen zutreffen und da sich diese darüber hinaus auch inhaltlich ergänzen, können wir die letzte Bearbeitungsphase der besagten Blätter insgesamt auf August 1714 datieren.

Die ursprünglich für den Vorentwurf gefertigten Zeichnungen weisen demnach allesamt drei Bearbeitungsschichten auf. Diese Tatsache verdeutlicht erneut die zeitliche und inhaltliche Kompaktheit des hier betrachteten Entwurfsprozesses, den engen Zusammenhang der einzelnen Schritte seiner Entwicklung. Im Grunde genommen ist die Unterteilung in Vorentwurf, Entwurf und Überarbeitung eine künstliche, von der Prozedur der Genehmigung beziehungsweise von der Bauherrschaft aufgezwungene Periodisierung des an sich homogenen Prozesses. Die sich ergebenden Zäsuren führten aufgrund der raschen Folge allerdings zu keinen wirklichen Brüchen. Die von ihnen geprägten Dokumente halten insofern - einer Folge von Momentaufnahmen gleich - temporäre Zwischenstadien einer an sich ungebrochenen Entwicklung fest.

IV.2.2.5.a.
B.L., Map Library, K.Top.23.21.2i recto, Freihand-Ergänzungen
(Abb. 132)

In *K.Top.23.21.2i recto*, der Längsansicht der Kirche, sind vor allem zwei Eintragungen von Bedeutung. Zum einen ist über dem Kernbereich des Hauptbaukörpers anstelle des Satteldaches eine Stufenpyramide angedeutet. Dadurch ist erstmalig das Quadrat des Kernbereichs in seiner zentralisierenden Bedeutung auch nach außen hin spürbar gemacht. Außerdem befindet sich über dem rechten Treppenhaus eine leichte Bleistiftskizze eines rundes Türmchens mit einer flachen, an den ursprünglichen Entwurf der Laterne des Turmes erinnernden Kuppel. Die damit angedeutete Ergänzung der Treppenhaustürmchen unterstreicht die Selbständigkeit des zentralen Quadrats des Hauptbaukörpers zusätzlich. Als vertikalen Akzente markieren die Türmchen die vier Ecken des angedeuteten Kerns. Gleichzeitig betonen sie die visuell bislang nur wenig wirksame Symmetrie der Längsfassade. Jetzt erst ist der Charakter der Längsfassade als einer „unechten Hauptfassade" augenfällig. Die bereits den genehmigten Entwurfs auszeichnende Additivität ist hierdurch weiter gesteigert. Selbst die Treppenhäuser entwickeln ein Eigenleben. Die im realisierten Bau umgesetzte angedeutete Additivität hat in der hier erarbeiteten Isolierbarkeit der Teilbaukörper ihren Ursprung.

---

71 *L.P.L., Minutes, MS.2690*, S. 181, in: Port, a.a.O.
    Vgl. auch: Downes, a.a.O., 1959, S. 175-179.

Darüber hinaus ist in der vorliegenden Zeichnung auch die Fassade des *Vestry Rooms* geändert. Diese entspricht nun nahezu vollständig dem ausgeführten Zustand. Der Obelisk über der Außenecke ist allerdings noch immer geplant, und die EG-Fenster weisen ein die Archivolte betonendes Band sowie einen Keilstein auf - beides Elemente, welche in der Ausführung entfallen sollten.

Die Ausarbeitung der außergewöhnlichen realisierten Gestaltung der Treppenhaustüren ist in den hier vorgenommenen Ergänzungen gleichfalls nachweisbar. Bei der rechten Tür ist diese nur in Andeutung erkenntlich, die linke Tür hingegen zeigt bereits den endgültigen Entwurf. Am linken Rand der Zeichnung ist zusätzlich eine Skizze der Lösung in größerem Maßstab eingefügt. Sehr wahrscheinlich ist diese vor Eintragung der Lösung in die Fassade entstanden. Das Detail wurde im größeren Maßstab entwickelt und überprüft, um dann erst in der Ansicht geändert zu werden.

Die hier angedachten Änderungen finden sich kurz darauf in anderen Zeichnungen. *K.Top.23.21.2e*, eine Reinzeichnung der Längsansicht, ist gegen Ende 1714 entstanden.[72] Die hier nur angedeuteten Türmchen sind aber auch schon in *K.Top.23.21.2h* weiter ausgearbeitet. Das letztgenannte Blatt ist von Hawksmoor selbst auf August 1714 datiert. Über die Datierung der Überarbeitung des vorliegenden Blattes hinaus ergibt sich daraus eine eindeutige Reihenfolge der Dokumente: *K.Top.23.21.2i recto* wurde demnach mit Sicherheit vor *K.Top.23.21.2h* vervollständigt.[73]

IV.2.2.5.b.
B.L., Map Library, K.Top.23.21.2h, Freihand-Ergänzungen
(Abb. 133)

K.Top.23.21.2h, die Westansicht, ist ihrer eben bemerkten nachweislich späteren Entstehung ungeachtet auch in dieser Entwurfsphase ein unmittelbares Gegenstück zu *K.Top.23.21.2i recto*. Die hier vorgenommenen Änderungen entsprechen exakt den oben genannten, in der Längsansicht eingetragenen Ergänzungen des genehmigten Entwurfs. Hinter dem Turm der Kirche sind die erwähnte Stufenpyramide über dem quadratischen Kernbereich des Gemeinderaumes sowie eines der Treppenhaustürmchen angedeutet. Das Türmchen ist hier allerdings etwas weiter ausgearbeitet. Sein zylindrischer Baukörper ist von Rundbogenfenstern durchbrochen, und seine extrem flache Kuppel ist gekrönt von einem Kreuz.

Die Fassaden der *Vestry Rooms* sind gleichermaßen überarbeitet. Ihre nunmehr erreichte Gestaltung mit einem Rundbogenfenster im EG, mit dem über die gesamte Breite der Fassade durchgezogenen glatten Band auf Kämpferhöhe sowie mit einer Lunette im Sockel entspricht bereits voll und ganz dem ausgeführten Bau. Darüber hinaus ist an der dem Turm zugewandten Seite der Fassaden endlich ein Gegenstück zum Mauerpfeiler am Außeneck des jeweiligen Baukörpers eingetragen. Diese Ergänzung löste das sich bis dato aus der mittigen Position der Fenster innerhalb der Fassaden einerseits und der von der Einführung der Obelisken angeregten Betonung der Außenecken durch eine breite Vorlage andererseits ergebende Dilemma. Ein einfaches Verschieben der Fensterachse - die naheliegende Lösung - war unmöglich, nachdem die Öffnungen der Querwände bis zur Ostfassade axial aufeinander bezogen waren und - mehr noch - nachdem daraus inzwischen auch die Abmessung der Seitenschiffe entwickelt worden war.[74]

Die Vorlage auf der Innenseite der Wandfläche endet in dieser Zeichnung allerdings noch unter dem abschließenden Hauptgesims des jeweiligen Eckbaukörpers. Darüber setzt additiv ein die Ein-

---

72   Teil B, IV.2.2.6.b.

73   Vgl. auch:
      Downes, a.a.O., 1959/60, S. 57;
      Evans, a.a.O., S. 83.

74   Vgl.: Teil B, IV.2.2.2.b1.

gangsfassade des ersten Turmgeschosses ebenso verbreiternder, jedoch lediglich bis zu dessen Hauptgesims nach oben geführter, schmalerer Strebepfeiler an. Dieser ist aus der J-förmigen Volute des Vorentwurfs entwickelt. Letztere selbst ist durch eine an eine nach unten gekehrte Schnecke einer Violine erinnernde Volute ersetzt. Die Detaillierung ihres oberen Endes erinnert bereits deutlich an die endgültige Lösung. Sprenggiebel und Obelisken sind von diesen Änderungen unberührt.

Wie bei *K.Top.23.21.2i recto* so findet sich auch hier eine Reinzeichnung des nach diesen Ergänzungen erreichten Planungsstadiums bei den erhaltenen Dokumenten - *K.Top.23.21.2g*, welches auf Ende 1714/Anfang 1715 zu datieren ist.[75] Über die schriftlichen Datierung des vorliegenden Blattes auf „*Augt 1714*" hinaus belegt dies die Einordnung der hier betrachteten Änderungen in den Entwurfsprozeß. Dieselben müssen kurz nach Genehmigung der Planung entstanden sein.

IV.2.2.5.c.
B.L., Map Library, K.Top.23.21.2a, Freihand-Ergänzungen
(Abb. 130)

Das dritte Blatt der vorliegenden Gruppe, der bereits erwähnte Grundriß, dokumentiert in seinen Freihand-Ergänzungen die mit den oben beschriebenen Veränderungen an der Außenform der Kirche einher gehenden Modifikationen des Konzepts des Innenraumes von *St.George-in-the-East*.

Das zentrale Quadrat des Gemeinderaumes ist hier mit einem dicken Strich grob nachgezogen. Dessen Diagonalen sind eingetragen. Beide Ergänzungen sind Indizien für Hawksmoors auch im Außenbau zu beobachtende Intention, den Kernbereich nachträglich als isolierbaren Zentralraum zu artikulieren. Entsprechend sind nun auch die vier im realisierten Konzept beibehaltenen, zusätzlichen Säulen eingeführt und auf den Diagonalen des zentralen Quadrats plaziert. Eine sich darüber erhebende Kuppel ist vage dargestellt, und mit einem gestrichelten Bogen sind die Quertonnen der Vorbereiche angedeutet. In einer der Ecken des Gemeinderaumes ist selbst eines der vier später in ähnlicher Weise ausgeführten, flachen quadratischen Felder der Decke eingetragen.

Zwei ergänzende, gleichermaßen freihand ausgeführte Skizzen befinden sich neben dem Grundriß auf dem vorliegenden Blatt. Diese tragen bei zur Klärung der Vorstellung des Architekten von der als Abschluß des Gebäudes geplanten Dachkonstruktion.

Auf der linken Seite der Vorderseite des Blattes zeigt ein lediglich zur Hälfte dargestellter Querschnitt durch die Dachzone der Kirche zwei sich kreuzende Flachtonnen mit einer die Vierung überspannenden Kuppel. Während die Flachtonnen insgesamt unterhalb des Hauptgesimses des Baukörpers bleiben, wird die Kuppel infolge ihrer Höhe nach außen hin spürbar. Sie ist von einer Stufenpyramide überdeckt, wie wir sie in ihren Grundzügen von den Ergänzungen der beiden Ansichten bereits kennen.

Auf der Rückseite des Blattes ist zudem eine Skizze eines Schnitts entlang der Diagonale der Pyramide erhalten. Die wichtigsten Abmessungen sind mit Hilfe einer Nadel direkt von der Vorderseite übernommen. Das Prinzip der projektierten Konstruktion wird hier weitgehend verständlich. Offensichtlich waren Fachwerkbinder beziehungsweise ein aus solchen aufgebautes räumliches Tragwerk geplant. In dieses sollte die Kuppel mit ihrer Stuckschale integriert oder - um es konstruktiv korrekt auszudrücken - eingehängt werden.

Die Beschriftung des Grundrisses ergänzt die zeichnerischen Darstellungen und klärt die Vorstellung von der angestrebten Lösung. Wörtlich beschreibt Hawksmoor die Decke dabei als „*... intended in a pyramidall forme and to have a hemisphere in ye Middle. The 2 Wings AB and CD Lye Down more flatte*". Ein Zweifel an den Absichten des Architekten kann danach nicht mehr bestehen.

---

75   Vgl.: Teil B, IV.2.2.7.b.

Dennoch ergibt sich im Zusammenhang der anderen erhaltenen Zeichnungen ein Problem: die in den Ansichten dargestellte, dort offensichtlich flacher geplante Konstruktion der Stufenpyramide und eine halbkugelförmige Kuppel, wie sie in den beiden Skizzen des vorliegenden Blattes angedeutet ist, sind nicht kompatibel.

Die in der Folge entstandenen Zeichnungen belegen, daß die flachere Lösung des pyramidalen Daches weiterverfolgt wurde.[76] Dennoch ging Hawksmoor offensichtlich noch 1717 von der Kombination einer Kuppel mit diesem pyramidalen Dach aus. Ein Beleg hierfür ist die - ihrer Aussagen zur geplanten Form von Dach und Decke wegen in Auszügen bereits zitierte - Notiz Hawksmoors auf der vorliegenden Zeichnung. In Fortsetzung der erwähnten Beschreibung des Daches ist in unveränderter Handschrift und ohne jedweden Bruch ein weiteres Problem angesprochen. Wörtlich vermerkte Hawksmoor: *„If what Mr Groves has provided for Waping Stepney Cannot Serve at Limehouse - then we must be content to put it upon Wapping Church".*
    Bei dem hier erwähnten Mr. Groves handelt es sich um den bei *St. George-in-the-East* ebenso wie in Limehouse mit den Zimmermannsarbeiten beauftragten Handwerker. Ausschreibung und Vergabe dieses Gewerks erfolgten jedoch erst im Sommer 1716[77], und die Zimmerarbeiten an der Kirche wurden erst im Jahr 1717 aufgenommen. Bei *St. Anne* ist der zeitliche Ablauf in diesem Fall exakt derselbe.[78] Vor dem Winter 1716/1717 hatte der Zimmermann also sicher nichts für die Kirche vorbereitet. Davor kann demnach auch diese Notiz nicht entstanden sein. Viel später kann sie aber auch nicht verfaßt worden sein. Im Jahre 1717 wurde die gesamte Dachkonstruktion ausgeführt - und zwar nicht in der hier noch vorausgesetzten pyramidalen Form. Die Notiz ist folglich ziemlich exakt auf Anfang 1717 zu datieren. Sie ist demnach auch nicht in unmittelbarem Zusammenhang mit der Überarbeitung der Zeichnung entstanden, was die deutlich erkennbaren Unterschiede der Schrift der Legende der Zeichnung einerseits und dieser Notiz andererseits erklärt. Zwischen ihnen lagen immerhin mindestens knapp 2 1/2 Jahre.
    Die frühere Datierung der zeichnerischen Überarbeitung steht dessen ungeachtet fest. Die Gleichzeitigkeit mit den Ergänzungen in *K.Top.23.21.2i recto* und *K.Top.23.21.2h* ergibt sich nicht nur aus der inhaltlichen Übereinstimmung und parallelen Entwicklung aller drei Blätter während des gesamten Prozesses, sondern ebenso aus der deutlichen Ähnlichkeit der Vorstellungen zur Gestaltung des pyramidalen Daches. Der in der Beschriftung einer weiteren, im Folgenden noch zu behandelnden Zeichnung - *K.Top.23.21.2i verso* - nachweislich vorgenommene Verweis auf die Legende des vorliegenden Blattes[79] bestätigt den unmittelbaren Zusammenhang der in *K.Top.23.21.2i recto* dokumentierten Entwicklung der Details der Längsfassade mit der Überarbeitung des vorliegenden Blattes allerdings noch überzeugender. Zwei spätestens Anfang 1715 entstandene Reinzeichnungen der Ansichten[80] schließlich machen durch ihre Darstellung der Ergebnisse der Überarbeitung der Zeichnungen des genehmigten Entwurfes aber auch eine allgemeine Verschiebung dieser Korrekturen nach hinten - und vor allem bis ins Jahr 1717 - unmöglich. Daraus ergibt sich zwingend die ungebrochene Gültigkeit des Konzepts eines Gemeinderaumes mit Kuppel und pyramidalem Dach bis Ende 1716. Wir müssen daher davon ausgehen, daß möglicherweise bereits bei Umsetzung der - in den auf diesem Blatt erhaltenen skizzenhaften Schnitten entwickelten - grundsätzlichen Idee in die Ansichten die Halbkugel der Kuppel in der Planung weiter nach unten gedrückt wurde. Ihr unterer Rand wurde wahrscheinlich mit dem Kämpfer der Flachtonnen der Kreuzarme auf ein Niveau gebracht, und es entstand eine Hängekuppel. Das sich ergebende Einschneiden der Bögen der Ton-

---

[76]   Vgl.: Teil B, IV.2.2.6.b.; Teil B, IV.2.2.7.b.

[77]   *L.P.L., Minutes, MS.2690*, S. 297, 299, 301, 303, in: Port, a.a.O.

[78]   *L.P.L., Book of Works, MS.2697*, S. 380-381, 620-623.

[79]   Vgl.: Teil B, IV.2.2.5.d.

[80]   Vgl.:
    B.L., Map Library, K.Top.23.21.2e (s. hierzu: Teil B, IV.2.2.6.b.);
    B.L., Map Library, K.Top.23.21.2g (s. hierzu: Teil B, IV.2.2.7.b.).

nen in die Kuppel hätte im übrigen auch der bei der Halbkugel der Apsis ausgeführten Lösung ent-sprochen, wo die Fenster mit ihren Archivolten in die Kuppelschale eindringen.

Die erwähnte Notiz klärt somit die sich vor allem bezüglich der Konzeption der Dachzone erge-benden Unstimmigkeiten innerhalb der dokumentierten Ergänzungen des genehmigten Entwurfes und gibt der Entwicklung des Entwurfes in diesem Bereich einen klaren zeitlichen Rahmen. Gleich-zeitig wirft sie aber ein weiteres Problem auf. Es ist unklar, welche Teile der Dachkonstruktion mit dem zweiten Satz der Notiz angesprochen sein könnten.

Auf keinen Fall kann es sich dabei um den Dachstuhl über dem Hauptbaukörper handeln. Die Notiz macht es klar, daß die Teile auf jeden Fall auf einer der Kirchen verwendet werden sollten und daß die gültige Vorstellung die eines pyramidalen Daches war. Keine der beiden Kirchen wurde jedoch in dieser Art ausgeführt. Sowohl Downes' Erklärungsversuch, der von einem verkürzten Dach des Hauptbaukörpers, wie es in *K.Top.28.11.d* dargestellt ist, ausgeht, als auch Evans' An-nahme, es handle sich um den Dachstuhl für das besagte pyramidale Dach mit Kuppel, sind somit hinfällig.[81] Die einzige plausible Erklärung für die zweite Passage der Notiz ergibt sich aus der großen Ähnlichkeit der ausgeführten kleinen Kuppeln über den Treppenhaustürmchen von *St. George* mit einem der bereits erwähnten Vorschläge zur Gestaltung des oberen Abschlusses der östlichen Ecktürmchen von *St. Anne, Limehouse*.[82]

Auf einem Deckblatt zu *K.Top.28.11.i* ist eine weitgehend den ausgeführten Exemplaren in Wapping entsprechende kleine Kuppel über der Ostansicht von *St. Anne* dargestellt. Sie wurde aber nicht realisiert, und die Türmchen der Chorfassade blieben ohne ein entsprechendes abschließendes Element. Diese Zeichnung ist auf Ende 1716 zu datieren.[83] Auch zeitlich ist es daher durchaus möglich, daß - nachdem eine Verwendung der an sich für *St. George* vorbereiteten kleinen Kuppeln in *St. Anne* abgelehnt worden war - diese schließlich doch auf den Treppenhaustürmchen von *St. George* Verwendung fanden. Inzwischen waren die letzteren in der Planung allerdings deutlich erhöht worden. Der in dem Deckblatt zu *K.Top.21.21.2e* dokumentierte Vorschlag von 1717[84] dürfte Hawksmoors eigentliche Vorstellung für die an der Laterne des Turmes orientierte veränderte Gestaltung der Türmchen illu-strieren. Die vorhandenen Hauben waren aber für die ursprünglich geplante niedrige, zylindrische Version der Türmchen hergestellt worden. Aus dieser Weiterentwicklung des Entwurfes erklärt sich folglich nicht nur Hawksmoors Versuch zur Verwendung der Kuppeln in Limehouse, sondern auch der in seinen Worten deutlich spürbare Widerwille gegenüber ihrer Integration in den Bau von *St. George*.

IV.2.2.5.d.
B.L., Map Library, K.Top.23.21.2i. verso, rechts
(Abb. 134)

Eine letzte Zeichnung ergänzt die Dokumentation der im August 1714 vorgenommenen Änderungen des genehmigten Entwurfs. Es handelt sich dabei um ein Detail der Treppenhaustüre im Maßstab 1:12[85]. Es befindet sich auf der Rückseite der Längsansicht des genehmigten Entwurfes.

---

81   Vgl.:
      Evans, a.a.O., S. 80-82;
      Downes, a.a.O., 1959/60, S. 59-60.

82   Vgl.: Teil B, II.2.2.5.b.

83   Vgl.: Teil B, II.2.2.5.b.

84   Vgl.: Teil B, IV.2.2.8.a.

85   1":1'.

Der Buchstabe „*A* " im Türfeld verweist auf die Längsansicht der Kirche auf der Vorderseite des Blattes und gleichzeitig auf die Legende des Grundrisses in *K.Top.23.21.2a*[86]. Über die bloße formale Verwandtschaft hinaus beweist die Zeichnung damit ihre Zugehörigkeit zur Phase der Überarbeitung des genehmigten Entwurfes. Vor allem belegt sie aber die zeitgleiche Entstehung der Ergänzungen in Grundriß und Ansichten.[87]

Die Skizze ist vor allem auch insofern von Interesse, als sie die Entwicklung der Gestaltung der Treppenhaustüre aus einem der regulären Sturzelemente der quadratischen EG-Fensterchen belegt und damit die heutige Form bis zu einem gewissen Grade erklärt. Wie wir gesehen haben, war ursprünglich lediglich ein Sturz der eben genannten Form geplant gewesen. Zusammen mit der maßstabslosen Skizze auf der Vorderseite muß die vorliegende Zeichnung dann der Entwicklung der davon abweichenden endgültigen Lösung gedient haben, bevor diese in die Fassade übernommen wurde. Dieses Vorgehen belegt erneut eine für Hawksmoors Arbeitsweise allgemein charakteristische Konkretisierung der formalen Vorstellung bis ins Detail - und dies bereits in der Phase der Entwurfsplanung im Maßstab 1:120.

IV.2.2.6.
Der endgültige Entwurf[88] - August 1714 bis Ende 1714
(Abb. 135-136)

Ende August 1714 war die Überarbeitung des genehmigten Entwurfes abgeschlossen. Vor Beginn der Werkplanung und vor Ausschreibung der Rohbau-Gewerke im Herbst 1714 hatte der Entwurf der Wände bis zur Oberkante des Hauptgesimses damit praktisch die endgültige Form erreicht. In der Zone darüber war allerdings noch vieles offen und ungeklärt. Der Turm ist in dieser Hinsicht das beste Beispiel. Vieles sollte aber auch noch geändert werden. Aus der in diesem Stadium betont additiven, den Zentralraumgedanken in ungewöhnlich klarer Weise ausdrückenden Komposition entwickelte sich im Laufe der Bauzeit der heutige Bau mit seiner lediglich angedeuteten Additivität und der bei aller Ambiguität der Orientierung klaren Longitudinaltendenz. Zwei Zeichnungen im Maßstab 1:120[89] dokumentieren diesen Stand der Planung. Sie setzen die Ergebnisse der Planungsänderungen der vergangenen Monate in Reinzeichnungen um.

IV.2.2.6.a.
B.L., Map Library, K.Top.23.21.2b
(Abb. 135)

K.Top.23.21.2b zeigt die Grundrisse von UG und EG der geplanten Kirche. Ungewöhnlicherweise sind diese ineinander gezeichnet. Unter dem Plan des Hauptgeschosses ist der Grundriß der Krypta sichtbar. Die vor allem für die Gestaltung des Untergeschosses wichtigen konstruktiven Zusammenhänge werden damit unmittelbar offensichtlich.

Die Zeichnung dürfte etwas früher entstanden sein als ihr Gegenstück, *K.Top.23.21.2e*. Die nachweislich gegebene Übernahme der in *K.Top.23.21.2a* vorgenommenen Veränderungen macht

---

86   Diese Legende muß - im Gegensatz zur Beschreibung der Decke - gleichzeitig mit den Änderungen entstanden sein. Die Schrift unterscheidet sich deutlich sichtbar von derjenigen der späteren Notiz. Vgl. hierzu: Teil B, IV.2.2.5.c.

87   Siehe oben: Teil B, IV.2.2.5.c.

88   „*final design*" (Downes, a.a.O., 1979, S. 276).

89   1":10'.

eine Entstehung vor August 1714 unmöglich. Die Apsis wurde 1715 allerdings etwas anders ausgeführt,[90] als sie hier dargestellt ist. Da die genannten Differenzen auch den Sockel betreffen, muß das Blatt vor Beginn der Arbeiten Anfang 1715 gezeichnet worden sein, das heißt spätestens in der Winterpause 1714/1715. Eine Anfertigung gegen Ende 1714, nach Abschluß der Entwurfsarbeit im engeren Sinne und vor Beginn der Werkplanung, erscheint von daher am wahrscheinlichsten.[91]

Im Untergeschoß, welches offensichtlich als *Charity School* genutzt werden sollte,[92] entspricht die Planung praktisch bereits der Ausführung. Der EG-Grundriß hingegen zeigt eine weitgehend unveränderte Umsetzung des endgültigen Zustandes von *K.Top.23.21.2a*. Insofern bestehen hier noch immer Differenzen zum ausgeführten Entwurf. Ins Auge fällt vor allem, daß die vier massiven, den Kernraum definierenden, später durch ein allseitiges Vorlegen von Pilastern einen kreuzförmigen Querschnitt erhaltenden Pfeiler lediglich eine Vorlage auf der der Querachse des Gemeinderaumes zugewandten Seite aufweisen.

Die Galeriestützen selbst sind nicht eingetragen. Nachdem die diesen entsprechenden, sie tragenden Pfeiler der Krypta aber axial auf die jeweils vier Pfeiler und Säulen des Gemeinderaumes bezogen sind, läßt sich vermuten, daß zu diesem Zeitpunkt eine eben solche Anordnung der Galeriestützen geplant war. Unter dieser Prämisse ergibt sich hier - ähnlich wie bei *St. Anne* - ein an romanische Beispiele erinnernder Stützenwechsel. Gleichzeitig mit dem Höhepunkt der Entwicklung zur Formulierung des Zentralraumgedankens innerhalb des Gemeinderaumes ist demnach erneut der Typus der mittelalterlichen Basilika thematisiert. Damit ist ebenso wie in dem parallel entwickelten Projekt für Limehouse bewußt ein räumliches wie semantisches Spannungsverhältnis angestrebt. Die sich ergebende Lösung verstärkt darüber hinaus aber auch die bereits mehrfach erwähnte Ähnlichkeit des Grundrisses mit demjenigen der *Hagia Sophia*. Auch in letzterer trennt eine zwischen den das Gewölbe tragenden Pfeilern angeordnete Säulenreihe das zentrale Quadrat unter der Kuppel von den Seitenschiffen.

Die schließlich ausgeführte Stützenstellung ist vor allem in konstruktiver Hinsicht weniger konsequent. Gedanklich und räumlich ist sie in ihrer wesentlich deutlicheren Additivität allerdings auch weniger spannungsvoll. Sie versucht, den unverändert vorhandenen Widerspruch etwas zu überspielen anstatt ihn gestalterisch und symbolisch betont zu nutzen, wie das hier der Fall ist. Voraussetzung dieser Diskrepanz ist eine grundsätzliche Veränderung des projektierten räumlichen Kontexts. Die realisierte Lösung stellt die im vorliegenden Fall vorübergehend mißachtete Symmetrie der Seitenschiffe wieder her und verstärkt die Isolierbarkeit der beiden primären Subsysteme des Interieurs. Die Galerien und vor allem die internen Stützen sind so in ihrer Selbständigkeit betont. Nach Aufgabe der Pläne für eine interne Kuppel war und ist dies für die optische Wirksamkeit der formal wie semantisch maßgeblichen zentralen Stützenstellung von wesentlich größerer Bedeutung als unter den hier - 1714/1715 - noch gegebenen Voraussetzungen.

Ein weiterer, wenn auch nur kleiner Unterschied zur ausgeführten Planung sind die im vorliegenden Grundriß die Fenster der *Vestry Rooms* an den Stirnseiten des Innenraumes flankierenden Nischen. Sie lassen sich lediglich in diesem Plan nachweisen. Schließlich entspricht auch die unverändert wie in *K.Top.23.21.2a* dargestellte Form der Apsis mit ihrem zentralen Fenster und den beiden dieses in der Außenansicht flankierenden Nischen nicht dem realisierten Zustand.

Zusätzlich zu den eben genannten, insgesamt von *K.Top.23.21.2a* vererbten Unterschieden belegt der Plan auch einige neue Überlegungen des Architekten, welche allerdings ebenfalls nicht der ausgeführten Form entsprechen. Dazu gehören die kurzen Freitreppen ohne das realisierte Podest vor

---

90   *L.P.L., Book of Works, MS.2697*, S. 353.

91   Vgl. auch: Downes, a.a.O., 1959/60, S. 60-62.

92   Vgl.:
      Legende auf *K.Top.23.21.2a*;
      Evans, a.a.O., S. 83.

den Seiteneingängen der Kirche[93] sowie die für die Datierung des Blattes ausschlaggebende Andeutung von fünf Kryptafenstern im Sockel der Apsis.

IV.2.2.6.b.
B.L., Map Library, K.Top.23.21.2e, Grundplan
(Abb. 136)

Das zweite Blatt der Gruppe, *K.Top.23.21.2e*, zeigt eine Südansicht der Kirche. Bei dessen Fertigung wurde wenig mehr getan als das Ergebnis der Überarbeitung von *K.Top.23.21.2i recto* in eine Reinzeichnung umzusetzen. Selbst der Verzicht auf eine Aussage zur Gestalt des Turmes oberhalb der *ringing chamber* wiederholt sich hier.

Die Übernahme besagter Planungsänderungen macht eine Entstehung vor August 1714 unmöglich. Kleinere Unterschiede zur Ausführung, vor allem aber das Fehlen des Basisstreifens im Bereich der Apsis verbieten auch in diesem Fall eine Entstehung nach Wiederaufnahme der Baumaßnahmen im Frühjahr 1715.[94] Die sich daraus ergebende Eingrenzung des potentiellen Entstehungszeitpunkts entspricht exakt der Datierung von *K.Top.23.21.2b*.

Die im August 1714 erreichte Lösung ist allerdings nicht gänzlich gedankenlos kopiert. Das Aufzeichnen wurde offensichtlich dazu genutzt, den Entwurf im Detail weiter zu entwickeln. So hat das Fenster des *Vestry Rooms* nun sein breites, die Archivolte nachzeichnendes Band verloren. Die später dann doch ausgeführten Brüstungselemente in den EG-Fenstern sind entfallen. Auch die Gestaltung der Apsis ist verändert, und wir finden hier zum ersten Mal die realisierte Lösung. Dies plaziert das Blatt in der Reihenfolge der Zeichnungen eindeutig hinter *K.Top.23.21.2b*.

Einige Unterschiede zum ausgeführten Entwurf verbleiben aber dennoch. Das Kämpfergesims ist weiterhin auf den Kernbereich beschränkt, die Ecke des niedrigen Baukörpers des *Vestry Room* ist noch immer durch einen Obelisken betont, und die vorgelegten Pilaster der Eingangsfassade verfügen nach wie vor über korinthische Kapitelle. Interessant ist auch die Darstellung der Treppenhaustüren. Ihr Rahmen zeigt unverändert die Linie zwischen dem ursprünglichen, von den EG-Fenstern übernommenen Sturzelement und den später ergänzten Teilen. Diese Kante entfiel offensichtlich erst bei der Ausführung.

Die Darstellung des pyramidalen Daches und der Türmchen über den Treppenhäusern ist vor allem insofern von Interesse, als diese hier zum ersten Mal in einer Reinzeichnung faßbar sind. Das Dach ist neunstufig. Offensichtlich ist eine Bleideckung geplant. Die sich ergebenden Wülste betonen die Kanten der Stufen. Die Türmchen weisen einen niedrigen, zylindrische Baukörper mit kleinen Rundbogenfenstern auf. Dessen Höhe entspricht in etwa seinem Durchmesser. Über einem einfachen Abschlußgesims ist eine flache, an den Rändern ausgerundete Kuppel als Haube aufgesetzt.

IV.2.2.7.
Werkplanung, 1714/1715
(Abb. 137-138)

Der den beiden letzten Blättern zugrunde liegende sogenannte „endgültige" Entwurf wurde offensichtlich umgehend und ohne wesentliche Veränderungen in die Werkplanung umgesetzt. Zwei

---

93   Die in allen bisherigen Ansichten anzutreffende Darstellung der Wangen entspricht weiter nicht der Ausführung. Die ausgeführten Wangen nehmen die Höhe des Sockels auf, während hier noch von deutlich niedrigeren Elementen ausgegangen wird.

94   Vgl. hierzu:
Downes, a.a.O., 1959/60, S. 60-62;
Evans, a.a.O., S. 83-84.

Zeichnungen im Maßstab 1:60[95] belegen diese Phase der Ausarbeitung des Entwurfs. Diese ist insgesamt auf Ende 1714 bis Anfang 1715 zu datieren; sie muß als notwendige Vorarbeit für die Ausschreibung und Ausführung der Rohbauarbeiten an den aufgehenden Teilen betrachtet werden.
Nachdem die Fundamente schon Ende September 1714 fast vollständig fertiggestellt waren, [96]
drängte gegen Ende 1714 die Zeit. Am 28. Oktober 1714 forderte die Kommission die *Surveyors* auf,
Leistungsverzeichnisse für die Steinmetzarbeiten zu erstellen,[97] und im Frühjahr 1715 begannen die
beauftragten Firmen mit der Ausführung.

Bei den erhaltenen Blättern handelt es sich um die Ansichten der beiden Stirnseiten. Bezüglich
des Entwurfes ist auch hier praktisch keine Entwicklung festzustellen. Nach Abschluß der Überarbeitung des genehmigten Entwurfes im August 1714 folgte offensichtlich eine ruhige Phase der Umsetzung, welche sich auf jeden Fall bis Anfang/Mitte 1715 hinzog.

IV.2.2.7.a.
B.L., Map Library, K.Top.23.21.2d
(Abb. 137)

K.Top.23.21.2d, eine Ostansicht, ist die früheste erhaltene Zeichnung dieser Fassade der Kirche -
und die einzige. Bis auf kleine Differenzen zeigt sie diese so wie sie ausgeführt wurde.

Im Bereich des Sockels fehlen gegenüber dem realisierten Bau lediglich die Keilsteine der
Kryptafenster der Apsis. Für die Datierung der Zeichnung ist dieses Detail aber ausschlaggebend.
Diese Zone der Fassade wurde gleich zu Beginn der Bauperiode 1715 ausgeführt.[98] Ähnliches gilt
auch für das Erdgeschoß. Dort setzen die Fenster in der vorliegenden Zeichnung direkt auf dem
Sockel an anstatt - wie im realisierten Zustand - von diesem durch eine Steinlage getrennt zu sein.
Zudem weist die Apsis anstelle der ausgeführten Blendnischen richtige Fenster auf. Zusammen ver-
bieten diese kleinen Abweichungen eine Fertigung der Zeichnung nach Anfang 1715.

Im Obergeschoß, das erst in folgenden Jahr ausgeführt wurde, lassen sich ebenfalls vergleichbare Differenzen feststellen. Das Kämpfergesims - zum Beispiel - ist hier noch nicht über die gesamte Breite der Fassade durchgeführt. Es faßt lediglich die Fenster der Apsis zusammen. Zu beiden
Seiten der verbleibenden Fenster in der Stirnseite des Hauptbaukörpers sind kurze Stücke des Gesimses angebracht. Diese wiederholen die glatten Bänder, welche die Kämpfer der EG-Fenster betonen.
Aus der direkten Gegenüberstellung dieser gegensätzlichen Ausformungen desselben Elements entwickelt sich selbst in der Zeichnung eine wirkungsvolle Beziehung, welche an andere Umsetzungen
der Idee der Verfeinerung des gleichzeitig rohen und abstrakten Blocks Stein in ein klassisches Detail erinnert.

Zum ersten Mal faßbar sind in dieser Ansicht auch die Vorlagen an den beiden Enden der Fassade. Eine Entstehung des Blattes vor *K.Top.23.21.2b*, wo diese noch nicht nachzuweisen sind, ist
daher auszuschließen - und damit auch eine Datierung vor Ende 1714. Die Zuordnung des Blattes
zur Phase der Werkplanung und deren Datierung bestätigt sich demnach auch im Einzelnen.[99] Das
Fehlen einer Fortsetzung der Fassade oberhalb des Hauptgesimses schließlich belegt erneut, daß die
Idee des von der Ostfassade zurückbleibenden pyramidalen Daches weiterhin Gültigkeit hatte. Nach
dem oben Gesagten[100] dürften daran allerdings auch keine Zweifel mehr bestehen.

---

95   1":5'.

96   *L.P.L., MS.2724*, fol. 37v, Bericht von Hawksmoor und Gibbs.

97   *L.P.L., Minutes, MS.2690*, S. 190, in: Port, a.a.O.

98   *L.P.L., Book of Works, MS.2697*, S. 353.

99   Vgl. auch: Downes, a.a.O., 1959/60, S. 60.

100   Vgl. v.a.: Teil B, IV.2.2.5.c.

IV.2.2.7.b.
B.L., Map Library, K.Top.23.21.2g
(Abb. 138)

In der Westansicht, *K.Top.23.21.2g*, wird das Festhalten an der Konzeption der Überarbeitung des genehmigten Entwurfes besonders deutlich. Sie übersetzt die geänderte Fassung von *K.Top.23.21.2h* in den größeren Maßstab und zeigt hinter der Fassade sowohl das pyramidale Dach als auch die Türmchen über den Treppenhäusern. Ansonsten sind nur Details bemerkenswert; so die wie im Osten bis auf den Sockel heruntergeführten Nischen der EG-Fenster, die infolge des schmaleren zweiten Turmgeschosses fast unumgängliche Beibehaltung des Sprenggiebels über der Eingangsfassade, das Festhalten an der korinthischen Ordnung oder auch die detaillierte Darstellung der geänderten Voluten.

Vor allem mit Blick auf die zukünftige Form des Entwurfes interessant ist die optische Vorbereitung der Strebepfeiler zu beiden Seiten der Eingangsfassade. Das Gebälk der vorgelegten Ordnung ist verkröpft bis über die den jeweiligen Strebepfeiler flankierende Volute verlängert. Deren obere Schnecke stützt das sich somit ergebende kurze Stück Gebälk. Mit seiner Außenkante nimmt es die Linie der Vorlage der Fassade des *Vestry Room* auf, die später zum realisierten Strebepfeiler nach oben verlängert werden sollte.

Ähnliches gilt für das hier zu beobachtende angedeutete Aufnehmen der Kapitellzone durch eine leichte Verbreiterung des Strebepfeilers unterhalb des Gebälks der Ordnung. Später findet sich dieses in der deutlich abgesetzten Gestaltung der oberen Enden der ausgeführten Voluten wieder. Gleichzeitig läßt das Detail aber auch das Thema des aus dem Block geformten klassischen Details wieder anklingen, indem es ein abstrahiertes Echo der Pilasterkapitelle andeutet.

Bezüglich der Datierung der Zeichnung und deren Plazierung innerhalb der Abfolge der Blätter kann kaum ein Zweifel bestehen. Wie bei *K.Top.23.21.2d* machen auch hier die Unterschiede am Fuß der EG-Fensternischen eine Datierung nach Anfang 1715 unmöglich. Das Blatt übernimmt die Änderungen in *K.Top.23.21.2h* und muß daher nach August 1714 entstanden sein. Seine Plazierung hinter *K.Top.23.21.2b* und *K.Top.23.21.2e* beruht allerdings lediglich auf seinem Maßstab.[101]

IV.2.2.8.
Die Entwicklung des Entwurfes während der Ausführung
1715 bis 1719
(Abb. 139-142)

Im Juli 1715 war die in den beiden oben behandelten Werkplänen dokumentierte Planung schon wieder überholt, und die kleineren Differenzen im Bereich des Sockels waren durch die Ausführung endgültig revidiert.[102] Wann die wesentlich tiefgreifenderen Entscheidungen zur Änderung der Säulenordnung, zur Aufgabe der Obelisken und Sprenggiebel sowie zur Schaffung der durchgehenden Strebepfeiler fielen, ist vollkommen offen. Allzu viel Zeit verblieb infolge des zügigen Baufortschritts aber nicht.[103] Die *Books of Works* belegen allerdings ein Nachhinken der Ausführung im

---

[101]   Vgl. auch:
Downes, a.a.O., 1959/60, S. 60-61;
Evans, a.a.O., S. 84.

[102]   Vgl.: *L.P.L., MS.2711*, S. 6 (Bericht der *Surveyors* vom 8. Juli 1715): Bau 8' über Grund.
Damit war das Niveau der Fensterbretter der EG-Fenster erreicht, die unteren Enden der Fensternischen waren ausgeführt.

[103]   Vgl. hierzu:
Evans, a.a.O., S. 83 (Evans geht von einer Festlegung auf den schließlich ausgeführten Entwurf vor Mitte 1715 aus);
Rub, T.F., *A Most Solemn and Awfull Appearance: Nicholas Hawksmoor's East London Churches*, S. 24, in: *Marsyas*, Bd. XXI, 1981-1982, S. 17-27 (Rub legt sich nicht so fest: 1715-1716).

Bereich der Westfassade. Möglicherweise war dieses Zurückbleiben hinter der allgemeinen Bauausführung auch auf eine Unschlüssigkeit bezüglich der angestrebten Form zurückzuführen.

Ende 1715 erreichte der Bau allgemein das Niveau der Kämpfer der EG-Fenster. Im Westen dagegen blieb er auf Höhe der Unterkante der Fensternischen stecken.[104] 1716 verringerte sich diese Differenz ein wenig. Ende des Jahres fehlten der Westfassade lediglich Fries und Gesims, um das allgemeine Niveau, die Oberkante des Hauptgesimses, zu erreichen. In der Zwischenzeit, wahrscheinlich am ehesten in der Winterpause 1715/1716, müssen die angesprochenen Entscheidungen bezüglich der Westfassade auf jeden Fall gefallen sein.

Die zeichnerischen Unterlagen lassen uns in diesen Fragen leider auf weiten Strecken im Stich. Das nächste erhaltene Blatt stammt erst aus dem Jahre 1717. Neben der Westfassade erfuhren in der folgenden Zeit jedoch vor allem auch die Dachzone mit den Treppenhaustürmchen und der Turm grundlegende Veränderungen.

IV.2.2.8.a.
Weiterentwicklung der Dachzone: die Treppenhaustürmchen
B.L., Map Library, K.Top.23.21.2e, Deckblatt
Anfang bis Mitte 1717

Ein erstes zeichnerisches Dokument der Überlegungen zur Veränderung des Gestaltung der Dachzone von *St. George* ist ein Deckblatt zu *K.Top.23.21.2e*. Dasselbe zeigt Ansicht und Grundriß eines neuen Entwurfs für die Türmchen über den Treppenhäusern.

Der dargestellte Vorschlag entspricht in Form und Abmessungen der ausgeführten Lösung. Die Türmchen enden allerdings - wie die realisierte Laterne des Westturmes - mit dem Gebälk über der zweiten Reihe von Öffnungen, das heißt mit der Oberkante der vorgelegten Pfeiler. Anstelle des zweigeschossigen Tambours mit seiner Kuppel tragen die beiden unteren Geschosse lediglich acht hochrechteckige plastische Elemente, die über den Pfeilern angeordnet sind. Sie erinnern an die römischen Opferaltäre über der Laterne des realisierten Turmes und mehr noch an die an sich aus Triglyphen entwickelten Bekrönungen des gemeinsamen Vorbildes sowohl des Turmes als auch der Treppenhaustürmchen, der Laterne des nicht realisierten Entwurfs Hawksmoors für den Turm von *St. Alfege, Greenwich*.[105]

Das Einfügen der Türmchen erfolgte offensichlich unter Änderung bereits erstellter Bauteile. Die dafür notwendigen Arbeiten wurden auf Nachweis durchgeführt und sind in den Büchern der Kommission dokumentiert.[106] Die Idee, Türmchen über den Treppenhäusern anzuordnen, war allerdings nichts Neues. Folglich müssen wir davon ausgehen, daß die offensichtlich erst nachträglich erforderlich gewordenen Änderungen der Konstruktion mit der Erhöhung der Türmchen und der sich daraus ergebenden zusätzlichen Last zusammenhingen. Es erscheint aber unwahrscheinlich, daß eine statisch augenscheinlich ungenügende Unterkonstruktion noch ausgeführt wurde, während die Planung bereits das Einbringen eine wesentlich größeren Last vorsah. Ende 1716 wurde der Bau auf den Längsseiten aber ohne die entsprechenden Änderungen bis Oberkante Hauptgesims fertigge-

---

104   Tufnell, Edward, and Strong, Edward, *A Book of Entry for Masons Work done at severall of ye 50 New Churches, 1713-1743* (R.I.B.A.-Lib.: *MS.Tuf./1*), S. 17;
      L.P.L., Book of Works, MS.2697, S. 353.

105   Vgl.: Teil B, I.2.2.3.

106   Tufnell & Strong, a.a.O. (*R.I.B.A.-Lib.: MS.Tuf./1*), S. 32;
      L.P.L., Bills, MS.2722, S. 8;
      L.P.L., Book of Works, MS.2697, S. 379.

stellt.[107] Erst 1717 wurden die erwähnten, zur Aufnahme der zusätzlichen Last notwendigen Maßnahmen unter Eingriffen in die bereits fertiggestellten Partien durchgeführt. Vor Jahresende 1716 waren die neuen Türmchen offensichtlich also nicht entwickelt.[108] Die Entscheidung für die Änderung ihrer Gestalt - und damit auch die Entstehung der vorliegenden Zeichnung - lassen sich daher mit einiger Sicherheit auf Anfang/Mitte 1717 datieren.

Ähnliches läßt sich auch für den Beschluß zur Schaffung eines durchgehenden Satteldaches und zur Erstellung der damit notwendigen Giebel über den Stirnseiten des Hauptbaukörpers festhalten.[109] Auch in dieser Angelegenheit muß die Entscheidung im Frühjahr 1717 gefallen sein. 1716 wurde das Gesims im Osten der Kirche noch fertiggestellt, als sei kein Giebel geplant. Im Jahre 1717 wurde es dann teilweise wieder abgebrochen, um die Giebelwände fest verankern zu können[110]

Im Laufe des Jahres 1717 muß darüber hinaus auch noch die Entscheidung zur weiteren Erhöhung der Türmchen gefallen sein. Die Arbeit an ihnen ging jedenfalls ohne jede Unterbrechung weiter und wurde vor Jahresende abgeschlossen. Ende 1717 waren die Türmchen in ihrer endgültigen Form ausgeführt.

In diesem Zusammenhang wird die oben bereits erwähnte Notiz Hawksmoors bezüglich der von Mr. Grove, dem Zimmermann, vorbereiteten Teile, die, falls sie in Limehouse nicht gebraucht werden könnten, doch hier Verwendung finden sollten, erneut interessant. Wie bereits dargestellt, muß der Zimmermann die Unterkonstruktion der Kuppeln für die ursprünglich geplanten Türmchen in der Winterpause 1716/1717 vorbereitet haben. Mit der Planungsänderung Anfang 1717 wurden diese Teile aber unnötig. Eine Zeichnung der Ostfassade von *St. Anne* belegt die zu dieser Zeit unternommenen Versuche, die vorgefertigten Kuppeln dort wiederzuverwenden. Schließlich sind sie offensichtlich aber doch in Wapping verblieben, und Hawksmoor schuf mit ihnen die 1717 realisierten Treppenhaustürmchen.[111]

IV.2.2.8.b.
Entwicklung des Turmes - Mitte 1717
(Abb. 139-140)

Ungefähr gleichzeitig mit der Überarbeitung der Dachzone - vielleicht auch ein bißchen später - ging Nicholas Hawksmoor an die Entwicklung der endgültigen Lösung für den Turm. Zwei der erhaltenen Zeichnungen dokumentieren diesen Prozeß.

---

[107]   L.P.L., MS.2738, S. 370.

[108]   Vgl.:
Tufnell & Strong, a.a.O. *(R.I.B.A.-Lib.: MS.Tuf./1)*, S. 32-33;
L.P.L., Bills, MS.2722, S. 2, 8;
L.P.L., Book of Works, MS.2697, S. 375-379.
Vgl. auch:
Downes, a.a.O., 1959/60, S. 60-62;
Evans, a.a.O., S. 83-84.
Sie legen sich beide nicht fest.

[109]   Zur Datierung der Entscheidungen für Dach und Treppenhaustürmchen vgl. auch:
Downes, Kerry, *Hawksmoor*, London 1970, Reprint 1987, S. 116-127 (Ende 1716);
Rub, a.a.O., S. 24 (Ende 1716/Anfang 1717);
Evans, a.a.O., S. 84, 86 (1716/1717).

[110]   Tufnell & Strong, a.a.O. *(R.I.B.A.-Lib.: MS.Tuf./1)*, S. 32-33;
L.P.L., Bills, MS.2722, S. 2, 8;
L.P.L., Book of Works, MS.2697, S. 375-379.

[111]   Vgl. auch: Teil B, IV.2.2.8.b.2.

IV.2.2.8.b.1
B.L., Map Library, K.Top.23.21.2k verso
(Abb. 139)

Die erste dieser Zeichnung ist lediglich eine Skizze. Sie zeigt die Westfassade des Turmes von der Oberkante der Eckräumchen aufwärts. In wenigen, nicht sehr exakten Strichen illustriert sie einen weitgehend der Ausführung entsprechenden Entwurf des Turmes bis zur Oberkante der Glockenstube.

Die Strebepfeiler des Turmes sind hier erstmals in ihrer endgültigen Form dargestellt, wenn auch ohne die später ausgeführte Profilierung im Bereich der Glockenstube. Die sie krönenden Urnen sind ebenfalls bereits vorhanden. Genauso ist die Gestaltung der die niedrigeren Eckbauten der *Vestry Rooms* mit den Strebepfeilern verbindenden Voluten zu ihrer endgültigen Form entwickelt. Daneben dokumentiert das Blatt - ebenfalls zum ersten Mal - die notwendigerweise noch 1716 vorgenommene Überführung der vorgelegten Pilaster in die ionische Ordnung. Hinter dem Turm ist zudem der Giebel des Hauptbaukörpers angedeutet, allerdings noch ohne die - den durch die Position des Baukörpers des Turmes bedingten Bruch des Tympanon artikulierenden - S-förmigen Voluten.

Die Glockenstube ist insgesamt etwas zu niedrig gezeigt. Das Blatt muß also noch vor deren Fertigstellung Mitte 1718 entstanden sein. Andererseits ist der Giebel, der - wie wir gesehen haben - erst Anfang 1717 in die Planung eingeführt wurde, bereits dargestellt. Eine Entstehung vor 1717 kann also ausgeschlossen werden.

Die Ausführung erreichte mit Aufnahme der Arbeiten in der Saison 1717 den Turm. Eine Beschäftigung mit der Planung des bisher oberhalb der *ringing chamber* offen belassenen Baukörpers in der Zeit unmittelbar davor ist auf jeden Fall anzunehmen. Im ersten Halbjahr läßt sich allerdings für den Bau insgesamt und vor allem für die Westfassade eine Verzögerung der Arbeiten feststellen. Am 27. 3. 1717 hatte die Westseite die Unterkante des Frieses noch immer nicht überschritten, und im Mai 1717 sah sich die Gemeinde gezwungen, um Fortsetzung des Baus bei der Kommission einzugeben. Hawksmoor gab diese Verzögerung zusätzliche Zeit, an seinen Ideen für den Turm zu arbeiten.[112] Das Blatt kann daher in der gesamten ersten Hälfte des Jahres 1717 entstanden sein.[113] Danach ist eine derart vage Aussage zur Gestaltung des Turmes aber eher unwahrscheinlich.

Nachdem *K.Top.23.21.2e* bei der erst auf Anfang bis Mitte 1717 zu datierenden Entwicklung der Türmchen über den Treppenhäusern auf eine Darstellung des Turmes verzichtet, erscheint eine Datierung der vorliegenden Skizze gegen Ende des eben genannten zeitlichen Rahmens angebracht.

IV.2.2.8.b.2
B.L., Map Library, K.Top.23.21.2f
(Abb. 140)

Die Angaben des zweiten erhaltenen Blattes zur Entwicklung des Turmes von *St. George, K.Top.23.21.2f*, sind wesentlich präziser als diejenigen der eben dargestellten Skizze. Es zeigt eine vollständig ausgearbeitete Westansicht des Turmes vom Hauptgesims aufwärts einschließlich der

---

112   Vgl.:
Tufnell & Strong, a.a.O. (*R.I.B.A.-Lib.: MS.Tuf./1*), S. 19;
L.P.L., MS.2714, S. 102.
Vgl. auch: *L.P.L., MS.2714*, S. 99-100
(eine undatierte, nach Ordnung der Papiere aber frühere Eingabe der Gemeinde aus demselben Jahr).

113   Vgl. hierzu:
Downes, a.a.O., 1959/60, S. 63;
Evans, a.a.O., S. 85-866
(etwas früher, auf Ende 1716/Anfang 1717, datiert).

Laterne und des Giebels des Hauptbaukörpers der Kirche. Einige Horizontalschnitte ergänzen die Darstellung am Rande des Blattes.

Die Zeichnung weist zwei Entwicklungsstufen auf. Aufgerissen wurde sie in Bleistift entsprechend der Skizze auf *K.Top.23.21.2k verso* mit der dort beobachteten niedrigen Glockenstube. Beim Ausziehen wurde diese Abweichung von der Ausführung korrigiert, und es entstand eine Ansicht, die im Großen und Ganzen dem realisierten Bau entspricht. Lediglich die Form der Voluten im Giebelfeld des Hauptbaukörpers, das Gesims unter der Glockenstube in seiner Profilierung und die Unterkanten der rechteckigen Fensternischen wurden in der Ausführung nochmals korrigiert. Was hier allerdings noch gänzlich fehlt beziehungsweise - sehr wahrscheinlich erst später - in Bleistift nur angedeutet wurde, sind die vier auf der Diagonalen angeordneten Würfel zu Füßen der Laterne. Diese selbst hat dagegen schon ihre endgültige Form erreicht.

Zu diesem Zeitpunkt entsprach die Laterne fast exakt den Türmchen über den Treppenhäusern, welche praktisch zur selben Zeit entwickelt wurden. Wie wir wissen, wurden diese dann aber doch noch auf fast die doppelte Höhe vergrößert. Noch deutlicher als beim Turm selbst wird bei diesen Türmchen das additive Vorgehen Hawksmoors. Er sah sich offensichtlich in der Lage, einen Entwurf ganz einfach durch ein, zwei Elemente zu ergänzen, ohne daß sich die vorhandene Komposition deswegen ändern mußte.

Betrachtet man den Gesamtbau mit seinem wirklich sehr hohen Turm, dann weiß man auch, daß diese Erhöhung der Türmchen nicht nur deshalb vorgenommen wurde, um ein paar übriggebliebene Kuppeln unterzubringen, wie das die Notiz auf *K.Top.23.21.2a* nahe zu legen scheint. Hawksmoor brauchte höhere vertikale Akzente um den gewünschten Effekt einer Beziehung, eines Echos zwischen dem Turm und den Treppenhäusern mit ihren Türmchen erzielen zu können.

Die Datierung des Blattes ist weitgehend eindeutig. Aus den Gemeinsamkeiten der Vorzeichnung mit *K.Top.23.21.2k verso* ergibt sich eine Entstehung in engem Zusammenhang mit dieser Skizze. Als Reinzeichnung ist das Blatt aber zweifellos nach der vagen Skizze einzuordnen, zumal es den Entwurf in Richtung auf den endgültigen Entwurf weiterentwickelt. Die dennoch verbleibenden Unterschiede zur Ausführung und vor allem die Differenzen im Fenster der *ringing chamber* machen jedoch eine Entstehung vor Beginn der Ausführung dieser Teile notwendig. Wie wir gesehen haben, verzögerte sich der Baubeginn 1717 bis Anfang Juni, und selbst dann mußte zuerst noch das Hauptgesims fertiggestellt werden. Auch hier ist eine Entstehung Mitte 1717 also durchaus möglich und wahrscheinlich. Downes' frühere Datierung ergibt sich offensichtlich ebenso wie diejenige von Evans aus einer Mißachtung der Verzögerungen im Bauprozeß in der ersten Hälfte des Jahres 1717.[114]

IV.2.2.8.c.
Stützenstellung und Interieur
(Abb. 141-142)

Nach der eben betrachteten Phase der Finalisierung des Entwurfs für die Bereiche oberhalb des Hauptgesimses, welche innerhalb einiger weniger Monate im ersten Halbjahr 1717 so gut wie abgeschlossen war, hatte der Bau insgesamt einen Stand erreicht, der auch im Innenraum nicht mehr viel Spielraum ließ. 1717 begann die Arbeit an den Pfeilern der Krypta.[115] Damit war die Stellung der internen Stützen endgültig festgelegt - und damit auch das Herzstück der die Interpretation des Inte-

---

[114] Vgl.:
Downes, a.a.O., 1959/60, S. 64;
Evans, a.a.O., S. 86.

[115] *L.P.L., Bills, MS.2722,* S. 4-5;
L.P.L., Book of Works, MS.2697, S. 376-378.

rier bestimmenden Faktoren. Die beiden letzten erhaltenen Zeichnungen sind vor allem unter diesem Aspekt von Interesse.

IV.2.2.8.c.1

B.L., Map Library, K.Top.23.21.2c

Mitte 1717 bis 1719

(Abb. 141)

Beim ersten der beiden Blätter, *K.Top.23.21.2c,* handelt es sich um eine korrigierte, auf den neuesten Stand gebrachte Fassung des EG-Grundrisses in *K.Top.23.21.2b.*

Die Apsis der Kirche ist nun der Ausführung entsprechend dargestellt. Dasselbe gilt für ihre Ausstattung. Der Altar ist an ihre Rückwand geschoben. Der wie üblich gegenüber dem Gemeinderaum erhöhte Chorraum endet mit nur leicht über den Chorbogen nach außen tretenden Stufen, und eine die Linie der Innenseite der Ostwand des Gemeinderaumes fortsetzende Chorschranke begrenzt ihn räumlich auf seiner Westseite. An den Stirnwänden der *Vestry Rooms* sind zudem die kleinen Nischen entfallen. Auch hier ist also die endgültige Form erreicht.

Die Treppen vor den Seiteneingängen entsprechen allerdings noch immer nicht der Ausführung, und die westliche Freitreppe ist überhaupt nicht dargestellt. Besonders interessant ist aber, daß die Form der vier den quadratischen Kernbereich des Gemeinderaumes von dessen Vorzonen trennenden Pfeiler unverändert asymmetrisch ist. Die einseitige, der jeweiligen Säule zugewandte Addition lediglich eines vorgelegten Pilasters betont durch die damit erreichte subtile Andeutung einer Kolonnade die Longitudinaltendenz des Interieurs etwas deutlicher als das im ausgeführtem Innenraum der Fall war. Erst im Jahre 1720 wurden die realisierten kreuzförmigen Pfeiler vom Steinmetz vorbereitet. Spätestens zu diesem Zeitpunkt war eine Entstehung des vorliegenden Grundrisses unter diesem Aspekt nicht mehr möglich.

Auffällig ist auch, daß im vorliegenden Grundriß weder die Galeriestützen noch die Galerien selbst eingetragen sind. Zwar wurden diese erst 1724/1725 ausgeführt,[116] aber nach den oben gemachten Beobachtungen überrascht es dennoch, daß sie hier nicht dargestellt sind. Offensichtlich galten sie der Planung primär als Einbauten, als Einrichtungsgegenstände und nicht als integrale Bestandteile der Architektur. An sie wurde gedacht wie an die Abmessungen eines Kleiderschrankes oder Betts in einem Grundriß für ein Wohnhaus. Die Ordnung des Entwurfs nahm Rücksicht darauf, dann aber wurde die Architektur für sich entwickelt. Schließlich wurde in sie hinein die Galerie gestellt.

Eingezeichnet sind in den Grundriß indessen die Unterzüge und Gurtbögen der Decke ebenso wie die Grate der sich kreuzenden Flachtonnen. Die so dargestellte Ordnung der Decke entspricht exakt der Ausführung inklusive der zu den Wänden hin offenen Enden der Tonnen. Die Idee einer zentralen Kuppel wurde zusammen mit der pyramidalen Dachform aufgegeben. Wie oben gezeigt, geschah dies Anfang/Mitte 1717. Gegen Mitte desselben Jahres ließ Hawksmoor bereits die Giebelwände errichten. Obwohl der Grundriß an sich schon wesentlich früher entstanden sein könnte, etwa ab Ende 1714, spricht die hier dokumentierte Ordnung der Decke demnach für eine Entstehung der Zeichnung nach Anfang/Mitte 1717. Das Blatt ist folglich auf den Zeitraum zwischen Mitte 1717 und 1719 zu datieren. Auf jeden Fall dürfte es den Stand der Planung Mitte 1717 dokumentieren.[117]

---

116 *L.P.L., Book of Works, MS.2700,* S. 169-172, 176-180, 183.

117 Vgl.:
Downes, a.a.O., 1959/60, S. 60-62;
L.P.L., Bills, MS.2722, S. 30;
L.P.L., Book of Works, MS.2697, S. 401.

IV.2.2.8.c.2
B.L., Map Library, K.Top.23.21.2l
Mitte 1717 bis 1719
(Abb. 142)

Erste Hinweise auf eine detailliertere Ausführungsplanung der Galerien enthält *K.Top.23.21.2l*, ein Systemschnitt[118] der Kirche. Gezeichnet wurde dieser ebenfalls zwischen Mitte 1717 und 1719. Die Argumente für seine Datierung sind identisch mit den eben bei *K.Top.23.21.2c* angeführten. Die Form des Daches macht eine Entstehung vor Anfang/Mitte 1717 unmöglich. Andererseits entsprechen aber auch hier die dargestellten Stützen noch nicht den 1720 vorbereiteten und im Jahr darauf errichteten kreuzförmigen Pfeilern[119], was eine Datierung vor 1720 notwendig macht.

Die Zeichnung zeigt den Innenraum von *St. George* mit Blick nach Westen. Seine Grundstruktur ist bereits diejenige des ausgeführten Interieurs. Unter dem Dreieck der für den Innenraum nicht genutzten Konstruktion des Satteldachs sind die sich kreuzenden Flachtonnen der Decke weitgehend korrekt dargestellt. Die Form der Tragglieder unterscheidet sich im Detail aber noch deutlich von der Ausführung. Dies gilt vor allem für die Gestaltung der internen Stützen. Nach unten ist deren Kapitellzone durch einen Halsring begrenzt. Darüber befinden sich ein langer, kanellierter Hals und ein reduziertes dorisches Kapitell, dessen Echinus als Eierstab ausgearbeitet ist. Letzteres trägt ein eher ionisches Gebälk mit zwei Fascien und einem glatten Fries.

Abwandlungen dieser an die *Porta Pia* Michelangelos erinnernden Kapitelle finden sich mehrfach in Hawksmoors Kirchen.[120] In *St. George-in-the-East* selbst sind sie sowohl in der Laterne als auch in den Türmchen über den Treppenhäusern verwendet. Dennoch sollte Hawksmoor sie schließlich durch eine wesentlich strengere dorische Ordnung ersetzten. Im Zuge dieser abschließenden Änderung der Gestaltung der internen Stützen muß auch die Entwicklung der hier noch nicht nachzuweisenden endgültigen Form der Gurtbögen stattgefunden haben.

Der hierbei zu beobachtende unbeschwerte Austausch der Kapitelle ist mit der eben solchen Änderung der Pilaster der Eingangsfassade vergleichbar, wo die ionische Ordnung eine korinthische ersetzte. Vor allem in letzterem Falle ist es beachtenswert, daß die Ordnungen ohne jedwede Änderung der Proportion der Pilaster beziehungsweise Pfeiler oder auch der Interkolumnien ausgewechselt wurde. Dieses Vorgehen beweist eine bewußte Mißachtung der Proportionslehren der traditionellen klassischen Architekturtheorie. Offensichtlich waren die Säulenordnungen für Hawksmoor nicht das primäre Element der Architektur. Ihre Bedeutung war für ihn augenscheinlich eher in ihrer Tradition, ihrer „costumary beauty" und ihrer dekorativen Wirkung, ihrer visuellen Wirksamkeit begründet als in ihrer auf einer organischen Auffassung der Architektur beruhenden absoluten Wahrheit.

Zwischen dem linken der beiden im Schnitt sichtbaren internen Pfeiler und der entsprechenden Außenwand ist in die vorliegende Zeichnung der Querschnitt einer Galerie eingetragen und vermaßt. Über ihre Unterstützung im Bereich zwischen den Stützen ist keinerlei Aussage gemacht. Die Darstellung entspricht aber in etwa dem, was wir über Form und Lage der Galerien im ausgeführten Bau wissen. Allerdings ist offensichtlich, daß die im realisierten Konzept vor den Stirnwänden des Gemeinderaumes ins Hauptschiff geführten Enden hier noch nicht geplant sind. Der Blick auf die sich deutlich abzeichnende Ostwand des Turmes bleibt offen. Der Turm selbst ist am Westende des Gemeinderaumes deutlich spürbar. Selbst wenn ein Stützenwechsel wie bei *St. Anne* nicht geplant ge-

---

[118]   Maßstab M=1:60.

[119]   *L.P.L., Book of Works, MS.2697*, S. 401.

[120]   Vgl.:
Laterne des nicht ausgeführten Turmentwurfs für *St. Alfege, Greenwich* (s.: Teil B, I.2.2.3.);
Laterne von *St. Anne, Limehouse* (s.: Teil B, II.1.4.3.e.);
Entwürfe zum Innenraum von *Christ Church*, Juli 1714 bis Anfang/Mitte 1715:
B.L., Map Library, K.Top.23.21.2m (s.: Teil B, III.2.2.6.a.3), *B.L., Map Library, K.Top.23.21.2n* (s.: Teil B, III.2.2.6.a.2).

wesen sein sollte und auch wenn bereits eine Position der Galeriestützen hinter der durch die Säulen und Pfeiler des Gemeinderaumes vorgegebenen Linie vorgesehen gewesen sein sollte, ergibt sich aus dem in dieser Zeichnung faßbaren Konzept ein wesentlich deutlicher artikulierter Kontrast des in der Ordnung der Decke spürbaren Zentralraums einerseits und der longitudinalen, gewissermaßen „basilikalen" Auffassung des Raumes im EG andererseits, als dies in dem schließlich ausgeführten Interieur der Fall war.

Entsprechend ist auch die Ostfassade des Turmes anders gestaltet, als sie sich heute darstellt. Das konkave Gewände des Portals löst sich hier vom eigentlichen Durchgang. Mit seinem Bogen ist es bis in die Gewölbezone geführt. Es entsteht eine auffallend steil proportionierte Nische, ein geschlossenes Gegenstück zur Apsis. Der durch die Plastizität dieser Nische eher noch massiver erscheinende Turm und der im Vergleich dazu offen und hell erscheinende, den Raum nach außen erweiternde Chor sollten offensichtlich eine Beziehung aufbauen. Es ergibt sich hieraus eine gerichtete Raumauffassung mit einer klaren Orientierung zum offenen Ende, nach Osten. Die dem vorliegenden Schnitt zugrunde liegende Planung des Interieurs integriert so den Kernbereich des Innenraums in die Gesamtheit der Gemeinderaumes. Diese entspricht insofern auch der oben bemerkten allgemeinen Entwicklung der Komposition von *St. George-in-the-East* zu einer erneuten Betonung der Längsachse, welche sich im Außenbau vor allem in der erwähnten endgültigen Entscheidung für die Einführung eines durchgehenden Satteldachs artikulierte.

Die in diesem Planungsstadium noch ausstehende, abschließende Wandlung erfuhren Interieur und Ostwand 1724 mit dem Einbau der Galerien. In diesem Jahr verrechnete der Seinmetz unter anderem auch Arbeiten an dem „*Spherical Arch of the west portico*"[121]. Durch diese Maßnahmen muß das heute an dieser Seite des Gemeinderaumes anstelle der in der vorliegenden Zeichnung dargestellten Lösung vorhandene Pendant zur Fassade der Außenseite des Turmes - die realisierte Kombination von Portal und Okulus - eingebracht worden sein. Zusammen mit der Verlängerung der Enden der Galerien bis in das Hauptschiff entstand nunmehr ein merklich weniger monumentales Westende, das den Baukörper des Turmes nur noch bedingt spürbar werden ließ und dem Gemeinderaum insgesamt etwas von seinem Zug nahm, der in der hier betrachteten Konzeption einen so spannungsvollen Kontrast zur zentralisierten Gestaltung der Decke darstellt. Die Einheit des Gemeinderaumes wurde dadurch jedoch nicht in Frage gestellt. Vielmehr unterstrichen auch die sich nunmehr ergebenden, an ein mittelalterliches Chorgestühl oder eine *College Chapel* erinnernden Klammern der Galerien diese, wenn auch auf deutlich andere Weise.

Sehr interessant an der vorliegenden Zeichnung ist neben der bloßen Entwicklung des Entwurfes allerdings auch die Art der Darstellung selbst. Die Dachkonstruktion ist nur angedeutet, Wände und Boden gar lediglich durch einen Strich symbolisiert. Was den Zeichner offensichtlich allein interessierte, war das Interieur, war die Gestaltung von Decke und internen Stützen. Die Galerie ist in diesen Rahmen additiv eingefügt. Praktisch ohne Angaben zur Beziehung zu Wänden oder Pfeilern, ja sogar ohne die Darstellung ihrer Stützen ist sie - zweifelsohne nachträglich - lediglich auf einer Seite eingetragen.

Sicherlich kann auch die bloße Arbeitsersparnis als Motiv für diese unvollständige Art der Darstellung angeführt werden, aber selbst innerhalb der Werkplanung muß sie als symptomatisch für die additive Entwicklung der Gestaltung des Baus - und damit auch des Interieurs - bezeichnet werden. Erst nach Abschluß der detaillierten Planung der Hülle wurde die Ausformulierung des Interieurs in Angriff genommen, und erst danach wandte sich die Aufmerksamkeit den innerhalb dessen plazierten Einbauten wie den Galerien zu. Sicherlich ist dies bis zu einem gewissen Grad eine in der Natur der Sache begründete, naheliegende Vorgehensweise, nicht aber in dem hier angetroffenen Maße. So wie es sich im vorliegenden Falle darstellt, ging die Planung nicht von der Gestaltung eines organi-

[121] *L.P.L., Book of Works, MS.2700*, S. 165-168;
L.P.L., Bills, MS.2722, S. 48-49.

schen Ganzen aus, das dann lediglich unter Zwang in Schritten entwickelt wurde. Vielmehr wurde das Ganze grundsätzlich als additive Einheit verstanden, so daß die Entwicklung der Planung fast notwendigerweise ebenso gestaltet werden mußte. Die Galerien und die damit verbunden Änderungen der Konzeption des Innenraumes waren dementsprechend auch die letzten tiefgreifenden Korrekturen des Entwurfs.

Mit dem eben besprochenen Blatt endet die durch zeichnerische Dokumente belegte Entwicklung der Form des Baus. Was verbleibt, sind Zeichnungen zu den Außenanlagen, deren Behandlung der Besprechung des Bauplatzes und der Situation der Kirche vorbehalten bleiben soll.[122]

IV.2.3.
Zusammenfassung - Entwurfsprozeß und Form

IV.2.3.1.
Entwurfsprozeß und Detailform

Eine Zusammenfassung der Ergebnisse der obigen Betrachtung des Entwurfsprozesses von *St. George* offenbart zuerst und vor allem, daß einige der Details des ausgeführten Baus aus ihrem hier erarbeiteten Entstehungsprozeß heraus zumindest ein wenig besser verständlich sind.

Ein gutes Beispiel für die faktische Erläuterung der Form aus der Kenntnis ihrer Genese sind die Strebepfeiler zu beiden Seiten des Turmes der Kirche. Diese sind als das Ergebnis einer Kombination mehrerer Antworten auf sich im Laufe des Entwurfsprozesses entwickelnde Fragestellungen erkenntlich. Der Ursprung ihrer Entwicklung ist sowohl im Problem der Symmetrie der Fassaden der beiden den Turm flankierenden Eckbaukörper als auch in der Frage der Verbindung dieser niedrigen Bauteile mit der Hauptfassade einerseits und dem vertikalen Element des Turmes andererseits zu suchen. Die Voluten klassischer Vorbilder konnten dies nur bedingt leisten. Die vorhandenen Strebepfeiler hingegen lösen als Zusatzelemente - als weder dem Turm noch der Fassade vollständig zuzurechnende Teile der Komposition - beide Probleme gleichermaßen.

Vergleichen wir die vorliegende, Anfang/Mitte 1717 entwickelte Lösung zur Einbindung des Turmes in die Westfassade zudem mit den anderen oben besprochenen Kirchen Hawksmoors, wird darüber hinaus auch deutlich, daß diese zeitlich letzte Lösung die sparsamste der Antworten auf dieses sich in Hawksmoors Sakralbauten grundsätzlich stellende Problem darstellt. Nach der Scheibe von *Christ Church* und den wahrscheinlich etwas später entwickelten vieldeutigen Pfeilerbündeln von *St. Anne* löst der durchgehend klar isolierbare einzelne Strebepfeiler das Problem hier deutlich anders. Damit stellt die Westfassade von *St. George-in-the-East* - wie auch ihre Längsfassade - die die individuellen Aufgaben der einzelnen Bauteile am deutlichsten erkennbar umsetzende Entwurflösung innerhalb der vorliegenden Serie dar.

Die Türen der Treppenhäuser oder auch die Form der Türmchen über diesen sind weitere hier unbedingt zu erwähnende Beispiele für die Erklärbarkeit der Detailform aus ihren Entwurfsprozeß. Oben wurde dies bereits erläutert und ausführlich dargestellt. Hier muß der erneute Hinweis auf die Tatsache genügen, daß auch sie vor dem nunmehr erkenntlichen Hintergrund ihrer Entstehungsgeschichte besser begreiflich sind.

---

122 *L.P.L., MS.2744/12* zeigt den Baublock und die Lage der Kirche innerhalb dessen,
     L.P.L., MS.2734/16 dokumentiert den Zugang von Westen und die Lage des Pfarrhauses.

IV.2.3.2.
Hawksmoors Arbeitsweise:
Entwurfsprozeß, Methode und Form

Zusätzlich zu den eben genannten Hinweisen auf die Entstehung einzelner Details ergeben sich aus der Synopse der vorliegenden Untersuchungsergebnisse auch Einblicke in die rein technische Arbeitsweise Nicholas Hawksmoors.

Die große Bedeutung seiner Arbeit mit und in Reinzeichnungen, welche korrigiert, überarbeitet und neu gezeichnet demselben Prozeß von neuem unterworfen wurden, ist unverkennbar. Interessanterweise gilt diese Feststellung selbst für die ersten Phasen der Entwicklung des vorliegenden Entwurfes. Ebenso unbestreitbar ist Hawksmoors Verwendung von Skizzen zur Entwicklung von Lösungen. *K.Top.23.21.2k verso* oder auch die offensichtlich neben der Arbeit am Entwurf entwickelten Handzkizzen zu Details wie den Treppenhaustüren und der Dachkonstruktion belegen dies. Vor allem das erste der genannten Beispiele zeigt, wie sehr Hawksmoor dabei an einer Konkretisierung seiner Vorstellungen schon während des Entwurfes interessiert war. Die bedeutende Rolle der Reinzeichnung für die Entwurfsarbeit des Architekten deutet unter diesem Aspekt in eine ähnliche Richtung.

Diese Beobachtungen bestätigen die schon an früherer Stelle gemachte Feststellung, Hawksmoors Arbeitsweise sei als ein spiralförmig dem Ergebnis zusteuernder Prozeß der andauernden Entwicklung von Ideen und deren Überprüfung in weitmöglichster Konkretisierung zu beschreiben. Noch wichtiger für das Verständnis der Bauwerke ist jedoch die Erkenntnis, daß die Komplexität und Ambiguität der gebauten Objekte insgesamt als ein Ergebnis eines Prozesses verstanden werden müssen, als ein Ergebnis, welches bewußt Spuren von Ideen bewahrt, die zu verschiedensten Zeitpunkten in den Entwurf eingebracht wurden. Der Entwurfsprozeß muß insofern auch als ein Prozeß der selektiven Anreicherung bezeichnet werden. Der vorliegende Entwurfsprozeß illustriert dies klar und deutlich.

Der Entwurf für *St. George-in-the-East* geht insgesamt von einem denkbar simplen Typus aus. Dieser ist in seinen Grundzügen bereits im ersten erhaltenen zeichnerischen Dokument dieses Projekts, einem Lageplan, festgehalten: ein einfaches Rechteck mit östlicher Apsis und westlichem Turm.

Dieser Typus wurde im Laufe seiner Umsetzung in ein materielles Gebäude manipuliert, fast zur Unkenntlichkeit entstellt, nur um am Ende wiedergewonnen und - wenn auch gebrochen, mehrfach überlagert und mit vielen zusätzlichen Ideen befrachtet - bewahrt und visuell wirksam dargestellt zu werden. Die Entwicklung der Form vollzog sich dabei in Stufen, welche eine am Bauablauf orientierte Ordnung des Prozesses erahnen lassen. Diese Beobachtung ist - wie bereits erwähnt - auch für die anderen Kirchen Hawksmoors gültig.

Aus dem offensichtlich bewußten Verzicht auf definitive Festlegungen im Bereich späteren Phasen besagter Ordnung zugeordneter Bauteile ergab sich fast automatisch eine gewisse Additivität. In sich abgeschlossenen und ohne eine konkrete Vorstellung von den später zu entwickelnden Teilen des Entwurfs entstandenen Elementen wurden im Laufe der weiteren Entwicklung nachträglich entworfene Teile hinzugefügt. Eine Reaktion der früher gestalteten Teile auf die später entwickelten oder auch auf die sich dabei verändernde Gesamtvorstellung war dadurch weitgehend unmöglich.

Dafür, daß dieses Vorgehen nicht allein auf praktischen Zwängen beruhte, ist der vorliegende Prozeß der beste Beweis. Die grundsätzliche Fassadenlösung mitsamt ihrer Profilierung wurde hier noch vor der endgültigen Festlegung des Grundrisses - und damit weit vor jeder eine grundsätzliche Änderung verhindernden Baumaßnahme - entwickelt und im Folgenden praktisch unverändert beibehalten.

Die Hintergründe der Entstehung dieser primären grundlegenden Festlegung liegen weitgehend im Dunkeln. Sicherlich lassen sich viele der Eigenheiten des Entwurfs mit den Vorstellungen der Zeit zur Architektur des sogenannten „primitiven" frühen Christentums in Verbindung bringen. Bei der Beschreibung der Baus wurde hierauf bereits zur Genüge hingewiesen. Diese Charakteristika sind jedoch bei der schmalen Kirche der Vorentwurfsphase ebenso vorhanden wie nach Ausbildung des quadratischen Kernbereiches und Einführung eines an die Kreuzkuppelkirche erinnernden Interieurs. Dabei erscheinen gerade diese erst später eingeführten Motive derart unauflöslich mit den angesprochenen Vorstellungen verbunden, daß uns viele der unabhängig davon vorhandenen Eigenheiten ohne die Kenntnis der späteren Entwicklung des Entwurfes möglicherweise unbegründet und vielleicht auch bedeutungslos erschienen.

Offensichtlich sah Hawksmoor kein Problem darin, den über das äußere Bild erzeugten Schein von der Realität trennen. Die Längsfassade des Entwurfs erinnerte als dreidimensionales Objekt auch dann schon an seinen Entwurf der *„Basilica after the primitive christians"*, als der Grundriß diesem noch gar nicht entsprach. Die bildhafte und zeichenhafte Verwendung von Motiven wie den betonten Treppenhäusern und der symmetrische Gestaltung einer dennoch eindeutig als Seitenansicht artikulierten Fassade genügte offensichtlich dem angestrebten Ziel der Andeutung des erwähnten Bautypus' in der Ansicht.

Primär versuchte der Architekt dabei nicht zu rekonstruieren, sondern auf Ideen zu verweisen. Insofern ist seine Architektur abbildend - und dies auch dann, wenn sie die angesprochenen Vorbilder dreidimensional umsetzt. Aus der sich damit ergebenden Grundeinstellung wird das oben bereits mehrfach nachgewiesene Primat der Außenwände innerhalb der Entwicklung zumindest verständlicher. Aber auch die von Smith bemerkte „Priminitivität" der Formensprache, die keinerlei realen Bezug zu irgendeinem historischen Vorbild herzustellen versucht, sondern eher eine der Idee entsprechende Formensprache zu verwenden strebt, muß als Ausfluß dieser grundsätzlichen Auffassung Hawksmoors verstanden werden.[123]

Im Verlauf der Weiterentwicklung des Entwurfes und vor allem beim Erarbeiten des endgültigen Grundrisses blieben die Längswände mit ihrer fein austarierten Gestaltung praktisch unberührt. Sie wurden an sich lediglich ein wenig weiter auseinander geschoben. Die Fassaden der Stirnseiten mußten sich dem notwendigerweise anpassen. Infolge ihrer klaren und unzweideutigen Betonung der Mittelachse war dies auf diesen Seiten allerdings auch wesentlich unproblematischer. Aber selbst sie bewahrten dabei ihre grundsätzliche Komposition. Fundamental wurde ihr Entwurf nicht mehr in Frage gestellt. Interessant ist hierbei auch die Feststellung der Verwandtschaft dieses Vorgehens mit den Klammern vergleichbar die Sonderelemente der Stirnseiten zusammenhaltenden Fassadengestaltungen der sich ansonsten deutlich von *St. George* unterscheidenden anderen Kirchenprojekte.

In die nach Festlegung von Fassade und Grundriß-Kontur feststehende Hülle wurden als nachgeordnete Probleme der Innenraum, aber auch die Dachzone und der Turm eingefügt. Bezeichnend für die dahinter spürbar werdende Einstellung des Entwerfers ist das oben mehrfach beobachtete Aussparen des Turmes in Zeichnungen früherer Phasen der Entwurfsentwicklung. Erste Beispiele hierfür finden sich bei den Plänen des genehmigten Entwurfs. Die letzten sind Anfang/Mitte 1717 nachzuweisen.

Innerhalb der besagten, insgesamt vergleichsweise früh gemachten Vorgaben und der damit an sich recht restriktiven Spielregeln war allerdings immer noch eine faszinierende Vielzahl von Variationen möglich. Die später entwickelten ergänzenden Entwurfsideen deuteten die insofern vorgegebene Lösung mehrfach um und überlagerten Komposition wie Interpretation des Bauwerks mit verschiedensten zusätzlichen Motiven und Bedeutungsebenen.

---

123 Vgl.: Smith, Peter, *An Attempt to Discover the Stylistic Preoccupations of the Architects who worked for the "Fifty New Churches" Commission*, a dissertation for a B.A.Hons Degree in the History of Art and Architecture, Reading University (unveröffentl. Manuskript), Reading 1980, S. 33-35.

Der in den vorliegenden Zeichnungen dokumentierte Entwurfsprozeß beginnt bei einem deutlich strukturierten Longitudinalbau mit durchgehendem Satteldach, dem im Westen additiv ein deutlich von ihm abhängiger Turm angefügt ist - den ersten Vorüberlegungen zu dem der Kommission vorgelegten Vorentwurf im Juni 1714. Mit dessen Verbreiterung im daraus entwickelten Vorentwurf änderte sich an dieser Charakterisierung praktisch nichts.

Wenn überhaupt zu irgend einem Zeitpunkt , dann ist hier das Bild der Kombination von Tempel und Turm angebracht. Die in einem gewissen Maße an Alberti und Palladio erinnernde Gestaltung[124] ist betont klassisch. Die gotischen oder auch gotisierenden Motive des ausgeführten Baus fehlen größtenteils noch. Der an sich mittelalterliche Typus in seiner Reduktion auf die bloße Geometrie ist insgesamt aus der klassischen Architektur entnommenen Elementen neu gestaltet. Es handelt sich dabei um wesentlich mehr als die klassische „Verkleidung" eines traditionellen Bautyps. Eine über den bloßen Typus hinausgehende Assoziation gotischer Formen im Detail oder auch in ganzen Bauteilen, wie sie später - zweifelsohne bewußt - vorhanden ist, ist hier noch nicht versucht.

Mit dem genehmigten Entwurf vom Juli 1714 wurde innerhalb des Hauptbaukörpers ein deutlich abgehobener Kernbereich definiert. Das Satteldach der Kirche wurde auf diesen beschränkt. Dort wurde außerdem zusätzlicher klassischer Dekor angebracht. Der Turm wurde durch flach gedeckte Zonen von diesem getrennt. Es entstand eine additive Anordnung von längs der Ost-West-Achse angeordneten Teilbaukörpern. Der nun querrechteckige Turm war dieser Variation der Komposition angepaßt. Wahrscheinlich auch um ein Auseinanderfallen der zusehends selbständigeren Teile zu verhindern, wurde die Ostseite des Turmes leicht in die westliche Vorzone des Gemeinderaumes geschoben, und das Zurückstaffeln der oberen Turmgeschosse wurde - zumindest in der Seitenansicht - aufgegeben. Es ergab sich eine entfernt an den verbreiterten Westriegel von *St. Anne* erinnernde Scheibe im Westen der Komposition. Das Sprengen der Giebelwand ist hiermit ideell schon vollzogen - und nicht erst nach der erneuten Verlängerung des Satteldaches, auch wenn der zu diesem Zeitpunkt vorgesehene Tympanon selbst hier natürlich nicht beeinträchtigt wurde[125]. Im Innenraum entsprach diesem Stadium der Komposition eine Folge deutlich differenzierter Teilräume, der quer gelagerten Vorzonen sowie des Quadrats des stützenfreien, von Galerien flankierten Gemeinderaumes im engeren Sinne.

Der nächste Schritt brachte die Übersteigerung der Isolierung der Einzelteile durch die Aufgabe der Betonung der Längsachse im Kernbereich. Dieser wurde nun eindeutig als ein in das Ganze integrierter Zentralbau artikuliert. Die pyramidale Dachform und die vier die Ecken des Teilkörpers betonenden Türmchen im Außenbau entsprachen der Einführung des Typus der Kreuzkuppelkirche mitsamt einer zentralen Kuppel im Gemeinderaum. An diesem Punkt der Entwicklung des Kirchenbaus sind die später teilweise nur noch als schwaches Echo vorhandenen Vorbilder der byzantinischen Kreuzkuppelkirche oder auch der mit dieser in Verbindung gebrachten osmanischen Moscheen so deutlich faßbar, daß die Identifizierung der hiervon vorhandenen Spuren in der realisierten Architektur gerechtfertigt ist[126]. Was die Stufenpyramide betrifft, bleibt deren Bedeutung allerdings etwas rätselhaft. Smith deutet sie als eine Anspielung auf frühchristliche Vorbilder in Ravenna.[127] Eine Verbindung zu antiken Tempel- oder auch Grabbauten erscheint jedoch im Zusammenhang der erwähnten memorialen Auffassung des Kirchenbaus wesentlich naheliegender. Neben dem *Grabmal des Mausolos* waren Hawksmoor auch andere antike Beispiele von Stufenpyramiden als Dächern

---

124   Vgl. hierzu auch: Smith, a.a.O., S. 33.

125   Vgl. dagegen: Smith, a.a.O., S. 33.

126   Vgl. hierzu:
       Odgers, Juliat, *Hawksmoor's part in building the Fifty New Churches*, A Dissertation presented to the Department of Architecture, University of Cambridge for the Diploma Examination (unveröffentl. Manuskript), Cambridge Mai 1984, S. 51-54;
       Evans, a.a.O., S. 100.

127   Smith, a.a.O., S. 51.

bekannt. Wheler erwähnt zum Beispiel einen kleinen Tempel außerhalb von „*Melasso olim Mylasa*"[128].

Das damit erreichte Stadium der Entwicklung des Entwurfes, der Stand im August 1714, war gleichzeitig auch ihr Wendepunkt. Die folgenden Entwurfschritte zielten auf ein erneutes Herausarbeiten der grundsätzlichen Idee. Der schließlich ausgeführte Entwurf - bis Mitte 1717 lag er weitgehend fest - vereinheitlichte die Komposition wieder. Das Dach wurde verlängert über den gesamten Hauptbaukörper, der Turm erhöht, um den nötigen Halt zu bieten, und die bisher sehr niedrigen Türmchen wurden zu kleine Echos des Turmes ausgebaut. Mit kleinen Unstimmigkeiten und Brüchen wie der Differenzierung zwischen Dachkörper und Giebelwand oder mehrfach lesbaren Elementen wie den Strebepfeilern wurde ein äußerst komplexes und vieldeutiges Ganzes geschaffen, das in seiner angedeuteten Additivität die Spuren der früheren Entwurfsschritte ebenso bewahrte wie in den Türmchen oder der Betonung des Zentralraumgedankens im Innenraum, selbst wenn dort die Kuppel entfiel. Unter bewußter Inkaufnahme von Spannungen und Widersprüchen wurde hierbei der ursprüngliche Typus wiedergewonnen und in Andeutung dargestellt. Gleichzeitig erfuhr die Komposition durch die Annäherung von Einzelformen an die Geometrie gotischer Vorbilder eine deutliche Veränderung ihres Ausdrucks, was aber der Rückbesinnung auf den traditionellen Typus der englischen Pfarrkirche entsprach.

Das schließendlich vorliegende Ergebnis ist insofern eine Sammlung von Erfahrungen, eine Auswahl für die Weiterbenutzung in einem fast als experimentell zu bezeichnenden Prozeß für wert befundener formaler Ideen und inhaltlicher Aussagen. Das genannte „Experiment" fand allerdings unter kontrollierten Bedingungen statt. Ein klarer Rahmen war von vorne herein vorgegeben und wurde nie gesprengt.

In gewisser Weise ist das Ergebnis offen für weitere Änderungen, es ist lediglich eine Momentaufnahme eines Prozesses. Sicher ist dies prinzipiell für jeden Entwurf gültig. Immer wird die Suche nach der Lösung zwangsläufig irgendwann abgebrochen. Hier jedoch erscheint die Offenheit bewußt gewollt, wird doch kein Versuch unternommen, ein harmonisches, ideales, endgültig erscheinendes Ganzes zu schaffen und damit eine Abgeschlossenheit der Lösung zu suggerieren. Vielmehr ist das Ziel des Entwurfes eine offene, additive Komposition. Hawksmoors Offenheit für Kritik von außen, die ihm sogar von ideologischen Gegnern bestätigt wurde,[129] paßt vollständig in dieses von seiner Architektur gezeichnete Bild.

---

128   Wheler, Sir George, *A Journey into Greece by George Wheler Esq. In Company of Dr. Spon of Lyon*, London 1682, S. 278.

129   Vgl. hierzu: Sir Thomas Robinson an Lord Carlisle, Brief vom 20. Juli 1734, veröffentl. in: Webb, G.F., *The letters and drawings of Nicholas Hawksmoor relating to the building of the Mausoleum at Castle Howard*, in: *Walpole Society*, Bd. XIX, Oxford 1931.

IV.3.
Die Ausführung - die Umsetzung des Entwurfs im Projekt

IV.3.1.
Vorgeschichte:
Die Entscheidung für Bauplatz und Entwurf

Wie bereits erwähnt ist *St. George-in-the-East* die dritte von ursprünglich insgesamt fünf geplanten neuen Kirchen innerhalb der mittelalterlichen Gemeinde von *St. Dunstan, Stepney.* Der Ablauf dieses Projekts gleicht von daher stark demjenigen der beiden anderen Kirchenbauten Hawksmoors in Stepney, *St. Anne, Limehouse,* und *Christ Church, Spitalfields.*

IV.3.1.1.
Kauf des Grundstücks

Die Antwort der Gemeinde auf die Anfrage der Kommission bezüglich der Anzahl benötigter neuer Kirchen[1] führte unter anderem auch zum Beschluß vom 16. 10. 1711, eine Kirche in *„Upper Wapping"* zu errichten.[2] Wir haben bereits gesehen, daß die Kommission trotz der seitens *Brasenose College* geäußerten Bedenken daran festhielt, fünf Kirchen in Stepney zu errichten.[3] Daß eine dieser Kirchen definitiv in *„Upper Wapping"* entstehen sollte, bekräftigte sie am 14. 11. 1711 mit der Resolution, den genannten Ortsteil zu einer eigenen Gemeinde zu machen.[4]

Schon sechs Tage später wurde der Bauplatz *„next Ratcliff Highway and Cannon Street"* im *Building Committee* für geeignet befunden, und es wurden Kaufverhandlungen mit Mr. Watts, dem Eigentümer, angeordnet.[5] Die Kommission folgte dem Komitee in diesem Punkt und billigte den Platz am darauffolgenden Tag, dem 21. November 1711[6]. Weitere zwei Tage später lag dem *Building Committee* dann bereits ein Verkaufsangebot vor. Dieses wurde offensichtlich für angemessen betrachtet.[7] Aufgrund zusätzlicher, konkurrierender Angebote[8] ließ der endgültige Beschluß zum Kauf des Grundstücks allerdings noch einige Zeit auf sich warten. Kurz vor Auflösung der ersten Kommission wurde der Verkaufpreis zwar förmlich anerkannt, die faktische Abwicklung des Kaufes blieb aber - zwangsläufig - der zweiten Kommission überlassen. Diese ließ sich viel Zeit. Erst am

---

1   L.P.L., Minutes, MS.2690, S. 2, in: Port, M.H., The Commissions for Building Fifty New Churches: The Minute Books, 1711-1727, a Calendar, London Record Society, Bd. 23, London 1986.

2   *L.P.L, Building Committee, MS.2690,* S. 445, in: Port, a.a.O.;
     L.P.L., Minutes, MS.2690, S. 4., in: Port, a.a.O.

3   *L.P.L., Minutes, MS.2690,* S. 4, 10, in: Port, a.a.O.;
     L.P.L., Building Committee, MS.2690, S. 436, 438, 443, in: Port, a.a.O.

4   *L.P.L., Minutes,MS.2690,* S. 12, in: Port, a.a.O.

5   *L.P.L., Building Committee, MS.2690,* S. 423, in: Port, a.a.O.

6   *L.P.L., Minutes, MS.2690,* S. 15, in: Port, a.a.O.

7   *L.P.L., Building Committee, MS.2690,* S. 419, in: Port, a.a.O.;
     L.P.L., MS.2714, fol. 90.

8   *L.P.L., MS.2714,* fol. 91v (Angebot von J. Peterson);
     L.P.L., Building Committee, MS.2690, S. 415, in: Port, a.a.O. (Petersons Angebot abgelehnt, 27. 11. 1711).

13. 3. 1714 wurde eine Zahlungsanweisung für das Grundstück angefordert, und die Formalitäten zogen sich noch bis Mai 1714 hin.[9]

Die Gemeinde reagierte umgehend auf den Kauf und gab schon am 10. 6. 1714 um den Bau einer Kirche ein.[10] Die Kommission antwortete mit der Aufforderung an die *Surveyors*, einen Entwurf vorzubereiten und binnen einer Woche vorzulegen.[11] Damit begann die Planung des Projektes.

IV.3.1.2.
Vorentwurf und Entwurf

Die von der Kommission vorgegebene Zeit von einer Woche war viel zu kurz, um einen fundierten, wirklich durchgestandenen Entwurf zu erarbeiten. Selbst die bis zur tatsächlichen Vorstellung eines Entwurfs verstreichenden 14 Tage waren mehr als knapp. Insofern ist es wenig verwunderlich, daß die von Hawksmoor an diesem Tag vorgelegten Pläne sehr wahrscheinlich unvollständig und nur teilweise ausgezogen waren. Aber immerhin gelang es dem Architekten, am 1. Juli einen Vorentwurf zu präsentieren,[12] der zur weiteren Begutachtung auf dem Tisch der Kommission verblieb.[13]

Über das Ergebnis dieser Begutachtung verraten uns die Papiere nichts. Auf jeden Fall muß Hawksmoor den nächsten Monat zur Weiterentwicklung seiner Ideen genutzt haben. Am 29. 7. 1714 legte er erneut einen Entwurf vor, der von der Kommission ohne Änderungen verabschiedet wurde.[14] Die erhaltenen zeichnerischen Unterlagen müssen dahingehend verstanden werden, daß es sich bei den verabschiedeten Plänen um eine Ausarbeitung der Zeichnungen des Vorentwurfs handelte.[15]

Gleichzeitig mit dem genehmigten Entwurf unterbreitete Hawksmoor der Kommission einen Vorschlag zum Kauf und Abriß von vier Häusern im Süden der Kirche, um einen direkten Zugang vom *Ratcliff Highway* zu schaffen.[16] Wie wir oben gesehen haben,[17] hätte dies dem Konzept des Entwurfs unbedingt entsprochen. Dem Vorschlag war jedoch weniger Glück beschieden. Die Kommission lehnte die Maßnahme rundweg ab.[18]

---

9   *L.P.L., Minutes, MS.2690*, S. 145, 160, in: Port, a.a.O.;
Downes, Kerry, *Hawksmoor* (Studies in Architecture, Bd. II), 1. Ausg., London 1959, S. 175-179.

10   *L.P.L., MS.2714*, S. 93.

11   *L.P.L., Minutes, MS.2690*, S. 169, in: Port, a.a.O.
Vgl. auch: Evans, Michael, *Nicholas Hawksmoor's Stepney Churches*, Dipl. Diss. (unveröffentl. Manuskript), Cambridge 1982, S. 79.

12   *B.L., Map Library, K.Top.23.21.2k, recto*;
B.L., Map Library, K.Top.23.21.2a, urspr. Fassung;
B.L., Map Library, K.Top.23.21.2i recto, Bleistiftfassung;
B.L., Map Library, K.Top.23.21.2h, Bleistiftfassung.
Vgl.: Teil B, IV.2.2.2.

13   *L.P.L., Minutes, MS.2690*, S. 173, in: Port, a.a.O.

14   *L.P.L., Minutes, MS.2690*, S. 181, in: Port, a.a.O.
Vgl. auch: Evans, a.a.O., S. 79.

15   *B.L., Map Library, K.Top.23.21.2a*, Deckblatt;
B.L., Map Library, K.Top.23.21.2i, recto, Tuschefassung;
B.L., Map Library, K.Top.23.21.2h, Tuschefassung.
Vgl.: Teil B, IV.2.3.

16   *L.P.L., MS.2714*, S. 95;
L.P.L., MS.2714/111-113.

17   Vgl. hierzu: Teil B, IV.2.2.4.

18   Downes, a.a.O., 1959, S. 175-179.

IV.3.2.
Der Bauprozeß:
Rekonstruktion und Kommentierung des Prozesses der Materialisierung der Form

IV.3.2.1.
August bis Dezember 1714 - Fundamentarbeiten

Die Kommission war offensichtlich sehr an einer raschen Ausführung des Projektes interessiert. Mit Genehmigung des Entwurfs vergab sie sogleich die Fundament- und Maurerarbeiten.[19] Der Bau konnte also umgehend in Angriff genommen werden.[20]

Noch vor Ende der Saison 1714 wurden die Arbeiten an der Gründung der neuen Kirche abgeschlossen. Bis Anfang 1715 waren darüber hinaus auch die für die Ausführung der aufgehenden Teile notwendigen organisatorischen Vorbereitungen erledigt. Schon am 30. 9. 1714 bezeichneten Hawksmoor und Gibbs die Fundamente als weitgehend fertiggestellt.[21] Am selben Tag beschloß die Kommission die Ausschreibung der Steinmetzarbeiten in der *Gazette*.[22] Am 28. 10. 1714 erfolgte - nach Überprüfung der Angebote durch die *Surveyors* -[23] deren Vergabe;[24] und Zahlungsanweisungen für Aushub und Maurerarbeiten[25] vom Ende des Jahres 1714 belegen den endgültigen Abschluß der Arbeiten an den Fundamenten.

Bezüglich der architektonischen Planung nutzte Hawksmoor die von der Jahreszeit erzwungenen Ruhezeit vor Beginn der Ausführung der aufgehenden Teile zur erneuten Überarbeitung und Korrektur seiner Konzeption.[26] Noch vor dem Ende der Winterpause im Frühjahr des nächsten Jahres hatte er den sogenannten „endgültigen Entwurf" mit seinem pyramidalen Dach sowie den vier niedrigen Türmchen zu Papier gebracht[27] und die Werkplanung für den Steinmetz durchgezogen.[28]

---

19 *L.P.L., Minutes, MS.2690*, S. 181, in: Port, a.a.O.

20 Vgl. auch: Evans, a.a.O., 1959, S. 175-179.

21 *L.P.L., MS.2724*, fol. 37v.

22 *L.P.L., Minutes, MS.2690*, S. 186, in: Port, a.a.O.

23 *L.P.L., Minutes, MS.2690*, S. 188, in: Port, a.a.O.

24 *L.P.L., Minutes, MS.2690*, S. 190, in: Port, a.a.O.

25 *L.P.L., Minutes, MS.2690*, S. 191a, 193, 194, 197, in: Port, a.a.O.

26 *B.L., Map Library, K.Top.23.21.2i, recto*, freihand;
    B.L., Map Library, K.Top.23.21.2h, freihand;
    B.L., Map Library, K.Top.23.21.2i, verso, rechts;
    B.L., Map Library, K.Top.23.21.2a, freihand.
    Vgl.: Teil B, IV.2.2.5.

27 *B.L., Map Library, K.Top.23.21.2b*;
    B.L., Map Library, K.Top.23.21.2e, Grundplan.
    Vgl.: Teil B, IV.2.2.6.

28 *B.L., Map Library, K.Top.23.21.2d*;
    B.L., Map Library, K.Top.23.21.2g.
    Vgl.: Teil B, IV.2.2.7.

IV.3.2.2.
1715 - Beginn der Arbeit an den aufgehenden Teilen

Im Frühjahr 1715 wurde sofort mit der Ausführung des eben erst vervollständigten Entwurfes begonnen - und mit ihr auch mit dessen erneuter Revision.

Am 8. Juli hatte der Bau bereits eine Höhe von 8' über Gelände erreicht.[29] Ende des Jahres waren die Außenwände mit Ausnahme der Mauern auf der Westseite der Kirche bis zur Unterseite der Kämpfer der EG-Fenster erstellt. Die Westfassade hinkte nur wenig nach. Hier wurden 6' 9" über dem Sockel gemessen, nur 1' weniger als bei den drei anderen Außenwänden.[30]

IV.3.2.3.
1716 - Außenwände

Im Jahr 1716 planten die *Surveyors* und die frisch ernannte dritte Kommission augenscheinlich, das im Vorjahr vorgelegte Tempo sogar noch zu erhöhen. Auf jeden Fall ist der vom 14. März datierende Bericht an König und Parlament sehr optimistisch, um nicht zu sagen schöngefärbt. Dort wird angegeben, die Außenwände seien bereits ungefähr zur Hälfte aufgeführt, ein Eindecken des Gebäudes vor kommendem Winter sei auf jeden Fall möglich.[31] Offenbar lag beiden daran, dem neuen König und dem ebenso neuen Parlament den Eindruck eines weit fortgeschrittenen und rasch voranschreitenden Projekts zu geben.

Die Realität sah dann aber doch etwas anders aus. Die Zimmermannsarbeiten wurden zwar noch in diesem Jahr ausgeschrieben, zur Ausführung kamen sie jedoch nicht mehr.[32] Ende 1716 hatten die Außenwände gerade die Oberkante der Hauptgesimses erreicht, im Westen sogar lediglich die Unterkante des Frieses der hier vorgelegten Ordnung.[33]

IV.3.2.4.
1717 - nachträgliche Änderungen in der Dachzone:
Dachstuhl und Treppenhaustürmchen

1717 gab es mit der Ausführung des Baus von *St. George-in-the-East* von vorne herein Probleme. Die Wiederaufnahme der Arbeiten verzögerte sich. Bis Ende März hatte sich sowieso nichts getan.[34] Aber auch danach bedurfte es zweier Eingaben der Gemeinde um Fortsetzung des Baus. Die letzte dieser beiden ist auf 31. 5. 1717 datiert. Vor Juni wurden die Arbeiten demnach sicherlich nicht wieder aufgenommen.

Die Gründe für diese Verzögerung sind rätselhaft. Zur selben Zeit wurden die andere Baustellen zügig vorangetrieben. Diese Umstände gaben Hawksmoor aber die notwendige Zeit, um über die schon Ende 1716 vorgenommenen Änderungen der Westfassade hinaus die Dachzone nochmals

---

[29] *L.P.L., MS.2711*, S. 6 (Bericht von Hawksmoor und Gibbs an das Parlament).

[30] Tufnell, Edward, and Strong, Edward, *A Book of Entry for Masons Work done at severall of ye 50 New Churches, 1713-1743*, R.I.B.A.-Lib., MS.Tuf./1, S. 17;
L.P.L., Book of Works, MS.2697, S. 353.

[31] *L.P.L., MS.2711*, S. 15.

[32] *L.P.L., Minutes, MS.2690*, S. 297, 301, in: Port, a.a.O.

[33] *L.P.L., Book of Works, MS.2697*, S. 367, 370.

[34] Tufnell & Strong, a.a.O. (*R.I.B.A.-Lib., MS.Tuf/1*), S. 19.

gründlich zu überdenken. Bis der Bau Mitte 1717 wieder richtig in Fahrt kam, hatte er die endgültige Form des Entwurfes weitgehend entwickelt. Das zuvor vorgesehene pyramidale Dach war aufgegeben und in der gültigen Planung durch das ausgeführte durchgehende Satteldach ersetzt, die Türmchen über den Treppenhäusern waren nun als kleine Kopien der Laterne gedacht, und auch der Turm hatte auf dem Papier praktisch seine endgültige Form erreicht. Im Innenraum war dementsprechend inzwischen die Vorstellung einer zentralen Kuppel aufgegeben worden. Möglicherweise hatte Hawksmoor - nach dem Mißerfolg mit der Verwendung der kleinen Kuppeldächer in *St. Anne* - auch schon die Erhöhung der Treppenhaustürmchen und ihre endgültige Gestaltung angedacht.[35] Allerdings ging er zu diesem Zeitpunkt ganz sicher von nicht mehr als drei Geschossen aus - das den Tambour überhöhende glatte Attikageschoß kam nachweislich erst etwas später hinzu.

Interessanterweise war die Winterpause 1716/1717 auch für die Entwicklung des Entwurfs von *St. Anne* sehr fruchtbar. In beiden Fällen lag der endgültig Entwurf danach weitgehend fest. Durch die wesentlich längere Dauer der Unterbrechung hatte diese zweite Phase der Überarbeitung des Entwurfs bei *St. George* aber noch deutlichere Folgen als im Falle des Projekts für Limehouse.

Erste Anzeichen erneuter Aktivität im Bereich der Ausführung waren die Ausschreibung und Vergabe der Flaschnerarbeiten im Juni/Juli 1717.[36] Die Spuren der planerischen Entscheidungen der verlängerten Winterpause zeigten sich dann umgehend im Baugeschehen. Am oberen Ende der Treppenhäuser wurden zusätzliche Gewölbe nachträglich eingefügt, um die Last der nun deutlich schwereren Türmchen zu übernehmen, und über den beiden Stirnseiten des Hauptbaukörpers wurde das in der vorangegangenen Saison noch unbekümmert fertiggestellte Hauptgesims teilweise wieder abgebrochen, um eine entsprechende Verankerung der nun notwendigen Giebelwände zu gewährleisten.

Ende des Jahres war der Turm dann bereits 8' 6" über das die Glockenstube nach unten abschließenden Gesims aufgeführt. Abgesehen vom nordwestlichen Exemplar fehlten bei den vier Treppenhaustürmchen nur noch 3' bis 4' zu ihrer endgültigen Gesamthöhe; sie endeten nun in etwa auf Höhe des Gesimses am Fuß der im folgenden Jahr ausgeführten glatten Attikazone. Der Dachstuhl und die Verschalung der Decke waren vollständig abgeschlossen, und der Maurer hatte im Innenraum die Pfeiler der Krypta in Angriff genommen. Der Flaschner hatte sogar schon mit dem Aufbringen der Bleideckung und dem Einbau der Regenrinnen begonnen.[37]

IV.3.2.5.
1718/1719[38] - Dachdeckung und Krypta-Gewölbe, Erhöhung und Fertigstellung der Treppenhaustürmchen

Bereits kurz nach Beginn der neuen Saison, im März 1718, konnte James der Kommission von weiteren Fortschritten berichten. Die Bleideckung der Kirche war inzwischen abgeschlossen, der Schlosser hatte die ersten Fenster eingebaut, und der Steinmetz arbeitete schon wieder an dem im

---

35 *B.L., Map Library, K.Top.23.21.2e,* Deckblatt;
    B.L., Map Library, K.Top.23.21.2k verso;
    B.L., Map Library, K.Top.23.21.2f;
    B.L., Map Library, K.Top.23.21.2c.
    Vgl.: Teil B, IV.2.2.8.

36 *L.P.L., Minutes, MS.2690, S. 343, 347,* in: Port, a.a.O.

37 Tufnell & Strong, a.a.O. *(R.I.B.A.-Lib., MS.Tuf/1),* S. 32-33;
    L.P.L., Bills, MS.2722, S. 2, 4-5, 8;
    L.P.L., Book of Works, MS.2697, S. 375-381.

38 1. Januar 1718 bis 25. März 1719.

vergangenen Jahr 5 yds niedriger als der Rest liegen gebliebnen nordwestlichen Treppenhaustürmchen.

Gleichzeitig bemerkte James aber die allgemein noch ausstehende Erhöhung der Türmchen um weitere 3' bis 4'. Erst nach deren Fertigstellung sollte nach seinen Worten der Westturm weiter vorangetrieben werden.[39] Aus der Formulierung des Berichts ergibt sich ein aufschlußreicher Widerspruch. Ende 1717 hatten die Bücher die Türmchen über den Treppenhäusern als bis zum Dachansatz fertiggestellt bezeichnet.[40] Nun, Anfang 1718, sprach James aber von allgemein fehlenden 3' bis 4' Höhe.[41] Das angegebene Maß entspricht exakt der Höhe des glatten Attikageschosses, woraus geschlossen werden muß, daß Hawksmoor die Idee zur Addition dieses vierten Geschosses erst in der Winterpause 1717/1718 entwickelte als Antwort auf die große Höhe des Westturmes, die langsam erkenntlich wurde. Entsprechend wurde die - insofern als nachträglich und additiv zu beschreibende - Erhöhung dieser Baukörper nun in Angriff genommen.

Knapp einen Monat später, am 3. 4. 1718, verfaßte James einen weiteren Bericht an die Kommission. Darin vermeldete er als einzigen beachtenswerten Fortschritt die Fertigstellung der Pfeiler der Krypta.[42] Die Kommission reagierte auf den offensichtlich aber doch recht zügigen Fortgang der Ausführung mit Ausschreibung und Vergabe der demnächst anstehenden Ausbau-Gewerke. Im April/Mai des Jahres 1718 erfolgten diese für die Schreiner-, Maler- und Gipserarbeiten[43]. Anfang Mai war die Steinmetzarbeit der Türmchen vollständig fertiggestellt. Eines der vier vertikalen Elemente hatte sogar schon sein Dach erhalten. Der Turm war inzwischen ebenfalls angewachsen und hatte eine Höhe von 25' bis 28' über Dach erreicht. Die Kryptagewölbe waren allerdings nur ungefähr zur Hälfte geschlossen.[44] Noch vor Ende des Jahres wurde mit Vergabe der Glaserarbeiten[45] die Vorbereitung des Ausbaus abgeschlossen. Ein kontinuierlicher Verlauf der weiteren Ausführung war damit auf jeden Fall gewährleistet.

Mit Abschluß der Abrechnungsperiode am 25. 3. 1719 hatte der Westturm die Oberkante des Gesimses der Glockenstube erreicht, die Zimmermannsarbeiten an den Dächern der vier Türmchen waren abgeschlossen, und der Kupferschmied hatte die vier Urnen über deren Scheitel angebracht. Im Innenbereich waren die Gewölbe der Krypta nun vollständig fertiggestellt.[46] Für die nächste Saison konnte ernsthaft an die Ausstattung des Gemeinderaumes gedacht werden. Entsprechend ist auch die erste und einzige Zeichnung mit einer Darstellung der Galerie, der eine erhaltene Schnitt der Kirche,[47] auf eben diese Zeit zu datieren.

---

[39]   *L.P.L., MS.2724*, fol. 61r.

[40]   *L.P.L., Book of Works, MS.2697*, S. 375:
„...to ye Top of ye Stone Work next under ye Roof of ye said Turrets ...".

[41]   *L.P.L., MS.2724*, fol. 61r: „*The Turrets over ye Staircases are to be carried up 3 or 4 f.^{t} hihger than they now are, and will then have their Roofs put on*".

[42]   *L.P.L., MS.2724*, fol. 64v.

[43]   *L.P.L., Minutes, MS.2691*, S. 8, 11, 19, in: Port, a.a.O.

[44]   *L.P.L., MS.2724*, fol. 67v (Bericht von James).

[45]   *L.P.L., Minutes, MS.2691*, S. 34, in: Port, a.a.O. (27. 11. 1718).

[46]   Tufnell & Strong, a.a.O. (*R.I.B.A.-Lib., MS.Tuf./1*), S. 46-47;
L.P.L., Bills, MS.2722, S. 13, 18;
L.P.L., Book of Works, MS.2697, S. 383-391.

[47]   *B.L., Map Library, K.Top.23.21.2l.*
Vgl.: Teil B, IV.2.2.8.c.2.

IV.3.2.6.
1719/1720[48] - Stillstand

Trotz der im Vorjahr erarbeiteten idealen Vorgaben ist in der Saison 1719/1720 kein beachtenswerter Fortschritt zu verzeichnen. Im Jahre 1719, dem Jahr der Neuregelung der finanziellen Grundlage der Kommission, wurden die Bleideckung der Treppenhaustürmchen zwar noch fertiggestellt, und der Maler vergoldete die darüber angebrachten Urnen, wie er auch die Stege der Dächer faßte,[49] dann aber ereilte auch *St. George-in-the-East* das Schicksal aller anderen Kirchen, und der Bau lag brach.

IV.3.2.7.
1720/1721[50] - erste Wiederaufnahme der Arbeiten:
Vorbereitung der internen Stützen

Im Gegensatz zu *Christ Church*, zum Beispiel, blieb die Situation im vorliegenden Fall jedoch nicht allzu lange hoffnungslos. Nachdem die Baustelle im Frühjahr 1720 anfänglich lediglich gesichert worden war,[51] begann der Steinmetz noch im selben Jahr mit der Vorbereitung der Stützen für den Innenraum;[52] und der Maurer führte den Turm im Verlauf der Saison weiter bis zum Fußpunkt der Laterne.[53]

IV.3.2.8.
1721/1722[54] - Fertigstellung des Turmes
Erstellen der internen Stützen

Im Frühjahr 1721 lief die Ausführung des Projekts dann wieder richtig an. Nach Vorlage einer Kostenschätzung für die zur Fertigstellung der Kirche notwendigen Arbeiten[55] am 14. Januar 1721 begann der Steinmetz offensichtlich umgehend mit der Errichtung der im Vorjahr vorbereiteten Pfeiler im Innenraum.[56] Ein Bericht Hawksmoors und James' vom 25. Oktober 1721 belegt, daß die

---

[48]   25. März 1719 bis 25. März 1720.

[49]   *L.P.L., Bills, MS.2722*, S. 26-27;
      L.P.L., Book of Works, MS.2697, S. 397.

[50]   25. März 1720 bis 25. März 1721.

[51]   *L.P.L., Minutes, MS.2691*, S. 100, 104-105, 108, in: Port, a.a.O.

[52]   *L.P.L., Bills, MS.2722*, S. 29.

[53]   *L.P.L., Bills, MS.2722*, S. 30.

[54]   25. März 1721 bis 25. März 1722.

[55]   *L.P.L., Minutes, MS.2691*, S. 134, in: Port, a.a.O.

[56]   Vgl:
      L.P.L., Book of Works, MS.2697, S. 401 (März 1720 und März 1721)
      L.P.L., Bills, MS.2722, S. 35 (1721, Rechnung für Transportbahn für Aufstellung der Stützen).
      Im *Book of Works* für 1721/1722 findet sich kein Hinweis mehr auf die Stützen. Sie müssen folglich zwischen Januar und März 1721 errichtet worden sein.
      Vgl. hierzu: *L.P.L., Book of Works, MS.2697*, S. 409.

Stützen zu diesem Zeitpunkt bereits eingebaut waren. Außerdem dokumentiert er Arbeiten der Steinmetzfirma am Turm von *St. George*.[57]

Entsprechend verzeichnen die Bücher in der Zeit vom März 1721 bis zum März 1722 die Fertigstellung des Turmes samt des Sockels zu Füßen der Laterne.[58] Interessant ist hierbei, daß jetzt erst der Einbau des EG-Gewölbes in den Turm erfolgte.[59] Gleichzeitig mit diesen Rohbauarbeiten begann der Zimmermann allerdings auch schon mit den Vorarbeiten für die Stuckdecke[60] und damit mit dem Innenausbau der Kirche.

IV.3.2.9.
1722/1723[61] - erneute Verzögerung;
Laterne und Holzböden

Der Bau scheint in der zweiten Hälfte des Jahres 1722 erneut zu einem kürzeren Stillstand gekommen zu sein. Am 15. Juni 1722 gab die Gemeinde bei der Kommission um zügige Fertigstellung ein,[62] und sie sah sich gezwungen, diesen Antrag im Januar 1723 zu wiederholen.[63] Die Kommission forderte daraufhin eine weitere Kostenschätzung von den *Surveyors* an[64] und erlaubte schließlich die weitere Ausführung. Aber auch dann fehlte offensichtlich der richtige Zug. Im März 1723 war zwar die Laterne des Turmes insgesamt fertiggestellt, im Innenraum jedoch war außer dem Einbau der Holzböden durch den Zimmermann praktisch nichts geschehen.[65]

IV.3.2.10.
1723/1724[66] - dritter Neubeginn:
Stuckdecke, Fenster

Im Juli/August 1723 wiederholte sich dasselbe, inzwischen wohl bekannte Spiel. Die Gemeinde drängte mit einer Eingabe auf Fertigstellung der Kirche,[67] die Kommission bat um eine Schätzung der Kosten durch die *Surveyors*,[68] und schließlich lief der Bau wieder an. Diesmal jedoch mit etwas mehr Erfolg. Die Finanzen der Kommission waren inzwischen langsam wieder in Ordnung gekommen, wie auch die Abwicklung der oben betrachteten anderen Projekte beweist. Diesmal ließ James

---

[57] *L.P.L., MS.2724*, fol. 85v.

[58] *L.P.L., Bills, MS.2722*, S. 36;
L.P.L., Book of Works, MS.2697, S. 408-410.

[59] L.P.L., Bills, MS.2722, S. 36.

[60] *L.P.L., Book of Works, MS.2697*, S. 410.

[61] 25. März 1722 bis 25. März 1723.

[62] *L.P.L., Minutes, MS.2691*, S. 178, in: Port, a.a.O.

[63] *L.P.L., MS.2714*, fol. 105v-106.

[64] *L.P.L., MS.2724*, S. 95 (31. 1. 1723).

[65] *L.P.L., Bills, MS.2722*, S. 39;
L.P.L., Book of Works, MS.2698, S. 55-56.

[66] 25. März 1723 bis 25. März 1724.

[67] *L.P.L., MS.2714*, fol. 107v-108;
L.P.L., Minutes, MS.2691, S. 216, in: Port, a.a.O.

[68] *L.P.L., Minutes, MS.2691*, S. 216, 218, in: Port, a.a.O.

die notwendigen Arbeiten insgesamt zusammenstellen, und am 27. September gab er deren sofortige Ausführung in Auftrag.[69]

Bis Ende 1723 war dann die Decke des Gemeinderaumes samt der Stuckdetails fertiggestellt. Die Bücher der Kommission zeigen darüber hinaus, daß bis zum Ende der Abrechnungsperiode am 25. 3. 1724 auch die Wände zumindest teilweise verputzt waren, daß die Fenster eingebaut, ihre Rahmen lackiert und Ausbesserungsarbeiten an der Bleideckung erledigt worden waren.[70]

IV.3.2.11.
1724/1725[71] - Galerien und Möblierung

Im April 1724 wurde das Thema eines Durchgangs zum *Ratcliffe Highway* erneut aufgenommen. Ein Angebot für den Verkauf eines entsprechenden Streifens wurde der Kommission vorgelegt, welche dieses Ansinnen jedoch wiederum ablehnte.[72]

Gleichzeitig ging der Innenausbau zügig voran. Im Oktober wurden die Beschläge vergeben,[73] im Februar 1725 folgte die Vergabe der Schlösser,[74] und bis Ende März waren die größten Positionen der von James zusammengestellten Arbeiten nahezu vollständig fertiggestellt: Die Galerien waren eingebaut, ihre Untersichten verputzt und geweißelt, ebenso wie die restlichen Wandflächen; die *pews* waren erstellt, zwischenzeitlich wieder geändert und schließlich angepaßt an die nachträglich in die Planung eingefügten Sonderelemente wie die Kanzel fertig montiert worden; die Innen- und Außentreppen inklusive der Freitreppen im Norden, Süden und Westen der Kirche waren ausgeführt; und selbst die Stützmauern der beiden Lichtgräber waren nun fertig. Außerdem hatten Schreiner und Schnitzer Kanzel und *Reader's Desk* am Modell entwickelt und hergestellt, innerhalb der bereits installierten *pews* Platz für sie geschaffen und sie dort dann eingebaut[75].

Zwei Punkte der Auflistung der *Books of Works* verdienen es, eigens erwähnt zu werden. Zum einen sein nochmals auf die im Rahmen der Besprechung des Entwurfsprozesses bereits bemerkte Änderung des Westendes des Innenraumes[76] hingewiesen, welche in den hier dokumentierten Arbeiten des Steinmetz an dem „*Spherical Arch of the west portico*" zum Ausdruck kommt.[77] Zum anderen aber springt die Erwähnung von „*Compartments*" in den Apsisfenstern ins Auge.[78] Es ist nicht geklärt, was darunter zu verstehen ist. Es muß sich um Natursteinelemente irgend einer Art gehandelt haben. Da diese lediglich in drei der Fenster eingebracht wurden, waren sie möglicherweise im Zuge der Planung der Altarretabel notwendig geworden.

69   *L.P.L., Minutes, MS.2691*, S. 225, in: Port, a.a.O.

70   *L.P.L., Bills, MS.2722*, S. 47;
       L.P.L., Book of Works, MS.2698, S. 142-147.

71   25. März 1724 bis 25. März 1725.

72   *L.P.L., Minutes, MS.2691*, S. 265, 267, in: Port, a.a.O.

73   *L.P.L., Minutes, MS.2691*, S. 286, 290, in: Port, a.a.O. (28. 9. 1724 Ausschreibung, 26. 10. 1724 Vergabe).

74   *L.P.L., Minutes, MS.2691*, S. 313, in: Port, a.a.O.

75   *L.P.L., Bills, MS.2722*, S. 48-51;
       L.P.L., Book of Works, MS.2700, S. 165-183.

76   Vgl.: Teil B, IV.2.2.8.c2.

77   *L.P.L., Bills, MS2722*, S. 48-49;
       L.P.L., Book of Works, MS.2700, S. 165-168.

78   *L.P.L., Bills, MS.2722*, S. 48-49;
       L.P.L., Book of Works, MS.2700, S. 165-168.

IV.3.2.12.
1725/1726[79] - Beläge und Altar

Anfang 1725 fehlten zur Fertigstellung des Baus von *St. George-in-the-East* neben einer Vielzahl kleinerer Restarbeiten vor allem noch die Beläge sowie die Ausstattung des Chorraumes. Der Maurer hatte die Unterkonstruktion der Steinböden zwar schon lange fertiggestellt, diese selbst waren aber noch immer nicht ausgeführt worden. Am 26. Juli 1725 mahnte die Gemeinde die genannten Arbeiten zusammen mit der ebenso überfälligen Erstellung der Kirchhofmauer an,[80] worauf die Kommission die Erledigung der Gesamtheit der verbleibenden Maßnahmen versprach.

Noch vor März 1726 wurde der Altar samt Retabel geliefert und eingebaut. Dasselbe gilt für die Windfänge mit ihren dorischen Säulen.[81] Bis Ende 1726 war der Bau dann so weit, daß sich die Gemeinde in der Lage sah, an die Weihe der Kirche zu denken.[82] Die Unterlagen der Kommission zeigen, daß in der Zwischenzeit nicht nur die Beläge in Gemeinderaum, Krypta und Altarraum[83] verlegt worden waren. Auch im Außenbereich waren die Bodenbeläge eingebracht worden. Außerdem hatte der Schnitzer noch an Details von Kanzel, *Reader's* und *Clerk's Desk* gearbeitet. Der Zimmermann hatte - interessanterweise erst jetzt - die Unterkonstruktion zur Überhöhung der *pews* auf den Galerien angefertigt, der Schreiner die Galeriefronten fertiggestellt und letzte Hand an Altar, Kanzel etc. gelegt. Auch die Aufstellung des Taufbeckens war jetzt erst vorbereitet worden. Der Gipser hatte zudem die Putzarbeiten in den *Vestry Rooms*, den Treppenhäusern und der Krypta zu Ende geführt. Selbst an Fenstern und Bleideckung waren noch kleinere Arbeiten verblieben gewesen, die nun aber ebenfalls erledigt waren.

IV.3.2.13.
1726/1728[84] - Taufbecken, Restarbeiten

Während sich die Ausführung der Restarbeiten noch etwas hinzog, und während das Pfarrhaus nun mit aller Kraft vorangetrieben wurde, brachte die Gemeinde mit einer Eingabe die Frage der Schaffung eines direkten Zugangs von Süden ihrerseits ein drittes Mal aufs Tapet.[85] Trotz ihrer Argumentation, die neuen Angebote seien günstiger, blieb sie mit diesem Ansinnen aber ein weiteres Mal erfolglos.

Im März 1728 war endlich auch das Taufbecken geliefert und aufgestellt; die Mauer des Friedhofs war abgeschlossen. Selbst der Bau des Pfarrhauses war bereits weit fortgeschritten.[86]

---

79   25. März 1725 bis 25. März 1726.

80   *L.P.L., MS.2714*, S. 110.

81   *L.P.L., Bills, MS.2722*, fol. 77-79v.

82   *L.P.L., MS.2714*, S. 114.

83   Schwarzer und weißer Marmor, wie in den anderen Kirchen.

84   25. März 1726 bis 25. März 1728.

85   *L.P.L., MS.2714*, S. 121.

86   *L.P.L., Book of Works, MS.2701*, S. 40-55.

IV.3.2.14.

1728 bis 1733 - Weihe und weitere Restarbeiten

Kleinere Restarbeiten zogen sich noch bis 1733 - fast vier Jahre nach Weihe der Kirche - hin.[87] Sie umfaßten allerdings wenig von Belang. Erwähnt werden sollte vielleicht das Geläut,[88] welches wahrscheinlich erst direkt zur Weihe am 19. Juli 1729[89] eingebaut werden konnte.

Zwei größere Probleme verblieben danach noch ungelöst: die Verbindung des Pfarrhauses zum Kirchhof und - erstaunlicherweise - auch der Zugang von Westen. Beide wurden sie vor Ende 1730 geregelt. Zum einen kaufte die Kommission vier Häuser, um einen direkten Zugang zum Pfarrhaus zu ermöglichen.[90] Zum anderen gelangte sie zu einer vertraglichen Einigung mit Anne Rogers bezüglich des Zugangs zur Kirche von Westen über ihr Grundstück.[91]

Mit dem Abschluß der Malerarbeiten im Pfarrhaus Ende 1733 scheint auch dieses endgültig fertiggestellt gewesen zu sein. Damit war das Projekt *St. George-in-the-East* nach insgesamt neunzehn Jahren[92] endgültig abgeschlossen.

IV.3.3.

Zusammenfassung - Bauprozeß, Entwurfsprozeß und Form

In Relation zur langen Zeit der Ausführung des vorliegenden Projektes erscheinen die zwischen dem Planungsauftrag der Kommission an den Architekten und der ersten Vergabe verstrichenen 42 Tage geradezu lächerlich kurz. Vergleicht man dies mit den anderen Projekten Hawksmoors, wird allerdings klar, daß die von der Kommission für die Erarbeitung eines genehmigungsfähigen Entwurfs gewährten Fristen allgemein knapp bemessen waren. Bei *St. Alfege* verblieben dem Architekten gerade 55 Tage bis zur Genehmigung, wobei er drei alternative Konzepte entwickelte. Im Fall von *Christ Church* waren es ebenfalls nur 51 Tage, und bei *St. Anne* entsprachen die Termine exakt den für *St. George-in-the-East* zutreffenden. Die beiden Projekte wurden von Anfang an parallel entwickelt. Allerdings konnte Hawksmoor sich im Falle der Pfarrkirche für Limehouse auf den bereits früher entwickelten Modellentwurf stützen. Insofern waren die Termine hier bei *St. George* in der Tat noch etwas enger als bei den anderen Kirchen.

Dies mag die Art der Entwicklung des vorliegenden Entwurfes in den frühen Zeichnungen und darüber hinaus vor allem auch dessen bereits im August 1717, das heißt unmittelbar nach Genehmigung der Planung, vorgenommene Überarbeitung erklären. Im Gegensatz hierzu wurden bei *Christ Church* anfänglich nur kleinere Korrekturen an der Gestaltung der Fassaden unternommen, und auch bei *St. Anne*, wo Hawksmoor infolge des langen Vorlaufs offensichtlich ein besseres Gefühl hatte, ließen einschneidende Revisionen der Genehmigungsplanung bis Ende 1716/Anfang 1717 auf sich warten.[93]

---

87   *L.P.L., Book of Works, MS.2701*, S. 201-212, 349-357, 485-495;
      L.P.L., Book of Works, MS.2702, S. 91.

88   *L.P.L., Book of Works, MS.2701*, S. 349.

89   *L.P.L., MS.2711*, S. 79.
      Vgl. auch:
      Downes, a.a.O., 1959, S. 175-179;
      Colvin, H., *fifty new churches*, S. 195, in: *Architectural Review*, Bd. CVII, März 1950, S. 189-196.

90   *L.P.L., Minutes, MS.2692*, S. 40, 44, 49.

91   *L.P.L., MS.3734/16.*

92   Ab Beginn der Fundamentarbeiten.

93   Vgl.: Teil B, II.2.2.; Teil B, III.2.2.

Die Entwicklung des vorliegenden Entwurfes und deren Beziehung zur Ausführung lassen allerdings auch Schlüsse auf Hawksmoors Vorgehensweise im Allgemeinen zu. Primär fällt auf, daß eine eindeutige Beziehung zwischen der objektiv vorhandenen Zeit für Änderungen und deren tatsächlicher Terminierung nicht festzustellen ist. So stand zum Beispiel das Konzept für den Außenbau von *St. George* bis auf wenige Details bereits Mitte 1717 fest, die Ausführung zog sich jedoch bis 1723 hin. Die Jahre der schleppenden oder gar stillstehenden Ausführung zwischen 1719 und 1722 fallen in diesen Zeitraum. Hawksmoor nutzte die somit also wirklich großzügig vorhandene Zeit jedoch nicht zu weiteren Änderungen der Gestaltung. Die tiefgreifenden Revisionen des Konzeptes erfolgten vielmehr in Zeiten großer Anspannung.

Im August 1714, als Hawksmoor den genehmigten Entwurf für *St. George* überarbeitete, drängte gleichzeitig die Ausführungsplanung der Kirchen in Limehouse und Wapping, und der Außenbau von *St. Alfege* stand kurz vor seiner Fertigstellung. Die Planung der Innenausstattung dort lief auf Hochtouren,[94] und der Architekt fand sogar noch die Zeit, einen Entwurf für die so nie ausgeführte Neugestaltung des Turmes zu entwickeln und zu veröffentlichen[95].

Die zweite Phase einer weitgehenden Veränderung des vorliegenden Entwurfs - Anfang bis Mitte 1717 - war nicht nur etwas zu spät, um ihre Ergebnisse ohne Eingriff in die bereits errichteten Teile umzusetzen, sie fiel auch zusammen mit der Entwicklung des genehmigten Entwurfs für *St. Mary Woolnoth*[96], der Werkplanung und Vergabe der Rohbauarbeiten bei *St. George, Bloomsbury*,[97] und den ebenso umfangreichen Veränderungen des Entwurfes bei *St. Anne, Limehouse*[98],

---

94   *L.P.L., Minutes, MS.2690*, S. 167, 171, 173, 179, 186, in: Port, a.a.O.;
      L.P.L., MS.2724, fol. 37r, 39-40.

95   Die dem Kip-Stich des Projektes zugrunde liegenden Pläne müssen vor August 1714 gezeichnet worden sein.
      Vgl. hierzu: Teil B, I.2.2.3.

96   Dieser Prozeß zog sich vom März 1716 bis zum Mai 1717 hin und wurde durch die ungewöhnlich intensiven Eingriffe seitens der Kommission besonders kompliziert und arbeitsintensiv.
      Vgl. hierzu:
      L.P.L., Minutes, MS.2690, S. 260, 271, 279, 329, 332, 334, 336, 339, in: Port, a.a.O.;
      B.L., Map Library, K.Top.23.28.3m (Downes-Katalog Nr. 126);
      B.L., Map Library, K.Top.23.28.3o (Downes-Katalog Nr. 127);
      B.L., Map Library, K.Top.23.28.3a (Downes-Katalog Nr. 131);
      B.L., Map Library, K.Top.23.28.3b (Downes-Katalog Nr. 132);
      B.L., Map Library, K.Top.23.28.3i (Downes-Katalog Nr. 133);
      B.L., Map Library, K.Top.23.28.3w recto (Downes-Katalog Nr. 134);
      B.L., Map Library, K.Top.23.28.3g (Downes-Katalog Nr. 135);
      B.L., Map Library, K.Top.23.28.3n recto (Downes-Katalog Nr. 136);
      B.L., Map Library, K.Top.23.28.3l (Downes-Katalog Nr. 137);
      B.L., Map Library, K.Top.23.28.3k (Downes-Katalog Nr. 138);
      B.L., Map Library, K.Top.23.28.3h (Downes-Katalog Nr. 139).
      Vgl. auch: Teil B, VI.2.2.2.; VI.2.2.3.

97   Vgl. hierzu:
      L.P.L., Minutes, MS.2690, S. 283, 285, 287, in: Port, a.a.O.;
      Guildhall Library D219/SP142 (Downes-Katalog Nr. 78).
      Vgl. auch: Teil B, V.2.2.4.a.

98   *B.L., Map Library, K.Top.28.11.d*, Ergänzungen (Downes-Katalog Nr. 35);
      B.L., Map Library, K.Top.28.11.i (Downes-Katalog Nr. 37);
      V&A, prints and drawings, E.417.1951, Tusche-Fassung (Downes-Katalog Nr. 39);
      V&A, prints and drawings, E.417.1951, Bleistift-Ergänzungen (Downes-Katalog Nr. 39);
      V&A, prints and drawings, E.417.1951, freihand Korrekturen (Downes-Katalog Nr. 39);
      B.L., Map Library, K.Top.28.11.g, ursprünglicher Zustand (Downes-Katalog Nr. 40);
      B.L., Map Library, K.Top.28.11.f (Downes-Katalog Nr.38);
      B.L., Map Library, K.Top.28.11.c, ursprüngliche Fassung (Downes-Katalog Nr. 41).
      Vgl. auch: Teil B, II.2.2.5.

welches zudem ohne die im vorliegenden Falle festzustellende Unterbrechung weiter ausgeführt wurde.[99]

Offensichtlich nahm Hawksmoor Änderungen dann vor, wenn er sie für notwendig erachtete. Sachliche oder vielleicht noch mehr interne, sich aus der Eigendynamik der Genese des Projekts ergebende Gründe waren dabei unbedingt wichtiger als die bloße, vom Arbeitsanfall gewährte Möglichkeit zur Beschäftigung mit dem Entwurf. Daß der Architekt damit trotzdem - wenn möglich - in die Winterpausen auswich, ist nur natürlich und im Interesse einer gleichmäßigen Verteilung der Arbeit ökonomisch und sinnvoll.

Die Notwendigkeit zur Änderung des Konzepts ergab sich selten aus praktischen Erwägungen, technischen Problemen oder funktionalen Anforderungen. Der Turm und vor allem das Dach von *St. George* sind die besten Belege dafür, daß es vor allem formale Überlegungen waren, die Hawksmoor zur Korrektur seiner Entwürfe veranlaßten. Sämtliche für den Innenraum entwickelten Konzepte waren mit jeder der vorgeschlagenen Lösungen für die Dachform durchführbar. Daß flache Dächer für Hawksmoor kein technisches Problem darstellten, beweisen seine anderen Bauten[100] ebenso wie die Dächer über den *Vestry Rooms* im Westen der Kirche. Aber dennoch durchlief der Entwurf den oben beschriebenen Prozeß. Die treibende Kraft dahinter kann nur in einer Suche nach einer einer gewissen Vorstellung kompositorischer Einheit entsprechenden Form gesehen werden. Dabei spielte der Wunsch nach einer Übereinstimmung von äußerer und innerer Ordnung des Bauwerks offensichtlich ebenso eine Rolle wie das Bestreben, die Einheit des Objektes trotz seiner Additivität zu wahren.

Daß die Additivität der Bauten Hawksmoors bewußt angestrebt war, daß sie einem absichtsvoll umgesetzten Gestaltwillen entsprach und nicht von den praktischen Bedingungen der Entstehung des Gebäudes diktiert wurde, macht der vorliegende Entstehungsprozeß gleichermaßen deutlich. Eine der hier bei *St. George* vorgenommenen nachträglichen Änderungen des Baus ist in diesem Zusammenhang besonders aufschlußreich. Die Giebel des Hauptbaukörpers wurden, wie oben vermerkt, erst nach der letzten Korrektur der Planung im Bereich der Dachzone notwendig. Um deren Einführung zu ermöglichen, ließ Hawksmoor Teile der bereits erstellten Außenmauern wieder abtragen. Danach entstand dessen ungeachtet eine die nachträgliche Ergänzung in keiner Weise spürbar machende Lösung. Dies beweist, daß Hawksmoor - wenn er es wollte - auch bei einer nachträglichen Addition eine perfekte Einheit herzustellen in der Lage war und daß er - wenn er es ernsthaft beabsichtigte - dafür auch kleinere Änderungen an dem bereits erstellten Bau vornehmen zu lassen befugt und gewillt war. Dort wo er dies nicht tat, sah er demnach keine Notwendigkeit für ein harmonisches Einpassen. Die Türmchen über den Treppenhäusern von *St. George-in-the-East*, die Laternen praktisch all seiner Kirchen, die Würfel über der Ostpartie von *St. Anne* etc., diese Teile wurden folglich mit voller Absicht additiv gestaltet.

Die beim Entwurfprozeß beobachtete stufenweise Entwicklung des Entwurfes in grober Anlehnung an den Bauablauf als Begründung für die Additivität der Entwürfe und vor allem für das Verhältnis des Interieurs zur Hülle ist demzufolge ebenfalls äußerst kritisch zu betrachten. Sicher wurde das Interieur inklusive der internen Stützen nachträglich in die Hülle von Wänden und Dach eingebaut, und die Galerien wurden ihrerseits wiederum in dieses System eingefügt. In der Tat arbeitete Hawksmoor erst intensiv an der Entwicklung der Gestaltung des Interieurs, als die Außenwände schon lange festlagen. Es bestand aber kein zwingender Grund, an den sich hier ergebenden Naht-

---

99   Tufnell & Strong (*R.I.B.A.-Lib., MS.Tuf./1*), S. 22, 34-35;
     L.P.L., Bills, MS.2720, S. 20-24;
     L.P.L., Book of Works, MS.2697, S. 614-623.

100 Vgl. zum Bsp.:
     St. Anne, Ostpartie;
     Christ Church, Seitenschiffe;
     St. George, Bloomsbury, die Dächer der „Seitenschiffe";
     St. Mary Woolnoth.

stellen nicht ebenso vorzugehen wie an den Giebelwänden im Außenbereich. Außerdem ergab sich durch die Integration der Decke in das System des Interieurs eine gewisse Unehrlichkeit, insofern als hier ein notwendiges Verhältnis von an sich rein dekorativ eingestellten Stützen und Dachkonstruktion vorgegeben wurde. Hawksmoor schuf in letzterem Fall im Widerspruch zu den Realitäten des Bau- und Entwurfsprozesses eine formale Einheit, während der an den Wänden der Kirche den Bruch spürbar werden ließ. Auch dies muß folglich als ein bewußt geplanter Effekt betrachtet werden.

Gerade die Entwicklung der Dachzone demonstriert aber auch, daß es keineswegs Hawksmoors prinzipielle Methode war, abzuwarten, bis alle ein zu entwerfendes Bauteil bestimmenden Rahmenbedingungen in der Realität geschaffen waren, um dann - additiv - das geeignete, aus der Anschauung im Bau selbst entwickelte Element hinzuzufügen. Dies würde einen Großteil der nachweisbar vorgenommenen Entwurfsüberlegungen unnötig machen - und auf jeden Fall zwischenzeitliche Änderungen wie die Überarbeitung des genehmigten Entwurfs.

Die schließlich im Bau umgesetzte Lösung ist nicht das Ende eines nach einer primären Setzung gewissermaßen ohne Führung dem Zufall rein praktisch und empirisch begründeter Veränderungen überlassenen Prozesses, sondern vielmehr die letzte Entwicklungsstufe eines in einem langen Prozeß weiterentwickelten Konzepts, welches während dieser ganzen Zeit offen gehalten wurde für Korrekturen, seien sie nun aus der Reflexion und kritischen Betrachtung des Entwurfs durch den Architekten, aus Kritik von außen oder auch aus den sich aus der Überprüfung der Vorstellung an den schon ausgeführten Teilen entstandenen Erkenntnissen entwickelt. Eine schwer definierbare, im Entwurfsprozeß mehrfach umspielte und nach Konkretisierung drängende Gesamtvorstellung stand dabei als Richtschnur die ganze Zeit hinter dem Entwurf.

Wir haben das auffällige Streben Hawksmoors nach frühzeitiger formaler und materieller Konkretisierung des Konzepts schon im Entwurfsprozeß festgestellt. Dieses darf jedoch nicht mit einer Absage an den Wert geistiger Konzeptionen innerhalb des Entwurfes verwechselt werden. Vielmehr ist es ein Ausdruck einer gewissen Bescheidenheit des Architekten, welche jede Idealität realer Architektur verneinte und ihre Überprüfung in der Konkretisierung anstrebte. Ziel dieses Denkens scheint ein Ausgleich zwischen (1.) den allein aus der persönlichen Phantasie des Entwerfers und seinen abstrakten Ideen einerseits sowie den Normen, Regeln und Traditionen der Kultur andererseits eingebrachten Anteilen zur Entwicklung der Konzeption eines Gebäudes und (2.) den primär empirisch feststellbaren, sich erst mit der Realisierung ergebenden oder auch aus der mit der Zeit als persönliche Erfahrung beim Entwerfer angesammelten Vorstellungskraft abzuschätzenden, unmittelbar erfahrbaren Qualitäten der Architektur gewesen zu sein. Es wurde versucht, geistige Konzepte und den an sich nur empirisch festzustellenden, dann aber direkt erfahrbaren und wirksamen visuellen und emotionalen Effekt gebauter Architektur gleichermaßen zu beachten.

Insofern flossen Planung und Ausführung hier notwendigerweise zu einem Prozeß der Entwicklung eines realen Gebäudes zusammen. Die Ausführung wurde zu einem Teil des oben bereits als Experiment unter kontrollierten Bedingungen bezeichneten Prozesses.

Die Ausführung mehrerer Projekte ermöglichte dabei einen internen Austausch von Ideen oder Lösungsansätzen. Die von anderen Entwürfen ausgehenden Einflüsse lassen sich am Beispiel von *St. George* und den praktisch gleichzeitig entstehenden Kirchen in Limehouse und Spitalfields besonders gut darstellen. Viele der Ideen und Lösungen einer der Kirchen fanden sich in Weiterentwicklung oder Abwandlung in der einen oder der anderen Kirche wieder. Einige Exempel hierfür seien kurz erwähnt.

Das Beispiel der Integration der Westfassade wurde bereits angesprochen. Die „Versuchsreihe" begann in diesem Fall bei *Christ Church* mit seiner 1715/16 entwickelten Blendfassade. *St. Annes* Lösung stammt von Ende 1716, und das fast schon als harmlos zu bezeichnende Gegenstück bei *St. George* entstand noch später - Anfang bis Mitte 1717.

Das Thema des von vier eingestellten Stützen dominierten Gemeinderaumes ist ein anderes Exempel. *St. George* scheint hier am Anfang der Reihe gestanden zu haben. Im August 1714 trat in diesem Projekt zum ersten Mal der an die Kreuzkuppelkirche erinnernde Grundriß auf. In den eigentlich schon vor *St. George* entwickelten Grundriß von *Christ Church* wurde er als Andeutung Anfang/Mitte 1715 eingeführt, und *St. Anne* verwendete ihn in ebenfalls etwas weniger klarer Form spätestens Anfang 1717.

Auch im Außenbau wurde die sich aus der Zentralisierungstendenz der Grundrisse ergebende Isolierung eines Kernbereichs des Hauptbaukörpers bei allen drei Projekten durchgespielt. *St. Anne* und *St. George* wiesen diese beim genehmigten Entwurf auf, *St. George* trieb sie mit der Überarbeitung im August 1714 auf die Spitze. *Christ Church* versuchte in abgeschwächter Form ähnliches mit dem ursprünglich kürzeren Obergaden. Dieser wurde Mitte 1715 in das Konzept eingeführt. Wie die verkürzten Dächer entfiel aber auch er vor der Ausführung.

Ein anderes interessantes Thema sind die deutlich miteinander verwandten Laternen. Das erste Exempel findet sich in dem leider nie ausgeführten Turmprojekt für *St. Alfege* von 1714. Anfang/Mitte 1717 tauchte dieser Entwurf bei *St. George* wieder auf. Gleichzeitig wurde bei *St. Anne* die *Tempietto*-Lösung für die Laterne angedacht, nur um bald darauf bei der Erhöhung der Treppenhaustürmchen auch in *St. George* Verwendung zu finden.

Insgesamt müssen diese die Einzelprojekte verbindenden Themen als Teil der bewußten Integration der Erfahrung des Architekten in den Prozeß der Entwicklung der Form und als ein Ergebnis der sich in Hawksmoors Architektur allgemein äußernden Absage an ideale Lösungen verstanden werden. Verschiedene Artikulationen desselben Themas waren damit fast unausweichlich.

Neben der zeitlichen Nähe und der sich aus der Arbeitsweise Hawksmoors ergebenden Einbindung der Entwürfe der Stepney-Kirchen in einen gemeinsamen Rahmen war aber sicher auch die ähnliche Situation ausschlaggebend für einige der Gemeinsamkeiten der Kirchenbauten. Wir müssen uns daher noch kurz dem Bauplatz von *St. George-in-the-East* und dessen Implikationen widmen.

IV.4.
Der Bauplatz - der Kontext des Entwurfs

IV.4.1.
Der Standort - räumlicher und städtebaulicher Rahmen

Wapping war bei Entstehung von *St. George-in-the-East* noch keine gewachsene Ortschaft. Es handelte sich vielmehr um eine recht ungeordnete und unzusammenhängende Ansammlung von Gebäuden entlang der Hauptverkehrswege. Die eine Lebensader der Siedlung war die Themse; die andere war die mit einiger Entfernung vom Ufer parallel zum Fluß verlaufende Durchgangsstraße nach Osten - die *Cable Street*. Sie verband den *Tower* und die *City of London* mit den seit Ende des 17. Jahrhunderts in zunehmendem Maße entstehenden Docks in der Region um die Mündung des Flusses Lea in die Themse. Der Weg führte weiter über die *Rose Lane*, vorbei an Hawksmoors *St. Anne, Limehouse*, entlang der *Three Colt Lane* nach Poplar.

Die Bebauung in Wapping selbst bildete - grob gesprochen - ein Rechteck mit unbebauter Mitte. Drei Subzentren hatten sich innerhalb dieser Struktur herausgebildet. Das erste befand sich im Süden, direkt am Ufer der Themse im Bereich um den *Bushels Rope Walk* und die *Green Bank*. Einen zweiten Schwerpunkt bildete die Süd-Ost-Ecke des Rechtecks in der Umgebung der *Old Gravell Lane*. Die heutige *Wapping High Street* verband diese beiden Subzentren. Zusammen wurden sie als Lower Wapping bezeichnet.

Das dritte Zentrum - Upper Wapping - hatte sich im Bereich der *Virginia Street, Pennington Street* und *Cable Street* gebildet.[1] Dort befand sich ein Schwerpunkt skandinavischer Handelsniederlassungen, die sich vor allem dem mit dem Brand von London so lukrativ gewordenen Holzhandel widmeten.[2] Sie hatten ihre offiziell anerkannte eigene Kirche und stellten somit - ähnlich wie die Hugenotten in Spitalfields - eine akzeptierte ausländische „Konkurrenz" zur englischen Staatskirche dar.

Nur wenig östlich davon - gerade 400 bis 500 yds. von der „*Dains Church*" entfernt -[3] befand sich der Bauplatz der Kirche. Er lag im Inneren eines vergleichsweise großen Blocks. Dieser wurde im Süden von dem durchgehend bebauten *Ratcliffe Highway* begrenzt. Im Westen befand sich die ebenso beidseitig bebaute *Cannon Street*. In der Achse der Kirche unterbrach eine Lücke die östliche Wand dieses Straßenraums und erlaubte den Zugang zu Kirche und Kirchhof. Im Norden grenzte der Block an die *Cable Street*. Letztere war in diesem Bereich bis in die 1760er-Jahre hinein nicht bebaut.[4] Der Friedhof von *St. George* ging auf dieser Seite also direkt in die offene Landschaft über.

---

1   An Actual Survey of the Parish of St Dunstan Stepney, alias Stebunheath [...], Taken An^o Dom 1703 By Joel Gascoyne (B.L., Map Library, CRACE PORT.XVI.26).

2   Saunders, Ann, *The Art and Architecture of London*, 2. Ausg., Oxford 1988, S. 324-325.

3   *London, Westminster u: Soudwark, G. Bodenehr fec: et excudit Augustae Vindelicoru^m cum Gratia et Privilegio Sac: Caes: Maj:*, ca. 1710 (B.L., Map Library, Maps 185.n.1(24.)).

4   *London, Westminster and Southwalk, By A. Lea and Richard Glynne at the Atlas & Hercules in Fleet Street*, 1720 [?] (B.L., Map Library, K.Top.20.31.a);
     Stow, John, *A Survey of the Cities of London and Westminster*, erweiterte Neuauflage von John Strybe (Hrsg.), London 1720, Abb. V.2, Buch 4, S. 41;
     New and Exact Plan of the City's of London and Westminster, the Borough of Southwalk And the Additional New Buildings Churches & c. to the present Year 1723, Printed and Sold by George Wildey (B.L., Map Library, Maps 177.f.2(2.)*);
     A New and Exact Plan of the City of London and Suburbs, With the addition of the New Buildings, Churches & c. to this present year 1724 [...], Printed and Sold by Hen: Overton at the White Horse without Newgate (B.L., Map Library, Maps 177.e.2.(8.)*);
     London Surveyed or a new Map of the Cities of London and Westminster and the Borough of Southwalk Shewing the

Auf der Ostseite des Blocks war bis kurz vor Baubeginn ebenfalls noch keine Bebauung vorhanden gewesen. 1703 zeigten die Pläne den Rand noch vollständig offen.[5] Schon 1710 war aber auch diese Kante des Blocks durchgehend durch neue Häuser geschlossen.[6]

Auf lange Sicht bot die Lage des Bauplatzes potentiell durchaus städtebauliche Qualitäten. Es war mit einer Entwicklung der Ortschaft entlang der *Cable Street* zu rechnen, und bei Fortsetzung der Struktur der Bebauung der westlich anschließenden Gebiete bestand die Aussicht, die Nordseite der Kirche einmal direkt an eine den Block in Nord-Süd-Richtung teilende Straße anzuschließen. Im Moment befand sich der Platz jedoch im Abseits. Der einzige Zugang, von Westen über die *Cannon Street*, wandte sich keinem der Hauptverkehrswege zu. Deshalb drangen Hawksmoor und die Gemeinde auch immer wieder auf die Schaffung eines direkten Zugangs vom *Ratcliffe Highway*.

Der von Hawksmoor erarbeitete Entwurf rechnete dementsprechend mit der Möglichkeit einer Annäherung auf der Querachse. Die Ausbildung sekundärer Hauptfassaden auf den Längsseiten und vor allem die im Fall von *St. George* besonders deutliche Artikulation des Zentralraumgedankens sind auch als Reaktionen auf diese Gegebenheiten und das sich daraus ergebende Potential zu verstehen.

Nach der Ablehnung des Kaufs der zur unverzüglichen Umsetzung eines biaxialen Erschließungskonzepts notwendigen Häuser durch die Kommission im Jahre 1714 muß man Hawksmoors Beibehalten, sein fast schon übertriebenes Herausarbeiten der die Querachse betonenden zentralsymmetrischen Aspekte in der im August 1714 vorgenommenen Überarbeitung des Entwurfes vielleicht auch als einen Versuch verstehen, durch das Gebäude selbst oder - besser - durch seine projektierte Form eine Situation zu schaffen, die ein nachträgliches Herstellen des Südzugangs herausfordern sollte. Bis zur Aufgabe der betonten Isolierung des Kernbereichs bei der Revision der Planung 1717 hatte Hawksmoor sich dann aber offensichtlich doch mit der Möglichkeit einer Beibehaltung der derzeitig gegebenen Situation abgefunden.

Dieses bedingte Akzeptieren des vorhandenen Rahmens legte es ganz besonders nahe, erneut eine der für Hawksmoor allgemein typischen vieldeutigen und doch einheitlichen Kompositionen zu schaffen. Der Architekt hielt sich damit die grundsätzliche Möglichkeit einer direkten Annäherung an das Gebäude entlang der Querachse offen, gab dem Bau aber eine prinzipiell longitudinale Grundstruktur und ließ den - schließlich dann doch einzigen - Zugang von Westen konsequent und angebracht erscheinen.

Die bezeichnenderweise ebenfalls erst nach Aufgabe der betont biaxialen Lösung entwickelte, auffällig große Höhe des Turmes setzte den infolge der somit akzeptierten Situation besonders dringend notwendigen städtebaulichen Akzent. Im direkten Umfeld übernahmen die gleichermaßen erst gegen Ende des Entwurfsprozesses erhöhten Türmchen über den Treppenhäusern eine ähnliche Hinweisfunktion. Sie führten von der Westfassade um den Bau zu den seitlichen Portalen und vor allem zu den Zugängen zu den Galerien.

Interessanterweise ist die damals aufgegebene Annäherung von Süden heute möglich. Es ist nur zu hoffen, daß die in diesem Bereich derzeit geplante Wohnbebauung der Konzeption Hawksmoors in angemessener Weise Rechnung trägt.[7]

Several Streets and Lanes with most of ye Alleys & Thorough Fairs; with the additional new Buildings to this present Year 1736, Printed for John Bowles (B.L., Map Library, 3480.(49.));
A Pocket Map of London, Westminster and Southwalk With ye New Buildings to ye Jear 1739, T' Amsterdam. By Hendrik de Leth, In de Visser, 1743 (B.L., Map Library, Maps CC.2.d.25);
A Map of London, Westminster and Southwalk With ye New Buildings to ye Year 1758, M. Cooper, 1758 (B.L., Map Library, Maps 185.n.1.(25.));
L.P.L., MS.2744, Nr.12.

5   *An Actual Survey of the Parish of St Dunstan Stepney, alias Stebunheath [...], Taken An^o Dom 1703 By Joel Gascoyne* (B.L., Map Library, CRACE PORT.XVI.26).

6   *London, Westminster u: Soudwark, G. Bodenehr fec: et excudit Augustae Vindelicoru^m cum Gratia et Privilegio Sac: Caes: Maj:*, ca. 1710 (B.L., Map Library, Maps 185.n.1(24.)).

7   Murray, Collum, *St. George and the Dragon*, in: *Architects' Journal*, Bd. 191, Nr 9, 28. Februar 1990, S. 26-27.

Dem oben erwähnten Vertrag mit Anne Rogers bezüglich des Zugangs von Westen war als Anlage ein Lageplan[8] beigefügt. Dieser dokumentiert die ursprüngliche Situation vor der Westfassade in etwas detaillierterer Form. Zwischen den Wand an Wand errichteten Häusern entlang der *Cannon Street* verblieb demnach in der Achse der Kirche eine Lücke von 30', das heißt knapp 10m Breite. Auf der Linie der Rückseite der Häuser waren zwei Pfeiler in den Durchgang eingestellt. In den drei sich ergebenden Öffnungen waren sehr wahrscheinlich schmiedeeiserne Gittertore angeordnet. Zwischen ihnen und den Seiten der flankierenden Häuser entstand folglich ein kleiner Vorplatz.

Dahinter führte ein von Mauern gesäumter, 53' 6" tiefer Durchgang auf der ganzen Breite des Zugangs in den Kirchhof. Dieser war rundum von einer Mauer begrenzt. In seiner Nord-West-Ecke war das Pfarrhaus plaziert. Dieses schloß den Bereich vor der Westfassade der Kirche nach Norden ab.

Die heutige Situation bewahrt lediglich Reste der ursprünglichen Mauer. Der von Hawksmoor geplanten Zustand läßt sich daher nur noch vage erahnen. Die Isolierung des Baus von der umgebenden Bebauung und seine zurückgezogene Position in einem ruhigen Innenhof bleibt aber immer noch spürbar. Der einzige Kontakt der Kirche zur Stadt war und ist der weithin wirksame Turm. Eine Einbindung in vorgegebene Strukturen des Stadtgrundrisses ist nicht festzustellen.

IV.4.2.

Die Bevölkerung der Gemeinde - die soziale und religionspolitische Situation

Die Bevölkerung der Gemeinde, für die das vorliegende Gotteshaus entworfen wurde, war eine der ärmsten, für die Hawksmoor gearbeitet hat. Wie bei Limehouse bestand auch hier die Bevölkerung „*chiefly of seafaring men, [...] and of great multitude of poor Shopkeepers*"[9], um es mit den Worten der Kommission von 1725 auszudrücken.

Die Zahlen in den Büchern der Kommission lassen allerdings den Schluß zu, daß die Gemeinde selbst reicher war als Limehouse. 1724 wurde ihr *Land Tax*-Aufkommen auf £1.243 geschätzt, das von Limehouse aber lediglich auf £536[10]. Auch die Zusammenstellung der besteuerbaren Werte der beiden Gemeinden bestätigt diese Analyse. Limehouse weist hier £3000 auf, Wapping aber immerhin £5.375.[11] Allerdings war auch die Bevölkerung von Wapping wesentlich größer als diejenige der östlichen Nachbargemeinde. 1728 wurde die Zahl der Kommunikanten je Gemeinde mit 5.233 in Wapping und 2.265 in Limehouse angegeben.[12]

Dies erklärt auf jeden Fall die ebenfalls deutlich höheren Einnahmen aus Gebühren.[13] Es läßt aber auch das größere Steueraufkommen in einem anderen Licht erscheinen. Zumal da lediglich der Haus- und Grundbesitz versteuert wurden, muß dieses weniger als ein Anzeichen für den allgemeinen Wohlstand der Gemeindemitglieder denn als ein Indiz für das Vorhandensein einer etwas größeren Zahl relativ wohlhabender Land- und Hausbesitzer gelesen werden. Für die Mehrzahl der Einwohner macht die große Bevölkerungszahl aber auch hier die Annahme eines ziemlich niedrigen Niveaus notwendig. Die Mehrheit der Bevölkerung von Wapping war sicher nicht besser gestellt als in der Schwestergemeinde *St. Anne*. Hier wie dort müssen wir von einer breiten Basis am unteren Ende der sozialen Skala ausgehen.

---

8   *L.P.L., MS.2734, Nr.16.*

9   *L.P.L., MS.2711*, S. 44.

10   *L.P.L., MS.2712*, S. 81.

11   *L.P.L., MS.2724*, fol. 135.

12   *L.P.L., MS.2713*, fol. 234.

13   *L.P.L., MS.2713*, fol. 234.

Zudem sind deutliche soziale und vor allem wirtschaftliche Unterschieden innerhalb der Gemeinde anzunehmen. Schon allein die oben erwähnten, geschäftlich zweifelsohne erfolgreichen und daher finanzstarken skandinavischen Holzhändler bestätigen diese Analyse. Die aufwendige Gestaltung der Türen der Treppenhäuser deutete per se bereits auf eine sozial motivierte Differenzierung der Formensprache im vorliegenden Entwurf. Diese Annahme wird durch die vorliegenden Informationen zur Struktur des Gemeindevolkes zusätzlich bestätigt.

In Spitalfields - der reichsten der drei Gemeinden in Stepney - war die Situation etwas anders. Hier war die Bevölkerung insgesamt wohlhabender als in den beiden anderen Pfarreien. Die vergleichsweise hohen Zahlen dort - die besteuerbaren Werte wurden mit £14.000 angegeben,[14] das Steueraufkommen mit £1.425[15] - verteilten sich hier etwas gleichmäßiger. Ein Grund dafür war auf jeden Fall in dem hier dominierenden Gewerbe zu suchen. Mit Seidenweberei ließ sich mehr verdienen und eher eine selbständige Existenz aufbauen denn als einfacher Seemann.

Der soziale Aspekt des Projektes erhielt in Wapping folglich wiederum eine besondere Bedeutung, zumal sich hier ein ziemlich rasches Bevölkerungswachstum nachweisen läßt. 1711 ging die Gemeinde noch von 18.000 Einwohnern aus,[16] 12 Jahre später war diese dann schon auf gut 20.000 angestiegen.[17] Offensichtlich fand eine kontinuierliche Zuwanderung aus ländlichen Gebieten statt. Die sich aus dieser Situation ergebende soziale Spannung hatte sich - wie bereits erwähnt - schon in den 1660er-Jahren in Unruhen entladen.[18]

Zu der sozialen Problematik gesellte sich - teilweise durch diese hervorgerufen - eine religiöse. Gerade in diesen von der *Church of England* bisher eher vernachlässigten, armen Neubaugebieten fanden protestantische Sekten starken Zulauf. Allein die Tatsache, daß in einer Gemeinde von gut 20.000 Einwohnern lediglich 5.233 als Kommunikanten geführt werden konnten, spricht Bände.[19] Wie bei *St. Anne*[20] so wurde auch hier in den Eingaben der Gemeinde immer wieder die Gefahr der weiteren Zunahme des *Dissent* als Argument für die schnelle Ausführung des Projekts angeführt.[21] Besonders beachtenswert ist dabei, daß diese Appelle an den öffentlichen Willen zu religiöser Einheit und allgemeiner Konformität keineswegs mit Georg I. und der *Whig*-Regierung verstummten. Noch 1723 enthielt eine Petition der Gemeinde die Klage - und Warnung -, daß Atheismus, Ungläubigkeit und Profanität sich nirgends so offen und schamlos zeigten wie in Wapping mit seinen 20.000 Einwohnern ohne anglikanische Pfarrkirche.[22] Offensichtlich konnte die Gemeinde nicht nur bei ihrem Patron, dem augenscheinlich jakobitisch eingestellten *Principal* von *Brasenose College*, und der den *Act* ursprünglich unterstützenden *High-Church*-Partei auf eine positive Reaktion auf solche Szenarien rechnen. Die Rolle der Kirchengemeinde als unterstem Verwaltungsorgan und damit auch als lokaler Verkörperung des Staates war zu wichtig, als daß die Regierung - unabhängig von ihrer politischen Überzeugung - auf die zumindest äußerliche Konformität einer Mehrheit der Bevölkerung verzichten konnte. In einer Situation wie der vorliegenden, wo sich zu dieser Problematik soziale Aspekte gesellten, bestand in ihren Augen auf jeden Fall die Notwendigkeit zur

---

14   *L.P.L., MS.2724*, fol. 135.

15   *L.P.L., MS.2712*, fol. 81.

16   *L.P.L., MS.2714*, fol. 93.

17   *L.P.L., MS.2714*, fol. 105v-106.

18   Smith, Peter, *An Attempt to Discover the Stylistic Preoccupations of the Architects who worked for the "Fifty New Churches" Commission*, a dissertation for a B.A.Hons Degree in the History of Art and Architecture (unveröffentl. Manuskript), Reading University 1980, S. 31.

19   *L.P.L., MS.2713*, fol. 234.

20   *L.P.L., MS.2712*, fol. 80.

21   Vgl. zum Bsp: *L.P.L., MS.2714*, fol. 93 (Petition vom 10. 6. 1714): „... *which when finished will so much lead to the Dimunition of Schism y[t] at present too much increases in the s.[d] Hamlet.*".

22   *L.P.L., MS.2714*, fol. 105v-106: „... *now where Atheism Infidelity and Profaness Appear so open & bare faced ...*".

sichtbaren Darstellung der Präsenz des Staates als einem Mittel zur Erhaltung der Kontrolle der politischen Zentrale über derartige Gebiete.

In dieser Hinsicht ergab sich bei *St. George-in-the-East* exakt dieselbe Lage wie bei *St. Anne*. Es ist daher auch nicht überraschend, daß die formale Antwort darauf ebenfalls gewisse Ähnlichkeiten mit der für Limehouse entwickelten Lösung aufweist.

IV.4.3.
Zusammenfassung - Kontext und Form

Vor dem Hintergrund der eben beschriebenen sozio-politischen Situation war es nahezu unausweichlich, daß der nachweislich vorhandene Kontextualismus des Entwurfes weit über das oben bereits erwähnte Eingehen auf die per se wenig signifikante bauliche Umgebung und vor allem auf das etwas unbefriedigende und lange ungeklärte Konzept der Erschließung hinausging. Der für den Entwurf relevante Kontext wurde von Hawksmoor viel weiter und auch viel abstrakter gefaßt.

Die primäre Funktion des Gebäudes im lokalpolitischen Rahmen war zweifelsohne die einer Demonstration der Präsenz des Staates in der Staatskirche. Hawksmoor war sich dessen offensichtlich bewußt. Seine deutliche Betonung des Themas der „primitiven" byzantinischen Kirche und des Caesaropapismus eines Konstantin erklärt sich von daher als ein Ausdruck des Selbstverständnisses und der Legitimation der Staatskirche Englands. Damit notwendig verbunden war eine Bestätigung der Grundlagen der Verfassung des Königreiches. Beide Gesichtspunkte antworteten direkt auf die hier auf politischem wie religiösem Gebiet in Frage gestellten Ordnungsprinzipien des Staates.

Das Einbetten dieser Bilder in den traditionellen Typus - und bis zu einem gewissen Grad auch die Erscheinung - der englischen Pfarrkirche hatte drei in der hier vorhandenen Lage besonders wichtige Aspekte. Sie betonte den typisch englischen Charakter der Kirche und sprach damit den Nationalismus an, der gerade in den niedrigeren Schichten zu diesem Zeitpunkt sehr stark ausgeprägt war. Außerdem gab sie den vom Lande zugewanderten, gesellschaftlich entwurzelten Schichten einen Identifikationspunkt, der sie an die Dörfer ihrer Heimat erinnern mochte. Schließlich verdeutlichte sie die von der anglikanischen Kirche hervorgehobene Kontinuität der zeitgenössischen englischen Staatskirche mit der Kirche des Mittelalters und der Frühzeit des englischen Staates. Die postulierte untrennbare Einheit von englischer Kirche und englischem Staat erhielt somit auch eine historische Begründung in der national verwurzelten Tradition.

Die auffälligste Eigenheit des Baus aber, seine betonte Glattheit und Massivität, seine harte geometrische Klarheit, seine teilweise schon gewalttätig erscheinende Robustheit und Monumentalität übersteigert lediglich einige der auch bei den beiden anderen Stepney-Kirchen vorhandenen Charakteristika. Dasselbe gilt für die damit betonten Aspekte des Ausdrucks der Architektur. Der Kirchenbau sprach auf diese Weise besonders deutlich und besonders direkt das bloße Gefühl und das rein ästhetische Empfinden der zu erwartenden Betrachter an. Viel eher als eine von klassischen Ordnungen geprägte Architektur, bei der die Kenntnis der Regeln einen großen Teil der Wirkung - und auch des Genusses - der Bauten ausmacht, war diese Gestaltung für den unbefangenen und unverbildeten, da ungebildeten Betrachter zu gutieren. Die bereits mehrfach geäußerte Annahme einer bewußten Anpassung der Formensprache an die zu erwartenden Rezipienten bewahrheitet sich in dieser gleichzeitig direkten und abstraktem Umsetzung des Themas des „Primitivismus" der anglikanischen Kirche innerhalb des hier gegebenen sozialen Umfelds. Die bloße Reaktion auf die klassische Forderungen des *decorum* und das pragmatische Eingehen auf den visuellen Kode, die Vorbildung des zu erwartenden Betrachters[23] lassen sich dabei nur schwerlich trennen.

---

23   Vgl. hierzu auch: Rub, T.F., *A Most Solemn and Awfull Appearance: Nicholas Hawksmoor's East London Churches*, S. 22, in: *Marsyas*, Bd. XXI, 1981-1982, S. 17-27.

Die mit diesen Mitteln erzielte Aussage, eine Darstellung der kraftvollen Dauerhaftigkeit, der „primitiven" Klarheit und Ursprünglichkeit sowie der ehrfurchtgebietender Erhabenheit der eindeutig als untrennbar mit der englischen Geschichte verquickt dargestellten religiösen und staatlichen Ordnung entsprach auf jeden Fall den Anliegen des Staates, die dieser mit dem Projekt verband. Insofern dürften es auch die Auftraggeber bedauert haben, daß sie dem Bau die angestrebte städtebauliche Wirkung aus Kostengründen verwehren mußten.

V.
St. George, Bloomsbury
(Abb. 143-177)

Hawksmoor hatte gerade die Zeichnungen für *St. George-in-the-East* so weit fertiggestellt, daß die Ausführung der aufgehenden Teile beginnen konnte, da forderte ihn die Kommission bereits auf, sich einem anderen Entwurf ernsthaft zuzuwenden: der Kirche von *St. George* in Bloomsbury.

Zwar hatte der Architekt schon früher - im Rahmen von Voruntersuchungen zur Eignung des Grundstücks - schematische Überlegungen zur Ausnutzung des Grundes und damit zum Grundriß einer möglichen Kirche an diesem Platz gemacht, und offensichtlich hatte Gibbs bereits ein Jahr zuvor auf Anweisung der Kommission zumindest einen Grundriß erarbeitet, der Prozeß der Entwicklung über einfache Schemata hinausgehender Überlegungen zu Form und Gestaltung des schließlich ausgeführten Gebäudes begann aber erst jetzt mit der Aufforderung der Kommission vom 23. 2. 1715[1].

Die Behandlung der Kirche direkt im Anschluß an die Stepney-Kirchen entspricht demnach der Abfolge der Projekte in Hawksmoors Praxis; sie stellt das Projekt korrekt in den Zusammenhang der anderen Kirchenentwürfe des Architekten.

St. George, Bloomsbury war das erste gewissermaßen als städtisch zu bezeichnende Projekt innerhalb der vorliegenden Serie. Es mußte in einer Weise in eine vorhandene Baustruktur eingefügt werden, wie das bisher nicht der Fall gewesen war. Dies brachte große Probleme vor allem bezüglich der korrekten Orientierung mit sich. Die natürlichen Zugangsseiten des zur Verfügung stehenden Geländes waren die Nord- und vor allem die Südseite. Auch der Zuschnitt des Grundstücks legte ein Gebäude mit einer Nord-Süd-Orientierung nahe. Wie wir sehen werden, spielten die sich daraus ergebenden Probleme und ihre Lösung eine entscheidende Rolle bei der Entstehung des Entwurfs und der Entscheidung für dessen Ausführung.

V.1.
Baubeschreibung:
die Rekonstruktion der Form in ihrem Originalzustand und deren analytische Beschreibung
(Abb. 143-173)

V.1.1.
Erhaltungszustand - nachträgliche Veränderungen

Der 1730 geweihte Bau hatte im Verlauf seiner Geschichte weder unter Kriegsschäden noch unter Feuer, Blitzschlag oder ähnlichen Katastrophen zu leiden. Die Schäden und Veränderungen, welche er dessen ungeachtet über sich ergehen lassen mußte, sind allesamt der Gemeinde beziehungsweise ihren Architekten zuzuschreiben. Ihr Effekt ist allerdings beträchtlich.

Schon 1731/1732 ließ die Gemeinde eine zusätzliche Galerie im Westen einfügen. Im Gegensatz zu Southerns Auffassung, muß es sich dabei um wesentlich mehr als nur die heute noch erhaltene Turmgalerie gehandelt haben. Die Eintragung vom 3. 12. 1731 in den *minutes* der *vestry* von *St. George* spricht von einer Galerie „*to be Built on West from North to South"*, und der Bericht der

---

[1]   L.P.L., Minutes, MS.2690, S. 204, in: M.H. Port, Hrsg. The Commissions for Building Fifty New Churches: The Minute Books, 1711-1727, a Calendar, London Record Society, Bd. 23, London 1986.

Surveyors erwähnt 76 zusätzliche Plätze.[2] Von der Turmgalerie hingegen wissen wir, daß sie für die livrierten Bediensteten der auf den Galerien dem Gottesdienst beiwohnenden wohlhabenden Gemeindemitglieder vorgesehen war.[3] Dafür hätte die Gemeinde eine Ausgabe von immerhin £170 sicherlich nicht auf sich genommen. Zudem hätte beim bloßen Ausbau der Turmgalerie auch keinerlei Grund für die Klagen der *Surveyors* bestanden.[4] Hawksmoor behagte die Maßnahme offensichtlich nicht.[5] Immerhin blieben von ihr aber die Grundkonzeption des Kirchenraumes und vor allem seine korrekte Orientierung unberührt.

1781 wurden wesentlich tiefgreifendere Änderungen vorgenommen. Der Bau wurde umorientiert. Retabel und Altar, Kanzel und *Reader's Desk* wurden an ihren derzeitigen Standpunkt im Norden des Innenraums versetzt. Der neue Altarbereich wurde gegenüber dem Gemeinderaum im Niveau angehoben.[6] Notwendigerweise fiel damit die nördliche der Galerien. An ihrer Stelle entstanden sowohl auf der Ostseite des Raumes als auch an dessen westlicher Flanke neue Galerien, welche von der verbliebenen originalen Konstruktion im Süden bis an die Stirnwand des Gemeinderaumes im Norden der Kirche reichten. Die nunmehr unnötig gewordene Apsis wurde einfach zugeschalt.[7]

1796 erfolgte ein weiterer Eingriff in die verbliebene originale Galerie. Die ursprünglich um das Jahr 1788 auf der Ostgalerie plazierte Orgel wurde auf die Südseite versetzt. Um Platz für sie zu schaffen, mußte die Galeriefront in der Mitte leicht nach vorne gezogen werden. In dieser veränderten Form ist sie bis heute erhalten.[8] Vierzehn Jahre später, 1810, verschloß man zudem den bis zu diesem Datum noch vorhandenen Südeingang des Turmes und verwandelte diesen in ein Fenster. Die Treppe davor wurde kurzerhand abgebrochen.[9] 1838 schließlich bewirkte der Wunsch nach zusätzlichen Sitzplätzen, daß die Apsis wieder geöffnet wurde,[10] allerdings nur um die Ostgalerie in dieselbe hinein zu vergrößern.

Im Jahre 1871 erfuhr der Kirchenraum eine weitere grundsätzliche Umgestaltung. G.E. Street enfernte sämtliche Galerien mit Ausnahme der originalen Südgalerie sowie eines kleinen, zwischen den Stützen im Nordwesten des Kirchenraumes befindlichen Rests der Westgalerie, den er als Orgel-

---

[2] *St. George, Bloomsbury, Vestry Minutes 1730-1828, Camden Local History Library, 1 Vol P/GB/M/1*:
„*... so many more Pews to let out and make money of...* ".

[3] Meller, Hugh, *St. George's Bloomsbury*, London 1975, S. 9.

[4] *St. George, Bloomsbury, Vestry Minutes 1730-1828, Camden Local History Library, 1 Vol P/GB/M/1*;
L.P.L., MS.2713, fol. 134-135 (Bericht der *Surveyors* vom 5. 5. 1732);
Downes, Kerry, *Hawksmoor* (Studies in Architecture, Bd. II), 2. Ausg., London 1979, S. 270-271;
Southern, Stephen, *Research Report on St. George, Bloomsbury, for the Church Council* (unveröffentl. Manuskript), London Juli 1992, S. 16.

[5] Vgl.:
L.P:L., MS.2715, fol. 73 (Eingabe um Übernahme der Kosten vom 28. 1. 1732);
L.P.L., MS.2715, fol. 79r-v (Bericht von Hawksmoor und James vom 23. 3. 1732);
L.P.L., MS.2715, fol. 81, 87, 89.

[6] Pevsner ging 1952 noch von der Nordorientierung als der ursprünglich geplanten aus. Vgl. hierzu: Pevsner, Nikolaus, *Buildings of England, London except the Cities of London and Westminster*, London 1952, S. 206-207.

[7] Southern, a.a.O., S. 24;
Downes, Kerry, *Hawksmoor*, London 1970, Reprint 1987, S. 132-139;
Downes, a.a.O., 1979, S. 271.

[8] Southern, a.a.O., S. 24;
Meller, a.a.O., S. 7 - hier wird die Änderung allerdings erst auf 1952 datiert.

[9] Southern, a.a.O., S. 24.

[10] Southern, a.a.O., S. 24.

galerie nutzte.[11] Offensichtlich führte er eine dem gotisierenden Zeitgeschmack entsprechende Ausstattung ein.[12] Diese wurde inzwischen jedoch wieder vollständig entfernt.

Erst 1875 entstand die kleine Sakristei an der Nordostecke, und die Glasabtrennungen unterhalb der Südgalerie stammen sogar erst aus den 1960er-Jahren unseres Jahrhunderts[13]. Der heutige Zustand der Kirche ist somit das Ergebnis mehrerer Überarbeitungen und Umgestaltungen. Glücklicherweise ist die Hülle inklusive der stuckierten Decke des Innenraumes vollständig erhalten, und die Reste von Einbauten sowie Ausstattung lassen eine Rekonstruktion des Originalzustandes zu. Dies ist um so wichtiger, als die Quellenlage bezüglich des Planmaterials im vorliegenden Fall außergewöhnlich schlecht ist.[14]

V.1.2.
Kurzbeschreibung: die dreidimensionale Komposition

Allein schon die Betrachtung der räumlichen Komposition der Kirche beweist die in ihrem Ausmaß alle anderen Beispiele hinter sich lassende Komplexität des vorliegenden Entwurfes. Eine eindeutige Unterordnung unter eine Gesamtvorstellung ist hier viel weniger offensichtlich als bei den bisher betrachteten Beispielen. Die auch in diesem Falle aus an sich einfachen, klar isolierbaren Körpern zusammengefügte Komposition beruht jedoch im Kern - wie diejenige der anderen Kirchen Hawksmoors - auf dem Typus der traditionellen Pfarrkirche mit Westturm und Ostchor.

Herzstück der Komposition bildet ein vergleichsweise niedriger, flach gedeckter, in Nord-Süd-Richtung deutlich breiterer Körper mit einer Proportion von circa 27:21:14. Auf dessen Ostseite wölbt sich mittig eine halbrunde Apsis nach außen. Links und rechts von dieser ist die Oberfläche deutlich nach innen zurückgenommen, so daß sich an den Enden der Fassade eine Art von Seitenrisaliten ergeben. Dieselben Seitenrisaliten sind auch auf der Westseite ausgebildet. Es entsteht, ähnlich wie bei *St. George-in-the-East*, der Eindruck angedeuteter untergeordneter Baukörper innerhalb des Hauptbaukörpers.

Der Apsis gegenüber ist auf der Westseite der deutlich als Körper für sich gedachte Turm eingefügt. Auch dieser ist in Nord-Süd-Richtung etwas breiter. Mit seiner Ostseite ist er in den Hauptbaukörper hinein geschoben. Seine Beziehung zur Apsis auf der Ostseite wird dadurch um so deutlicher. Zusammen mit ihr grenzt er eine als angedeutetes imaginäres Hauptschiff zu bezeichnende Zone innerhalb der Hauptbaukörpers ab. Die Höhe des Turmes ist beträchtlich. Sie beträgt ungefähr das Dreifache der Dimension des Hauptbaukörpers. Der Kubus wird dadurch in seiner deutlichen Vertikalität zum exzentrischen Schwerpunkt der gesamten räumlichen Komposition. Von Norden und Süden führen zudem einläufige Freitreppen hinauf in den Vorraum der Kirche im Fuß des Kirchturms. Diese unterstreichen in ihrer Axialsymmetrie ein weiteres Mal die Definition der Westfassade als primärer Ansichtsseite des Hauptbaukörpers.

Die soeben beschriebene überbreite Variante des traditionellen Typus der Pfarrkirche mit ihrer angedeuteten Fünfschiffigkeit ist an ihren schmalen Außenseiten jeweils durch einen weiteren, deutlich additiv angefügten Baukörper ergänzt. Letzterer ist nur wenig schmaler als der Hauptbaukörper im Bereich der zurückgezogenen Fassadenteile zu beiden Seiten von Apsis und Turm. Er nimmt in

---

11   *The Builder*, Bd. LV, London, 18. August 1888 (Pläne von *St. George, Bloomsbury*: Schnitt und Grundriß).

12   Southern, a.a.O., S. 24;
      Downes, a.a.O., 1979, S. 271.

13   Southern, a.a.O., S. 24-25.

14   Bzgl. historischen Abbildungen des Gebäudes vgl.: Adams, Bernard, *London Illustrated 1604-1851, A Survey and Index of topographical Books and their Plates*, London 1983.

seiner Höhe die Höhe desselben auf, ragt mit seinem Satteldach jedoch über diesen auf. Die Firstlinie seines Daches verläuft von Nord nach Süd. Folglich wenden die beiden Baukörper der sichtbaren Außenseite jeweils eine breite Giebelfassade zu. Dadurch werden die der Proportionen des Hauptbaukörpers zum Trotz eindeutig als Längsseiten zu bezeichnenden Enden der Komposition zu weiteren Hauptfassaden.

Der im Norden der Kirche angefügte Baukörper ist sehr flach. Seine Tiefe beträgt lediglich etwa ein Sechstel der Länge der Hauptbaukörpers. Er ist insgesamt geschlossen, lädt also nicht zum Betreten des Gebäudes ein. Ganz anders der Baukörper im Süden, der Portikus. Dieser ist fast doppelt so tief wie sein nördliches Gegenstück. Er wird ergänzt durch eine auf einer Breite von drei der insgesamt fünf Interkolumnien in einem Lauf aus dem Portikus nach unten geführte Freitreppe.

Zusätzlich betont wird die sich daraus ergebende, die Achse des Hauptbaukörpers orthogonal kreuzende Linie durch den Lichtgaden und dessen Dach. Die beiden bilden zusammen einen separaten Baukörper, welcher aufgesetzt auf den Hauptbaukörper erscheint. Seine Breite entspricht derjenigen des letzteren ohne die beiden Seitenrisaliten, seine Tiefe der Breite der im Norden und Süden angefügten Baukörper. Er hat damit einen nahezu exakt quadratischen Grundriß. Seine Höhe bis zur Traufe entspricht in etwa einem Viertel derjenigen des Hauptbaukörpers. Auch er wird von einem Satteldach mit einem in nord-südlicher Richtung verlaufenden First abgeschlossen. Es entsteht folglich eine Abfolge drei klar isolierbarer Baukörper mit Satteldach, welche - axial aufeinander bezogen - die Querachse des Hauptbaukörpers betonen und damit dessen Orientierung zumindest in Frage stellen.

Hawksmoors Entwurf gelingt es, beide Auffassungen gleichzeitig wirksam werden zu lassen. Mit der Kombination der Elemente der vorliegenden Komposition schafft dieser ein ambivalentes Ganzes, das während der Betrachtung andauernd von einer Auffassung in die andere umzukippen droht. Das Ergebnis ist insofern keine Konfrontation, sondern eine Überlagerung an sich entgegengesetzter Konzepte. Dadurch, daß die Selbständigkeit und Additivität der die Nord-Süd-Richtung betonenden Baukörper herausgearbeitet ist, wird es möglich, diese gedanklich quasi über den Hauptbaukörper springen zu lassen beziehungsweise den Hauptbaukörper unter diesen hindurch zu schieben. Die Nord-Süd-Orientierung ist so als dem vorgegebenen Typus überlagerte Auffassung der Komposition erkenntlich gemacht.

Beide Interpretationen des Ganzen bleiben getrennt lesbar. Die Teile erhalten allerdings erst durch ihre Kombination ihre volle Bedeutung und ihre Berechtigung. Ohne den Hauptbaukörper sind die drei die Nord-Süd-Richtung definierenden Elemente bedeutungslos, und die Gesamtform des Hauptbaukörpers unterstützt die von den drei Dächern signalisierte Auffassung des Ganzen. Andererseits ist die Komposition ohne die drei addierten Baukörper so offensichtlich unausgewogen, unvollständig und inhomogen, daß wir die additiven Baukörper als notwendige Bestandteile des Ganzen anerkennen müssen. Da wir uns jedoch durchaus eine andere Ergänzung von Hauptbaukörper und Turm zu einem vollständigen Ganzen vorstellen können, weist ihre ohne den Hauptbaukörper fehlende Lebensfähigkeit die additiven Baukörper und die von diesen zum Ausdruck gebrachte Auffassung einer sekundären Bedeutungsebene zu. Die beiden Achsen erreichen selbst hier keine wirkliche Gleichwertigkeit. Mit Hilfe einer bewußt vieldeutigen Gestaltung gelingt es Hawksmoors Architektur so, die primäre, symbolische und liturgische Orientierung der Komposition sowie die sich aus Gesamtform und Zugang ergebende Auffassung der Komposition zu trennen. Der Typus der englischen Pfarrkirche in seiner für Hawksmoor bezeichnenden, auf die grundlegende Geometrie reduzierten Definition bewahrt als grundsätzliche Idee selbst in dieser verfremdeten Form seine allgemeine Gültigkeit.

Durch die Isolierung der Teile und die Schaffung eines additiven Ganzen füreinander geschaffener, aber dennoch nicht ihre Identität aufgebender Teile gelingt es Hawksmoors Gestaltung, eine den vielfältigen Anforderungen des Programms adäquat Ausdruck verschaffende Ambiguität innerhalb des Entwurfes zu erhalten. Die Konzeption der Komposition ist in dieser Weise jedoch nur bei einer Analyse des Gebäudes als einem dreidimensionalen, von außen aus einer abgehobenen Perspektive betrachteten Objekt direkt erkennbar. Die Wirkung auf den Betrachter vor Ort ist deutlich anders. Da die Komposition nicht mit einem Blick vollständig erfaßt werden kann, ergeben sich hier Widersprüche, die sich erst bei genauer Kenntnis des Gebäudes in der Summe der Beobachtungen auflösen. Kants Auffassung der „Anschauung" und das von Nikolai Hartmann als Grundlage der Architekturrezeption konstatierte Vorhandensein eines intuitiven Wissens um die Ganzheit eines Gebäudes belegen dessen ungeachtet die unmittelbare Wirksamkeit einer derartigen Komposition.[15]

Nach dem eben Gesagten mag es vielleicht erstaunen, daß der sich aus dieser komplexen dreidimensionalen Struktur des Entwurfes ergebende Grundriß ist - rein funktional betrachtet - geradezu ideal ist. Im Folgenden sei hierzu mehr gesagt.

V.1.3.
Die Grundrisse

V.1.3.1.
Das Hauptgeschoß
(Abb. 143, 145)

V.1.3.1.a.
Der Hauptraum des Gemeinderaumes

Im Grundriß des leicht über das natürliche Gelände angehobenen Hauptgeschosses der Kirche nimmt der Hauptraum des Gemeinderaumes vollständig den Bereich zwischen den nach außen hin durch die oben bereits erwähnten, angedeuteten Seitenrisaliten spürbar gemachten „Seitenschiffe" ein. Auf den ersten Blick könnte man seine Form für ein Quadrat halten. Dem ist aber nicht so. Orientiert man sich an der Innenseite der ihn begrenzenden Scheiben, so bildet er mit 46' Tiefe und 49' 3" Breite ein leichtes Querrechteck. Die Stirnwände im Osten und Westen des Raumes sind allerdings auf nahezu der ganzen Breite durch Nischen ausgehöhlt. Unterhalb des Niveaus der Kämpfer der OG-Fenster verbleibt von der eigentlichen Wandoberfläche lediglich ein Paar rechteckiger Pfeiler. Nimmt man die Rückwand der Nischen zwischen diesen als Bezugspunkt so ist der Raum mit 54' 2" Tiefe leicht längsrechteckig. Die Ambiguität der Komposition setzt sich so auch in der Geometrie der Grundrißform fort.

Die beschriebenen Pfeiler sind circa 3' 7" breit und 4' 1" tief. Sie gliedern die Stirnwände in zwei flankierende, jeweils circa 11' 4" breite Felder und ein zentrales mittleres Feld mit 19' 8" Breite. In die Rückwand der seitlichen Nischen ist jeweils ein 5' breites Fenster eingeschnitten. Das mittlere Feld hingehen ist im Osten in seiner gesamten Breite geöffnet zur Apsis, deren Halbkreis auf der Linie der Außenseite der Außenwand ansetzt. Zwei Fenster - axial um die 30°-Linie angeordnet - und eine kleine halbrunde Nische im Scheitel unterbrechen die Rückwand der Apsis.

Gegenüber, auf der Westseite, wird zwischen den Pfeilern die Ostwand des Turmes spürbar. Sie kommt deutlich weiter nach vorne als die Rückwand der flankierenden Nischen.[16] In ihrer Mitte

---

15   Mitrovic, Branco, *Objectively Speaking*, S. 63-67, in: *Journal of the Society of Architectural Historians*, Bd. LII, Nr. 1, S. 59-67;
Hartmann, Nicolai, *Ästhetik*, Berlin, 1953, S. 125.

16   Anstatt 4' 1" beträgt der Abstand zur Innenseite der Wand lediglich etwa 1' 5".

öffnet sich der schätzungsweise 8' breite Durchgang in den sich im Turm befindlichen Vorraum. Zur Nord-Süd-Achse ergibt sich innerhalb des Gemeinderaumes folglich eine deutliche Asymmetrie, während sein Grundriß zur Ost-West-Achse perfekt spiegelgleich ist. Die Pfeiler der Stirnwände deuten dabei ganz leicht ein nicht ausgeführtes, quasi nur gedanklich vorhandenes Mittelschiff an, dem durch die Gegenüberstellung der offenen, den Raum nach außen erweiternden Apsis sowie des geschlossenen, in den Raum eindringenden Turmes eine eindeutige Richtung nach Osten gegeben ist.

Faktisch handelt es sich hierbei um eine abgeschwächte Variation des Grundrisses der Kirche über dem Geburtsort von Johannes und Jakob, wie ihn Amico zeigt.[17] Auch dort ist in einem allerdings wesentlich stärker längsrechteckigen Raum durch massive Pfeiler an den Stirnwänden und die Gegenüberstellung einer offenen Chorseite sowie eines geschlossenen Westseite die Betonung der kurzen Ost-West-Achse und des Chorraumes im Osten erreicht.

V.1.3.1.b.

Westlicher Vorraum und Turm

Den Kern des Turmes bildet ein Quadrat von circa 21' x 21'. Diesem sind an den Ecken auf der Nord- und Südseite massive Strebepfeiler vorgelegt, so daß der Turm dort die Breite des Chorbogens samt der ihn flankierenden Pfeiler erreicht.[18] Da auf der Ost- und Westseite im Gegensatz dazu lediglich circa 1' tiefe Vorlagen angefügt sind, ergibt sich insgesamt eine deutlich querrechteckige Grundrißform.

Auf dem Niveau des Gemeinderaumes befindet sich im Turm ein querrechteckiger Vorraum mit einer Proportion von circa 5:6. Von ihm führen im Norden und Süden circa 5' breite Türen auf die zu beiden Seiten des Turmes entlang der Westfassade nach unten geführten Freitreppen. Außerdem gelangt man von hier durch ein kleines Türchen in der Westwand auf eine die oberen Turmgeschosse erschließende Spindeltreppe. Diese führt zu der sich über dem Durchgang in den Gemeinderaum wie eine Loge öffnenden Turmgalerie und weiter in die oberen Turmstuben sowie auf das Dach.

V.1.3.1.c.

„Seitenschiffe" und Galerien

Zu beiden Seiten des Hauptraumes des Gemeinderaumes schließen sich schmale seitenschiffartige Raumzonen an. Diese sind circa 11' breit und 50' lang. An ihren Stirnseiten befinden sich nur minimal schmalere halbrunde Apsiden. In deren Scheitel ist mittig jeweils ein 5' breites Fenster eingefügt. Zusammen mit den zu beiden Seiten der Apsiden bis auf die Linie der Vorderkante der Pfeiler der Stirnwände des Gemeinderaumes vorgezogenen Wandzungen ergeben sich ungefähr 7' tiefe, dreiseitig geschlossene Nischen.

In jede dieser vier Nischen war ursprünglich eine Treppe eingefügt. Die beiden verbliebenen Originale im Süden belegen ihr Aussehen. Der Antritt befindet sich jeweils auf der dem Gemeinderaum zugewandten Seite. Die Treppe führt offen unter einer 180°-Drehung hinauf auf die jeweils darüber befindliche Galerie.

---

17   Amico, Bernardino, *Plans of the Sacred Edifices of the Holy Land*, translated from the Italian by Fr. Theophilus Bellorini O.F.M. and Fr. Eugene Hoade O.F.M. with a Preface and Notes by Fr. Bellarmino Bagatti O.F.M., Jerusalem 1953, S. 117, Abb. 36.

18   Ca. 26' 10".

Mit größter Wahrscheinlichkeit nahmen die beiden Galerien ursprünglich jeweils den gesamten Raum des entsprechenden „Seitenschiffes" ein. Nachdem die nördliche Galerie entfernt wurde, ist diese Rekonstruktion dort allerdings nicht hundertprozentig gesichert. In der Sekundärliteratur finden sich von daher auch andere Hypothesen. Selbst Downes ging ursprünglich von einer U-Form aus.[19] Als Hinweis hierauf führte er die in den Papieren der Gemeinde nachweisbare, größere Anzahl der *pews* auf der Nordgalerie an.[20] 1970 revidierte er seine Meinung aber und nahm eine der erhaltenen Südgalerie entsprechende, gerade Form an.[21] Dieser Auffassung haben sich die späteren Veröffentlichungen durchgehend angeschlossen.

Auch rein funktional betrachtet ist diese Lösung die wesentlich einleuchtendere. Nicht nur, daß eine Galerie hinter den Stützen im Norden der Kirche ziemlich schmal gewesen wäre; die dort anzunehmenden Plätze hätten auch praktisch keinen Blickkontakt zum Altar gewährt. Bei der ausdrücklichen Betonung der Bedeutung der aktiven Teilnahme, der guten Hör- und Sichtbarkeit des anglikanischen Gottesdienstes durch die Kommission und vor allem durch Wren wäre eine U-förmige Lösung bei der Bauherrschaft sicher nicht durchzusetzen gewesen.

Die hier vorgeschlagene Rekonstruktion stimmt darüber hinaus auch mit der in den Büchern der Kommission vermerkten Anzahl von zwölf Galeriestützen[22] überein. Bei Wiederholung der im Süden vorhandenen Anordnung unter beiden Fronten der Nordgalerie ergibt sich exakt diese Zahl. Schließlich bedingte eine U-förmige Lösung aber auch eine deutlich geringere Länge der Galeriefronten. Die vom Schreiner am 7. Juli 1725 verrechneten 21 yds 7" lassen sich damit in keiner Weise in Einklang bringen, während das Maß der vorgeschlagenen, geraden Lösung in etwa entspricht.[23]

Zwischen den die Enden der „Seitenschiffe" insgesamt fassenden Wandzungen sind diese Teilräume auf der dem Gemeinderaum zugewandten Längsseite in beiden Ebenen vollständig geöffnet. Lediglich die an den Stirnseiten der Wandzungen vorgelegte Pilaster und circa 5' 6" von diesen entfernt plazierte, in Ost-West-Richtung hintereinander paarweise angeordnete Säulen mit einem gemeinsamen längsrechteckigen Sockel deuten im Grundriß eine Fortsetzung der Grenzlinie an. In dem verbleibenden, circa 21' breiten mittleren Interkolumnium machen im EG zwei zarte Galeriestützchen die Linie zusätzlich spürbar.

V.1.3.1.d.
Nördliche Raumzone und Portikus

Die Rückseiten der beiden ansonsten vollkommen identischen Raumzonen der "Seitenschiffe" unterscheiden sich deutlich.

Im Norden schließt sich eine weitere flache Raumzone an. Auf der Rückseite des „Seitenschiffes" sind dort die vorgelegten Pilaster und die Stützenstellung der Abtrennung zum Gemeinderaum inklusive der Galeriestützen wiederholt. Allerdings ersetzen quadratische Pfeiler die jeweils äußere der Koppelsäulen. Zudem sind die Stützenpaare verdoppelt, so daß Vierergruppen auf quadratischen Sockeln entstehen. Der in der dreidimensionalen Komposition betont additiv angefügte nördliche Baukörper erhält so auch im Grundriß eine eigene „Innenwand". Er muß diese nicht mit dem Hauptbaukörper teilen. Die durch die nördliche Hälfte der verdoppelten Stützenstellung

19   Downes, a.a.O., 1979, S. 188.

20   *St. George, Vestry Minutes, Camden Local History Library, 1 Vol P/GB/M/1:*
     „... *a Particular of the Pews & Galleries in this Church & an Estimate of the Rates and Prizes ...*" (24. 3. 1730).

21   Downes, a.a.O., 1979, S. 270, Anhang D, Anmerkung;
     Downes, Kerry, *Hawksmoor*, London 1970, Reprint 1987, S. 136, Abb. 126.

22   *L.P.L., Book of Works, MS.2700*, S. 61, 294.

23   *L.P.L., MS.2717*, S. 84-85.

angedeutete „Innenwand" fällt mit der Innenkante des im Außenbau spürbar werdenden Baukörpers allerdings nicht exakt zusammen. Die realisierte Lösung stellt die Idee der Isolierbarkeit zwar dar, dieser Schein stimmt mit der Realität faktisch jedoch nicht überein,

Hinter der Stützenstellung verbleiben lediglich knapp 8' bis zur Außenwand. Die Stirnseiten der sich ergebenden schmalen Raumzone setzen die auch von den Wandzungen der „Seitenschiffe" übernommene Linie der Vorderkanten der Pfeiler an den Stirnseiten des Gemeinderaumes fort. Der in der dreidimensionalen Komposition harte Bruch zwischen dem Hauptbaukörper und der nördlicher Addition wird im Grundriß auch auf diese Weise gemildert.

Die Rückwand des Raumteils - die nördliche Außenwand des Raumes - ist im Gegensatz zu dessen geschlossenen Stirnseiten von fünf identischen, 5' breiten Fenstern durchbrochen.

Im Süden findet sich eine vollkommen andere Lösung. Hier schließt die massive Außenwand des Hauptbaukörpers die Raumzone des „Seitenschiffes" ab. Fünf 5' breite, identische Türöffnungen führen durch diese hinaus in den Portikus. Die Achsen der Türen der Südwand entsprechen nicht denjenigen der Fenster der Nordwand. Im Norden sind die Abstände etwas geringer als hier, so daß die äußeren Fenster aus der Ecke des Raumes gerückt sind. Hier im Süden ist dies nicht notwendig. Die Außenwand setzt die südliche Wandzunge des massiven Endes des „Seitenschiffes" direkt fort. Die Anordnung der Außenkanten der Türnischen auf der Linie der Vorderkanten der Pfeiler an den Stirnseiten des Gemeinderaumes stellt daher die selbstverständliche Lösung dar.

Dieser unmittelbare Anschluß der regulären Außenwand erklärt im Übrigen auch eines der eigenartigsten Details des Bauwerks, die schrägen Leibungen der Fenster hinter den Galerietreppen. Im Außenbau entsprechen den seitenschiffähnlichen Raumzonen die erwähnten angedeuteten Seitenrisaliten. Allerdings sind die Achsen der Raumes und des Baukörpers gegeneinander verschoben. Grund hierfür ist die mit 5' gegenüber den ebenfalls bis an die Außenkante des von den Risaliten angedeuteten Rechtecks gerückten, inneren Wandzungen und Stützenstellungen wesentlich größere Stärke der Außenwand. Um aber die Fenster hinter den Galerietreppen sowohl im Innenraum als auch in der Fassade mittig zu plazieren, verzog Hawksmoor ihre Leibung schräg nach außen.

Im Norden ist die Situation an sich eine andere. Die verdoppelte Stützenstellung ist mit knapp 6' breiter als die Außenwand im Süden. Ihre Position stellt zudem die Übereinstimmung von Außenbau und innerer Ordnung an diesem Punkt in Frage. Die damit an sich unbegründete unveränderte Wiederholung des Fensterdetails legt die Vermutung nahe, daß hier ursprünglich eine andere Lösung vorgesehen gewesen war. Möglicherweise sollten sich hier anfangs eine weitere Außenwand und ein weiterer Portikus befinden. Die wenigen zeichnerischen Dokumente zum Projekt von *St. George* beweisen auf jeden Fall, daß der Portikus im Süden anfänglich ebenfalls flacher geplant war und in der Tiefe nur ein Interkolumnium aufweisen sollte.[24] Dies deutet auf eine primäre Absicht des Entwerfers zur Fortsetzung der Axialsymmetrie in den dem Hauptbaukörper im Norden und Süden angefügten Bauteilen. Erst durch die Vergrößerung des südlichen Portikus im weiteren Verlauf des Entwurfsprozesses wurde diese schließlich dann doch gestört.

In der ausgeführten Form ist der nördliche Raumteil allerdings auch in seiner Funktion rätselhaft. Der von Downes aufgrund einer Abbildung in Pennants *London* angenommenen Nutzung als einer Art Baptisterium[25] wird durch die Unterlagen widersprochen, die eine *Christening Pew* im Süden der Kirche nachweisen.[26] Möglicherweise diente der Raum vor dem Bau der heutigen Sakristei zur Aufstellung für den Einzug der Zelebranten. Die derzeitige Tür in die Sakristei ist original. Der im *V&A* erhaltene Grundriß beweist ihre Planung schon vor Entstehung der heute vorhandenen

---

24 *V&A, prints and drawings, „Vanbrugh Album", Elton Hall Architectural Scetches*, fol. 95 (Downes-Katalog Nr. 77).

25 Downes, a.a.O., 1987, S. 136;
Whitechapel Art Gallery („The Gallery"), *Hawksmoor* (Ausstellungskatalog), London 1977 (Autor: Kerry Downes), S. 22.

26 *L.P.L., MS.2717*, S. 92;
L.P.L., Book of Works, MS.2700, S. 255-256.
Vgl. auch: Jeffery, Sally, *Hawksmoor's churches built under the 1711 Act* (unveröffentlichter Vortrag im Rahmen des Symposions *Nicholas Hawksmoor, New Insights & Interpretations*, June 12th 1993, St. George's Church, Bloomsbury).

Sakristei.[27] Sie stellte eine direkte Verbindung zu dem in der Nord-Ost-Ecke des Grundstücks er-stellten Pfarrhaus[28] her.

Daneben ist aber auch die Annahme einer geplanten Verwendung als Ort der Versammlung des Gemeinderats nicht auszuschließen. In anderen Entwürfen Hawksmoors waren die hierfür vorgese-henen Räume ursprünglich ebenfalls zum Gemeinderaum hin offen vorgesehen.[29] Zudem wurde erst 1727 - lange nach Entwurf und Ausführung dieser nördlichen Raumzone - die Errichtung einer externen Räumlichkeit für den Gemeinderat im Nordwesten des erworbenen Grundstücks beschlos-sen.[30] Dies muß sowohl als Beleg für die Notwendigkeit eines solchen Raumes als auch - infolge der späten Entscheidung - als Indiz für eine bis dato angenommene, alternative Lösung verstanden wer-den. Wenn wir uns klar machen, daß zu dieser Zeit das Abhalten des Gemeinderats in der Kirche selbst durchaus noch die Regel war, und wenn wir bedenken, daß in allen bisher besprochenen Ent-würfen ein Raum für diese Zwecke eingeplant wurde, was eine Mißachtung dieses Programmpunktes wenig wahrscheinlich macht, erscheint zumindest eine Rechtfertigung des Raumes mit derartigen Funktionen durchaus möglich. Für den Entwerfer dürften die formalen Gründe aber mindestens ebenso wichtig gewesen sein.[31]

Das südliche Gegenstück dieses geschlossenen Baukörpers, die Säulenhalle des Portikus, ist insgesamt fünf Interkolumnien breit und zwei Interkolumnien tief. Die die Position der Säulen be-stimmenden Achslinien entsprechen den Mittelachsen der zwischen den Türen der Südwand des Hauptbaukörpers verbleibenden Wandstücke. Die Rückseite des sich ansonsten nach außen geöffne-ten Raumes bildet die Außenwand der Kirche. Dieser sind sechs Dreiviertelsäulen vorgelegt. Diesel-ben rahmen die fünf in den Innenraum führenden Türen. Auf der Breite der drei mittleren der fünf Interkolumnien verbindet eine Freitreppe mit dreizehn Steigungen die erhöhte Ebene des den Porti-kus tragenden Podiums mit dem natürliche Niveau. Breite, das Podium in seiner Höhe fortsetzende Wangen rahmen den Aufgang.

V.1.3.1.e.

Möblierung

Über die exakte Form der ursprünglichen Bestuhlung wissen wir kaum etwas. Sicher hat Downes jedoch recht, wenn er von vier Blocks mit breiten Gängen auf den beiden Achsen ausgeht.[32] Der von ihm an anderer Stelle zitierte Bericht der *Surveyors* vom 5. 5. 1732 spricht von *„Spacious Isles in the body of the Church"*. Der Plural legt es nahe, daß mindestens zwei Gänge vorhanden waren.[33]

Ebenso unsicher ist die exakte Position des Altars[34]. Vieles spricht jedoch dafür, daß Hawksmoor hier die schon bei *Christ Church*[35] und *St. George-in-the-East*[36] erwogene, dort dann

---

27   *V&A, prints and drawings, „Vanbrugh Album", Elton Hall Architectural Scetches, fol. 95 (Downes-Katalog Nr. 77).*

28   *L.P.L., MS.2747/12.*

29   Vgl.: *St. Alfege; St. George-in-the-East; Christ Church, Spitalfields.*

30   *L.P.L., Minutes, MS.2691,* S. 429, in: Port, a.a.O.
      Zur Ausführung vgl. u.a.: *L.P.L, Book of Works, MS.2701,* S. 77, 82.

31   Zu Paul Jefferys Erklärung des Raumes als einem zufälligen Ergebnis des Entwurfsprozesses s.u.: Teil B, V.2.2.b.

32   Downes, a.a.O., 1979, S. 187.

33   Downes, a.a.O., 1979, S. 270.

34   Die vorhandene Retabel ist die originale. Vgl. hierzu v.a.: *L.P.L., MS.2701,* S. 85-91, 95.

aber doch nicht ausgeführte vorgerückte Position des Altars realisierte. In den *Books of Works* sind Arbeiten sowohl des Schreiners als auch des Malers an Holzwerk im *„robing room"* erwähnt. Kein Raum der erhaltenen Kirche könnte dieser Bezeichnung aber genügen.[37] Ebenso berechnete der Schnitzer Arbeiten in den „Sakristeien".[38] Auch diese lassen sich im Grundriß an sich nicht ausmachen. Falls der Altar aber wie beschrieben nach vorne gerückt war und dahinter ein oder auch zwei kleine Räume entstanden, dann eigneten sich diese sicher für die damit bezeichneten Funktionen. Die erwähnten Positionen in den *Books of Works* wären damit sinnvoll zu erklären.

Darüber hinaus ist zu beachten, daß Sakristeien in allen Kirchen Hawksmoors vorgesehen wurden. Eine der hier angenommenen Lösung bezüglich der räumlichen Beziehungen vergleichbare Situation wurde sowohl in *St. Alfege* als auch in *Christ Church* ausgeführt; und auch in *St. Anne* befinden sich Sakristeien in der Nähe des Altarraumes. Das Fehlen derselben in *St. George-in-the-East* läßt sich lediglich mit der nachträglichen Aufgabe der ursprünglich durchaus geplanten Sakristeiräume hinter dem Altar erklären.[39] Auch eine auf 1712 zu datierende, sehr wahrscheinlich der Vorentwurfsphase für *St. Alfege* zuzuordnende Zeichnung Hawksmoors in der *Codrington Library* von *All Souls College, Oxford*, zeigt eine von der Wand bis auf die Basis des Halbkreises der Apsis nach vorne gerückte Retabel. Der Raum dahinter ist durch eine leichte Trennwand in zwei identische Sakristeiräume unterteilt.[40] Ebenso sind in Wrens *Office* Beispiele dieser Lösung nachweisbar. Selbst in *St. Paul's Cathedral* stand die Retabel ursprünglich frei vor der Chorwand.[41]

Die Rekonstruktion des Chorraumes mit ein oder auch zwei kleinen Sakristeiräumen hinter der nach vorne gezogenen Retabel offenbart darüber hinaus aber auch effektive Vorteile der angenommenen Lösung für die Funktion des Gemeinderaumes. Bei Anordnung des Altars an der Rückwand des Chores wäre der die Eucharistiefeier zelebrierende Priester für einen Großteil der Besucher auf den Galerien und von einigen weiteren Plätzen in den beiden östlichen Ecken des Gemeinderaumes unsichtbar geblieben. Die vorgerückte Position des Altars erlaubte aber selbst diesen Gemeindemitgliedern eine aktive Teilnahme am Gottesdienst.

Aus der Voraussetzung dieser Anordnung des Altars wird zudem die in den Büchern dokumentierte, nachträgliche Vergrößerung des Marmorbeläge in weißem Marmor verständlich.[42] Offensichtlich handelt es sich dabei um Flächen hinter der Retabel, die vom eigentlichen Altarraum abgesetzt wurden und nicht das schwarzweiße Schachbrettmuster aufwiesen, das im Altarbereich selbst Verwendung fand.

Auch rein formal ist die vorgezogene Position befriedigender als die auf den ersten Blick naheliegende, konventionelle Plazierung des Altars am Ende des Chorraumes. Ich werde auf diesen Aspekt im Rahmen der Besprechung des Innenraumes noch einmal zurückkommen.[43] Im Moment soll die Darstellung der daraus folgenden Ordnung des Chorbereiches genügen.

Sehr wahrscheinlich nahm die Front der Retabel die Rückseite der Pfeiler zu beiden Seiten des Chorbogens auf. Davor war der Altartisch plaziert. Der drei Stufen erhöhte Altarraum wurde durch

---

35   *B.L., Map Library, K.Top.23.11.i* (Downes-Katalog Nr. 71), 1724/25.
      Vgl.: Teil B, III.2.2.8.b.

36   *B.L., Map Library, K.Top.23.21.2.a* (Downes-Katalog Nr. 83), August 1714.
      Vgl.: Teil B, IV.2.2.b.1.

37   *L.P.L., Book of Works, MS.2701*, S. 364, 367.

38   *L.P.L., Book of Works, MS.2701*, S. 85.

39   Vgl.: Teil B, IV.2.2.b.1.

40   *All Souls, The Codrington Library, Wren Drawings, I.13.*

41   *Guildhall Library, D166 (Bute 19)*, von Downes auf ca. 1694 datiert;
      Bodl.Lib., Oxford, Gough, Maps.20, fol. 6, Stich von 1726.

42   *L.P.L., Book of Works, MS.2701*, S. 72-73.

43   Vgl.: Teil B, V.1.5.1.a.2.

eine Chorschranke auf der Linie der Vorderkante der Pfeiler der Ostwand[44] abgeschlossen. Symmetrisch davor angeordnet befanden sich *Reader's Desk* und Kanzel. Es ist anzunehmen, daß diese auf der Linie der Doppelsäulen angeordnet waren. Hinter ihnen verblieb ein Durchgang vor der Ostwand des Gemeinderaumes.

V.1.3.2.
Die Krypta

Unter der gesamten Kirche - inklusive des Portikus - befindet sich eine Krypta. Dem Portikus entspricht hierbei ein von einer Quertonne überwölbter Raum. Dieser wird durch zwei neben der Freitreppe in der Stirnseite des Podiums angeordnete Türchen erschlossen. Hinter diesen führt jeweils eine Treppe in den wesentlich tiefer gelegenen Raum.

Lediglich ein mit einer schmiedeeisernen Gittertür verschlossener Durchgang in der Mitte der Nordwand des Raumes führt in die dahinter gelegene Pfeilerkrypta unter der eigentlichen Kirche. Die den Stützen im Hauptgeschoß entsprechenden, rechteckigen Pfeiler bilden drei klar Nord-Süd orientierte Schiffe mit jeweils 6 Jochen. Das deutlich breitere Mittelschiff ist von einer flachen Tonne überwölbt. Die quer zu dem durchgehenden Gewölbe des Hauptschiffes verlaufenden, die einzelnen Joche jeweils für sich überspannenden Tonnen über den Seitenschiffen schneiden in das Gewölbe des Hauptschiffes ein.

Nachdem das dem geosteten „Hauptschiff" des Gemeinderaumes entsprechende mittlere Joch fast exakt dieselbe Breite aufweist wie das Hauptschiff der Krypta, ergibt sich unter dem Zentrum des Gemeinderaumes eine Art Vierung. Dort ist mittig ein zusätzlicher quadratischer Pfeiler eingefügt, der sich durch sein Material - Naturstein anstelle des ansonsten hier verwendeten Ziegels - von den anderen Pfeilern deutlich abhebt. Dies führte zu weitgehenden Spekulationen. So vermutete Charles Brice, der den Bau derzeit betreuende Architekt, eine Funktion als Modul für die Ausführung, welches den gesamten Bau ordnete. Die späte Entstehung des Pfeilers, er wurde nachträglich zwischen die schon errichteten Ziegelpfeiler eingebaut,[45] macht dies allerdings wenig glaubhaft.

Am nördlichen Ende des Raumes führt eine Treppe in der Mittelachse hinauf ins Freie. Sie mündet in einem sich unterhalb des mittleren Fensters der Nordfassade befindlichen Türchen.

Zwischen den Pfeilern wurden bereits ab 1727 Wände eingezogen.[46] Die Krypta wurde dann - entgegen der ursprünglichen Anordnung der Kommission - spätestens ab 1822[47]für Bestattungen verwendet. Die an sich klare Spiegelung der Ordnung des Hauptgeschosses in der Krypta ist daher nur noch schwer erkennbar. Auch die in den vergangenen Jahren vorgenommene Räumung des Mittelschiffs und dessen derzeitige Benutzung für Ausstellungen und Veranstaltungen der Kirchengemeinde haben daran wenig geändert.

---

[44]   Vgl. auch : Jeffery, Sally, *Hawksmoor's churches built under the 1711 Act*, Vortrag a.a.O.

[45]   Vgl.: Teil B, V.3.2.09.a.

[46]   *L.P.L., Book of Works, MS.2701*, S. 77, 364.

[47]   Meller, a.a.O., S. 22.

V.1.3.3.
Die Ordnung der Grundrisse

Wie im Falle von *St. George-in-the-East* fällt es auch hier schwer, ein der vergleichsweise eindeutigen Gliederung von *St. Alfege* entsprechendes durchgehendes Ordnungssystem auszumachen. Der Grundriß von *St. George, Bloomsbury*, entzieht sich einer derart einfachen Definition. Dessen ungeachtet beruht aber auch dieser Entwurf auf einem orthogonalen 5'-Raster. Offensichtlich wurde dieses im Verlauf von Planung und Ausführung an vielen Stellen relativiert. Vor allem infolge der Dimensionen der faktisch verwendeten konstruktiven Bauteile wurde es teilweise auch aufgegeben. Es ist jedoch noch deutlich spürbar.

Der Hauptbaukörper ordnet sich mit seiner Gesamtabmessung von insgesamt 70' x 100' in dieses System ein. Auch die beiden diesen additiv ergänzenden Bauteile im Norden und Süden sind daran orientiert. Allerdings regelt das Raster hier die Achsmaße - nicht die Außenmaße. Beim Portikus im Süden erscheint dies sinnvoll. Die Achsabstände der Säulen betragen 10'. Die Gesamtmaße des Baukörpers ergeben sich folglich aus der Addition eines Säulendurchmessers in der Breite und eines knappen Säulendurchmesser in der Tiefe - an der Rückwand befinden sich, wie gesagt, vorgelegte Dreiviertelsäulen.

Interessanterweise entsprechen die Abmessungen des nördlichen Baukörpers exakt denjenigen eines identischen Portikus von lediglich einem Interkolumnium Tiefe. Dies muß als ein weiterer, in diesem Falle aber eindeutiger Hinweis darauf betrachtet werden, daß der nördliche Baukörper ursprünglich - wie sein südliches Pendant - als Säulenarchitektur geplant war. Wie sonst ließe sich die Unterbrechung des den Grundriß regelnden, durchgehenden 5'-Rasters an der Nahtstelle zum Hauptbaukörper, das Einschieben eines dem sich im Süden aus den vorgelegten Dreiviertelsäulen des Portikus ergebenden Maß entsprechenden Abstandes und die Plazierung der Wände des nördlichen Baukörpers auf den sich daraus ergebenden Achsen anstelle innerhalb einer regulären Rasterlinie begründen?

Daß der Hauptbaukörper im Gegensatz dazu durchgehend auf einer Anordnung der Wände hinter oder - besser - innerhalb der Achsen des vorgegebenen Rasters beruht, beweist vor allem die Ordnung der Ostseite. Die dort angedeuteten Seitenrisaliten sind 20' breit. Die Zwischenstücke zu beiden Seiten der Apsis messen 10'. Diese selbst hat einen Außendurchmesser von 30'. Der deren Scheitel vorgestellte flache Fassadenteil hat wiederum eine Breite von 10'. Letzterer teilt die Apsis in der Ansicht in drei exakt gleich breite Streifen.

Im Gesamtzusammenhang sehr aufschlußreich ist die Tatsache, daß die Elemente im Innenraum der Kirche das zugrunde liegende Raster wesentlich weniger konsequent artikulieren als die Hülle. Sie bewahren dadurch eine gewisse Unabhängigkeit.

Die sogenannten „Seitenschiffe" sind ein erstes gutes Beispiel für diese Differenzierung. Die südliche Außenwand entspricht mit ihrer Stärke von 5' der grundlegenden Ordnung des Entwurfes. Der deutlich geringere Durchmesser der auf der gegenüberliegenden Seite des Teilraumes eingeführten Säulenstellung führt jedoch zu der oben bereits beschriebenen Verschiebung der Achsen von Innenraum und Außenbau gegeneinander und damit zu den dort ebenfalls erwähnten schrägen Leibungen der Fenster. Die interne Begrenzung der „Seitenschiffe" löst sich insofern aus dem Diktat des Rasters und gehorcht ihren eigenen Regeln. Insofern als diese Lösung aber auch eine Isolierung bedeutet, muß dieselbe als ein Indiz für das Primat der Hülle und besonders der Außenansicht gegenüber den internen Ergänzungen erachtet werden.

Auch die das angedeutete Mittelschiff begrenzenden Pfeiler an der Stirnseite des Gemeinderaumes fallen mit ihren Abmessungen aus der durch das Raster vorgegebenen Ordnung, während der lichte Raum zwischen ihnen mit seiner Breite von circa 20' einen weiteren Beleg für die dennoch vorhandene, latente Wirksamkeit dieser Ordnungsstruktur darstellt. Die Achsen der Pfeiler und die daran orientierte Position der internen Stützen haben insofern ebenfalls nur einen indirekten Bezug zum vorgegebenen Achsraster des Entwurfes. Das Element der Komposition aber, welches sich am weitesten von den sich ergebenden Rastermaßen freimacht, ist der Turm. Seine Abmessungen lassen höchstens noch im quadratischen Kern einen Bezug zur grundlegenden maßlichen Ordnung der Grundrisse erkennen. Seine Breite ergibt sich aus der Anpassung an die selbst schon unabhängig vom Raster entwickelten Pfeiler an der Stirnwand des Gemeinderaumes.

Die der Entwicklung des Grundrisses zugrunde liegende Maßordnung ist im Innenbereich folglich kaum spürbar. Grund hierfür sind jedoch nicht nur die Abweichungen von den von derselben vorgegebenen Abmessungen in den erwähnten Details; auch die internen Elemente - und vor allem die eingestellten Stützen - stellen nur selektiv Beziehungen zueinander sowie zur Hülle her.

Vor allem unter dem Aspekt der bei den anderen Projekten Hawksmoors bereits mehrfach festgestellten, gezielt partiellen Verwendung von Ordnungssystemen ist dabei die Tatsache beachtenswert, daß in Ost-West-Richtung die Linien in der Regel ungebrochen durchgehalten sind. Sie verleihen dem Grundriß in dieser Richtung eine durchgehende axiale Gliederung.

In Nord-Süd-Richtung ist dies nicht der Fall. Hier beschränken sich die infolge der fehlenden Axialsymmetrie des Gesamtgrundrisses per se untergeordneten und partiellen axialen Beziehungen auf die Verbindung einzelner Elemente. Die Achsen der Stützen des Portikus - zum Beispiel - finden lediglich in der Südwand des Hauptbaukörpers einen Widerhall. Zwar befindet sich die jeweils äußere Stütze der internen Stützenpaare ebenfalls auf einer dieser Achsen, als Gesamtelement betrachtet verschiebt sich die visuell wirksame Achse mit diesen Koppelstützen jedoch nach innen, zur Mittelachse hin. Die zwischen den beiden Stützen verlaufende Achse des Gesamtelements entspricht dann lediglich der Achse des korrespondierenden Mauerwerkspfeilers in der Nordwand des Gemeinderaumes, ihre Verlängerung nach Süden trifft aber beziehungslos und exzentrisch auf den sich dort zwischen den Türen gleichermaßen ergebenden Pfeiler. Keiner der Bezüge ist für den Gesamtgrundriß zufriedenstellend. Vor allem die Achsen der inneren der gekoppelten Stützen - betrachtet man diese für sich - finden keinen sie eindeutig einordnenden Bezug in der Hülle.

Diese betont die Nord-Süd-Beziehungen betreffende Störung des Zusammenhangs von Hülle und internen Elementen führt einerseits zu einer Bestätigung der grundsätzlichen Orientierung des Grundrisses nach Osten. Andererseits stellt sie aber die Einheit von Außenwänden und Interieur grundsätzlich in Frage. Die internen Elemente bewahren sich trotz ihrer Beziehung zu gewissen Strukturen der Außenwand ihre Individualität als selbständige Teile des Ganzen. Der Grundriß bildet keine zwingende und damit organische Einheit, sondern eine Einheit weiterhin isolierbarer, individueller Elemente, welche zueinander selektiv Beziehungen aufnehmen. Daß dies vor allem in den Beziehungen von Hülle und internen Elementen zum Ausdruck kommt, belegt von Neuem Hawksmoors grundsätzliche Auffassung des Interieurs als additivem Einbau.

Betont wird der eingestellt-additive Charakter der internen Stützenstellung durch die Andeutung einer den nördlichen Teilraum integrierenden räumlichen Einheit in der Gestaltung der Außenwände. Trotz des offensichtlich beabsichtigten Fehlens von Hülle und Interieur zu einem unzweideutigen Ganzen verknüpfenden Achsen in Nord-Süd-Richtung wird damit die Isolierbarkeit des nördlichen Joches in Frage gestellt. Dies geschieht aber primär im Sinne einer Darstellung der grundsätzlichen Einheit der Hülle, was einer erneuten Verdeutlichung der Vereinzelung der internen Elemente gleichkommt.

Abstrahiert man die Wand auf ihren Kern - ohne die vorgelegten Pilaster und die in sie eingeschnittenen Nischen - , so bildet der gesamte Innenraum inklusive des nördlichen Teilraumes ein glattes, ungebrochenes Rechteck mit 46' Breite. Selbst die Innenseiten der Säulen des Portikus setzen dieses kaum erkennbare Rechteck fort. Im Raum selbst ist es nur schwer zu erfassen. Es wird durch die eingestellten Elemente systematisch verunklärt. Lediglich direkt unter der Decke ist das Relief der Wand so zurückhaltend, daß es visuell wirksam wird. Die durch die internen Elemente an sich deutlich getrennten Außenwände der Teilräume erfahren durch diese momentane Darstellung der Einheit der Hülle eine bedingte Zusammenfassung. Es stellt sich ein der in der dreidimensionalen Komposition beobachteten „angedeuteten Additivität" vergleichbares Phänomen ein. Auch wenn die

Gestaltung der Innenwände und vor allem die Wirkung des Obergadens im Raum eine weitgehende Aufhebung der visuellen Wirksamkeit dieser vereinheitlichenden Maßnahme bewirken, bleibt die damit angedeutete Einheit der Hülle latent immer spürbar.

Bezüglich der Ausrichtung des Raumes bewirkt dies weniger eine Betonung der Nord-Süd-Achse als eine Relativierung der an der Ost-West-Achse orientierten Grundauffassung des Grundrisses. Die eingestellten Elemente und vor allem die verwendeten Teile klassischer Ordnungen werden noch deutlicher als Addition erkennbar. Die in der dreidimensionalen Komposition klar definierten Teilbaukörper werden „aufgeweicht". Es ergibt sich eine für andere, untergeordnete Lesungen offene, in ihrer Bedingtheit gemäßigte aber dennoch deutlich spürbare Orientierung nach Osten. Getragen wird diese vor allem von der betont seriellen Gestaltung der Nord- und Südwände sowie von der nahezu ausschließlichen Verwendung parallel zur Ost-West-Achse angeordneter länglicher Elemente innerhalb der insofern andeutungsweise homogenen Hülle.

Die damit erwirkte Simultanität einer trotz allem vagen, primären Auffassung des Grundrisses und einer deutlichen Ambivalenz seiner internen Subdivisionen sowie der Rolle und Definition seiner Teilbereiche äußert sich innerhalb der Ordnung des Grundrisses in der beobachteten, partiellen Verwendung der sie regelnden axialen Ordnungssysteme. Diese ist offensichtlich der die gesamte Komposition reflektierenden übergeordneten Gestaltvorstellung untergeordnet. Die Ordnungssysteme sind dort aufgehoben oder gestört, wo die additive Gesamtvorstellung deren konsequentem Durchziehen entgegensteht. Andererseits ist deren unvollständiges Wiederaufnehmen auch zur Schaffung der gebrochenen, vieldeutigen, gewissermaßen angezweifelten aber artikulierten Einheit der Gesamtkomposition herangezogen.

Entsprechend ist bis ins Detail die effektive aber vieldeutige Lösung der sauberen, konsequenten aber unnötig klaren vorgezogen. Die Darstellung der Ordnung an sich ist kein Ziel der hier realisierten Architektur, vielmehr wird sie als Mittel zu einem übergeordneten Zweck verwandt.

Die Ambivalenz der Teilräume geht über eine Infragestellung ihrer bloßen Definition hinaus. Primär wirksam und unmittelbar erfahrbar ist vor allem die Zwiespältigkeit ihrer grundsätzlichen Zuordnung zum Kernraum des Gemeinderaumes wie zum Ganzen. Diese Unentschiedenheit wird durch die Asymmetrie des Gesamtgrundrisses verstärkt.

Besonders klar wird dieser Effekt bei den sogenannten „Seitenschiffen". Je nach Betrachtungsweise erscheinen dieselben als wirklich Seitenschiffe eines geosteten Gemeinderaumes oder aber als quergelagerte Narthexe, wie sie in den schmalen Vorbereichen des Gemeinderaumes von *St. George-in-the-East* vorliegen. Die deutlich unterschiedliche Funktion der beiden formal praktisch identischen Teilräume unterstreicht diese Vieldeutigkeit. Während das südliche „Seitenschiff" primär die Funktion eines Narthex wahrnimmt, allerdings eines entlang des Gemeinderaumes angeordneten, macht der fehlende Zugang von Norden das dortige Raumsegment fast ebenso eindeutig zu einem Seitenschiff.

Funktional ist die Schaffung eines längs des Gemeinderaumes angeordneten Narthex geradezu ideal, ermöglicht sie doch die optimale Leerung der nach Osten orientierten *pews*. Daß diese Lösung auch anderen Architekten der Kommission einleuchtete, beweist das Beispiel von *St. John, Smith Square*, von Thomas Archer (1714-1728). Dort sind jedoch wirklich zwei Portiken vorgesehen. Funktional und formal ist dies wesentlich konsequenter, es nimmt dem Ganzen aber die den vorliegenden Entwurf in ganz besonderer Weise auszeichnende Ambiguität und Spannung. Gerade dieser Unterschied macht aber Hawksmoors Architektur und ihre Leistung aus.

V.1.3.4.
Historische Vorbilder - Anregung und symbolische Aussage

Die komplexe Grundrißlösung Hawksmoors transportiert eine Vielzahl historischer Konnotationen. Sie beruht auf einer kreativen Umformung vielfältiger historischer Vorbilder, welche sich teilweise in erstaunlicher Deutlichkeit abzeichnen, ohne dabei wörtlich zitiert zu sein. Sowohl die prinzipielle Lösung des Zugangs und der Orientierung als auch bestimmte Formen der gestalterischen Umsetzung dieses Grundkonzepts erhalten aus diesem Hintergrund eine zusätzliche symbolische Bedeutung, die ihre Anwendung auch semantisch sinnvoll erscheinen läßt.

Besonders interessant im Zusammenhang des schon mehrfach beobachteten Primitivismus' Hawksmoors ist die Ähnlichkeit mit Rekonstruktionen des toskanischen Tempels.
Albertis Version desselben[48] zeigt einen in seiner Orientierung mehrdeutigen Raum. Dem Hauptbaukörper, einem Querrechteck mit vier, ein inneres Rechteck auszeichnenden Stützen, sind auf den Längsseiten ein Portikus beziehungsweise - diesem gegenüber - ein quadratischer Chorraum angefügt. Auf den Stirnseiten befinden sich flachere, rechteckige Chorräume. Die effektive Hauptachse ist wie bei *St. George* die kurze Achse. Die konkurrierenden Elemente an den Stirnseiten des Rechtecks betonen jedoch die geometrisch betrachtet natürliche Hauptachse und stellen somit die von der Funktion vorgegebene, faktische in Frage. Die Rekonstruktion ähnelt damit allerdings eher einigen dem eigentlichen Entwurf vorausgehenden Versuchen in den frühen Lageplänen[49] als der ausgeführten Kirche. Sie weist die räumliche Ambiguität und die konkurrierenden Foci der realisierten Lösung von *St. George* auf, läßt aber den deutlichen Wechsel der Orientierung beim Betreten durch den Portikus vermissen.
Claude Perraults Darstellung des toskanischen Tempels[50] hingegen zeigt die prinzipielle Lösung des Zugangs der Pfarrkirche von Bloomsbury. Für den Franzosen ist der Kern dieses historischen Bautypus' eine deutlich rechteckige Cella. Ein der gesamten Länge derselben entsprechender Portikus ist dieser auf einer Seite vorgelagert. Letzterer geht ohne Trennung in eine von zwei Anten, den Verlängerungen der Stirnwände der Cella, gefaßte Vorhalle über. Die Cella selbst ist in der Mittelachse des Portikus und damit auch derjenigen ihrer Längsseite erschlossen. Sie umfaßt einen grob quadratischen Raum mit zentraler Stütze sowie zwei dem Hauptraum auf einer der Schmalseiten angefügte rechteckige Apsiden. Wie bei *St. George* treffen Zugangsachse und liturgisch bestimmte Mittelachse des Innenraums rechtwinklig aufeinander.

Ein den Richtungswechsel mit der räumlichen Ambiguität des Innenraumes verbindendes Beispiel aus der Architektur der römischen Antike lieferte Hawksmoor Montanos *Raccolta* von 1638[51]. Der dort abgebildete Grundriß eines *„Tempio qui [...] fu fatto dalli Antichi nella Via Appia"* zeigt einen kreuzförmigen Innenraum, eingebettet in ein Quadrat. Zwei gegenüberliegende Seiten sind durch über das Quadrat hinausragende apsidiale Enden verlängert und betont. In eine der Apsiden ist das Kultbild eingestellt. Der Eingang befindet sich allerdings in einem der beiden kürzeren Arme des Kreuzes. Sowohl das den Eingangsbereich gegenüber angeordnete Gegenstück - der nördliche

---

48   Alberti, Leon Battista, *The Architecture of Leon Battista Alberti in ten Books of Painting in three Books and of statuary in one Book*, 3 Bde. (Leoni-Ausgabe), London 1726, Buch VII, Kap. IV, S. 27 (Abb.);
    Alberti, Leon Battista, *L'Architettura di Leonbatista Alberti Tradotta in Lingua Fiorentinha da Cosimo Bartoli*, Venedig 1565, Buch VII, Kap. IV, S. 210 (Abb.).
    Hawksmoor besaß beide Ausgaben. Vgl. hierzu: Watkin, D., *Sale catalogues of libraries of eminent persons*, Bd. IV, London 1974.

49   Vgl.: Teil B, V.2.2.1.

50   Vitruv, *Les Dix Livres d'Architecture de Vitruve*, hrsg. v. C. Perrault, Paris 1684, Buch IV, Kap. VI, S. 135, Tafel XXXII. Hawksmoor und Wren besaßen Perrault-Ausgaben. Vgl. hierzu: Watkin, a.a.O., 1974.

51   Montano, Giovanni Battista, *Raccolta de Tempii et Sepolchri designati dall' antico*, Rom 1638, Abb. 13. Hawksmoor besaß eine Montano-Ausgabe. Vgl. hierzu: Watkin, a.a.O., 1974.

Baukörper von *St. George* - als auch die Richtungsänderung sind in diesem historischen Vorbild gegeben.

Montanos Grundriß zeigt damit auch Ähnlichkeiten mit den Grundrissen von *St. John, Smith Square*, und *St. Paul, Deptford*, von Archer. Offensichtlich waren die Lösung und ihr historisches Vorbild unter den Architekten der Kommission im Gespräch. Während die Archer-Kirchen dem Montano-Muster im einzelnen wesentlich näher kommen, übernimmt aber keine die räumliche Konstellation mit dem rein formal begründeten Nordarm des griechischen Kreuzes. Diese Eigenheit findet sich lediglich bei *St. George, Bloomsbury*, wieder.

Eine weitere, der römischen Antike entstammende Anregung darf nicht übersehen werden: die in der Traktatliteratur allgemein als Tempel des Friedens bezeichnete *Maxentiusbasilika*[52]. Sie diente nicht nur als Vorbild für die prinzipielle Grundrißlösung. Wir können in diesem Falle auch von einem Einfluß in formaler Hinsicht sprechen. Sowohl bei Wren als auch bei Hawksmoor finden sich mehrfach Hinweise auf eine intensive Auseinandersetzung mit diesem Vorbild. Der Bau galt nicht nur als der schönste Tempel des antiken Roms,[53] er hatte auch für die christliche Tradition eine Bedeutung. Traditionell wurde er als der Aufbewahrungsort der von Titus aus dem Tempel zu Jerusalem entführten Kultgegenstände bezeichnet.[54]

Die Gesamtform des Hauptbaukörpers von *St. George* mit den Seitenrisaliten und der auf der Längsseite angefügten Apsis entspricht weitgehend Palladios Grundriß im 6. Kapitel seines vierten Buches.[55] Allerdings hat der Westturm in *St. George* die Westapsis des römischen Vorbildes ersetzt, und der nördliche Baukörper der Kirche ist an die Stelle seiner nördlichen Apsis getreten. Im Innenbereich stimmt vor allem der Grundriß der sogenannten „Seitenschiffe" von *St. George* weitgehend mit dem Narthex der *Maxentiusbasilika* bei Palladio überein. Aber auch das Profil der Ostwand und die Stützenstellungen weisen einige Ähnlichkeiten auf. Fast möchte man meinen, der Narthex sei hier - verdoppelt - in den Hauptbaukörper der *Maxentiusbasilika* eingeführt.

In Rossis Rekonstruktion der Basilika - mit lediglich einer Apsis an einer ihrer Längsseiten und einem Tempelportikus an einer Schmalseite des Baus[56] - sind zusätzlich zu der sich in allen Rekonstruktionen zeigenden Ambiguität der Orientierung des Grundrisses infolge der deutlich größeren Breite der Apsiden an den Längsseiten sogar der Richtungswechsel von *St. George* und die Kombination mit einem Tempelportikus vorgeprägt.[57]

Das Motiv des Zugangs von Süden und des Richtungswechsels zum korrekt orientierten Gemeinderaum hatte jedoch auch ein bedeutendes frühchristliches Vorbild: die *Grabeskirche* in Jeru-

---

52   Palladio, Andrea, *The Architecture of A. Palladio in four Booke*, Hrsg. G. Leoni, London 1715, Buch IV,
       S. 14-15, Abb. II-IV;
       Rossi, Filippo, *Descrizione di Roma Antica Formata Novamente*, Tomo I, Rom 1707, S. 253-257;
       Serlio, Sebastiano, *De Architettura Libri sex*, Venedig 1663, S. 103-104;
       Desgodetz, A., *Les Edifices Antiques de Rome*, Paris 1682, S. 105-109.

53   Palladio, a.a.O., 1715, Buch IV, S. 14-15:
       „We read that this Temple was the greatest, the most magnificent, and the richest of the whole city".

54   Palladio, a.a.O., 1715, Buch IV., S. 14-15:
       „This Temple was [...] finish'd by Vespasian after he return'd victorious from Judea; dispositing therein all the vessels
       and ornaments of the temple of Jerusalem, which he carry'd in triumph".

55   Palladio, a.a.O., 1715, Buch IV, Abb. II;
       Palladio, Andrea, *The Four Books of Architecture* (unabridged and unaltered republication of the work originally published
       by Isaac Ware in 1738), Mineola, N.Y. 1965, Buch IV, Kap. VI, Abb. I;
       Palladio, Andrea, *Die vier Bücher zur Architektur*, nach der Ausgabe Venedig 1570, 2. Aufl., Zürich und München 1983,
       Buch IV, Kap. 6, S. 118.

56   Rossi, a.a.O., 1707, S. 253-257.

57   Interessanterweise entspricht der ausgeführte Bau mit seinem Westeingang der durch Konstantins Einfügung der Nordapsis
       und eines ihr gegenüber plazierten Eingangs von der Via Sacra entstandenen Situation. Insofern ist Hawksmoors Grundriß
       fast noch näher an der archäologisch belegten Realität als Rossis Rekonstruktion, die er offensichtlich zugrunde legte.

salem[58]. Hawksmoor kannte Abbildungen davon; und, wie wir oben gesehen haben, ließ er sich auch an anderer Stelle von diesem Bau inspirieren. Interessanterweise entspricht über die bloße Frage des Zugangs und der Orientierung hinaus auch die Gegenüberstellung eines zusätzlichen Seitenschiffes in Norden und eines schmalen Narthex[59] im Süden der Lösung von *St. George*. Zudem ist der Grundriß des wesentlich breiteren als langen Gemeinderaumes der Grabeskirche mit seinen fünf Schiffen und dem quadratischen Kernbereich, mit dem unter der zentralen Kuppel angeordneten Chor, an den sich die Sonderelemente, die Apsis und das heilige Grab, einander gegenüber anschließen, insgesamt als der prinzipiellen Lösung von Bloomsbury entsprechend zu bezeichnen. Wenn wir davon ausgehen, daß bei *St. George* der Raum unter dem Westturm ursprünglich als Ort der Taufe gedacht war, und wenn wir uns die traditionelle ideelle Verwandtschaft der Taufe mit dem Tod und der Auferstehung Christi vor Augen halten, dann erhält der Grundriß der Kirche Hawksmoors auch gedanklich eine Verwandtschaft mit diesem Hauptwerk frühchristlicher Architektur.

Für die dahinter stehende allgemeine Orientierung am frühen Christentum finden sich auch in diesem Entwurf weitere Hinweise. Die Ähnlichkeit des Hauptraumes mit der Konzeption des Innenraumes der Kirche über dem Geburtsort von Johannes und Jakobus haben wir bereits erwähnt.[60] Vor allem der deutliche Kontrast zwischen senkrecht die Wandebene durchstoßenden, massiven Pfeilern und der verbleibenden, fast nur noch als dünne Füllung erscheinenden Wand findet sich aber auch in den Darstellungen der *Haghia Sophia*.[61] Diese Ähnlichkeit verstärkt den sich vor Ort stark aufdrängenden Eindruck, die Pfeiler der Stirnwände des quadratischen Gemeinderaumes deuteten auf nie ausgeführte interne Stützen hin. Interessanterweise begann auch die Entwicklung des Grundrisses von *St. George-in-the-East* mit einem stützenfreien, fast quadratischen Gemeinderaum. Dort wurden die vier Stützen später jedoch noch eingefügt. Die in Wapping nicht vorhandenen massiven Gegenstücke in der Hülle mögen insofern auch als eine bewußte Andeutung der Kreuzkuppelkirche gedacht gewesen sein. Sie ermöglichten den Verzicht auf die interne Stützenstellung, welche den Grundriß verunklärt und vor allem den korrekt orientierten Kernbereich in seiner klaren Erkennbarkeit in Frage gestellt hätte. Sie erlaubten aber dennoch die Beibehaltung der historischen Referenz, welche dem Architekten offensichtlich viel bedeutete.

Die Schaffung eines praktisch quadratischen Kernbereichs muß daher auch hier mit Hawksmoors Vorstellung der frühchristlichen Kirche, der *„Basilika after the primitive Chris-tians"*,[62] wie er sie in einer Skizze um 1711 zu Papier zu bringen versuchte,[63] in Zusammenhang gebracht werden.

Auffälligerweise, vielleicht auch notwendigerweise verbinden gerade die hier beobachteten Charkteristika die *Haghia Sophia* - und damit auch *St. George, Bloomsbury* - mit den osmanischen Moscheen, die Nicholas Hawksmoor aus den *Travel Books* der Zeit ebenso bekannt waren.[64] Vor

---

58 Amico, Bernardino, *Trattato delle Piante et Imagini de i Sacri Edifizi di Terra Santa*, Rom 1609, Abb. X; Sandys, George, *A Relation of a Journey begun An: Dom: 1610*, Foure Bookes, London 1615, S. 162.

59 Vgl. zu Hawksmoors Informationen bzgl. der frühchristlichen/byzantinischen Kirchen und v.a. zum Narthex auch: Smith, T., *An Account of the Greek Church as to its Doctrine and Rites with Several Historicall Remarks interspesed, relating thereto*, London 1680, S. 64-65.

60 S.o.: Teil B, V.1.3.1.a.

61 Grelot, G.J., *Relation Nouvelle d'un Voyage de Constantinople*, Paris 1681, S. 133; Ball, John, *A Description of the City of Constantinopel As it stood in the Reigns of Arcadius and Honorius*, London 1729, Abb. 3.

62 Vgl. auch: Odgers, Juliat, *Hawksmoor's part in building the Fifty New Churches*, A Dissertation presented to the Department of Architecture, University of Cambridge for the Diploma Examination (unveröffentl. Manuskript), Cambridge, Mai 1984, S. 59.

63 *L.P.L., MS.2750/16*, datiert auf 1711.

64 Grelot, J., *A Late Voyage to Constantinople*, London 1683, S. 209-217, Abb. XI; Grelot, a.a.O., 1681, S. 329, 341.

allem G.J. Grelots Darstellungen der Grundrisse von *Suleimanije* und *Sultan Ahmet Moschee* (*Blaue Moschee*) sind in dieser Hinsicht von Interesse. Sie weisen die massiven Wandpfeiler des Kirchenbaus Hawksmoors auf und erscheinen in ihrer Orientierung sehr vage.

Der Grundriß der *Sultan Ahmet Moschee* zeigt zudem ein Rechteck mit ritueller Orientierung entlang der kürzeren Mittelachse. Nur durch die Galerien entlang der kürzeren Seiten wird der Kernbereich des Gemeinderaums auf ein Quadrat reduziert. Ein Eingang über Portiken auf den schmaleren Längsseiten[65] ist vorgesehen. Die *Suleimanije* weist eine ähnliche Lösung auf. Auch hier befinden sich Eingänge auf der Längsseite.[66] Fast noch wichtiger ist aber die subtile Andeutung der Orientierung durch längliche Elemente im Innenraum, die von den Pfeilern in der Ostwand aufgenommen werden.

Hawksmoor standen mit diesen Beispielen osmanischer Sakralbaukunst weitere historische Vorbilder zur Verfügung. Daß er diese Bauten aber nicht nur kannte, daß er sie in seiner eigenen Architektur auch verarbeitete, belegen frühe Entwürfe für *Radcliffe Camera* in Oxford. Diese weisen große Ähnlichkeiten mit seinen Kirchenentwürfen auf. Ein Grund hierfür ist sicher in der Idee der Bibliothek als einem Denkmal für den Stifter zu suchen. Entsprechend wurde dort schließlich auch ein am Typus des Grabmals orientierter Bau errichtet. Die Bedeutung des Denkmalsgedankens für die Kirchenbauten Hawksmoors haben wir aber bereits erwähnt. Grelot bezeichnet die *Suleymanije* ihrerseits als *„a faithful and eternal monument of his* [Suleimans] *victories"*, was auch sie zu einem Memorialbau macht und damit den Kreis schließt.

Eines der frühesten Blätter für *Radcliffe Camera* weist besonders große Ähnlichkeit mit der in *St. George, Bloomsbury*, realisierten Lösung auf. Im diesem OG-Grundriß ist ein nach Süden orientierter Portikus vorgesehen.[67] Ein weiterer, ungefähr 1712/13 entstandener Entwurf[68] orientiert sich derart eindeutig an den Grundrissen der *Suleimanije*,[69] wie sie sich in Grelots *Relation Nouvelle d'un Voyage en Constantinople*[70] finden, daß die insgesamt etwas weniger offensichtlichen Anleihen im Grundriß von *St. George, Bloomsbury*, erkennbar und verständlich werden.

Die Frage, wieso Hawksmoor ein Kultgebäude des Islam für ein geeignetes Vorbild hielt, wurde bereits erörtert.[71] Seine Auseinandersetzung mit diesen geht wesentlich weiter als die bloße Übernahme einer prinzipiellen räumlichen Idee. Er muß in den Gebäuden selbst und vor allem in ihrem Typus eine konsequente Weiterentwicklung frühchristlicher Vorbilder gesehen haben, was sie zu angemessenen Anregungen für den Kirchenbau werden ließ.

Der Grundriß von *St. George, Bloomsbury* läßt sich jedoch nicht nur in einen breiten historischen Kontext einordnen. Auch innerhalb des Werkes Hawksmoors ergibt sich eine Serie von vergleichbaren Beispielen der Umsetzung ähnlicher räumlicher Konzepte.

---

65 Grelot, a.a.O., 1683, S. 215, Abb. XI:
„The outward Galleries that give admitance into the inward Galleries that answer to them".

66 Grelot, a.a.O., 1681, S. 341: „Galleries exterieures, par òu les gens de la suite du Grand Seigbeur entrent dans celles du dedans pour y faire leur priere".

67 *Ashmolean Museum, Oxford, Gibbs Collection, Hawksmoor portfolio I, fol. 5 (Gillam II.3).*
Vgl. auch: Lang, S., *By Hawksmoor out of Gibbs*, S. 187, in: *Architectural Review*, Bd. CV, April 1949, S. 183-190.

68 *Ashmolean Museum, Oxford, Gibbs Collection, Hawksmoor portfolio I, fol. 4, 7, 8, 10 (Gillam II.4-8)*
(Downes-Katalog Nr. 281-284).

69 Downes, Kerry, *Hawksmoor* (Studies in Architecture, Bd. II), 1. Ausg., London 1959, S. 29-30;
Lang, S., a.a.O., 1949, S. 187.

70 Wren besaß die Pariser Ausgabe von 1689.
Vgl. hierzu:
Watkin, a.a.O., 1974;
Lang, S., a.a.O., 1949, S. 187.

71 Vgl. zum Bsp.: Teil B, IV.1.3.4.c.

Das früheste Beispiel hierfür ist sein zweiter Entwurf für die Kapelle für *Greenwich Hospital*,[72] den Downes auf circa 1702 datiert. Derselbe ist demnach deutlich vor *St. George* und allen Entwürfen für die Kommission entstanden. Hier erforderte die dominante Achse der Anlage einen Nord-Portikus, die korrekte Orientierung wurde aber dennoch nicht aufgegeben. Bei einem Entwurf, der sich so offensichtlich über jede Realität hinwegsetzte, erscheint die Beibehaltung der liturgisch korrekten Orientierung überraschend. Sie deutet darauf hin, daß Hawksmoor selbst dieser Frage eine gewisse Bedeutung zumaß, daß er von der Kommission nicht gezwungen werden mußte, diesen Aspekt in seine Planungen einzubeziehen.

Wenig später - zwischen 1708 und 1709 - entstanden die alternativen Vorschläge für die Umgestaltung von *the Queen's College, Oxford*.[73] Wieder entwickelte der Architekt einige Lösungen freistehender Bauten mit korrekter Orientierung und einem Zugang von Süden - im rechten Winkel zur liturgischen Achse. Besonders interessant ist der als „*A*" gekennzeichnete Vorschlag[74] eines Längsrechtecks mit einem auf dessen ganzer Breite vorgestellten Hexastylos. Hawksmoor hatte also bereits einige Erfahrung bezüglich der Lösung des Dilemmas von Zugang und liturgischer Achse, als er Anfang 1715 mit dem Entwurf für *St. George, Bloomsbury*, begann.

Möglicherweise waren seine dabei entwickelten Lösungsansätze auch von französischen Vorbildern beeinflußt, wie sie zum Beispiel Marot mit der *Kirche der Sorbonne* veröffentlichte. Der Grundriß dieses Gotteshauses zeigt einen großen Portikus mit Haupteingang auf der Längsseite des Kirchenraumes.[75]

Hawksmoor versuchte sich später noch einmal an diesem Thema. Der erst um 1720 entstandene Entwurf für *Brasenose College, Oxford*,[76] weist in der *chapel* wiederum den charakteristischen Richtungswechsel auf.

Die in jeder individuellen Lösung und auf alle Fälle auch bei *St. George* nachweisbare Bezugnahme auf spezifische historische Bauten beweist, daß Hawksmoor in der Aufgabe allerdings nicht nur ein rein räumlich zu lösendes funktionales Problem sah. Offensichtlich wollte er mit den benutzten Formen auch eine Deutung des Baus vermitteln. Die Auswahl der zitierten Vorbilder belegt deutlich einen gedanklichen Bezug zur Aufgabe. Die bloße Verwendung historischer Vorbilder als zu kopierende räumliche Lösungen kann folglich ausgeschlossen werden. Die beobachtete Verschränkung und komplexe Überlagerung der verschiedenen Zitate macht diese Annahme zusätzlich unmöglich. Sie ist viel zu simplifizierend, um das komplexe Resultat zu erklären.

Die Vorbilder sind dabei jedoch nur unvollständig, andeutungsweise und verfremdet in das Projekt eingeführt. Von einer Rekonstruktion kann daher ebenfalls nicht gesprochen werden. Offensichtlich verwendete Hawksmoor die Anspielung auf historische Bauten in symbolischer Weise. Mit dem Vorbild und dessen Entstehungszeit verbundene Ideen sollten über das unvollständige oder auch verfremdete Zitat in den Bau eingebracht werden. Das Ziel scheint viel mehr die Darstellung der Komplexität der mit einer Bauaufgabe verbundenen Ideen und Traditionen gewesen zu sein als die Identifikation des Baus mit einem architektonischen Vorbild aus der Geschichte.

---

72   Vgl. hierzu:
      Downes, a.a.O., 1979, S. 91-93;
      Downes, a.a.O., 1987, S. 96-97;
      Tipping, H. Avray, *English Homes*, Periode V, Bd. I, *Early Georgian, 1714-1760*, London 1921.

73   *The Queen's College Library, College Muniment 106* (Downes-Katalog Nr. 236-255).
      Vgl. auch:
      Downes, a.a.O., 1987, S. 71-75;
      Downes, a.a.O., 1959, S. 90-107.

74   *The Queen's College Library, College Muniment 106* (Downes-Katalog Nr. 250-253).

75   Marot, Jean, *Receuil des Plans Profiles et Eleuations des plusieurs Palais Chasteaux Eglises Sepultures Grotes et Hostels*, Paris 1676.

76   Vgl.: *Worcester College Library, cat. no.65* (Downes-Katalog Nr. 228), ca. 1720.

Im Grundriß von *St. George, Bloomsbury*, überlagerte der Entwerfer daher den antiken Tempel - und zwar besonders den römischen Tempel des Friedens, den Aufbewahrungsort der Kultgegenstände des Tempels von Jerusalem - mit Anspielungen auf das frühe Christentum - die Grabeskirche und damit den Kern des Christentums, den Opfertod Christi - und die byzantinische Staatskirche. Er verband dadurch römisches Kaisertum und reines Christentum zu einer in komplexer Weise miteinander verbundenen Einheit.

Der in der dreidimensionalen Komposition deutlich erkennbare Typus der traditionellen englischen Pfarrkirche tritt hier im Grundriß nur noch in sehr verfremdeter Form in Erscheinung. Dies macht die Komplexität des Entwurfes, der Grundriß, Ansichten und Baukörper genauso wenig eindeutig integriert wie die verschiedenen Elemente des Grundrisses, um so deutlicher.

V.1.4.
Die Ansichten
(Abb. 144, 147-158)

V.1.4.1.
Die Südansicht
(Abb. 144, 147-152)

V.1.4.1.a.
Der Portikus - ein Verweis auf das *Pantheon*
(Abb. 144, 148-149)

Die Südansicht von *St. George* ist zweifelsohne die Hauptansicht des Gebäudes. Sie wird dominiert vom korinthischen Hexastylos des Portikus.

Die Idee der Verwendung eines korrekten, voll ausgebildeten, freistehenden Tempelportikus in der Kirchenbaukunst[77] war in England zumindest seit Inigo Jones' *St. Paul's, Covent Garden*, nicht mehr gänzlich neu. Auch die Einführung des Themas in die Architektur der Kommission kann nicht alleine Nicholas Hawksmoor zugeschrieben werden. Ohne Zweifel lassen ihm seine Beschäftigung mit der Rekonstruktion klassischer Tempel[78] und seine frühzeitig nachweisbare Verwendung des Tempels als Vorbild für den Entwurf von Kirchenbauten[79] innerhalb der an den Entwürfen der

---

[77]   In der säkularen Baukunst ist Colen Campbells Portikus von *Wanstead* von 1713 wahrscheinlich das erste Beispiel einer derart klassischen Ausbildung eines korinthischen Portikus.
Vgl. hierzu: Jeffery, Sally, *Hawksmoor's churches built under the 1711 Act*, Vortrag a.a.O.

[78]   Vgl. Hawksmoors Interesse an den Tempeln von Baalbek, die in seinen Illustrationen für Maundrells Buch faßbar wird:
Maundrell, H., *Journey from Aleppo to Jerusalem at Easter A.D. 1697*, 3. Ausg., Oxford 1714, S. 135.
Vgl. hierzu auch:
Summerson, John, *Architecture in Britain 1530-1830*, 7. überarb. und erweiterte (3. integrierte) Ausg., London 1983, Reprint 1986, S. 306;
Odgers, a.a.O., S. 63-64.

[79]   Vgl. als Beispiele:
- 1702-1711, Hawksmoors zweites Projekt für eine Kapelle für *Greenwich Hospital*:
R.I.B.A. Drawings-Collection, E5/6 (Downes-Katalog Nr. 333);
Sir John Soane's Museum, Library, I.61 (Downes Katalog Nr. 335);
Castle Howard Archives, Zeichnung der halben Südfront, (Downes-Katalog Nr. 338).
Vgl. hierzu auch: Downes, a.a.O., 1959, S. 90-95.
- 1708-1709, Hawksmoors Vorschläge für die Kapelle von *the Queen's College, Oxford*, v.a. Alternative „A":

Kommission beteiligten Architekten in dieser Frage aber dennoch eine bedeutende Rolle zukom⁻
men.[80]

Der ab 1717 nachweislich vorgesehene und in der Planung 1721 auf eine Tiefe von zwei Interkolumnien vergrößerte Portikus von *St. George* ist jedoch auf keinen Fall das früheste ausgeführte
Beispiel eines korinthischen Portikus innerhalb der von der Kommission erstellten Kirchen.
St. George, Hanover Square, von James[81] macht der Kirche von Bloomsbury diesen Platz streitig[82].
Weitere Beispiele für die Verwendung des Tempelportikus unter den Kirchenbauten der Kommis⁻
sion[83] lassen den Schluß zu, daß das Thema in den Kreisen der Kommission und ihrer Architekten
diskutiert, akzeptiert und mit allgemeiner Zustimmung verwendet wurde.[84] Die große Anzahl auf
dem Typus des klassischen Tempels beruhender Entwürfe bei den in der Zeit der Suche nach einem
allgemeinen Modell für die zu planenden Kirchen entstandenen Modellen bestätigt diese An⁻
nahme.[85] Downes hält dabei allerdings einen massiven Einfluß von Entwicklungen innerhalb des
Zirkels um Wren noch vor Einrichtung der Kommission für möglich.[86]

Auf jeden Fall wirft die auffällig intensive Bearbeitung des Themas in der Architektur der
Kommission die Frage nach der Angemessenheit der mit dieser Form verbundenen Assoziationen für

---

the Queen's College Library, College Muniment 106 (Downes-Katalog Nrs. 250-253).
Vgl hierzu auch:
Downes, a.a.O., 1987, S. 71;
Downes, a.a.O., 1959, S. 105-106.
- Um 1712, Vorentwurf für *St. Alfege*:
All Souls, the Codrington Library, Wren Drawings, I.13;
Modelle, Donaldson Nr. 5,6.
- 1712-1713, Hawksmoors Entwurf für eine *„University Church"* in Oxford:
Brasenose College Archives, Brasenose College Plans, 36 (Downes-Katalog Nr. 407);
Bodl.Lib., Oxford, MS.Top.Oxon.a.26(R) (Downes-Katalog Nr. 408).
- Um 1714, Hawksmoors Zeichnungen für *St. Mary le Strand*:
Westminster Public Library, Acc.N⁰ 1144, Class N⁰ G131 (nos.6&7).
Vgl. hierzu auch: Jeffery, Sally, *Hawksmoor's churches built under the 1711 Act*, Vortrag a.a.O.
(hier jedoch auf ab 1721 datiert).

[80]   Colvin hebt das bei Hawksmoors im Vergleich zu seinen Kollegen viel stärker ausgeprägte Interesse an der Antike selbst
hervor, das sich dann in seinen Entwürfen äußere.
Summerson bezeichnete den Portikus als *„more nobly Roman than any other in Britain"*.
Vgl. hierzu:
Colvin, H., *fifty new churches*, S. 195, in: *Architectural Review*, Bd. CVII, März 1950, S. 189-196.

[81]   1712-1724.

[82]   Downes, a.a.O., 1987, S. 138-139;
Jeffery, Sally, *Hawksmoor's churches under the 1711 Act*, Vortrag a.a.O;
Summerson, a.a.O., 1986, S. 311.

[83]   Gibbs' *St. Martin in the Fields* entstand 1721-1726. Vgl. hierzu:
Downes, a.a.O., 1987, S. 138-139;
Jeffery, Sally, *Hawksmoor's churches under the 1711 Act*, Vortrag a.a.O.

[84]   Weder Pevsners Zurückführung des Motivs auf Gibbs, noch die von Summerson geäußerte Auffassung, *St. George, Hanover
Square*, sei der Präzedenzfall, an dem sich die anderen Beispiele durchgehend orientierten, kann so gehalten werden.
Vgl. hierzu:
Pevsner, a.a.O., 1973, S. 83;
Summerson, John, a.a.O., 1986, S. 311.

[85]   Vgl. z. Bsp.:
1712-1714, Modelle von Gibbs, darunter sein Vorschlag für *St. Mary le Strand*: Donaldson Nr. 4, 9, 11.;
1717, Colen Campbell, *Church in Vitruvian Style*.
Vgl. hierzu auch:
Jeffery, Sally, *Hawksmoor's churches built under the 1711 Act*, Vortrag a.a.O.;
Pevsner, Nikolaus, *Buildings of England, London 1: The Cities of London and Westminster*, London 1973, S. 82.

[86]   Vgl. auch: Downes, a.a.O., 1987, S. 138-139.
Zur zeitgleichen Entwicklung in der Profanarchitektur vgl. u.a.:
Worsley, Giles, *Classical Architecture in Britain - The Heroic Age*, New Haven & London 1995, S. 101-102.

einen Bau der anglikanischen Kirche auf. *St. George* bietet zumindest eine Ansatz für die Lösung dieses Problems. Der Portikus bezieht sich mit seiner Gestaltung nämlich weniger auf den römischen Tempel an sich, als auf das spezifische Vorbild des Portikus des *Pantheons*, welches bekanntlich noch in römischer Zeit in eine Kirche umgewandelt worden war und somit als eines der besten Symbole der Kontinuität der antiken Tradition in der christlichen Kirche betrachtet werden konnte.

Colvin zitiert im Widerspruch dazu Stukeleys Memoiren als Beleg dafür, daß Hawksmoor hier den Tempel in Baalbek zum Vorbild genommen habe. Die unter Hawksmoors Namen in Maundrells *Journey from Aleppo to Jerusalem at Easter A.D. 1697* (3. Ausg., Oxford 1714) veröffentlichte Rekonstruktion desselben unterscheidet sich aber wesentlich deutlicher vom der Vorhalle von *St. George* als der allgemein bekannte Portikus des *Pantheons*. Schon allein die Breite von 8 Säulen spricht gegen Colvins Annahme.[87] Stukeley muß ganz einfach falsch informiert gewesen sein. Unabhängig davon ist allerdings zu bemerken, daß auch die Tempel in Baalbek als Kirchen weiterverwendet wurden. Maundrell erwähnt dies ausdrücklich.

Die wie im *Pantheon* unkannellierten Säulen des Portikus von *St. George* erheben sich über einem circa 7' hohen Podium. Dessen Höhe entspricht derjenigen des sich um das gesamte Gebäude ziehenden Sockels der Fassaden. Unter den Ecksäulen ist das Podium leicht nach vorne gebrochen, so daß in der Ansicht ein angedeutetes Postament entsteht. Die in ihrer Breite den mittleren drei Interkolumnien entsprechende Freitreppe ist von im Querschnitt den angedeuteten Postamenten unter den Ecksäulen entsprechenden Wangen gerahmt. Zwischen diesen beiden Elementen befinden sich die erwähnten Eingänge in die Krypta. Es handelt sich dabei um einfache, glatt aus der Wand geschnittene, rechteckige Türchen mit einer Proportion von circa 10:7. Diese durchbrechen die ansonsten überall durchgeführte, klassisch profilierte Basis des Podiums.

Die Ordnung der Säulen entspricht weitgehend der korinthischen Ordnung bei Palladio oder Scamozzi. Obwohl die glatten Säulenschäfte deutlich an den Portikus des *Pantheons* erinnern und obwohl Tiefe wie Breite und damit auch Säulenzahl der vorliegenden Gestaltung ebenfalls mit dem hadrianischen Vorbild übereinstimmen, entsprechen die Details der Ordnung diesem Muster nicht exakt. Hawksmoor kopierte auch in diesem Falle nicht wirklich, was alleine schon die Addition des Podiums beweist.

Das Tympanon des Giebels ist glatt belassen. Über dem schrägen Giebelgesims wird wie bei den anderen Tempelgiebeln Hawksmoors ein die Giebelwand fortsetzender schmaler Mauerwerksstreifen sichtbar. Oberhalb des Firsts befindet sich zudem ein eine Akroterskulptur andeutender Sockel. An den beiden Ecken, den vorderen Enden der Traufen, befinden sich eben solche Elemente. Bei diesen handelt es sich allerdings um die Stirnseiten der über der gesamten Traufe ebenso hinter dem Gesims nach oben gezogenen Mauerwerksscheibe, welche den Kern des Gebälks bildet. Auch hier läßt Hawksmoors Detaillierung die klassische Ornamentik appliziert erscheinen. Ihr additiver Charakter wird visuell faßbar.

V.1.4.1.b.
Der Hauptbaukörper: eine Seitenfassade hinter dem Portikus
(Abb. 144, 150-152)

Hinter dem Portikus ist die Südwand des Hauptbaukörpers sichtbar. Sie ragt zu beiden Seiten gute 6' über die Vorhalle hinaus. Die sie in ihrer Höhe abschließende Attika nimmt die Oberkante der über

---

[87]   Vgl.:
Colvin, H., *fifty new churches*, S. 195, Anm. 60, in: *Architectural Review*, Bd. CVII, März 1950, S. 189-196;
Maundrell, H., *Journey from Aleppo to Jerusalem at Easter A.D. 1697*, 3. Ausg., Oxford 1714, S. 135.
Vgl. auch: Stukeley, William, *Memoirs*, in: *Surtees Society*, Bd. III, S. 9.

den Traufen des Portikus sichtbar werdenden Mauerwerksscheiben auf. Es entsteht ein liegendes Rechteck mit einer Proportion von circa 17:24.

Die Fassade übernimmt die horizontale Gliederung des Portikus. Dem Podium entspricht der durch ein Band nach oben abgeschlossene Sockel. Die klassische Basis des ersteren ist durch einen entsprechenden Streifen konsequent fortgesetzt. Dem Gesims der Ordnung ist das Hauptgesims des Hauptbaukörpers auf gleicher Höhe entgegengestellt. Im Detail findet dabei eine klare Differenzierung statt. Keines der Zierglieder ist unverändert übernommen. Die Profile des Podiums sind beide durch glatte Bänder ersetzt. Die Nahtstelle erinnert dadurch an eine Vielzahl anderer Details Hawksmoors, welche die Herkunft klassischer Details aus dem Quader Stein durch die Gegenüberstellung von Block und voll ausgebildeter Form visualisieren. Im Falle des das Podium nach oben abschließenden Profils ist das glatte Band des Hauptbaukörpers sogar etwas breiter als das fein ausgearbeitete Detail des Portikus *(Abb. 151)*. Am oberen Ende derselben Kante stoßen Architrav und Fries der Ordnung des Portikus stumpf auf die Wandscheibe des Hauptbaukörpers, und das Gesims des Portikus kollidiert gewaltsam mit dem Kranzgesims des Hauptbaukörpers. Bei dem letzteren handelt es sich um ein Konsolgesims, welches in etwa dem Gesims der kompositen Ordnung des *Kolosseums*[88], dem Hauptgesims in der Blendmauer des Bezirks des *Tempels des Mars Ultor*[89] in Rom oder aber auch dem Kranzgesims des *Pantheons*[90] entspricht *(Abb. 150)*.

Die Anschlußdetails betonen in ihrer offensichtlich gewollten Unstimmigkeit die Additivität der Komposition und damit die Selbständigkeit des Baukörpers des Portikus. Die sich in ihrer exakt quadratischen Form deutlich von den leicht hochrechteckigen Kryptafenstern im Sockel des Hauptbaukörpers der Kirche unterscheidenden Fenster im Podium des Portikus bewirken exakt dasselbe.

Konsequenterweise ist das Gebälk der Ordnung des Portikus auch vor der Südseite des Hauptbaukörpers herumgeführt. Dort wird es gestützt von den der Fassade vorgestellten Dreiviertelsäulen. Die von Goodhart-Rendel als ungewöhnlich, aber gut bezeichnete[91] Wahl von Dreiviertelsäulen an dieser Stelle ergab sich notwendig aus der Entasis der Säulen sowie aus dem Bestreben, zwischen der Untersicht des regulären Gebälks und der Südwand des Hauptbaukörpers keine Lücke entstehen zu lassen *(Abb. 152)*.

In die hinter den Säulen sichtbar werdende Wand sind in jedem Interkolumnium eine Tür sowie ein Galeriefenster eingefügt. Die Türöffnungen sind allesamt 5' breit, messen bis zur Oberkante des Kämpfers 10' und sind von einem Bogen überspannt. Die Archivolte ist ebenso wie der Kämpfer mit dem von den drei Stepney-Kirchen bereits wohl bekannten klassischen Profil betont. In die Öffnung sind eine zweiflügelige Tür sowie eine den Halbkreis des Tympanon einnehmende verglaste Lunette eingefügt.

Die OG-Fenster sind ebenfalls 5' breit, ihre Höhe bis zur Oberkante des Kämpfers beträgt jedoch lediglich 8'. Das wie im EG den Kämpfer betonende Profil trifft ohne klaren Bezug auf die etwas tiefer ansetzenden korinthischen Kapitelle des Portikus. Es unterstreicht damit erneut den Bruch zwischen Vorhalle und Hauptbaukörper. Über dem Kämpfer verbleiben unterhalb des Architrav des Portikus lediglich etwas mehr als 2', weshalb hier ein voller Kreisbogen unmöglich ist. Die wie unten profilierten Archivolten sind in die Form eines Korbbogens gezwungen. Dies läßt die OG-Fenster geradezu vom Portikus eingezwängt und verformt erscheinen, was erneut der Visualisierung der Addition individueller Baukörper an der hier vorliegenden Schnittstelle von Portikus und Hauptbaukörper dient.

---

[88]   Serlio, Sebastiano, *The Five Books of Architecture*, an Unabridged Reprint of the English Edition of 1611, New York, 1982: Buch III, Kap. IV, fol. 32; Buch IV, Kap. IX, fol. 59.

[89]   Palladio, a.a.O., 1965, Buch IV, Kap. VII, Abb. 10.

[90]   Palladio, a.a.O., 1965, Buch IV, Kap. XX, Abb. 54.

[91]   Goodhart-Rendel, H.S., *The Works of Hawksmoor*, Teil III, S. 408, in: *The Architect and Building News*, Bd. 145, 27. März 1936, S. 408-410.

Auffällig ist die fehlende Betonung der Mittelachse durch ein sich in seiner Gestaltung abhebendes Hauptportal. Die Südwand an sich ist vollständig seriell gestaltet und erhält lediglich durch den vorgestellten Portikus mit seinem Giebel eine Betonung der Symmetrieachse. Da durch die Ausformung der Anschlußdetails aber die Trennung der beiden Baukörper betont ist, entsteht insgesamt eine mehrdeutige Situation. Eine Hauptfassade ist vor eine Seitenansicht gestellt; erstere verwandelt das Ganze in eine betonte Zugangsfassade, läßt die im Hauptbaukörper dominierende Ost-West-Richtung aber dennoch andeutungsweise spürbar werden.

V.1.4.1.c.

Der Obergaden

(Abb. 144, 148)

Deutlich zurückgesetzt ist oberhalb von Portikus und Hauptbaukörper ein zweiter Giebel sichtbar. Dieser krönt die Südseite des sich über dem Kernbereich des Gemeinderaumes erhebenden Obergadens. Als isolierbarer Baukörper ruht letzterer additiv wie ein Haus für sich auf dem Flachdach[92] des Hauptbaukörpers der Kirche.

Die Breite des Obergadens entspricht derjenigen des Portikus. Der Baukörper ist von der ansonsten lediglich in den den Hauptbaukörper im Norden und Süden ergänzenden Baukörpern anzutreffenden axialen Verwendung des grundlegenden 5'-Rasters geprägt. Auch in dieser Hinsicht ist er vom ihn tragenden Kern des Gebäudes differenziert. Insofern bewahrheitet sich erneut der in der dreidimensionalen Komposition gewonnene Eindruck dreier dem Hauptbaukörper additiv hinzugefügter, miteinander verwandter Elemente.

Das Kranzgesims des Obergadens - und damit die Unterseite des Tympanon seines Giebels - nimmt mit seinem Niveau die Höhe der Oberkante des angedeuteten Akroters über dem First des Portikus auf. Der Giebel selbst wiederholt mit reduzierten Gesimsen weitgehend exakt den Giebel der Säulenvorhalle. Entsprechend ist auch hier die Wandscheibe hinter den das Tympanon rahmenden Profilen nach oben gezogen und verweist damit auf den applizierten Charakter des klassischen Dekors. Gleichermaßen sind die Akrotere andeutenden Sockel in leicht verkleinerter Fassung erneut vorhanden. Das damit erreichte „formale Echo" schafft einen visuell wirksamen Zusammenhang zwischen den beiden an sich klar getrennten Elementen der Komposition. Prinzipiell entspricht dieses Vorgehen der gezielten Schaffung einer gestalterischen Einheit mit Hilfe verwandter Motive, wie es in anderen Entwürfen Hawksmoors vor allem in der Fassadengestaltung mehrfach nachgewiesen werden kann.

Im Giebelfeld selbst ist mittig eine 5' breite Lunette eingefügt; ohne jedes rahmende Profil ist diese aus der glatten Wandfläche geschnitten. In die darunter befindliche, rechteckige Fassadenfläche - den eigentlichen Lichtgaden - sind fünf Rundbogenfenster eingefügt. Diese messen in der Breite 4'. 6' beträgt der Abstand von der Brüstung derselben bis zu deren Kämpfer. Ihr Fensterbrett nimmt das Niveau der Attika über dem Hauptgesims des Hauptbaukörpers auf. Der Kämpfer der Fenster ist durch kurze Gesimsstücke betont, wie sie sich in den Endjochen der Längsfassaden von *Christ Church, Spitalfields,* finden. Auch in diesem Fall bewirkt das Detail die Andeutung eines in der Masse der Wand verborgenen Pilasters. Es dient damit erneut der Demonstration des applizierten Charakters klassischer Ornamentik. Das angedeutete Pilasterkapitell erscheint der Mauer aufgelegt; diese wird folglich als der Ursprung dieses spezifischen - oder auch jedes - Pilasters und damit als der Grundstoff der Architektur insgesamt erkenntlich.

Interessanterweise entsprechen die Achsen der Fenster weder der Ordnung der Türen der Südfassade, noch derjenigen der Fenster der Nordfassade. Der Achsabstand ist hier enger als im Portikus

---

92   De facto handelt es sich um ein leicht geneigtes Dach. Die Neigung wird jedoch hinter der Attika verborgen.

und weiter als im Norden. Die Selbständigkeit des Baukörpers wird dadurch auch in der Ansicht hervorgehoben. Dies erleichtert dessen Isolierung vom Hauptbaukörper.

Die Anordnung der beiden hintereinander und übereinander gestaffelten Giebel verstärkt über die rein formale Wirkung hinaus den bereits in der Gestaltung des Portikus angelegten Hinweis auf das *Pantheon* als Vorbild. Die von Palladio veröffentlichte Darstellung des antiken Gebäudes dürfte die Grundlage der vorliegenden Gestaltung sein.[93] Allerdings sind die Giebelfelder bei *St. George* im Gegensatz zum klassischen Vorbild nicht ineinander geschoben. In der Wahrnehmung des Baus ergibt sich allerdings ein vergleichbarer Effekt aus der perspektivischen Verzerrung. Die höhere Position des zweiten Giebels dient insofern der optischen Korrektur und entspricht damit der im Vergleich zum zitierten Vorbild größeren Entfernung der beiden Ebenen. Dieselbe verräumlichte Umsetzung desselben Vorbildes findet sich im Übrigen auch in dem oben bereits erwähnten Projekt Hawksmoors für *the Queen's College, Oxford*.[94]

Überraschenderweise weisen die dem Hauptbaukörper zugewandten Giebel von Portikus und nördlichem Baukörper jeweils eine Lunette auf, wie sie den Giebel über dem Lichtgaden durchbricht. Für den regulären Betrachter sind diese nicht zu sehen. Dessen ungeachtet verstärkt das Detail den Eindruck der Addition dreier verwandter, isolierbarer Baukörper. Das praktisch nur bei einer Auffassung des Baus als plastischem Ensemble relevante Detail unterstreicht die Dreidimensionalität der Elemente der Komposition und betont damit die räumliche Komponente der Additivität des Entwurfes. Es sind als solche gedachte Baukörper, welche die Komposition prägen. Das Prinzip der Additivität erfaßt den Bau insgesamt. Hawksmoors gezielte Manipulation des Erscheinungsbild und sein damit dokumentiertes Eingehen auf die Wahrnehmung der Architektur führten insofern zu keiner Vernachlässigung des räumlichen Aspekts der Komposition im Sinne einer Beschränkung auf eine bloße Fassadenarchitektur.

V.1.4.1.d.
Die Silhouette: Zusammenfassung unter dem traditionellen Typus

Zusammen mit dem im Westen hinten der Südansicht im engeren Sinne sichtbar werdenden Turm mit seiner steilen Stufenpyramide und dem zylindrischen Baukörper der dem Hauptbaukörper zugehörigen Apsis ergibt sich trotz der deutlichen Hinweise auf den römischen Tempel eine an der traditionellen englischen Pfarrkirche orientierte Silhouette. Die geradezu aufdringlich demonstrierte Additivität des Portikus verstärkt die Gleichzeitigkeit beider Lesarten. Man kann den Hauptbaukörper mitsamt dem Turm als eine von der Seite betretene Pfarrkirche traditionellen Typus' betrachten und gleichzeitig Portikus und Lichtgaden als einen am *Pantheon* orientierten römischen Tempel erkennen.

Daß es sich bei dem in dieser Kombination zitierten Tempel gerade um das schon in römischer Zeit in eine christliche Kirche umgewandelte *Pantheon* handelt, deutet folglich nicht nur auf eine Vorstellung von der Kontinuität antiker Tradition in der christlichen Kirche hin, es demonstriert die Vereinbarkeit des Christentums mit der römisch-kaiserlichen Tradition in einer beiden Elementen ihren Charakter bewahrenden Einheit. Die schon mehrfach beobachtete Beziehung des englischen Staatskirchentums auf den Caesaropapismus eines Konstantin weist exakt in dieselbe Richtung.

---

[93]   Palladio, a.a.O., 1983, Buch IV, Kap. 20, S. 362-363, Abb. 169-170;
       Palladio, a.a.O., Buch IV, Kap. 20, Abb. 52-53.

[94]   *The Queen's College Library, College Muniment 106*, (Downes-Katalog Nr. 250-253).

V.1.4.2.
Die Nordansicht
(Abb. 153-156)

Die Nordansicht von *St. George* ist in vieler Hinsicht ein Pendant der Südansicht. Auch sie wird von einem betont additiv dem Hauptbaukörper vorgestellten Baukörper beherrscht. Es handelt sich hierbei um den das zusätzliche nördliche Joch des Gemeinderaumes beherbergenden Kubus. Mit Ausnahme dieses allerdings sehr ungleichen Gegenstücks des Portikus entsprechen die Fassaden der Teilbaukörper vollständig der Südseite. Der seitlich neben dem Nordbaukörper sichtbar werdende Hauptbaukörper und der Lichtgaden, der Westturm und die Apsis bieten auf der Nordseite exakt dasselbe Bild wie von Süden. Selbst der den Portikus hier innerhalb der insgesamt spiegelverkehrten Komposition ersetzende geschlossene Baukörper wiederholt in seiner Gesamtform sein südliches Gegenstück. Dennoch ergibt sich ein vollkommen anderes Bild. Bei der Ansicht des nördlichen Baukörpers handelt es sich in keiner Weise um eine Tempelfassade. Die kleinteiligere, zweigeschossige Gestaltung der Außenwand differenziert seine Fassade deutlich von derjenigen des Portikus.[95]

Innerhalb dieser Fassade sind der Giebel und die sich darunter befindliche Wandfläche klar voneinander getrennt. Unterhalb ergibt sich ein Rechteck mit einer Proportion von circa 15:19. Horizontal ist dieses in drei Zonen geteilt: den circa 7' hohen Sockel, das 19' hohe Erdgeschoß, dem eine korinthische Pilasterordnung vorgelegt ist, und das 16' hohe OG mit vorgelegten Dreiviertelsäulen kompositer Ordnung.
 Die Details der Sockelzone entsprechen voll und ganz der Gestaltung des Hauptbaukörpers. Ein gut 1' breites Band schließt sie nach oben ab, ihren Fuß definiert ein weiteres, gut 2' breites und ebenso glattes Band. In jeder der fünf Fensterachsen ist ein Kryptafenster eingefügt. Die Öffnungen sind durchgehend ungefähr 4' breit und 5' hoch. Ihre Oberkante fällt mit der Unterkante des den Sockel abschließenden Bandes zusammen.
 Über den Fenstern befindet sich jeweils eines jener für Hawksmoors Fassadengestaltungen typischen kraftvollen Sturzelemente. Dieses setzt sich aus einem massiven „Balken" und einer der für seine Architektur besonders charakteristischen dreiteiligen Keilsteingruppen[96] zusammen. Besagter „Balken" ragt auf beiden Seiten circa 1' 6" über den Rand der Fenster. In diesen Bereichen ist der Stein um etwa 6" weiter nach unten geführt. Mit den sich ergebenden „Zähnen" umfaßt das Element die Öffnung, wie dies auch bei den entsprechenden Stürzen der Kirche in Wapping der Fall ist. Ansonsten entspricht die Höhe des Balkens dem abschließenden Band der Sockelzone. Die Keilsteingruppe ragt unten ein wenig in die Fensteröffnung. Mit ihrer Gesamthöhe von schätzungsweise 6' 6" reicht sie oben ein gutes Stück in die EG-Zone der Fassade. Sie ist dort mit einer 5' breiten Platte hinterlegt und trägt zusammen mit dieser das Fensterbrett der EG-Fenster.
 Wie bei *St. George-in-the-East* sind auch hier die Keilsteine derart übertrieben ausgebildet, daß von einer bloßen Darstellung einer objektiv vorhandenen konstruktiven Lösung nicht gesprochen werden kann. Die Überlagerung und Durchdringung von massivem Sturz und Keilsteingruppe stellt die beiden grundsätzlich möglichen konstruktiven Lösungen eines Sturzes gleichermaßen dar und in Frage. Die objektiv eingesetzte Konstruktion wird dabei eher verschleiert als thematisiert. Die Sturzelemente müssen daher trotz ihrer Massivität insgesamt als primär formal entwickelte, gleichermaßen dekorative wie symbolische Elemente verstanden werden.
 Rein formal betrachtet schaffen sie einen erdenklich krassen Kontrast zu der an sich wenig phantasievollen klassischen Gestaltung der Fassade darüber. Gerade neben einer von klassischen

---

95 Vgl. auch: Downes, a.a.O., 1959, S. 187.

96 Für Vorbilder vgl. v.a. die italienischen Manieristen.
 Als Anregung mögen aber auch Abbildungen in Palladios *Quattro Libri* gedient haben, welche die ornamentale Verwendung übertriebener Keilsteine zeigen. Vgl. hierzu zum Bsp.:
 Palladio, Andrea, *The Architecture of A. Palladio in four Booke*, hrsg. v. G. Leoni, London 1715, Buch II, Abb. II, VI, VII, X.

Ordnungen geprägten Fassadenfläche müssen sie aber auch als ein Symbol des massiven Mauerwerkbaus erkannt werden. Hawksmoors Gestaltung forciert auf formaler Ebene den Kontrast der beiden Prinzipien, löst diesen dabei gedanklich aber auf. Indem sie die Keilsteingruppen in die klassisch gestaltete Fläche hineinragen läßt, erscheinen die Pilaster und Säulen ebenso wie das massive Sturzdetail als aus derselben Wand, aus demselben massiven Natursteinmaterial in ein und demselben plastischen Prozeß entstanden.[97] Die vorgelegte Ordnung wird so als ein Sonderfall der plastischen Gestaltung der massiven Wand erkenntlich.

Im EG sind die Fenster wesentlich zurückhaltender gehalten als im Bereich des Sockels. Sie entsprechen in Form und Detaillierung exakt den Türen der Südfassade. Formal sind sie bis auf den Sockel heruntergeführt. Allerdings ist an ihrem Fuß - hinter der Keilsteingruppe - jeweils das eben beschriebenen Brüstungselement eingefügt. Die Unterkante der lichten Öffnung ist so faktisch um circa 2' 6" angehoben. Die diese markierenden Simsen entsprechen mit ihren an der Oberkante angefügten Profilen dem oben bei *St. Anne* bereits beobachteten Typus. Über ihnen ist zu beiden Seiten der Öffnung ein glatter, leicht vor die Wandfläche tretender blockhafter Sockel ausgebildet. Dieser deutet eine Basis der Fensterpfosten oder auch der durch Kämpfergesims und Öffnungen definierten Mauerwerkspfeiler zwischen den Fenstern an.

Jede der Fensterachsen ist von vorgelegten korinthischen Pfeilern gerahmt. Ihre Details entsprechen exakt der Ordnung des Portikus. Es ergibt sich eine Folge identischer Bögen mit vorgelegter Ordnung, eine Kolonnade nach dem Muster römischer Amphitheater.

Das Obergeschoß setzt die im EG angesprochenen Themen konsequent fort. Die Fenster unterscheiden sich lediglich durch ihre Höhe von ihren Gegenstücken im Erdgeschoß. Bis zur Oberkante der Kämpfer messen sie 8'. Sie werden von einer vorgelegten Komposit-Ordnung gerahmt. Allerdings handelt es sich bei den Stützen hier nicht um Pilaster, sondern um vollplastische Dreiviertelsäulen. Die Details entsprechen dabei am ehesten Palladios[98] oder auch Perraults[99] Angaben zur kompositen Ordnung.[100]

Wahrscheinlich um die Basen der Ordnung über dem ausladenden Gesims der korinthischen Ordnung des Erdgeschosses sichtbar werden zu lassen, sind die Säulen des Obergeschosses auf circa 1' hohe Sockelstreifen gestellt. In ihrer Breite entsprechen diese den Mauerwerkspfeilern zwischen den Fenstern. Diese Lösung widerspricht offen der Logik einer selbständig vor der Wand angeordneten Säulenarchitektur. Die den Mauerwerkspfeilern zugeordneten Blöcke verbinden Wand und Ordnung unmittelbar miteinander. Die Stützen des Obergeschosses stehen somit auf einem Teil der Mauer, welcher bis in die Ebene der Ordnung reicht. Erstere sind damit ihrer Autonomie und Isolierbarkeit beraubt. Die der Idee der vorgelegten Ordnung an sich zugrunde liegende Trennung der Systeme von Mauer und Ordnung ist unmöglich.

Darüber hinaus verleiht das Detail den im EG oberhalb der Fensterbretter angedeuteten Sockeln einen Bezug und damit auch eine weitreichende Bedeutung. Letztere werden als Gegenstücke der Blöcke unter den Basen der oberen Ordnung erkenntlich. Ihre Position offenbart sich in diesem Zusammenhang jedoch als weitgehend sinnlos; und die Synchronität von Arkade und Ordnung verliert ihre Selbstverständlichkeit. Die Konventionalität der klassischen Lösung wird so in aller Deutlichkeit spürbar. Nicht nur die Selbständigkeit der vorgelegten Ordnung wird in Frage gestellt, sondern

---

97   Vgl. auch Downes' etwas weitgehende Interpretation:
      Er bezeichnet sie als „.... *a statement about the greatness of God and the goodness of the Church and its sovereign head, and also about the nature of stone and the truth of geometry(which for a beliver are also about God)*".
      S. hierzu: Whitechapel Art Gallery, a.a.O., 1977, S. 6.

98   Palladio, a.a.O., 1965, Buch I, Kap. XVIII, Abb. 25.

99   Summerson, John, *Die klassische Formensprache der Architektur*, Braunschweig 1983, S. 19, Abb. 4.

100   Das heißt: Lediglich zwei Fascien und ein Konsolgesims, welches sich jedoch deutlich von Serlios Variante und damit dem Kranzgesims des Hauptgesimses unterscheidet.

auch die Notwendigkeit der allgemein als kanonisch akzeptierten Abstimmung der Bogenarchitektur massiver Konstruktionen auf die Regeln der klassischen Ordnungen.

Als die Fassade strukturierendes Element bleibt die Ordnung dessen ungeachtet voll wirksam. Die Gestaltung zieht lediglich die unhinterfragte Gültigkeit konventioneller Regeln in Zweifel, nicht aber die visuell wirksame Funktion der Gestaltungselemente innerhalb des Entwurfes.

In der Vertikalen ergibt sich aus der Ordnung der Einzelgeschosse eine klare Gliederung. Den fünf Fensterachsen entsprechen sechs durchgehende Mauerwerkspfeiler. Vor ihnen befinden sich die Säulen und Pilaster der zweigeschossigen, vorgelegten Ordnung. Die äußeren Stützen der Kollonaden sind verdoppelt. Den jeweiligen Stützen ist vor den deutlich breiteren Endfeldern der Wand jeweils ein Eckpilaster hinzugefügt.

Im Innenraum ermöglicht diese Verbreiterung der Endfelder der Fassade die oben bereits beschriebene Verschiebung der Fenster aus der Innenecke. In der Außenansicht bewirken die Koppelstützen - wie bei Palladios *Palazzo Chiericati* oder auch Inigo Iones' *Banquetting House* - eine visuelle und konstruktive Verstärkung der Ecken. Konsequenterweise sind im Zwischenraum zwischen den gekoppelten Elementen die horizontalen Gesimse auch nicht fortgesetzt, was die Einheit der Stützenpaare zusätzlich hervorhebt.[101] Der per se an sich rein seriellen Ordnung der Fassade ist damit an beiden Rändern ein klarer Schluß gegeben.

Die betonten Ecken verleihen der gesamten Fassade einen massiven Rahmen. In seiner Wirkung erinnert dieser an die breiten Vorlagen der Stirnseiten der Stepney-Kirchen. Das dort durchgehend massiv belassene Mauerwerk ist hier allerdings plastisch gestaltet und damit zu klassischen Stützen reduziert. Das Verhältnis der der Säulenordnung des OG am Rand hinzugefügtem Pfeiler mit ihrer kantigen Rechtwinklichkeit zu den benachbarten regulären Dreiviertelsäulen drückt denselben Gedanken im Detail unmittelbar sichtbar aus. Die Entstehung der Säule aus dem Pfeiler - und damit aus dem kantigen Block Stein oder auch der Masse der Mauer - wird spürbar.

Ein Vergleich des jeweiligen Verhältnisses der Wandoberflächen von Sockel und Hauptgeschoß im Hauptbaukörper sowie im nördlichem Baukörper macht die durchgängige Thematisierung dieser Idee deutlich. Die Oberfläche der Wand ist im reich plastisch gestalteten nördlichen Baukörper insgesamt wesentlich weiter zurückgenommen als im glatten Hauptbaukörper. Die Schäfte der vorgelegten Ordnungen und die Brüstungselemente unter den EG-Fenstern deuten die im Hauptbaukörper realisierte Ebene der Wandoberfläche aber auch hier an. Dies muß als eine Darstellung des ursprünglichen Wandkörpers in Relikten verstanden werden. Das gesamte Relief ist als das Ergebnis eines substraktiven Prozesses, als aus der Wand herausgearbeitetes Profil kenntlich gemacht. Die Kerne der Ordnung sind als aus der Masse der Wand geschälte Elemente artikuliert, während die über die ursprüngliche Oberfläche der Mauer hinausragenden Profile von Kapitellen, Gebälk und Basen als konventionelle Addition zur eigentlichen Architektur definiert sind.

Den zur Realisierung dieser Betrachtungsweise für den Rezipienten unbedingt notwendigen Anstoß gibt die Ausbildung des Anschlusses der Fassaden des nördlichen Baukörpers an den Hauptbaukörper.

Die schmalen Stirnseiten dieses Baukörpers setzen die Gestaltung der Nordseite ungebrochen fort. Die Ordnungen sind um die auch hier durch eine Koppelung betonte Ecke geführt und enden mit etwas mehr als einem halben Pilaster beziehungsweise einer halben Säule an der Nordwand des Hauptbaukörpers. Dasselbe gilt für den glatten Sockel, der sich hier - anders als im Süden im Falle des Podiums des Portikus - nahtlos im Sockel des Hauptbaukörpers fortsetzt. An der Nahtstelle, wo die beiden deutlich unterschiedlichen Gestaltungen der Außenwand zusammentreffen, wird am unverändert durchgehenden Sockel die in die Tiefe gehende, plastische Gestaltung der Wand des nördlichen Baukörpers deutlich erkenntlich. Das Zurückschneiden der Oberfläche der Mauer ist hier

---

101 Eine Ausnahme bildet ein kleines Gesimsstück etwas oberhalb des Niveaus der Fensterbretter im EG, das dasselbe Profil wie die tiefer angesiedelten Fensterbretter aufweist.

eindeutig. Die Elemente der vorgelegten Ordnungen befinden sich in der dabei partiell entfernten äußeren Schicht der Mauer.

Das ebenso wie im Süden betont gewaltsame und disharmonische Zusammentreffen der Kranzgesimse der beiden Baukörper verdeutlicht insofern nicht nur die Additivität der Komposition[102], sondern auch den Kontrast der unterschiedlichen Gestaltungsprinzipien. Zwei aus demselben Material geschaffene, augenscheinlich aber verschiedenen Gesetzen der Gestaltung gehorchende Baukörper sind hier als zwar eindeutig zueinander gehörende, aber klar getrennte Einheiten miteinander kombiniert. In ihrem harten Anschluß heben sie ihre unterschiedlichen Charakteristika ins Bewußtsein des Betrachters.

Die Koppelung der Stützen der vorgelegten Ordnung am Außeneck der Nordfassade hat allerdings auch eine kompositorische Funktion. Sie ist Voraussetzung der Kombination einer derart seriellen Fassade mit einem die Südfassade und vor allem den Obergaden bewußt anklingen lassenden Giebel.

Der Giebel mit seiner Betonung der Mittelachse widerspricht an sich den Gestaltungsprinzipien der beschriebenen Fassade. Diese beruht auf einer grundsätzlich anti-hierarchischen Wiederholung identischer Elemente. Gleichzeitig ist er jedoch unabdingbar für die Einbindung des additiven nördlichen Baukörpers in die Gesamtkomposition über das kompositorische Mittel der formalen Entsprechung.

Die Baugeschichte hält mehrere Beispiele einer Kombination mehrgeschossiger Ordnungen mit einem Giebel parat. Auf jeden Fall anzuführen sind hier einige der von Palladio veröffentlichten Villenentwürfe[103]. In der Regel handelt es sich bei den den Giebel stützenden Strukturen jedoch um die wesentlich enger stehenden Säulen einer freistehenden Ordnung. Selbst wenn die Ordnung de facto nur vorgeblendet ist, fehlt die hier dahinter angeordnete Arkade. Die sich aus der hier realisierten Kombination mit einer Bogenarchitektur notwendig ergebende weitere Stützweite macht die Ordnung optisch zu schwach, um den Giebel zu tragen. Die von der klassischen Architektur geprägten Sehgewohnheiten lassen den Betrachter aber automatisch einen Zusammenhang zwischen der Ordnung und dem ihr unbewußt zugeordneten „Tempelgiebel" suchen. Hawksmoor spielt in der vorliegenden Gestaltung mit diesen Gewohnheiten. Wie die Detaillierung der Fassade beweist, stellt er diese durch eine verfremdende Umsetzung bewußt in Frage. Deren Kombination mit einem Giebel treibt diese architekturtheoretische Thematik auf die Spitze.

Die Gesamtfassade wird allerdings auch unabhängig von klassisch geprägten Sehgewohnheiten durch die repetitive Aneinanderreihung identischer Teilflächen derart seriell, daß trotz der Fünfzahl der Achsen die Mittelachse kaum spürbar wird. Ein deutliches Zeichen für die Intentionalität dieser Reihung ist die exakte Anpassung der Kryptatür an die Fenster.

Der krasse Unterschied zwischen der glatten Giebelfläche und der reich profilierten Fassade verstärkt den Widerspruch der beiden Fassadenteile zusätzlich. Der Konflikt scheint lediglich durch die Einführung einer eine zusätzliche Ebene assoziierenden Kolossalordnung lösbar. Hawksmoor griff jedoch nicht zu dieser Maßnahme. Der in der Südfassade in zwei Ebenen aufgelöste Konflikt zwischen der die Orientierung des Hauptbaukörpers spürbar werden lassenden seriellen Gestaltung der Rückwand des Portikus und der Symmetrie der Vorhalle ist hier nicht nur in eine Ebene zusam-

---

102   Vgl. auch: Goodhart-Rendel, H.S., *The Works of Hawksmoor*, Teil III, S. 409,
in: *The Architect and Building News*, Bd. 145, 27. März 1936, S. 408-410.
Goodhart-Rendell erkennt die gewollte Additivität vollständig. Er beschreibt den Baukörper als „... *strongly differentiated externally from the rest of the church [...] having no architectural connection with the main design. I guess that the intention in this has been to detach what inevitably is an irregular addition from the regular plan that it supplements.*".

103   S. hierzu:
Palladio, a.a.O., 1965:
Buch II, Kap. XIV, Abb. 35-37;
Buch II, Kap. XV, Abb. 42;
Buch II, Kap. XV, Abb. 50;
Buch II, Kap. XVII, Abb. 52-54, 56-57.

mengezogen, sondern auch bewußt ausgekostet. Die Nordwand ist beides in einem - seriell und axialsymmetrisch. Dies führt zu einer sehr ambivalenten, sehr spannungsvollen Gestaltung.

Daß die Kombination dieser per se antagonistischen Fassadenteile für Hawksmoor möglich war, verdeutlicht erneut den rein dekorativen Charakter, den die klassischen Ordnungen für ihn besaßen. Bewußt oder unbewußt zwingt seine Gestaltung den Betrachter damit, die Wand als den eigentlichen Kern der Architektur zu erkennen. Diese trägt den Giebel - sie formt auch ihn. Um die Spannung aber dennoch nicht zu groß werden zu lassen und ein weiteres Auseinanderbrechen der Fassadenkomposition zu vermeiden, führte Hawksmoor die Koppelstützen an den Ecken ein. Auf den ersten Blick bilden sie die massiven Auflager des Giebeldreiecks, bis der Betrachter durch die dessen ungeachtet offensichtlich unbefriedigende Lösung zur Erkenntnis der Dominanz der Wand in der Architektur gezwungen wird. Der massive Sockel, der glatte, lediglich durch eine über dem mittleren Fenster angeordnete, 7' 6" breite, ohne jeden Rahmen aus der Wand geschnittene Lunette unterbrochene Giebel und in gewisser Weise auch die Koppelstützen der Ecken, sie bilden zusammen den weniger bearbeiteten Rest einer angedeuteten, glatten Wandfläche, den stehen gebliebenen Rahmen der fast wie ein Bild als plastisches Relief behandelten Fassade.

Die dabei vorgenommene Kombination einer an der Gestaltung römischer Amphitheater angelehnten Fassade mit einem klassischen Giebeldreieck ist unbedingt innovativ. Sie macht es schwer, der in der Literatur vorgeschlagenen Interpretation der Gesamtansicht als einem Zitat des Typus italienischer Palastfassaden zu folgen.[104] In dieser Hinsicht bereitet die Fassade selbst ohne ihren Giebel einige Schwierigkeiten. Das massive Erdgeschoß des italienischen Palasttypus und seine Ausbildung eines *piano nobile* fehlen hier vollständig.[105] Bei den Beispielen einer durchgehenden Arkade im EG neuerer italienischer Bauten handelt es sich entweder um Sondernutzungen wie zum Beispiel Sansovinos *Biblioteca Marciana* und - bedingt - auch die *Basilica* in Vicenza von Andrea Palladio oder aber - und dies ist interessant - um Eingangsfassaden.[106] Am ehesten ähnelt die bloße Fassade neben dem antiken Vorbild aber einer Hofansicht eines römischen *palazzo*.[107]

Eine derartige Herleitung erscheint weitgehend unverständlich. Beachten wir jedoch die Funktion des Bauteils innerhalb der Gesamtkomposition als kompositorisches, wenn nicht gar faktisches Gegenstück zum südlichen Portikus und erinnern wir uns an die vorhandenen Hinweise auf eine ursprüngliche Planung mit einem nördlichem Portikus, dann fällt die Ähnlichkeit mit der ab 1460 entstandenen Benediktionsloggia von *St. Peter*, die Hawksmoor mit Sicherheit aus Fontanas *Obelisco Vaticano*[108] kannte, und mehr noch mit der zweigeschossigen Vorhalle des Querschiffes von *S. Giovanni in Laterano* ins Auge. Letztere entstand zusammen mit Domenico Fontanas Lateranspalast im Rahmen der Schaffung der neuen Blickachse von *S. Maria Maggiore* als klassischer Hintergrund für den von Sixtus V. hier errichteten Obelisken. Hawksmoors Verweis auf

---

[104] Meller, a.a.O., S. 6: „ ... *resembles an Italian 16th century palace* ... ";
Pevsner, Nikolaus, *Buildings of England, London except the Cities of London and Westminster*, London 1952, S. 206: „ ... *very secular and palatial* ... ".

[105] Vgl. zum Bsp.:
Palazzo Ruccellai, 1446-51;
Bramantes Haus für Raffael, 1512;
Palazzo Corner.

[106] Vgl. zum Bsp.: *Palazzo Barberini*

[107] Vgl. zum Bsp.: *Palazzo Venezia*, 1465.
Vgl aber auch: Palladios Beschreibung des korinthischen Atriums und seine Darstellung des Beispiels des *Convento della Caritá* in Venedig,
s.: Palladio, a.a.O., 1983, Buch II, Kap. 6, S. 143-146, Abb. 57, 59.

[108] Fontana, Domenico, *Della Trasportatione dell' Obelisco Vaticano*, Rom 1590.
Das Buch befand sich in Hawksmoors Besitz.
Vgl. hierzu: Watkin, a.a.O., 1979.

Domenico Fontana auf einer 1712 entstandenen Zeichnung für Cambridge[109] beweist sein Interesse an diesen Planungen. Seine Bibliothek enthielt zudem nicht nur einige Werke zu den Kirchen Roms, sondern auch Fontanas eigene Beschreibung des vatikanischen Obelisken von 1589. Außerdem kannte Hawksmoor in seinem Kollegen Gibbs einen Besucher Roms, und dieser war sicher nicht der einzige, der ihm aus eigener Anschauung von den Bauwerken Roms berichten konnte. Von der Kenntnis dieses Vorbilds muß daher ausgegangen werden.

In dieser Anregung ist selbst die Verdopplung der Stützen an den Ecken vorgeprägt. Als ein in die für die Einheit der Komposition notwendige Giebelform eingefügter Verweis auf die zeitgenössischen Abbildungen der in dieser Form weiter bestehenden ersten von Kaiser Konstantin erbauten christlichen Kirche hat die Gestaltung der Fassade aber wesentlich mehr Sinn denn als Palastfassade. So betrachtet fügt sie sich nahtlos in die allgemeine Aussage des Baus. Möglicherweise kann sie in diesem Sinne sogar als eine Erinnerung an die ursprünglich geplante Funktion des nördlichen Baukörpers verstanden werden.

Für die Gesamtansicht inklusive der hinter dem Baukörper sichtbar werdenden Ebenen ergibt sich trotz der erwähnten Unterschiede eine sehr ähnliche Situation wie im Süden. Turm, Obergaden, Hauptbaukörper und Chor ergänzen die Silhouette zu der einer traditionellen Pfarrkirche. Der Hauptkörper selbst ist hier im Norden allerdings weniger spürbar. Im Süden ist dieser hinter den Säulenstellungen des Portikus direkt wahrnehmbar. Hier fehlt die dort gegebene Transparenz. Der Nordbaukörper erscheint infolgedessen noch wesentlich deutlicher als ein der Kirche selbständig vorgestellter Bau. Der dennoch vorhandene Zusammenhang entsteht hauptsächlich aus der formalen Entsprechung der beiden Giebel von Obergaden und nördlichem Baukörper.

V.1.4.3.
Die Ostansicht
(Abb. 147)

Die Logik der Gesamtkomposition wird vor allem in den beiden verbleibenden Fassaden deutlich. Ihre Additivität übersteigt diejenige der anderen Kirchenentwürfe Hawksmoors bei Weitem. Dennoch ergibt sich aus ihrer prinzipiellen Symmetrie auch hier eine gewisse Einheit. Vor Ort sind die beiden Ansichten in ihrer Gesamtheit allerdings nur schwer zu erfassen. Zu den benachbarten Häusern verbleiben lediglich schmale Durchgänge.

Die Ostansicht ist die einfachste und klarste des Baus. Ihren Kern bildet die Ostwand des Hauptbaukörpers. Deren Ansicht ergibt ein klares Rechteck von circa 90' x 45'.

An ihren Kanten zeichnen sich die im Grundriß beschriebenen, etwa 4' nach vorne gezogenen „Seitenrisaliten" ab. Deren Ostwände bilden jeweils ein stehendes Rechteck von circa 20' x 45'. Das Zentrum der Fassade nimmt die sich nach außen wölbende Apsis der Kirche ein. Aus ihrem Außendurchmesser von circa 30' ergibt sich in der Ansicht ein Rechteck mit einer Proportion von ungefähr 2:3. Ihrem Scheitel ist, wie bereits beschrieben, eine 10' breite ebene Scheibe vorgestellt, so daß sich die Ansicht des Chorraumes in drei Streifen mit einer identischen Proportion von jeweils 2:9 teilt.

Die Wandflächen sind im Bereich des Hauptbaukörpers insgesamt glatt belassen, keinerlei Ordnung ist vorgelegt. Nicht einmal profilierte Gesimse sind vorhanden. Sowohl in den „Seitenrisaliten" als auch in den beiden schmalen, zwischen diesen und der Apsis verbleibenden Wandfeldern[110] sind die in den anderen Ansichten gleichermaßen verwendeten Rundbogenfenster in OG und EG eingefügt. Darunter befindet sich jeweils eines der Kryptafenster mit dem im Zusammenhang der Nordfas-

---

109   *Brit.Lib., Map Library, K.Top.8.44.*

110   Das Wandfeld ist ca. 10' breit. Wie für die Segmente der Apsis ergibt sich eine Proportion von 2:9.

sade bereits beschriebenen, das Fensterbrett des jeweiligen EG-Fensters tragenden Sturzelement. Die OG-Fenster weisen im Gegensatz dazu lediglich ein breites, glattes Fensterbrett auf, wie wir es von den OG-Fenstern der Längsfassade von *Christ Church* und den quadratischen EG-Fensterchen von *St. George-in-the-East* kennen.

Die Kämpferprofile sind in den schmalen Zwischenfeldern allgemein bis an den von den flankierenden Teilbaukörpern gebildeten Rand der Nische geführt. In den Seitenrisaliten hingegen enden sie wie bei der Südseite des Obergadens beschrieben. Auch hier ergibt sich also die vieldeutige Andeutung von Pilasterkapitellen sowie in der Masse der Mauer steckenden Pilastern.

Die Fassadenfelder der Apsis fallen etwas aus dem von diesen zurückhaltend gestalteten Wandflächen vorgegebenen Rahmen heraus. Ihre beiden seitlichen Felder weisen im Grund genommen dieselben Rundbogenfenster auf, die auch die besprochenen flankierenden Teile der Ansicht prägen. Die OG-Fenster sind hier jedoch um circa 2' nach unten verlängert. Zudem sind die in den anderen Fassadenteilen nur angedeuteten, flankierenden Pilaster als flache Bänder ausformuliert. Diese sind bis auf den Sockel heruntergezogen. Zusammen mit der Archivolte des Fensters ergeben sie einen großen, beide Geschosse zusammenfassenden Bogen.

Das durch diesen jeweils umfaßte EG-Fenster ist in seiner Breite auf 4' reduziert. Innerhalb des Bogens bleibt so noch Platz für die Pfosten und die Archivolte des Fensters. Zwischen den beiden Öffnungen ist ein entfernt an ein textiles Brüstungsgehänge erinnerndes, die Ebene der unprofilierten Simsen des OG-Fensters und damit auch die Außenkante des klassischen Dekors der EG-Fenster aufnehmendes, glattes Paneel einem Reststück der obersten Wandschicht vergleichbar eingefügt.

Das mittlere, ebene Wandfeld vor dem Scheitel der Apsis ist bis auf eine von innen verschlossene, außen aber mit Fensterrahmen und Verglasung versehene, ohne jeden Dekor aus der Wand geschnittene Fensteröffnung glatt belassen. Die insgesamt etwas höher als die anderen EG-Fenster angeordnete Öffnung ist auf der Innenseite als Schatten im Putz sichtbar. Sie schneidet in die im Scheitel der Apsis angeordnete halbrunde Nische ein, ist aber deutlich schmaler als deren Durchmesser. Die Planung dieses bei Anordnung der Retabel direkt vor der Ostwand unsinnig erscheinenden Fensters ist als ein zusätzlicher Beleg für die vorgeschobene Position des Altars im realisierten Bau und damit auch für die Anordnung der Sakristeiräume in der Apsis zu werten.

Neben der „primitivistischen" Glattheit der Wand verbinden vor allem die konsequent durchgezogenen Bänder des Sockels sowie des Hauptgesimses die Gesamtheit der Fassade des Hauptbaukörpers. Diese ist so als isolierbare Einheit erkennbar und setzt sich deutlich von den anderen, sie additiv ergänzenden Elementen der Komposition ab. Komplettiert werden sie und der insgesamt weitgehend unspektakuläre Baukörper zuerst und vor allem durch den auch auf dieser Seite deutlich zurückgesetzten Obergaden der Kirche. Letzterer wendet der Ostansicht seine Traufe zu. Seine Fassade reduziert sich somit auf ein flaches, liegendes Rechteck. Lediglich drei der oben beschriebenen, 4' breiten Fenster durchbrechen die ansonsten glatte und geschlossene Wandfläche. Diese sind axial auf die Fenster der beiden Zwischenfelder des Hauptbaukörpers sowie auf dessen Mittelachse bezogen.

Die sich aus konstruktiven Gründen notwendig ergebende Überschneidung der Kanten der beiden Baukörper - der Obergaden ist insgesamt um zwei Mauerstärken breiter als die Fläche zwischen den Seitenrisaliten - betont die dieser abstrakten geometrischen Beziehungen ungeachtet gegebene Unabhängigkeit des Elements von dem es tragenden Hauptbaukörper des Sakralbaus. Trotz dieser Isolierbarkeit ergibt sich allerdings zusammen mit dem dahinter zu erahnenden Westturm eine, wenn auch additive, so doch in ihrer achsialen Symmetrie und pyramidalen Anordnung klare und eindeutige Einheit. Die Ansicht ist in dieser Form unbedingt als Ostfassade eines Kirchenbaus zu identifizieren.

Lediglich infolge der Addition der bekanntermaßen im Großen wie im Detail deutlich abgesetzten Baukörper im Norden und Süden der Kirche verliert die Komposition von *St. George* diese kompakte Klarheit und Symmetrie.

Der südliche Baukörper des Portikus ist ungefähr doppelt so tief wie die nördliche Addition. Die Wangen der davor angeordneten Freitreppe verstärken das Ungleichgewicht zusätzlich. Zudem ist der Kontrast des einheitlichen, sich in seinem Maßstab klar absetzenden Hauptbaukörpers zu den Baukörpern an den beiden äußeren Enden der Komposition so deutlich, daß sich auch keine das Ganze verbindende durchgehende Rhythmisierung einstellt. Vielmehr betonen die „Seitenrisaliten" des Hauptbaukörpers die sich exklusiv abgrenzende Einheit des Kernstücks. Die dessen Attika fortsetzenden Mauerstreifen über der Traufe der Dächer der beiden Additionen stellen zwar ein gewisse Verbindung her, die einfache Klarheit der isolierten Dachkörper letzterer, welche auf dieser Seite besonders deutlich wird, läßt dessen ungeachtet aber an der Selbständigkeit der beiden Baukörper keinerlei Zweifel aufkommen.

In der vorliegenden, vor Ort allerdings kaum zu erfassenden Ansicht wird die Additivität der Gesamtkomposition somit übermäßig deutlich. Böte sich diese an einer Stelle, die ihre Betrachtung als Ganzes erlaubte, wäre die Lösung kaum akzeptabel. Trotz der an sich symmetrischen Grundidee zerfiele das Ganze in Teile. Aus dem hierbei vorausgesetzten, in der Realität aber von Anfang an unmöglichen frontalen Blickwinkel erweist sich die Ansicht als eine bloße Addition dreier unabhängiger Baukörper. Es ergibt sich weder eine Front noch eine Seitenfassade im eigentlichen Sinne. Die Fassaden spiegeln keine eindeutige Orientierung, der Bau erscheint nicht einmal als eine Hintereinanderschaltung isolierter Baukörper entlang einer Achse. Vielmehr artikuliert sich eine Auffassung der Komposition als Kombination eines klar geosteten zentralen Baukörpers mit diesen an beiden Längsseiten einbauenden Additionen - und prinzipiell entspricht dies auch der Konzeption des Baus. Allein die von der Situation erzwungene Betrachtung des Ganzen von Norden oder Süden offenbart die trotz der krassen Additivität vorhandenen Gemeinsamkeiten. Die Bewegung entlang der Ostseite erfolgt dann bereits im Bewußtsein dieser Einheit.

V.1.4.4.
Die Westansicht und der Turm
(Abb. 144, 157-158)

Die Westansicht entspricht in ihrer Grundstruktur weitgehend der Ostansicht. Die sichtbaren Teile des Hauptbaukörpers sind mit ihren östlichen Pendants identisch. Dasselbe gilt für die nördlich und südlich davon sichtbar werdenden Seitenansichten der beiden den Hauptbaukörper ergänzenden, additiven Baukörper und die Fassade des größtenteils vom Turm verdeckten Obergadens. Innerhalb der soweit vorgegebenen Komposition nimmt der Turm den in der Ostansicht von der Apsis beanspruchten Platz ein. Im Gegensatz zu dieser ist er allerdings kein Teil der Fassade des Hauptbaukörpers. Er löst sich aus diesem Zusammenhang und ist als Baukörper für sich klar definiert.

Horizontal ist dieser deutlich in zwei Teile geteilt. Der untere Bereich, der Schaft des Turmes, reicht bis auf die Höhe des Firsts des Obergadens. Er zeichnet sich durch seine betont glatte und massive Form aus, welche einen Bezug zum ähnlich gestalteten Hauptbaukörper herstellt. Trotz ihrer merklich unterschiedlichen Breite sind die sich hierbei ergebenden Ansichten praktisch identisch. Über diesem Sockel erhebt sich der vollständig zentralsymmetrische, wesentlich feiner detaillierte, Glockenstube und Turmhelm umfassende *steeple*. Nach allgemeiner Ansicht ist dieser von einer Rekonstruktion des *Mausoleum von Halikarnassos* inspiriert.

Insgesamt mißt der Turm knapp 150'. Er erreicht damit mehr als die doppelte Höhe des Firsts des Lichtgadens.

V.1.4.4.a.
Der Schaft des Turmes
(Abb. 144, 157)

Von der Untersuchung der EG-Grundrisse ist bereits bekannt, daß der Schaft des Turmes von *St. George* aus der Addition rechteckiger Pfeiler an einen quadratischen Kernbaukörper entsteht. Die Pfeiler sind dem Kern an allen vier Ecken vorgelegt, gewissermaßen stellen sie Verlängerungen seiner Wände nach außen dar. In den Ansichten des Turmes werden sie folglich als die Fassaden an ihren Rändern rahmende Vorlagen spürbar.

Auf Höhe der Traufe des Lichtgadens ist das sich somit in jeder Ansicht ergebende Paar von Vorlagen durch einen Bogen zusammengefaßt. Dessen Archivolte steigt von einem zu einem einfachen Band reduzierten Kämpferprofil auf. Dieses setzt das Niveau des Hauptgesimses des Obergadens fort. Oberhalb des jeweiligen Bogens ist die Außenwand des Turmes durchgehend auf die Vorderkante der Vorlagen vorgezogen. Der von ihm und den Pfeilern gerahmte zurückliegende Fassadenteil wird dadurch als Nische lesbar. Entsprechend können die Vorlagen auch als die Reste der Oberfläche eines massiven, durchgehend kreuzförmigen Schaftes interpretiert werden, aus dem besagte Nische ausgenommen ist.

Unabhängig von der jeweiligen Lesart ergibt sich in allen Ansichten eine nahezu die gesamte Höhe des Turmschaftes zusammenfassende Bogenform mit ungefähr 9' Breite. Diese durchbricht in ihrer betonten Vertikalität die grundsätzlich horizontale Ordnung der Fassaden des Hauptbaukörpers und löst den Baukörper des Turmes damit klar und deutlich aus dem Verband.

Inklusive der jeweils circa 6' breiten Vorlagen ergibt sich auf allen Seiten des Turmes eine 21' messende Front. Flankiert wird diese eigentliche Fassade von den jeweils um die Tiefe der Vorlagen hinter deren Stirnseite zurückliegenden Seitenansichten der ums Eck an den Seitenflächen des quadratischen Kerns ebenso vorhandenen Pfeiler. Diese verbreitern die Westansicht auf knapp 27', während die Nord- und Südansichten infolge der geringeren Tiefe der Vorlagen im Westen und Osten auf ein Gesamtmaß von lediglich 23' kommen. Entsprechend variiert notwendigerweise auch die Tiefe der von Bögen und Vorlagen definierten Nischen. An den Schmalseiten mißt diese circa 3' 6", auf den Breitseiten aber nur 1'.

Sechs Bänder, die um den gesamten Baukörper geführt sind, gliedern den Turmschaft und seine Fassaden horizontal. Am Fuß des Turmes handelt es sich dabei um die beiden Bänder des Sockels der Kirche, der auch hier unverändert übernommen ist. Darüber setzt ein glattes Band das Kranzgesims des Hauptbaukörpers in voller Breite fort. Ebenso ist aber auch das nur wenig höher angeordnete schmale Profil der Deckplatten der Attika des letzteren aufgenommen. Dem Kranzgesims des Lichtgaden ist dann das bereits erwähnte, in seiner Form ebenso extrem vereinfachte Kämpferprofil der Nischen entgegengesetzt. Den Abschluß des Schaftes bildet schließlich ein Gebälk mit konvexem Fries.

Primär erinnert letzteres an Palladios Angaben zur korinthischen Ordnung.[111] Vor allem im Zusammenhang der Orientierung an frühchristlichen Beispielen ist aber auch die deutliche Ähnlichkeit mit dem ebenso bei Palladio abgebildeten Gebälk der internen Ordnung von *S. Costanza*[112] oder auch mit dem Gebälk des *Baptisteriums des Konstantin*[113] zu beachten.

---

[111] Palladio, a.a.O., 1983, Buch I, Kap. XVIII, S. 79, Abb.29;
Palladio, a.a.O., 1965, Buch I, Kap. XVIII, Abb. 28.

[112] Palladio, a.a.O., 1965, Buch IV, Kap. XX, Abb. 63;
Palladio, a.a.O., 1983, Buch IV, Kap. XX, S. 343, Abb. 158.
Palladio verwechselte sie mit der benachbarten *S. Agnese* und betrachtete sie offensichtlich als einen umgenutzten römischen Tempel des Bacchus.

[113] Palladio, a.a.O., 1965, Buch IV, Kap. XVI, Abb. 43;
Palladio, a.a.O., 1983, Buch IV, Kap. XVI, S. 346, Abb.160.

Erwartungsgemäß sehr aufschlußreich sind die Schnittstellen, wo die Gesimse des Hauptbaukörpers auf diejenigen des Turmes treffen. Die grundsätzlich unvermittelte Kollision der glatten Bänder des Turmschaftes mit den klassischen Profilen der Westfassade bezeugt erneut Hawksmoors Auffassung der klassischen Ornamentik. Gleichzeitig bewirkt der damit herausgearbeitete Kontrast aber auch ein deutliches Absetzen des Turmes vom Hauptbaukörper. Beim Zusammentreffen des Kranzgesimses desselben mit dem es im Turm aufnehmenden und fortsetzenden glatten Band findet allerdings eine gewisse Überlagerung statt. Vor der Leibung der weitgehend in der Westwand des Hauptbaukörpers aufgehenden östlichen Pfeiler des Turmes ist das abschließende Profil des Gesimses des Hauptbaukörpers weitergeführt. Die es normalerweise stützenden Konsolen sind allerdings entfallen. Diese sind durch das im Turm ausschließlich verwandte glatte Band ersetzt. Konsolen wie Profile werden durch diese Mischform als austauschbare dekorative Additionen erkennbar, und die an dieser Stelle vorgenommene Verzahnung der Baukörper von Turm und Hauptbaukörper - das Einfügen des isolierbaren Turmschaftes in die Westwand des Gemeinderaumes - wird unmittelbar sichtbar.

Während die Rückwand der flacheren Nische der Westseite des Turmes bis auf einige die Spindeltreppe belichtende, an Schießscharten erinnernde Schlitze glatt belassen ist, sind in den tieferen Nischen der Nord- und Südseiten reguläre Tür- und Fensteröffnungen eingefügt.

Auf EG-Niveau befindet sich jeweils der in Abmessung und Gestaltung exakt den Türen der Südfassade entsprechende Eingang in den westlichen Vorraum der Kirche. Das Kämpferprofil der Tür ist bis an die Ränder der Nische geführt. Der Eingang ist über die oben beschriebene Freitreppe entlang der Westfassade axial erschlossen. Darüber ist im OG ein Rundbogenfenster angeordnet. Mit Ausnahme des Bogenfeldes wurde dieses nachträglich vollständig geschlossen.[114] Es verbleibt lediglich eine Blendnische mit Lunette. Oberhalb des schmalen Profils auf Höhe der Oberkante der Attika des Hauptbaukörpers befindet sich eine dritte Öffnung, ein weiteres Fenster. Auch dieses ist bis auf das Tympanon nachträglich abgemauert. Seine Archivolte setzt über dem das Hauptgesims des Lichtgadens aufnehmenden Band an. Sie und der Abschluß der Nische ergeben zwei konzentrische Kreisbögen.[115]

Interessanterweise sind im Innenraum hinter den nachträglich eingefügten Füllungen der beiden Fenster die schmiedeeisernen Rahmen bis heute vollständig vorhanden. Offensichtlich handelt es sich bei der ausgeführten Lösung um das Ergebnis nachträglicher Planungsänderungen.

V.1.4.4.b.
Die Laterne
(Abb. 144, 158)

Über dem betont massiven Schaft des Turms erhebt sich der formal und vor allem geometrisch wesentlich komplexere Baukörper des *steeple*. Die Zusammenfassung des gesamten Turmschaftes durch die an den Ecken vorgelegten Pfeiler und die dieselben jeweils in eine durchgehende Rundbogenform integrierenden Archivolten lassen diesen insgesamt als einen einheitlichen Körper und damit als einen überhohen Sockel der von ihm getragenen Turmbekrönung erscheinen. Die für diesen Effekt ebenso unabdingbare Differenzierung des *steeple* vom Schaft des Turmes und seine Definition als gleichermaßen isolierbare Einheit beruhen vor allem auf einem deutlichen Kontrast be-

---

[114]   Vgl. auch: Southern, a.a.O., S. 8.
      Southern nimmt an, daß möglicherweise dennoch keine Planungsänderung vorlag.

[115]   Auf der Nordseite ist hier eine Brücke vom Turm zur Dachfläche angefügt.
      Diese scheint zum ursprünglichen Bestand zu gehören.

züglich des Detaillierungsgrads und Maßstabs der Gestaltung sowie auf der geometrisch begründeten kompositorischen Geschlossenheit des hierdurch insgesamt aufgesetzt erscheinenden Objektes.

Auf der Westseite wird die sich ergebende Additivität des Turmes am deutlichsten. Der Schaft weist dort bekanntermaßen kein einziges Fenster auf. Der in der Differenzierung der Formensprache allgemein angelegten Kontrast zum *steeple* wird dadurch zusätzlich gehoben. Zudem ist die Silhouette des Turmes infolge der in dieser Ansicht deutlich größeren Breite des Schaftes hier wesentlich stärker gebrochen als auf den beiden Schmalseiten.

Das Objekt selbst reiht sich nahtlos in die Serie der *steeples* Nicholas Hawksmoors ein. Es handelt sich auch hier um ein signifikantes, besonders fein ausgearbeitetes, symbolisch ebenso wie formal vielsagendes und vor allem vieldeutiges Objekt. Infolge seiner gegenüber dem eigentlichen Bau deutlich veränderten Maßstäblichkeit ist es als Architekturminiatur zu bezeichnen. Insgesamt hebt sich die auf ein Postament erhobene architektonische Plastik deutlich von der „gemeinen" Architektur von Gemeindehaus und Turmschaft ab.[116]

In diesem Entwurf stellt sich allerdings eine in dieser Weise ansonsten kaum festzustellende Verbindung zu anderen Baukörpern ein. Die den Hauptbaukörper additiv ergänzenden Elemente des Portikus und des nördlichen Baukörpers nähern sich in der Gestaltung der Außenflächen dem *steeple* an. Die Gemeinsamkeiten bleiben aber auf die Feinheit und den Reichtum der Detaillierung sowie die Klassizität der Formensprache beschränkt. Die plastisch-geometrische Komplexität ist auch hier alleine dem *steeple* vorbehalten.

Grundtypus der vorliegenden Komposition ist erneut ein zentralsymmetrischer Bau, eine aus dem Quadrat entwickelte Architektur vom Typus der *Villa Rotonda* Palladios oder auch der Idealkirchen der Renaissance. Mit ihrem geometrisch perfekten, zu beiden Achsen symmetrischen Grundriß unterscheidet sich die daraus entwickelte Architekturminiatur grundsätzlich vom geometrisch gewissermaßen unsauberen, trotz seines kreuzförmigen Grundrisses nahezu querrechteckigen Schaft des Turmes.

Die Abmessungen des *steeple* und vor allem die Einzelmaße seines Grundrisses sind insgesamt mit Hilfe der Quadratura entwickelt. Ausgangspunkt der geometrisch erzeugten Maßserien sind die Abmessungen des Turmschaftes. Zwei Maße sind offensichtlich von besonderer Bedeutung: der Kern des Turmes, ein Quadrat von 21' x 21', sowie das von der Tiefe des Schaftes inklusive der im Osten und Westen vorgelegten flachen Pfeiler vorgegebene - größere - Quadrat mit einer Seitenlänge von 23'. Die rein geometrische Methode ergibt irrationale Abmessungen. Es entstehen Serien von aufeinander im Verhältnis von $1:\sqrt{2}$ bezogenen Quadraten. Dies hebt den *steeple* ein weiteres Mal deutlich von dem auf einem einfachen, rationalen 5'-Achsraster beruhenden Hauptbaukörper ab. Gleichzeitig wird die mäßliche Verbindung mit dem Schaft des Turmes aber gewahrt.

Der *steeple* gliedert sich - wie jede klassische Architektur - in Fuß, Körper und Kopf, in den Dreiklang von Sockel, Hauptgeschoß und Dachzone.

Das vorhandene Sockelgeschoß ist ungefähr 9' 6" hoch. Es ist konsequent klassisch artikuliert, mit profilierter Basis und Abschlußgesims. Es erhebt sich über einem Grundriß in der Form eines klaren griechischen Kreuzes. Dieser nimmt die gesamte Tiefe des Turmschaftes in Anspruch. In der Ansicht erscheint das Geschoß als ein liegendes Rechteck mit einer Proportion von circa 4:9.

Zwischen den identischen Armen des Kreuzes sind auf der Diagonalen Wangen eingefügt. Diese führen die für die formale Selbständigkeit des Objektes so wichtige und für Hawksmoors Turmbekrönungen so bezeichnende Diagonale ein. Gleichzeitig wird damit eine Betonung der zentralen vertikalen Mittelachse erreicht. Ein glatt aus der Mauerscheibe geschnittener Bogen durch-

---

116 Downes beschreibt den *steeple* als den Höhepunkt von Hawksmoors „.... *delight in putting objects on pedestals* ... ".
Er erkennt seine zeichenhafte Wirkung. Das Ergebnis beschreibt er dementsprechend als eine Verwandlung einer
„... *free reconstruction of this Wonder of the Ancient world into an enormous royal hatchment or coat of arms* ... ".
S. hierzu: Downes, a.a.O., 1987, S. 138.

bricht diese Wangen und reduziert sie zu angedeuteten Strebebögen. Semantisch betrachtet bringen die Elemente also auch eine zurückhaltende Assoziation gotischer Vorbilder in den Entwurf ein. Aber auch statisch und konstruktiv sind sie unbedingt notwendig. Das über diesem Sockelgeschoß aufragende Hauptgeschoß des *steeple* kragt über die Innenecken des griechischen Kreuzes nach außen und bedarf dort einer tragenden Unterstützung.

Die Fassaden des Hauptgeschosses der Architekturminiatur werden von der Säulenarchitektur der dem massiven Kern des *steeple* in diesem Bereich auf allen vier Seiten vorgestellten Tempelportiken geprägt. Diese setzt jedoch nicht unmittelbar auf dem beschriebenen Sockelgeschoß an. Das Hauptgeschoß ist in sich nochmals in Basis, Kolonnade und Dachzone gegliedert. Es stellt sich dar als ein vollständiges klassisches Gebäude innerhalb des eben solchen des gesamten *steeple*.

Von der Unterkante seiner Basis bis zur Oberkante des Firsts der Giebel über den Portiken mißt das Geschoß circa 21'. Seine Höhe entspricht damit der Breite des quadratischen Kerns des Turmschaftes. Seine Ansicht wiederholt dasselbe Maß aber auch in ihrer Breite. Es ergibt sich folglich ein das gesamte Hauptgeschoß des *steeple* als Hüllform umfassender Würfel mit 21' Seitenlänge. Innerhalb dieser idealen und äußerst klaren Form schuf Hawksmoor allerdings eine extrem komplexe und widersprüchliche Komposition.

Der Grundriß der lediglich circa 3' hohen Basis des Hauptgeschosses ergänzt das griechische Kreuz des Sockelgeschosses um vier jeweils in den Innenecken eingefügte Quadrate. Diese sind es, die den diagonalen Strebepfeiler des Sockelgeschosses ihre Berechtigung verleihen. Die Seitenlänge der Ergänzungen entspricht dabei exakt der Hälfte der Länge der Kreuzarme. Die sich somit ergebenden, insgesamt 12 Außenecken deuten zusammen eine diagonale Außenform an. Verlängert man die sie verbindenden Linien so ergibt sich ein um 45° gedrehtes Quadrat von 23' Seitenlänge.

Über dieser Basis erheben sich insgesamt 20 Säulen kompositer Ordnung sowie eine im Grundriß weiterhin kreuzförmige Cella - die Glockenstube. Vor den vier Stirnseiten der Kreuzarme der Cella sind am Rand der Basis jeweils vier Säulen angeordnet. Zusätzlich ist in den von diesen gebildeten Innenecken - und damit wiederum über den Strebepfeilern des Sockelgeschosses - jeweils eine weitere Säule plaziert. Die Stützenstellung zeichnet so die Form der Basis des Hauptgeschosses getreu und vollständig nach. Die Cella aber bewahrt in ihrer Gestalt den einfacheren Grundriß des Sockelgeschosses des *steeple*. Die Seitenlänge ihres quadratischen Kerns entspricht dabei exakt der Hälfte der Gesamtbreite des Turmschaftes und damit auch der Hälfte der Ansicht des Hauptgeschosses des *steeple*.

Im Verlauf des die Säulenarchitektur nach oben abschließenden, die Säulen miteinander verbindenden Gebälks ist die differenzierte Form der Basis des Hauptgeschosses ein zweites Mal präsent. Die Gestaltung der darüber befindlichen Teile der Komposition stellt ihre unreflektierte Gültigkeit für die Deutung des Hauptgeschosses allerdings grundsätzlich in Frage.

Oberhalb des Gebälks der Ordnung - in der das Hauptgeschoß des *steeple* abschließenden „Dachzone" - ist zwischen den Giebeln der vier Portiken ein einfaches, quadratisches Attikageschoß angeordnet. Konstruktiv und vor allem formal ist es unabdingbar. Es schafft die notwendige Basis für das den *steeple* insgesamt abschließende Element der Stufenpyramide. Innerhalb des Hauptgeschosses selbst ist seine Wirkung vor allem insofern bemerkenswert, als es die vorhandenen Elemente und ganz besonders die Säulenstellung in vollkommen neue Bezüge einbindet. Grund hierfür ist vor allem seine Unabhängigkeit vom quadratischen Kern der Cella. Seine Seitenlänge entspricht dem vollen Maß der Längsseiten der Kreuzbalken der Cella, und damit $\sqrt{2}$ mal der Breite ihres Kerns, was wiederum $1/\sqrt{2}$ mal der Gesamtbreite des Turmes entspricht. Es faßt damit die gesamte kreuzförmige Cella und die vier Stützen in deren Innenecken zu einem erweiterten quadratischen Kern zusammen.

Die Ordnung der Säulenstellung wird durch diese Maßnahmen mehrfach lesbar. Die in Basis und Gebälk artikulierte Einheit der Kolonnade wird in Frage gestellt. Je nach Betrachtungsweise gewinnt das griechische Kreuz von Sockelgeschoß und Cella die Oberhand, integriert die Tempelportiken und isoliert damit die vier Ecksäulen, oder aber der durch das Attikageschoß angedeutete erweiterte Kern des *steeple* läßt die vier Tempelfassaden insgesamt als Additionen erscheinen. Entsprechend enden die hinter den Tempelgiebeln ansetzenden Satteldächer stumpf vor der mit circa 6' Höhe deutlich über deren First aufgeführten, glatten Wand des Attikageschosses.

Beide Lesungen sind von der gebauten Struktur vorgegeben, beide setzen aber auch eine bewußte Mißachtung wichtiger Aspekte der komplexen räumlichen Anordnung voraus. Als umfassende Erklärungen sind sie nutzlos. Eine gewisse Lösung des sich daraus ergebenden Dilemmas findet sich lediglich in der Anerkenntnis der gleichzeitigen Gültigkeit verschiedener Konzepte. Primär läßt sich die Komposition dann als eine Überlagerung des griechischen Kreuzes der Cella - dem die Tempelportiken zuzuordnen sind - mit dem von der Attika definierten quadratischen Kern erklären. Dieser löst sich in den unteren Bereichen in einen Baldachin auf und bedient sich dabei der vier zusätzlichen Säulen. Die mehrfach artikulierte Einheit der Säulenstellung bleibt aber auch dann als innerer Widerspruch erhalten. Sie muß als dritte konkurrierende Konzeption in das ambivalente Ganze aufgenommen werden.

Oberhalb des von einem schmalen Gesims abgeschlossenen Attikageschosses wird der Kern der Cella erstmals selbst sichtbar. Er dient als circa 4' hoher Sockel, über dem sich der eigentliche Turmhelm, die Stufenpyramide des Daches des *steeple* erhebt. Die Komplexität der Ordnung des Hauptgeschosses und vor allem die Isolierbarkeit des Baldachins des Attikageschosses von der teilweise in ihm verborgenen kreuzförmigen Cella werden dadurch zusätzlich betont.

Die den Turmhelm traditioneller Kirchen assoziierende, den *steeple* abschließende Stufenpyramide ist ungefähr 25' hoch. Ihre Breite verringert sich in insgesamt 18 Stufen von ungefähr 11' 6" im Bereich des Sockels auf gerade noch gut 5' am oberen Ende. Die sich dort ergebende Plattform trägt einen römischen Opferaltar zylindrischer Form, der mit Girlanden verziert ist. Dieser mißt weitere 5'. Auf ihm ist die Statue eines römischen Imperators plaziert. Allgemein wird diese als ein Standbild Georges I. betrachtet. Die Darstellung des Monarchen als römischem Kaiser muß an dieser Stelle als ein weiterer Hinweis auf die römisches Kaisertum mit christlicher Kirche verbindende staatskirchliche Verfassung Englands und deren Legitimation in der Tradition Kaiser Konstantins des Großen verstanden werden.

Am Fuß der Pyramide befinden sich heute auf allen vier Seiten eine Krone sowie von dieser zu den Ecken geführte Girlanden von Draperien. Ursprünglich waren darüber auf den Eckgraten der Pyramide abwechselnd ein nach oben steigendes Einhorn und ein nach unten kriechender Löwe, die Wappentiere der erst seit 1707 vereinigten Königreiche England und Schottland[117] angebracht.

Wie bereits erwähnt gilt der *steeple* insgesamt als eine auf der Grundlage der Beschreibung des Bauwerks bei Plinius[118] entstandene freie Rekonstruktion des *Mausoleums von Halikarnassos*[119] -

---

[117]   Zu Abbildungen vgl. z. Bsp.:
        Stich von Elliot und Wale in: Southern, a.a.O., Abb. 1;
        Cobb, Gerald, *The Old Churches of London*, London 1943, Abb.4.
        1871 wurden sie infolge zunehmender Reparaturbedürftigkeit entfernt. S. hierzu: Southern, a.a.O., S. 24.

[118]   Plinius, *Hist. Nat.*, XXXVI, S. 30-31, Loeb Classical Library, 10 Bde., Cambridge, MA 1956-66.

[119]   Smith, Peter, a.a.O., S. 41;
        Downes, a.a.O., 1987, S. 138, 184;
        Odgers, a.a.O., S. 36, 63-64;
        Summerson, a.a.O., 1986, S. 306;
        Pevsner, a.a.O., 1952, S. 206;
        Watkin, David, *English Architecture*, London 1987, S. 118;
        Summerson, John, *Georgian London*, überarb. Ausg., London 1978, Reprint 1986, S. 88;
        Colvin, H., *fifty new churches*, S. 195, in: *Architectural Review*, Bd. CVII, März 1950, S. 189-196;
        Lang, S., *Vanbrugh's Theory and Hawksmoor's Buildings*, S. 133, in: *Journal of the Society of Architectural Historians*, XXIV, 1965, S. 127-151;
        Worsley, Giles, *Wren and Hawksmoor, Two Conflicting Attitudes towards the Antique*, Vortrag vor der Society of Antiquaries, 10. Oktober 1991 (unveröffentl. Mauskript), S. 7-8;

und in der Tat spricht einiges für diese Annahme. Eine Wrens schriftliche Rekonstruktion des Grab-baus ergänzende Zeichnung Hawksmoors findet sich in den *Parentalia*.[120] Die Vertrautheit des Architekten mit dem Text ist damit ebenso belegt wie sein grundsätzliches Interesse an diesem Thema.[121] Zudem werden in *All Souls* Zeichnungen Hawksmoors aufbewahrt, welche sich ganz offensichtlich ein weiteres Mal mit der Rekonstruktion des Mausoleums befassen und dabei versuchen, das Vorbild für einen Kirchenentwurf nutzbar zu machen.[122]

Trotz der nicht zu leugnenden deutlichen Ähnlichkeiten erscheint es mir gewagt, zu behaupten, Hawksmoor rekonstruiere hier bei *St. George, Bloomsbury*, genau dieses Grabmal.[123] Die Gemein-samkeiten bleiben auf einer sehr abstrakten Ebene. Nicht einmal eindeutig erkennbare Details wie die Zahl der Stufen der Pyramide stimmen mit der Beschreibung des Plinius überein. Hawksmoor waren aber auch andere Beispiele antiker Grabmäler mit einer Stufenpyramide und der Statue des Verstorbenen auf dessen Spitze bekannt.[124] Es ist daher anzunehmen, daß er in der überlieferten Beschreibung des *Mausoleum von Halikarnassos* lediglich ein Zeugnis, ein besonders berühmtes und gelungenes Beispiel eines in der Antike allgemeine gängigen Typus sah.

Diesen Typus zitierte er fraglos. Das Bewußtsein, einen Typus und kein individuelles Bauwerk wieder zu geben, erlaubte es ihm jedoch, die Form an seinen Entwurf anzupassen und damit eine individuelle, gewissermaßen maßgeschneiderte Ausformung des antiken Typus zu verwenden. Wren hatte dasselbe schon wesentlich früher getan. Bei seinen Studien für die Kuppel des *Great Model*-Entwurfs für *St. Paul's Cathedral*. findet sich eine Zeichnung eines quadratischen Pavillons mit Stufenpyramide und Heiligenstatue als Vorschlag für die Laterne.[125] Auch hier kann keineswegs von einer exakten Umsetzung der Rekonstruktion eines spezifischen Grabmals gesprochen werden. Inter-essanterweise befindet sich unter den bekannten Beispielen dieses Typus auch das Grab des Heiligen

---

Worsley, Giles, a.a.O., 1995, S. 56;
Vogt, Adolf Max, *Boullees Newton-Denkmal: Sakralbau und Kugelidee*, Basel/Stuttgart 1969 (Geschichte und Theorie der Architektur 3), S. 160.

[120] Wren, Christopher (und Stephen (Hrsg.)), *Parentalia*, London 1750, republished Farnborough 1965, *Discourse on Architecture*, S. 24.
Vgl. hierzu auch:
Downes, a.a.O., 1959, S. 187;
Downes, a.a.O., 1987, S. 134;
Worsley, Giles, a.a.O., S. 7-13.

[121] Vgl. auch:
Wren, a.a.O., 1965, *Tracts IV, V*;
Soo, Lydia M., *Reconstructing Antiquity: Wren and his Circle and the Study of Natural History, Antiquarianism and Architecture at the Royal Society*, Diss., Princeton 1989, S. 401-404.

[122] *All Souls College, the Codrington Library, Wren Drawings, IV.61-64.* (Downes-Katalog Nr. 152-155).
Sehr wahrscheinlich dokumentieren *IV.61-62* einen Rekonstruktionsversuch, während *IV.63-64* einem Kirchenprojekt ge-widmet sind. Besonders *IV.63*, eine der Rekonstruktionszeichnungen, zeigt deutliche Bezüge zu *St. George, Bloomsbury*.
Vgl. hierzu auch:
Downes, a.a.O., 1959, S. 187;
Downes, a.a.O., 1987, S. 134;
Downes, J.K., *Nicholas Hawksmoor*, Thesis submitted for the Degree of Ph.D in the University of London, 2 Bde. (unveröffentl. Manuskript), Diss., University of London 1959/60, S. 91-92;
Soo, a.a.O., S. 400-404.

[123] Entsprechend beschreibt Downes den *steeple* auch nur als eine „*free reconstruction*".
S. hierzu: Downes, a.a.O., 1987, S. 138.

[124] Sowohl Diodorus als auch Herodot beschrieben Grabmäler dieses Typus. Vgl. hierzu:
Greaves, John, *Pyromidographia: or a Description of the Pyramides in Aegypt*, London 1646, S. 12.
Greaves zitiert die Beschreibungen aus Diod.Sic., Buch 1 und Herodot, Buch 3.

[125] *All Souls, the Codrington Library, Wren Drawings, II.24-28*, 1673. Vgl. hierzu auch:
Meller, a.a.O., S. 5;
Odgers, a.a.O., S. 143, Abb.88;
The Wren Society, Bde. 1-20, Oxford 1924-1943, Bd. XIII, S. 201, Abb. II.

Georg in Damaskus. Thevenot[126] beschreibt es vage als „... *covered with a little Pavillon in form of a Pyramid ...* ". Das ließ dem Architekten viel Spielraum für Spekulationen, und es ermöglichte ein Einfließen seines Wissens über den Typus im Allgemeinen. Es erscheint daher wesentlich glaubhafter, von einer freien Rekonstruktion des Grabs des Heiligen Georg zu sprechen, als sich unbedingt auf das *Mausoleum von Halikarnassos* zu versteifen.

Diese These erklärt zudem auch die Plazierung einer Statue Georges I. an dieser Stelle und vor allem, weshalb diese auf einem römischen Opferaltar zu stehen kommt. St. Georg war ein Märtyrer, er brachte sein Leben als Opfer für seien Glauben dar. Ihm steht folglich das Attribut des Opferaltars voll und ganz zu. Er sollte eigentlich die Stufenpyramide dieses Grabmonumentes zieren. Durch die Verwendung eines Standbilds des Königs an seiner Statt wird eine Identifizierung Georges I. mit dem Schutzheiligen des englischen Staates vorgenommen. Besonders interessant ist diese Gleichsetzung in Anbetracht der Tatsache, daß die sich offensichtlich nur mühsam am Grat der Pyramide haltenden Wappentiere der beiden Königreiche in diesem Bild mit dem von Georg besiegten Drachen gleichgesetzt werden müssen. George I. ist hier also als der Bezwinger sowohl des aufsässig gegen ihn aufsteigenden Einhorns als auch des sich ihm freiwillig unterwerfenden Löwen dargestellt.[127] Von der in der Literatur hin und wieder vermuteten Kritik oder auch von einem Lächerlichmachen des neuen hannoveranischen Königs kann hier wahrlich nicht gesprochen werden. Vielmehr müssen die Kirche und ihre symbolische Aussage insgesamt als eindeutig königstreue Propaganda verstanden werden.

Die Verwendung eines Grabmals an dieser Stelle darf uns nach den oben bereits vorgenommenen Überlegungen zu den Gemeinsamkeiten von Kirche und Grabmal im memorialen Aspekt[128] ebenfalls nicht weiter verwundern. Wie wir gesehen haben, ist Hawksmoor auch hierin nicht allein.[129] Selbst die ihm zur Verfügung stehende Literatur belegte bereits die Verwendung eindeutig aus den Grabbau stammender Formen in der Kirchenbaukunst. Marot zum Beispiel zeigt ein französisches Exempel der Umsetzung der Pyramide im Sakralbau.[130]

Besonders interessant in diesem Zusammenhang ist allerdings auch die spezifische Bedeutung der Stufenpyramide in Fontanas allegorischem Deckblatt zur Darstellung des Obelisken vor *St. Peter*. Er verwendete sie dort als Symbol für den irdischen beziehungsweise weltlichen Ruhm. Diesem stellt er den ewigen, himmlischen Ruhm gegenüber, welchen ein Modell einer Idealkirche symbolisiert.[131] Insofern muß die Verwendung des Grabmals an dieser Stelle mit einer Statue des Monarchen auf seiner Spitze auch als eine Betonung der Rolle des Königs in Kirche und Staat verstanden werden. Idealkirche und Pyramide verschmelzen im *steeple* von *St. George, Bloomsbury*, weitgehend, zusammen symbolisieren sie die Einheit von weltlicher und geistlicher Herrschaft im englischen König und damit die Grundlagen der englischen Verfassung.

---

126   Thevenot, Jean de, *The travels of Monsieur de Thevenot into the Levant*, London 1687, Teil II, S. 14.

127   Vgl. hierzu: Birch, George H., *London Churches of the Seventeenth and Eighteenth Centuries*, London 1896, S. 160. Birch schreibt, die beiden Tiere „... *always had the appearance of having been worsted in a struggle with the statue and rolled down the steps.* ".

128   Downes, a.a.O., 1987, S. 184;
       Odgers, a.a.O., S. 37.
       Vgl. auch: Teil B, I.4.1.

129   Vgl. hierzu auch Borrominis Campanile von *S.Andrea delle Fratte* in Rom.
       S. hierzu zum Bsp.:
       Varriano, John, Italian Baroque and Roccoco Architecture, Oxford University Press, New York 1986, S. 63-64.

130   Vgl. zum Bsp.:
       Marot, Jean, *Receuil des Plans Profiles et Eleuations des plusieurs Palais Chasteaux Eglises Sepultures Grotes et Hostels*, Paris 1676. Marot zeigt z. Bsp. eine Pyramide über dem Portal des Karmeliter-Klosters in St. Germain des Pres.

131   Fontana, Domenico, *Della trasportazione dell' obelisco vaticano*, 1590.
       Die Abb. ist reproduziert in: Odgers, a.a.O., Abb. 94.

V.1.4.4.c.
Zusammenfassung: die Gesamtansicht

In der vor Ort praktisch nicht wahrzunehmenden frontalen Ansicht der Westseite der Kirche markiert der hohe Turm - unterstützt durch die symmetrisch zu ihm aufsteigenden Freitreppen - die Mittelachse der Komposition. Dies geschieht hier wesentlich deutlicher als im Falle des Chors auf der Ostseite des Gebäudes. Trotz der unterschiedlichen Abmessungen ergibt sich so - gefördert durch die merklich ähnliche Geometrie - eine Beziehung der beiden additiven Baukörper an den äußeren Enden der Komposition auf den Turm. Der in dieser Ansicht praktisch zu einer Folge symmetrisch zu beiden Seiten des Turmes angeordneter, gleichermaßen hochrechteckig proportionierter Fassadenteile reduzierte Hauptbaukörper fügt sich ebenfalls wesentlich besser in die Gesamtkomposition, als es im östlichen Gegenstück der Fall ist, wo derselbe auf seiner ganzen Breite als Einheit erkennbar ist.

Die grundsätzliche Symmetrie der Komposition wird hier deutlich. Die unbestreitbar vorhandene Additivität der im Norden und Süden angefügten Baukörper wird durch die wesentlich besser wahrzunehmende angedeutete Additivität des Hauptbaukörpers und die damit verbundene Isolierung des Turmes in eine additive Gesamtstruktur überführt und damit aufgefangen. In einer pyramidalen Gesamtkomposition ist die Ansicht als Einheit isolierbarer Teile zusammengefaßt.

Die Westansicht der Kirche kann von daher als ein Schlüssel zum Verständnis des Außenbaus von *St. George* insgesamt bezeichnet werden. Sie offenbart die Isolierung der Einzelbaukörper ebenso wie die Zusammenfassung des Ganzen in einer additiven Einheit mit Hilfe einer grundsätzlichen Symmetrie und unterstützt durch den Aufbau motivischer Beziehungen unter Ausnutzung der durch die umgebende Bebauung regulierten, eingeschränkten Sichtbarkeit. Sie macht darüber hinaus die vor allem von Süden extrem erscheinende Kombination verschiedener Orientierungen als Hinzufügen einer zweiten Richtung zu einem gerichteten Kernbau verständlich. Sie zeigt zudem in seltener Deutlichkeit Hawksmoors Differenzierung von betont glatter, einfacher schwerer Mauerwerksarchitektur einerseits und verfeinerten zeichenhaften Architekturminiaturen beziehungsweise historischen Zitaten andererseits. Der *steeple* und die beiden den Hauptbaukörper additiv ergänzenden Baukörper im Norden und Süden werden vor allem auch hierdurch vom Kern der Komposition getrennt. Die von diesen Baukörpern transportierten Bedeutungen erscheinen infolgedessen als dem eigentlichen Kirchenbau in seiner an sich traditionellen Ausprägung nachträglich aufgelegte, zusätzliche Aussagen, welche sich dem Hauptthema unterordnen. Die sich bei *St. Alfege* hauptsächlich in der Gestaltung der Hülle manifestierende Überlagerung eines einfachen geometrischen Typus hat sich hier gewissermaßen verselbständigt, der Typus und die ihm überlagerten Themen sind getrennt und separat artikuliert.

Insgesamt reizte Hawksmoor in diesem Entwurf bereits von anderen Projekten bekannte Themen in bisher nicht gekannter Weise aus. Er ging dabei oftmals bis an den Rand des Möglichen. Der Bau bietet von jeder Seite ein deutlich anderes Bild. Teilweise scheint er in Einzelbaukörper zu zerfallen; teilweise wird aber auch ein Teil der Komposition so wichtig, daß dies den Gesamtzusammenhang vordergründig verdeckt. Die Kenntnis der Gesamtkomposition läßt der deutlichen Spannungen und unaufgelösten Widersprüche zum Trotz aber dennoch eine das Ganze zusammenhaltende Idee erkennbar werden.

V.1.5.
Der Innenraum
(Abb. 145-146, 159-173)

Der Gemeinderaum von *St. Georg, Bloomsbury*, praktisch der einzige Innenraum der Kirche, wird durch unterschiedliche Raumhöhen und die ursprünglich im Norden ebenso wie im Süden vorhandenen Galerien in einen Hauptraum sowie klar davon unterschiedene, angrenzende Raumzonen geteilt.

V.1.5.1.
Der Hauptraum
(145-146, 159-164, 166-172)

Im Außenbau von *St. George* wird der Hauptraum im Obergaden direkt faßbar. Die ihn begrenzenden Innenfassaden entsprechen in ihrer Gestaltung jedoch keineswegs der durch den Obergaden und seine eindeutige Form angedeuteten Einfachheit und Klarheit. Jede der Seiten ist unterschiedlich behandelt und es entsteht ein vielschichtiger, teilweise mehrfach lesbarer Raumeindruck. Den ihn definierenden Wandflächen allesamt gemeinsam ist jedoch die deutlich spürbare Trennung der Zone des Obergadens von den dem Hauptbaukörper zuzurechnenden Teilen der Innenfassaden. Auch hier im Inneren bleibt die horizontale Additivität der Komposition spürbar.

Aus dem Grundriß ergibt sich zwangsläufig eine Differenzierung der prinzipiell geschlossenen Stirnwände im Osten und Westen einerseits und der eher als Hochschiffwände zu bezeichnenden, klar als Innenwände gestalteten offenen Seitenwände im Norden und Süden andererseits. Dessen ungeachtet weisen sie alle genügend Gemeinsamkeiten auf, um den Hauptraum auch formal als Einheit zu definieren und damit eine deutliche Abgrenzung gegenüber den direkt anschließenden seitenschiffähnlichen Raumzonen zu schaffen. Die angedeutete Additivität des Hauptbaukörpers ist so im Innenraum in eine Addition klar getrennter, aber dennoch nachträglich innerhalb des Hauptbaukörpers definiert erscheinender Raumzonen umgesetzt. Daraus ergibt sich eine die offensichtliche Auffassung des Innenraumes hin und wieder in Frage stellende Ambiguität.

Die vier Wände des Hauptraums sind alle ungefähr quadratisch proportioniert. Sie werden durch das Obergaden und Hauptbaukörper trennende Gesims im Verhältnis von circa 6:2 horizontal geteilt. Ihre Gestaltung beherrscht jeweils ein auf der Achse angeordneter Korbbogen. Dessen lichte Öffnung beträgt circa die Hälfte der Gesamtbreite der Wand, so daß zu beiden Seiten nurmehr zwei flankierende, untergeordnete Felder verbleiben. Kämpferhöhe und Gestaltung der Kämpfergesimse sind an allen vier Seiten einheitlich gehalten. Damit enden die Gemeinsamkeiten der vier den Raum begrenzenden Flächen aber auch schon, und selbst diese sind von Fall zu Fall subtil variiert. Es entsteht alles andere als ein eindeutiger, zentraler Raum.

V.1.5.1.a.
Ostwand und Chorraum
(Abb. 159-164)

Die aufwendige Gestaltung der Apsis macht die Ostwand des Gemeinderaumes von *St. George* zu dessen primärem Bezugspunkt. Mit 49' 3" ist diese nur minimal breiter als hoch. Die Raumhöhe unterhalb der flachen Decke des Obergadens beträgt circa 48'. Das bereits erwähnte, fast 2' breite Gesims auf Höhe des Daches des Hauptbaukörpers teilt die Fläche in zwei Geschosse, das Band des Obergadens und die der Arkadenzone traditioneller Basiliken vergleichbare Wand des Hauptbaukörpers.

Das Gesims selbst[132] weist eine extrem reiche Gestaltung auf. Diese geht selbst über hadrianische Beispiele[133] hinaus. Besonders auffällig ist die ornamentale Gestaltung des gut 1' breiten, den

---

132 Es handelt sich praktisch um eine angereicherte Variation eines korinthischen Gesimses:
    Plättchen, *cyma recta*, *cyma reversa*, eine außergewöhnlich breite und zudem mit plastischem Dekor versehene Geisonstirn,
    Plättchen, lesbische Kyma und Astragal.

Platz der Geisonstirn einnehmenden Bandes. Ihm ist ein mit floralen Ornamenten hinterlegtes Flechtband aufgelegt, welches dem an sich klassischen Element einen deutlich unklassischen Ausdruck verleiht. In seiner die Oberfläche fast vollständig in eine nahezu als textil zu bezeichnende Struktur auflösenden Gesamtwirkung erinnert es stark an die spitzenartige Helldunkelwirkung des Arkadendekors der *Hagia Sophia*. Das Motiv das Flechtbandes selbst verweist dagegen eher auf die romanische Architektur als Anregung. Beispiele hierfür finden sich unter anderem in *Barfreston, Kent, Malmesbury Abbey, Wiltshire*, oder auch der *Prior's Door* von *Ely Cathedral*. Letztere war Hawksmoor auf jeden Fall bekannt. Die Ornamentik der *S. Costanza*[134] arbeitet allerdings ebenfalls mit diesem Motiv. In jedem Fall muß die Gestaltung dieses Details als ein weiterer, bewußter Verweis auf die konstantinisch-frühchristliche oder auch angelsächsisch-„primitive" Kirche verstanden werden.

V.1.5.1.a.1

Die Arkadenzone

(Abb. 159, 162-164)

Unterhalb des die Fläche der Wand im Osten des Gemeinderaumes am Fuß des Obergadens durchgehend horizontal teilenden Gesimses - im Bereich des Hauptbaukörpers - verbleibt eine Fläche von circa 34' x 49' 3". An sich ist die Wand hier glatt bis zum Boden geführt. Die Ebene ihrer Innenseite ist jedoch nur in einem Bruchteil der Fläche wirklich realisiert. Drei Bögen sind in die Mauer eingeschnitten. Letztere erweitern den Raum über die Innenfläche der Außenwand hinaus und lösen diese damit weitgehend auf.

Auf der Mittelachse durchbricht der 19' 8" breite, Gemeinderaum und Apsis verbindende Korbbogen die Ebene der Wand. Seine Archivolte ist von einem dem Architrav der korinthischen Ordnung entsprechenden Profil gerahmt. Seinen Scheitel betont zusätzlich ein kräftiger Keilstein, dessen Front ein Symbol der Dreifaltigkeit[135] ziert. Dieser reicht bis zur Oberkante des Hauptbaukörper und Lichtgaden trennenden Gesimses. Dasselbe ist verkröpft um ihn geführt. Zusammen mit der profilierten Archivolte setzt der Keilstein die mittlere Bogenöffnung über die Differenzierung von Breite und Form hinaus von den beiden sie flankierenden Nischen ab und betont damit die Symmetrieachse der Innenfassade.

Besagte Nischen sind circa 11' breit und exakt 4' 1" tief. Ihren oberen Abschluß bildet ein vollständiger Halbkreisbogen. Dieser ist glatt aus der Wand geschnitten und weist keinerlei Dekor auf. Zwischen Nische und Chorbogen ist die eigentliche Wandoberfläche jeweils in einem 3' 7" breiten Streifen erhalten. Bis zu den die Grenze des Hauptraumes markierenden, die Längswände des Obergadens tragenden vorgelegten Pilastern verbleiben an den Rändern dieser Innenansicht folglich nur wenige Zentimeter.

Das allen drei Bögen gemeinsame Kämpferniveau deutet circa 27' über dem Boden eine weitere horizontale Linie an. Diese ist in ihrer Wirkung jedoch nicht weiters betont. Das der Wand zwischen den Öffnungen vorgelegte Kämpfergesims entspricht einem vollständigen korinthischen Gebälk. Per se ist es sehr kräftig und ausdrucksvoll. Entlang der Leibungen der Bögen ist es nach hinten geführt. In den beiden Nischen endet es stumpf an der Rückwand. Im Falle des Chorbogens ist es bis auf die Rückseite der mit ihrer Tiefe von circa 7' der Stärke der Außenwand entsprechenden Leibung des

---

133   Vgl. zum Bsp. den Hadrianstempel in Ephesus.

134   Serlio, Sebastiano, *The Five Books of Architecture*, an Unabridged Reprint of the English Edition of 1611, New York 1982, Buch III, Kap. IV, fol. 8v.

135   Es handelt sich um eine Kartusche mit dem die göttliche Dreifaltigkeit symbolisierenden gleichseitigen Dreieck, hinter dem Lichtstrahlen dargestellt sind.

Bogens gezogen. Dort stößt es auf die Wand der Apsis. In beiden Fällen fehlt die zur Markierung einer deutlichen horizontalen Zäsur unabdingbare Fortsetzung unterhalb des Tympanons des Bogens. Die Wirkung des Gesimses ist daher eine ganz andere als diejenige des die Arkadenzone so klar und eindeutig vom Obergaden trennenden Profils. Anstatt eine durchgehende, horizontale Wandzone zu definieren, isoliert es die zwischen den Bögen verbleibenden Pfeiler. Es deutet Kapitelle an und stellt damit die Einheit der Mauer in Frage. Vor allem im Bereich der Leibung des Chorbogens lösen sich die beiden Mauerwerkspfeiler weitgehend aus dem Verband der Mauer. Sie erscheinen als im Mauerwerk der Außenwand verborgene, jedoch durchaus isolierbare massive Pfeiler. Das ebenso durchgehend vorhandene Profil des Keilsteins im Scheitel des Chorbogens unterstreicht den sich ergebenden Eindruck massiver, in die Wand integrierter, gedanklich aber dennoch von ihr zu differenzierender Teile.

In den flankierenden Nischen ergibt sich trotz der in diesem Fall geschlossenen Rückwände ein vergleichbarer Effekt. Die Gestaltung der Wandflächen unterstützt dies gezielt.

In die Nischen öffnen sich die beiden übereinander angeordneten, 5' breiten Rundbogenfenster der außen zwischen Apsis und Seitenrisaliten verbleibenden Fassadenteile. Diese sind ohne jeden Rahmen aus deren Rückwand geschnitten und weisen hier lediglich einen einfachen Simsen auf. Der Ansatz des Bogens des oberen Fensters fällt mit dem Niveau des Kämpfers der die Wand gliedernden Bögen - und damit auch demjenigen der es umfassenden Nische - zusammen. Das lediglich bei diesem Fenster eingeführte Kämpferprofil trifft in den Ecken der Nischen auf das entlang der Leibung ebenfalls bis zu diesem Punkt geführte, reich gestaltete Kämpferprofil der die Nische rahmenden Pfeiler. Es selbst entspricht in seiner Gestaltung allerdings den Kämpfergesimsen der Außenwände. Infolgedessen führt es keines der Profile des in der Arkatur der Innenseite der Wand verwendeten korinthischen Gebälks fort.

Hawksmoors Auffassung klassischen Dekors als Addition kann dieses Detail nicht vollständig erklären. Seine optische Wirkung ist aber eindeutig und - im Zusammenhang der oben gemachten Beobachtungen zum Effekt des Kämpfergesimses der Nischen - auch konsequent und verständlich. Gedanklich ist hier einem primären Element - der massiven Architektur der Bögen mit den sie tragenden Pfeilern - ein sekundäres, flächiges Element wie eine Füllung hinzugefügt. Dieser Gedanke ist durch die Gesimse demonstrativ dargestellt. Fast möchte man von der Vorstellung einer nachträglichen Ergänzung einer Ruine oder - besser - eines historischen und damit symbolisch bedeutsamen Skeletts sprechen.

Konsequenterweise entspricht die Innenwand des Chores in ihrer grundsätzlichen Gestaltung den Rückwänden der Nischen. Auch hier wiederholt die Gestaltung der Fenster die Detaillierung der Außenwände, und auch hier treffen die Kämpferprofile beziehungslos auf das ein korinthisches Gesims wiederholende Kämpferprofil der Mauerwerkspfeiler des Hauptbaukörpers. Die in den Nischen fest eingebundene Füllung ist effektiv von den primären Elementen getrennt und bildet für sich die Wand des apsidialen Teilraumes.

Die so betonte Andeutung einer primären, massiven Struktur verstärkt die Wirkung der die Ostwand gliedernden Bögen. Die prinzipiell vertikalen Akzente der das Kämpferniveau durchbrechenden Bögen bestimmen von daher den Eindruck der Ostwand im Bereich des Hauptbaukörpers. Dies unterscheidet diese Innenseite klar von den im Folgenden zu beschreibenden Seitenwänden[136] mit ihrer eher horizontalen Ordnung.

Vor allem im Zusammenhang der Isolierbarkeit der massiven Arkatur ist die Ähnlichkeit der Gesamtansicht der Wand unterhalb des Obergadens mit zeitgenössischen Abbildungen byzantinischer Kirchen beachtenswert. Die Anordnung dreier Nischen in einer glatten Wand, das deutliche Übergewicht des mittleren Chorbogens und die Betonung massiver Wandpfeiler lassen sich allesamt

---

136 Downes, a.a.O., 1959, S. 188;
Downes, a.a.O., 1987, S. 138.

auf dieses Vorbild zurückführen. Neben der schon erwähnten Darstellung der Kirche im Hause Annas[137] bei Amico ist vor allem die Chorwand der ebenfalls von letzterem veröffentlichten Kirche im Geburtshaus von Johannes und Jakob[138] mit ihren zwei schmalen, flachen Bogennischen mit geradem Abschluß zu beiden Seiten des apsidialen Chorraums von Interesse[139].

Die Tatsache, daß im hier vorliegenden Bau die Gewölbezone der historischen Vorbilder fehlt, daß diese durch einen Obergaden ersetzt ist, verstärkt einerseits die Assoziation eines gewissermaßen ruinenartigen Charakters der insofern als Spuren einer byzantinischen Kirche zu verstehenden massiven Teile. Andererseits belegt es aber auch erneut Hawksmoors Absage an eine einfache Rekonstruktion eines historischen Bautypus oder auch eines einzelnen Baus. Der Obergaden verweist bewußt auf völlig andere Vorbilder und Bedeutungen.

V.1.5.1.a.2
Der Chorraum
(Abb. 146, 161-162)

Der circa 7' tiefe Bereich der Leibung des Chorbogens läßt eine Schwellensituation, eine klare Trennung von Hauptraum und Chorraum entstehen. Der Chor ist keine nach außen gedrückte Ausweitung des Hauptraumes selbst, sondern eher eine von ihm aus sichtbare und zugängliche eigenen Raumzone.

Mit der originalen Ausstattung wurde dies noch wesentlich deutlicher als heute. An der Vorderkante dieser Schwellenzone befanden sich die drei zum Chorraum führenden Stufen und die Chorschranke.[140] Außerdem fand hier der Belagswechsel zum schwarz-weißen Marmorbelag des Chorraumes statt. Am anderen Ende des Zwischenbereichs war der Altar plaziert, dahinter ragte die sich heute im Norden der Kirche befindliche Retabel[141] auf. Die eine Rundbogennische rahmende Ädikula korinthischer Ordnung reichte mit der Unterkante des Tympanon ihres Dreiecksgiebels gerade auf die Höhe der Unterkante des Kämpfergesimses. Der Firstpunkt der Retabel entsprach der Oberkante desselben. Über ihr wurde also lediglich die reich dekorierte Kuppel sichtbar, und durch die zu ihren beiden Seiten verbleibenden 3' 6" konnten nur die mit einer zusätzlichen Täfelung versehenen Seiten der Apsiswand eingesehen werden. Insofern erklärt diese Situation auch, weshalb die Wand des Chores - eben mit Ausnahme der die beiden EG-Fenster rahmenden Vertäfelung - glatt belassen wurde. Für die hinter der Retabel befindliche, nicht einzusehende Sakristei war ein derart aufwendiger Dekor vollkommen unnötig.

Bezüglich des Hauptraumes diente die Apsis folglich primär als Hintergrund, als Baldachin für den Altar und seine Retabel. Was dort sichtbar wurde, ist die bis heute unverändert erhaltene abgeflachte Halbkuppel. Diese setzt auf dem Kämpfergesims der beiden OG-Fenster an. Letztere dringen

137   Amico, a.a.O., 1609, Abb. XXX;
       Amico, a.a.O., 1953, S. 11, Abb. 16.

138   Amico, a.a.O., 1609, Abb. XXXI;
       Amico, a.a.O., 1953, S. 117, Abb. 36.

139   Vgl. auch:
       Amico, a.a.O., 1609, Abb. XXXII;
       Amico, a.a.O., 1953, Abb. 37 (Kirche über dem Martyrium des Johannes);
       Grelot, a.a.O., 1683, S. 210-217 (*Suleymanije*);
       Grelot, a.a.O., 1681, S. 175 (*Hagia Sophia*);
       Le Brun, Corneille, *Voyage au Levant*, Delft 1700, S. 53, Abb. 24, (Kirche in Chalcedon).

140   Vgl. auch: Jeffery, Sally, *Hawksmoor's churches built under the 1711 Act*, Vortrag a.a.O.

141   Bzgl. einer Beschreibung der ursprünglichen Retabel als Beleg für die Originalität der heute noch vorhandenen vgl.:
       L.P.L., Book of Works, MS.2701, S. 85-87, 92-95.

mit ihren Halbbögen ebenso in die Kuppel ein, wie die sich im Scheitel der Apsis befindliche, vom Boden aufsteigende halbrunde Nische mit ihrer abschließenden Halbkuppel. Die sich daraus ergebenden Stichkappen sind der Form der Kuppel folgend bis zum Scheitel verzogen, so daß eine Faltkuppel mit fünf Segmenten entsteht.

Durch Perlstäbe sind zu beiden Seiten der Grate glatte, an Rippen erinnernde Streifen abgegrenzt. In den dazwischen verbleibenden Spickeln befindet sich ein reicher plastischer Dekor. Die Halbkuppel der in die Kuppel eindringenden Nische ziert eine Muschel. Über ihr ist der fromme Pelikan dargestellt. In den flankierenden Spickeln finden sich Mitren, gekreuzte Hirtenstäbe und Lorbeerkränze, in den äußeren Feldern schließlich Palmen und Ölzweige. Im Scheitel ist allgemein eine Wolke mit Strahlen - das alte Symbol der verborgenen Anwesenheit Gottes - dargestellt. Darunter befindet sich jeweils ein Engel, der Bote Gottes.[142]

Die aufopfernde Liebe Gottes, die sich in der Hingabe seines Fleisches und Blutes für seine Kinder im Sakrament der Eucharistie darstellt, seine verborgene Anwesenheit, das von ihm und seinen Sendboten gesegnete Hirtenamt der Kirche und der mit der Einhaltung der göttlichen Ordnung einher gehende Friede und Reichtum sind hiermit symbolisiert. Die Verbindung des Hirtenamtes mit der Idee der aufopfernden Liebe Gottes muß dabei als ein Anspruch auf Autorität von Seiten der Staatskirche verstanden werden. Ihr von Gott befohlenes Hüten der Schafe und damit auch ihr Wille zur Durchsetzung der Uniformität sollen als Ausfluß der Liebe und Fürsorge Gottes verstanden werden.

Der sich aus der vorgerückten Position der Retabel ergebende mehrschichtige Effekt verstärkte ursprünglich die Wirkung dieses, des einzigen figürlichen Schmuckes des Innenraumes und ließ die Apsis noch tiefer erscheinen als sie es real war und ist. Der Chor wirkte damit wirklich wie eine Öffnung in der Ostwand des Gemeinderaumes.

V.1.5.1.a.3
Der Obergaden
(Abb. 159-160)

Die sich oberhalb des beschriebenen Gesimses anschließende, circa 12' x 49' 3" messende Fläche des Obergadens nimmt trotz der durch letzteres geschaffenen klaren Trennung Bezug zur Ordnung der Wand darunter. Die Wandfläche ist wie in der Arkadenzone glatt belassen. Zwei flache Vorlagen in Verlängerung der Stirnseiten der den Chorbogen rahmenden Pfeiler schaffen auch hier eine Dreiteilung. In jedes der drei sich ergebenden Felder ist ein Rundbogenfenster eingefügt. Die 4' breite und bis zur Oberkante des Kämpfers 8' messende Bogenform setzt direkt auf dem Gesims auf. Allerdings sind in der Höhe ungefähr 2' 6" messende, kassettierte Brüstungselemente eingefügt, so daß die lichte Öffnung auf 4' x 5' 6" reduziert ist. Die Kämpferzone ist auf der gesamten Breite der Wand durch ein verkröpft auch um die Vorlagen geführtes Gesims betont. Sein Profil entspricht demjenigen der OG-Fenster. Es ist der einzige Dekor der Fensteröffnungen.

Während die beiden äußeren Fenster die Achse der Fenster in den flankierenden Nischen aufnehmen, befindet sich das dritte Fenster in der Mittelachse der Wand. Es sitzt direkt auf dem Schlußstein des Chorbogens auf, dessen Oberseite in der Breite exakt dem Fenstermaß entspricht. Einerseits stellt diese Lösung eine formale Verbindung der beiden Wandzonen her, andererseits führt die direkte Gegenüberstellung des eine massive Mauerwerkskonstruktion spürbar machenden Keilsteins und des die relativ geringe Stärke der Wand des Obergadens sichtbar werden lassenden Fen-

---

142 Die Rechnung des Stukkateurs bestätigt die Identifizierung der dargestellten Symbole im Allgemeinen. Allerdings verzeichnet sie anstatt des Pelikans ein Taube („Dove"). Möglicherweise handelt es sich dabei jedoch nur um eine ungenaue Angabe bei Rechnungsstellung.
Vgl. hierzu: *L.P.L., Bills, MS.2718,* S. 74.

sters auch zur Isolierung der beiden Wandzonen aus der Erkenntnis der unterschiedlichen Konstruktion.

Zu beiden Seiten des Fensters befindet sich - mittig in das verbleibende Feld eingefügt - jeweils eine circa 3' breite Blendnische. Mit ihrem geraden horizontalen Sturz durchstößt sie das Kämpfergesims; sie schließt exakt mit dessen Oberkante ab. Auch in diesen Blendnischen ist das Brüstungselement der Fenster vorhanden. Es ergibt sich insgesamt eine angedeutete Serliana, ein schwaches Echo der alle Innenwände des Hauptraumes bestimmenden Dreiteilung mit dominantem Mittelfeld.

Zwei leicht vertiefte Paneele in der Wandfläche darüber lassen über dem zentralen Fenster eine angedeutete, breite Archivolte entstehen. Im Scheitel wird der Bogen allerdings von der Flachdecke des Raumes überschnitten. Der rein dekorative Charakter der Archivolte wird dadurch offensichtlich. Gleichzeitig wird die Wand durch dieses kleine Detail als Element für sich artikuliert, welches offensichtlich keine organische Einheit mit der Decke eingeht. Für die Innenansicht des Hauptraumes und die Ordnung der Obergadenzone bedeutet das Detail aber auch eine weitere Betonung der Mittelachse und damit der Symmetrie der Gestaltung an dieser Seite des Raumes.

V.1.5.1.b.
Westwand
(Abb. 166)

Die Westwand des Gemeinderaumes wiederholt die Gestaltung der Chorwand. Lediglich die den Baukörper des Turmes im Innenraum spürbar werden lassende Füllung des großen Korbbogens sowie die dem entsprechende Schließung des mittleren Fensters im Obergaden und dessen Verwandlung in eine Blendnische unterscheiden diese Innenfassade von ihrem Pendant im Osten.

In besagte Füllung sind übereinander zwei Öffnungen eingeschnitten. Im EG befindet sich der Durchgang in den Turm. Der 8' breite und bis zur Oberkante seines Kämpfers 10' messende Bogen ist durch ein Kämpfergesims und eine profilierte Archivolte betont. Die Details der Profile entsprechen dabei wiederum der Gestaltung der Außenwände. Das Kämpfergesims ist über die gesamte Breite der Füllung bis an die hier nur circa 1' vortretenden Pfeiler des Korbbogens geführt. Direkt darüber öffnet sich der logenartige, bis zum Boden geführte und durch ein Geländer gesicherte Bogen der Turmgalerie. Seine Breite entspricht derjenigen des darunter liegenden Durchgangs. Die Höhe bis zur Oberkante des Kämpfers beträgt ebenfalls 8'. Die profilierte Archivolte entfällt hier allerdings. Es verbleibt lediglich das auch hier kraß mit dem Kämpferprofil des Korbbogens kollidierende Profil auf Kämpferhöhe.

Kurz über dem Scheitel des OG-Bogens befindet sich der auf dieser Seite gleichermaßen eingefügte Keilstein des Korbbogens. In diesem Fall ist er mit einer Darstellung des brennenden Herzen Jesu versehen.

Meller deutet das Relief anders. Es liest es als eine Abbildung der Flammenzungen des Pfingsttages. Innerhalb des Baus ist es insgesamt sieben Mal verwendet. Er bringt es daher mit den sieben Gaben des heiligen Geistes in Zusammenhang.[143] Die Form gibt diese Deutung allerdings nicht her. Zudem ist die Siebenzahl so wenig offensichtlich verwandt, daß ihr im Grunde keinerlei symbolische Bedeutung zugeschrieben werden kann. Das brennende Herz Jesu hingegen war das Emblem des Kirchenvaters Augustinus und spielte in der Theologie der Patristik eine wichtige Rolle. In der hier vorgeschlagenen Deutung fügt sich das Relief als ein weiterer Verweis auf das frühe Christentum also nahtlos in die „primitive" Thematik der Kirchenentwürfe Hawksmoors. Die Verehrung des Herzen Jesu erlebte zudem im 17./18. Jahrhundert allgemein einen neuen Aufschwung,

---

143   Meller, a.a.O., S. 7: „... *a tongue of flame, representing the Holy Spirit on the day of Pentecost. There are seven of these representing the seven gifts of the Spirit received at confirmation*".

nachdem sie mit dem Ende der mittelalterlichen Mystik zunächst zurückgegangen war. Die katholische Kirche erkannte sie aber erst im späten 18. Jahrhundert offiziell an. Auch insofern scheint eine Verwendung des später als typisch katholisch zu bezeichnenden Emblems in einer anglikanischen Kirche der Zeit nicht unmöglich. Darüber hinaus fügt sich die Bedeutung des Symbols auch reibungslos in das Programm der Dekoration der Apsis, welches die Liebe und Fürsoge Gottes thematisiert.[144]

Konstruktiv wird der Keilstein durch die Einfügung der deutlich massiven Füllung vollständig sinnlos. Gerade deshalb verdeutlicht er aber auch hier die Selbständigkeit und Isolierbarkeit der Westwand des Hauptbaukörpers und betont damit - zusammen mit den sich aus den Gesimsen ergebenden spannungsvollen Kontrasten - den Charakter der Füllung als einem additiven, zumindest gedanklich zu entfernenden Element. Der Vergleich der im Osten quasi entfernten und weiter hinten gewissermaßen wiederverwendeten Füllung des Chorbogens sowie der hier sehr weit nach vorne und innen dringenden Füllung des westlichen Gegenstücks macht den schon im Grundriß erkentlichen Gedanken der Betonung der Ostorientierung durch eine bewußte Gegenüberstellung einer geschlossenen und einer offenen Variante derselben Wandgestaltung erneut deutlich. Interessanterweise entspricht *St. George, Bloomsbury* auch mit diesem Charakteristikum dem oben erwähnten Vorbild der Geburtskirche Johannis und Jakobi.

V.1.5.1.c.
Seitenwände
(Abb. 145, 167-173)

Die Seitenwände des Hauptraumes sind im Gegensatz zu seinen Stirnwänden beide identisch gestaltet. Grundsätzlich unterstützt die sich daraus ergebende Symmetrie die durch die Differenzierung der Form innerhalb des anderen Innenfassadenpaares vorgegebene Ost-West-Orientierung. Gleichzeitig lassen die Gestaltung der Seitenwände und vor allem ihre Anschlußdetails aber auch die Definition des Hauptraumes durch Ausgrenzung aus dem senkrecht dazu orientierten Gesamtraum des Hauptbaukörpers spürbar werden.

Das mit circa 48' x 46' leicht hochrechteckige Wandfeld ist wie die Ansichten der Stirnseiten durch das Obergaden und Hauptbaukörper trennende Gesims deutlich in zwei Geschosse geteilt. Unterhalb ist die Wand praktisch vollständig in eine Säulenstellung korinthischer Ordnung aufgelöst.

Den die beiden seitlichen Nischen der Stirnwände des Hauptraumes begrenzenden und bis in die seitenschiffähnlichen Raumzonen der Galerien reichenden Mauerwerkspfeilern der Außenwand des Hauptbaukörpers ist jeweils ein unkannelierter Pilaster mit Postament vorgelegt. Von dessen Kapitell spannt sich das Gebälk der Ordnung zum jeweiligen Paar gekoppelter Vollsäulen. Es setzt dabei das Kämpfergesims der Stirnwände in Profil und Höhenlage fort, ist durch die im Vergleich zu den Pfeilern der Stirnwand deutlich geringere Tiefe aber dennoch merklich davon abgesetzt. Die Koppelsäulen ruhen wie der Pilaster vor der Stirnwand auf einem Postament. Dieses faßt das Säulenpaar am Fußpunkt zusätzlich zu einer Einheit zusammen und differenziert die Ordnung - und damit die Seitenwände insgesamt - von den ohne Sockel bis zum Boden geführten Außenwänden des Hauptbaukörpers.

Das Gebälk endet jeweils über dem Kapitell der inneren Säule. Das verbleibende mittlere Interkolumnium überspannt auch hier ein Korbbogen. Seine Spannweite ist mit circa 21' 3" etwas breiter als diejenige seiner Gegenstücke auf den beiden Stirnseiten. Entsprechend ist die lichte Öffnung der flankierenden Interkolumnien mit circa 6' 7" deutlich kleiner als diejenige der Nischen der Ost- und

---

144 Vgl. hierzu: Dinzelbacher, Peter, *Wörterbuch der Mystik*, Kröner Verlag, Stuttgart 1989, S. 224-226.

Westwände. Die über Gebälk und profilierter Archivolte verbleibende Wandfläche ist vollkommen glatt belassen. Den Keilstein im Scheitel des zentralen Bogens ziert hier - wie auf der Westseite des Gemeinderaumes - ein flammendes Herz.

Vorbilder für die Verwendung derartiger Säulenschirme mit der hier vorliegenden Kombinationen von zentralem Korbbogen und zwei flankierenden Interkolumnien mit waagrechtem Sturz finden sich sowohl in Hawksmoors Werk als auch in der Architektur seines Lehrers Wren. Interessanterweise sind diese nicht auf den Sakralbau beschränkt. Vor allem die deutliche Beziehung zur *Hall* in *Blenheim Palace* ist beachtenswert,[145] zumal der Innenraum von *St. George* weitere Ähnlichkeiten mit dem Interieur dieses betont repräsentativen, nahezu königlichen Palastbaus aufweist.

Oftmals, so zum Beispiel bei Wrens *Pembroke Chapel*, endet das Element wie im vorliegenden Fall abrupt vor einem massiven Bauteil. Dieses Charakteristikum stellt zweifelsohne auch eine Beziehung zu Darstellungen antiker römischer Ruinen her, wie sie Hawksmoor zum Beispiel aus Desgodetz kannte.[146] Offensichtlich hatten Schüler wie Lehrer die Prinzipien des römischen Massenbaus in den den bloßen massiven Kern römischer Konstruktionen offenbarenden Abbildungen derartiger Veröffentlichungen erkannt. Als notwendige Konsequenz der sich daraus ergebenden differenzierten Auffassung zum Verhältnis von Ordnung und Ornament zur Mauer kann das vorliegende Anschlußdetail dennoch nicht verstanden werden. Wie bereits mehrfach gezeigt, bewirkte die nachweisliche Akzeptanz der römischen Auffassung bei Hawksmoor vor allem eine Integration der auf den abstrakten geometrischen Körper reduzierten Ordnung in die Masse der Mauer. Die Trennung wurde innerhalb der klassischen Elemente zwischen dem statisch notwendigen Kern und der offensichtlich als konventionell erkannten Dekoration vorgenommen. Die hier faßbar werdende Additivität entspricht folglich viel eher der ebenso allgemein nachweisbaren Differenzierung von Hülle und Ausbau. Im vorliegenden Fall dient diese zudem der Anpassung an die komplexe Erschließung der Kirche und die Geometrie des Entwurfes. Der korrekt orientierte und entsprechend gestaltete Hauptraum ist durch die Infragestellung der vollständigen Integration seiner Seitenwände mit der auf diese Weise latent spürbar gemachten, quer dazu angeordneten Gesamtform versöhnt.

Die Gestaltung des Übergangs zum Obergaden entwickelt dieses Thema weiter. Die von der Ordnung getragene Mauerscheibe ist oberhalb des die beiden Geschosse trennenden Gesimses in der Wand des Obergadens glatt fortgesetzt. Dies unterscheidet die seitlichen Innenfassaden ein weiteres Mal von den Stirnseiten des Hauptraumes. Dort bleibt der Obergaden etwas hinter der von den Vorderkanten der Pfeiler markierten Innenseite der Wand des Hauptbaukörpers zurück.

Aus der vor allem im Detail des Anschlusses der vorgelegten Pilaster an die massiven Mauerwerkspfeiler der Stirnwand visuell wirksam artikulierten Differenzierung der Mauerstärke von Hauptbaukörper und Seitenwand ergibt sich folglich eine die Säulenschirme der Seitenwände zusätzlich vom Hauptbaukörper isolierende, Arkadenzone und Obergaden miteinander verbindende und insgesamt von der Hülle des Hauptbaukörpers unterscheidende Erkennbarkeit der unterschiedlichen Wandstärken. Die Massivität der Arkatur der Stirnwände erfährt dadurch eine weitere Betonung, die Seitenwände werden als „leichte" Trennwände innerhalb des Gesamtraumes erkennbar. Sie tragen als eingestellte, additive Elemente den insgesamt als Einheit für sich definierten, ebenso additiv aufgesetzten Obergaden und lassen damit die Gesamtheit des Hauptbaukörpers spürbar werden.

Der Obergaden selbst ist vollkommen seriell gestaltet. Fünf identische Rundbogenfenster sind in regelmäßigen Abständen angeordnet. Sie entsprechen in Gestaltung und Abmessungen exakt den Fenstern der Stirnseiten. Die dort durch die Ordnung des Obergadens betonte Axialsymmetrie ist hier konsequent unterdrückt. In der Zone des Obergadens entsteht damit noch mehr als in der Arka-

---

145   Vgl. auch: *Bodl.Lib., Oxford, MS.Top.Oxon.a.37**, fol. 3.

146   Vgl. zum Bsp.: Desgodetz, A., *Les Edifices Antiques de Rome*, Paris 1682, S. 301-317.

denzone eine eindeutige Ost-West-Orientierung. Diese fördert zum einen die Isolierung des Obergadens vom Säulenschirm der Arkadenzone der Seitenwände und betont damit die grundsätzliche horizontale Additivität der Komposition. Zum anderen begrenzt und relativiert sie aber auch die die Gesamtheit des Gemeinderaumes andeutungsweise spürbar machende „Durchlässigkeit" der Säulenschirme des unteren Bereiches, indem sie hier doch einen vollständigen, in sich geschlossenen Baukörper artikuliert.

V.1.5.1.d.
Decke
(Abb. 172)

Die Gestaltung der Decke setzt der durch den Obergaden vorgegeben Interpretation des Raumes einen Kontrapunkt entgegen. Die eigentliche Deckenfläche, das heißt die nur partiell realisierte Ebene des idealen horizontalen Abschlusses des Raumes, befindet sich knapp 2' über dem Scheitel der Fenster des Obergadens. Unter dieser Ebene sind gliedernde Profile angebracht. Einerseits säumen diese die Decke entlang der Wände. Andererseits scheinen sie teilweise aber auch unter die Deckenfläche gehängt. Das kräftigste der insofern gewissermaßen unter der Decke schwebenden Profile reicht ungefähr 3' nach unten. Mit circa 2' Breite ist es an sich eher als Balken denn als bloßes Profil zu bezeichnen. Seine Untersicht ist mit reicher floraler Ornamentik versehen. In der frontalen Ansicht der Schnitte überschneidet es sich infolge seiner großen Höhe mit den Bögen der Fenster des Obergadens.

Dieses Profil rahmt ein längsrechteckiges Paneel. Die so definierte Teilfläche hat allerdings keinerlei Kontakt zu den Wänden, was den Eindruck einer unter der eigentlichen Decke hängenden Kassette verstärkt. Im Norden und Süden verbleibt zwischen den Enden des Feldes und der Innenfläche des Obergadens lediglich gut 1' Abstand. Dort wird die Überschneidung mit den Fensteröffnungen auch visuell wirksam. Die sich ergebende breite Schattenfuge löst das Paneel dabei um so deutlicher von Decke und Wand. In Ost-West-Richtung hingegen mißt das Paneel lediglich circa 32'. Es nimmt damit die Linien der jeweils äußeren Säulen der gekoppelten Säulenpaare auf. Der Decke des Hauptraumes verleiht die sich ergebende Lage der deutlich längsrechteckigen Form des zentralen Feldes eine eindeutig Nord-Süd orientierte Ordnung.

An der Innenseite des besagten Profils ist eine feinere Variation des korinthischen Gesimses der Ordnung angebracht, was der glatten weißen Fläche dazwischen einen fast transparenten Eindruck verleiht. In deren Zentrum ist eine große, reich gestaltete Rosette eingefügt, die insofern fast ohne Halt in der Decke zu schweben scheint.

Die beiden Schmalseiten des Rechtecks sind in der Dekoration zusätzlich betont. Auf der Mittelachse der jeweiligen Seite ist in der Untersicht des Rahmens im Norden ein Engel, im Süden ein Teufel dargestellt. Eine schlüssige Erklärung der Position dieser Symbole des Guten und des Bösen ist nur schwerlich möglich. Die konventionelle und durchaus auch offensichtliche Lösung wäre eine Anordnung des Symbols des Guten auf der Seite des Chorraumes gewesen. Eine mögliche Erklärung bietet die Deutung der vorliegenden Konstellation als Darstellung der aus dem Kampf von Gut und Böse in der Welt ebenso wie im Individuum entstehenden verwirrenden Desorientierung, als Verbildlichung der daraus erwachsenden Ablenkung des Menschen vom eigentlichen Ziel. Insofern könnte die Ambiguität des Innenraumes der Kirche auch als Symbol für den Kampf des Menschen um die „korrekte" Orientierung interpretiert werden. Dies gäbe der Überlagerung widerstreitender Lesarten des Raumes bei gleichzeitiger Betonung einer primären Deutung eine wesentlich tiefere, fast schon philosophisch-religiöse Signifikanz.

Interessanterweise bemerkt Webster im Rahmen seiner Untersuchung des Weltbildes der Naturwissenschaft der Zeit die dieser Interpretation des Kirchenraumes weitgehend entsprechende

Gleichzeitigkeit eines Glaubens an die göttliche Vorsehung einerseits und eines Bewußtseins um einen täglichen Kampf der Kräfte des Guten und des Bösen in der Welt andererseits.[147]

In den zu beiden Seiten des zentralen Paneels verbleibenden Teilen der Untersicht werden die darüber angeordneten, die eigentliche Deckenfläche gliedernden flacheren Unterzüge sichtbar.

Es handelt sich bei diesen um insgesamt vier in Ost-West-Richtung verlaufende Profile, welche unter dem quasi schwebenden Paneel durchzulaufen scheinen. Letztere sind lediglich ungefähr 1' 6" hoch und 2' breit. Ihre Unterseite ziert eine Variation des im Gesims zwischen Obergaden und Hauptbaukörper verwandten Flechtwerk-Blumen-Ornamentbandes. Optisch verbinden sie das zentrale Rechteck mit den Stirnwänden des Hauptraumes. Zum einen verlängern sie die Linie der Kanten der kürzeren Seiten des Paneels bis zur Wand. Zum anderen orientieren sie sich an den Vorlagen des Obergadens, welche ihrerseits die den Chorraum rahmenden Pilaster fortsetzen. Dadurch wird die grundlegende Ost-Orientierung des Hauptraumes andeutungsweise wieder spürbar. Besonders wichtig für die Wirksamkeit der an sich unscheinbaren Akzente ist die Erscheinung der Profile als einer das gewissermaßen additiv abgehängte Element des querliegenden Paneels tragenden Unterkonstruktion. Die Bedeutung der durch das letztere eingebrachten Betonung der Nord-Süd-Richtung wird hierdurch relativiert.

Beachtenswert ist allerdings auch der stumpfe Anschluß sämtlicher Teile der Decke an die Außenwände. Vor allem die erwähnten Unterzüge treffen ohne jedes Auflager auf die Wandscheiben des Obergadens. Zusammen mit der beschriebenen Überschneidung der Deckenfläche mit der angedeuteten Serliana an den Stirnseiten des Obergadens und der in die Fensterzone eindringenden Unterseite des zentralen Paneels ergibt sich insgesamt ein additiver, gewissermaßen unsichtbar von oben abgehängter und dabei etwas zu weit nach unten gerutscht erscheinender Eindruck. Die Decke ist dadurch von der Schale der Mauern isoliert und als additiver Einbau kenntlich gemacht. Der so zum Ausdruck kommende Verzicht auf eine - wenn auch nur vorgegebene - konstruktive Begründung der Form nimmt der Gestaltung der Decke ihre Notwendigkeit. Sie kann infolgedessen ihrer Funktion in einem vielfach lesbaren Ganzen gerecht werden. Erst die visuelle Wirksamkeit der Additivität der Gestaltung des Raumes bewirkt und ermöglicht die Ambiguität und Komplexität seiner Wirkung.

V.1.5.1.e.
Zusammenfassung - die Orientierung des Hauptraumes

Betrachtet man den Hauptraum insgesamt, so ergibt sich bezüglich der Orientierung desselben und seiner Interpretation eine äußerst vielschichtige Situation. Die trotz der diese Lesung relativierenden Aspekte eindeutige Nord-Süd-Orientierung der Decke wird im Bereich des Obergadens durch die von den Wänden ausgehende, ebenso eindeutige Ost-West-Orientierung konterkariert. Die beiden Akzente überlagern sich praktisch ungestört und finden innerhalb des klar isolierbaren Teilraumes des Obergadens einen gewissen Ausgleich bei gleichzeitiger Gültigkeit.

Im Bereich des Hauptbaukörpers ist die Situation mindestens ebenso komplex. Oberhalb des Kämpfergesimses ist die Additivität der Säulenschirme der Seitenwände infolge des Fehlens des diese primär artikulierenden Kontrasts von vorgelegtem Pilaster und Mauerwerkspfeiler praktisch nicht spürbar. Der Raum erscheint nahezu als ein perfekter Zentralraum. Verstärkt wird dieser Eindruck durch das durchgehende, die Oberkante dieser Zone fassende Gesims, die fast vollständige Gleichheit der Korbbögen und die identischen Keilsteine. Es ergibt sich eine zwischen der offensichtlichen Einheit der Wände des Obergadens und der fast ebenso eindeutigen Additivität der den

147   Webster, Charles, *From Paracelsus to Newton, Magic and the Making of Modern Science*, Cambridge 1982, S. 100: „*A demonic dimension to divine plenitude and the warfare between the forces of good and evil were consistent with the prevailing idea of Providence*".

Hauptraum seitlich begrenzenden Säulenschirme vermittelnde Zone, die je nach Zusammenhang als um den gesamten Raum geführte Einheit oder auch als additiv entstandene Wandzone verstanden werden kann.

Die in dieser Ambiguität begründete bedingte Zusammenfassung des oberen Bereichs der Arkadenzone der Fassaden führt einerseits zu einer Infragestellung der Einheit der Stirnwände. Die Mauerwerkspfeiler dieser beiden Innenfassaden werden durch die damit erwirkte subtile Verselbständigung der gewissermaßen von ihnen getragenen Wandpartien noch deutlicher als isolierbare Elemente innerhalb der Mauer faßbar. Andererseits gewährleistet die Vieldeutigkeit der Gestalt dieser Zone aber auch die Einbindung des eindeutig eine Einheit bildenden Lichtgadens in die Hülle des an sich additiven Hauptraumes. Die das Kämpfergesims durchbrechenden Bögen der auf den Stirnseiten den Korbbogen flankierenden Nischen relativieren die angedeutete Zentralsymmetrie allerdings selbst in diesem Bereich, und es scheint angemessen, hier von einer weitgehend ausgeglichenen Biaxialität des Raumeindrucks zu sprechen.

Erhebt man den Blick jedoch nicht über das Kämpfergesims, beschränkt man den erlebten Raum also auf den Bereich unter diesem, ergibt sich wie im Falle des Obergadens eine die Längsachse betonende, eindeutig nach Osten orientierte Raumauffassung. Der Raum selbst ist hier jedoch nicht von einem klar definierten, als Einheit artikulierten Baukörper gefaßt. Der Raumeindruck ist folglich wie der Raum selbst nicht vollkommen unzweideutig und endgültig faßbar. Vielmehr ergibt er sich aus verschiedenen Charakteristika der den Hauptraum merklich additiv definierenden Einzelflächen. Er ist insofern durchgehend in Frage gestellt oder zumindest relativiert.

Die Chorbogen und Westeingang flankierenden Nischen verlängern den Raum auf diesem Niveau im Osten und Westen und geben ihm alleine schon dadurch eine leichte Longitudinalität. Vor allem aber verleihen sie den Ansichten der beiden Stirnseiten eine primär senkrechte Ordnung. Die vollkommene Gleichheit der beiden Seitenwände mit ihrer die Vertikalität der Stirnseiten kontrastierenden, vergleichsweise horizontalen Gliederung[148] läßt daraus zusammen mit der oben beschriebenen Variation der Gestaltung der Füllung der Korbbögen der beiden Stirnwände eine zur Ost-West-Achse symmetrische, eindeutig nach Osten orientierte Konstellation entstehen.

Durch die Verwendung primär in Ost-West-Richtung weisender Elemente ist die sich somit ergebende Raumauffassung zusätzlich herausgearbeitet. Zu letzteren sind die Postamente der Koppelsäulen ebenso zu zählen wie die innerhalb der Stirnwände angedeuteten massiven Pfeiler. Diese wiederum lassen die Raumbegrenzung an den Stirnwänden durch die Reduktion der Rückwände der Nischen zu isolierbaren Füllungen nahezu durchlässig erscheinen.

Dabei kann man sich kaum des Eindrucks erwehren, die massiven Mauerwerkspfeiler der Stirnwände und die Koppelsäulen der Seitenwände wiesen gleichermaßen auf vier allerdings nicht ausgeführte, interne Stützen hin. Es ergibt sich gewissermaßen eine rein gedankliche, durch die gezielte Ansprache bekannter Bilder historischer Bauten mit Hilfe von gebauten Andeutungen im ausgeführten Bau assoziierte Stützenstellung. Vor allem die quasi einen unvollständigen Bau oder auch dessen Reste erahnen lassende Gestaltung der Stirnwände ist hierbei von großem Einfluß. Selbst diese rein ideelle Vier-Stützen-Gruppe erhält durch ihre differenzierten Bezugspunkte und die im Raum verwendeten Formen jedoch einen eher basilikalen oder aber auf jeden Fall gerichteten Charakter. Auffälligerweise erinnert sie damit erneut an die schon mehrfach erwähnte Kirche im Hause Annas. Amicos Veröffentlichung des Baus zeigt einen vierstützigen Innenraum mit drei apsidialen Enden auf der Ostseite. Die vier Stützen weisen einen parallel zur Ost-West-Achse angeordneten, deutlich längsrechteckigen Grundriß auf, und die Darstellung des Außenbaus belegt einen einer klassischen Basilika mit Obergaden entsprechenden Querschnitt[149]. Die hier in ganz anderer

---

148   Downes, a.a.O., 1959, S. 188;
        Downes, a.a.O., 1987, S. 138.

149   Amico, a.a.O., 1609, S. 11, Abb.16.

Weise umgesetzte Idee eines Richtungsbaus über quadratischem Grundriß konnte sich mit ihrer geometrisch unsauberen Lösung somit auch auf frühchristliche Exempel berufen.

Downes betont im Zusammenhang der die korrekte Orientierung im Hauptraum betonenden Details vor allem die scheinbare Fortsetzung des Gebälks der Ordnung über die Innenseite der Stirnwände hinaus in die dort vorhandenen Nischen hinein.[150] Diese grundsätzlich zu akzeptierende Beobachtung mißachtet allerdings den räumlichen Eindruck des angesprochenen Details und vor allem die darin zum Ausdruck gebrachte Additivität der Säulenschirme der Seitenwände. Diese stellt den dessen ungeachtet vorhandenen Zug nach Osten exakt an diesem Punkt in Frage. Sie läßt die Gesamtheit des Hauptbaukörpers latent spürbar werden, differenziert das Gebälk der Ordnung vom Kämpfergesims der Stirnwände und unterbricht damit - durch die Einführung einer ideellen Trennlinie - die oberflächlich glatt erscheinende Fortsetzung der Linie des Gebälks an dieser Stelle.

Im ursprünglichen Zustand trugen Möblierung und Beleuchtung zur Betonung der die korrekte Orientierung im unteren Bereich des Hauptraumes unterstreichenden Charakteristika bei. Bezüglich der Helligkeit der den Hauptraum begrenzenden Wände ergab sich ein deutlicher Kontrast. Die inzwischen nur noch im Süden vorhandenen Galerien mit ihren dunklen Holzfronten führten zusammen mit den auf ihnen angeordneten *pews* trotz der großzügigen Durchfensterung der Rückwände im Norden und Süden zu einer starken Verdunklung der seitlichen Begrenzungen des Hauptraumes.[151] Die glatten Stirnwände ohne jedes Holzwerk und vor allem die Helligkeit der Apsis bewirkten somit eine zusätzliche Betonung der Ost-West-Richtung.

Die ursprüngliche Möblierung tat ein Übriges, um diese Ausrichtung zu verstärken. Die *pews* waren durchgehend nach Osten orientiert. Die damals noch wesentlich höhere[152] Kanzel mit ihrem Schalldeckel[153] und der *Reader's Desk* waren zu beiden Seiten des Chorbogens vor der Ostwand angeordnet und flankierten die durch den Mittelgang betonte Längsachse. Während des Gottesdienstes reichte der Blick des Besuchers kaum einmal höher als das Kämpfergesims. Ein weiteres Erheben des Kopfes erfolgte auf jeden Fall bewußt und gezielt.[154] Für den regulären Gottesdienstbesucher in den *pews* des Hauptraumes ergab sich folglich ein bei aller Ambiguität und Infragestellung primär nach Osten orientierter Raumeindruck.

Auch der Blick hinauf in den Obergaden änderte an dieser grundsätzlichen Ausrichtung nur wenig. Die primäre Lesart wurde durch die Gestaltung der Decke zwar relativiert, aber wie die Additivität der seitlichen Säulenschirme den primären Raumeindruck in dieser Situation nicht wirklich in Frage stellen konnte, so ordneten sich auch die abweichenden Aspekte der oberen Zonen des Gemeinderaumes der primären Lesung als sekundäre wenn auch irritierende Komplikationen unter.

---

[150]   Downes, a.a.O., 1959, S. 188.

[151]   Als Beleg vgl. man die derzeitige Südgalerie.

[152]   14 Stufen führten zu ihr hinauf. Vgl. hierzu:
L.P.L., Book of Works, MS.2700, S. 255;
L.P.L., MS.2717, S. 90.

[153]   Zum ursprüngl. Aussehen der Kanzel vgl.:
L.P.L., Bills, MS.2717, S. 90;
L.P.L., Book of Works, MS.2701, S. 90;
L.P.L., Book of Works, MS.2700, S. 255-256.
Vgl. hierzu auch: Jeffery, Sally, *Hawksmoor's churches built under the 1711 Act*, Vortrag a.a.O.

[154]   Vgl. hierzu: Neufert, Ernst, *Bauentwurfslehre*, Braunschweig/Wiesbaden 1982, S. 23.
Das normale Blickfeld in der Vertikale beträgt 27°. Dies bedeutet, daß selbst ein stehendes Gemeindemitglied bei ruhiger Kopfhaltung aber schweifenden Augen von der gegenüberliegenden Wand aus lediglich das Kämpfergesims erfaßt, nicht jedoch den Fuß des Obergadens.

Downes' Beschreibung des Hauptraumes als einem Quadrat, das durch die Gestaltung seiner Flächen visuell in ein Rechteck verwandelt werde,[155] entspricht dieser Analyse in ihren Grundzügen. Für eine umfassende Interpretation des Raumes vereinfacht sie den Sachverhalt jedoch zu stark. Vor allem beschränkt sie sich auf den hier bewußt exklusiv vorausgesetzten, sicherlich auch wichtigsten, primären Blickwinkel und vernachlässigt damit die verschiedene Positionen und Situationen des Betrachters in das Kalkül einbeziehende Vielansichtigkeit der Kirche. Selbst die innerhalb dieser klar definierten Rahmenbedingungen auftretenden Irritationen und vor allem die durchgängig wirksame horizontale Additivität der Komposition bleiben weitgehend außer Acht.

Die Benutzung des Baus erzwingt davon abweichende, diese primäre Analyse in Frage stellende, konkurrierende Auffassungen des Innenraumes. Vor allem gilt dies für den sich beim Eintritt in die Kirche von Süden oder auch auf den Galerien ergebenden Eindruck des gesamten Interieurs und damit auch des Hauptraumes. Die sich hierbei notwendigerweise einstellende Position mit Blick längs der Nord-Süd-Achse läßt nicht nur die seitlich an den Hauptraum angeordneten Teilräume visuell wirksam werden, sie verleiht auch der Additivität der seitlichen Begrenzungen des Hauptraumes zusätzliches Gewicht. Die Einschätzung der Wirkung der dabei zusätzliche Relevanz erlangenden Raumzonen und ihrer Begrenzungen erfordert allerdings zunächst eine detaillierte Besprechung der verbleibenden Teilräume.

V.1.5.2.
„Seitenschiffe" und Galerien
(Abb. 146, 163, 165, 167, 173)

Die seitenschiffartigen Raumzonen im Norden und Süden des Hauptraumes sind nahezu identisch gestaltet; lediglich ihre deutlich unterschiedlichen Rückwände führen zu einer gewissen Differenzierung. Die ursprünglich auch im Norden vorhandene Galerie läßt auf der gesamten Fläche dieser Raumzonen zwei Geschosse und damit zwei separate Teilräume entstehen.

Die Konstruktion der Galerien reicht mit ihren Unterzügen bis auf das Niveau der Kämpfer der Fenster beziehungsweise der Türen der Rückwand herab. Unter ihr verbleibt lediglich ein ungefähr 10' hoher Raum. Getragen wird sie von extrem schlanken Stützen mit grotesken korinthischen Kapitellen, wie wir sie bereits von *St. Alfege* kennen. Zwei dieser Stützen sind jeweils in das breite Interkolumnium des zentralen Korbbogens der Säulenschirme eingestellt und ergänzen damit im Erdgeschoß die Abgrenzung des Hauptraumes. Der Kontrast zwischen den geradezu als filigran zu bezeichnenden, direkt vom Boden aufsteigenden Unterstützungen der Galerien und den massiven Vollsäulen mit ihren eben solchen, 5' hohen Postamenten kennzeichnet die Galerien auch innerhalb dieses Kirchenraumes als additive Ergänzungen, als der Möblierung vergleichbare Elemente des Ausbaus.

Die ursprünglichen *pews* sind leider nicht mehr vorhanden. Aller Wahrscheinlichkeit nach waren diese circa 4' 6"hoch und reichten damit bis direkt unter das Abschlußgesimse der Postamente. Zwischen ihnen und den Galeriefronten verblieb folglich nur ein schmaler Spalt von ungefähr 5'. Das sich unter den Galerien ergebende Erdgeschoß - die eigentlichen Seitenschiffe - boten daher keine attraktiven Räume. Vom Hauptraum aus betrachtet müssen sie wie dunkle, niedrige Abseiten gewirkt haben und damit weitgehend geschlossen erschienen sein. Die durchgehenden Bänder der Galerien ließen in den Seitenwänden des Hauptraumes folglich eher eine logenartige Situation entstehen als Seitenschiffe im eigentlichen Sinne des Wortes. Über den in ihrer Wirkung sehr reduzierten, durch ihre Dunkelheit und Enge den Raum schließenden Erdgeschoßzonen ergaben sich groß-

---

155   Downes, a.a.O., 1959, S. 188:
„... *arranged round a central space which, because of its equilateral shape, is neutral or ambiguous, and on which are imposed, and balanced, two opposing plans. The square is converted visually into a rectangle by the totally different articulation of the walls".*

zügige, gewissermaßen in das die Seiten des Hauptraumes definierende Stützensystem integrierte Logen. Diese blickten von außen in den Hauptraum.

Auf der Galerie selbst - und nur hier - war die sie aufnehmende Raumzone in ihrer Gesamtform mit ihren apsidialen Enden wahrnehmbar. Im EG verbargen die heute nur noch auf der Südseite vorhandenen Treppen die Apsiden weitgehend. Sie ließen diese zudem als die selbstverständliche Antwort auf die gewendete Form ihres Laufes erscheinen. Das komplexe Verhältnis der Nischen zum Raum und dessen Hülle wurde dort kaum bewußt.

Die apsidialen Enden sind an sich kein integraler Bestandteil der durch die Säulenschirme aus dem Gesamtraum des Hauptbaukörpers ausgegrenzten seitenschiffähnlichen Teilräume. Sie ergänzen diese ebenso wie die Nischen in dessen Stirnwänden den Hauptraum. Der Raum der „Seitenschiffe" im engeren Sinne wird in seiner Breite von den Schäften der Säulen beziehungsweise der Außenwand begrenzt. In der Höhe schließt ihn eine Flachdecke in etwa auf Höhe der Mitte des Obergaden und Hauptbaukörper in den Wänden des Hauptbaukörpers trennenden Gesimses ab. In der Länge endet er - streng genommen - auf der Linie der Vorderkante der Pfeiler zwischen den Bögen der Stirnwände des Hauptraumes.

Die im Hauptraum weitgehend aufgelösten Ebene der Innenseite der Außenwand des Hauptbaukörpers ist also auch an den Stirnseiten der seitenschiffähnlichen Teilräume unverändert fortgesetzt. Im Außenbau hingegen - in der Fassade - sind hier die deutlich nach außen tretenden angedeuteten Seitenrisaliten ausgebildet. Deren Genese ist folglich weniger als ein Ausbeulen oder auch Verziehen einer Hülle einheitlicher Stärke zu beschreiben denn als ein Verdicken derselben, als eine Vergrößerung ihrer Masse. Aus diesem Volumen sind die apsidialen Enden der Raumzonen ausgenommen.

Die Gestaltung der Nischen macht diese Entstehung auch im Innenraum wahrnehmbar. Grundsätzlich wiederholen diese die im Hauptraum den jeweiligen Korbbogen flankierenden Nischen. Allerdings sind sie hier lediglich 2' tief ausgebildet, das heißt knapp halb so tief wie im Hauptraum. Anstelle der dort ebenen Füllung ist hier aber die apsidiale Nische in die Rückwand des aus der massiven Mauer ausgenommenen Bogens eingeschnitten. Im Grundriß ist deren Durchmesser allerdings circa 1' geringer als die Breite der rechteckigen Nische. In der Tiefe des Bogens bleibt folglich ein schmaler Rahmen als Andeutung der ebenen Rückwand der 2' tiefen Nische erhalten.

In die Rundung der Rückwand der Nische öffnen sich die beiden Rundbogenfenster der Seitenrisaliten. Die Wandfläche ist dabei ebenso wie in den „Füllungen" der Nischen des Hauptraums weitgehend glatt belassen. Das Kämpfergesims des oberen Fensters bildet auch hier die einzige Ausnahme von dieser Regel. In dieser Hinsicht der einzige Unterschied zu den Nischen des Hauptraumes besteht in der hier festzustellenden Fortsetzung des glatten Abschlußprofils des Postaments der Ordnung über die gesamte Breite der Nische. Die vereinheitlichende Wirkung dieses Details, das hinter der Treppe allerdings kaum sichtbar wurde, wird durch das Anschlußdetail am oberen Ende der Nische konterkariert. Das das Gebälk der Ordnung fortsetzenden Kämpfergesims endet dort abrupt mit der Leibung des Bogens und trifft noch krasser als in den „Füllungen" des Hauptraumes mit dem wesentlich zurückhaltenderen Kämpfergesims des OG-Fensters zusammen. Da das erstere eine wesentlich größere Ausladung besitzt als das letztere erscheint es hier ganz einfach abgeschnitten.

Dieses per se unsinnig erscheinende Detail gehorcht konsequent der Logik der Lösung der anderen Nischen. Der massive Mauerwerkspfeiler der der Außenwand des Hauptbaukörpers zuzurechnenden Arkade ist in der für Hawksmoors Architektur typischen additiven Art und Weise mit dem ihm auch im Hauptraum vorgelegten Profil versehen. Die quasi aus ihr gelöst gedachte „Füllung" ist dagegen deutlich zurückhaltender gestaltet. Diese Konsequenz hat im vorliegenden Fall möglicherweise formal nicht die besten Folgen, als demonstrative Umsetzungen der Auffassung des Architekten ist sie aber verständlich und in keiner Weise verwunderlich.

Ziehen wir die Außenform mit ins Kalkül, so wird hier besonders klar, daß die Andeutung der Mauerwerkspfeiler rein auf den Innenraum beschränkt bleibt. Sie durchdringt die Mauer keineswegs bis nach außen. De facto handelt es sich um eine plastisch gestalteten Mauerwerksarchitektur, der durch die Applikation klassischer Gesimse und Profile bewußt ein vieldeutiger Charakter verliehen ist. Dies ist eingesetzt, um die widersprüchliche räumliche Konzeption des Entwurfes zu verdeutlichen und dabei Bedeutungen und Vorbilder anklingen zu lassen, ohne diese exakt rekonstruieren oder zitieren zu müssen. Teile des Mauerwerks erscheinen dadurch erkennbar schwerer, andere leichter, manche isolierbar und additiv, andere fest zum Kern der Mauer gehörig.

Die in Einzelfällen fast schon ungeschickt erscheinende demonstrative Offenheit in der Verwendung dieser Mittel setzt die einzelnen Teile hierbei so weit frei, daß sie isolierbar und damit unterschiedlich kombinierbar werden. Erst dies ermöglicht die sich aus der gleichzeitigen Gültigkeit verschiedener Konzepte ergebende Ambiguität ohne eine die Einheit zerstörende Spannung. Im vorliegenden Fall hat dies zur Folge, daß in der Gestaltung der massiven Außenwand des Hauptbaukörpers sowohl dessen Gesamtform als auch die dieser an sich widersprechende Orientierung des Innenraumes und seiner Teilbereiche gleichzeitig spürbar werden. Durch ihre angedeutete Auflösung wird die dennoch als Einheit wirksame massive Außenwand mit den in den Innenraum eingestellten und diesen unterteilenden Elementen kombinierbar. Zusammen erreichen sie die der Geometrie des Grundrisses an sich widersprechende Umorientierung des Raumes, ohne diese gänzlich zu verschleiern.

Zwischen der Flachdecke über den Galerien und der Wand vermittelt ein um den gesamten Teilraum geführter Konsolfries[156], wie wir ihn schon von *St. Alfege* kennen. Über der Archivolte des Korbbogens, die in diesen eindringt, verwandelt sich der Konsolfries in eine einfache Hohlkehle. Die damit einher gehende Betonung der Mittelachse, das heißt der Nord-Süd-Richtung, entspricht nicht nur der Geometrie der Gesamtform des Baus sondern auch der Blickrichtung der Besucher des Gottesdienstes auf der Galerie. Dennoch führt sie zu keiner Umorientierung des durch die Gestaltung des Hauptraumes aufgebauten Raumeindrucks des gesamten Interieurs. Sie artikuliert lediglich die Ausrichtung der beiden seitenschiffähnlichen Raumzonen nach innen, zum Hauptraum hin. Nachdem sich auf der Galerieebene zwei identische Elemente frontal gegenüberstehen, ergibt sich auch in diesem Fall die schon in den anderen Kirchen beobachtete, an ein Chorgestühl erinnernde, die Ost-Richtung indirekt doch betonende Situation.

Die symmetrische Ordnung der Seitenwand muß insofern auch als ein Reflex auf die durch Grundriß und Funktion vorgegebene sekundäre Blickrichtung verstanden werden. Sie bietet ein in sich ruhendes und befriedigendes Gegenüber, sowohl beim Eintritt von Süden als auch von den *pews* der Galerien. Die dabei durch Galerien und *pews* gewährleistete „Verbauung" oder auch Hinterfütterung des per se durchlässigen Abschlusses - vor allem im Erdgeschoß - führte im ursprünglichen Zustand des Interieurs zusammen mit der beschriebenen Wirkung der Stirnwände dennoch zu einem ruhigen aber wahrnehmbaren Zug nach Osten.

Betrachtet man den Innenraum folglich aus der Perspektive der seitenschiffähnlichen Raumteile, dann erscheinen diese als zweischichtige Begrenzungen eines trotz aller Widersprüche spürbar nach Osten orientierten Hauptraumes. Der gleichzeitig wahrnehmbare Gesamtraum erhält dadurch - hier im Innenraum noch wesentlich deutlicher als im Grundriß - insgesamt ein Ausrichtung zum Altar im Osten.

Die folglich primär für die seitenschiffähnlichen Raumteile relevante Rückwand des Gesamtraumes ist nur im Süden direkt an dessen Außenseite positioniert. Es handelt sich dabei um die Innenseite der Rückwand des Portikus mit ihren fünf Fensterachsen. Die Wandfläche ist auch hier bis auf ein Kämpfergesims glatt belassen. Sie betont mit ihrer Geschlossenheit die Ausrichtung des Galeriegeschosses nach innen. Ihre serielle Ordnung unterstützt dabei bereits innerhalb des Teilraumes die einem Chorgestühl vergleichbare Auffassung der den Hauptraum ergänzenden Raumzonen.

Im Norden ist die Situation etwas interessanter. Der Teilraum der Galerie wird hier lediglich durch eine weitere Stützenstellung abgeschlossen. Hinter dieser befindet sich der sich durch das hier

---

156 Zur Herkunft dieses Motivs vgl.: Teil B, I.1.5.2.; Teil B, I.1.5.3.a.

zusätzlich vorhandene Joche ergebende nördliche Raumteil, das zum Innenraum geöffnete Pendant des Portikus.

V.1.5.3.
Das nördliche Joch des Innenraumes:
zweites Seitenschiff oder nördlicher Portikus?
(Abb. 171, 173)

Vom Innenraum ist der in seiner Funktion oben bereits diskutierte nördliche Teilraum lediglich durch eine verdoppelte Stützenstellung getrennt. Wie bereits erwähnt sind dabei die äußeren Säulen durch Pfeiler ersetzt, was den Säulenschirm insgesamt etwas massiver erscheinen läßt. Nachdem der Raum hier immer in seiner vollen Höhe erlebbar war, ergab sich aus dem Kontrast zur niedrigen Erdgeschoßzone des benachbarten seitenschiffähnlichen Teilraumes ursprünglich eine deutliche Differenzierung dieses Raumteils.

Nach oben ist derselbe durch eine sehr zurückhaltende Flachdecke mit von schmalen Profilen gerahmten Paneelen abgeschlossen. Seine vollständig glatten Stirnwände setzen die Ebene der Innenseite der Längswände des Hauptbaukörpers fort. Seine Rückseite bildet die Innenseite der reich gestalteten Außenwand des nördlichen Baukörpers.

Zwei Details der Gestaltung dieses Teilraumes sind vor allem von Interesse. Zum einen gilt dies für die Archivolte des Korbbogens. Deren notwendigerweise doppelt breite Untersicht ist zweigeteilt. Selbst der Keilstein in ihrem Scheitel ist nicht ungebrochen durchgezogen. Es entsteht ein durchgehender Spalt, der die Additivität des Außenbaus zumindest erahnen läßt. Interessanterweise findet sich diese Verdopplung eines Korbbogens mit Ausbildung zweier separater Archivolten sowohl in Wrens *St. Paul's*[157] als auch in der *Hall* von *Blenheim Palace* wieder.

Zum anderen fällt die reiche Gestaltung der Nordwand ins Auge. Mit ihren zwei Reihen von jeweils fünf Fenstern unterscheidet sie sich nicht nur in der leichten Verschiebung der Achsen von der Südwand. Neben den dort ebenso wiederholten Kämpferprofilen der Außenwand finden sich hier auch die profilierten Archivolten der Fassaden wieder. Das Ganze erscheint wesentlich deutlicher als eine innere Fassade, als dies bei der durch die Galerie größtenteils verborgenen Südwand der Fall ist.[158] Zusammen mit der Anordnung einer weiteren skulptural gestalteten Kartusche auf dem Keilstein der Nordseite des Säulenschirmes darf dies wahrscheinlich als ein weiterer Hinweis auf eine geplante Nutzung als zusätzlicher Eingang gedeutet werden.

V.1.5.4.
Zusammenfassung - Form und Bedeutung des Interieurs

Betrachtet man den Innenraum von *St. George* in seiner Gänze, so ist es faszinierend zu sehen, wie der an sich vollkommen einfache, rechteckige, deutlich nord-südlich orientierte Gesamtraum durch die plastische Gestaltung seiner massiven Außenwände, durch die deren Homogenität in Frage stellende Applikation von Profilen, durch das erkennbar additive Einfügen durchlässiger interner Scheiben und die ihn ebenso additiv ergänzenden Galerien, durch die damit entwickelte Vielansichtigkeit des Raumes und eine den Chorraum als separate, angefügte Einheit artikulierende Gestaltung sowie durch das Aufsetzen des deutlich isolierbaren Obergadens in einen nahezu ebenso eindeutig nach Osten orientierten Innenraum verwandelt ist, wie dabei gleichzeitig aber der eigentliche Raum als

---

[157] Am Eingang zu den westlichen Querschiff-Kapellen.

[158] Dies muß auch als ein weiterer Beleg für die Beschränkung der Galerie auf die seitenschiffähnliche Zone gesehen werden.

Container, dem die anderen Elemente additiv hinzugefügt sind, latent spürbar bleibt. Das Ergebnis ist eine Vieldeutigkeit und primäre Deutung verbindende, widersprüchliche Gesamtheit.

Ebenso faszinierend ist die Integration verschiedener historischer Anspielungen im Innenraum. Besonders deutlich sind in diesem Fall die byzantinische Kreuzkuppelkirche und die im Typus der *Hall* von *Blenheim Palace*[159] exemplarisch illustrierte Halle englischer Residenzen angesprochen. Auch den Zeitgenossen Hawksmoors entging die in seiner Architektur gegebene Nähe von Palast- und Kirchenbau nicht. So bezeichnete Lord Berkeley of Stratton die *Hall* von *Blenheim* ausdrücklich als eine Kirche.[160] Während das byzantinisch-frühchristliche Vorbild den Hauptraum unterhalb des Obergadens weitgehend bestimmt, sind die Reminiszenzen der *Hall* von *Blenheim* weitgehend um diesen Kernraum angeordnet. Der Obergaden von *Blenheim* erhebt sich gewissermaßen über diesem; die Längswände derselben *Hall* bilden die Rückseiten der den Hauptraum flankierenden Raumteile und der in Woodstock ebenfalls bestimmende Korbbogen schafft die Verbindung der beiden assoziierten Bilder.

Ein weiteres Beispiel der Verwendung vergleichbarer Wandordnungen in einer zeitgenössischen Halle findet sich in *Audley End*. Interessanterweise besteht auch hier eine Verbindung zu Hawksmoor. Die Gestaltung dieses Innenraumes wird zwar allgemein Vanbrugh zugeschrieben, es gibt jedoch Hinweise auf eine Beteiligung Hawksmoors an den Arbeiten dort.[161] Die Parallelität von *Hall* und Kirchenraum in den Augen des Architekten von *St. George* wird durch das ihm somit zweifelsohne bekannte Beispiel auf jeden Fall bestätigt.

Die Gemeinsamkeiten von *Hall* und Kirche gehen aber über diese rein formalen Motive hinaus. Die aufwendige Tür zum *Saloon*, der Ort des Auftritts des Hausherren im Palast des Herzog von Marlborough, entspricht in ihrer Position exakt der Retabel hinter dem Chorbogen von *St. George*.[162] Auch die Raumfolge beim Benutzen der Kirche - Portikus, Halle, Triumphbogen, Allerheiligstes - gleicht dem säkularen Vorbild[163]. Außerdem erinnert die *Hall* von *Blenheim* insgesamt an die sich in Bloomsbury ergebende innenräumliche Situation. In beiden Fällen ist ein nur andeutungsweise orientierter Kernraum flankiert von ihm seitlich angefügten Raumteilen, welche die Gesamtform deutlich breiter als lang werden lassen, ohne daß die grundsätzliche Orientierung des Raumes dadurch in Frage gestellt würde. In diesem Sinne weist *St. George* allerdings auch Ähnlichkeiten mit der *Hall* von *Castle Howard* auf, wo zudem die Kuppel byzantinischer Kirche vorhanden ist.

Während die Verwendung von Hinweisen auf das frühe Christentum im Hinblick auf das englische Staatskirchentum und das Selbstverständnis der anglikanischen Kirche als zum unverdorbenen Vorbild der Frühzeit zurückgekehrte, die apostolische Tradition der katholischen Kirche aber wahrende Kirche einleuchtend erscheint, stellt sich die Frage nach der Begründung der Ähnlichkeiten mit der *Hall von Blenheim Palace* und *Castle Howard* etwas schwieriger dar. Den Schlüssel hierfür müssen wir sowohl im Gottesbild der Zeit als auch im Selbstverständnis der Monarchie suchen. Die Betrachtung Gottes als einem himmlischen Regenten sowie die Auffassung des Monarchen als dessen Stellvertreter und damit als Gegenstück Gottes auf Erden lassen Gotteshaus und Audienzsaal oder Thronraum als geistliche und weltliche Varianten desselben Typus erscheinen. Beides sind Räume, in denen ein Herrscher Hof hält. Die dem Monarchen auch die Rolle des religiösen Oberhauptes zukommen lassende staatskirchliche Verfassung des englischen Königreiches ließ Kirche

---

159   Vgl. auch:
      Meller, a.a.O., S. 7;
      Downes, K., *Vanbrugh*, Studies in Architecture, Bd. XVI, London 1977, S. 71.

160   Meller, a.a.O., S. 71.

161   Vgl. auch:
      Minet Library, Archives, 123/188, nos. 2522, 2526, 2531 (Downes-Katalog Nr. 416, 418, 419);
      Bodl.Lib., Oxford, MS.Top.Oxon.a.37, fol. 16 (Downes-Katalog Nr. 417).

162   Vgl. v.a.: *The Queen's College Library, College Muniment 106* (Downes-Katalog Nr. 241).

163   Vgl. auch: *Bodl.Lib., Oxford, MS.Top.Oxon.a.37*, fol. 3 (Downes-Katalog Nr.425).

und Staat, weltliche und geistliche Sphäre besonders deutlich als die zwei Seiten eines an sich einheitlichen Ganzen erscheinen. Die gerade von Wren und seinen Schülern oft verwendete Gegenüberstellung von *chapel* und *hall* im *College*-Bau bringt diesen Gedanken ebenfalls klar zum Ausdruck. Die bei *St. George* ebenso wie bei *Blenheim* vorhandenen Anklänge an Entwürfe für *Colleges* vor allem in Oxford weisen insofern auch in dieselbe Richtung.

Blenheim Palace als das am ehesten an einen königlichen Palast heranreichende Beispiel zeitgenössischer säkularer Baukunst drängte sich als Vorbild für eine zeitgemäße Umsetzung des Themas königlicher Hallen geradezu auf. In seiner Aussage fügt sich der Innenraum von *St. George* folglich reibungslos in das Staatskirchentum und frühes Christentum als Rechtfertigung für die englische Verfassung verbindende Programm des Gesamtbaus.

V.1.6.
Fazit - Prinzipien und Aussagen des realisierten Entwurfs

Zusammenfassend ist als Ergebnis der formalen Analyse des vorliegenden Gebäudes in seiner Gesamtheit zuerst und vor allem die Bedeutung der Additivität als Kompositionsprinzip festzuhalten. Obwohl diese hier noch wesentlich weiter getrieben ist als in den anderen Kirchen Hawksmoors, ist es dem Architekten gelungen, wiederum eine deutlich erkennbare Einheit zu schaffen. Es wird eine Gesamtidee des Gebäudes spürbar, die jedem der additiven Teile eine gewisse Notwendigkeit für das Ganze verleiht.

Auf der Ebene der dreidimensionalen Komposition, die dem Betrachter bei ausreichender Kenntnis des Gebäudes als intuitives Wissen um die Gesamtheit des Baus an jeder Stelle präsent ist, ist es vor allem die grundsätzliche Symmetrie der Anlage, welche die disparaten Teile zusammenhält. Formale Entsprechungen schaffen zusätzlich direkt und unmittelbar wirksame Beziehungen zwischen den Bestandteilen der Komposition. Schon beim ersten Anblick des Gebäudes von Norden oder Süden, den vom Bauplatz für die Annäherung an die Kirche vorgeschriebenen Richtungen, entsteht auf diese Weise aus den deutlich unterschiedlichen Baukörpern eine Einheit.

Während im Außenbau die Additivität als ein Zusammenfügen klar zu trennender Einzelbaukörper zu bezeichnen ist, ergibt sich der additive Eindruck im Inneren eher durch das Einfügen und Hinzufügen einzelner Bauteile in die als Container zu bezeichnende Hülle des Gesamtraumes. Dadurch entstehen klar voneinander getrennte, zueinander jedoch geöffnete Teilräume, welche von als Einbauten in den Gesamtraum erkennbaren Bauteilen definiert sind. Im Außenbau fügt sich eine Vielheit zusammen zu einer Gesamtheit, im Innenraum hingegen ist die Vielheit das Ergebnis einer Manipulation der Gesamtheit. Der Innenraum wird insofern auch hier als Ausbau der Hülle erfahrbar - eine Eigenheit aller bisher betrachteten Hawksmoor-Interieurs.

Eng verbunden mit der Additivität der Komposition ist die Vielansichtigkeit des Baus. Der oftmals krasse Kontrast zwischen den Einzelfassaden - im Innenraum wie im Außenbau - ist ein notwendiges Ergebnis der Isolierung der Einzelelemente der Komposition.

Zu beachten ist allerdings auch hier, daß die Ordnung der Fassaden nahezu immer um die Ecken geführt ist. Gewisse Fassadentypen sind gewissen Baukörpern zugeordnet, um diese insgesamt deutlicher spürbar zu machen. Es sind keine Schaufassaden, die hier entstehen, sondern räumliche Bausteine der dreidimensional gedachten Gesamtkomposition. Die deutlich reichere und klassischere Gestaltung der Baukörper im Norden und Süden ist insofern nicht nur eine Antwort auf die Sichtbarkeit dieser Teile aus dem öffentlichen Raum und damit auf die objektive Wahrnehmbarkeit der Bauteile, sondern ebenso ein Mittel der geradezu demonstrativen Darstellung des Kompositionsprinzips des Entwurfes. Noch deutlicher als bei den früheren Projekten ergeben sich hier individuelle Einheiten mit einer ausgeprägt eigenen Charakteristik, welche zusammen den Kirchenbau schaffen.

In gewisser Weise ist hierbei von einer Erweiterung des Prinzips der Differenzierung der glatten einfachen Formensprache der Architektur im engeren Sinne einerseits sowie der reicher und feiner gestalteten, als Bedeutungsträger und Zeichen verwendeten, oftmals historische Vorbilder zitierenden und dabei komplexe räumliche Kompositionen entwickelten Baukörper andererseits zu sprechen. Der eigentlichen Kirche, die dem traditionellen Typus der englischen Pfarrkirche folgt und betont zurückhaltend gestaltet ist, ist hier nicht nur die allgemein übliche Architekturminiatur als *steeple* hinzugefügt; die beiden Baukörper im Norden und Süden, der Tempelportikus und die Benediktionsloggia, nähern sich in Formensprache und Detaillierungsgrad der zeichenhaften Architektur der Turmbekrönung an.

Wie wir gesehen haben, variierte Hawksmoor bei diesen Baukörpern auch den Umgang mit der dem Bau insgesamt zugrunde liegenden Ordnung. Die Linien des den Hauptbaukörpers ordnenden Bandrasters werden in den beiden Additionen im Norden und Süden zu Achslinien. Die Umformung der damit vorgegebenen Maße über die Quadratura in die teilweise irrationalen Abmessungen der Konstruktion des *steeple* unterscheidet diesen zusätzlich von den beiden anderen Typen der Benutzung des vorliegenden Maßsystems. Insgesamt zeigt sich in diesen Variationen erneut der pragmatische und freie Umgang mit einer nur als Grundregel gültigen Ordnung. Dieses vage Gerüst begründet dessen ungeachtet aber eine auf einem sehr abstrakten Niveau angesiedelte Einheit der deutlich unterschiedlich behandelten Teile.

Die auch hier bei *St. George* zu beobachtende Differenzierung von additivem, appliziertem klassischen Dekor einerseits sowie der Wand beziehungsweise den aus dieser geschält gedachten, klaren geometrischen Kerne der klassischen Ordnung andererseits ist unter diesem Gesichtspunkt auch als ein weiteres Beispiel für Hawksmoors demonstrative Darstellung der unterschiedlichen Funktionen einzelner Teile der Architektur zu bezeichnen.

Das Vorgehen des Gestalters hat jedoch nicht nur formale Implikationen. Auf der Ebene der durch die architektonische Form transportierten Bedeutungen ermöglicht die additive Komposition ein Zusammenführen verschiedener Bedeutungen in einer vielschichtigen, teilweise vieldeutigen, dennoch aber in einer Grundaussage zusammenfließenden Semantik.

Der Bau weist in seiner Verbindung von Verweisen auf frühes Christentum und klassische Antike klar auf den Caesaropapismus eines Konstantin oder auch des byzantinischen Reiches hin. Gleichzeitig sind antike Tradition und römisches Kaisertum aber auch mit der englischen Tradition, welche im grundlegenden Typus der Kirche ebenso durchscheint wie in den Verweisen auf die an das Mittelalter gemahnende *hall* englischer Residenzen, in Verbindung gebracht. Dadurch wird eine Traditionslinie von den frühen Zeiten des Christentums zur heimischen Tradition konstruiert, welche vollständig dem Selbstverständnis der anglikanischen Kirche als reformiert aber katholisch, auf die reinen Ursprünge zurückgeführt und in der apostolischen Sukzession stehend entspricht. Diese Geschichtskonstruktion spiegelt der Eklektizismus der sie ausdrückenden Architektur exakt. In dieser Synthese findet vor allem aber auch das Staatskirchentum Englands seine Rechtfertigung. Die offensichtlich positiven Wirkung eben dieses Modells in der Frühzeit der Kirche ist in der Architektur Hawksmoors nicht nur beschworen, sondern direkt mit der englischen Tradition in Zusammenhang gebracht.

Die Verbindung des hannoveranischen Monarchen mit *St. George*, einem Märtyrer des frühen Christentums und dem Schutzpatron des englischen Königreiches, gibt dem ganzen Bild eine betont royalistische - und zwar hannoveranisch-loyalistische - Färbung. Der Kirchenbau wird somit zur Darstellung eines patriarchalisch-monarchischen Staatsideals, der englischen staatskirchlichen Verfassung unter Betonung der Rolle des Monarchen.

Smiths primär typologische Interpretation des Baus kommt dieser Analyse in mancher Hinsicht ziemlich nahe. Sie erklärt den Entwurf von *St. George* als eine Kombination der „*Basilika after the Primitive Christians*" sowie des in Portikus und nördlichem Baukörper spürbar gemachten antiken

Tempels.[164] Im Innenraum sieht sie den letzteren zusätzlich in den Korbbögen und im länglichen Deckenfeld angedeutet.[165]

Alleine schon die Identifikation des nördlichen Baukörpers als Teil des Tempels ist jedoch nicht haltbar. Sie beruht lediglich auf der kompositorischen Zusammengehörigkeit der beiden Baukörper, aus der die semantische nicht zwingend gefolgert werden kann. Die von Smith vorausgesetzte Identifikation von Geometrie und Bedeutung mißachtet Hawksmoors komplexen Umgang mit Assoziationen und Zitaten historischer Bauten. Dieser überlagert geometrische Formen, welche teilweise per se einem Bautypus zugeordnet erscheinen, mit oftmals mehreren Bedeutungsebenen. An anderer Stelle scheint es, als seien die Aussagen seiner Entwürfe insgesamt einer der eigentlichen, rein abstrakt gedachten Architektur gewissermaßen additiv aufgelegten Bedeutungsebene zugeordnet. Auf jeden Fall war Hawksmoor in der Lage, zwischen der abstrakten Komposition und ihrer Bedeutung, zwischen Form und Inhalt zu trennen. Formal aufeinander bezogenen Teile konnten in seiner Architektur zu Trägern verschiedener Bedeutungen werden - und *St. George* beweist dies gerade in der Variation der beiden den Hauptbaukörper südlich und nördlich ergänzenden Baukörper.

Hawksmoors Anspielungen auf historische Vorbilder sind insofern wesentlich subtiler und wesentlich komplexer als es Smiths Hypothese der Kombination zweier Typen nahelegt. Diese reichen von der Verwendung isolierter Details über die Umsetzung dreidimensionaler Geometrien und prinzipieller Grundrißlösungen bis zur reduzierten, andeutungsweise bildhaften Darstellung in der Oberfläche der Wand. Zudem ist die grundsätzliche Unterordnung dieser insofern sekundären Motive unter den Typus der englischen Pfarrkirche festzuhalten. Dieser prägt die Gesamtkomposition; antike, frühchristliche oder auch andere hier zitierte Typologien erreichen in keinem Fall dessen Grad der prägenden Wirksamkeit. Dies gilt auch für den Tempel und selbst für die *„Basilika after the Primitive Christians"*. Die Tatsache einer faktischen Bedeutung der beiden von Smith erwähnten Typen für die Aussage des Baus bleibt davon allerdings unberührt.

Eng verbunden mit dessen Mißachtung der Rolle des traditionellen Typus als grundlegender Vorstellung ist seine ebenso deutliche Ausblendung der unverblümt nationalen und gewissermaßen auch tagespolitischen Komponente der im Bau angesprochenen Themen.

---

[164]   Smith, Peter, *An Attempt to Discover the Stylistic Preoccupations of the Architects who worked for the "Fifty New Churches" Commission* (typescript), a dissertation for a B.A.Hons Degree in the History of Art and Architecture (unveröffentl. Manuskript), Reading University 1980, S. 41-42.

[165]   Smith, Peter, a.a.O., S. 41-42.

V.2.
Der Entwurfsprozeß:
Zeichnungen und Modelle - die geistige Entwicklung der Form

V.2.1.
Die vorhandenen zeichnerischen Quellen
(Abb. 174-177)

Die Quellenlage für *St. George* ist vergleichsweise schlecht. Insgesamt sind lediglich zwölf Blätter erhalten. Bei vier dieser Zeichnungen handelt es sich allerdings um reine Lagepläne ohne jede Aussage zu Form und Position eines geplanten Gebäudes. [1] Diese sind für die Rekonstruktion des Entwurfsprozesses wertlos.

Von den verbleibenden 8 Blättern befinden sich vier Lagepläne bei den Papieren der Kommission in *Lambeth Palace Library*:
L.P.L., MS.2715, fol. 22,
L.P.L., MS.2750/20,
L.P.L., MS.2750/21 und
L.P.L., MS.2747/12.

Die *Map Library* der *British Library* verwahrt zwei Zeichnungen von Vorentwürfen:
B.L., Map Library, K.Top.23.16.2a [2] und
B.L., Map Library, K.Top.23.16.2b [3].

Teil der Sammlung der *St. Paul's Cathedral*, welche sich heute in der Obhut der *Guildhall Library* befindet, ist eine Ansicht der Nordfassade: *SP 142* bzw. *Guildhall D219*. [4]

Das letzte Blatt, ein Grundriß der Kirche, befand sich bis vor Kurzem in *Elton Hall*, Cambs. Seit September 1992 ist es im Besitz der *prints and drawings*-Abteilung des *V&A* in London:
Elton Hall, Architectural Scetches, fol. 95 („*Vanbrugh album*").

---

1   *L.P.L., MS.2715*, fol. 21 vom 13. 11. 1711;
     L.P.L., MS.2715, fol. 26v-27 von 1714;
     L.P.L., MS.2715, fol. 29 vom 9. 6. 1714;
     L.P.L., MS.2730/10, von Bill auf 1715 datiert.

2   Downes-Katalog Nr. 75.

3   Downes-Katalog Nr. 76.

4   Downes-Katalog Nr. 78.

V.2.2.
Entwurfsschritte:
Rekonstruktion der Entwicklung der Form anhand der zeichnerischen Quellen
(Abb. 174-177)

V.2.2.1.
Frühe Lagepläne, 1711-1712

Noch lange vor dem Kauf des Geländes und vor jedem ernsthaften Planungsauftrag an einen Architekten entstanden im Rahmen der Verhandlungen mit den Eigentümern drei prinzipielle Vorschläge zur Gestaltung einer Kirche innerhalb der engen, vom Bauplatz vorgegebenen Grenzen. Diese sind mit größter Wahrscheinlichkeit einem der *Surveyors*, Hawksmoor oder Dickinson, zuzuschreiben. Die Tatsache, daß Hawksmoor von der Kommission die Voruntersuchungen in der Gemeinde von *St. Giles-in-the-Fields* übertragen wurden[5] und daß er selbst in seinem Bericht vom 23. 10. 1711 den späteren Bauplatz ausdrücklich als möglichen Standort für eine Kirche bezeichnete,[6] spricht für ihn als den Kopf hinter diesen frühen Überlegungen. Er war es auch alleine, der die Ergebnisse seiner Voruntersuchungen am 27. 10. dem *Building Committee* vortrug. Kurz darauf muß der erste Lageplan mit einer Vorüberlegung entstanden sein.

V.2.2.1.a.
L.P.L., MS.2715, fol. 22

Der erste Lageplan ist Teil eines bei der Kommission schriftlich eingegangenen Vorschlags von Lady Russell zum Bau einer Kirche auf ihrem Grund. Dieser ist auf 13. 11. 1711 datiert.[7]

Das dargestellte Grundstück entspricht mehr oder weniger bereits der schließlich erworbenen Parzelle. Das Hauptproblem des Bauplatzes - seine Lage zu den Himmelsrichtungen, seine große Tiefe in Nord-Süd-Richtung und seine fehlende Breite in der liturgisch wichtigen Ost-West-Richtung - liegt so schon der in dieses Blatt eingetragenen ersten Überlegung zugrunde.

In das an sich vollständige Blatt ist nachträglich freihand ein hypothetischer Grundriß skizziert. Es handelt sich dabei um ein klares Quadrat, welches sich durch seine kompakte und prägnante Form trotz der beengten Lage von den umgebenden Bauten zu lösen vermag. Der Bau ist weit nach Norden gerückt, so daß im Süden ein tiefer Vorplatz entsteht, der sich zur *Hart Street* öffnet. In jeder der Ecken des Quadrates des Innenraumes ist eine Dreiergruppe freistehender Säulen angedeutet, was die Ähnlichkeit mit dem wesentlich später entwickelten Entwurf für *St. Mary Woolnoth* verstärkt.[8]

Zeitlich dürfte diese Eintragung nicht sehr viel später als der Lageplan selbst zu datieren sein. Schon am 4. 12. 1712 wurde Hoskins mit Verhandlungen zum Kauf des Grundes beauftragt.[9] Die Kommission beziehungsweise deren *Building Committee* waren offensichtlich von der Brauchbarkeit

5   *L.P.L., Building Committee, MS.2690*, S. 443, in: Port, M.H., Hrsg., *The Commissions for Building Fifty New Churches: The Minute Books, 1711-1727, a Calendar*, London Record Society, Bd. 23, London 1986.

6   *L.P.L., MS.2724*, fol. 119-120v.

7   *L.P.L., MS.2715*, fol. 20-22.

8   Downes, Kerry, *Hawksmoor*, London 1970, Reprint 1987, S. 132

9   *L.P.L., Building Committee, MS.2690*, S. 408, in: Port, a.a.O.

des Grundstückes überzeugt. Downes datiert die Eintragungen von daher auf 1711.[10] Sicherlich entstand sie vor den schon wesentlich detaillierten Vorüberlegungen in den folgenden beiden Blättern.

V.2.2.1.b.

L.P.L., MS.2750/20 und *L.P.L., MS.2750/21*

(Abb. 174-175)

Die vorliegenden Lagepläne gehen beide von einer gegenüber dem ersten Versuch deutlich veränderten Situation aus. Sie nutzen die gesamte Fläche des Blocks, versuchen aber trotzdem, nicht stärker in die vorhandene Blockrandbebauung einzugreifen. Offensichtlich wurde von der im Juni 1712 erstmals zusammengetretenen, zweiten Kommission vorübergehend die Beschränkung auf die am 4. 12. 1711[11] genannten 110' x 164' aufgegeben und der Kauf eines größeren Grundstücks erwogen. Daß die Besitzer dazu grundsätzlich bereit waren, belegen die bei den Papieren der Kommission erhaltenen Verkaufsangebote.[12]

V.2.2.1.b.1

L.P.L., MS.2750/20

(Abb. 174)

Die erste Lösung zeigt einen längsrechteckigen Baukörper mit einem apsidialen Ostchor und einem etwas nach Westen vorgerücktem Westturm. Von Süden ist der Zugang zum Grundstück auf einer der gesamten Länge des Hauptbaukörpers entsprechenden Breite vorgesehen, und auch im Westen ist in der Achse des Kirchengebäudes eine Öffnung in die Blockrandbebauung gebrochen. Das Kirchengebäude steht damit frei im Inneren des Blockes. Wäre Hawksmoor die Schaffung des von ihm mehrfach vorgeschlagenen südlichen Zugangs in Wapping gelungen, hätte sich bei *St. George-in-the-East* eine ähnliche Situation ergeben.

Der dargestellte Grundrißtypus findet sich in einer Vielzahl von Lageplänen, welche allesamt im Zuge der Voruntersuchungen in den Jahren 1711/1712 entstanden sind.[13] Offensichtlich ist hier versucht, den einfachen, allgemein üblichen Typus auf dem vorliegenden Grundstück zu verwirklichen.

Auf der Rückseite des Blattes ist die Ablehnung des Verkaufsvorschlags von Lady Russell am 17. 11. 1712 vermerkt.[14] Die *minutes* des *Building Committee* nennen uns den Grund für diese Ablehnung. Das Grundstück erschien dem Komitee nicht nur ungünstig, sondern auch zu teuer.[15] Finanzielle Erwägungen dürften auch der Grund dafür sein, daß schließlich doch nur ein Teil des

---

10   Downes, a.a.O., 1987, S. 132.

11   *L.P.L., Building Committee, MS.2690*, S. 408, in: Port, a.a.O.

12   *L.P.L., MS.2715*, fol. 24-29.

13   Vgl.:
     L.P.L., MS.2750/15 (Bethnal Green);
     L.P.L., MS.2750/18 (St. Anne, Limehouse);
     L.P.L., MS.2750/12 (St. Botolph Aldgate);
     L.P.L., MS.2750/23 (St. George, Southwalk);
     L.P.L., MS.2750/26 (St. George-in-the-East).

14   „Lady Russell's proposals rejected Novr. 17 1712".

15   *L.P.L., Building Committee, MS.2693*, S. 34, in: Port, a.a.O.

Blocks erworben wurde. Damit waren im November 1712 Überlegungen, die von einer vollständigen Ausnutzung des Blockes ausgingen, überholt. Die vorliegende Zeichnung muß also bereits davor entstanden sein. Downes' Datierung auf Ende 1712 trägt dem Rechnung.[16]

V.2.2.1.b.2
L.P.L., MS.2750/21
(Abb. 175)

Die zweite der beiden erhaltenen Vorüberlegungen geht mit der vorhandenen Blockrandbebauung etwas sparsamer um, sie nimmt aber noch immer mehr Fläche in Anspruch, als es das schließlich erworbene Grundstück zuläßt. Ein einfacher rechteckiger Baukörper ist in den lediglich im Süden geöffneten Block eingestellt. Vor dessen Längsseite ist im Süden ein leicht längsrechteckiger Turm plaziert, der bis an die Straße gerückt ist. Ein schmaler Gang verbindet diesen und den korrekt ori-entierten Gemeinderaum - eine Lösung, die an Wrens *St. Mary-le-Bow* erinnert. Innerhalb der Be-bauung entlang (*Little*) *Russell Street* ist der Turm wiederholt. Es bleibt allerdings offen, ob es sich dabei um eine Alternative handelt, oder ob zu diesem Zeitpunkt mit der Idee einer Anordnung zweier identischer Türme gespielt wurde.

Nicht nur der großzügige Umgang mit der Fläche, auch die große Ähnlichkeit der Grundrisse spricht für eine Gleichzeitigkeit der beiden eben dargestellten Lösungsansätze. Bills Datierung auf 1712 erscheint daher gerechtfertigt.[17]

V.2.2.2.
Der Vorentwurf - Februar bis Mai 1715
(Abb. 176-177)

Nach der oben erwähnten vorläufigen Absage an Lady Russell scheint die Arbeit an einer Lösung zunächst geruht zu haben. Die Kommission wandte sich alternativen Grundstücken innerhalb der Gemeinde von *St. Giles-in-the-Fields* zu.[18] Erst circa 15 Monate später kehrte das Interesse an Lady Russels Grund zurück. Im Februar/März 1714 entstand ein Vorentwurf von James Gibbs, der aller-dings nicht erhalten ist.[19] Die Verkaufsverhandlungen wurden wieder aufgenommen,[20] und nach-dem schließlich eine Einigung erzielt worden war,[21] gab die Kommission am 23. Februar 1715 bei

---

16   Downes, a.a.O., 1987, S. 132.

17   Bill, E.G.W., *The Queen Anne Churches - A Catalogue of the Papers in Lambeth Palace Library of the Commission for Building Fifty New Churches in London and Westminster 1711-1759*, London 1979, S. 149.

18   *L.P.L., MS.2715*, S. 5-12, 23;
      L.P.L., Building Committee, MS.2693, S. 45, 59, in: Port, a.a.O.

19   *L.P.L., Minutes, MS.2690*, S. 143, 144a, in: Port, a.a.O.
      Vgl. auch:
      Southern, Stephen, *Research Report on St. George, Bloomsbury, for the Church Council* (unveröffentl. Manuskript), London Juli 1992, S. 13;
      Downes, Kerry, *Hawksmoor* (Studies in Architecture, Bd. II), 1. Ausg., London 1959, S. 184-187.

20   *L.P.L., Minutes, MS.2690*, S. 143, 144a, 145, 156, in: Port, a.a.O.;
      L.P.L., MS.2715, S. 24-27, 28-29.

21   *L.P.L., Minutes, MS.2690*, S. 204, 210, in: Port, a.a.O.
      Vgl. auch: Southern, a.a.O., S. 13.

den *Surveyors* Entwürfe für die zu bauende Kirche in Auftrag.[22] In den Papieren der Kommission ist keine der Abgaben ausdrücklich erwähnt. Daß mehrere Vorschläge auf den Tisch der Kommission gelangten, beweisen jedoch die im Folgenden zu besprechenden Blätter. Die Kommission rang sich allerdings erst drei Monate später zu einer Entscheidung durch. Sie akzeptierte einen Entwurf Vanbrughs, der von der korrekten Orientierung abwich und dem Bau eine Nord-Süd-Ausrichtung gab. Die diesbezügliche Eintragung in den Sitzungsberichten beweist, daß dies nur widerwillig, als eine Notlösung geschah.[23] Dieser Umstand sollte Hawksmoor später - nach Berufung der neuen, der dritten Kommission - nochmals eine Chance geben, die er - wie wir wissen - erfolgreich beim Schopfe zu packen wußte.

Hawksmoors Antwort auf die Aufforderung der Kommission vom Februar 1715 sind zwei der erhaltenen Blätter zuzuordnen. Beide sind diese im Maßstab 10':1"[24], dem üblichen Maßstab der Entwürfe Hawksmoors, gezeichnet. Es handelt sich bei ihnen also eindeutig nicht mehr um bloße Voruntersuchungen. Sie weisen sich durch ihre graphischen Aufarbeitung zu malerischen Ansichten eindeutig als für die Vorstellung in der Kommission gefertigte Präsentationspläne aus. Eine Entstehung vor der genannten Aufforderung der Kommission zur Entwicklung und Vorstellung von Entwürfen kann daher mit großer Wahrscheinlichkeit ausgeschlossen werden.

Die erhaltenen Pläne dokumentieren lediglich zwei Alternativvorschläge - und diese nur unvollständig. Offensichtlich entwickelte Nicholas Hawksmoor jedoch - wie so oft - mehrere Alternativen und stellte dieselben der Bauherrschaft vor. Die Beschriftung des im Folgenden zu besprechenden Blattes[25] deutet eindeutig in diese Richtung.

V.2.2.2.a.
B.L., Map Library, K.Top.23.16.2a
(Abb. 176)

K.Top.23.16.2a zeigt - übereinander angeordnet - Grundriß und Ansicht eines Vorentwurfs. Die von Kerry Downes[26] als original identifizierte Beschriftung[27] weist das Blatt expressis verbis als eine von mehreren Alternativen für die Pfarrkirche der Gemeinde *St. George* in *Bloomsbury* aus. Sie belegt damit nicht nur die Zugehörigkeit des Blattes zu diesem Projekt, sondern dokumentiert auch das Vorhandensein weiterer Vorschläge Hawksmoors.

---

22 *L.P.L., Minutes, MS.2690*, S. 204, in: Port, a.a.O.;
Downes, a.a.O., 1959, S. 184-187.

23 *L.P.L., Minutes, MS.2690*, S. 215, in: Port, a.a.O.:
„2. *Church on Lady Russell's ground in Bloomsbury to be built to Vanbrugh's design; and built north and south, as it cannot conveniently be built any other way.*".
Vgl auch:
Downes, a.a.O., 1987, S. 132, 184-187;
Smith, Peter, *An Attempt to Discover the Stylistic Preoccupations of the Architects who worked for the "Fifty New Churches" Commission*, a dissertation for a B.A.Hons Degree in the History of Art and Architecture (unveröffentl. Manuskript), Reading University 1980, S. 41;
Lang, S., *Vanbrugh's Theory and Hawksmoor's Buildings*, S. 133,
in: *Journal of the Society of Architectural Historians*, XXIV, 1965, S. 127-151;
Southern, a.a.O., S. 13.

24 M=1/120

25 *B.L., Map Library, K.Top.28.16.2a.*
Vgl auch: Downes, J.K., *Nicholas Hawksmoor*, Thesis submitted for the Degree of Ph.D. in the University of London, 2 Bde., Diss. (unveröffentl. Manuskript), University of London 1959/60, S. 51.

26 Downes, a.a.O., 1959/60, S. 51-52.

27 „*Bloomsbury Ch prop* [...]"

Die dargestellte Lösung ist an sich ganz einfach. Den Kern der Komposition bildet ein längs-rechteckiger Baukörper, wie wir ihn von den Vorüberlegungen in den oben genannten Lageplänen kennen. Dieser beherbergt Gemeinderaum und Chor in einem seiner Grundrißform entsprechenden, klaren Saal mit einer Proportion von circa 1:2. Nach oben schließt den Quader seines Baukörpers ein flaches Satteldach ab, so daß sich an seinen Stirnseiten Tempelgiebel ergeben. An diesen Kern sind zu beiden Seiten halbzylindrische Baukörper angefügt. Der Durchmesser ihres einen Halbkreis for-menden Grundrisses ist etwas geringer als die Länge des Hauptbaukörpers.[28] Der Radius der Form unterscheidet sich nur unwesentlich von der Breite des zentralen Kubus. Praktisch handelt es sich bei diesen Ergänzungen um die beiden Hälften eines mittig geteilten Tholos mit einer vollständigen Ringhalle korinthischer Ordnung.

Im Grundriß erweitern die Halbkreise der gleichermaßen halbierten Cella des Tholos das einfa-che Rechteck des Gemeinderaumes an seinen Längsseiten. Die Seitenwände desselben sind in eine fünfjochige Pfeilerstellung aufgelöst. Die drei mittleren Joche der letzteren entsprechen der Breite der Cella des zweigeteilten Rundtempels, die beiden äußeren Öffnungen setzten dessen Säulenum-gang fort. Die Zone zwischen Cella und Säulenstellung des Tholos - seine Ringhalle - ist im Bereich der drei direkt an den Kernbau anschließenden Interkolumnien des Halbkreises durch Einbauten geschlossen. Es handelt sich dabei jeweils um ein zwei Joche in Anspruch nehmendes Treppenhaus mit einer runden Wendeltreppe sowie einen rechteckigen Raum unmittelbar vor diesem an der Längswand des Hauptbaukörpers. Der letztgenannte kleine Raum öffnet sich nach außen ebenso wie in den Hauptraum der Kirche und die halbrunde Cella des Tholos. Der Durchgang zum Gemeinde-raum entspricht der vollen Stützweite des äußeren Joches der Pfeilerordnung der Längswand des Kernbaukörpers. Die im Vergleich hierzu deutlich breitere Öffnung zur Cella bewirkt die Andeutung eines den Hauptraum flankierenden Seitenschiffes, welches sich mit dem Halbrund der Cella überla-gert. Dies entspricht der Doppelfunktion der beiden durch die Addition der Halbzylinder entstande-nen Raumzonen als Seitenschiff und Vorraum der Kirche.

Die fünf verbleibenden, mittleren Interkolumnien der Ringhalle der Tholoi bilden einen dem Besucher konvex entgegen schwingenden Portikus. Dieser ist durch eine doppelarmige Freitreppe erschlossen. Vor der dritten Eingangsseite der hier dargestellten Grundrißlösung, der dem Chor gegenüber liegenden Stirnseite des Gemeinderaumes, führen zwei einläufige Freitreppen rechts und links entlang der Fassade hinunter auf das natürliche Niveau.

Der gesamte Bau ruht auf einem hohen Podest, wie wir es von den anderen Kirchen Hawksmoors kennen. Die mit ihrer Proportion von circa 2:3 deutlich hochrechteckigen Stirnseiten des Hauptbaukörpers dominiert jeweils eine monumentale Serliana. Ihr Gebälk und ihre Stützen setzen die korinthische Ordnung der Tholoi fort. Die Verwendung des Motivs nicht nur als Chorfen-ster, sondern auch als Portal verweist wiederum auf den oben bereits erwähnten Entwurf für den Portikus von *St. Paul's Cathedral* von 1691-94[29]. Die Darstellung der zwischen den Stützen der Serliana eingefügten Wandteile als betont additiv erscheinende, gerade bis zur Oberkante der Tür reichende „leichte" Füllungen erinnert zudem deutlich an die in der Ostfassade von *St. Alfege* reali-sierte Verwendung des Motivs in einem Portikus. Dies gilt um so mehr, als darüber - im Giebel der Ansicht - das horizontale Geison entfällt. Hawksmoor versuchte sich hier an einer weiteren Variation eines seiner Lieblingsmotive - ein Bemühen, das im Portikus von *Christ Church, Spitalfields*, den er erst einige Jahre später entwarf, seinen Höhepunkt finden sollte.

Die Stirnwand des Hauptbaukörpers ist ansonsten weitgehend glatt belassen. Einzige Ausnahme bildet das von zwei Konsolen optisch unterstützte schräge Geison des Giebels. Diese Zurückhaltung erhöht einerseits die Wirkung des Motivs der Serliana, andererseits betont es aber auch den Unter-schied zwischen der Mauerwerksarchitektur des Kernbaukörpers und der Säulenarchitektur der halb-zylindrischen Ergänzungen. Die deutliche Verbindung dieser additiven Baukörper mit einem klassi-

---

[28]   Ca. 13:15.

[29]   *SP 141 (cat. 133)*; veröffentlicht in:
Downes, Kerry, *Sir Christopher Wren: the Design of St. Paul's Cathedral*, 2. Ausg., London 1990, S. 137.

schen Bautyp läßt auch hier die Säulenarchitektur als klassisches Zitat erscheinen. Der kompositorisch wie funktional den Kern des Baus darstellende Gemeinderaum hingegen zeichnet sich durch größere Individualität aus. Die Formfindung erscheint bei ihm eher aus der Aufgabe hervorgegangen als von der mit der Form transportierten Bedeutung diktiert. Dies läßt seine Glätte und Massivität auch als Ausdruck einer ursprünglichen, einfachen, pragmatischen Auffassung der Architektur verständlich werden. Bereits zu diesem frühen Zeitpunkt ist demnach hier bei *St. George* die den ausgeführten Bau auszeichnende Erweiterung der in Hawksmoors früheren Kirchenentwürfen vor allem auf einen bewußt gestalteten Kontrast zwischen *steeple* und Turm beschränkten Differenzierung zwischen der Architektur per se und diese ergänzenden, zeichenhaften, plastischen, zitierenden architektonischen Objekten in die Horizontale nachzuweisen.

Über der deutlich unterhalb der Traufe des Hauptbaukörpers bleibenden Oberkante des Halbrund der Säulenordnung der Tholoi erheben sich vier die Treppenhäuser nach oben fortsetzende, dieselben abschließende und markierende Laternen. Sie sind additiv als isolierbare Elemente auf dem Flachdach der Tholoi plaziert. Konkave Voluten vermitteln zwischen ihrem quadratischen Sockel und der horizontalen Fläche des Daches der halbzylindrischen Baukörper. Über diesem Sockel erhebt sich ein durch Pilaster gegliederter, von Bögen durchbrochener zylindrischer Tambour, welchen eine Kuppel krönt.

Wie Downes richtig bemerkt, ist das Verhältnis der Laternen zu den sie tragenden Baukörpern nicht eindeutig geklärt. Die Darstellung folgt eher der optischen Logik eines Bildes[30] als konstruktivem Denken. Dennoch ist zu beachten, daß selbst bei Umsetzung der für eine tragfähige Konstruktion notwendigen Korrekturen die die Geometrie der Anbauten in Frage stellende Position der Laternen erhalten bliebe. Vor allem eine Ansicht der hier nicht dargestellten Zugangsseiten würde dies augenfällig machen.

Im Grundriß sind die Position des Altares und die Lage des Chorraumes klar erkenntlich. Ein Kreuz symbolisiert den Standort des Altares unterhalb der mittleren Öffnung der Serliana an einem Ende des rechteckigen Kernbereiches. Stufen und Chorschranke definieren das entsprechende Endjoch des Gemeinderaumes als Chorraum. Über die Orientierung des Gesamtbaus gibt das Blatt jedoch keinerlei Auskunft. Die Außenmaße lassen allerdings nur eine Lösung zu. Der Hauptbaukörper ist circa 86' lang. Auf der Querachse mißt der geplante Bau ungefähr 118'. Die Breite des erworbenen und schließlich auch bebauten Grundstücks beträgt aber nur 106' 6".[31] Der Entwurf paßt folglich nur in einer Richtung auf das Grundstück. Der Hauptbaukörper ist demnach korrekt orientiert gedacht; der durch ein Kreuz gekennzeichneten Chor weist nach Osten;[32] die beiden halbrunden Portiken öffnen sich zur *Hart Street*[33] und zur *Russell Street*[34].

Der Entwurf weist Ähnlichkeiten mit den zur Zeit seiner Entstehung bereits im Bau befindlichen Kirchen Thomas Archers auf. Der halbrunde Portikus an der Hauptzugangsseite erinnert an *St. Paul's, Deptford*, und die Anordnung der vier Laternen über den Portiken ruft *St. John, Smith Square*, in Erinnerung. Auch die grundsätzliche Lösung, die Anordnung zweier Portiken an den Längsseiten des Gemeinderaumes entspricht der in der letztgenannten Kirche realisierten Lösung.

---

30 Downes, a.a.O., 1959/60, S. 52.

31 *L.P.L., MS.2730/10.*

32 Vgl. hierzu auch: Downes, a.a.O., 1959, S. 185.

33 Heute: *Bloomsbury Way*

34 Heute: *Little Russell Street*

Odgers geht aufgrund dieser Beobachtungen so weit zu behaupten, der Entwurf könne als eine ovale Version des Entwurfs Archers betrachtet werden.[35] Nimmt man diese Aussage wörtlich, führt dies allerdings zu einer Überbetonung der Gemeinsamkeiten. Hawksmoors Komposition sowie die sich aus ihr ergebende Architektur sind deutlich von derjenigen seines Kollegen Archer unterschieden. Vor allem die klare Additivität, die Trennung der Teilräume und - ganz besonders - der Einzelbaukörper unterscheidet Hawksmoors Entwurf von der im Bau von *St. John* umgesetzten Lösung. Bei Archer ist es ein kreuzförmiger Baukörper aus einem Guß, der den Kern der Komposition bildet. Die Kreuzarme sind lediglich variiert, sie sind aber integrale Bestandteile des Ganzen. Bei Hawksmoor dagegen fügen sich zwei isolierbare, separate, sekundäre Baukörper an den primären Quader. Das Kreuz ergibt sich nur andeutungsweise aus mehreren, isoliert erfaßbaren Teilen. Die Ausrichtung des Gemeinderaumes wird im Außenbau klar erkennbar - anders als in Archers die Gesamtform betonender Gestaltung.

Bezieht man Odgers' Feststellung der wechselseitigen Übereinstimmung beider Entwürfe allerdings alleine auf die prinzipielle Lösung, mag ihre Äußerung so stehen bleiben. Die beiden Architekten bearbeiteten hier praktisch dasselbe Thema, den auf seinen Längsseiten zu erschließenden Kirchenbau. Dies führte sie zur Verwendung identischer Motive, wie etwa der Anordnung von vier die Portiken rahmenden Laternen beziehungsweise Türmen. Auch wenn sich diese Lösung primär aus dem Versuch erklären läßt, in einem von der Seite erschlossenen Kirchenbau den Wunsch des Bauherren nach Kirchtürmen und Portikus[36] mit der in einer klassisch geprägten Architektur kaum aufzugebenden Forderung nach symmetrischer Gestaltung der Hauptzugangsseite in Einklang zu bringen, verbleibt die Tatsache der Identität der die entwerferischen Antworten auf dieses den beiden Projekten gemeinsame Problem prägenden Prinzipien.

Die insofern zweifelsohne vorhandenen Gemeinsamkeiten dürften unter den bekannten Voraussetzungen allerdings kaum überraschen. Hawksmoor kannte natürlich die Entwürfe seines Kollegen; er selbst betreute deren Ausführung. Daß der Architekt unter den beschriebenen Umständen, angesichts der sich aus den Eigenheiten des Bauplatzes ergebenden Ähnlichkeit der Anforderungen an den zu entwickelnden Entwurf, vor allem aber in Anbetracht der Gleichartigkeit der hierin begründeten Problematik der Erschließung versuchte, die Lösungsansätze Archers aufzunehmen, selbst zu erproben und gegebenenfalls weiter zu entwickeln, war naheliegend.

Notwendigerweise haben sich in der engen Zusammenarbeit der an Entwurf und Ausführung der Kirchen der Kommission beteiligten Architekten gemeinsame Ideen entwickelt. Wie bereits mehrfach bemerkt wurde, gingen aus dieser immer wieder sich in den Bauten und Entwürfen vieler Beteiligter auswirkende Anregungen hervor. Das oben erwähnte Interesse am Typus des klassischen Tempels als Vorbild für den Kirchenbau ist das beste Beispiel hierfür. In der Umsetzung dieser als Prinziplösungen zu beschreibenden Ansätze in konkrete Formen, in einen realen Entwurf und gebaute Architektur kamen die individuellen Architekten jedoch zu ganz unterschiedlichen Ergebnissen; und dies gilt auch für die im vorliegenden Fall relevanten Werke Nicholas Hawksmoors sowie Thomas Archers. Die damit angesprochenen Differenzen in der Konkretisierung grundsätzlicher Ideen sind für das Verständnis der Architektur Hawksmoors, für eine Einsicht in die individuellen Eigenheiten des vorliegenden Entwurfes von größerer Bedeutung als die hier beobachteten, dessen ungeachtet aber unbedingt festzuhalten Gemeinsamkeiten.

Beachtenswert in diesem Sinne ist vor allem die sich aus der klaren Additivität der Komposition Hawksmoors einerseits und der dabei nahezu erreichten größenmäßigen Parität der Teile anderer-

---

35   Odgers, Juliat, *Hawksmoor's part in building the Fifty New Churches*, A Dissertation presented to the Department of Architecture, University of Cambridge for the Diploma Examination (unveröffentl. Manuskript), Cambridge Mai 1984, S. 55: „... can be seen as an oval version of Archer's church ...".

36   Vgl. die Diskussion der „guiding principles" in der Kommission.

seits ergebende Ambiguität der Gesamtform. Diese findet ihren Ausdruck auch in der nur bedingt als korrekt zu bezeichnenden Benennung des vorliegenden Vorschlags als dem „ovalen Entwurf"[37].

Die Gesamtform ist bestimmt von zwei sich kreuzenden Achsen. Sie ist aber dennoch auf keinen Fall als ein griechisches Kreuz zu betrachten. Obwohl ein Echo dieser Form spürbar ist, trifft allerdings auch die Auffassung als einem additiv aufgebauten griechischen Kreuz den Kern der Sache nicht. Die deutlich längeren „Kreuzarme" im Norden und Süden deuten simultan eine ovale Gesamtform an, welche jedoch ebenfalls nicht in Reinform realisiert ist. Beide Ideen existieren nebeneinander als gleichermaßen gültige Erklärungen des additiven Ganzen. Die auf ein Minimum reduzierte, dessen ungeachtet aber vorhandene Hierarchisierung der Teile der Komposition verhindert dabei ein Aufgehen der Bausteine in einer einfachen Gesamtheit und damit eine eindeutige Benennung der Grundform.

Die Idee einer ovalen Kirche läßt sich innerhalb der Arbeit der Kommission schon einige Jahre früher nachweisen. Eine die hier vorgeschlagene Komposition weitgehend vorwegnehmende Lösung findet sich in einem der frühen Lagepläne.[38] Das wahrscheinlich zwischen 1711 und Anfang 1713 entstandene Blatt[39] für einen Bauplatz in Westminster zeigt einen Kirchengrundriß, der ein klar ablesbares zentrales Rechteck verbindet mit halbrunden Ergänzungen an den beiden Längsseiten. Allerdings befindet sich der Chor hier in einem der halbrunden Räume. Im Scheitel des gegenüberliegenden Pendants ist ein quadratischer Turm angefügt. Ein Säulenumgang ist nicht vorhanden. Die grundsätzliche Komposition des Baukörpers ist dort also bereits angedacht, nicht aber die entsprechende Nutzung und Orientierung. Der Additivität zum Trotz entwickelt sich in jenem Vorschlag die im vorliegenden Fall gegebene Ambiguität infolge der eindeutigen, mit der Gesamtform übereinstimmenden Orientierung nicht - weder innenräumlich noch kompositorisch.

Eine weitere Vorstufe findet sich innerhalb Hawksmoors eigenem Werk bei den 1708-1709 entstandenen[40] alternativen Entwürfen für the Queen's College in Oxford. Vorschlag VI dieser Serie von Zeichnungen[41] zeigt einen ovalen Entwurf für die chapel. Die Ellipse ist von einer durchgehenden Kolonnade umzogen. Sie ist senkrecht zur Erschließungsachse im Hof des college plaziert. Im Innenraum ist das Oval aufgelöst in einen quadratischen Kernbereich und zwei halbrunde Apsiden. Allerdings befindet sich auch hier der Altar in einer der Konchen. Der Kontrast der beiden deutlich unterschiedenen Achsen und die sich aus deren Kreuzung ergebende Spannung werden in diesem Fall von der Form verwischt und heruntergespielt. Die letztere reduziert sich auf einen Antagonismus von innerer und äußerer Orientierung.

Rein innenräumlich kommt Berninis San Andrea al Quirinale mit seiner Betonung der kurzen Achse des Ovals Hawksmoors Lösung wesentlich näher. Während sich bei der italienischen Lösung die räumliche Komplexität aber eher aus der Frage der Deutung der an sich eindeutigen Form des Raumes ergibt, ist in Hawksmoors Entwurf diese selbst in Frage gestellt. Das Oval ist nur angedeutet. Die gedachte Gesamtform wird durch das Rechteck des Kernbereiches unterbrochen. Zwischen die beiden angedeuteten Enden des ovalen Raumes ist der rechteckige Saal, eine chapel wie wir sie von Inigo Jones's Chapel Royal in St. James's Palace kennen, eingefügt. Dies ist als eine Reaktion auf die bei Bernini nicht gegebene Notwendigkeit zur Erschließung auf der langen Achse zu be-

---

37   Downes, Kerry, *Hawksmoor* (Studies in Architecture, Bd. II), 2. Ausg., London 1979, S. 276: „oval design".

38   *L.P.L., MS.2750/57.*
      Vgl. hierzu auch: Downes, Kerry, *English Baroque Architecture*, London 1966, S. 101, Abb. 49 rechts.

39   *L.P.L., Building Committee, MS.2690*, S. 405, 408;
      L.P.L., Building Committee, MS.2593, S. 73.
      Nach den Angaben der Bücher der Kommission zu diesem Projekt erscheint Dickinson als Autor sehr wahrscheinlich.

40   Downes, a.a.O., 1979, S. 102-107, 279.

41   *The Queen's College Library, College Muniment 106* (Downes-Katalog Nr. 249).

trachten. Um beim Eintritt von Norden oder Süden eine Wirkung, wie sie sich bei der von Serlio veröffentlichten[42] längsovalen Lösung ergäbe, zu verhindern, mußte die Ellipse gebrochen werden.

Das insofern lediglich angedeutete Oval des vorliegenden Entwurfes ermöglicht den Zugang von allen vier Seiten und vor allem von Norden und Süden, während sein rechteckige Kernbereich dem Innenraum eine Orientierung entlang der Ost-West-Achse verleiht und so innerhalb des in Nord-Süd-Richtung längeren Grundrisses der kürzeren Achse ein deutlich spürbares Übergewicht verleiht. Downes' Deutung des Entwurfes als einem additiven Raumgebilde, das bei Annäherung an es aus jeder Richtung vordergründig eindeutig erscheint, sich danach aber als unauflösbar mehrdeutig offenbart,[43] muß daher dahingehend korrigiert werden, daß die Ambiguität zwar deutlich spürbar gemacht ist, daß sie aber einem nicht zu verkennenden Leitthema untergeordnet wird. Hawksmoor wagte auch hier eine Gratwanderung, er suchte die Vieldeutigkeit genau bis an die Grenze der grundsätzlichen Infragestellung des Leitthemas zu steigern, diese Grenze jedoch nicht zu überschreiten.

Es ist sicherlich von Interesse, darauf hinzuweisen, daß Hawksmoor mit Sicherheit auch ein antikes Beispiel für die Schaffung einer ovalen Gesamtform durch die Addition zweier halbrunder Teilräume an einen ohne diese in sich ruhenden Kernbereich bekannt war. Letzteres zeichnet sich gleichermaßen durch eine Orientierung längs der kurzen Achse der Gesamtform aus. Es handelt sich dabei um einen von Palladio[44] sowie Montano[45] veröffentlichten, im Volksmund als „Galluce" bezeichneten römischen Tempel. Palladio bemerkt, daß dieser als Vorbild sowohl für die Kapelle des Kaisers in *St. Peter* als auch für deren vom französischen Königs in Auftrag gegebenes Gegenstück in derselben Kirche gedient habe, was der Bauform nicht nur eine Tradition als christlichem Sakralraum verleiht, sondern auch eine besondere Bedeutung als königlicher Kirche oder Kapelle. Die Thematisierung des Staatskirchentums und der Bedeutung des Monarchen läßt sich demnach möglicherweise schon in diesem frühen Stadium der Entwicklung des Entwurfes nachweisen. Zur Unterstützung dieser Hypothese ließe sich die Verwandtschaft des Kernbereichs des vorliegenden Vorschlages mit Inigo Jones's gleichermaßen königlicher Kapelle in *St. James's* anführen.

Innerhalb des Prozesses der Entwicklung der Idee zur Gestaltung des ausgeführten Baues nimmt der vorliegende Vorentwurf eine Zwischenstellung zwischen den oben besprochenen Vorüberlegungen und dem realisierten Gebäude ein. Der korrekt orientierte rechteckige Kernbereich von *MS.2750/21* ist beibehalten. Anstelle der an den Blockrand vorgeschobenen Türme mit einem Verbindungsgang treten hier aber die Portiken mit jeweils zwei darüber angeordneten Laternen sowie die halbkreisförmigen Vorräume zu beiden Seiten des Gemeinderaumes.

Das Prinzip der Ergänzung eines Kernraumes durch flankierende Raumzonen sowie jeweils einen Portikus beziehungsweise ein diesem entsprechendes Element ist hier bereits entwickelt. Gleichermaßen gilt dies für die den schon mehrfach beobachteten Kontrast zwischen Turm und *steeple* in die Horizontale übersetzende gestalterische Differenzierung von Hauptbaukörper und Additionen. Im ausgeführten Entwurf sind allerdings die aufgenommenen Typen beziehungsweise die zitierten klassischen Vorbilder ausgetauscht. Die traditionelle Pfarrkirche ersetzt dort die *chapel* als Typus des Kernbereiches, Hexastylos und Benediktionsloggia treten an die Stelle der Tholoi in den addierten Baukörpern.

---

[42]   Serlio, Sebastiano, *The Five Books of Architecture*, an Unabridged Reprint of the English Edition of 1611, New York 1982, Buch I, Kap. XIV, fol. 4.

[43]   Downes, a.a.O., 1959, S. 185-186: „... *an ambiguity which can no longer be resolved"*.

[44]   Palladio, Andrea, *The Architecture of A. Palladio in four Booke*, hrsg. v. G. Leoni, London 1715, Buch IV, Abb. XXVII; Palladio, Andrea, *The Four Books of Architecture* (unabridged and unaltered republication of the work originally published by Isaac Ware in 1738, Mineola, N.Y. 1965, Buch IV, Kap. XI, Abb. XXIV.

[45]   Montano, Giovanni Battista, *Architettura*, Rom 1636, Buch I, Abb. 58.

Zu datieren ist der Entwurf nur vage. Eine Entstehung vor Februar 1715 ist, wie bereits erwähnt, auszuschließen. Mit der am 17. 5. 1715 in den Büchern der Kommission vermerkten Verabschiedung eines Nord-Süd orientierten Entwurfes von Sir John Vanbrugh[46] wurden allerdings alle davor entstandenen Vorschläge hinfällig. Hawksmoor legte circa 11 Monate später einen weiteren Entwurf vor,[47] den er bis zum 9. Mai 1716 nochmals überarbeitet haben mag.[48] Die Bücher sprechen hier jedoch immer von „*dem Entwurf*" im Singular. Die andere Alternativen belegende Beschriftung von *K.Top.23.16.2a* verbietet folglich dessen Identifikation mit dem der dritten Kommission im April 1716 vorgelegten Entwurf. Die direkte Umsetzung des am 9. 5. 1716 verabschiedeten Entwurfes, vor allem aber diejenige der hierfür notwendigen Fundamente und das Fehlen jeglicher Hinweise auf eine Änderung in diesem Bereich verweisen das vorliegende Blatt ebenfalls in ein früheres Entwurfsstadium - und damit vor die Entscheidung für Vanbrughs Entwurf. Das Blatt muß folglich zwischen Februar und Mai 1715 entstanden sein. Es handelt sich bei ihm um einen Vorentwurf.

V.2.2.2.b.
B.L., Map Library, K.Top.23.16.2b
(Abb. 177)

Die Zugehörigkeit des vorliegenden, des zweiten in der *British Library* erhaltenen Blattes zur Serie der Entwurfszeichnungen für *St. George, Bloomsbury,* kann angezweifelt werden. Es gibt keinerlei objektiven Beweis für diese Annahme. Allerdings sprechen die einheitliche Darstellungsweise, der mit *K.Top.23.16.2a* identische Maßstab und das aus dessen Beschriftung hervorgehende Vorhandensein weiterer Alternativen für die allgemein anerkannte Identifikation des Blattes als Gegenstück zu *K.Top.23.16.2a* und damit für seine Zuordnung[49] zur Vorentwurfsphase der Kirche. Als weiterer Beleg für die Deutung der beiden Zeichnungen als alternative Vorentwürfe mag die Verwendung einer identischen Lösung für die Treppenanlage vor dem Portal des Gotteshauses angeführt werden.

Das Blatt illustriert lediglich eine Ansicht des Vorschlages. Downes bemerkt, deren Breite spräche für ihre Identifizierung als Südansicht von *St. George.*[50] Auch in dieser Frage können wir jedoch nicht sicher sein. Bei einer kompakten Grundrißlösung - über die wir aus bekannten Gründen keine exakte Aussage machen können - könnte es sich ebenso um die Westfassade der Kirche handeln. Dies würde die Verwendung der Platz sparenden, parallel zur Fassade angeordneten Freitreppe erklären. In *K.Top.23.16.2a* ist dieselbe nur an der Westseite vorgesehen, während den beiden anderen Eingängen im Norden und Süden des Bauwerks eine etwas weiter ausladende doppelarmige Treppenanlage vorgelagert ist.

Die Ansicht zeigt einen offensichtlich vollständig orthogonalen Entwurf. Der Scheibe der inklusive des auch hier unter dem gesamten Bau durchgezogenen Sockels ungefähr 49' hohen und circa 69' breiten Fassade ist mittig ein circa 41' breiter viersäuliger korinthischer Portikus mit Tempelgiebel vorgestellt. Dieser ruht auf einem den Sockel des Gebäudes fortsetzenden Podium. Die erwähnten einläufigen Freitreppen führen vom natürlichen Gelände auf ein vor dessen deutlich breiterem mittleren Interkolumnium angeordnetes Podest.

---

46 *L.P.L., Minutes, MS.2690,* S. 215, in: Port, a.a.O.

47 *L.P.L., Minutes, MS.2690,* S. 269, in: Port, a.a.O.

48 *L.P.L., Minutes, MS.2690,* S. 275, in: Port, a.a.O.

49 Downes, a.a.O., 1959/60, S. 52.

50 Downes, a.a.O., 1959/60, S. 52.

Fünf Fensterachsen gliedern die Wand dahinter. Es handelt sich dabei jeweils um ein quadratisches EG-Fenster sowie ein steil proportioniertes Rundbogenfenster im OG. Die Öffnungen sind mit Ausnahme des das EG-Fenster in der Mittelachse ersetzenden Portals allesamt vollkommen glatt, ohne jedes rahmende Profil aus der Wand geschnitten. Die drei mittleren Achsen bilden die Rückseite des Portikus. Rechts und links verbleibt jeweils eine Fensterachse.

Über den letztgenannten, zu beiden Seiten des Portikus sichtbar werdenden Fassadenteilen erhebt sich jeweils ein Turm. Dessen Höhe entspricht in etwa dem Gesamtmaß der Fassade. Er gliedert sich in drei Geschosse sowie ein abschließendes plastisches Ornament. Die beiden Hauptgeschosse weisen jeweils einen kreuzförmigen Grundriß auf. Sie sind exakt gleich hoch. Zusammen machen sie in etwa drei Viertel der Höhe des Turmes aus. Das untere der beiden bildet einen geschlossenen Sockel, dessen glatte Front lediglich ein Blendokulus unterbricht. Das zweite Hauptgeschoß ist wesentlich reicher gestaltet. Seine Ansicht wird von einem offensichtlich ebenso als Blendöffnung gedachten Bogen dominiert, seine Wandfläche ist von einer korinthischen Ordnung gefaßt. Den Abschluß des Turmes bildet ein deutlich schmalerer Würfel, welcher ein an eine Kreuzblume erinnerndes Ornament trägt.

Hinter der sich somit ergebenden Zweiturmfassade ist eine Kuppel sichtbar. Diese erhebt sich über einem achteckigen Tambour, dessen Höhe derjenigen des ersten Geschosses der Türme entspricht. Derselbe ist ebenso glatt behandelt wie die Sockelgeschosse der Türme oder auch die Fassade des Hauptbaukörpers. Anderes gilt für die achteckige Kuppel selbst. Deren Grate sind durch Profile betont. Ovale Okuli mit einem ornamental gestalteten Rahmen sind in jedes der sich ergebenden Felder eingefügt. Über ihrem Scheitel ist ein konkaver Sockel mit Blattornamentik angeordnet, welcher eine Kugel und ein Kreuz trägt.

Auffallend bei diesem Entwurf ist erneut die klare Trennung zwischen dem Kubus des Hauptbaukörpers und den deutlich additiv aufgesetzten Baukörpern oberhalb des Hauptgesimses. Türme, Tambour und Kuppel erscheinen als auf einem Plateau aufgesetzte Einzelbaukörper. Diese horizontale Additivität findet sich im ausgeführten Entwurf wieder im Verhältnis des Obergadens zum Hauptbaukörper.

Rechts und links ist neben der beschriebenen Front der Kirche jeweils ein circa 7' breites, deutlich zurückliegendes Stück geschlossener Fassade dargestellt. Wahrscheinlich handelt es sich bei diesen Wandstreifen um die Ansicht der Flanken dem Portikus entsprechender Mittelrisaliten in den anderen Fassaden des Baus.

Die Form des dieser Ansicht entsprechenden Grundrisses ist fraglich. Dennoch existiert ein Versuch zu dessen Rekonstruktion von Paul Jeffery.[51] Grundlage dessen sind drei Annahmen. Zum einen handelt es sich für Jeffery bei der Ansicht eindeutig um eine Südansicht. Zum anderen ist er sich sicher, daß der Innenraum von Nord nach Süd orientiert war; und schließlich geht er davon aus, daß der zu rekonstruierende Grundriß die Grundlage des von Hawksmoor im April 1715 eingereichten, im Juni - möglicherweise mit einigen Änderungen - genehmigten Entwurfes war. Letzterer entstand seiner Meinung nach aus einer Umorientierung des hier besprochenen Vorentwurfs.

Infolgedessen interpretiert Jeffery die zu beiden Seiten der Fassade dargestellten Mauerwerksstreifen als die Flanken der die Stelle des Turmes beziehungsweise der Apsis in den ansonsten bereits vollständig dem ausgeführten Bau entsprechenden Ost- beziehungsweise Westfassaden einnehmenden Seiteneingänge. Die Seitenrisaliten des ausgeführten Baus sind für ihn die Reste der Fortsetzung der mit der Einführung des Westturmes entfallenen aufgesetzten Türme in der Fassade. Der heute so rätselhafte nördliche Baukörper diente - als Pendant des zu diesem Zeitpunkt lediglich ein Interkolumnium tiefen Portikus - als Chorraum. Bei der von Jeffery angenommenen hastigen Umarbeitung dieses Entwurfes im April 1715 wurde derselbe als ein nunmehr an sich sinnloses Anhängsel belassen und später auch ausgeführt.

---

51 *Nicholas Hawksmoor, New Insights & Interpretations*, a Symposium, Samstag, 1. Juni 1993, St. George's Church, Bloomsbury.

Obwohl diese Hypothese nicht grundsätzlich ausgeschlossen werden kann, steht sie auf wacke-
ligen Füßen und muß als reine Spekulation betrachtet werden. Die folgende Dokumentation der
vorhandenen Informationen zum Fortgang des Entwurfsprozesses wird zeigen, daß die von Jeffery
angenommene Eile nicht schlüssig beweisbar ist. Außerdem erklärt die Hypothese selbst unter dieser
Prämisse das Vorhandensein des nördlichen Baukörpers nicht. Akzeptieren wir diese nämlich, so
müßten im Zuge der angenommenen Überarbeitung nicht nur die Türme entfernt und die Treppenhäuser zum Innenraum geöffnet, sondern auch die Apsis eingeführt und ein Westturm in die Westfassade integriert worden sein. Ein Vergleich der vorliegenden Ansicht mit dem ausgeführten Bau
zeigt zudem, daß im genehmigten Entwurf selbst der Portikus verändert wurde, daß infolgedessen
sogar der nördliche Baukörper eine Verbreiterung hätte erfahren müssen. Jede der Fassaden, jede der
Außenwände hätte in diesem Fall überarbeitet werden müssen. Die Pläne hätten insgesamt neu gezeichnet werden müssen. Selbst wenn die Zeit wirklich äußerst knapp gewesen sein sollte, wäre das
Belassen des nördlichen Baukörpers folglich keine notwendige oder auch nur offensichtliche Folge
gewesen. Da darüber hinaus auch die Identifizierung der Ansicht als Südfassade fraglich bleibt, muß
selbst die von Jeffery vorgeschlagene Orientierung des Vorentwurfs entlang der Nord-Süd-Achse
angezeifelt werden.

Sowohl eine an *St. John, Smith Square*, erinnernde Lösung mit einer an ein griechisches Kreuz
angelehnten Form als auch eine Übersetzung der Lösung von *K.Top.23.16.2a* in orthogonale Formen
ließen sich mit der hier erhaltenen Ansicht in Einklang bringen. Außerdem sollten die Ähnlichkeiten
mit dem Konzept des zweiten Projekts Hawksmoors für eine Kapelle für *Greenwich Hospital* nicht
übersehen werden. Dort entwickelte Hawksmoor schon einige Jahre früher[52] einen komplexen Zentralbau mit Kuppel, Laternen über den Ecken des Hauptbaukörpers und einem - diesmal im Norden -
additiv an den korrekt orientierten, mit Ausnahme der Apsis symmetrisch gestalteten Kernbaukörper
angefügten sechssäuligen Portikus mit einem Tempelgiebel.[53] Obwohl sich deutliche Gemeinsamkeiten ergeben und obwohl ein Einfluß dieses früheren Entwurfs Hawksmoors auf das Projekt sehr
wohl möglich erscheint, genügen unsere Informationen leider nicht zu einem detaillierten Vergleich
der beiden Projekte.

Bezüglich der Rolle dieses Vorentwurfs innerhalb der Entwicklung der Ideen für den ausgeführten Bau kann dementsprechend ebenfalls nur wenig gesagt werden. Unsere Vorstellung des
Entwurfs bleibt hierfür zu vage. Die Verbindung von Tempelportikus und Kuppel - eine Kombination, deren Grundidee auf das Pantheon zurückzuführen ist, dessen Vorbild für den ausgeführten Bau
so bedeutend wurde - verdient allerdings eine Erwähnung.

Im vorliegenden Fall erscheint eine Beziehung der Ansicht zum Vorbild barocker Zweiturmfassaden mit einer dahinter aufragenden Kuppel allerdings naheliegender. Das Hawksmoor in dieser
Hinsicht sicher am nächsten liegende Beispiel ist *St. Paul's Cathedral*. Auch Serlio zeigt einige
Exempel dieser Lösung.[54] Im allgemeinen Ausdruck, der harten Glätte und Kantigkeit ähnelt der
Entwurf aber viel eher der Kirche des *Escorial*. Hawksmoor kannte diese aus zeitgenössischen Veröffentlichungen.[55] Interessanterweise bringt dieses Vorbid einer königlichen Hofkirche wiederum
das monarchische Thema in den Entwurf ein, welches in dieser Kirche von Hawksmoor offensichtlich besonders deutlich thematisiert werden sollte.

Für die Datierung des Blattes gilt bei dessen Zusammengehörigkeit mit *K.Top.23.16.2a* das bei
dessen Besprechung Gesagte. In jedem Falle lassen die gravierenden Unterschiede in der Ge-

---

[52]   Downes datiert den Entwurf auf nach ca. 1702 und vor 1711 (Downes, a.a.O., 1979, S. 280-281).

[53]   Vgl.:
       Downes, a.a.O., 1979, S. 91-93;
       Downes, a.a.O., 1987, S. 96-98.

[54]   Serlio, a.a.O., 1982, Buch V, Kap. XIV, fol. 11,13,15.

[55]   In seiner Bibliothek befand sich ein als „*Descriptiom Del. Escorial, Mad. 1681*" bezeichnetes Werk.
       Vgl. hierzu: Watkin, D., *Sale catalogues of libraries of eminent persons*, Bd. IV, London 1974.

samtform eine Identifizierung des Entwurfes mit dem sogenannten genehmigten Entwurf vom April/Mai 1716 unmöglich erscheinen, was auch hier eine Entstehung zwischen Februar und Mai 1715 notwendig macht.

V.2.2.3.
Der genehmigte Entwurf - April/Mai 1716

Die wichtigste, zur Schaffung des genehmigten Entwurfes führende Entwurfsphase ist durch keinerlei zeichnerische Quellen dokumentiert. Alles, das wir über den von Hawksmoors vorgelegten Entwurf wissen, stammt aus den schriftlichen Unterlagen der Kommission.

V.2.2.3.a.
Die Daten

Nachdem sich ihre Vorgänger bereits im Mai 1715 für den Entwurf Vanbrughs entschieden hatten, forderten die Mitglieder der neuen, der dritten Kommission Hawksmoor am 16. 4. 1716 auf, mit einem Entwurf für *St. George, Bloomsbury*, vor ihnen zu erscheinen. [56] Allgemein wird in der Sekundärliteratur davon ausgegangen, daß es sich dabei um einen bisher nicht erwähnten neuen Entwurf Hawksmoors handelte. Die Formulierung in den Sitzungsberichten ist in dieser Hinsicht jedoch nicht eindeutig.[57] Wenn wir bedenken, daß dies die erste Sitzung der neuen Kommission war,[58] in der sie sich des Entwurfs für den Bauplatz in Bloomsbury annahm, so erscheint es mindestens ebenso glaubhaft, daß die Kommission den mit der Ausführung des beschlossenen Entwurfes betreuten *Surveyor* zur Vorlage der Pläne mit dem derzeitigen Planungsstand aufforderte. Gehen wir davon aus, ergibt sich eine leicht abweichende Lesung der folgenden Daten.

   Drei Tage später, am 19. 4. 1716, vermerken die Bücher der Kommission die Vertagung der Besprechung eines nun ausdrücklich als *„Hawksmoor's design"* bezeichneten Entwurfes.[59] Offensichtlich war das Urteil der neuen Kommission bezüglich des bis dahin gültigen Entwurfes nicht sehr positiv ausgefallen, und Hawksmoor hatte die Gelegenheit genutzt, sich beziehungsweise einen eigenen Entwurf als Alternative ins Spiel zu bringen. Wie die Eintragung beweist, hatte er zumindest das Interesse der Kommission an seinen Vorschlägen gewonnen. Am 9. Mai konnte er seinen Entwurf der Kommission schließlich vorstellen.[60] Das Ergebnis war der Auftrag an Hawksmoor und James, eine Kostenschätzung für den Entwurf vorzulegen - eindeutig ein Zeichen der grundsätzlichen Zustimmung der Kommission zu den Vorschlägen. Am 6. 6. 1716 fiel dann endgültig die Ent-

---

56   *L.P.L., Minutes, MS.2690*, S. 267, in: Port, a.a.O.
       Vgl. hierzu auch: Lang, S., *Vanbrugh's Theory and Hawksmoor's Buildings*, S. 133,
       in: *Journal of the Society of Architectural Historians*, XXIV, 1965, S. 127-151.

57   *L.P.L., Minutes, MS.1690*, S. 267, in: Port, a.a.O.:
       „Hawksmoor to attend with a plan and design of the church to be erected on the ground of Lady Russell".

58   Sie trat am 5. 1. 1716 erstmalig zusammen. (Port, a.a.O., S. XXVI).

59   *L.P.L., Minutes, MS.2690*, S. 269.
       Vgl. hierzu auch: Lang, a.a.O., 1965, S. 133.

60   *L.P.L., Minutes, MS.2690*, S. 275, in: Port, a.a.O.
       Der Entwurf wird ausdrücklich als *„... the Design this day delivered in by Mr Hawksmor ..."* bezeichnet.
       S. hierzu: *L.P.L., Minutes, MS.2690*, S. 276.

scheidung für Hawksmoos Entwurf. Gleichzeitig wurde die sofortige Ausschreibung der Fundamentarbeiten angeordnet.[61]

V.2.2.3.b.
Die Entscheidung für Hawksmoor

Nicholas Hawksmoor ist es offensichtlich gelungen, einen an sich schon vergebenen Auftrag an sich zu reißen. Zweifelsohne wichtig in diesem Zusammenhang ist der zwischen den beiden Entscheidungen vollzogene Wechsel der Kommission im Zuge des Todes Queen Annes und der Übernahme der Regentschaft durch den Hannoveraner George I.

Zum einen kann davon ausgegangen werden, daß Vanbrughs Interesse an diesem Auftrag - nach seiner Entlassung aus der Kommission durch seine eigenen Parteifreunde - nicht mehr übergroß war, was Hawksmoor sein Vorgehen erleichtert haben dürfte. Zum anderen entstand mit der Entfernung sämtlicher Architekten aus der Kommission - ganz abgesehen von einer später noch im Detail zu beschreibenden, politisch bedingten veränderten Einstellung zum Projekt der *Fifty New Churches* insgesamt - ein grundsätzlich anderer, neuer Bauherr. Bei der alten Kommission können wir davon ausgehen, daß sie in Fragen der Gestaltung sehr stark von den Architekten in ihren Reihen beeinflußt wurde. Infolge der gegenüber den anderen Mitgliedern wesentlich größeren Erfahrung derselben und vor allem ihrer Artikuliertheit in formalen Dingen ergab sich das von selbst. Ein Entwurf, der dieser Kommission angemessen erschienen war, mußte von einer rein mit Laien besetzten, teils zudem vollkommen neu mit dem vorliegenden Projekt und seinen Problemen konfrontierten Kommission fast zwangsläufig kritisch betrachtet werden. Selbst eine gewisse Erleichterung einiger in beiden Kommissionen vertretener Mitglieder über die Befreiung von der künstlerischen Bevormundung durch die Architekten sowie eine entsprechende Gegenreaktion dürften anzunehmen sein.

Gleichzeitig mit dem Zurücktreten künstlerischer Kriterien traten liturgische Anforderungen wie die korrekte Orientierung wieder stärker in den Vordergrund. Hatte die alte Kommission eine Abweichung davon zwar kritisch bemerkt aber dennoch akzeptiert, so scheint dies bei der neuen Kommission problematischer gesehen worden zu sein. Auf jeden Fall gab sie den nicht korrekt orientierten Entwurf Vanbrughs zugunsten des eine klare Ost-Orientierung gewährleistenden Entwurfs Hawksmoors auf.

Interessanterweise unterscheiden sich auch Hawksmoors eigene Vorentwürfe deutlich vom ausgeführten Bau und damit von der von der neuen Kommission getragenen Gestaltung. Die an Thomas Archers Bauten erinnernden Lösungen seiner Vorentwürfe sind wesentlich stärker von rein geometrischen Idealvorstellungen und der italienischen Renaissancetradition bestimmt, als es die eher den traditionellen, heimischen Typus und die Antike betonende Gestaltung der realisierten Kirche ist. Archers Entwürfe sind wahrscheinlich nicht zufällig beide Kinder der zweiten Kommission. Ziehen wir zudem den betont hannoveranisch-royalistischen Aspekt des ausgeführten Entwurfs hinzu, dann erscheinen der Ablauf der Ereignisse und die Entscheidung der Kommission nachvollziehbar.

---

61   *L.P.L., Minutes, MS.2690*, S. 283.
Vgl. hierzu auch:
Downes, a.a.O., 1959, S. 184-187;
Downes, a.a.O., 1987, S. 132-139;
Smith, a.a.O., S. 41;
Southern, a.a.O., S. 14.

V.2.2.3.c.
Die Rekonstruktion der Grundzüge des Entwurfs

Die Tatsache, daß der im Juni 1716 beschlossene Entwurf umgehend umgesetzt wurde und der Bau noch im selben Jahr insgesamt bis auf eine Höhe von 7' 8" geführt wurde,[62] ermöglicht es uns, anhand späterer Pläne sowie anhand der in den Büchern vermerkten, nachträglichen Änderungen an bereits ausgeführten Teilen den genehmigten Entwurf zumindest in groben Zügen zu rekonstruieren.

Der Umriß des Grundrisses entsprach mit Ausnahme der Tiefe des Portikus schon dem ausgeführten Bau. Dies ergibt sich aus dem Faktum, daß an den Fundamenten bis auf die nachträgliche Erstellung neuer Fundamente für den heutigen Portikus keinerlei Änderungen vorgenommen wurden. Die ursprünglich geplante Form des letzteren ergibt sich aus dem oben erwähnten Grundriß in der Sammlung von *Elton Hall*.[63] Dieser zeigt einen Hexastylos mit einer Tiefe von lediglich einem Interkolumnium. Der Portikus entsprach mit seiner Grundrißfläche in diesem Stadium also exakt dem nördlichen Baukörper.

Auf der Rückseite des Portikus waren der Fassade ursprünglich keine Dreiviertelsäulen vorgelegt. Lediglich die beiden äußeren Säulen waren in die Wand eingebunden.[64] Die vier zusätzlichen Säulen wurden erst 1718/1719[65] nachträglich eingefügt. Außerdem war anstelle der gleichmäßigen Folge identischer Türen ein großes Portal in der Mittelachse vorgesehen. In den Papieren wird dieses als „*G^t Aperture*"[66] bezeichnet. Wahrscheinlich erscheint eine dem doppelten Korbbogen auf der Nordseite des Hauptbaukörpers entsprechende Lösung.

Im nördlichen Baukörper war ursprünglich eine andere Gestaltung der Brüstungen geplant gewesen. Diese wurde ausgeführt, später aber wieder geändert. Die Ansicht aus der Sammlung der Londoner *St. Paul's Cathedral*[67] läßt vermuten, daß anfangs höhere Brüstungen vorgesehen waren. Zusammen mit dem in *Elton Hall, Architectural Scetches*, fol. 95 erkenntlichen Eingang auf der Ostseite des nördlichen Baukörpers könnte dies auf eine Auffassung als einer Art Loggia mit zwei Eingängen an den Stirnseiten des Baukörpers hinweisen.

Der Entwurf bot in diesem Planungsstadium ein zur Ost-West-Achse symmetrisches Bild. In der Plangraphik - und nur diese war in diesem Moment ausschlaggebend - bedeutete dies eine stärkere Betonung der Ost-West-Achse als heute. Insgesamt entstand ein wesentlich klarerer Eindruck. Die Symmetrie der Plangraphik bedeutete innenräumlich allerdings eine Betonung der Nord-Süd-Achse durch die große zentrale Öffnung in der Südwand. Darüber hinaus entfiel der sich heute in der Südansicht aus der monotonen Reihung identischer Felder ergebende Eindruck einer hinter dem Portikus sichtbar werdenden Seitenfassade einer der typischen, einfachen Kirchen der Zeit.

Diese Aspekte wurden allerdings erst im dreidimensionalen Bau aktuell. In der Zeichnung war die exakte Symmetrie und die damit verbundene Betonung der Orientierung nach Osten wesentlich wichtiger. Insofern können die nach der Genehmigung des Entwurfes eingeführten Änderungen auch

---

62   *L.P.L., Book of Works, MS.2697*, S. 703-705.

63   *V&A, prints and drawings, Elton Hall, Architectural Scetches, „Vanbrugh Album"*, fol. 95

64   Tufnell, Edward, und Strong, Edward, *A Book of Entry for Masons Work done at severall of ye 50 New Churches, 1713-1743 (R.I.B.A.-Library, MS.Tuf./1)*, S. 37;
      L.P.L., Bills, MS.2718, S. 3;
      L.P.L., Book of Works, MS.2697, S. 710.

65   Tufnell, Edward, und Strong, Edward, a.a.O. *(R.I.B.A.-Library, MS.Tuf./1)*, S. 49;
      L.P.L., Bills, MS.2718, S. 15;
      L.P.L., Book of Works, MS.2697, S. 719.

66   Tufnell, Edward, und Strong, Edward, a.a.O. *(R.I.B.A.-Library, MS.Tuf./1)*, S. 37;
      L.P.L., Bills, MS.2718, S. 3;
      L.P.L., Book of Works, MS.2697, S. 710.

67   *SP 142.*

als eine Reaktion des Entwurfes auf die unterschiedliche Wahrnehmung von Zeichnung und Bau verstanden werden. Offen bleibt die Frage, ob es sich dabei um ein bewußtes Kalkül des Architekten handelte.

V.2.2.3.d.
Vorstufen in den frühen Lageplänen

Die dem Entwurf zugrunde liegende Idee - die Addition eines Südportikus sowie eines dem Eingang gegenüber liegenden nördlichen Baukörpers an einen rechteckigen Kernbaukörper - läßt sich in den Unterlagen der Kommission schon wesentlich früher nachweisen. Bei den im Rahmen der Voruntersuchungen der *Surveyors* entstandenen Lageplänen gibt es eine kleine Gruppe derartiger Lösungen für Bauplätze, die eine Erschließung der Kirche auf der Längsseite erforderten.

Den Kern dieser Grundrisse bildet jeweils einer der in diesen Lageplänen allgemein verwendeten, längsrechteckigen Gemeinderäume mit Chor im Osten und Turm beziehungsweise Vestibül im Westen. Insofern besteht formal ein deutlicher Unterschied zum genehmigten Entwurf mit seinem an sich querrechteckigen Kernbereich. Außerdem fehlt meistens der südliche Portikus, selbst wenn der Haupteingang im Süden kenntlich gemacht ist. An der prinzipiellen Übereinstimmung der Lösungen ändert dies jedoch nichts.

Ein gutes Beispiel dieser Grundrisse zeigt ein Deckblatt eines Lageplans für einen Bauplatz in der Gemeinde von *St. James, Westminster*.[68] Infolge der Lage parallel zur *Piccadilly* sind sowohl eine frei vor die Fassade gestellte Säulenvorhalle an der der Straße zugewandten Südseite als auch ein eingezogener - und damit sichtlich untergeordneter - Portikus an der Westseite vorgesehen. Das östliche Ende des Baukörpers ist durch ein Kreuz ausdrücklich als Chorraum markiert. Im Norden ist ein quadratischer Raum angefügt. Dieser entspricht in seiner Breite exakt der Abmessung des allerdings deutlich flacheren Portikus. Daß es sich dabei nicht um ein angebautes Pfarrhaus handelt, beweist die Darstellung zweier freistehender Gebäude hinter der Kirche, die durch die Beschriftung als Pfarrhaus und Gemeinderatssaal gekennzeichnet sind.

Ein alternativer Vorschlag für dasselbe Grundstück zeigt eine ähnliche Lösung, welche den Portikus im Süden jedoch durch einen deutlich nach vorne gezogenen Mittelrisaliten ersetzt.[69].

Die Verwandtschaft des sich aus der Anordnung von Chor, westlichem Vorraum und nördlichem Baukörper um den rechteckigen Gemeinderaum ergebenden Grundrißschemas mit den in der Traktatliteratur dargestellten Rekonstruktionen des toskanischen Tempels ist offensichtlich. Im Zusammenhang des ausgeführten Grundrisses wurde diese bereits erwähnt.[70] Aus ihr ergibt sich nahezu zwangsläufig die Anordnung eines Portikus im Süden.

Interessanterweise findet sich unter den wenigen Beispielen für diese Abwandlung des Regelgrundrisses in den frühen Lageplänen auch ein mit großer Wahrscheinlichkeit Vanbrugh zuzuordnenden Vorschlag für die Bebauung des Grundstücks, auf dem später *St. Luke, Old Street*, errichtet werden sollte.[71] Das Blatt zeigt denselben Grundriß zwei mal. Einmal - gepunktet in schwarzer Tinte und Bleistiftschraffur - ungefähr dort, wo sich heute die Kirche erhebt. Ein weiteres Mal wesentlich weiter nach Norden gerückt in Bleistift und roter Lavierung. Dieses Verrücken nach Norden ist es, das es uns erlaubt, den Vorschlag mit Vanbrugh in Verbindung zu bringen. Am 1. 2. 1713

---

68   *L.P.L., MS.2750/43.*

69   *L.P.L., MS.2750/41.*

70   Teil B, V.1.3.4.
     Vgl. hierbei bes.: Alberti, Leon Battista, *The Architecture of Leon Battista Alberti in ten Books of Painting in three Books and of Statuary in one Book*, 3 Bde. (Leoni-Ausgabe), London 1726, Buch VII., Kap. IV, Abb. S. 27.

71   *L.P.L., MS.2750, no. 55.*

vermerken die *minutes* der Kommission einen Vorschlag Sir Johns zur Verschiebung des Standorts der Kirche nach Norden, weg von der Straße.[72] Die Beschriftung des Blattes belegt den Zusammenhang mit dem in den Papieren erwähnten Vorschlag der *Ironmongers' Company* für *St. Luke* und hält die Entscheidung der Kommission für den ersten der beiden Vorschläge fest.[73]

Es ist ein überaus reizvoller Gedanke sich vorzustellen, daß Vanbrugh um das Jahr 1713 in Anlehnung an das Vorbild des toskanischen Tempels oder auch anderer antiker Tempelanlagen[74] für den Sonderfall der auf der Längsseite zu erschließenden Grundstücke eine Variation des gängigen Kirchengrundrisses entwickelt haben mag, daß er schließlich aber dennoch den Auftrag für *St. George, Bloomsbury*, an Hawksmoor verlor - oder abgab - weil seine eigenen Vorschläge eine korrekte Orientierung nicht erlaubten. Um die Gründe hierfür nachvollziehen zu können, bedürfte es allerdings zusätzlicher Informationen sowohl über Vanbrughs Entwurf als auch über sein Verhältnis zur Kommission in den entsprechenden Jahren.

V.2.2.3.e.

Die Datierung der Entstehung

Ein Rätsel bleiben die Entstehung des Entwurfes Hawksmoors und vor allem dessen Datierung. Geht man von einer spontanen Reaktion des Architekten auf die sich bietende Chance aus, ergibt sich die etwas unwahrscheinliche Annahme der Entwicklung eines neuen Entwurfes innerhalb von drei Tagen, vom 16. bis 19. April 1716.

Diese verführte Paul Jeffery zur Hypothese einer hektischen, spontanen Umorientierung des zweiten Vorentwurfs.[75] Er versucht hiermit selbst das Vorhandensein des nördlichen Baukörpers zu erklären. Wie wir oben gesehen haben, bedeutete dies aber - selbst wenn wir Jefferys nicht gesicherte Rekonstruktion des Grundrisses akzeptieren - tiefgreifende Änderungen in der Planung und neue Zeichnungen. Außerdem belegen die gerade besprochenen Lagepläne, daß es für den nördlichen Baukörper eine andere Erklärung als diejenige als einem Relikt eines überholten Konzepts geben muß. Möglicherweise ist diese rein formal oder symbolisch, und der Raum wurde erst nachträglich mit einer Funktion belegt.

Dieselben Motive lassen Lang eine Übernahme und Umarbeitung des Entwurfs Sir Johns vermuten.[76] Wie wir gerade gesehen haben bestehen möglicherweise durchaus Verbindungen zu Ideen Vanbrughs. Einen Hinweis auf eine klare Verbindung des genehmigten Entwurf mit demjenigen Vanbrughs läßt sich jedoch auch nicht finden.

Grundlage beider Hypothesen ist über die Annahme einer hastigen Erarbeitung innerhalb von drei Tagen hinaus die ebenso nicht weiter zu verifizierende Auffassung, die korrekte Orientierung sei das ausschlaggebende Kriterium der Kommission gewesen.[77] Folgen wir den Ausführungen der

---

72   *L.P.L., Building Committee, MS. 2693, S. 56, in: Port, a.a.O.:*
      „Vanbrugh submitted new plan for removing Ironmongers' Company site, Cripplegate, 110 ft further from the street than formerly proposed.".

73   *„This plan referres to proposalls given in by Comittee of yᵉ Company of Ironmongers to yᵉ Honoᵇˡᵉ yᵉ Comʳˢ for building of Churches [...] Court agreed to this plan 24:ᵗʰ March 1712 [1713] or yᵉ first proposall".*

74   Vgl. zum Bsp. den von Montano veröffentlichten Tempel an der *Via Appia*.
      (Montano, Giovanni Battista, *Raccolta de Tempii et Sepolchri designati dall' antico*, Rom 1638, Abb.13).

75   *Nicholas Hawksmoor, new Insights & Interpretations*, a Symposium, Samstag, 12. Juni 1993, *St. George's Church, Bloomsbury*.

76   Lang, a.a.O., S. 133.
      Sally Jeffery verbindet beide Thesen mit der Anregung, *K.Top.23.16.2b* sei eine Hawksmoor-Zeichnung nach einem Entwurf Vanbrughs. Vgl. hierzu ihren Beitrag zu: *Nicholas Hawksmoor, new Insights & Interpretations*, a Symposium, Samstag 12. Juni 1993, *St. George's Church, Bloomsbury*.

77   Vgl. auch: Downes, a.a.O., 1987, S. 132-139.

beiden Autoren, dann griff Hawksmoor deshalb zu einem älteren Entwurf und überarbeitete diesen. Warum er statt dessen nicht auf den korrekt orientierten Vorschlag seines Vorentwurfes in *K.Top.23.16.2a* zurückgriff, bleibt offen. Eine Erklärung dafür kann nur in einer weit über die bloße Frage der Orientierung hinausgehenden Kritik der Kommission an den früheren Vorschlägen gesehen werden. Dies läßt zumindest die Weiterverwendung des Vanbrugh-Entwurfs wenig wahrscheinlich erscheinen. Dennoch kann natürlich eine erneute Verwendung oder auch Überarbeitung einer - möglicherweise uns gar nicht bekannten - Alternative aus der Vorentwurfsphase nicht ausgeschlossen werden.

Ebenso möglich erscheint allerdings die Entwicklung eines vollkommen neuen Entwurfs in der Hoffnung, diesen bei der frisch berufenen, dritten Kommission durchsetzen zu können. Hawksmoor kannte deren Mitglieder mindestens seit Januar 1716, und sicher hatte der Architekt schon bald erkennen können, daß unter diesen Voraussetzungen für einen alternativen Entwurf durchaus Chancen bestanden.

V.2.2.4.
Weiterentwicklung des Entwurfs während der Ausführung
1716 bis 1724

Der im Mai 1716 verabschiedete Entwurf entsprach offensichtlich schon weitgehend dem ausgeführten Bau. Gewissermaßen verkörperte er die hinter der dreidimensionalen Komposition des ausgeführten Gebäudes stehende Idee sogar in wesentlich reinerer Form als die heute vorhandene Kirche. Er zeigte die prinzipiell schon in *K.Top.23.16.2a* vorhandene Addition zweier in ihrer Gesamtform identischer Baukörper an den den Gemeinderaum umfassenden Hauptbaukörper erheblich klarer als das Gebäude im ausgeführten Zustand.

Mit dem oben beschriebenen Austausch des den Kernbereich in seinen Grundcharakteristika bestimmenden Typus erfolgte eine Verbreiterung des Kernbereiches. Die sogenannte Cella des ersten Vorentwurfs verwandelte sich endgültig in einen in seiner Funktion zwischen Narthex und Seitenschiff changierenden Raum und wurde mit dem Hauptbaukörper verschmolzen. Dies war ein erster Schritt zu der heute den Innenraum insgesamt kennzeichnenden Ambiguität der Abgrenzung der einzelnen Raumzonen, welche oben als angedeutete Additivität beschrieben wurde und die sich unter anderem in der Darstellung der den Raum unterteilenden Elemente als quasi nachträglich eingefügten Einbauten äußert.

Obwohl die beiden aus späteren Entwicklungsstufen erhaltenen Zeichnungen wenig Auskunft über den Weg von hier zum heutigen Bau beziehungsweise über die Entwicklung der Form im einzelnen zu verraten in der Lage sind, ergibt sich zusammen mit den Angaben in den Papieren der Kommission ein grobes Bild von der Abfolge weiterer Entwurfschritte.

V.2.2.4.a.
SP 142 bzw. Guildhall Library D219

Sein Maßstab[78] weist *SP 142* unmißverständlich als Werkplan aus. Es ist dies die einzige dieser Leistungsphase zuzuordnende Zeichnung, welche von *St. George* erhalten ist. Das Blatt zeigt eine Ansicht der Nordfassade. Diese entspricht schon weitgehend der Ausführung. Es fehlen an sich nur die angedeuteten Akrotere über dem Schräggeison und die Lunette im Tympanon des Giebels.

---

78   4':1" bzw. 1:48

In den EG-Fenstern sind drei verschiedene Varianten der Ausbildung der Brüstungen dargestellt. Offensichtlich handelt es sich dabei um drei aufeinanderfolgende Bearbeitungsstufen. Ursprünglich waren die Fensterbretter demnach wesentlich höher angeordnet. Sie lagen praktisch auf den am Fuß der Leibung der Bögen eingefügten Blöcken auf und waren vor der Wand bis zu den Schäften der vorgelegten Pilaster geführt. Nachträglich wurde diese Lösung ungültig gemacht. Statt dessen wurden Simsen eingezeichnet, die mit ihrer Unterkante die Unterkante besagter Blöcke aufnahmen und in der Breite lediglich derjenigen der lichten Öffnung der Bögen entsprachen. Nochmals später wurden dann im östlichen Feld die direkt auf den Keilsteingruppen der Kryptafenster aufliegenden Fensterbretter eingetragen, wie sie ausgeführt wurden.

Bekanntlich läßt sich 1717 in den Unterlagen der Kommission eine Änderung der Brüstungen nachweisen.[79] Es ist demnach anzunehmen, daß die Fassade ursprünglich gemäß den Angaben des Originalzustandes des vorliegenden Planes ausgeführt wurde und schließlich entsprechend der hier ebenfalls dokumentierten, dritten und endgültigen Lösung geändert wurde. Daraus ergibt sich eine Datierung des Blattes auf zwischen Juni 1716 und Anfang 1717, auf zwischen dem unmittelbar nach Genehmigung des Entwurfes notwendigen Beginn der Werkplanung und der Ausführung der Brüstungen in ihrer ersten, vorläufigen Gestalt.[80] In die Folge der Zeichnungen ist die Ansicht demzufolge vor *Elton Hall, Architectural Scetches*, fol. 95 einzuordnen, welches eine Überarbeitung des genehmigten Entwurfes illustriert.[81]

In diesem zeitlichen Rahmen beweist das Blatt die weitgehende Übereinstimmung des genehmigten Entwurfes sowie der unmittelbar aus diesem entwickelten Werkplanung mit der Ausführung in den hier dargestellten Partien. Deutlich anders verhält es sich allerdings mit deren südlichem Pendant, dem Portikus.

V.2.2.4.b.
V&A, prints and drawings, „Vanbrugh album",
Elton Hall, Architectural Scetches, fol. 95

Eine Vorstufe des heutigen Portikus - und damit aller Wahrscheinlichkeit nach auch die Form der Säulenvorhalle des genehmigten Entwurfs in ihren Grundzügen - zeigt *Elton Hall, Architectural Scetches*, fol. 95. Bei dem Blatt, einem Grundriß der Kirche, handelt es sich um eine lavierte Reinzeichnung im Maßstab 1:240[82]. Seine Verwendung als Werkplan ist demnach auszuschließen. Die keinem spezifischen Zeichner zuzuordnende Handschrift der Darstellung[83] deutet auf einen der Bauzeichner in Hawksmoors Büro als seinen Verfertiger.

Dem ansonsten exakt dem heutigen Bau entsprechenden Grundriß ist ein sechssäuliger Portikus von lediglich einem Interkolumnium Tiefe vorgestellt. An dessen Rückwand ist eine deutlich breitere, offensichtlich als klassisches Portal artikulierte Öffnung in der Achse des mittleren Interkolumniums angeordnet. Hinter den beiden rechts beziehungsweise links anschließenden Säulenpaaren ist je eine den Haupteingang flankierende halbrunde Nische in die Außenwand des Hauptbaukörpers

79 Tufnell, Edward, und Strong, Edward, a.a.O. (*R.I.B.A.-Library, MS.Tuf./1*), S. 36;
    L.P.L., Bills, MS.2718, S. 4;
    · *L.P.L., Book of Works, MS.2697*, S. 711.

80 Vgl.:
    L.P.L., Book of Works, MS.2697, S. 710;
    L.P.L., Bills, MS.2718, S. 3;
    Tufnell, Edward, und Strong, Edward, a.a.O. (*R.I.B.A.-Library, MS.Tuf./1*), S. 37.

81 Vgl.: Downes, a.a.O., 1959/60, S. 53 (Downes schlägt die umgekehrte Reihenfolge vor).

82 20':1".

83 Downes, a.a.O., 1959/60, S. 53.

eingeschnitten. Die Rückwand der beiden äußeren Interkolumnien entspricht dem ausgeführten Zustand. Sie ist jeweils von zwei vorgelegten Dreiviertelsäulen gerahmt.

Die hier vorliegende Planung läßt sich mit keinem der in den Büchern der Kommission anhand der Rechnungen, Rapporte oder *Books of Works* zu rekonstruierenden Ausführungszuständen in Einklang bringen. 1717 wurden lediglich die den Portikus seitlich abschließenden Dreiviertelsäulen ausgeführt.[84] In der Rückwand desselben ist nur die besagte „*G^t Aperture*" erwähnt. Auf keinen Fall entspricht das Blatt folglich der den Baumaßnahmen in diesem Jahre zugrunde liegenden Planung. Die Erwähnung der Einfügung von Füllungen in den drei mittleren Interkolumnien im Jahre 1721/1722 beweist darüber hinaus, daß die „*G^t Aperture*" zu diesem Zeitpunkt noch deutlich breiter war als der hier gezeigte Haupteingang. 1717 verzichtete die Fassade zudem auf die an der Rückseite des Portikus vorgelegten Säulen. Erst 1718/1719 verzeichnen die Bücher die Errichtung von vier weiteren Säulen in der Südwand.[85] Damit war dann allerdings auch die endgültige Sechszahl erreicht. Das vorliegende Blatt muß allein auf Grund dieses Indizes vor der Wiederaufnahme der Arbeiten im Jahre 1718 entstanden sein.

Theoretisch ergeben sich aus den vorhandenen Informationen zwei Möglichkeiten. Entweder das Blatt ist vor dem genehmigten Entwurf entstanden. Die in ihm dokumentierte Entwurfsideen wurden in diesem Falle allerdings bereits mit dem genehmigten Entwurf oder spätestens mit der Werkplanung aufgegeben. Die Anfertigung einer lavierten Reinzeichnung der vorliegenden Art von einer Vorstufe des genehmigten Entwurfs - zudem in einem den üblichen Präsentationszeichnungen Hawksmoors nicht entsprechenden Maßstab - erscheint bei der oben beschriebenen Genese des Entwurfes jedoch wenig glaubhaft. Wahrscheinlicher ist eine Entstehung im Zuge von Überlegungen zur Änderung der Planung nach dem Ende der Bauperiode 1717 und vor dem Beschluß zur Einführung der vier zusätzlichen Säulen im Bereich der offenbar in etwa den mittleren drei Interkolumnien des Portikus entsprechenden „*G^t Aperture*". Hieraus ergibt sich ein Fertigungsdatum zwischen Ende 1717 und März 1718.

Eine Präzisierung der von Downes vorgenommenen Datierung auf vor 1721 und die entsprechende Verschiebung der Position des Blattes innerhalb der Reihenfolge der Zeichnungen erscheinen insofern unbedingt gerechtfertigt. James' Bericht vom 6. 3. 1718 bestätigt zudem ein Zurückbleiben der Arbeiten an der Südfassade, was in einer noch immer nicht abgeschlossen Meinungsbildung bezüglich der Gestaltung dieser Wand seinen Grund gehabt haben könnte.

Gleichermaßen für eine spätere Datierung des Blattes spricht die Art der Eintragung der internen Stützen sowie der ihre Position regelnden Achslinien in den vorliegenden Grundriß. Diese offenbart die Zusammenhanglosigkeit der Ordnungen der nördlichen und südlichen Außenwände sowie der internen Stützenstellung beziehungsweise die alleinige Orientierung der letzteren an Festpunkten an den Stirnseiten des Gemeinderaumes. Gleichzeitig entsteht allerdings ein deutlich erkennbares, asymmetrisches, von der Nordseite des südlichen „Seitenschiffes" bis zu derselben des nördlichen Gegenstücks des letzteren reichendes System axialer Beziehungen, welches sich offensichtlich von der das Ganze regelnden Gesamtkomposition löst und deren Intelligibilität im Grundriß in Frage stellt. Verstärkt wird dieser Eindruck der Unabhängigkeit des internen Systems durch die der Ordnung der Hülle widersprechende Anordnung der nördlichen Stützenstellung. An diesem Punkt ist selbst das Prinzip der Integration der internen Ordnung in diejenige der Stirnwände des Gemeinderaumes durchbrochen. Die Untersuchung dieses Details im vorhanden Bau legt - wie oben bereits beschrieben - eine nachträgliche Planungsänderung nahe. Sie deutet auf das Vorhandensein einer - allerdings durch keine Dokumente belegten - ursprünglichen Planung hin, welche eine der

---

84 Tufnell, Edward, und Strong, Edward, a.a.O. (*R.I.B.A.-Library, MS.Tuf./1*), S. 37;
    L.P.L., Bills, MS.2718, S. 3;
    L.P.L., Book of Works, MS.2697, S. 710.

85 Tufnell, Edward, und Strong, Edward, a.a.O. (*R.I.B.A.-Library, MS.Tuf./1*), S. 49;
    L.P.L., Bills, MS.2718, S. 15;
    L.P.L., Book of Works, MS.2697, S. 719.

südlichen Außenwand entsprechende Mauer zwischen den Teilräumen vorgesehen haben muß. Dies erscheint um so glaubhafter, als ihr realisiertes Pendant, wie nunmehr bekannt ist, zu diesem Zeitpunkt noch weitgehend geöffnet gedacht war.

Auch wenn wir zweifelsohne ein bewußtes Kalkül hinter der einseitigen Beziehung der internen Stützenstellung auf die Stirnwände des Gemeinderaumes annehmen dürfen, erscheinen eine Lösung wie die vorliegende, welche selbst dieses Prinzip in Frage stellt, und vor allem die augenfällige Darstellung eben dieser Situation in einem vor Baubeginn entwickelten Entwurf unwahrscheinlich, bestand zu diesem Zeitpunkt doch noch die Möglichkeit, die Unstimmigkeiten auf bewußt einzusetzende, der Idee des Entwurfes dienende Details zu beschränken. Auch im Interesse der Durchsetzbarkeit des Entwurfes beim Bauherren dürfte dies notwendig gewesen sein.

Gleichzeitig verdeutlicht die Darstellung dieses Systems in einer Reinzeichnung aber das Bewußtsein des Architekten für die Separatheit des System der internen Elemente und die Widersprüche zwischen Interieur, Außenbau und dreidimensionaler Komposition. Sie bekräftigt damit die These der Auffassung des Interieurs als Einbau in die massive Hülle des Baukörpers. Eben diese Prämisse ermöglichte dem Planer Hawksmoor die nachträgliche Umstrukturierung des Interieurs. Mit dem Nachlassen der Bedeutung der Grundrißgraphik im Zuge der Realisierung wurde diese im Interesse der räumlichen Wirkung möglich und durchsetzbar.

Zu guter Letzt sei in diesem Zusammenhang nochmals auf den in diesem Grundriß am Ostende des nördlichen Baukörpers vorgesehen Eingang hingewiesen, welcher sowohl als Verbindung zu dem später direkt gegenüber errichteten Pfarrhaus sinnvoll erscheint als auch als Eingang in die Kirche von der *Little Russel Street*. Schon früher habe ich auf die hierdurch angedeutete Möglichkeit der Existenz eines früheren Entwurfsstadiums mit beidseitigen Treppenaufgängen in eine - offen belassene oder auch verglaste - Loggia vor der zu diesem Zeitpunkt noch als ein identisches oder zumindest vergleichbares Gegenstück zur südlichen Außenwand geplanten nördlichen Begrenzung der Kernbaukörpers hingewiesen.

V.2.2.4.c.
Weitere Entwurfsüberlegungen:

Für die nach dem zuletzt genannten Grundriß entwickelten Entwurfsüberlegungen gibt es keinerlei zeichnerische Dokumente. Daß aber auch weiterhin intensiv an dem Entwurf gearbeitet wurde und dabei gravierende Änderungen desselben erwogen wurden, beweisen die Papiere der Kommission.
1721/22 erhielt die Südpartie ihr endgültiges Gesicht, der heutige Portikus wurde in Angriff genommen und seine Rückwand durch das Einfügen von Fassadenteilen in den drei mittleren Interkolumnien auf den heute vorhandenen Zustand gebracht.[86] 1723 erwähnen die Papiere die Überlegung, das bis dato flach geplante Dach durch eine Kuppel zu ersetzen.[87] Trotz er Zustimmung der Kommission zu dieser Planung erfolgte noch 1723/24 die Ausführung des heutigen Satteldaches. Unklar bleibt, ob mit dem *„flat roof"* wirklich ein Flachdach oder aber schon das heute vorhandene Giebeldach gemeint war. Auch die Form des *steeple* muß lange offen gewesen sein. 1723/24 fertigte der Schreiner ein Modell des gesamten *„Sphire".*[88] Nachdem der Turm im selben Jahr bis zur Spitze fertiggestellt wurde, dürfte dieses Modell weitgehend dem ausgeführten Zustand entsprochen haben.

---

[86]   *L.P.L., Bills, MS.2718*, S. 27.

[87]   *L.P.L., Minutes, MS.2691*, S. 210;
        L.P.L., Bills, MS.2718, S. 37;
        Southern, a.a.O., S. 15;
        Downes, a.a.O., 1959, S. 184-187.

[88]   *L.P.L., Bills, MS.2718*, S. 48;
        L.P.L., Book of Works, MS.2698, S. 62.

In diesem Fall ist es besonders bedauerlich, daß wir uns über frühere Planungszustände keinerlei Bild machen können.

V.2.2.5.

Die Situation nach Fertigstellung - 1730

V.2.2.5.a.

L.P.L., MS.2747/12

Das einzige verbleibende zeichnerische Dokument ist ein Lageplan von *St. George*, der als Anlage Teil eines Vertrages vom 9. 11. 1730 bildete. Interessant ist dieser lediglich bezüglich der Lage des zwischen 1726 und 1731 erbauten Pfarrhauses. Dieses nahm die Nord-Ost-Ecke des Grundstückes ein. Zwischen dem L-förmigen Bau und der Kirche verblieb ein circa 8' breiter Durchgang. Die Westfassade des Gebäudes begrenzte den nördlichen Vorbereich der Kirche in Fortsetzung der Ostwand des nördlichen Baukörpers der Kirche, so daß sich zusammen mit der Nordfassade des Sakralbaus selbst ein eindeutig gefaßter, gestalteter Platz entwickelt haben dürfte.

V.2.3.

Zusammenfassung - Entwurfsprozeß und Form

Trotz des im vorliegenden Fall sehr eng begrenzten Umfangs der Informationen zur Entwicklung des Entwurfs der Kirche ergeben sich im Überblick auch hier einige interessante Beobachtungen. Vor allem deutet sich eine Logik der phasenweisen Entwicklung der endgültigen Form von *St. George* an. Diese Feststellung fügt sich nahtlos in die aus der Betrachtung der anderen Projekte Hawksmoors gewonnenen Erkenntnisse.

In einer sich bis zum Auftrag an die *Surveyors* zur Entwicklung von Vorentwürfen erstreckenden ersten Phase der Bildung von Alternativen wurden fundamentale Prinzipien des Entwurfes entwickelt. Ganz sicher gehörte zu diesen die grundsätzliche Lösung der symmetrischen Anordnung additiver Elemente um den Kirchenbau im engeren Sinne, einen einfachen, klaren, korrekt orientierten Kernbereich.

In der hierauf folgenden Phase - der Phase der Vorentwürfe sowie der Entwicklung des genehmigten Entwurfes - wurde diese prinzipielle Lösung mit unterschiedlichen Bautypen als den Bausteinen der Komposition durchgespielt. Die hiermit abstrakt umschriebene grundlegende Entwurfsidee ist es auch, die über die sich aus der Nicholas Hawksmoor eigenen Formensprache notwendig ergebenden Gemeinsamkeiten hinaus die Vielzahl der dokumentierten Lösungen verbindet. Die gesamte Entwicklung des Entwurfs kann insofern als ein Prozeß der Variation dieses einen Leitthemas betrachtet werden. In verunklärter Form bestimmt es selbst noch die Komposition des ausgeführten Bauwerks. Es bildet den Kern, die das vieldeutige Ganze der realisierten Kirche zusammenhaltende Idee.

Die Vorentwürfe und vor allem *K.Top.23.16.2a* belegen die sich daraus ergebende hierarchische Ordnung der additiven Komposition ebenso wie die dieses Prinzip verstärkende Differenzierung der Formensprache von Kernbaukörper und Additionen. Beide Eigenheiten müssen als eine Weiterentwicklung bereits früher beobachteter Charakteristika der Entwürfe Hawksmoors betrachtet werden. Im Verlauf der Entwicklung wurden die verwendeten Bausteine allerdings zunehmend komplexer. Sie entsprachen immer weniger einem einfachen, klar zu bestimmenden Typus. Dasselbe gilt für die

Beziehungen der Teile zueinander, welche sich mehr und mehr vieldeutig gestalteten und damit die anfangs so klare Hierarchisierung anlösten, ohne diese tatsächlich aufzulösen. Die Bausteine der Komposition bleiben hierbei bis zur Entscheidung für den genehmigten Entwurf als Ganzes austauschbar. Bemerkenswert ist in diesem Zusammenhang, daß sich in den durch die Wahl der innerhalb dieses grundlegenden Gestaltungsmusters verwendeten Bautypen und Vorbilder anklingenden Bedeutungen eine bis zum ausgeführten Entwurf konstant vorhandene Betonung des Elements des Monarchischen andeutet.

In der eigentlichen Entwurfsphase, der Periode der Entwicklung des genehmigten Entwurfes, lagen die eben genannten Prinzipien als Grundregeln des Entwurfes bereits fest. Allerdings wurden die Bausteine der Komposition, das heißt die Form an sich, nochmals maßgeblich verändert. Damit wurden gleichzeitig neue Bedeutungen in den Entwurf eingebracht. Wie oben angedeutet, muß diese letzte grundlegende Variation des Themas zumindest in Teilen als eine Reaktion auf Veränderungen innerhalb der Bauherrschaft betrachtet werden. Der Einfluß der Kommission ist in diesem Fall zwar eher als negativ - im Sinne einer Ablehnung gewisser Dinge - denn als positiv - im Sinne eines aktiven Einbringens eigener Vorstellungen - zu bezeichnen; dessen ungeachtet muß der genehmigte Entwurf aber auch als eine Loyalitätserklärung für den neuen, hannoveranischen Hof verstanden werden. Anstelle der Kapelle eines Stuart-Königs wurde eine Verbindung von traditioneller englischer Pfarrkirche und frühchristlich-byzantinischen Vorbildern zum Kern der Komposition gemacht. Das monarchische Thema wurde so mit dem Caesaropapismus eines Konstantin und damit dem englischen Staatskirchentum untrennbar verbunden. An die Stelle einer eher internationalen Ausrichtung trat eine eindeutig englische Lösung. Hawksmoor offenbarte sich hierbei als ein kluger Taktiker. Nicht, daß er sich mit diesem Entwurf in irgend einer Weise von seinen anderen Werken lossagte - was im Übrigen auch gar nicht notwendig war -, aber er erkannte, welche Aspekte seiner eigenen Arbeit in diesem Moment für den gegebenen Bauherren besonders betont werden mußten, um den Auftrag zu gewinnen. An sich übertrug er hierbei lediglich die früher Queen Anne gewidmeten Ehrbezeigungen auf den neuen Monarchen und machte dies klar und deutlich; vielleicht war er hierbei allerdings etwas deutlicher als unter anderen Bedingungen.

Die verbleibende, letzte Phase der Entwurfsentwicklung ist gekennzeichnet durch einen Prozeß der Korrektur, der Verfeinerung, der Anpassung und Weiterentwicklung der gefundenen Lösung. Während dieser wurde nicht nur das grundlegende Thema festgehalten, auch die grundsätzliche Komposition, die Großform, die den Entwurf bestimmenden Bautypen und die damit verbundenen Bedeutungen wurden beibehalten. Insofern wiederholte sich hier der Prozeß der vorhergehenden Phasen in einem engeren Rahmen. Dieser Rahmen beinhaltete das bei aller Ambiguität des Endergebnisses immer bewahrte und spürbare Leitthema, eine primäre Interpretation der Baus in formaler und symbolischer Hinsicht.

Die in dieser abschließenden Entwurfsphase vorgenommenen Änderungen dienten teilweise einer Verdeutlichung der Aussage oder auch der Prinzipien der Komposition. Das beste Beispiel hierfür ist die Entwicklung der endgültigen Südfassade. Einerseits führte diese zu einer klareren Definition des Portikus als einem selbständigen Baukörper. Andererseits ließ sie aber auch den Hauptbaukörper zunehmend als die Längsseite einer typischen englischen Kirche der Zeit erscheinen.

Die hier zu beobachtende Entwicklung zur Verdeutlichung der Entwurfsgedanken kann auch als eine Reaktion auf die realen Bedingungen der Perzeption des Gebäudes vor Ort verstanden werden. Die Komposition verlor hierbei teilweise etwas von ihrer idealen geometrischen Eindeutigkeit. So zerstörten die Vergrößerung des Portikus und die Änderungen der Südfassade des Hauptbaukörpers die objektive Symmetrie des Entwurfes, sie ließen aber gleichzeitig das ansonsten doch nur im Grundriß erfaßbare Prinzip der beidseitigen Anordnung additiver Ergänzungen an die eigentliche Kirche unmittelbar optisch erkennbar werden. Die daraus entstandene Asymmetrie der Gesamtkomposition hingegen erweist sich vor Ort als lediglich bedingt wahrnehmbar.

Die Additivität der Komposition erlaubte auch in diesem Stadium der Entwurfsentwicklung noch ein Auswechseln ganzer Teile. Das Paradebeispiel hierfür ist die Überlegung, den Obergaden durch eine Kuppel zu ersetzen. Dies hätte die Grundaussage des Baus ebensowenig berührt wie die Gesamtkomposition, formal jedoch einen beträchtlichen Unterschied gemacht.

Wie wir es schon von den anderen Projekten her kennen, wurden die einzelnen Teile der Komposition nacheinander weiterentwickelt und dem Baufortschritt entsprechend zu ihrer endgültigen Ausformung gebracht. Der Additivität der Komposition entsprach demnach auch hier eine Additivität des Entwurfsprozesses. Insgesamt kann der letztere als ein sukzessiver Prozeß der Einengung des Spielraums beschrieben werden. Unter Beibehaltung der jeweiligen grundsätzlichen Entscheidungen der vorangegangen Phase und gleichzeitiger Reklamation der Freiheit zur vollständigen Auswechslung der innerhalb des verbliebenen Spielraumes noch zur Disposition stehenden Teile näherte sich die Entwicklung einer Intervallschachtelung vergleichbar dem endgültigen Entwurf. Insofern fügen sich die ersten Alternativen ebenso wie die späten Änderungen der Gestaltung ein in einen systematisch geordneten, das Vorgehen des Entwerfers regelnden Prozeß.

Im Zuge dieser sukzessiven Weiterentwicklungen erhöhte sich die Komplexität des vorliegenden Entwurfes von Entwurfsphase zu Entwurfsphase. Diese Komplexität entstand aus einer Vermehrung der Teile der Komposition einerseits und einem kalkulierten Abgehen von der offensichtlichen, einfachen Regel andererseits. Diese Beobachtung gilt für die Geometrie der Form der Bausteine der Komposition ebenso wie für die Gestaltung der Beziehungen derselben zueinander. Wie beschrieben ergaben sich einige der Unregelmäßigkeiten im Interesse der optischen Wirksamkeit der Entwurfsideen. Ebenso zeigt sich im Entstehungsprozeß aber auch ein Wille zur nachträglichen Überlagerung der grundsätzlichen Lösung mit zusätzlichen, oftmals lediglich angedeuteten Bedeutungsebenen. Beim Entwerfer muß darüber hinaus auch eine rein formale Vorliebe für vieldeutige Lösungen vorausgesetzt werden. Vor allem die die Ambiguität bis an die Grenze des Machbaren treibende Entwicklung des Interieurs macht dies deutlich.

Das Ziel des Prozesses ist folglich nicht eine nur unter Elimination vieler Einflüsse zu erreichende einfache Lösung, sondern die Integration einer möglichst großen Bandbreite von Einflüssen in ein von einer primären, das Grundproblem der räumlichen und symbolischen Behausung der Funktion auf diesem einen, individuellen Grundstück lösenden Entwurfsidee bestimmtes Ganzes. Am Ende der Entwicklung des hier betrachteten Entwurfes steht daher auch ein die Einheit der Komposition in einem die anderen Entwürfe Hawksmoors deutlich übertreffenden Maße in Frage stellender Bau. Die Kenntnis der Entwicklung aus einer ganz einfachen Idee macht diese Komplexität als das Ergebnis einer bewußten Überlagerung der grundsätzlichen Lösung in einem Prozeß mehrerer Überarbeitungsphasen verständlich und läßt damit die verschiedenen Bedeutungsebenen des Baus erkennbar werden.

Hawksmoors schöpferische Leistung ist in dieser Verbindung unterschiedlicher, zu verschiedenen Zeiten in den Entwurf eingeführter Konzepte unter Bewahrung eines das Ganze zusammenfassenden Themas zu sehen. Daß dies nicht zufällig geschah, sondern in einem systematisch geordneten Prozeß, zeigt die obige Betrachtung der Entwicklung des Entwurfes.

Vor diesem Panorama muß auch die Bedeutung von Konzepten anderer Architekten in Hawksmoors Entwurfsprozeß gesehen werden. Die Leistung des Architekten darf nicht in der Entwicklung eines einfachen Konzepts und dessen konsequenter - um nicht zu sagen platter - Umsetzung gesucht werden, sondern in der Verwendung, der Überlagerung und Verschmelzung, der Umdeutung verschiedenster Konzepte in einem von einem abstrakten Prinzip ausgehenden, dieses trotz der vielfachen Überlagerungen bewahrenden und spürbar machenden Prozeß. Es ist nicht die Herkunft der Motive, Zitate, Typen und Entwurfslösungen an sich, die Hawksmoors Qualität ausmacht, sondern deren Verwendung, deren individuelle Ausformung und die Bedeutung, die der Entwerfer der Form damit gab. Dieser spielte dabei die gesamte Bandbreite der zur Verfügung stehenden Mittel durch: vom große Teile des Entwurfes grundsätzlich formenden Typus über das bewußte Zitieren von

Bauten oder Bautypen als historischen Exempeln und das gezielte Aufgreifen eines einzelnen Motivs bis zur bloßen Andeutung in einer vagen Ähnlichkeit.

V.2.4.
Noch immer eine offene Frage - der nördliche Baukörper

Zum Abschluß sei nochmals auf die selbst nach der Betrachtung des Entwurfsprozesses offene Frage der Bedeutung und Funktion des nördlichen Baukörpers zurückgekommen.

Zum einen sind da die oben bereits beschriebenen, klaren Hinweise in der Ordnung des Baus, im Detail des Anschlusses der nördlichen internen Stützenstellung und bedingt auch in der Gestaltung der Außenseite des Korbbogens auf eine ursprünglich geplante, eindeutige Trennung des Raumteils vom Gemeinderaum, wie sie im Süden - zum Portikus hin - verwirklicht wurde. Die gleichermaßen schon erwähnte Ähnlichkeit mit Loggien römischer Kirchen und die Gestaltung als „Zitat" wie der Portikus sprechen ebenso wie die Funktion des Baukörpers innerhalb der Gesamtkomposition dafür, daß hier ein zweiter Eingangsbereich geplant war. Bestärkt werden wir in dieser Auffassung durch die in der Vorentwurfsphase nachweislich gegebene Überlegung zur Schaffung eines nördlichen Pendants zum Portikus.[89] Die durch *Elton Hall, architectural scetches*, fol. 95 belegte Planung einer Treppe verstärkt den Eindruck einer ursprünglichen Funktion des Baukörpers als nördlichem Eingangsbereich.[90] Schlüssig beweisbar ist diese Hypothese jedoch nicht.

Gleichzeitig belegen das oben ebenfalls angesprochene Vorbild des toskanischen Tempels einerseits und die in frühen Lageplänen nachweisbaren Schemagrundrisse mit einem nördlichen Baukörper andererseits, daß es durchaus auch Gründe für die Addition des Raumes gegeben haben mag, welche unabhängig von der Anordnung eines Eingangs auf dieser Seite Bestand hatten. Dieser Feststellung widersprechen auch nicht die Indizien für eine ursprünglich der Südwand des Hauptbaukörpers entsprechende Abtrennung des nördlichen Teilraumes. Die antiken Vorbilder zeigen ebenfalls eine klare räumliche Trennung. Die Dokumente zum Entwurfsprozeß erlauben im übrigen ein Vorhandensein einer derartigen Trennwand in den Planungen bis Anfang 1718, das heißt bis zur Anfertigung von *Elton Hall, architectural scetches*, fol. 95. Allerdings könnte bis Anfang 1717 auch eine Außentreppe anderer Art Teil der Planungen gewesen sein.[91]

Möglicherweise waren die Gründe für das Anfügen des Raumes rein symbolischer oder formaler Art. In diesem Zusammenhang sollte vielleicht auch auf die Beispiele der Gestaltung der *Codrington Library* sowie der *Long Library* in *Blenheim Palace* verwiesen werden. Beide Entwürfe bieten dem auf der kurzen Achse des Raumes Eintretenden eine dem im rechten Winkel zur Hauptachse der Grundrißform angeordneten Haupteingang gegenüber angeordnete, die Tiefe des Raumes deutlich vergrößernde und damit das Gefühl der Beengung vermeidende Nische. Möglicherweise sollte auch im vorliegenden Fall lediglich vermieden werden, daß beim Eintritt von Süden der Eindruck eines „gegen-die-Wand-Rennens" entstand, und die Gesamtkomposition sollte durch den nördlichen Baukörper ein Gegengewicht zum Portikus sowie eine angemessene Fassade zur *Little Russell Street* erhalten.

Auf jeden Fall ergibt sich aus diesen Überlegungen - zusammen mit den Beobachtungen zur Entstehung des genehmigten Entwurfes -, daß die von Paul Jeffery vertretene Auffassung des Rau-

---

89   *B.L., Map Library, K.Top.23.16.2a.*

90   S. hierzu auch die Erwähnung Terry Friedmans eines Auftrags von 1731 an Henry Flitcroft
       zur Untersuchung, „*if 'the Steps [of the portico]Northward can be made more convenient'*".
       Vgl. hierzu:
       Friedman, Terry, *Baroque into Palladian: the designing of St. Giles-in-the-Fields*, S. 128,
       in: *Architectural History*, Bd. 40, S. 115-143.

91   Vgl. Datierung von *SP 142*: Teil B, V.2.2.4.a.

mes als einem Relikt früherer, nord-südlich orientierter Planungen abzulehnen ist. Die Frage nach der Funktion des Raumes muß jedoch auch weiterhin ohne schlüssige Antwort bleiben.

V.3.
Die Ausführung - die Umsetzung des Entwurfs im Projekt

V.3.1.
Vorgeschichte:
Die Entscheidung für Bauplatz und Entwurf

V.3.1.1.
Die erste Kommission:

Wie die Stepney-Kirchen so entstand auch *St. George, Bloomsbury*, innerhalb einer alten Gemeinde, der Pfarrei von *St. Giles-in-the-Fields*. Als eine verspätete Antwort derselben auf die Anfrage der ersten Kommission bezüglich der Notwendigkeit neuer Kirchen in ihrer Gemeinde findet sich in den Unterlagen der Kommission eine Eingabe um den Bau zweier neuer Kirchen sowie um die Renovierung der offensichtlich baufälligen alten Pfarrkirche.[1] Das *Building Committee* hatte sich allerdings bereits am 27. 10. 1711 dafür ausgesprochen, vier neue Kirchenbauten in dieser Gemeinde einzuplanen[2] - ein Vorschlag, der am 7. 11. 1711 von der Kommission bestätigt wurde.[3] Diese Zahl entsprach im Übrigen auch der Einschätzung von William Hayly, dem *Dean of Chicester*, der sich am 9. 11. 1711 an die Kommission wandte, um die Angaben der Gemeinde zu korrigieren und in diesem Zusammenhang gleich vier potentielle Bauplätze vorzuschlagen.[4]

Die Gemeinde selbst wies in ihrer Eingabe vom 2. 11. 1711 darauf hin, daß sie keinen Baugrund zur Verfügung stellen könne.[5] Sie unterbreitete jedoch zwei Vorschläge für mögliche Standorte. Die Kommission hatte ohne darauf zu warten schon wesentlich früher ihre *Surveyors* beauftragt, nach Bauplätzen Ausschau zu halten,[6] und schon in Hawksmoors erstem Bericht vom 23. 10 1711 hatte der heutige Standort der Kirche Erwähnung gefunden.[7]

Im November 1711 wurde ein erster Kontakt mit Lady Russell aufgenommen,[8] die im Namen des eigentlichen Besitzers, ihres unmündigen Sohnes, und dessen Vormunds, der *Duchess Dowager of Bedford*[9], mit ihnen verhandeln sollte. Am 13. 11. 1711 lag bereits das erste Verkaufsangebot vor.[10] Der oben erwähnte Lageplan, welcher der ersten hypothetischen Vorüberlegung zur Form einer Kirche an dieser Stelle als Grundlage diente, war Teil dieses Angebotes. Nach Vorlage und Begutachtung alternativer Angebote fiel am 4. Dezember 1711 die Entscheidung, bezüglich eines

---

[1] L.P.L., MS.2715, S. 1-3.

[2] *L.P.L., Building Committee, MS.2690*, S. 438, in: Port, M.H., Hrsg., *The Commissions for Building Fifty New Churches: The Minute Books, 1711-1727, a Calendar*, London Record Society, Bd. 23, London 1986.

[3] *L.P.L., Minutes, MS.2690*, S. 10, in: Port, a.a.O.

[4] *L.P.L., MS.2715*, S. 3.

[5] *L.P.L., MS.2715*, S. 1-3.

[6] *L.P.L., Building Committee, MS.2690*, S. 443, in: Port, a.a.O.: 19. 10. 1711.

[7] *L.P.L., MS.2724*, fol. 119-120v.

[8] *L.P.L., Building Committee, MS.2690*, S. 443, in: Port, a.a.O.;
    L.P.L., MS.2715, S. 20-22.

[9] *L.P.L., MS.2715*, fol. 20.

[10] *L.P.L., MS.2715*, fol. 22.
    Vgl. auch: *L.P.L., Building Committee, MS.2690*, S. 429, in: Port, a.a.O.

110' x 164' messenden Teils des Grundstücks *in „Plow Yard near Bloomsbury Market"* in ernsthafte Verkaufsverhandlungen mit Lady Russell einzutreten.[11] Einen Abschluß konnte die erste Kommission jedoch rein rechtlich nicht tätigen.

V.3.1.2.
Die zweite Kommission:

Die zweite Kommission ließ das Projekt bis in den Herbst 1712 zunächst einmal liegen und rollte das gesamte Verfahren dann noch einmal von vorne auf. Nach Begutachtung des Grundstücks[12] lehnte sie es am 17. 11. 1712 als ungünstig und zu teuer ab.[13] Im Zusammenhang dieser erneuten Überlegungen zur Eignung des Grundstücks sind die oben besprochenen Zeichnungen mit Schemagrundrissen[14] entstanden. Dieselben beweisen, daß zu diesem Zeitpunkt ein Kauf eines größeren Grundstücks zumindest nicht ausgeschlossen wurde.

In den nächsten 15 Monaten prüfte die Kommission eine ganze Reihe neuer, alternativer Verkaufsangebote,[15] ohne daß sich daraus jedoch eine wirkliche Alternative zum heutigen Standort auftat. Am 24. 2. 1714 erhielt daher James Gibbs den Auftrag, einen Lageplan des Grundstücks samt Grundriß einer dort zu bauenden Kirche anzufertigen.[16] Nachdem der Entwurf am 3. 3. 1714 vorgelegt worden war und die Kommission offensichtlich endgültig von der Brauchbarkeit des Grundstücks überzeugt hatte, wurden die Verkaufsverhandlungen mit Lady Russell wieder aufgenommen.[17]

Am 17. März 1714 gelangte man zu einer Einigung über die Größe des Grundstücks sowie den Preis.[18] Beachtenswert ist das dieser Einigung zugrunde liegende Angebot Lady Russells. Es offenbart, daß diese den gesamten Block zur Disposition stellte, daß die Kommission die Lage und Größe des Baugrunds selbst festlegte.[19] Die den Entwurf so grundsätzlich prägende Situation entstand also aus einer bewußten Entscheidung der Kommission, welche sehr wahrscheinlich rein finanzielle Gründe hatte.

Die Abwicklung des Verkaufs zog sich noch bis Mai 1715 hin.[20] In der Zwischenzeit beauftragte die Kommission die *Surveyors* am 23. 2. 1715 mit dem Erarbeiten von Entwürfen[21] und be-

---

11 *L.P.L., Building Committee, MS.2690*, S. 408, in: Port, a.a.O.

12 *L.P.L., Building Committee, MS.2693*, S. 28, in: Port, a.a.O.: 24. 9. 1712.

13 *L.P.L., Building Committee, MS.2693*, S. 34, in: Port, a.a.O.

14 *L.P.L., MS.2750/20;*
    L.P.L., MS.2750/21.

15 *L.P.L., MS.2715*, S. 5-12, 23;
    L.P.L., Building Committee, MS.2693, S. 45, 49, in: Port, a.a.O.

16 *L.P.L., Minutes, MS.2690*, S. 143, in: Port, a.a.O.

17 *L.P.L., Minutes, MS.2690*, S. 144a, in: Port, a.a.O.
    Vgl. auch:
    Southern, Stephen, *Research Report on St. George, Bloomsbury*, for the Church Council (unveröffentl. Manuskript), London Juli 1992, S. 13;
    Downes, Kerry, *Hawksmoor* (Studies in Architecture, Bd. II), 1. Ausg., London 1959, S. 184-187.

18 *L.P.L., Minutes, MS.2690*, S. 145, in: Port, a.a.O.

19 *L.P.L., MS.2715*, S. 24-27.

20 *L.P.L., Minutes, MS.2690*, S. 156, 210, in: Port, a.a.O.;
    L.P.L., MS.2715, S. 28-29;
    L.P.L., MS.2730, S. 4-10.

gann mit der Ausschreibung von Steinmetz-, Zimmermanns- und Maurerarbeiten.[22] Die erhaltenen Vorentwürfe Hawksmoors[23] *(Abb. 176-177)* müssen in dieser Zeit entstanden sein. Am 17. Mai, 2 Tage nachdem die Verkaufsurkunde für das Grundstücks endgültig vorlag,[24] fiel dann jedoch die Entscheidung für Vanbrughs Entwurf.[25] Dieser wurde aber niemals ernsthaft in Angriff genommen. Die Kommission forderte zwar noch eine Kostenschätzung an,[26] aber obwohl dieselbe noch bis Anfang September tagte, geschah bis zu deren Auflösung nichts mehr, was das Projekt voran brachte.

V.3.1.3.

Die dritte Kommission

Auch die ab Januar 1715 tagende, dritte Kommission ließ sich einige Zeit, bis sie sich mit *St. George* beschäftigte. Ein Grund hierfür mag die von Lady Russel noch immer nicht vollzogene Übertragung des Grundstücks gewesen sein, welche die Kommission zum Zurückhalten des Geldes veranlaßte.[27] Am 16. 4. 1716 wurde Hawksmoor dann aber aufgefordert, mit Lageplan und Entwurf vorstellig zu werden.[28] Wie ich oben gezeigt habe, deutet einiges darauf hin, daß hier lediglich die vorliegende Planung - Vanbrughs Entwurf beziehungsweise die auf diesem beruhende Ausführungsplanung - von der neuen Kommission eingesehen werden sollte. Am 19. 4. 1716 brachte Hawksmoor jedoch auf jeden Fall einen eigenen Entwurf ins Spiel,[29] den er schließlich vorstellen konnte und der nach Vorlage einer Kostenschätzung[30] am 6. 6. 1716 verabschiedet wurde.[31] Noch in derselben Sitzung gab die Kommission den Auftrag zur Ausschreibung der Fundamentarbeiten, und die Ausführung begann umgehend.

---

21 *L.P.L., Minutes, MS.2690*, S. 204, in: Port, a.a.O.;
    Vgl. auch: Downes, a.a.O., 1959, S. 184-187.

22 *L.P.L., Minutes, MS.2690*, S. 211, 213, in: Port, a.a.O.

23 *B.L., Map Library, K.Top.23.16.2a* (Downes-Katalog Nr. 75);
    B.L., Map Library, K.Top.23.16.2b (Downes-Katalog Nr. 76).

24 *L.P.L., MS.2730*, S. 4-10.

25 *L.P.L., Minutes, MS.2690*, S. 215, in: Port, a.a.O.
    Vgl. auch:
    Downes, Kerry, *Hawksmoor*, London 1970, Reprint 1987, S. 132, 184-187;
    Smith, Peter, *An Attempt to Discover the Stylistic Preoccupations of the Architects who worked for the "Fifty New Churches" Commission*, a dissertation for a B.A.Hons Degree in the History of Art and Architecture (unveröffentl. Manuskript), Reading University 1980, S. 41;
    Lang, S., *Vanbrugh's Theory and Hawksmoor's Buildings*, S. 133,
    in: *Journal of the Society of Architectural Historians*, XXIV, 1965, S. 127-151;
    Southern, a.a.O., S. 13.

26 *L.P.L., Minutes, MS.2690*, S. 217, in: Port, a.a.O.: 19. 5. 1715.

27 *L.P.L., Minutes, MS.2690*, S. 267, in: Port, a.a.O.

28 *L.P.L., Minutes, MS.2690*, S. 267, in: Port, a.a.O.

29 *L.P.L., Minutes, MS.2690*, S. 269, in: Port, a.a.O.

30 *L.P.L., Minutes, MS.2690*, S. 275, in: Port, a.a.O.

31 *L.P.L., Minutes, MS.2690*, S. 283, in: Port, a.a.O.
    Vgl auch:
    Southern, a.a.O., S. 14;
    Downes, a.a.O., 1959, S. 184-189;
    Lang, a.a.O., 1965, S. 133;
    Smith, a.a.O., S. 41.

V.3.2.
Der Bauprozeß:
Rekonstruktion und Kommentierung des Prozesses der Materialisierung der Form

V.3.2.1.
1716 - Werkplanung und Fundamentarbeiten

Schon am 13. 6. 1716 lagen Angebote für die Maurerarbeiten vor,[32] und eine Woche später erfolgten die Vergaben für dieselben sowie für die Erdarbeiten.[33] Bis Ende des Jahres waren die Fundamente fertiggestellt, und die Wände hatten insgesamt eine Höhe von 7' 8" erreicht.[34]

Interessant ist hierbei, daß im Gegensatz zum Vorgehen bei anderen Projekten auch die Innenstützen sofort begonnen wurden. Die *Books of Works* verzeichnen, daß sie Ende des Jahres bereits eine Höhe von 3' 3" erreicht hatten.[35] Während dieser Zeit sowie während der Winterpause bis zur Wiederaufnahme der Arbeiten im Frühjahr 1717 hatte Hawksmoor Zeit, die Werkplanung zu erarbeiten, von welcher allerdings lediglich die oben beschriebene Nordansicht erhalten blieb.[36]

Im Zuge der Fundamentarbeiten stieß man unter der Kirche auf Reste einer antiken römischen Wasserleitung.[37] Der Fund erregte das Interesse der *Society of Antiquaries.*[38] Auch für den Architekten dürfte das Bewußtsein, auf römischem Grund zu bauen, nicht ohne Bedeutung gewesen sein. Gewissermaßen bestätigte der Fund das Heimrecht römisch-antiker Vorbilder in London und damit auch dasjenige der klassischen Formensprache des Entwurfs.

V.3.2.2.
1717 - Ergänzungen in der Krypta?

1717 nahm auch der Steinmetz seine Arbeit in Bloomsbury auf. Ende des Jahres waren die Außenwänden von *St. George* dann mit Ausnahme derjenigen des nördlichen Baukörpers auf eine Höhe von 9' über dem Sockel angewachsen. Die letzteren hatten eine Höhe von 6' 6" über Oberkante desselben Sockels erreicht. Im Süden waren die beiden der Außenwand vorgelegten, die Seiten des Portikus markierenden Säulen errichtet worden, und die Bücher sprechen zu diesem Zeitpunkt erstmals von der oben erwähnten großen Öffnung[39] der Südfassade im Bereich zwischen den beiden. Im

---

32 *L.P.L., Minutes, MS.2690,* S. 285, in: Port, a.a.O.

33 *L.P.L., Minutes, MS.2690,* S. 287, in: Port, a.a.O.;
Southern, a.a.O., S. 14.

34 *L.P.L., Book of Works, MS.2697,* S. 704-705.
Vgl. auch: Southern, a.a.O., S. 14.

35 *L.P.L., Book of Works, MS.2697,* S. 705.

36 *SP 142* bzw. *Guildhall D219* (Downes-Katalog Nr. 78).

37 *L.P.L., Book of Works, MS.2697,* S. 55.

38 *L.P.L., Book of Works, MS.2697,* S. 55;
Antiquaries, Common Place Book 264 (Notes and Drawings by Stukeley),
Society of Antiquaries, Library, MS.264, S. 100r.

39 „*G^t Aperture*".
Vgl. hierzu:
L.P.L., MS.2727, S. 3;
Tufnell, Edward, und Strong, Edward, *A Book of Entry for Masons Work done at severall of ye 50 New Churches, 1713-1743* (R.I.B.A.-Library, MS.Tuf./1), S. 37.

Innenraum der Kirche erreichten die Pfeiler der Krypta im Dezember 1717 das Niveau des Ansatzes der Gewölbe.[40]

Zwei Punkte in den Büchern dieses Jahres verdienen einen zweiten Blick. Zum einen verzeichnen dieselben Änderungen an der Nordfassade, an den Brüstungen der Fenster.[41] Wie bereits festgestellt wurde, illustriert *SP 142*[42] die ursprüngliche Werkplanung ebenso wie die ausgeführte, nachträglich geschaffene Lösung. Ein Grund für diese Änderungen ist in den Unterlagen nicht genannt, er ist auch nicht weiter ersichtlich. Eine Möglichkeit ergibt sich aus der Annahme einer ursprünglichen Planung des nördlichen Baukörpers als offener Loggia. Mit der Entscheidung für eine Verglasung der Öffnungen übernahmen die schmiedeeisernen Fenster die Aufgabe der Absturzsicherung zumindest teilweise, und die Brüstungshöhe konnte gesenkt werden.

Wesentlich rätselhafter ist die Erwähnung von Fundamentarbeiten[43] für zusätzliche Pfeiler in der Krypta. Deren Position ist in den Büchern mit dem Nord- beziehungsweise Südende der Kirche angegeben.[44] Wir wissen, daß schon im Vorjahr einige Pfeiler errichtet worden waren. Diese Pfeiler der Krypta hatten Ende des Jahres allgemein den Ansatzpunkt des Gewölbes erreicht, und spätere Änderungen - mit Ausnahme der Maßnahmen im Bereich des Portikus - sind nicht nachweisbar. Es muß sich bei den erwähnten zusätzlichen Pfeilern demnach um - zumindest im Norden - heute noch vorhandene Bauteile handeln. Dies läßt nur den Schluß zu, daß es sich um die Pfeiler unter der Nord- und Südwand des Kernbaukörpers handelt. Für jeden der anderen Pfeiler der Krypta würde die erwähnte Positionsbeschreibung nicht zutreffen. Dies bedeutet aber, daß zwischen Ende 1716 und 1717 eine Änderung der Planung bezüglich der Abgrenzung des Kernbaukörpers zum Portikus einerseits sowie zum nördlichen Baukörper andererseits erfolgte. Aus dem folglich anzunehmenden Fehlen dieser Pfeiler bis ins Jahr 1717 hinein ergibt sich jedoch ein ernsthaftes Problem: Wie sollte ohne diese die Krypta in diesen Bereichen konstruktiv gestaltet werden?

An die Planung eines ohne jede Unterstützung unter diesen Wänden durchgehenden Gewölbes ist sowohl wegen der in diesem Falle notwendigen Spannweite als auch auf Grund der sich zwangsläufig ergebenden Lasten in der Mitte der Deckenfelder nicht zu denken. Als Möglichkeit wäre die Anordnung einer internen Wand in der Krypta denkbar, wie sie sich heute im Süden des Gebäudes findet. Gehen wir davon aus, daß auf der Ebene des Gemeinderaumes die internen Stützen erst nachträglich - auch hier anstelle einer Wand - in die Planung eingeführt wurden, so ist ein Einfügen von Pfeilern in die entsprechende Wand in der Krypta denkbar. Die vorhandene Wand im Süden dürfte in ihrer heutigen Form zwar das Ergebnis späterer Umgestaltungen sein, möglicherweise inkorporiert sie jedoch die hier erwähnten Pfeiler.

Auch diese Hypothese wirft allerdings ein Problem auf: es finden sich in den Büchern keinerlei Hinweise auf die unter diesen Prämissen unabdingbaren Abbrucharbeiten - vor allem im mittleren Bereich der unter diesen Voraussetzungen anzunehmenden nördlichen Wandscheibe. Eine Lösung des sich somit ergebenden Dilemmas ist die Annahme einer bewußten Zurückstellung des Problems des internen Anschlusses der additiven Baukörper. Bezeichnenderweise hinken diese in der Ausführung insgesamt etwas nach. Wahrscheinlich war sich Hawksmoor über die Gestaltung dieser Nahtstellen im Innenraum noch nicht schlüssig, als die Ausführung begann, und er ließ die Hülle samt den in ihrer Position bereits festliegenden Stützen ausführen, während er sich die Lösung des hier

---

40   Tufnell, a.a.O., *(R.I.B.A.-Library, MS.Tuf./1)* S. 36-37;
L.P.L., Bills, MS.2718, S. 3-4;
L.P.L., Book of Works, MS.2697, S. 710-712.

41   Tufnell, a.a.O. *(R.I.B.A.-Library, MS.Tuf./1)*, S. 36;
L.P.L., Bills, MS.2718, S. 4a;
L.P.L., Book of Works, MS.2697, S. 711.

42   *Guildhall Library, D219* (Downes-Katalog Nr. 78).

43   *L.P.L., Bills, MS.2718*, S. 9;
L.P.L., Book of Works, MS.2697, S. 715.

44   *L.P.L., Bills, MS.2718*, S. 9: „*Additional Peers at the North & South ends of the Church*".

vorliegenden Problems für den Winter 1716/1717 vornahm. Das im Jahr darauf realisierte Ergebnis dieser Überlegungen muß im Norden schon weitgehend dem heutigen Zustand entsprochen haben, auf jeden Fall ruhen die heutigen Säulen/Pfeiler-Gruppen auf den 1717 nachträglich eingeführten Pfeilern der Krypta.

Die Formulierung der Bücher der Kommission legt die Ähnlichkeit der Lösungen an den beiden gegenüberliegenden Seiten nahe, und die Beschreibung der Südwand mit einer dominierenden großen Öffnung deutet ebenfalls auf eine in etwa dem heutigen mittleren Durchgang zum nördlichen Baukörper entsprechende Planung für den südliche Abschluß des Gemeinderaumes hin.

Diese Hypothese erhellt ein wenig auch die Unstimmigkeiten zwischen Hülle und Interieur. Ausgehend vom Konzept des genehmigten Entwurfs wurde demnach die Hülle ausgeführt, obwohl der Entwurf bezüglich des Innenraums in der Phase der Werkplanung nochmals in Frage gestellt wurde. Als die endgültige Entscheidung für die interne Gestaltung fiel, war die Hülle dann schon zu weit fortgeschritten, um eine vollständige Integration noch zu erreichen. Daß dies Hawksmoor nicht weiter gestört haben dürfte, beweist die Additivität seiner anderen Interieurs. Insofern muß auch in diesem Fall jedweder Versuch einer ausschließlichen Erklärung der vorhandenen Unstimmigkeiten aus einem nicht in idealer Weise koordinierten Zusammenspiel von Entwurfsprozeß und Ausführung in Frage gestellt werden.

Im Norden hatten die Planungen, wie aus den eben dargestellten Fakten ersichtlich wird, 1717 bereits den Endzustand erreicht. Im Süden hingegen entwickelte sich der Entwurf - wie oben bereits festgehalten wurde - noch beträchtlich weiter. Bereits in der folgenden Bauperiode ergaben sich dort die ersten Änderungen.

V.3.2.3.

1718/1719[45] - Vorantreiben der Hülle

Die dritte Bauperiode war nahezu ausschließlich der weitgehenden Fertigstellung der Hülle gewidmet. Einigen Anlaufschwierigkeiten im Frühjahr 1718[46] zum Trotz erreichte die Außenwand bis Ende der Saison allgemein das Niveau des Hauptgesimses. Im Bereich des nördlichen Baukörpers wird die Höhe Ende des Jahres mit dessen Oberkante angegeben, im Osten und Westen mit Unterkante des Architravs der Komposit-Ordnung, und im Innenraum mit Oberkante der Archivolte des Korbbogens.[47] Interessanterweise wurden weder die Gewölbe der Krypta noch die internen Stützen und die von diesen getragenen, in Ost-West-Richtung verlaufenden Wandscheiben im Norden und Süden des Gemeinderaumes in Angriff genommen. Sie verblieben für später als additive Einbauten.

Beachtenswert sind die Informationen zur Entwicklung der Südfassade. Am 6. 3. 1718 berichtete James, der Baufortschritt im Süden hinke nach.[48] Wir haben dies oben als einen Hinweis auf eine noch immer bestehende Unschlüssigkeit bezüglich der Gestaltung dieser Wand gedeutet. *Elton Hall, architectural scetches*, fol. 95[49] muß im Zusammenhang der diesbezüglichen Überlegungen

[45]   1. 1. 1718 bis 25. 3. 1719.

[46]   *L.P.L., MS.2724*, fol. 61v (Bericht von James vom 6. 3. 1718);
        L.P.L., MS.2724, fol. 65r (Bericht von James vom 3. 4. 1718);
        L.P.L., MS.2724, fol. 68r (Bericht von James vom 8. 5. 1718).

[47]   Tufnell. a.a.O. (*R.I.B.A.-Library, MS.Tuf./1*), S. 49;
        L.P.L., Bills, MS.2718, S. 15;
        L.P.L., Book of Works, MS.2697, S. 719-723.

[48]   *L.P.L., MS.2724*, fol. 61v.

[49]   *V&A, prints and drawings, Elton Hall, Architectural Scetches („Vanbrugh Album")*, fol. 95 (Downes-Katalog Nr. 77).

entstanden sein. Im Verlauf der vorliegenden Bauperiode wurden die bisher noch fehlenden vier mittleren Säulen auf der Rückseite des Portikus eingefügt. Die in den *Books of Works* verzeichneten Maurerarbeiten zur Ergänzungen der Pfeiler in der Krypta[50] müssen sich auf die somit notwendig gewordene Gründung dieser zusätzlichen Säulen beziehen. Es war dies der erste Schritt zu einer Differenzierung von Nord- und Südseite, der erste Schritt zur Aufgabe der Symmetrie des Entwurfs zur Ost-West-Achse. Die Südwand des Hauptbaukörpers war zu diesem Zeitpunkt aber noch immer großzügig geöffnet gedacht. Hinter den drei mittleren Interkolumnien befand sich offensichtlich keine Wand. Belege hierfür sind das Fehlen jedwedes Hinweises auf Steinmetzarbeiten in diesem Bereich in den *Books of Works* und die später abgerechneten Arbeiten für das Einfügen von Füllungen. Es ergibt sich folglich, daß die heute als vorgelegt erscheinenden Säulen zumindest im mittleren Bereich ursprünglich als Vollsäulen gedacht und produziert wurden. Dem allerdings erst viel später ausgeführten Portikus hätte diese Lösung eine noch wesentlich deutlicher ablesbare Eigenständigkeit als einer Art isolierbarem Teilgebäude verliehen.

Parallel zur Entwicklung der äußeren Schale verliefen die Ausschreibung und Vergabe der Schlosser- und Zimmermannsarbeiten.[51] Die Ausführung dieser Arbeiten sollte sich allerdings noch einiges verzögern.

V.3.2.4.
1719/1720[52] - Stillstand

Wie bei den anderen Projekten so bewirkten die vom Parlament vorgenommene Umstrukturierung der Finanzierung der Kommission und die sich damit ergebende Verknappung der Mittel auch hier in Bloomsbury eine deutliche Verlangsamung der Ausführung. Für das Jahr 1719 verzeichnen die Bücher der Kommission praktisch keine Arbeiten.[53] Ende März 1720 meldeten sich die *Surveyors* deshalb nachdrücklich zu Wort und baten um die Sicherung der vorhandenen Teile.[54]

V.3.2.5.
1720/1721[55] - Einfügen der Innenwände

Die Kommission beauftragte die *Surveyors* erst Anfang Mai 1720 mit der Aufnahme von Verhandlungen mit den beauftragten Firmen. Sie sollten die Konditionen der Ausführung der von ihnen selbst vorgeschlagenen, zur Sicherung der bisher erstellten Bauteile als notwendig erachteten Maßnahmen klären.[56] Bis Ende der Saison tat der Bau aber dennoch einen deutlichen Schritt nach vorne. Im März 1721 waren die Pfeiler der Krypta so weit erhöht, daß sie als Basis für die internen Stützen dienen konnten. Die Säulen und Pfeiler im Innenraum samt den von ihnen getragenen Gebälken und

---

[50]   *L.P.L., Book of Works, MS.2697,* S. 723.

[51]   *L.P.L., Minutes, MS.2691,* S. 19, 23, 41, in: Port, a.a.O.

[52]   25. 3. 1719 bis 25. 3. 1720.

[53]   *L.P.L., Book of Works, MS.2697,* S. 728.
         Vgl. auch: Southern, a.a.O., S. 15.

[54]   *L.P.L., Minutes, MS.2691,* S. 100, in: Port, a.a.O.

[55]   25. 3. 1720 bis 25. 3. 1721.

[56]   *L.P.L., Minutes, MS.2691,* S. 108.
         Zur Vorgeschichte vgl. auch: *L.P.L:, Minutes, MS.2691,* S. 102-104, in: Port, a.a.O.

Korbbögen waren errichtet, und die Mauerwerksscheiben darüber hatten allgemein das Niveau der Scheitel der Archivolten erreicht. Außerdem war der Giebel über der Nordfassade fertiggestellt.[57]

Am Ende der Saison war der Bau dessen ungeachtet jedoch noch immer nicht vor den Unbillen der Witterung geschützt. Die Eindeckung des Daches lag in weiter Ferne. Das Bewußtsein der Kommission für diese Problematik offenbaren allerdings die bereits im Januar 1721 anlaufenden Überlegungen zur Finanzierung der weiteren Sicherung der Bauten.[58] Am 14. 1. 1721 bat diese die *Surveyors* sogar um eine Kostenschätzung für die vollständige Fertigstellung der vorliegenden Kirche.[59] Die finanzielle Situation scheint sich zu diesem Zeitpunkt wieder beruhigt zu haben.

Wie schon bei früheren Projekten beobachtet, wurde auch hier bei *St. George* zuerst die das Dach tragende Konstruktion errichtet, die Gewölbe der Krypta hingegen wurden zurückgestellt. Hinter dieser vordergründig unlogisch erscheinenden Vorgehensweise stand zweifelsohne die Absicht, den Bau möglichst schnell eindecken zu können, um ihn vor den Einflüssen des Wetters zu schützen. Bei der unsicheren finanziellen Lage der Kommission mußte dieses Ziel erst recht erste Priorität erhalten. Diese rein technischen Argumente liefern uns allerdings keinerlei Erklärung für das erst nachträgliche Einfügen der in Ost-West-Richtung in den Raum eingestellten, gleichermaßen tragenden Mauerscheiben. Ein kontinuierliches Errichten sämtlicher tragender Teile wäre sowohl vom technischen Standpunkt als auch vom Arbeitsablauf her wesentlich logischer gewesen.

Wie wir oben gesehen haben, lag die Position der internen Stützen schon sehr früh fest. Bereits *Elton Hall, architectural scetches*, fol. 95 zeigt die endgültige Anordnung. Mit Ausnahme der 1717 ergänzten Pfeiler waren die die internen Stützen tragenden Pfeiler der Krypta sogar schon in der ersten Bauperiode begonnen worden. Der Wunsch nach Bewahrung einer gewissen gestalterischen Freiheit oder - anders ausgedrückt - das Bestreben, die Detailplanung für das Interieur erst möglichst spät abschließen zu müssen, drängt sich folglich als Motiv hinter dieser Verschiebung der Ausführung der internen tragenden Teile auf. Dies spricht für einen unmittelbaren Einfluß der Entwurfsmethode auf die Ordnung des Bauprozesses - und dies in einer Weise, die dem natürlichen Bauablauf widerspricht. Das notwendig gegebene Abhängigkeitsverhältnis von Bau- und Entwurfsprozeß beruhte demnach auf Gegenseitigkeit; es beschränkte sich nicht auf die Regelung des zeitlichen Rahmens sowie der Abfolge der Planungsschritte der Ausführungsplanung aus den Belangen der Ausführung heraus.

V.3.2.6.
1721/1722[60] - neue Zuversicht, neuer Portikus

Nach der Vorarbeit im Winter 1721/22 scheint der Bau in der neuen Saison zügig vorangegangen zu sein. Die Arbeiten konzentrierten sich allerdings nicht - wie an sich zu erwarten - auf die für das Eindecken des Baus notwendigen tragenden Teile. Am 25. Oktober 1721 bezeichneten Hawksmoor und James die Kirche zwar als kurz vor der Eindeckung,[61] aber bis Ende der Saison hatten lediglich der Turm sowie die Ost- und Westseite des Gemeinderaumes die Oberkante des Hauptgesimses er-

---

57   *L.P.L., Bills, MS.2718*, S. 28, 31;
     L.P.L., Book of Works, MS.2697, S. 733, 735.

58   *L.P.L., Minutes, MS.2691*, S. 132, 134, in: Port, a.a.O.

59   *L.P.L., Minutes, MS.2691*, S. 134, in: Port, a.a.O.

60   25. 3. 1721 bis 25. 3. 1722.

61   *L.P.L., MS.2724*, fol. 85v (Bericht vom 25. 10. 1721): „*The Church at Bloomsbury is almost ready for the Roof, & the mason work for finishing the whole is very far advanced*".

reicht; der Obergaden und die drei verbleibenden Giebel fehlten noch vollständig.[62] Die Eindeckung der Kirche ließ folglich doch noch auf sich warten. Statt dessen konzentrierte sich der Fortschritt auf die Südseite. Der Sockel der ursprünglich so geplanten und in der Ausführung nie weiter als das gediehenen flacheren Säulenvorhalle wurde abgebrochen, neue Fundamente wurden gegraben und der heute vorhandene tiefere Portikus wurde bis zur Oberkante der Säulen aufgeführt.[63]

In diesem Zusammenhang ist auch das Schließen der Südwand des Hauptbaukörpers in den drei mittleren Interkolumnien - von der Oberkante des Sockels bis zur Oberkante des Architrav - erwähnt. Nun erst wurde demnach die ursprüngliche große Öffnung geschlossen, und nun erst verwandelten sich die freistehenden Säulen auf der Rückseite des Portikus in vorgelegte Dreiviertelsäulen. Es ist nicht zu belegen, erscheint aber möglich, daß die von der Nordfassade abweichende, gedrückte Form der Bögen der OG-Fenster auch mit dieser ungewöhnlichen Entstehungsgeschichte der südlichen Fassade zu tun hat. Beim Versuch, nachträglich die Ordnung der Nordfassade hier zu wiederholen, mußte diese Form gewählt werden, um bei Beibehalten der Niveaus von Simsen und Kämpfern das OG-Fenster in die von der Säulenordnung vorgegebenen Füllungen einzupassen. Es ergibt sich allerdings das Problem, daß nach der Quellenlage die Fenster hinter den beiden äußeren Interkolumnien schon früher entstanden sein dürften. Auch dies läßt sich jedoch nicht mit unbedingter Sicherheit behaupten. Auf jeden Fall wird im Prozeß der sukzessiven Entstehung dieser Scheibe das Durchdringen zweier an sich selbständig gedachter Körper noch deutlicher, als es im fertiggestellten Gebäude wird.

Im Zuge der hier erwähnten Maurerarbeiten zur Gründung des neuen Portikus müssen auch die 1717 ergänzten, südlichen Pfeiler der Krypta in der massiven Masse der den quer gelagerten Vorraum von der eigentlichen Krypta trennenden Mauer aufgegangen sein.

Das Vorziehen der Ausführung des Portikus vor die an sich dringendere Eindeckung des schon erstellten Baukörpers muß als Indiz für das wiedergewonnene Vertrauen in die solide Finanzierung der Kommission gelesen werden. Dieses zeigte sich auch in der zügigen Abwicklung der aus den Arbeiten dieses Jahres entspringenden Ansprüche der Handwerker. Schon am 7. 12. 1722 wurden die Zahlungen für das Jahr 1722 freigegeben.[64] Dennoch bleibt die Frage, warum nicht versucht wurde, Zimmermann und Steinmetz möglichst früh parallel arbeiten zu lassen und so die Bauzeit zu verkürzen.

V.3.2.7.
1722/1723[65] - Giebel und Obergaden

Gleich zu Anfang des neuen Jahres forderte die Kommission eine auf den derzeitigen Stand gebrachte Schätzung der Kosten der Fertigstellung der Kirche an[66] - ein Zeichen für die wesentlich effektivere Kontrolle der Kostenentwicklung seit dem Schock der vom Parlament erzwungenen Reform der Finanzierung des Bauprogramms. Nach dem Ende der Winterpause liefen die Arbeiten aber wieder zügig an. Bis Ende der Saison waren nicht nur die Giebel über Portikus und nördlichem Baukörper fertiggestellt, auch die Attika des Hauptbaukörpers war abgeschlossen, der Obergaden hatte

---

[62]   *L.P.L., Bills, MS.2718*, S. 27;
        L.P.L., Book of Works, MS.2697, S. 740-741.

[63]   *L.P.L., Bills, MS.2718*, S. 24;
        L.P.L., Bills, MS.2718, S. 27;
        L.P.L., Book of Works, MS.2697, S. 739-741.

[64]   *L.P.L., Minutes, MS.2691*, S. 189, in: Port, a.a.O.

[65]   25. 3. 1722 bis 25. 3. 1723.

[66]   *L.P.L., MS.2724*, S. 95.

allgemein das Niveau des Hauptgesimses erreicht, der Turm war bis auf dieselbe Höhe gezogen worden, und der Zimmermann hatte bereits die Holzkonstruktion für das Flachdach des Hauptbaukörpers abgeschlossen.[67]

Vor Ende des Jahres - sehr wahrscheinlich aber erst nach der jahreszeitlich bedingten Einstellung der Bauarbeiten - fertigte der Zimmermann dann noch ein Modell für eine Kuppel über dem Obergaden.[68] Die Entwicklung dieser alternativen Entwurfsidee für die Dachzone fand demnach praktisch im letzten Moment statt. In der nächsten Bausaison mußte das Dach ausgeführt werden. Es war dies die letzte Möglichkeit, mit dem Dach auf den deutlich tiefer als ursprünglich geplant ausgeführten Portikus zu reagieren. Dies verdeutlicht einerseits Hawksmoors pragmatische, immer für neue Überlegungen offene Methode der Entwicklung seiner Architektur. Bauprozeß und Entwurfsprozeß fließen sozusagen zusammen in einen dialektischen Prozeß. Andererseits wird in der einfachen Auswechselbarkeit der doch fundamental unterschiedlichen Dachformen auch die Additivität der hinter Entwurf und Entwurfsprozeß stehenden Architekturauffassung spürbar. Das Dach ist hier ein Baustein in einer additiven Komposition, welcher offensichtlich ganz einfach ausgewechselt werden kann, ohne das Ganze insgesamt zu beeinflussen.

Interessanterweise behielt Hawksmoor seine neue Idee noch einige Zeit für sich. Erst im Juni 1723 legte er sie der Kommission zur Diskussion vor. Somit fielen zwei die Wirkung der heutigen Kirche grundsätzlich beeinflussende Entscheidungen während der im Folgenden zu betrachtenden Saison 1723/1724 - Dach und *steeple* wurden in ihrer Gestaltung endgültig festgelegt.

V.3.2.8.
1723/1724[69] - Dach und *steeple*[70]

Am 13. 6. 1723 stellten die beiden *Surveyors* - endlich - das eben bereits erwähnte Modell eines kuppelförmigen anstelle des bisher geplanten, in den Büchern als flach bezeichneten Daches vor.[71] Die Idee fand offensichtlich Anklang bei der Kommission; noch am selben Tag wurde der dargestellte Vorschlag von dieser verabschiedet.[72] Daß diese Planänderung dann doch nicht in die Realität übersetzt wurde, mag in der von der Kommission am 26. 7. angeforderten und dieser am 9. 8. 1723 vorgelegten Schätzung der Kosten für die zur Fertigstellung der Gesamtheit der Kirchen notwendigen Maßnahmen begründet sein. Die Papiere der Kommission geben keine Auskunft über die zwingend anzunehmende nochmalige Änderung der Meinung derselben. Auf jeden Fall ist es beachtenswert, daß das Gremium eine derartige, die Kosten unbedingt erhöhende Änderung der Planung zu diesem Zeitpunkt noch ernsthaft in Erwägung zog. Jede Annahme fehlenden Interesses dieser, der dritten Kommission an den Zielen des *Act* von 1711 und damit an den hinter Hawksmoors Kirchenbauten stehenden Ideen erweist sich hiermit als haltlos.

Gleichzeitig müssen auch Überlegungen bezüglich der endgültigen Form des *steeple* angestellt worden sein. Einziger Hinweis hierauf ist eine Rechnung des Schreiners für ein Modell des genann-

---

67   *L.P.L., Bills, MS.2718*, S. 34;
L.P.L., Book of Works, MS.2698, S. 27-31.

68   *L.P.L., Bills, MS.2718*, S. 37;
L.P.L., Book of Works, MS.2698, S. 29-31.

69   25. 3. 1723 bis 25. 3. 1724.

70   Vgl. auch: Downes, a.a.O., 1959, S. 184-187.

71   *L.P.L., Minutes, MS.2691*, S. 210, in: Port, a.a.O.: „*in form of a cupola instead of a flat roof*".
Vgl. auch: Southern. a.a.O., S. 15.

72   *L.P.L., Minutes, MS.2691*, S. 210, in: Port, a.a.O.
Vgl. auch: Southern. a.a.O., S. 15.

ten Bauteils.[73] Bezüglich des Verhältnisses von Ausführung, Entwurfsprozeß und Architektur ließe sich für diesen Fall das anläßlich der Idee einer alternativen Dachform Gesagte wiederholen. Die Duplizität betont die Gültigkeit der dort gezogenen Schlüsse.

Dieser Diskussionen zur endgültigen Gestaltung der Architektur ungeachtet ging die Ausführung des Baus auch weiterhin rasch voran. Schon im September 1723 waren die Steinmetzarbeiten abgeschlossen.[74] Interessanterweise drängte nun auch die Kommission zur Fertigstellung und hieß ihre *Surveyors* an, die verbleibenden Arbeiten so schnell wie möglich ausführen zu lassen.[75] Bis Ende März 1724 waren nicht nur die Steinmetzarbeiten bis zur Oberkante des Sockels der Statue König Georgs abgeschlossen, auch die Zimmermannsarbeiten am Dach waren fertiggestellt, das Dach war gedeckt, und selbst Vorarbeiten für die Gipserarbeiten im Inneren wurden von Seiten des Zimmermannes abgerechnet.[76] Nach insgesamt knapp acht Jahren Bauzeit war der Außenbau mit Ausnahme kleinerer Ergänzungen fertiggestellt, das Dach war endlich geschlossen, und die Arbeiten am Interieur, das bisher nur in seinen notwendigsten Teilen in Angriff genommen worden war, konnte beginnen. Diese sollten sich allerdings noch gut drei Jahre hinziehen,[77] obwohl auch sie umgehend in Angriff genommen wurden.

V.3.2.9.

1724 bis 1731[78] - Innenausbau

Bis Oktober 1724 waren sämtliche ausstehenden Arbeiten vergeben.[79] Deren Ausführung verlief offensichtlich ohne bemerkenswerte Störungen oder auch Änderungen der Planung. Weder die Vorlage geänderter Pläne noch diejenige aktueller Kostenschätzungen oder Angebote ist in den Büchern der Kommission nachweisbar. Auch die Gemeinde sah lange keinen Grund zur Klage. Lediglich kurz vor der Weihe der Kirche trat sie mit der Bitte um Erledigung einer Reihe von Restarbeiten an die Kommission heran.[80] Für das Verständnis der Entwurfsentwicklung bietet diese Phase der Ausführung folglich wenig interessante Hinweise. Der Spielraum war allerdings auch schon bald auf die Gestaltung dekorativer Details zusammengeschrumpft. Aus der Fortsetzung der Betrachtung der Entwicklung ergeben sich jedoch interessante Hinweise für das Verständnis einiger Details des ausgeführten Baus.

---

73   *L.P.L., Bills, MS.2718*, S. 48: „*For Making a Modell of the Sphire of the New Church in Bloomsbury in Toto*".
      Vgl. auch: *L.P.L., Book of Works, MS.2698*, S. 68.

74   *L.P.L., MS.2724*, S. 97-98 (Bericht von James vom 27. 9. 1723);
      L.P.L., Minutes, MS.2691, S. 225, in: Port, a.a.O.

75   *L.P.L., Minutes, MS.2693*, S. 225.

76   *L.P.L., Bills, MS.2718*, S. 41,48;
      L.P.L., Book of Works, MS.2698, S. 62-69.
      Vgl. auch: Southern, a.a.O., S.15.

77   Vgl. auch: Downes, a.a.O., 1959, S. 184-187.

78   25. 3. 1724 bis 25. 3. 1731.

79   *L.P.L., Minutes, MS.2691*, S. 263, 280, 283, 286, 290, in: Port, a.a.O.

80   *L.P.L., Minutes, MS.2692*, S. 43.

V.3.2.9.a.
Saison 1724/1725[81] - Krypta und Galerie

Es ist bezeichnend für den allgemeinen Ablauf der Bauprozesses, daß die Wölbung der Kryptagewölbe und damit auch die Decke über UG unter der Überschrift Innenausbau behandelt werden. Bis zur Eindeckung des Daches waren die Hülle und der Turm, das heißt die Außenform, vollständig - und dies sogar über das zur Schaffung eines trockenen Arbeitsplatzes im Inneren Notwendige hinaus - fertiggestellt worden; im Innenbereich hingegen hatte man sich auf das Nötigste beschränkt. Selbst statisch ungünstige Zwischenstadien wie eine vergrößerte Knicklänge der internen Stützen waren dabei in Kauf genommen worden. Die danach gegebene Hülle wurde erst nun nachträglich gefüllt.

Bis März 1725 waren aber nicht nur die Gewölbe der Krypta fertiggestellt, auch die Zimmermannsarbeiten an den Galerien waren abgeschlossen und zumindest im Bereich der *pews* war im EG durch die hölzerne Unterkonstruktion eine ebene Fußbodenfläche geschaffen worden. Die Bücher verzeichnen darüber hinaus die Galerietreppen, die Holzbalkendecken innerhalb des Turmes, die große Freitreppe vor dem Portikus im Süden und den Belag innerhalb desselben.[82] Faktisch wurden in diesem Jahr sämtliche internen Decken eingezogen.

Sehr interessant ist die Erwähnung eines Steinpfeilers in der Krypta.[83] Es muß sich dabei um den auf der Kreuzung der beiden Hauptachsen plazierten Pfeiler im Zentrum der Krypta handeln, der zu einer Vielzahl von Spekulationen Anlaß gegeben hat.[84] Seine Einfügung in diesem Stadium spricht deutlich für eine statische Funktion zur Stabilisierung der Kreuzung der beiden sehr flachen Tonnengewölbe. Hinsichtlich der bereits mehrfach bemerkten demonstrativen Darstellung der Entstehung feiner Details aus dem Block Stein ist auch die Erwähnung nachträglicher Profilierungen am Turm beachtenswert.[85] Diese Details sind insofern nicht nur Ausdruck eines den Herstellungsprozeß reflektierenden theoretischen Konzepts sondern auch Spiegel eines im Bauwerk selbst real stattfindenden Prozesses der nachträglichen Verfeinerung der gebauten Struktur.

Etwas rätselhaft erscheint eine andere Position innerhalb der Steinmetzarbeiten. Dort sind „*Compartm.^ts in the Windows in the Circular part at the East End*"[86] abgerechnet. Möglicherweise sind damit die die Unterkante der lichten Öffnung der EG-Fenster lediglich im Inneren erhöhenden Brüstungselemente gemeint. Die Bezeichnung beschreibt das Element dann jedoch nicht wirklich treffend.

Aufschlußreich für das Verhältnis des Architekten zur Kommission sind die hier erstmals erwähnten dekorativen Details des *steeple*. Die Bücher verzeichnen in diesem Jahr Steinmetzarbeiten für den Löwen, das Einhorn, die Girlanden und Kronen sowie ein kupfernes Horn für das Einhorn, das der Schlosser beisteuerte.[87] Offensichtlich hatte Hawksmoor diese Details ohne Rücksprache mit der Kommission in Auftrag gegeben; Ende des Jahres 1725 wurde er hierfür gerügt.

[81] 25. 3. 1724 bis 25. 3. 1725.

[82] *L.P.L., Bills, MS.2718*, S. 55;
L.P.L., Book of Works, MS.2700, S. 59-70.

[83] *L.P.L., Bills, MS.2718*, S. 55: „*Also a Stone Peer & Caps in the Vaults*".
Vgl. auch: *L.P.L., Book of Works, MS.2700*, S. 63-64.

[84] S.: Teil B, V.1.3.2.

[85] *L.P.L., Bills, MS.2718*, S. 55;
L.P.L., Book of Works, MS.2700, S. 63-64.

[86] *L.P.L., Bills, MS.2718*, S. 55.
Vgl. auch: *L.P.L., Book of Works, MS.2700*, S. 63-64:
„*Compartim.^ts in the Windows in the Circular part at the East End*".

[87] *L.P.L., Book of Works, MS.2700*, S. 59, 63-64.

V.3.2.9.b.
Saison 1725/1726[88] - die Dekoration des *steeple*[89]
Stuckdecken und Bodenbeläge

Interessant an der Auseinandersetzung über den Auftrag für die dekorativen Details des *steeple* ist vor allem die Reaktion der Kommission auf die hier fraglos vorliegende Überschreitung der ihm zugebilligten Kompetenzen durch den Architekten. Auffallend ist schon, daß die Kosten dafür nicht bei der Freigabe der Gelder selbst beanstandet wurden, sondern erst bei der Kontrolle der Bücher durch John Ellis und John Bettesworth, den *Dean of Arches*.[90] Die Kommission ließ sich aber selbst nach deren Vorbringen der Vorwürfe am 22. 10. 1725 noch viel Zeit, vertagte die Behandlung des Themas am 12. 11. 1725 nochmals[91] und befaßte sich erst am 26. 11. 1725 damit - ganze sieben Wochen nachdem ihr das Vorkommnis zu Ohren gekommen war. Das Ergebnis war eine Ermahnung an Hawksmoor, die Kommission nicht mehr ohne ihre Zustimmung zu belasten. Anderenfalls müsse er die Kosten selbst tragen. Gleichzeitig gestand sie aber zu, daß eine Dekoration auf jeden Fall notwendig gewesen wäre und milderte ihre Kritik damit wieder ab.[92] In seiner Gesamtheit deutet der Ablauf auf ein gutes und vertrauensvolles Verhältnis zwischen Architekt und Kommission hin. Die Kommission war nach Vorliegen der Vorwürfe zum Handeln gezwungen, aber weder war es ihr sehr eilig, noch wollte sie ihren *Surveyor* damit über die Maßen verärgern. Dieser Vorfall sollte daher auch nicht als Beleg für ein angeblich kühles Verhältnis der dritten Kommission zu den Zielen des *Act* herangezogen werden.

Entsprechend reibungslos verlief auch die Abwicklung der Arbeiten. Die Kommission brauchte sich über weite Strecken überhaupt nicht mehr mit dem Bau selbst zu beschäftigen.

Bis Ende 1726 waren die Beläge in Krypta und Kirchenraum fertiggestellt, der Altarbereich hatte seinen schwarzweißen Marmorfußboden und die schwarzen Marmorstufen erhalten. Die Stuckdecken sowohl in der Kirche selbst als auch im Portikus waren abgeschlossen, und die Krypta war verputzt. Der Schreiner hatte neben den Galeriefronten, Türen und *pews* auch Kanzel, *Reader's* und *Clerk's Desk* sowie die den Taufort beherbergende „*Christening Pew*" hergestellt und eingebaut. Die Lage der letzteren ist ausdrücklich mit der Südseite der Kirche bezeichnet.[93] Die von der Kommission ursprünglich angestrebte[94] und heute in der Kirche in Anlehnung daran realisierte Positionierung des Taufbeckens am Westeingang als Gegenstück zum Chor, dem Ort des Sakraments der Eucharistie, wurde in diesem Bau folglich nicht realisiert, was eine entsprechende ursprüngliche Planung jedoch nicht ausschließt.

Im Außenbereich waren am Ende der Saison endlich auch die beiden den Westeingang erschließenden Freitreppen ausgeführt worden, und die Außenanlagen - vor allem die Beläge dort - waren weitgehend abgeschlossen.[95]

---

[88]   25. 3. 1725 bis 31. 12. 1726.

[89]   Zu Abbildungen des urspr. Zustands verweist Downes auf eine Tafel in einer in der *Westminster Public Library* vorhandenen, bes. gut illustrierten Ausgabe von Pennant, London 1825, Bd. IV, S. 413 (Downes, a.a.O., 1959, S. 184-187). Vgl. auch: Cobb, Gerald, *The old churches of London*, London 1943, S. 20.

[90]   *L.P.L., Minutes, MS.2691*, S. 353, in: Port, a.a.O.

[91]   *L.P.L., Minutes, MS.2691*, S. 352, in: Port, a.a.O.

[92]   *L.P.L., Minutes, MS.2691*, S. 355, in: Port, a.a.O.
        Vgl. auch: Southern, a.a.O., S. 15.

[93]   *L.P.L., MS.2727*, S. 92;
        L.P.L., Book of Works, MS.2700, S. 255-256.

[94]   Vgl.: Diskussion der „*Guiding Principles*".

[95]   *L.P.L., Bills, MS.2718*, S. 69, 74, 84-85;
        L.P.L., Book of Works, MS.2700, S. 60-61, 244-257.
        Vgl. auch: Southern, a.a.O., S. 15.

V.3.2.9.c.
1727 bis 1731 - Fertigstellung

Die Anfang des Jahres 1727 noch ausstehenden Maßnahmen von einiger Bedeutung umfaßten die Aufstellung von Taufbecken, Altartisch und Retabel sowie das Anbringen der Chorschranke. Insgesamt erfolgten diese Arbeiten in der Saison 1727/1728.[96] Danach war der Kirchenbau an sich abgeschlossen. Bei den sich selbst über den Termin der Weihe, den 28. 1. 1731,[97] hinausziehenden Restarbeiten[98] finden sich in den Büchern der Kommission allerdings einige interessante Bemerkungen.

So erwähnen die *Books of Works* in der Saison 1727/28[99] Schnitzereien in den Sakristeien.[100] In der Abrechnungsperiode 1729/31[101] verrechnete der Schreiner dann eine zusätzliche Vertäfelung im sogenannten *„Robing Room"*,[102] deren Fassung sich bei der Abrechnung des Malers für denselben Zeitraum wiederfindet.[103] Auch in diesem Fall ist der Raum als *„Robing Room"* bezeichnet. Bei der Beschreibung der Kirche wurde bereits darauf hingewiesen, daß es sich bei dieser zusätzlichen Vertäfelung um das bis heute als nachträgliche Ergänzung erkenntliche, die beiden EG-Fenster der Apsis rahmende Holzwerk handeln muß. Hieraus ergibt sich zwingend eine vorgerückte Position der Retabel. Der *„Robing Room"*, die Sakristei, befand sich demnach hinter dem Altar. Unter diesen Voraussetzungen wird auch die Berechnung zusätzlichen Marmorbelags im Altarbereich[104] verständlich, welche sich in den Büchern der Periode 1727/28 findet. Offensichtlich wurde der Bereich hinter der Retabel erst dann ebenfalls mit Marmor belegt. Daß es sich bei dem besagten *„Robing Room"* keinesfalls um den am 11. 9. 1727 beschlossenen[105] und umgehend ausgeführten Raum für den Gemeinderat handeln kann, beweist allein die Tatsache, daß der letztere in demselben Dokument, das auch die Sakristeien erwähnt, mehrfach als *„Vestry Room"* bezeichnet ist.[106]

Eine weitere Position von Interesse sind die sowohl in der Abrechnungsperiode 1727/28 als auch 1729-31 erwähnte Erstellung von Trennwänden in der Krypta.[107] Die heute noch vorhandenen, bisher als spätere Ergänzungen betrachteten Ziegelmauern in der Krypta dürften demnach zumindest teilweise doch aus der Zeit der Erbauung der Kirche stammen. Diese Ergänzungen wurden sicher nicht ohne Grund vorgenommen; die von Meller[108] geäußerte Vermutung, die Krypta sei bis 1801 leer gestanden, muß daher revidiert werden.

---

96   *L.P.L., Book of Works*, MS.2701, S. 71-95: 1. 1. 1727 bis 25. 3. 1728.

97   *L.P.L., MS.2711*, S. 79;
     L.P.L., MS.2724, fol. 132v-133;
     London Diocese, Bishops' registers, Robinson and Gibson, 1714-1733, Guildhall Library, MS.9531, Bd. 19, S. 255.
     Vgl. auch: Downes, a.a.O., 1959, S. 184-187.

98   *L.P.L., Book of Works*, MS.2701, S. 295-301: 23. 3. 1728 bis 24. 6. 1729;
     L.P.L., Book of Works, MS.2701, S. 359-368: 25. 6. 1929 bis 25. 3. 1731;
     L.P.L., Book of Works, MS.2702, S. 1-5: 24. 6. 1732 bis 25. 12. 1733.

99   1. 1. 1727 bis 25. 3. 1728.

100 *L.P.L., Book of Works*, MS.2701, S. 85.

101 25. 6. 1729 bis 25. 3. 1731.

102 *L.P.L., Book of Works*, MS.2701, S. 364.

103 *L.P.L., Book of Works*, MS.2701, S. 367.

104 *L.P.L., Book of Works*, MS.2701, S. 71: „Y^e addicion of Marble paving at ye altar".

105 *L.P.L., Minutes, MS.2691*, S. 314 (sic), in: Port, a.a.O.

106 *L.P.L., Book of Works*, MS.2701, S. 71, 79, 82.

107 *L.P.L., Book of Works*, MS.2701, S. 77: „partition Walls in ye Vaults";
     L.P.L., Book of Works, MS.2701, S. 363: „building several partition Walls".

108 Meller, Hugh, *St. George's Bloomsbury*, London 1975, S. 22.

Die letzte hier zu erwähnende Stelle datiert noch etwas später. Sie belegt die nachträgliche Ergänzung der bis zum heutigen Tage Turm und Hauptbaukörper verbindenden Brücke in der Zeit zwischen 24. 6. 1732 und 25. 12. 1733.[109]

V.3.3.
Zusammenfassung - Bauprozeß, Entwurfsprozeß und Form

Im Überblick fällt die klare Gliederung der Ausführung der Kirche ins Auge. Fast jede der Bauperioden ist hier vordringlich der Fertigstellung eines Bauteiles gewidmet. Im Groben ergibt sich deren Reihenfolge aus den Grundregeln der Statik. Innerhalb dieser verbleibt jedoch ein Spielraum, der es zuläßt, den Bauprozeß anderen Belangen anzupassen. Interessanterweise nutzte Hawksmoor diesen nicht unbedingt im Interesse eines möglichst rationellen, effektiven Arbeitsablaufes, einer Verkürzung der Bauzeit oder auch eines technisch möglichst unproblematischen Prozesses der Herstellung. Fassen wir die Ergebnisse der oben dargestellten Rekonstruktion des Bauprozesses von *St. George* schematisch zusammen, ergibt sich der folgende Ablauf:

1. Gründung;
2. Hülle - Außenwände;
3. interne tragende Wände;
4. Portikus;
5. Steinmetzarbeiten in der Dachzone - Giebel und Obergaden;
6. Dach und *steeple*;
7. Kryptagewölbe und Holzbalkendecken inklusive Galerien;
8. Bodenbeläge und Stuckdecken;
9. Ausbau und Möblierung.

Vor allem die Position des Portikus widerspricht aller Logik. Aber auch die zeitliche Trennung zwischen den tragenden Außenwänden und den eben solchen Innenwänden erscheint unnatürlich und unpraktisch. Die offensichtliche Lösung wäre ein kontinuierliches, gleichzeitiges Erstellen sämtlicher tragender Teile gewesen, welches direkt in die Arbeiten an Dachstuhl und Deckung übergeht. Selbst wenn wir akzeptieren, daß die heutige Form des Portikus einer Planänderung entsprang und dieser von daher nachträglich ergänzt werden mußte, erscheint es unökonomisch, dessen Erstellung zwischen die Fertigstellung der tragenden Wände und die Ausführung der das Dach stützenden Teile der Steinmetzarbeiten in der Dachzone einzuschieben. Die Zimmermannsarbeiten hätten ein ganzes Jahr früher beginnen können, der Bau hätte ebenso viel früher den dringend nötigen Wetterschutz erhalten können, hätte man mit der Erstellung des neuen Portikus noch etwas gewartet. Besonders verwunderlich wird dieses Vorgehen, wenn wir uns bewußt machen, daß das technisch nicht unproblematische Zurückstellen der Kryptagewölbe offensichtlich dem Ziel der schnellen Eindeckung des Baus dienen sollte. Die Zimmermannsarbeiten waren im Übrigen schon im Januar 1719 vergeben worden.[110]

Die Papiere der Kommission beweisen jedoch, daß der Entwurf gerade für diese zunächst zurückgestellten Arbeiten in der Dachzone seine endgültige Form noch nicht gefunden hatte beziehungsweise daß Hawksmoor sich noch nicht sicher war, bereits die richtige Lösung entwickelt zu haben. Das Modell für ein kuppelförmiges Dach und die Diskussion um diesen Vorschlag in der Kommission belegen diese Feststellung. Sowohl im Falle des Portikus als auch bei der nachträglichen Einfügung zusätzlicher Pfeiler in der Krypta gibt es Hinweise auf eine ähnliche Situation. Der

---

109 *L.P.L., Book of Works, MS.2702*, S. 1.

110 *L.P.L., Minutes, MS.1691*, S. 49, in: Port, a.a.O.

Prozeß der Ausführung konnte sich demnach nicht allein aus den der materiellen Umsetzung eines vorgegebenen Entwurfes inhärenten Regeln heraus entwickeln. Vielmehr mußte er sich an den Ablauf des Prozesses der Entwicklung der Form im Entwurf anpassen. Dieser war aber mit dem genehmigten Entwurf noch lange nicht abgeschlossen, und er verlief nur bedingt parallel zur Ausführung.

Ein das damit angesprochene Problem der Beeinflussung des Bauprozesses von außen vertiefendes Phänomen ist das nachträgliche Einfügen der internen tragenden Wände. Aus der Diskussion der 1717 in den Büchern erwähnten, zusätzlichen Fundamente in der Krypta sowie von *Elton Hall, architectural scetches*, fol. 95 ergibt sich, daß spätestens Anfang 1718 die Lösung in diesem Bereich feststand. Die ausdrückliche Bezeichnung der nicht ausgeführten Teile als „das geplante korinthische Gebälk"[111], die Details der Säulen an der Rückwand des Portikus und die Ausführung der Korbbögen an den Stirnseiten des Gemeinderaumes in der Saison 1718/1719 belegen, daß auch die Details schon festlagen. Trotzdem ließ Hawksmoor diese Scheiben erst nachträglich, additiv in die Hülle einfügen, und er zeigte dies in der Detaillierung. Diese Scheiben sollten demnach ganz bewußt sichtbar additive Einbauten sein.

Hawksmoor machte die Additivität der internen Stützen auch in seinen anderen Kirchenbauten deutlich. Meist sind diese dort ebenfalls das Ergebnis mehrfacher Planungsänderungen, die Dachkonstruktion war ursprünglich für einen stützenfreien Raum ausgelegt worden und wurde sogar vor den Stützen ausgeführt. Hawksmoors Zurückstellung der Ausführung könnte somit auch im vorliegenden Fall als ein grundsätzliches Offenhalten für Planungsänderungen gedeutet werden, zumal wir wissen, daß er offensichtlich noch Zweifel hatte an der bisher entwickelten Lösung für die Dachzone. Die Abfolge der Arbeiten ist insofern ebenso wie die deutliche Darstellung der Additivität der Scheiben ein Ausdruck der inneren Offenheit Hawksmoors für Änderungen des Entwurfes bis weit in die Ausführung hinein - ja, selbst eines bewußten Offenhaltens dieser Möglichkeit in der Realität, auch auf Kosten des reibungslosen Ablaufs der Ausführung.

Voraussetzung des hier sichtbar werdenden Vorgehens ist eine additive Architekturauffassung. Allein eine solche erlaubt die im vorliegenden Fall zu beobachtende krasse Trennung zwischen Hülle und Ausbau, welche es ihrerseits möglich macht, daß mit einer nachträglichen Änderung der Hülle als Reaktion auf eine Modifikation des Innenraumes nicht gerechnet werden muß. Die Hülle wird unter diesen Voraussetzungen zu einem Element für sich, das Interieur und seine Komponenten - ob tragend oder nicht - zum Ausbau.

Insofern als die bereits abgeschlossenen Elemente aber dennoch den Rahmen für jede weitere Planungsänderung beziehungsweise den weiteren Entwurfsprozeß bilden, resultiert eben aus dieser additiven Grundhaltung auch eine umgekehrte Beeinflußbarkeit. Der Bau selbst und seine Wirkung können als Feedback in den Prozeß der Entwicklung der endgültigen Form einbezogen werden. Von daher mag die Fertigstellung des Portikus vor der Dachzone auch als eine unter diesen Voraussetzungen mögliche Versicherung bezüglich der Wirkung desselben und deren Auswirkungen für die Dachzone verstanden werden.

Mit Beginn der Ausführung ergab sich bei Hawksmoor folglich ein enger Dialog zwischen Ausführung, Entwurfsprozeß und Form. Während einerseits der Bauprozeß von nun an den groben Ablauf festlegte, den zeitlichen Rahmen des weiteren Entwurfsprozesses bildete und aus sich heraus die grundsätzliche Ordnung der Ausführung bestimmte, griffen andererseits der Entwurfsprozeß und die dahinter stehende Methode beziehungsweise Architekturauffassung aktiv ein in die Ausführung, deren Organisation oder auch Ordnung. Das hieraus resultierende Wechselspiel ist der Schlüssel zu vielen aus der bloßen Ausführung heraus nicht verständlichen Entscheidungen.

Während demnach der Entwurf in der vor Beginn der Ausführung des jeweiligen Elements gültigen Form weiterhin die Form der auszuführenden Teile bestimmte, beeinflußte und bereicherte

---

111   Tufnell, a.a.O. (*R.I.B.A.-Library, MS.Tuf./1*), S. 49;
L.P.L., Bills, MS.2718, S. 15;
L.P.L., Book of Works, MS.2697, S. 719.

gleichzeitig der bereits ausgeführte Part die Weiterentwicklung des Entwurfes, gegebenenfalls auch dessen Änderung. Hawksmoors additive Grundauffassung der Architektur erlaubte einen Prozeß der etappenweisen Ausarbeitung der Ideen im Detail sowie deren umgehende Realisierung. Der nächste Schritt, der nächste Baustein der Komposition konnte so selbst noch auf das eben erst Ausgeführte reagieren.

Der Abbruch der zu diesem Zeitpunkt bereits ausgeführten Teile des ursprünglich geplanten Portikus vor Errichtung des heutigen steht lediglich vordergründig im Widerspruch zu dem eben Gesagten. Auch dieser ist an sich ein weiteres Indiz für die additive Architekturauffassung Hawksmoors, ersetzte der Architekt damit doch einen früher geplanten Baukörper als Ganzes durch einen neuen und verweigerte sich damit der Anpassung innerhalb eines Bausteins der Komposition.

Es war nicht alles bereits Gebaute an sich, das Hawksmoor nicht mehr in Frage stellte. Widersprach dieses seiner additiven Geamtvorstellung des Werkes, war er sehr wohl zu Eingriffen bereit. Daher ist seine Additivität auch nicht auf eine von der finanziellen Situation erzwungene Notlösung im Sinne eines unfreiwilligen Verzichts auf eine kostspielige, wieder ein harmonisches Ganzes schaffende Umarbeitung schon errichteter Teile zu reduzieren. Die vorhandenen krassen Brüche und Diskrepanzen - vor allem an Gelenkpunkten - sind bewußt gewollt. Rein aus finanziellen Gründen hätte Hawksmoor sie nicht so belassen. Im vorliegenden Fall diente der Eingriff in das schon Errichtete aber ganz im Gegenteil der Verdeutlichung der Individualität des Einzelbaukörpers. Hawksmoor akzeptierte lediglich derartige, von ihm als individuelle Elemente in einem additiven Ganzen betrachtete Teile als Voraussetzungen für seine weitere Entwurfsentwicklung, welche einem Austauschen oder auch einem Addieren solcher Elemente in Gänze innerhalb der von Anfang an vorliegenden Gesamtkomposition gleichkommt. Zusammen mit der Idee, das geplante Dach gegen eine Kuppel auszuwechseln, ist die Entstehung des Portikus somit eines der schlagendsten Beispiele für die Additivität der Architekturauffassung Nicholas Hawksmoors. Daß die fast wie Bauklötze ausgewechselten Teile der Komposition jedoch nicht neutral sind, daß sie exakt für die Komposition in ihrer Additivität geschaffen wurden, beweist das Ergebnis hier ebenso wie bei den anderen Kirchen des Architekten.

V.4.
Der Bauplatz - der Kontext des Entwurfs

V.4.1.
Die Geschichte der Gemeinde - der historische Kontext

Obwohl der Bauplatz und die ihn umgebenden Straßen bis zum Bau der Kirche von *St. George, Bloomsbury*, Teil der Gemeinde von *St. Giles-in-the-Fields* waren, verband das Quartier, für das der Bau als Pfarrkirche dienen sollte, sehr wenig mit der mittelalterlichen Gemeinde. Der Bauplatz war Teil der ausgedehnten Besitzungen der Grafen von Southhampton. Diese hatten nach der Reformation das mittelalterliche *Manor of Bloomsbury* erhalten.[1] Thomas Wreotheley, der vierte *Earl of Southhampton* hatte schon ab 1736 mit dem Gedanken des Baus eines herrschaftlichen Hauses auf diesem Land und der spekulativen Entwicklung seiner Ländereien in Bloomsbury in ein neues Stadtquartier gespielt. Diese Pläne waren jedoch an der restriktiven Baupolitik Charles' I. gescheitert. Erst in den letzten Jahren des Commonwealth konnte er beginnen, seine Pläne in die Tat umzusetzen. Er erbaute *Southhampton House* und legte davor *Bloomsbury Square* an, den ersten Londoner *square*. Die Bebauung des Platzes und der umgebenden Straßen erfolgte im Erbbaurecht durch spekulative Bauunternehmer, auch dies eine Neuerung im Städtebau der Zeit.

Die ersten Verträge wurden 1661 unterzeichnet. In den folgenden Jahren entstand auf dem bisher unbebauten Land eine kleine Stadt für sich - dominiert von der Residenz des adligen Eigentümers des Landes, gruppiert um den begrünten *square*, ausgestattet mit einem eigenen Einkaufszentrum, *Bloomsbury Market*, und vervollständigt durch das Angebot günstigerer Wohnungen in den Seitenstraßen des Neubauviertels. Es fehlte jedoch eine Kirche, ein Mangel den Lord St. Albans, der nur wenige Jahre später das Projekt von *St. James's Square* in Angriff genommen hatte, mit der Bereitstellung des Grundes für *St. James's, Piccadilly*, vermeiden sollte.[2] Hawksmoors *St. George* behob dieses Manko auch in Bloomsbury, allerdings erst einige Jahrzehnte nach der von Wren geplanten Kirche in Piccadilly.

Anfang des 18. Jahrhunderts bildete *Great Russell Street* noch immer die Grenze des bebauten Gebietes nach Norden. Neben *Southhampton House* auf der Nordseite von *Bloomsbury Square* war dort *Montague House* entstanden, die Residenz der jüngeren Schwester von Lady Russell, der Tochter und Erbin des vierten *Earl of Southhampton*. Seinen Namen erhielt das Haus von der Familie ihres Mannes, Ralph Montague. Es befand sich dort, wo sich heute das *British Museum* erhebt. Mit Ausnahme von *Bloomsbury Square* war die Blockbebauung ziemlich dicht. *Bloomsbury Market* befand sich südlich der heute *Bloomsbury Way* genannten *Hart Street* im Bereich der *Barter Street*. Während der Zeit der Entwicklung und Umsetzung von *St. George* fand hier keine rasante Entwicklung mehr statt. Zwischen circa 1700 und 1760 lassen sich maßgeblichen Baumaßnahmen innerhalb des Gebietes nicht nachweisen.[3] Man könnte die Zeit insofern als eine Konsolidierungsphase bezeichnen.

---

[1]   Saunders, Ann, *The Art and Architecture of London*, 2. Ausg., Oxford 1988, S. 210.

[2]   Summerson, John, *Georgian London*, überarb. Ausg., London 1978, Reprint 1986, S. 39-41.

[3]   Vgl.:
ca. 1710: *London, Westminster u: Soudwark*, G. Bodenehr fec: et excudit AUGASTAE Vindelicorum cum Gratia et Privilegio Sac: Caes: Maj:, *B.L., Map Library, Maps 185.n.1.(24.)*;
ca. 1715: *L.P.L., MS.2730, Nr. 4-10*;
ca. 1720: Stow, John, *A Survey of the Cities of London and Westminster*, 1720, erweiterte Neuauflage von John Strybe (Hrsg.), London 1720, Abb. V.2, Buch 4, S. 75;
ca. 1720: *London, Westminster and Southwalk*, By A. Lea and Richard Glynne at the Atlas & Hercules in Fleet Street, *B.L., Map Library, K.Top.20.31.a*;

V.4.2.
Die Bevölkerung der Gemeinde - die soziale Situation

Allein schon aus der Entstehungsgeschichte des Quartiers ergab sich, daß sich der Kern der neuen Gemeinde eher aus den wohlhabenderen Schichten der Gesellschaft rekrutierte. Daß diese Analyse jedoch nicht für die Bevölkerung der ursprünglichen Gemeinde von *St. Giles-in-the-Fields* insgesamt Gültigkeit hatte, belegen die Angaben der Unterlagen der Kommission ebenso, wie sie die grundsätzliche Richtigkeit dieser Annahme für die neue Pfarrei, *St. George*, beweisen. Mit der Teilung der alten Gemeinde wurde offensichtlich auch eine soziale Trennung vorgenommen. Das exklusivere, wohlgeordnete, geplante Neubauviertel wurde von dem eher wild gewachsenen, ärmeren älteren Bestand getrennt.

1711 lagen der Kommission mehrere Berichte zur Situation der Gemeinde von *St. Giles-in-the-Fields* vor. Obwohl sie sich in der Schätzung der Bevölkerungszahl deutlich unterschieden, waren die Angaben bezüglich der vorhandenen Häuser und ihrer Klassifizierung unbestritten. Es wurden 269 Häuser von „*gentlemen*", 1923 von „*tradesmen*" und 807 von „*poor housekeepers*" gezählt.[4] Eine Eingabe der Gemeinde betonte die hohe Verschuldung aufgrund der großen Anzahl von Armen in ihrer Zuständigkeit. Sie bemerkte aber auch, daß die reichen Gemeindemitglieder hauptsächlich - wenn nicht ausschließlich - in und um *Lincolns Inn Fields* und *Bloomsbury Square* lebten, während der Großteil der armen Bevölkerung in *Drury Lane* sowie in der Umgebung der vorhandenen Kirche von *St. Giles* wohnte.[5] Die soziale Trennung war also rein räumlich bereits gegeben.

Die Grenzziehung zwischen dem bei *St. Giles* verbleibenden Bereich und der neuen Gemeinde versuchte dann auch keineswegs eine sozial ausgewogene Teilung der alten Pfarrei zu erreichen. Die Klagen der Muttergemeinde über die Festlegung der Gemeindegrenzen belegen dies nur zu deutlich. Im Vorfeld der Diskussion darüber kritisierten deren *vestry* und *churchwardens* am 6. August 1724 die Vorschläge als sozial unausgewogen.[6] Die vorgeschlagene Teilung nehme *St. Giles* fünf Sechstel der *gentry*, belasse aber die Hälfte der armen Bevölkerung bei der alten Gemeinde.[7] Diese bat daher um eine Revision der Grenzziehung. Dessen ungeachtet blieb es bei der der Gemeinde von *St. Giles* gerade die reicheren nordöstlichen Teile nehmenden Aufteilung, welche dem Bezirk der alten Pfarrei

---

1723: *New and Exact Plan of the City's of London and Westminster, the Borough of Southwalk And the Additional New Buildings Churches & c. to the present Year 1723*, Printed and Sold by George Wildey,
B.L., Map Library, Maps 177.fol. 2.(2.);
1724: *A New and Exact Plan of the City of London and Suburbs, With the addition of the New Buildings, Churches & c. to this present year 1724* [...], Printed and Sold by Hen: Overton at the White Horse without Newgate,
B.L., Map Library, Maps 177.e.2.(8.);
1736: *London Surveyed or a new Map of the Cities of London and Westminster and the Borough of Southwalk Shewing the several Streets and Lanes with most of ye Alleys & Thorough Fairs; with the additional new Buildings to this present Year 1736*, Printed for John Bowles, *B.L., Map Library, 3480.(49.)*;
1758: *A Map of London, Westminster and Southwalk, With ye New Buildings to ye Year 1758*, M. Cooper, 1758.

[4]   *L.P.L., MS.2724*, fol. 120r;
L.P.L., MS.2715, fol. 1-2.
Vgl. auch:
L.P.L., MS.2715, fol. 3;
Meller, Hugh, *St. George's Bloomsbury*, London 1975, S. 1-2.

[5]   *L.P.L., MS.2715*, fol. 2: „*That the Gentry and rich Inhabitants of this parish reside principally if not altogether in Lincolns Inne Fields and Bloomsbury Square and the Streets adjacent. And the far greater number of the poor dwell in the streets & Alleys contiguous to the p^rsent Church and in and near Drury Lane*".

[6]   *L.P.L., MS.2715*, fol. 16r: „*.... upon the Plan proposed to us, there will be a very great Disproportion, The New Parish taking away near Two Thirds, of all the Nobility and gentry of the whole parish without any of the Poor, except those in Wine Street and some few others dispersed in other Parts of it, And leaving to the Old Parish, a great Number of Little Streets Lanes and Alleys full of Poor ...*".

[7]   *L.P.L., MS.2715*, fol. 16v.

die an sich wenig sinnvolle, allein aus der sozialen Struktur des Gebietes heraus verständliche L-Form verlieh.[8]

Entsprechend stellte ein Bericht der Kommission an das Parlament bezüglich der Ausstattung der neuen Pfarrstellen im Frühjahr 1725, kurz nach der endgültigen Festlegung der Gemeindegrenzen am 4. 12. 1724,[9] fest, daß zwischen den neu geschaffenen Gemeinden große Unterschiede beständen. Er erwähnte die Gemeinde von *St. George* als eine der wohlhabenden Pfarreien. Hier bestehe die Bevölkerung aus *„many of the Principal Inhabitants, Nobility and gentry of ye kingdom, and of Wealthy and rich Traders"*[10]. Diese Analyse untermauern die von der Kommission dokumentierten Zahlen bezüglich des Steueraufkommens der Gemeinden. Sie zeigen, daß Bloomsbury zwar nicht so reich war wie *St. George, Hanover Square*, daß es sich aber zusammen mit *St. George the Martyr* deutlich von den anderen neuen Gemeinden abhob, und zwar nach oben. Die zu versteuernden jährlichen Einkommen aus Grundbesitz wurden in der Gemeinde von *St. George, Hannover Square*, mit £30.587,- angegeben. In Bloomsbury betrugen sie £18.628,-. Limehouse hingegen, um ein Gegenbeispiel anzuführen, konnte lediglich £3.000,- aufweisen.[11]

Für den Planer Hawksmoor war der potentielle Nutzer im vorliegenden Fall demnach eindeutig ein Wohlhabender, selbst wenn die Kommission erwähnte, daß viele der Häuser während der Wintermonate, das heißt während der Parlamentsferien, wenn die reichen Herrschaften auf ihre Landsitze zurückkehrten,[12] leer standen. Die letzte Bemerkung ist in anderer Hinsicht sehr aufschlußreich. Sie belegt das Vorhandensein politisch aktiver Gemeindemitglieder, was auf jeden Fall von Einfluß auf die Gestaltung der Aussage des Kirchenbaus gewesen sein dürfte.

Die Muttergemeinde beklagte sich gleichzeitig darüber, daß der Kirchgang bei den niedrigeren sozialen Schichten sehr zu wünschen übrig lasse.[13] Hawksmoor baute und entwarf hier also für eine wohlhabende, politisch interessierte Gemeinde, für die der Kirchgang offensichtlich Teil ihres gesellschaftlichen Lebens war, welche zumindest teilweise mit Hof oder Parlament verbunden war. Der Nutzer war demnach ein total anderer als die Seeleute und Arbeiter bei den Stepney-Kirchen und hatte höchstens mit der Gemeinde in Greenwich eine gewisse Ähnlichkeit, obwohl dort das Element des ursprünglichen Fischerdorfes auch noch ein Rolle spielte. Hier in Bloomsbury war es nicht zu der dort festzustellenden Überformung einer traditionellen Gemeinde durch neue Zuwanderer gekommen. Vielmehr war vor relativ kurzer Zeit eine vollkommen neue Gemeinde entstanden, die bisher in der benachbarten alten Pfarrei zu Gast gewesen war und nun - endlich - eine eigene Kirche erhielt.

Der Bauplatz selbst lag eher in einer der weniger vornehmen Straßen. Die Liste der Gemeinderatsmitglieder und ihrer Privatadressen belegt, daß *Bloomsbury Square* und *Great Russell Street* die Residenzen der *nobility* und *gentry* beherbergten, während in *Hart Street* lediglich ein Apotheker sowie ein *„Mr."* erwähnt werden. Der Südwesten der Gemeinde war offensichtlich eher von Gewer-

---

8   Vgl. u.a.: Port, M.H., Hrsg., *The Commissions for Building Fifty New Churches: The Minute Books, 1711-1727, a Calendar*, London Record Society, Bd. 23, London 1986, S. XXXVIII.

9   *L.P.L., Minutes, MS.2691*, S. 295, in: Port, a.a.O.

10   *L.P.L., MS.2711*, S. 44. In voller Länge lautet das Zitat: „.... *it appears to ye Comiss^rs that ye said Parishes tho nearly Equal in number of Inhabitants, do differ very much in respect of the condition of the Inhabitants and in respect to ye Estates and revenues being and arising in ye Said Parishes. It did appear to them that the Parishes of S.t Geo: ye Martyr Ormand Street, St George in Hannover Square and of Bloomsbury, consisted of many of the Principal Inhabitants, Nobility and gentry of ye kingdom, and of Wealthy and rich Traders, ...".*
    Vgl. hierzu auch: *L.P.L., MS.2727*, fol. 67r-v.

11   *L.P.L., MS.2724*, fol. 135.

12   *L.P.L., MS.2711*, S. 47.

13   *L.P.L., MS.2715*, fol. 17r: „.... *The Number of Ordinary persons; who usually take Seats or Places [...] being very small in Proportion to the gentry, ...".*

betreibenden und Handwerkern dominiert.[14] In der *vestry* aber waren die *gentlemen* mit 38 von 45 Mitgliedern deutlich in der Überzahl,[15] und das war die Zielgruppe, für die Architekt Hawksmoor wirklich plante.

Die schon im Falle von *St. Alfege, Greenwich*, angedeutete Verbindung der Verwendung einer betont klassischen Formensprache und vor allem eines konsequenten, die Erscheinung des Baus prägenden Einsatzes der klassischen Ordnungen mit einem gehobenen sozialen Niveau und Bildungsstand der Nutzer bewahrheitet sich hier. Die zukünftige Gemeinde war im vorliegenden Fall sicher in der Lage, Hawksmoors Zitate zu goutieren und seinen eigenwilligen Umgang mit den historischen Vorbildern zu erkennen. Für sie waren auch die im Entwurf des *steeple* verarbeiteten Symbole, Typen und historischen Vorbilder sowie die damit verbundenen Ideen nachvollziehbar. Hawksmoor verzichtete aber dennoch nicht auf die Verwendung seiner betont glatten, massiven Mauerwerksarchitektur. Sie bildet hinter den klassischen Zitaten den eigentlichen Kirchenbau, den Kern der Komposition. In dieser Additivität wird das Moment der bewußten Anpassung des Baus an die soziale Situation besonders deutlich spürbar. Das damit verbundene intellektuelle Spiel mit grundsätzlichen Auffassungen der Architektur eignete sich jedoch ebenfalls gerade für die hier gegebene Bauherrschaft.

V.4.3.
Der Standort - räumlicher und städtebaulicher Rahmen

Der Bauplatz war fest integriert in die vergleichsweise dichte, geschlossene Blockbebauung des Quartiers, welche zu diesem Zeitpunkt noch nicht durch die erst 1847 eröffnete *New Oxford Street* gestört wurde. Er schob sich - wie noch heute - als ein Streifen durch einen der Blocks. Dieser wurde im Norden durch die enge, heute als *Little Russell Street* bezeichnete *Russell Street* begrenzt, im Osten durch die *Bury Street*, im Westen durch die damals noch *Queen's Street* genannte *Museum Street* und im Süden durch die in diesem Bereich deutlich breitere *Hart Street*, den heutigen *Bloomsbury Way*. Der letztgenannte Straßenraum war nahezu doppelt so breit wie derjenige der drei anderen genannten Straßen.

Das von Lady Russell zur Disposition gestellte Grundstück reichte von der Ostgrenze des schließlich erworbenen Bauplatzes bis zur *Queen's Street*. Wie wir gesehen haben, entschied sich die Kommission für die an sich ziemlich problematische Lage im Blockinneren.[16] Das von Nord nach Süd 166', von Ost nach West 106' 6" messende,[17] rechteckige, lediglich auf den Schmalseiten zu erschließende Grundstück wurde in Zusammenhang der Forderung nach einer korrekten Orientierung der Kirche zum Grundproblem des Entwurfs - vor allem in Bezug auf dessen innere Organisation in Grundriß und Interieur.

Die Bescheidung auf ein Teilstück des angebotenen Grundes hatte offensichtlich finanzielle Gründe. Hinter der Entscheidung für die östliche Hälfte - und damit die Aufgabe der Möglichkeit zur Schaffung eines direkten Zugangs von Westen - verbargen sich möglicherweise aber auch andere Motive. Natürlich bedeutete diese Wahl den Erwerb des rein finanziell günstigeren Teils. Hier waren weniger vorhandene Gebäude abzureißen, und vor allem blieben die noch langfristige Pachtverträge aufweisenden Bauten an der Südwestecke des Blocks unberührt. Die Entscheidung kam aber auch dem von Hawksmoor geäußerten Wunsch nach einer möglichst zentralen Lage der neuen Kirche

---

14   *L.P.L., MS.2728*, fol. 25r-v.

15   *L.P.L., MS.2728*, fol. 25r-v.

16   *L.P.L., MS.2715*, fol. 20-33; v.a. fol. 24.

17   *L.P.L., MS.2730/10.*

entgegen. Am 23. 10. 1711 hatte dieser in seinem Bericht bezüglich der vorhandenen Alternativen für Bauplätze in der Gemeinde von *St. Giles-in-the-Fields* bemerkt, *„Plow Yard near Blooms-bury=Markett"*, ein Platz voller Ställe, Schuppen, Remisen etc., könne [schon] zu einem möglichen Bauplatz gemacht werden; der Standort des Markthauses in *Bloomsbury Market* selbst aber sei ein bewundernswerter Bauplatz für eine Kirche.[18] Der *Surveyor* hatte offensichtlich nach einem Grundstück möglichst nahe am Leben der Gemeinde gesucht, am liebsten in dessen Mitte.

Lady Russell stellte allerdings niemals eine Parzelle in *Bloomsbury Market* zur Verfügung. Vom schließlich gewählten Standort der Kirche befand sich dieser direkt über Eck südlich der *Hart Street*. Es handelte sich dabei um zwei Hofanlagen - im Prinzip der *Royal Exchange* wahrscheinlich sehr ähnlich. Diese bildeten jeweils einen in etwa quadratischen Block, welcher auf allen Seiten von auffallend breiten Straßenräumen gesäumt wurde.[19] Die *Hart Street* verbreitete sich dort nochmals fast auf das Doppelte.[20] Die Gebäude des Marktes wurden damit zu freistehenden Objekten in einem großen, rechteckigen Platz, nicht unähnlich der Situation in *Covent Garden* seit der Einfügung des Marktes dort. Wenn schon ein Bauplatz in diesem Bereich selbst unmöglich war, so bot die Entscheidung der Kommission für die östliche Hälfte des zur Verfügung stehenden Blocks den Vorteil der Nähe zu diesem, dem kommerziellen Zentrum des Quartiers sowie einer Sichtbeziehung zu demselben. Insofern ist auch Lady Russells Beschreibung des angebotenen Grundstücks als in Zentrum von Bloomsbury[21] gelegen durchaus gerechtfertigt.

Die beschriebene Situation verleih dem Entwurf nicht nur eine Hauptzugangsseite - *Hart Street* im Süden - sondern auch eine Hauptansicht - über Eck von Südost. Dies änderte allerdings nichts an der grundsätzlichen Beschränkung der Wirksamkeit des Baus in den städtischen Raum hinein infolge der Verwehrung jedweder axialen Annäherung oder auch einer eben solchen Blickbeziehung über eine weitere Strecke hinweg. Der realisierte Entwurf antwortete geschickt und sehr flexibel auf diese Einschränkungen, obwohl er sich der italienischen Lösung der in die Straßenwand eingefügten Kirchenfassade verweigerte und auf dem von der Kommission vorgegebenen Prinzip der freistehenden Kirche[22] beharrte.

Der praktisch eine korrekt orientierte Kirche in der Kirche bildende Kernbaukörper war aus dem Straßenraum heraus nicht erkennbar und zeigte sich bei Annäherung an den Bau erst kurz vor dem Betreten desselben. Sichtbar waren einerseits die additiven Baukörper im Norden und vor allem im Süden und - andererseits - der *steeple*. Dabei war die Turmbekrönung eher aus der Entfernung wirksam, während aus der Nähe, im Straßenraum, primär der Portikus Aufmerksamkeit erregte. Allein aus Südosten, vom *Bloomsbury Market* aus, war der notwendige Abstand gegeben, um die beiden genannten Zeichen für den hier vorhandenen Kirchenbau, das in der Straßenwand wirksame Element der Vorhalle und den *steeple*, zu einem Bild zu verbinden.

Die trotz der faktischen Freistellung der Kirche für den Normalfall der Annäherung entlang einer der Straßen gegebene optische Einbindung des Gebäudes in die Blockstruktur beziehungsweise die Straßenwand erforderte Maßnahmen zur Verdeutlichung des Bruchs an dieser Stelle, zur Kenn-

---

18 *L.P.L., MS.2724*, fol. 120v. Das volle Zitat lautet: *„The Forth is called Plow Yard near Bloomsbury=Markett, a place full of old Stables, Shedds, Coachhouses & such like Edifices this place might be made Capable & it is said that ma Lady Russell was some time since inclined to give this or some other piece of Land upon that estate for Erecting a Church, & non doubting but the same pious intention still continue, the Site of yᵉ Markett house wou'd be an admirable place"*. Daß es sich dabei um den heutigen Bauplatz handelte belegt die Beschriftung von *L.P.L., MS.2750/21* als *„Bloomsbury Market Plough Yard"*.

19 Vgl. u.a.: 1736: *London Surveyed or a new Map of the Cities of London and Westminster and the Borough of Southwalk Shewing the several Streets and Lanes with most of yᵉ Alleys & Thorough Fairs; with the additional new Buildings to this present Year 1736*, Printed for John Bowles, B.L., Map Library, 3480.(49.).

20 *L.P.L., MS.2750/20*, Lageplan vom November 1712.

21 *L.P.L., MS.2715*, fol. 20: *„beeing about the Centre of Bloomsbury"*.

22 Vgl. die Diskussion der *guiding principles*, v.a.: Teil A, III.2.

zeichnung des besonderen Elements innerhalb der allgemeinen Struktur. Für die ursprüngliche Wirkung des Gebäudes ausschlaggebend war der Kontrast des Steinbaus zu den glatten Ziegelfassaden der es rahmenden Bebauung[23]. Der entstandene Bau unterschied sich aber nicht nur in Material und Farbe, sondern auch in Formensprache und Detaillierungsgrad von der an sich sehr einheitlichen Architektur seiner Umgebung, und dies besonders in den der Straße zugewandten Teilen. Insofern muß die für Nicholas Hawksmoor außergewöhnlich klassische Artikulation dieser Baukörper auch als eine Antwort auf die städtebauliche Situation verstanden werden. Es ist interessant zu bemerken, daß dasselbe Argument - zumindest bedingt - für den Bau von *St. Alfege, Greenwich*, gleichermaßen Gültigkeit besitzt.

Die in diesem Sinne formal deutlich differenzierten, von der Straße aus sichtbaren Teile der Kirche variierten aber nicht nur die Straßenfassaden, sie störten auch den an sich eher monotonen Straßenraum. In eine Lücke der glatten, zweidimensionalen Straßenwand war der Kirchenbau als wesentlich plastischeres Element eingestellt. Er war zurückgenommen hinter die Linie der Fassaden der Straße. Eine Vorzone war definiert. Durch die Anordnung der die horizontale Ordnung der Straßenwände durchbrechenden Giebel wurden die Selbständigkeit und der dreidimensionale Charakter des eingefügten Elementes zusätzlich unterstrichen.

Die Verwendung eines zeichenhaften, unzweideutig einen Typus zitierenden Elementes verstärkte vor allem auf der Südseite des Gebäudes die Isolierung des Sonderelementes. Sie erleichterte zudem die Identifizierung des das Allgemeine unterbrechenden Besonderen auf den ersten Blick - und dies auch aus einiger Entfernung. Dieses Motiv für die Verwendung des Tempelgiebels verbindet den Entwurf ein weiteres Mal mit *St. Alfege*. Die Gemeinsamkeiten beider Projekte beruhen demnach nicht allein auf sozialen Kriterien, sondern auch auf einer ähnlichen städtebaulichen Situation beziehungsweise den sich hieraus ergebenden Anforderungen. Dies sollte jedoch nicht als eine schlüssige Begründung der auffallend klassischen Gestaltung beider Kirchen aus der städtebaulichen Situation mißverstanden werden. Nur in Verbindung mit der gegebenen sozialen und intellektuellen Situation der Benutzer sowie mit Überlegungen zur Symbolik des Kirchenbaus war die Verwendung dieser Formen in der vorliegenden Weise sinnvoll. Aus der städtebaulichen Situation ergab sich lediglich die grundsätzliche Plausibilität der Verwendung einer zeichenhaften Architektur. Die Art und Form des verwendeten Zeichens war von anderen Kriterien bestimmt. Dasselbe gilt für die Struktur, die Farbe und das Material der Kirchenbauten.

Eine *St. George* deutlich von der Pfarrkirche in Greenwich unterscheidende Eigentümlichkeit ist die Ablesbarkeit der Zeichenhaftigkeit der beiden der Straße zugewandten Baukörper durch deren Additivität, durch den krassen Kontrast derselben zum glatten Hauptbaukörper, welcher bei Annäherung an das Gebäude unübersehbar wird. Die vollständig klassisch artikulierten Baukörper sind damit - wie die *steeples* bei eigentlich allen Kirchenentwürfen Hawksmoors - fast schon demonstrativ als Zeichen erfahrbar gemacht. Die These der Erweiterung des Prinzips der Addition zeichenhafter Architekturen in die Horizontale bezieht aus der Kenntnis der städtebaulichen Situation und der sich daraus ergebenden Funktion der additiven Baukörper zusätzliche Glaubwürdigkeit. Im städtebaulichen Rahmen dienten sie alle der visuellen Signalisierung der Kirche.

Die Notwendigkeit zur Richtungsänderung innerhalb des Baus gab der klaren Differenzierung zudem eine Funktion innerhalb der Komposition im Sinne einer Hilfe zum Verständnis der räumlichen Organisation. Der sich ergebende harte Kontrast der Straßenansichten einerseits sowie der Ost- beziehungsweise Westansichten andererseits wird gleichermaßen von der Umgebung gerechtfertigt. Die beiden Längsseiten des Grundstücks unterlagen vollkommen anderen Bedingungen als die kürzeren Straßenseiten. Sie wandten sich den ursprünglich ins Blockinnere orientierten Rückseiten der umgebenden Gebäude zu. Eine Mauer markierte die Grenze zu diesen Nachbarn. Die sich damit ergebende optische Abschirmung der Nachbargrundstücke führte zu einer weiteren Verstärkung der von der Grundstücksform vorgegebenen Kanalisierung der Wahrnehmung der Ost- und Westseite

---

23   Summerson, a.a.O., 1986, S. 401.

des Baus, ganz abgesehen davon, daß diese Maßnahme die sicher nicht unbedingt sehr ansehnlichen Hinterhöfe der angrenzenden Häuser verbarg. Die Bewegung entlang einer der Seiten der Kirche, und zwar direkt unterhalb der Fassade, war der einzige Weg zur optischen Wahrnehmung dieser Ansichten. Diese Kanalisierung machte die Hintereinander-Ordnung deutlich differenzierter Elemente klar erfahrbar, ohne daß die extreme, die Einheit der Komposition an sich in Frage stellende Additivität voll wirksam werden konnte.

Diese in den Charakteristika des Grundstücks begründeten Unterschiede bezüglich der Möglichkeiten und Bedingungen der Wahrnehmung des Gebäudes und seiner Teile waren es auch, welche für *St. George* eine vollkommen andere Lösung diktierten als für *St. Alfege*. Die trotz der offensichtlich gegebenen Integration der Ostfassade in die Straße an sich freistehende Position der Kirche in Greenwich verbat dort eine Differenzierung und Additivität wie sie hier in Bloomsbury realisiert wurden, weshalb aus der Wahl einer klassischen Erscheinung bei *St. Alfege* fast zwangsläufig eine Reduzierung des Kontrasts von klassischer Säulenarchitektur und massiver Mauerwerksarchitektur auf Details des Hauptbaukörpers beziehungsweise den Unterschied zwischen diesem und dem nie ausgeführten Turm folgen mußte. Allein die sich im Gegensatz hierzu bei *St. George, Bloomsbury*, aus der räumlichen Situation ergebende Unmöglichkeit der vollständigen Erfassung der Komposition mit einem Blick erlaubte die für diesen Entwurf so typische Variation des Themas der beiden additiven Baukörper - und damit eine Anpassung der Bauform dieser Kirche an die ganz unterschiedlichen Situationen auf deren verschiedenen Seiten.

Die Entwicklung der Komposition, vor allem der nördlichen und südlichen Baukörper, im Verlauf des Entwurfsprozesses und die hierbei schließlich entwickelten Lösungen sind unter diesem Aspekt ebenfalls sehr interessant.

Der genehmigte Entwurf differenzierte in seinen gestalterischen Antworten bereits klar zwischen dem engen Straßenraum im Norden der Kirche und dem weiten, wesentlich stärker frequentierten Raum im Süden von *St. George*. Loggia und Portikus als die jeweils gewählten Typen der additiven, zeichenhaften, zitierenden Baukörper spiegelten die beiden deutlich unterschiedlichen Situationen. Die zweigeschossige Ordnung im Norden antwortete dem kleineren Maßstab der *Russell Street*. Die geschlossene Variante entsprach zudem der schattigen Nordseite. Ebenso war sie der eher ruhigen Atmosphäre einer Wohnstraße angepaßt. Zusammen mit dem in der Nordostecke angesiedelten Pfarrhaus bildete die Fassade einen fast schon intimen, ruhigen Platz als Vorbereitung auf die Kirche. Der Kirchenbau selbst wurde dabei gleichzeitig integriert und hervorgehoben. Die Loggia, die hier unter dem Giebel des Baukörpers eingefügt erscheint, nahm mit den umgebenden Gebäuden über formale Gemeinsamkeiten so weit Kontakt auf, daß der Vorplatz praktisch zu einer Erweiterung des Straßenraums wurde. Unterstützt durch die Additivität der Komposition integrierte sich die Kirche somit bedingt in die Straßenfassade. Es entstand hier ein städtebauliches Gegenstück zur Ambiguität der architektonischen Kompositionen Hawksmoors. Einfügung und Isolierung wurden gleichzeitig spürbar.

Insgesamt muß die Situation der Kirche im Norden ursprünglich an eine der von den mittelalterlichen Stadtstrukturen der *City of London* geprägten Wren-Kirchen erinnert haben. Es entstand ein sich aus der Straßenfassade entwickelnder, leicht asymmetrischer, wahrhaftig als solcher zu bezeichnender Vorplatz - im Gegensatz zur symmetrischen Abstandsfläche im Süden. Durch die asymmetrische Öffnung entlang der Westfassade wurde hierbei eine Führung der Besucher zu den Westportalen unter dem Turm erreicht. Leider wissen wir nichts über die ebenfalls von Hawksmoor vorgenommene Gestaltung der Fassaden des Pfarrhauses sowie des diesem gegenüber angeordneten Pfarrbüros mit Gemeinderatssaal.[24] Die beiden Gebäude boten auf jeden Fall Gelegenheit zur Schaffung eines geschlossenen Ensembles.

---

24   *L.P.L., Minutes, MS.2691*, S. 429, in: Port, a.a.O.;
      L.P.L., MS.2747/12.

Der Portikus im Süden war von Anfang an wesentlich lauter und im Maßstab seiner Lage an der geschäftigen *Hart Street* angepaßt. Hier waren Isolierung und Monumentalisierung viel deutlicher das Ziel der Gestaltung des Sonderelements innerhalb der Straßenfassade. Die Durchgänge zu beiden Seiten des Portikus blieben gleichermaßen offen und machten den Bau zum Solitär.

Ursprünglich - in frühen Planungsstadien - war der Portikus allerdings weiter zurück gelegen. Vom *Bloomsbury Market* her gesehen, wäre er dann zumindest teilweise von den benachbarten Häusern verdeckt worden. Noch negativer hätte sich die zurückliegende Position jedoch beim Blick entlang der *Hart Street* erwiesen. Außerdem hätte sich in der Hauptansicht von Südost eine Überschneidung von Portikus und *steeple* ergeben. Sowohl bezüglich der Lesbarkeit der Zeichen als auch bezüglich der Komposition dieser Ansicht sowie der Führung in die Kirche hätte dies deutliche Nachteile gehabt. Mit der nachträgliche Vergrößerung der Tiefe des Portikus auf zwei Interkolumnien wurde dieser vom *Bloomsbury Market* aus vollkommen sichtbar. Durch die damit verbundene, klare optische Trennung von *steeple* und Portikus in der Ansicht ergab sich aber nicht nur ein ästhetisch befriedigenderes und besser lesbares Bild für den Betrachter aus Südost, sondern auch ein auf das Eintreten in die Kirche und die damit verbundenen Richtungsänderung vorbereitender Tiefenzug. Die erwähnte Planänderung hatte also nachvollziehbare Vorzüge.

Ein Stich von Wale und Elliot[25] *(Abb. 147)* zeigt das Ergebnis. Die Abbildung stellt uns eine Südostansicht der Kirche, den Blick aus der für die Wirkung des Gebäudes wichtigsten Perspektive vor Augen. Die sicher nicht zufällige Wahl des Standorts belegt erneut die hiermit angesprochene Orientierung des Baus auf den *Bloomsbury Market*. Aus diesem Blickwinkel wird das Bild der Kirche von den oben als bewußt als Zeichen eingesetzte Zitate identifizierten additiven Bauteilen, Portikus und *steeple*, dominiert. Tempelfront und Mausoleum dienen als Signale, welche die Aufmerksamkeit auf den selbst überhaupt nicht sichtbaren Kirchenbau ziehen.

Auch im städtebaulichen Kontext erweist sich die vorliegende Entwurfsentwicklung demnach als eine zunehmende Lösung von der Fixierung auf das Objekt an sich und dessen Grundrißgraphik zugunsten einer Beachtung der objektiven Bedingungen der Wahrnehmung desselben.

V.4.4.
Das Patronat - eine besondere Beziehung zum Monarchen

1735 bezeichnete Seymour den Schutzheiligen der Pfarrkirche von Bloomsbury als St. Georg den Märtyrer zu Ehren Georgs I.[26] Er bestätigte damit die die Ikonographie des *steeple* prägende Identifikation des heiligen Georg mit König George I. von England. Die Symbolik der Architektur Hawksmoors war seinen Zeitgenossen demnach vollkommen bewußt.

Der Autor fügte hinzu, der König übe die Patronatsrechte über die Kirche aus.[27] Wesentlich mehr als bei den Kirchen in Stepney bestand hier also auch eine persönliche Beziehung zwischen dem Monarchen und der Kirche. Dies verlieh dem Bau eine besondere Würde. Die Konsequenzen dieser Verbindung für den Entwurf des Gotteshauses gingen über deren vergleichsweise reiche, aufwendige und auch klassische Gestaltung weit hinaus. Wir haben oben bemerkt, daß innerhalb des den ganzen Kirchen eigenen Themenkreises der Verbindung römischer Kultur und Zivilisation mit dem frühen Christentum im Idealbild der staatskirchlichen Verfassung eines Konstantin und deren Identifikation mit der Ordnung des englischen Königreiches im vorliegenden Fall die Rolle des Monarchen besondere Betonung fand. Offensichtlichster Ausdruck dieser Tendenz ist die besagte Gestaltung des *steeple*.

---

25   Southern, Stephen, *Research Report on St. George, Bloomsbury*, for the Church Council (unveröffentl. Manuskript), London Juli 1992, Abb. 1.

26   Seymour, R., *A Survey of the Cities of London and Westminster*, 2 Bde., London 1735, S. 768-769.

27   Seymour, a.a.O., S. 768-769.

Es mag geradezu widersinnig erscheinen, daß ausgerechnet von einer *Whig*-Kommission, in einer Gemeinde, welche offensichtlich auch eine Anzahl Parlamentarier beherbergte, Mitglieder eben jenes Verfassungsorgans also, das die Rolle des Monarchen in dieser Zeit erfolgreich zu beschneiden suchte, eine Kirche derart offen monarchischer Prägung entstehen sollte.

Besondere Brisanz erhält dieses Thema durch die Tatsache, daß die Eigentümer des Grundes praktisch der gesamten Gemeinde, die Vorbesitzer des Baugrundes, die Familie und die Witwe von Lord William Russel waren. Dieser war in einem Prozeß seiner mutmaßlichen Beteiligung am sogenannten *Rye-House-Plot* wegen allein infolge seines Beharrens auf dem Widerstandsrecht des Subjekts zum Tode verurteilt und am 21. 7. 1683 hingerichtet worden. Er war dadurch zu *„einem Märtyrer für die Freiheit"* geworden, *„der für die Whigs das war, was der Märtyrerkönig Karl I. für die Tories war"*.[28] Die Tatsache, daß seine Witwe in dem von ihrem Mann nach Überwindung vieler Widerstände entwickelten Bloomsbury der Kommission ein Grundstück anbot, macht nicht nur jedwede Verbindung der Kommission mit jakobitischen Ideen oder absolutistischen Neigungen unmöglich, es bedingt auch eine differenziertere Betrachtung der Symbolik der Kirche. Offensichtlich war diese selbst für Lady Russell akzeptabel. Wir können mit Sicherheit davon ausgehen, daß sie Mittel und Wege gefunden hätte, einen Entwurf zu verhindern, der in seiner Aussage ihre Gefühle verletzt hätte. Dasselbe ist für die Kommission zu sagen. Wie wir oben gesehen haben, fand diese an der Dekoration des *steeple* an sich nichts zu kritisieren, obwohl Hawksmoor ihr mit seiner unautorisierten Beauftragung der Details eine ideale Gelegenheit zur Kritik gegeben hatte.

Drei Aspekte sind in diesem Zusammenhang von besonderer Bedeutung. Zum einen wird die Monarchie in der Gestaltung der Kirche eindeutig mit George I. in Verbindung gebracht, mit einem König also, der allein infolge eines Parlamentsbeschlusses Thronfolgerechte erhalten hatte, der diese wegen seiner grundsätzlichen Übereinstimmung mit der Ordnung des Staates zugesprochen bekommen hatte und dessen Krönung der in den Augen der Öffentlichkeit mit der Idee des Absolutismus verbundenen Dynastie der Stuarts endgültig jede Chance zur Wiedererlangung des Thrones genommen hatte.

Dieser König wurde im vorliegenden Falle identifiziert mit St. Georg, dem Drachentöter, dem Schutzheiligen Englands. In gewisser Weise war dies exakt die Rolle des neuen Königs. Er war gerufen worden, um die Ordnung des Königreiches gegen gewaltsame Änderungen von außen zu schützen. Sein Regierungsantritt hatte dem Drachen des Absolutismus, des Katholizismus, den Stuarts endgültig den Garaus gemacht und dem Staat nach Jahrzehnten der Unsicherheit Ruhe und Ordnung versprochen. Er hatte damit auch die sich auf Konstantin berufende staatskirchliche Verfassung bewahrt, was eine zusätzliche Verbindung zwischen dem frühchristlichen Märtyrer Georg und dem hannoveranischen Monarchen herstellte.

Die Statue des dahingehend gedeuteten Königs wurde schließlich auf einem Grabmal plaziert, auf einem Monument, das den ewigen Ruhm eines Menschen verkündet. Der Monarch wurde also für seine vollbrachten Taten gerühmt, nicht als Persönlichkeit verherrlicht. Diese Taten waren im Rahmen der Verfassung mit Zustimmung des Parlaments geschehen, in Erfüllung der mit dem Amt verbundenen Pflichten als Schutzherr des Staates und seiner Ordnung. Der König als ein seiner Aufgabe gerecht werdendes Verfassungsorgan wurde mit dem Entwurf geehrt.

Lord Russell hatte das Amt an sich und dessen Notwendigkeit auch keineswegs angezweifelt. Er hatte sogar zugestanden, daß unter den idealen Bedingungen des Urchristentums das Prinzip der *non-resistance* gerechtfertigt gewesen sei.[29] Dies gibt auch den Anklängen an frühchristliche Themen eine zusätzliche Bedeutung. König Georg wurde hier in ein Geflecht von Bedeutungen eingebunden, welche auf die Idee des idealen Monarchen verwiesen, in Verherrlichung seiner vergangenen Taten und als Verpflichtung für die Zukunft. In diesem Bild konnten *Tories* und *Whigs* überein-

28   Kluxen Kurt, *Geschichte Englands: von den Anfängen bis zur Gegenwart*, 2. Aufl., Stuttgart 1976, S. 364. Vgl. auch: *Dictionary of National Biography*, 1908-1909, Bd. XLIX, S. 480-485.

29   Kluxen, a.a.O., S. 363.

stimmen, die Probleme zwischen ihnen ergaben sich erst in der Krise. Um diese zu vermeiden, war der Hannoveraner ins Land geholt worden.

Sicher war dies eine konservative Deutung der Gedanken Lord Russells, der die Urkirche frei vom Einfluß des Gesetzes - und damit des Staates - gesehen hatte. Sie entsprach aber der allgemeinen Entwicklung der *Whigs* mit deren Etablierung als staatstragende Regierungspartei im Zuge der hannoveranischen Thronfolge. Da die Dekoration des *steeple* nachweislich allein Hawksmoors Kopf entsprungen ist, müssen wir davon ausgehen, daß dieser an einer derartigen Deutung der Geschichte sowie des Staates zumindest keinen Anstoß nahm. Als Hofbeamter war er sowohl von der Gunst als auch vom Einfluß des Monarchen direkt betroffen. Insofern entsprach diese Interpretation wahrscheinlich auch seinen eigenen Interessen.

V.4.5.
Zusammenfassung - Kontext und Form

Im Fall von *St. George, Bloomsbury*, erweist sich die Einbeziehung des Kontexts im weiteren Sinne als sehr aufschlußreich. Sie erklärt über das grundsätzliche Problem der Orientierung und Erschließung des Kirchenbaus hinaus einige der auffallendsten Eigenheiten des Entwurfs.

Die betont klassische Formensprache wird in diesem Zusammenhang als Antwort auf die soziale Situation der Gemeinde verständlich. Das Projekt belegt damit erneut die These der bewußten Anpassung der Architektur Hawksmoors an das soziale und intellektuelle Niveau der zu erwartende Nutzer seiner Bauten. Die Gestaltung der additiven Baukörper im Norden und Süden wird zudem als ein Ausdruck der Funktion dieser Teile des Gebäudes als Signale im städtebaulichen Rahmen erkenntlich. Deren krasser Kontrast zur glatten Mauerwerksarchitektur des Kernbaukörpers und ihre diesbezügliche Verwandtschaft mit der Gestaltung der *steeples* der anderen Kirchen Hawksmoors erhalten hierdurch obendrein eine funktionale Begründung. Dies wiederum untermauert zusätzlich die These der bewußten Differenzierung zitierender, zeichenhafter Baukörper von der regulären Architektur.

Die deutlichen Unterschiede zwischen den Baukörpern im Norden und Süden erweisen sich im Kontext als eine Entsprechung zu den ebenso unterschiedlichen räumlichen Situationen. Die innerhalb des Objekts überraschende Differenzierung wird insofern als ein bewußtes Eingehen auf das Umfeld verständlich. Dies läßt auf einen bewußten Kontextualismus des Architekten Nicholas Hawksmoor schließen. Das mit der Vergrößerung der Tiefe des Portikus entstandene Ungleichgewicht der Komposition schließlich erweist sich im Zusammenhang als eine Anpassung an die Bedingungen der Wahrnehmung des Gebäudes. Es demonstriert insofern die Entwicklung des Entwurfsprozesses vom Objekt an sich zum Objekt im Kontext.

Das besondere Verhältnis der Kirche zum englischen König sowie zur Familie von Lord William Russel endlich befördert die Klärung der Bedeutung der Symbolik des *steeple* und bestätigt die oben geäußerte hannoveranisch-loyalistische Auffassung der Aussage des Baus.

VI.
St. Mary Woolnoth
(Abb. 178-210)

VI.1.
Baubeschreibung:
die Rekonstruktion der Form in ihrem Originalzustand und deren analytische Beschreibung
(Abb. 178-195)

Das Projekt von *St. Mary Woolnoth*, der letzten der mit Sicherheit Hawksmoor zuzuschreibenden Kirchen, stellt an sich in jeder Hinsicht eine Ausnahme dar. Der Neubau ersetzte eine vorhandene Kirche mitten im Zentrum der *City of London*. Das Projekt entsprach insofern in keiner Weise dem Ziel der Versorgung der rasch anwachsenden neuen Vororte der Stadt. Eigentlich gehörte es noch zum Programm der *City Churches* Wrens, zumal die Notwendigkeit zum Neubau eine Spätfolge der nur provisorischen Reparatur der alten Kirche nach dem Brand von 1666 war.

Die Kommission wehrte sich anfänglich dagegen, diese zusätzliche Aufgabe zu übernehmen, die ihr ein ausschließlich für dieses Projekt erlassenes Ergänzungsgesetz von 1712 aufbürdete. Entsprechend dauerte es ziemlich lange, bis der Entwurf wirklich in die Hand genommen wurde. Erst im März 1716 beauftragte die Kommission die *Surveyors* mit der Erarbeitung von Vorschlägen. Das Projekt ist insofern auch die einzige Hawksmoor-Kirche, welche allein unter der Ägide der dritten Kommission entstanden ist.[1]

VI.1.1.
Der Erhaltungszustand - nachträgliche Änderungen

Der Bau hat die Wirren der Zeit erstaunlich gut überstanden und ist praktisch unbeschadet auf uns gekommen. *St. Mary* ist im übrigen die einzige Kirche der *City*, die keinerlei Kriegsschäden zu beklagen hatte. Wirklich schwerwiegende Eingriffe in den von Hawksmoor 1727 hinterlassenen Zustand erfolgten lediglich im Rahmen einer Restauration durch William Butterfield im Jahre 1875.[2] Dieser entfernte die Galerien und schuf damit den heute noch vorhandenen Einheitsraum. Die nun überflüssigen Fronten brachte er als Dekoration an den Wänden an, Teile davon verarbeitete er aber auch in der heutigen Orgelgalerie. Gleichzeitig wurden die ursprünglichen *box pews* durch Bänke ersetzt, und die Kanzel fand ihren derzeitigen Platz. Auch der Sternenhimmel im Obergaden ist ein Ergebnis dieser Arbeiten.[3]

Um 1900 wurde mit dem Bau der *underground-station* die Krypta der Kirche vollkommen zerstört. Die Baumaßnahme ließ die Kirche sonst aber vollständig unberührt. Ähnliches gilt für den Bau des neuen Pfarramts. Nach dem Durchbruch der *King William Street* um 1830 hatte sich die Situation im Süden grundsätzlich geändert, und Anfang des neuen Jahrhunderts wurde der verbleibende Spickel mit dem noch heute vorhandenen Gebäude überbaut. Dieses verbirgt seitdem die Südfassade,

---

1   Downes, Kerry, *Hawksmoor*, Studies in Architecture, Bd. II, 1. Ausg., London 1959, S. 189ff;
       Downes, Kerry, *Hawksmoor*, London 1970, Reprint 1987, S. 128-131;
       Pevsner, Nikolaus, *Buildings of England, London 1: The Cities of London and Westminster*, London 1973, S. 172-173.

2   Pevsner, a.a.O., S. 172.

3   Hew, Alexander, *The Relationship of St. Mary Woolnoth to its Milieu* (unveröffentl. Hausarbeit), London 1994, S. 14.

dieselbe ist dahinter aber noch vollständig erhalten, und die Zeichnungen Hawksmoors belegen den ursprünglichen Zustand weitgehend.[4]

Die Rekonstruktion des Aussehens der Gotteshauses und seines Interieurs im Jahre 1727 erleichtern die glücklicherweise in den 130 Jahren zwischen deren Fertigstellung und der Restaurierung Butterfields veröffentlichten Pläne und Abbildungen der Kirche[5].

VI.1.2.
Kurzbeschreibung: die dreidimensionale Komposition

Die geometrische Komposition des Kirchenbaus ist - zumindest auf den ersten Blick - denkbar einfach. Den Kernbaukörper der Kirche bildet ein Quader über quadratischem Grundriß. Seine Proportionen sind in etwa 10:10:7. Mittig auf der Oberseite dieses Baukörpers ist ein kleinerer Quader, ebenfalls mit quadratischem Grundriß, plaziert - der Obergaden. Die Seitenlänge dieses kleineren Quaders beträgt etwas mehr als die Hälfte derjenigen des größeren. Seine Proportionen sind mit ungefähr 9:9:4 deutlich flacher. Im Westen ist der Komposition axial ein extrem breiter Turm vorgestellt. Fast möchte man diesen insgesamt als eine massive Tafel beschreiben. Dessen Quader wiederholt in der Breite die Abmessungen des Obergadens; er nimmt somit mehr als die Hälfte der gesamten Westfassade ein. In der Vertikalen entspricht seine Dimension der doppelten Höhe des Hauptbaukörpers. Seine Tiefe mißt in etwa ein Viertel der Seitenlänge desselben. Es ergibt sich ein Seitenverhältnis von circa 4:9:22. Auf der schmalen aber langen Oberseite des Baukörpers sind deutlich voneinander und vom eigentlichen Turm abgesetzt symmetrisch zwei kleine quadratische Türmchen mit einer Proportion von ungefähr 2:2:3 aufgesetzt.

Die Komposition ist gerade durch ihre Beschränkung auf klare, rechtwinklige Elemente extrem additiv. Dennoch sind die Beziehungen der Bausteine bei näherem Hinsehen nicht so einfach, wie dies auf den ersten Blick erscheint. Vor allem der Turm wirft ein Problem auf. Er ist insgesamt ein wenig in den Hauptbaukörper geschoben. Gleichzeitig ist er auf Höhe der Oberkante des Hauptbaukörpers klar und deutlich horizontal geteilt. Er besteht offenbar aus zwei praktisch identischen übereinander angeordneten Quadern. Die untere Hälfte des Turmes integriert sich von daher zumindest teilweise in den Hauptbaukörper. Der obere Teil aber wird als additiv auf der Ebene der Oberseite des Kernbaukörpers aufgesetztes Element lesbar und nimmt damit formal eine Beziehung zum Baukörper des Obergadens auf. Das Verhältnis der stereometrischen Körper von Turm und Hauptbaukörper innerhalb der abstrakten, dreidimensionalen Komposition wird dadurch zwiespältig. Es stellt sich die Frage nach der Zugehörigkeit der Überschneidungszone.
Dieselbe Frage thematisierte Hawksmoor schon in der Westpartie von *St. George-in-the-East*. Hier bei *St. Mary* ging er aber deutlich weiter. Betrachten wir den Turm als Einheit, so durchdringt er den Hauptbaukörper; verstehen wir ihn als zweiteiliges Element, dann stellt sich die Frage nach der Auffassung der unteren Hälfte, und diese wird - verstärkt durch das tiefe Einziehen der Schmalseiten - praktisch auf eine der Westfassade vorgestellte Scheibe reduziert. Den Spalt zwischen der-

---

[4]   Downes, a.a.O., 1959, S. 193-194.

[5]   Clarke, Charles, *Architectura Ecclesiastica Londini*, London 1819;
       Pugin, A. und Britton, J., *Architectural Illustrations of the Public Buildings of London*, 2 Bde., London 1825, 1828, S. 89-94;
       Godwin, George, *The Churches of London: A History and Description of the Ecclesiastical Edifices of the Metropolis*, 2 Bde., London 1838.
       Zu weiteren Abbildungen vgl. auch:
       Downes, a.a.O., 1959, S. 194;
       Adams, Bernard, *London Illustrated 1604-1851, A Survey and Index of topographical Books and their Plates*, London 1983.

selben und der Mauer der Westfassade des Hauptbaukörpers überspannt dann der obere Teilquader des Turmes.

Hawksmoor illustriert damit die Unvereinbarkeit von geometrischer Vorstellung und konstruktiver Umsetzung unter Betonung des Primats der Geometrie. Nur durch die bewußt kreierte Ambiguität bleiben beide Quader - derjenige des gesamten Turmes ebenso wie der des Hauptbaukörpers - unversehrt denkbar, ohne daß die Komposition de facto in separate Einzelteile zerfällt. Die Vieldeutigkeit steht somit im Dienste sowohl der Einheit der Komposition als auch der Erkennbarkeit der geometrischen Grundvorstellung. Die additive Einheit der Architektur Hawksmoors sucht beides zu vereinen.

Interessant ist die Parallelität zur Lösung im Falle des Obergadens. Dieser ruht im Innenraum auf vier jeweils unter den Ecken angeordneten Dreiergruppen korinthischer Säulen. Im Schnitt ergibt sich somit gewissermaßen ein Turm im Inneren des Gebäudes. Auch hier wird auf der Höhe der Decke des Hauptbaukörpers ein harter Schnitt gemacht, so daß sich eine doppelte Lesbarkeit ergibt.

Hawksmoor gelang es auch hier aus wenigen, betont einfachen Baukörpern eine komplexe additive Einheit zu schaffen und gleichzeitig die fast schon als primitiv zu bezeichnende geometrische Grundvorstellung deutlich klar zu machen. In ihrer Addition eines primären, klaren horizontalen Baukörpers sowie eines diesem im Westen vorgestellten Turmelements muß diese als eine freie Interpretation des traditionellen Typus der englischen Pfarrkirche verstanden werden. Das bei den anderen Kirchen als geometrisches Symbol des Kirchenbaus bezeichnete Grundmuster war demnach auch im vorliegenden Fall der Kern des Entwurfes.

Die Addition der beiden kleinen würfelförmigen Baukörper auf dem Westturm gab diesem zusätzlich eine gewisse Ähnlichkeit mit mittelalterlichen Zweiturmfassaden und besonders mit einer Gruppe romanischer Kirchen in Deutschland. Goodhart-Rendel verwies schon 1936 auf diese Ähnlichkeit.[6] Beachtenswert ist hierbei die Tatsache, daß sich Kirchen mit einem derartigen hohen Westwerk[7] ausgehend vom Dom Heinrichs des Löwen in Braunschweig gerade im niedersächsischen Einflußbereich der Welfen finden, der Ahnen des 1715 auf den englischen Königsthron gelangten Geschlechts.[8] Sir John Vanbrugh war 1707 an den Hof der Hannoveraner gereist, um dem zukünftigen George II. den *Order of the Garter* zu überbringen.[9] Außerdem herrschte schon vor der Krönung Georgs I. ein reger Pendelverkehr zwischen den Höfen von Westminster und Hannover, der danach zwangsläufig noch beträchtlich zunahm. Hawksmoor hätte folglich durchaus von den Kirchenbauten des Stammvaters der neuen Dynastie wissen können.

[6] Goodhart-Rendel, H.S. , *The Works of Hawksmoor*, Teil III, S. 408, in: *The Architect and Building News*, Bd. 145, 27. März 1936, S. 408-410.

[7] Zarnecki, G., *Romanik*, Belser Stilgeschichte, Stuttgart und Zürich 1970, Reprint Herrsching 1981, S. 28.

[8] Vgl. zum Bsp.:
Liebfrauenkirche, Magdeburg;
Liebfrauenkirche, Halberstadt;
Dom, Quedlinburg;
Dom und *Marienkirche* in Stendal.

[9] Downes, Kerry, *Vanbrugh: a biography*, New York 1987, S. 316ff.

VI.1.3.
Die Grundrisse
Abb. 178-179)

VI.1.3.1.
Form und Ordnung

Die Großform des Grundrisses ist denkbar einfach. Dem zentralen Quadrat des Gemeinderaumes mit seinen 60' x 60' Außenmaß sind axial kleinere Additionen angefügt: im Osten das flache Rechteck des Chorraumes mit circa 15' x 30' Außenmaß, im Westen das Rechteck des Narthex beziehungsweise Turmes mit einem Außenmaß von ungefähr 10' x 40'. Den Maßen liegt insgesamt ein 5'-Raster zugrunde, wie wir es schon bei früheren Entwürfen Hawksmoors als im Laufe der Bearbeitung mehr und mehr relativierte Grundstruktur festgestellt haben. Durch die Verwendung von 4' starken Außenwänden ergeben sich im Innenbereich Abmessungen von 52' x 52' für den Hauptraum, 6' x 20' für den auf der gesamten Breite zum Gemeinderaum geöffneten Chorraum und 30' x 6' für den Narthex.

In Ost-West-Richtung resultiert aus der Gliederung der Außenwände durch die Fenster eine Teilung in fünf identische Joche. Diese 5-Teilung regelt auch die Position der internen Stützen. Dieselben stecken ein 3 mal 3 Joche messendes zentrales Quadrat aus und definieren damit eine ein Joch tiefe Randzone entlang der Außenseiten des Quadrats.
Über jedem Eck des zentralen Quadrats sind drei Säulen angeordnet. Eine der Säulen markiert jeweils das Eck selbst. Mit den beiden anderen entstehen gleichschenklige, zum zentralen Quadrat hin offene, winkelförmige Gruppierungen. Der Abstand der Säulen zueinander weist keinerlei Beziehung zur Ordnung der Hülle auf. Er ergab sich aus der Ordnung der inzwischen entfernten Galerien,[10] die den Raum ursprünglich hinter den Säulen auf drei Seiten umzogen.[11] Deren Stützen teilten den Raum in Längsrichtung, das heißt von Ost nach West, in vier identische Abschnitte. Symmetrisch zu den nächst den Ecksäulen befindlichen Galeriestützen waren die beiden anderen Säulen der Dreiergruppe angeordnet - auch wenn die Galeriestützen im Westen aus dieser Ordnung ausbrachen.
Die Kanten des zentralen Quadrats sind bis an die Außenwand verlängert und dort durch die Anordnung den internen Ecksäulen antwortender Pilaster vor der Wand markiert. Hierdurch sind kleine, 1 auf 1 Joch messende quadratische Zonen in den Ecken des großen Quadrats ausgezeichnet. Am Westende sind die Innenecken des Raumes in dieser Zone gebrochen. Die Wand verbindet direkt - unter 45° - die beiden vorgelegten Pilaster. Dahinter verbirgt sich jeweils die Wendeltreppe eines der beiden Treppenhäuser. Durch diese Abflachung erhält der Gemeinderaum insgesamt eine gewisse Orientierung zum offeneren Ende im Osten.

Unterstützt wird dies durch die Gliederung des Grundrisses in Nord-Süd-Richtung. Diese ist wesentlich weniger eindeutig und keinesfalls so seriell wie diejenige von Ost nach West. Zudem sind hier die beiden flankierenden Außenwände deutlich unterschiedlich behandelt. Faktisch ist die 5-jochige Gliederung auf diesen Seiten nicht über die vorgelegten Pilaster fortgesetzt. Im Westen besteht sie andeutungsweise noch fort. Die Breite des axial angeordneten Haupteingangs entspricht derjenigen des mittleren dieser fünf Joche; und die Galeriestützen markierten - im Gegensatz zu deren Anordnung auf den beiden anderen Seiten - die Grenzen derselben. Ursprünglich bestand hier also eine gewissermaßen als zentriert zu bezeichnende Version der Nord- beziehungsweise Südseite

---

10   Pugin, A. und Britton, J., a.a.O., S. 89-94.

11   Vgl. auch: Pugin, A. und Britton, J., a.a.O., S. 93.

des Raumes ohne die Komplexität der sich dort überlagernden Ordnungen und ohne deren klar serielle Auffassung.

Im Osten hingegen war zwischen den internen Säulen und der Außenwand nichts angeordnet, und es öffnet sich der mit seiner Breite von circa 20' am mittleren Interkolumnium der internen Säulenstellung orientierte Chorraum. Im Gegensatz zur Querachse, die von den Galeriestützen verstellt wurde, wurde die Mittelachse in Ost-West-Richtung frei gehalten. Im Osten wurde hierbei eine direkte Beziehung des zentralen Quadrats zur Außenwand hergestellt, während die beiden ansonsten durch die zwischen ihnen angeordnete Galerie eher getrennt wurden. Letzteres galt selbst für die Westseite des Raumes, wo die Galeriestützen den Durchgang verringerten. Auf der Ostseite stimmen zudem auch die Ordnung von Interieur und Hülle vollkommen überein. Die aus einer Kombination der beiden grundsätzlichen Ordnungssysteme entwickelten internen Säulenstellungen kollidieren auf den anderen Seiten mit der 5-Teilung der Wände und lösen somit das Interieur von der Hülle. Nicht nur die letztere sondern auch das zentrale Quadrat erfahren hierdurch eine Öffnung nach Osten; der an sich zentralisierte Grundriß erhält eine gewisse Longitudinaltendenz.

Selbst die auf den ersten Blick so simple Geometrie des vorliegenden Grundrisses gewann in den Händen Hawksmoors also eine gewisse Ambiguität. Ihre Einfachheit wurde in Frage gestellt, das leitende Prinzip hierbei aber klar erkennbar bewahrt. Dies ermöglichte die Darstellung des idealen Konzepts eines Zentralraumes ohne dieses bis in die letzte Konsequenz realisieren zu müssen. Die Aussage war gemacht, die Funktion des Gebäudes hierdurch aber nicht behindert oder zurückgestellt. An die Stelle der Verschmelzung im italienischen Barock trat hier die Überlagerung und Hierarchisierung der beiden grundsätzlichen Konzepte in einem Grundriß.

Die dabei zu beobachtende Verwendung verschiedener Ordnungsstrukturen und deren Überlagerung offenbart die Arbeitsweise des Architekten. Hawksmoor isolierte im Grundriß einzelne Strukturen ebenso, wie er dies mit den Baukörpern im Rahmen der dreidimensionalen Komposition tat. Die prinzipiell von einer Fünfteilung geprägte Hülle, die Galerie mit ihrer grundsätzlich vierjochigen Ordnung, die Säulenstellung in ihrer diese beiden Ordnungen gleichzeitig verbindenden und störenden Anordnung und der die Hülle sprengende Chorraum gehorchten allesamt jeweils ihren eigenen Regeln, diese Regeln waren jedoch komplex ineinander verwoben und überlagert, so daß dessen ungeachtet eine klare Einheit entstand, welche im vorliegenden Fall sogar sehr viel mehr war - und ist - als eine bloße Addition.

VI.1.3.2.
Funktion und Organisation

VI.1.3.2.a.
Das Erdgeschoß
(Abb. 178-179)

Im Erdgeschoß ergibt sich eine klare Abfolge von Räumen. Man betritt den Bau durch den dem Gemeinderaum vorgelagerten Narthex, einen quer gelagerten Raum mit einer Proportion von circa 2:7. Dieser liegt vier Stufen über dem natürlichen Niveau. Der Eintritt in ihn erfolgt entweder auf der Ost-West-Achse durch das circa 8' breite Hauptportal oder aber entlang der Westfassade durch eines der beiden Seitenportale an den Stirnseiten des Narthex.

Vier weitere Stufen führen auf der Achse in den quadratischen Gemeinderaum. Dem Eingang gegenüber öffnet sich die flache Nische des Chorraumes. Die Anordnung von Retabel und Altartisch in der Nische direkt vor der Ostwand, die Anhebung des Chores, der praktisch auf die Nische beschränkt bleibt, und die Trennung desselben vom Gemeinderaum durch die Chorschranke entsprechen bis heute dem Originalzustand.

Die ursprüngliche Bestuhlung ist nicht erhalten. In der Sakristei befinden sich allerdings Pläne, welche den Originalzustand auch hier belegen. Dieselben stimmen vollkommen mit den in Pugin und Brittons *Edifices of London*[12] veröffentlichten Grundrissen *(Abb. 179)* überein. Die *pews* bildeten demnach zwei Blocks. Diese reichten in Ost-West-Richtung von der Ostseite der östlichen Säulen bis zur Westseite der westlichen. Im Norden und Süden ließen sie jeweils einen circa 4' breiten Gang entlang der Außenwand frei. In der Mitte verblieb ein ungefähr 10' breiter Mittelgang, der Eingang und Chor verband. Die Blocks reichten folglich bis weit unter die Galerien und überspielten so die Grenze des durch die internen Stützen ausgezeichneten zentralen Quadrats.

Im Osten befanden sich direkt am Mittelgang, symmetrisch zu beiden Seiten angeordnet, Kanzel und Ambo[13]. Im Westen bildeten zwei große *pews* für die *churchwardens* hierzu ein deutlich schwächeres Gegenstück. Dadurch ergaben sich im Grundriß eine Betonung der Mittelachse sowie ein Schwergewicht an deren östlichem Ende. Die Bestuhlung unterstützte insofern die im Gebäude selbst angelegte, von den Galerien verstärkte Manipulation des Zentralraumgedankens in Richtung auf einen deutlich gesteten Grundriß.

Während der Mittelgang offensichtlich in voller Breite offen belassen wurde, waren die Seitengänge durch eine Art Sperre abgetrennt. Am Westende des Gemeinderaumes entstand so eine weitere Vorzone. Von ihr gelangte man in die auch direkt von außen zugänglichen Treppenhäuser. Diese erschlossen die Krypta, die Galerien sowie die oberen Turmgeschosse.

VI.1.3.2.b.
Das Galeriegeschoß
(Abb. 178)

Die oben erwähnten Pläne belegen auch den ursprünglichen Zustand der durch Butterfield entfernten Galerien. Diese zogen sich um den gesamten Gemeinderaum mit Ausnahme der Ostseite. Im Osten endeten sie stumpf an der Außenwand. Auf ihnen befanden sich zwei Reihen parallel zur Front angeordneter *pews* sowie ein vor der Wand verlaufender Gang. Ihre Fronten blieben insgesamt hinter den internen Stützen zurück. Während sie zwischen den Säulengruppen bis auf die Säulenachse vorgezogen waren, schwangen sie im Bereich der Säulen konkav zurück und waren auf deren Rückseite vorbeigeführt.

Im Gegensatz zur vereinheitlichenden Wirkung der *pews* im EG ergab sich hier eine klare Artikulation der zum Chor hin geöffneten U-Form. Aus der die Säulen außer der beiden inneren, den Durchblick zum Chor hin rahmenden Stützen im Osten des Raumes in das U einbindenden Galerie resultierte zudem eine heute nicht mehr wahrnehmbare Differenzierung eben der zwei letztgenannten Säulen. Während alle anderen als ein Teil der Hülle des Gemeinderaumes im weiteren Sinne verstanden werden konnten, wurden sie auch als eine Art angedeuteter Lettner vor dem Altarraum lesbar, als eine schwache Erinnerung an die Säulenschirme von *Christ Church*. Im Rahmen der Untersuchung des Interieurs von *St. Mary* werden wir auf diese Manipulation des Grundrisses noch einmal zurückkommen.

---

[12]   Pugin, A. und Britton, J., a.a.O., Abb. I, II.

[13]   „Reader's Desk".

VI.1.3.2.c.
Die Krypta

Folgte man den Treppen vom EG nach unten, so gelangte man ursprünglich in die heute nicht mehr erhaltene Krypta. Da keine der vorhandenen Zeichnungen sich auf den ausgeführten Zustand beziehen kann, ist deren Rekonstruktion praktisch unmöglich. Wurde sie den früheren Planungsstadien zugeordneten Plänen entsprechend ausgeführt, handelte es sich mit größter Wahrscheinlichkeit um eine von Flachtonnen überwölbte, ost-westlich orientierte, dreischiffige Pfeilerhalle. Interessanterweise zeigen die beiden erhaltenen Blätter[14] auch hier einen Mittelpfeiler, wie wir ihn von *St. George, Bloomsbury*, kennen.

VI.1.3.3.
Typus, Vorbilder und Bedeutungen

Trotz der formalen Komplexität der Lösung orientiert sich der vorliegende Grundriß an einem einzigen Typus. Es handelt sich bei ihm um eine freie Interpretation des Viersäulensaales. Hawksmoor selbst hatte diesen Typus in seinen anderen Kirchen schon mehrfach in unterschiedlicher Deutlichkeit umgesetzt. In Reinform verwendete er ihn in einem Entwurf für die Kapelle des ebenfalls von ihm geplanten *Greenwich Hospital Infirmary*[15] - und dies ohne jede statische Notwendigkeit, was darauf hindeutet, daß der Entwerfer den Typus an sich als geeignet für einen Sakralraum betrachtete. Mehr oder weniger exakt die hier umgesetzte Lösung zeigte auch der oben bereits besprochene Lageplan für *St. George, Bloomsbury*, von 1711[16].

Rein von der Grundrißgestaltung ergibt sich hieraus eine große Ähnlichkeit mit einigen der *City-Churches* Sir Christopher Wrens.[17] Finalay betont darüber hinaus die praktisch zeitgenössische Verwendung des Grundrißtypus in *All Saints, Northampton*, und *North Runcton, Norfolk.*[18] Mit dieser Ähnlichkeit drängen sich die mit diesen Kirchenentwürfen verbundenen Vorbilder auf, die protestantischen Kirchen von Haarlem oder Amsterdam ebenso[19] wie frühchristlich-byzantinische Exempel sowie das ikonographisch unmittelbar damit verbundene Idealbild der zum reinen Urzustand zurückgekehrten reformierten Kirche Englands. Zudem erinnert die quadratische Gesamtform so eindeutig an Hawksmoors Zeichnung einer Kirche der frühen Christen[20], daß diese Gedankenverbindung auch hier nicht gänzlich absurd erscheint.

Die über dem vorliegenden Grundriß errichtete Kirche unterstützt diese Konnotationen allerdings viel weniger, als dies in anderen Entwürfen des Architekten der Fall ist. Der vorliegende Sakralbau und sein Grundriß erhalten hierdurch eine deutlich andere Bedeutung, welche viel eher

---

14   *B.L., Map Library, K.Top.23.28.3a;*
     B.L., Map Library, K.Top.23.28.3b (Abb. 204).

15   *National Maritime Museum, Greenwich, Art/1,* fol. 56 *(MS.9957,* fol. 56):
     „The little Chapel for the Prayers & Sacrament".

16   *L.P.L., MS.2715,* fol. 22.

17   *St. Martin, Ludgate;*
     St. Mary at Hill;
     St. Anne and St. Agnes.

18   Findlay, Donald, *Centralized Plans for Anglican Churches in Georgian England,* S. 68,
     in: The Georgian Group, *Report and Journal,* 1989, S. 66-74.

19   Whinney, Margaret, *Wren,* London 1971, Reprint 1987, S. 63-64.

20   Odgers, Juliat, *Hawksmoor's part in building the Fifty New Churches,* A Dissertation presented to the Department of
     Architecture, University of Cambridge for the Diploma Examination (unveröffentl. Manuskript), Cambridge Mai 1984, S. 59.

einen Bezug zu antiken Typen säkularer Art herstellt. Hier sei lediglich auf den *oecus tetrastylos* oder das Atrium des römischen Hauses verwiesen.

VI.1.4.
Die Ansichten
(Abb. 179, 181-192)

Von den vier Ansichten des Kirchenbaus sind heute lediglich die Nord- und Westseite sichtbar. Im Osten ist derselbe praktisch direkt an das benachbarte Gebäude angebaut. Im Süden verdeckt das Anfang dieses Jahrhunderts angefügte neue Pfarrhaus[21] der Gemeinde die originale Fassade zu großen Teilen. Ursprünglich lag diese allerdings offen. Basierend auf einer Untersuchung der erhaltenen Teile im Inneren des Pfarrhauses und der sich daraus ergebenden weitgehenden Übereinstimmung mit einer der Zeichnungen Hawksmoors[22] veröffentlichte Downes 1970 eine Zeichnung der Südansicht,[23] welche der folgenden Analyse zugrunde liegt.

VI.1.4.1.
Die Westfassade und der Turm
(Abb. 179, 181-189)

Die Hauptansichtsseite der Kirche ist die Westfassade. Hier befindet sich der einzige Zugang in den Kirchenraum. Dominiert wird diese Ansicht von der senkrecht vom Boden aufsteigenden Scheibe des überbreiten Turmes, einem Rechteck mit einer Proportion von circa 5:11. Auf dessen Oberkante sind die beiden durch eine Balustrade verbundenen, ihrerseits ebenfalls von einer Balustrade gekrönten, würfelförmigen Türmchen plaziert. Hinter dem Turm wird als zweite Fassadenebene die Westseite des Hauptbaukörpers sichtbar, ein liegendes Rechteck mit einem Seitenverhältnis von ungefähr 17:6.

Der Turm ist exakt in der Mitte seiner Höhe, auf dem Niveau der Oberkante des Hauptbaukörpers, durch das auch hier durchgezogene Kranzgesims des Hauptbaukörpers horizontal geteilt. Es entstehen zwei leicht hochrechteckige Teilflächen mit einer Proportion von circa 11:10.

VI.1.4.1.a.
Die Fassaden des unteren Teils des Turms
(Abb. 179, 182-183, 185-187)

Die untere Teilfläche der Westfassade des Turmes rahmen auf ihrer gesamten Höhe kolossale toskanische Säulen. Der Durchmesser derselben beträgt circa 4'. Die beiden Zylinder reduzieren die nahezu quadratische Wandfläche auf ein deutlich hochrechteckiges Format mit einer Proportion von ungefähr 5:4.

An sich handelt es sich bei den beiden Säulen um die Enden der Mauerwerksscheibe der Westfassade des Turmes, welche als Dreiviertelsäulen artikuliert sind. Die Schäfte bleiben vollständig innerhalb der Ebene der westlichen Vorderkante der Fassade. Die Abgrenzung der Säulen von der

21   Vgl.: Hew, Alexander, a.a.O., S. 9.

22   *B.L., Map Library, K.Top.23.28.31* (Downes-Katalog Nr. 135).

23   Downes, a.a.O., Reprint 1987, S. 128, Abb.116.

verbleibenden Fläche erfolgt durch ein Einziehen der Oberfläche. Auf der Innenseite der Säulen folgt das Profil der Wand der Rundung des zylindrischen Schaftes. Bei circa 45° kehrt dasselbe senkrecht nach vorne zurück auf die ursprüngliche Ebene der Fassade. Der Säulenschaft erscheint von daher wie aus der massiven Wandscheibe gehauen, wie eine spezielle Ausformung des Mauerwerks.

Verstärkt wird dieser Eindruck durch die über die gesamte Fassade gezogene Bandrustika. Auch diese verbindet die ebene Wandscheibe und die Säulenschäfte zu einer Einheit. Selbst der unter dem gesamten Bau durchgezogene glatte Sockelstreifen ist Wand und Säule gemeinsam und folgt dem Profil der Schäfte. Lediglich die Abaki der Kapitelle durchbrechen diese ideelle Ebene. Über den letzteren befindet sich eine kleine Fläche glatten Mauerwerks, quasi ein kurzes Stück Architrav. Die Tatsache, daß dieses die Ebene der vertieften Streifen des Bandrustika fortsetzt, verstärkt den Eindruck des aus der Mauermasse Geschälten. Das angedeutete Gebälk verleiht der Säule aber dennoch etwas mehr Selbständigkeit.

Das Detail ist in seiner Aussage bezüglich des Verhältnisses von Säulenordnung und Wand beziehungsweise massivem Mauerwerk eindeutig. Der geometrische Kern der Säule ist als zur eigentlichen Architektur gehörig in die Mauer integriert, als deren spezielle Ausformung er gedacht ist, der konventionelle Dekor hingegen ist als Addition außerhalb der Mauermasse kenntlich gemacht.

In die von den beiden Säulen gerahmte Fläche sind mittig das Portal sowie eine darüber angeordnete Lunette eingeschnitten. Das Portal ist 8' breit. Von der Schwelle bis zum Kämpfer des es abschließenden Bogens mißt es 16'. Es ist durch ein in der Ansicht 2' breites, konkaves Gewände gerahmt. Dieses ist auch um die Archivolte geführt. Ein Rahmen ist nicht ausgebildet. Vielmehr zieht sich die Bandrustika - der konkaven Form des Gewände folgend - bis in die Leibung. Der Kämpfer ist durch ein etwas stärker hervortretendes, ansonsten aber reguläres Band innerhalb der Rustika betont. Letzteres ist unverändert bis zu den flankierenden Säulen geführt. Im Bereich der Säulen ist es dann aber wieder auf das normale Profil reduziert. Über dem Halbkreis des Bogens sind die Bänder der Rustika zum Mittelpunkt desselben hin gebrochen. Sie bilden einen strahlenförmigen Kranz sechzehn angedeuteter Keilsteine. Der Schlußstein der Archivolte ist so nahezu vollständig in die Textur der Fassade integriert.

Oberhalb des Schlußsteins des Portals ist das zweite Band der Rustika wie das eben beschriebene Kämpferprofil etwas erhabener geformt. Es markiert kaum wahrnehmbar die Grenze eines angedeuteten Mezzanins am oberen Ende der Fassade und bildet die Basis der Lunette. Exakt wiederholt diese den Bogen des Portals. Als einziger Unterschied ist der in diesem Fall plastisch gestaltete, ein Wappenschild tragende Schlußstein zu vermerken. Ursprünglich sollte denselben das Monogramm Georgs I. zieren.[24]

Zusätzlich hervorgehoben ist die formale Ähnlichkeit der beiden Öffnungen durch die Betonung der Kämpferzone innerhalb des Bogens des Portals. Ein Sturz trennt hier das halbkreisförmige Oberlicht von der zweiflügeligen Tür. Es ergibt sich ein Zwiegespräch der zwei die Mauerscheibe durchbrechenden Formen, welches eine der schweren Gestaltung an sich widersprechende Dynamisierung dieses Fassadenteils bewirkt. Dies verleiht dem Motiv der Lunette eine besondere Bedeutung. Erneut klingt das Spiel mit einem formalen Leitmotiv an, wie wir es bei den anderen Kirchen Hawksmoors und vor allem bei *Christ Church* beobachtet haben. Die Lunette dient im vorliegenden Fall jedoch weniger der Vereinheitlichung des Außenbaus als der Herstellung einer motivischen Beziehung der Hauptfassade zum Innenraum, wo sich dieselbe Form als Öffnung im Obergaden wiederfindet.

Abgeschlossen wird die Teilfassade durch das kräftige Hauptgesims des Baus, ein Konsolgesims, sehr ähnlich demjenigen von *St. George, Bloomsbury*. Allerdings sind die Konsolen hier etwas leichter gestaltet, und das Gesims ist an seiner Unterkante durch eine zusätzliche Fascie sowie eine schmale *cyma reversa* ergänzt. Das Gesims folgt verkröpft dem Profil der Fassade, ist über den flankierenden Säulen also etwas nach hinten gebrochen, was die Scheibe des Mittelfelds hervorhebt.

---

24   *B.L., Map Library, K.Top.23.28.3w recto* (Downes-Katalog Nr. 134).

Gleichzeitig macht dies aufmerksam auf die Entfernung der Rustika im Bereich der einen Architrav andeutenden glatten Flächen über den Säulen.

Die Seitenansichten des unteren Teils des Turmes sich extrem schmal. Von der insgesamt 10' breiten Fassaden verbleiben neben der Säule gerade noch 6'. In die um den halben Säulendurchmesser hinter der Säule zurückbleibende, ebenso durchgehend rustizierte Wandfläche ist im EG eine 4' breite Tür eingeschnitten. Diese übernimmt das Kämpferniveau des Hauptportals, wodurch eine extrem hochrechteckige Form entsteht. Ohne den Bogen ergibt sich eine Proportion von 1:4, inklusive desselben ein Seitenverhältnis von 2:9.

Über dem ebenso wie das Kämpferband auf dieser Seite wiederholten Band auf Höhe der Fensterbretter der OG-Fenster befindet sich hier ein rechteckiges, im Licht circa 3' x 5' 6" messendes Fenster. Es belichtet zusammen mit der Lunette auf der Westseite die oberhalb des Narthex angeordnete *ringing chamber*. Das Fenster ist von einem breiten, klassischen Rahmen mit einer für die schwere Fassade ungewöhnlich feinen Detaillierung gefaßt. Dieser weist im Bereich des Sturzes „Ohren" auf, welche deutlich an Beispiele des italienischen Manierismus erinnern.

Die Tatsache, daß diese Fensterchen mit ihrer Oberkante merklich oberhalb der Kapitelle der Säulen enden, hat eine vielschichtige Wirkung. Spontan führt es dazu, daß der gesamte zurückliegende Fassadenstreifen den Eindruck einer Füllung hinter der massiven westlichen Frontscheibe macht. Verstärkt wird dieser Effekt durch das Hauptgesims, welches konsequent nach hinten verkröpft ist. Letzteres verläuft zudem so knapp oberhalb des Sturzes des besagten Fensters, daß jede tragende Funktion der Wand unmöglich anmutet. Noch deutlicher scheint dies direkt darüber gemacht zu werden. Der Baukörper des oberen Teils des Turmes kragt mit seiner Unterseite über diesen zurückgenommenen Fassadenteil. Er spannt scheinbar frei von der westlichen Mauerwerksscheibe zum Hauptbaukörper. Schließlich unterstützt die extrem steile Proportion der Türe das „eingezwängte" Erscheinungsbild des Fassadenteils und damit die beschriebene, auf den ersten Blick eindeutige Lesung des unteren Teils des Turmes.

Dem widerspricht jedoch die oben erwähnte, die Massivität auch dieses schmalen Fassadenteils betonende Rustizierung der Wand. Bei einem zweiten Blick stellt sich die gesamte Profilierung der Seitenansicht demzufolge als eine plastische Gestaltung der Mauermasse dar. Hierdurch wird die primäre Deutung grundsätzlich in Frage gestellt. Sie wird als ein durch eine Manipulation der Oberfläche erzeugtes, rein optisch wirksames Bild erkennbar. Dasselbe bleibt dessen ungeachtet aber wirksam. Es ergibt sich auch hier die in früheren Beispielen als Fiktionalität der Architektur bezeichnete Situation der Darstellung einer den Realitäten an sich widersprechenden Deutung der Konstruktion bei gleichzeitigem Kenntlichmachen derselben als Schein durch das bewußte Schaffen innerer Widersprüche.

Von besonderem Interesse ist die Auswirkung der Erkenntnis der Fiktionalität der optischen Erscheinung dieser Teilfassade auf die Auffassung des Hauptgesimses. Die rein visuell immer noch unbefriedigende Nähe des Sturzes der OG-Fenster zur Unterkante des Gesimses wird somit zumindest intellektuell verständlich durch das Wissen um die auch hinter dem Gesims durchlaufende, bis zur Oberkante der nochmals circa 2' 6" hohen Attika reichenden Mauerwerksscheibe. Das Gesims ist somit nichts weiter als ein aufgelegter Dekor, und die Gestaltung macht dies in ihrer inneren Widersprüchlichkeit deutlich. Insofern unterstützt die Gleichzeitigkeit der beiden Lesarten der Seitenansichten auch die Aussage des Architekten bezüglich der klassischen Ordnungen. Sie betont das faktische Primat der Mauer und verweist auf die rein optische Wirksamkeit des klassischen Dekors. Hinter dem Schein der Säule wird so die Mauermasse als das eigentliche, das wahrlich konstruktive Bauelement spürbar.

In den über Eck anschließenden, westlichen Fassadenteilen des Hauptbaukörpers ist dasselbe Thema weiter bearbeitet. Aus der Gegenüberstellung der beiden ergeben sich interessante Beziehungen, die zu einer weiteren Verdeutlichung einiger Aussagen führen.

VI.1.4.1.b.
Die Westseite des Hauptbaukörpers
(Abb. 179, 181, 186-188)

Die Ansicht des Hauptbaukörpers wird von Westen durch den ihr mittig vorgestellten Turm auf zwei 14' breite Streifen zu dessen beiden Seiten reduziert. Bis zu einem gewissen Grad können diese als eine glatte Variante der soeben beschriebenen Seitenansichten des unteren Teils des Turmes bezeichnet werden.

An der Außenkante der beiden Rechtecke mit einer Proportion von circa 3:1 ist jeweils eine 4' breite Vorlage ungefähr 1' nach vorne gezogen. Die einzelne Teilfassade wird hierdurch so deutlich asymmetrisch, daß sie ohne ihre symmetrische Ergänzung auf der gegenüberliegenden Seite kaum bestehen kann. Damit wird die Mittelachse der Gesamtansicht betont. Die Breite dieser Vorlagen entspricht der Stärke der dahinter auf die Fassade stoßenden, längs verlaufenden Außenwand. Sie symbolisieren die Wandscheibe dahinter ebenso wie es die Säulen auf den Schmalseiten des unteren Turmgeschosses tun. Sockel und Hauptgesims folgen auch hier verkröpft dem sich daraus ergebenden Profil der Wand und fassen die Fläche horizontal.

Das zwischen dem Turm und der Vorlage verbleibende Wandfeld ist 10' breit. Für es ergibt sich eine Proportion von etwa 4:1. Die Wand ist vollkommen glatt belassen. Lediglich das in den Turmfassaden EG und Mezzanin trennende Rustikaband ist hier als die Fläche horizontal gliederndes Element bis zur Innenseite der Wandvorlage fortgesetzt. Darüber ist das OG-Fenster der Turmfassade exakt wiederholt. Es belichtet in diesem Fall das hinter diesen Fassaden verborgene Treppenhaus. Unten ist im Bereich des Sockels die Türe zum Treppenhaus eingefügt. Sie bildet zusammen mit dem direkt über ihr angeordneten Fenster eine aufwendig plastisch gestaltete Gruppe, welche mit ihrer Oberkante die Scheitelhöhe des Gewändes des Hauptportals erreicht.

Aus der Gegenüberstellung der beiden identischen OG-Fenster ergeben sich interessante Beobachtungen bezüglich der Auffassung des Dekors der Wand. Es wird ersichtlich, daß der Rahmen der beiden Fenster lediglich aus einem im Abstand von circa 6" vom Rand der Fensteröffnung aufgelegten, feinen Profil besteht, daß die Wandfläche darunter glatt durchläuft. Der breite Rahmen des Fensters in der Seitenfassade des Turmes offenbart sich als nichts anderes als ein unbearbeitetes Stück Wandfläche - ohne die ansonsten in die Masse der Wand eingeschnittenen, vertieften Streifen der Rustika. Die Staffelung der Gewändes der Fenster hingegen erweist sich als Darstellung der in der Rustika teilweise entfernten, äußeren Schicht der Wand. Hinter der Außenfläche der Mauer wird so gewissermaßen deren Kern sichtbar. Schon bei *St. Alfege* haben wir diese Darstellung eines sich in Schichten in die Wand hinein arbeitenden Prozesses beobachtet. Durch seine Verbindung mit der Rustika erhält das Detail hier eine besonders klare Aussage.

Die Identität der beiden Fenster sowie die Fortsetzung des EG und Mezzanin trennenden Bandes stellen allerdings auch einen Bezug zwischen den über Eck aneinander stoßenden Teilfassaden als Ganzes her. Die prinzipielle Gleichheit der Ordnung beider wird verdeutlicht, auf die sich daraus ergebende bedingte Symmetrie wird hingewiesen. Daraus entspringen weitere, gleichermaßen aufschlußreiche Beziehungen.

Die Doppeldeutigkeit der schon bei vielen anderen Projekten beobachteten Wandvorlagen an den Ecken der Baukörper ist durch die hier vorgenommene Gegenüberstellung erstmals ernsthaft thematisiert. Das oben für die Säulen in den schmalen Seitenansichten des Turmes Gesagte gilt für sie an sich ebenso. Ohne den entsprechenden Kontext wäre ihre Aussage wenig deutlich. In dem hier vorliegenden Zusammenhang ergibt sich aber eine Rückkopplung. Die Wandvorlagen werden so als eine rein optische, ohne Zweifel aber wirksame Darstellung einer objektiv nicht vorhandenen Isolierung und Bedeutung einzelner Mauerwerksscheiben erkennbar. Zudem ergibt sich in der hier geschaffenen Situation eine Auffassung derselben als Rohform der auf der gegenüberliegenden Seite vorhandenen Säulen, als Masse Stein, welche potentiell einen Säulenschaft birgt.

Der damit angesprochene Gedanke der Gestaltung der Architektur aus dem steinernen Block in einem substraktiven Prozeß und dessen Verbindung mit einem selektiven, additiven, bewußt dekorativen Ergänzen wird in der Gegenüberstellung von Rustika und glatter Wand besonders deutlich - und dies vor allem infolge der Fortsetzung des genannten horizontalen Bandes. Dadurch, daß an der Schnittstelle das in den Turmfassaden wesentlich tiefere Band auf die Differenz zur Außenseite der regulären Bänder der Rustika reduziert wird, werden die glatte Oberfläche der Wand des Hauptbaukörpers und die Ebene der Außenseiten der Bänder der Rustika gleichgesetzt. Folglich ist die Rustika nichts anderes als eine durch das nachträgliche Entfernen des Materials im Bereich der vertieften Rillen plastisch gestaltete Mauer. Das Hauptgesims darüber aber ist - wie das EG und Mezzanin trennende Band selbst - eine aufgelegte Addition, eine dekorative Zutat; es ist kein Teil der Mauer, der eigentlichen, der tragenden Architektur.

Die im unteren Bereich der Fassade eingefügte Tür zum Treppenhaus sowie das dasselbe im EG belichtende Fenster bilden zusammen mit den sie verbindenden plastischen Elementen eine in sich geschlossene, weitgehend unabhängig von den Details der benachbarten Fassadenteile entwickelte Gruppierung.

Die Türen zum Treppenhaus sind kleine, 3' breite Korbbögen. Diese sind ohne jeden Rahmen aus dem circa 4' 6" hohen Sockel geschnitten, über welchen sie mit ihrem Bogen in die Wandfläche des EG dringen. Die Oberkante des Sockels ist gleichzeitig ihr Kämpfer. Ähnlich wie bei den Kryptaeingängen von *St. Anne, Limehouse*, scheint über der Lücke im Sockel additiv ein auf diesem ruhendes Sturzelement aufgelegt. In vorliegenden Fall handelt es sich dabei um eine massive, in der Ansicht ungefähr 1' breite Archivolte, deren untere Enden horizontal um circa 1' verlängert sind, so daß die Form eines Ochsenjoches entsteht. Im Scheitel ist ein in seiner Gestalt den dreiteiligen Keilsteingruppen Hawksmoors entsprechender, de facto aber aus einem Stück gearbeiteter Schlußstein eingefügt, der insgesamt circa 4' breit ist und so nahezu die Hälfte der Archivolte ausmacht. Dieser Schlußstein ist vollständig in die betont glatte und kantige Oberfläche des Sturzelements integriert, so daß dieses insgesamt fast wie ein Monolith erscheint.

Auf der Stirnseite des Schlußsteines sind allerdings drei Putten halbplastisch dargestellt. Mit ihrem feinen Relief und ihrer flatternden Bewegung bilden sie einen denkbar krassen Gegensatz zu der spröden, steinernen Architektur und vor allem zur optischen Funktion des Elements als Darstellung der tragenden Konstruktion. Dessen ungeachtet trägt der Schlußstein - wie die Keilsteingruppen in der Nordfassade von *St. George, Bloomsbury* - das massive Fensterbrett des EG-Fensters.

An sich ist es irreführend, hier überhaupt von einem Simsen zu sprechen. Das ungefähr 6' lange und 1' 4" breite Element mit quadratischen Querschnitt ist hierfür viel zu massiv. Es erinnert viel mehr an einen Sturz. Interessanterweise findet sich exakt dasselbe Element, mit demselben, lediglich einen schmalen Rand der ursprünglichen Oberfläche stehenlassenden, vertieften Paneel auf seiner Vorderseite und mit einer bis in das einzelne Profil hinein exakt identischen Detaillierung auch als Sturz der Treppenhausportale von *St. George-in-the-East*.

Unter diesem Fensterbrett sind - auch dies wie bei dem spätestens im August 1714 im Detail festliegenden[25] Sturz in *St. George-in-the-East* - Triglyphen angeordnet. Hier sind diese jedoch kein Teil der Türpfosten. Vielmehr dienen sie - aus der Wand gelöst - den massiven Simsen als würfelförmige Konsolen. Ihre Position - nur Millimeter trennen ihre Unterkante vom massiven Sturzelement der Treppenhaustür, welches deutlich erkennbar das Fensterbrett trägt - läßt sie konstruktiv jedoch unnötig, ja wie von oben abgehängt erscheinen. Ist bereits die Hawksmoor möglicherweise von Domenico Fontana[26] bekannte Verwendung des an sich zweidimensionalen Elements der klassischen Säulenordnung als dreidimensionale Konsole mehr als exzentrisch, so macht der hier gegebene hängende Eindruck das Element vollends zur reinen Dekorationsform. Es ergibt sich ein Musterbeispiel der sich aus der für Hawksmoor offensichtlich bestehenden freien Verfügbarkeit histori-

---

25   *B.L., Map Library, K.Top.23.21.2i verso*, rechts (Downes-Katalog Nr. 86).

26   Fontana, Domenico, *Della Trasportatione dell' Obelisco Vaticano*, Rom 1590, Abb. 69.

scher Motive in einem Spiel der Formen und Bedeutungen ergebenden Möglichkeiten. Gleichzeitig ist durch die Betonung der klaren stereometrischen Form und die ebenso klare Additivität der einfache, fast schon als abstrakt zu bezeichnende Block Stein als der Ursprung aller architekonischer Form - inklusive der additven Detailform - thematisiert. Die Sturz-Sims-Gruppe insgesamt gehört damit - zusammen mit den Seiteneingängen von *St. George-in-the-East* und den Kryptaeingängen von *St. Anne, Limehouse* - zu einer Gruppe von Details, welche das architektonische Denken ihres Schöpfers einem Kürzel gleich darzustellen scheinen. Die Beispiele erinnern in ihrer Exzentrizität, in ihrem offenen Bruch mit den auf einer Darstellung der statischen Gesetze beruhenden Sehgewohnheiten und in ihrem bewußt anti-klassischen Umgang mit den Elementen der traditionellen Säulenordnungen stark an den Geist Michelangelos, in ihrer Kantigkeit und Massivität, in ihrer Schwere und Additivität sind sie aber dennoch deutlicher Ausdruck der Prinzipien der Architektur Nicholas Hawksmoors.

Bezeichnenderweise findet sich diese außergewöhnliche Gestaltung hier - wie bei *St. George-in-the-East* - am Zugang zu den Treppenhäusern und damit zu den *pews* der wohlhabenderen, der gebildeteren Familien auf den Galerien. Das Detail, welches gerade in seiner Exzentrizität für seine Rezeption die Kenntnis der Regeln der klassischen Architektur und das Verständnis für das mit deren Bruch verbundene intellektuelle Spiel erfordert, ist somit auch hier an einer Stelle plaziert, an der am ehesten mit geeigneten Rezipienten zu rechnen war. Aber auch abgesehen davon lieferte die mit der Funktion verbundene, sozial begründete Wertigkeit eine Begründung für eine derart aufwendige, die Aufmerksamkeit auf sich ziehende Gestaltung. Das Detail muß insofern als ein erneuter Beleg für eine soziale Differenzierung von Stil und Formensprache in der Architektur Hawksmoors gewertet werden.

Über dieser Gruppe öffnet sich das EG-Fenster des Treppenhauses, ein 4' breiter, bis zum Scheitel 10' messender Bogen. Dieser wird von einer Variation des Rahmens der OG-Fenster gefaßt. Hier ist das Profil allerdings etwas reicher. Während bei den OG-Fenstern die Wandfläche praktisch glatt durchläuft und lediglich ein schmales Profil[27] im Abstand von circa 6" von der Fensteröffnung aufgelegt ist, ist das Band dazwischen hier zusätzlich in zwei Fascien differenziert.

Im Bereich des Kämpfers erweitert sich der Rahmen zu einer Art „Ohren", wie sie bei Serlios korinthischen Portalen[28] als Andeutung eines Sturzes zu finden sind. Die Kombination derselben mit dem darüber aufsteigenden Bogen macht das Detail aber ebenso unklassisch wie dies im Falle der OG-Fenster die rechteckige Verlängerung ihres Rahmens nach oben tut. Die Archivolte selbst begleitet ein zusätzliches Profil[29]. Am Fußpunkt ist dieses über besagten „Ohren" horizontal bis zu deren Ende geführt. Es entsteht eine entfernt an das jochförmige Sturzelement der Treppenhaustüren erinnernde Form. Im Scheitel durchbricht eine dreiteilige Keilsteingruppe den gesamten Rahmen - auch dies ein entferntes Echo der Gestaltung unterhalb des Fensters, gleichzeitig aber auch eine behutsame Bezugnahme zur Rustika der Turmfassade.

Das Fenster nimmt weder in seiner Form noch in den Höhen direkt Bezug zur benachbarten Seitenfassade des Turmes. Die beiden Gruppen sind jedoch auf das Hauptportal auf der Westseite des Turmes bezogen. Als untergeordnete, symmetrisch um dieses angeordnete Elemente versuchen sie eine andeutungsweise Ergänzung desselben zu einer traditionellen dreiteiligen Gruppierung.

Das Verhältnis der beiden Fensteröffnungen zu ihren unmittelbaren Gegenstücken an der Schmalseite des Turmes illustriert treffend das Verhältnis der beiden Fassaden insgesamt und damit auch dasjenige der beiden Baukörper. Diese sind klar differenziert, aber ebenso eindeutig durch gemeinsame Elemente verbunden. Sie werden als zwei sich ergänzende Interpretationen eines einzi-

---

27 Plättchen und *cyma reversa*.

28 Serlio, Sebastiano, *The Five Books of Architecture*, an Unabridged Reprint of the English Edition of 1611, New York 1982, Buch IV, Kap. 8, fol. 48v, 49r.

29 Plättchen und Hohlkehle.

gen Themas verständlich. In diesem Sinne entsteht in der Westansicht von *St. Mary* unterhalb des Hauptgesimses eine Einheit bei gleichzeitiger Differenzierung. Der untere Teil des Turmes und der Hauptbaukörper verbinden sich zu einer Basis für den darüber angeordneten Baukörper des oberen Teils des Turmes. Die sich in der dreidimensionalen Komposition als Vieldeutigkeit der Beziehung des Baukörpers des Turmes zum Hauptbaukörper äußernde Ambiguität ist hier in der Ansicht fast noch deutlicher artikuliert, und es fällt schwer, die Frage zu beantworten, ob der Turm nicht erst oberhalb des Kranzgesimses ansetze. Dies gilt um so mehr, als auch die Gestaltung des oberen Teils des Turmes alles tut, diesen Eindruck zu unterstützen.

In der Horizontale ergibt sich auf jeden Fall ein Zusammenspiel der Fassadenteile von Hauptbaukörper und Turm. Der weiter zurückliegende Hauptbaukörper bildet den weniger kräftigen Hintergrund für die rustizierte Turmfassade, deren Säulen die beiden Wandvorlagen des Hauptbaukörpers wiederholen. Es entsteht eine kalkulierte Steigerung der Wirkung zur Mitte hin, welche über die reine Symmetrie hinausgeht. Fast könnte man sie als die Darstellung eines Bearbeitungsprozesses beschreiben.

Obwohl rustizierte Fassaden - und auch rustizierte Säulen - keine Seltenheit in der zeitgenössischen Architektur darstellen, ist die Verwendung einer derart kräftigen, schweren und massiven Form in einer den Ausdruck der Fassade so bestimmenden Weise für einen Kirchenbau beachtenswert. Das in der Sekundärliteratur genannte Vorbild des Portals von *St. Mary-le-Bow*[30] mag als Anregung für das Portal selbst Gültigkeit haben, in seiner rein dekorativen Verwendung der Rustika als bloßem Rahmen unterscheidet sich dasselbe jedoch grundsätzlich von der vorliegenden Fassade.

Die Beispiele einer den Bau in ähnlichem Maße prägenden Verwendung der Rustika finden sich interessanterweise allesamt im Palastbau. Sowohl die Hawksmoor von Marot[31] bekannten Beispiele als auch die in der Literatur genannten Vorbilder für Wrens *St. Mary-le-Bow*[32] entstammen dieser Gattung. Dasselbe gilt für die zeitgenössischen Beispiele in England, an deren Entstehung Hawksmoor teilweise selbst beteiligt war. *Eastbury*[33], *Seaton Delaval*[34], die Eckpavillons von *Blenheim Palace*, die Nebengebäude von *Castle Howard*, der Entwurf Vanbrughs für *Welbeck*[35] und Hawksmoors eigener Vorschlag für die Residenz des *Provost* von *King's College, Cambridge*, von 1712/1713 gehören auf jeden Fall zu diesen. Die Rustika muß der Kirche demnach auch in den Augen ihrer Zeitgenossen einen an den Palastbau erinnernden Ausdruck verliehen haben.

Obwohl man bei der rustizierten Säule auf das Beispiel der rustizierten Pilaster in Thomas Archers *St. Paul, Deptford*, verweisen könnte, ist die Situation auch in diesem Fall nicht grundsätzlich anders. Sie ist gleichermaßen ein beliebtes Motiv der Architektur der Zeit, wiederum allerdings primär im Palastbau. *Eastbury* und *Seaton Delaval* sind hier ebenso wieder zu nennen wie *Blenheim Palace*. Daneben sind *Grimthorpe*[36] und Hawksmoors Orangerie in *Kensington Palace*[37] zu erwäh-

---

30   Summerson, John, *Architecture in Britain 1530-1830*, 7. überarb. und erweiterte (3. integrierte) Ausg. 1983, Reprint 1986, S. 307.

31   Marot, Jean, *Receuil des Plans Profiles et Eleuations des plusieurs Palais Chasteaux Eglises Sepultures Grotes et Hostels*, Paris 1676.

32   Vgl. hierzu: Whinney, a.a.O., S. 61: Francois Mansarts *Palais de Conti*.
      Vgl. auch: Summerson, a.a.O., 1986, S. 307.

33   Vanbrugh, 1718-1738.

34   Vanbrugh, 1720-1728.
      Vgl. hierzu auch:
      Pevsner, a.a.O., S. 172;
      Downes, a.a.O., 1959, S. 193-194.

35   1703. Vgl. hierzu: Downes, a.a.O., New York 1987, S. 274, Abb. K.

36   Vanbrugh, ab 1722.

37   Ab 1704.

nen.[38] Keines der Beispiele zeigt jedoch die den Ausdruck und die Bedeutung der rustizierten Säulen bei *St. Mary Woolnoth* bestimmende direkte Einbindung in die Rustika der Fassade und damit in die Wandscheibe. Beispiele hierfür fand Hawksmoor viel eher in der in seiner Bibliothek vorhandenen Literatur[39] zu italienischer und französischer Architektur. Marot - zum Beispiel - zeigt einige derartige Beispiele.[40] Auch Domenico Fontana[41], Serlio[42] und vor allem Vignolas Abbildung des Portals von *Caprarola*[43] könnten als Anregung gedient haben. Dosio lieferte Hawksmoor sogar einen Beleg für die Verwendung des Motivs in der Antike.[44] Hawksmoors eigenes Interesse an diesem Motiv belegt der schon erwähnte Entwurf für das *Provost's House* in *King's College*, welcher mehr als alle anderen zeitgenössischen Beispiele das Motiv von *St. Mary Woolnoth* vorwegnimmt.

Die beiden Säulen erhalten über die rein formale oder auch architekturtheoretische Aussage hinaus aus der Kombination mit einer betont breiten Eingangsfassade in einem Kirchenbau jedoch auch eine eminent symbolische Bedeutung. Sie erinnern an die beiden am Eingang zum *Tempel Salomo* errichteten Säulen *Jachin* und *Boas*. Wir haben schon früher Hawksmoors Interesse an der Rekonstruktion des Tempels bemerkt, wir müssen demnach davon ausgehen, daß der Architekt sich dieser Assoziation bewußt war.

VI.1.4.1.c
Die obere Hälfte des Turmes
(Abb. 179, 181-184, 189)

Während die Gestaltung der jeweiligen Fassaden eine gewisse Einheit des unteren Teils des Turmes mit dem Hauptbaukörper der Kirche herstellt, geschieht dies bezüglich des Verhältnisses der beiden Hälften des Turmes in keiner Weise. In diesem Fall ist die Trennung der Teilbaukörper betont. Mit Ausnahme der Mittelachse ist praktisch keine Linie ungebrochen weitergeführt. Die prinzipiell vertikale Ordnung der Fläche im unteren Bereich des Turmes ist durch eine horizontale ersetzt. Der obere Teil des Turmes erscheint so überdeutlich als ein separates Ganzes additiv aufgesetzt.

Der Bruch ist durch die oben beschriebenen Gestaltung der unteren Hälfte des Turmes und besonders durch die Detaillierung des horizontalen Anschlusses, das Überkragen der Unterseite des oberen Baukörpers über die Nische in den Schmalseiten des unteren klar herausgearbeitet *(Abb. 182, 184)*. Um so mehr erscheint der obere Teil wie ein Bauklotz, eine in sich ruhende, autonome Einheit. Nachdem das Prinzip des Aufeinander-Schichtens darüber hinaus auch objektiv den konstruktiven Gegebenheiten entspricht, ändert selbst die erwähnte, den ersten Eindruck der Lagerung des zweiten Baukörpers auf den in Nord-Süd-Richtung verlaufenden Scheiben des unteren Geschosses relativierende Erkenntnis der Konstruktion des tragenden Baukörpers nichts an der prinzipiellen Additivität,

---

38 Vgl. hierzu:
    Pevsner, a.a.O., S. 172-173;
    Downes, a.a.O., 1959, S. 193-194;
    Downes, a.a.O., New York 1987, S. 456.

39 Watkin, D., *Sale catalogues of libraries of eminent persons*, Bd. IV, London 1974.

40 Marot, a.a.O., vgl. zum Bsp.: Abbildungen zum *Palais du Orleans*; zum *Chasteau de Colombieres*.

41 Fontana, Domenico, a.a.O., 1590, Abb.66.

42 Serlio, a.a.O.:
    Buch IV, Kap. VI, fol. 23v;
    Buch IV, Kap. VII, fol. 40r.

43 Vignola, Giacoma Barozzio da, *The Regular Architect: or the general Rule of the Five orders of Architecture of M. Giacomo Barozzio da Vignola with a New Addition of Michael Angelo Buonarotti*, übers. v. John Leeke, London 1669, Abb. 32.

44 Dosio, Giovanni Antonio, *Urbis Romae Aedificorum Reliquiae*, 1569, Abb. 19.

der klaren Isolierung der beiden Turmhälften. Die dessen ungeachtet spürbare Einheit des Turmes ergibt sich lediglich aus der beiden Partien gemeinsamen Geometrie.

Der obere Baukörper ist in eine massive Sockelzone sowie ein von einer vorgelegten Komposit-Ordnung geprägtes Hauptgeschoß unterteilt. Die horizontale Sockelzone legt sich hierbei wie ein Riegel zwischen den unteren Bereich des Turmes und die erneut vertikale Linien in die Gestaltung einbringende Säulenordnung. Die Achsen der Säulen finden allerdings auch davon abgesehen keinerlei Entsprechung in der Fassade des unteren Teils des Turmes.

In den identisch gestalteten, breiten West- und Ostansichten des oberen Parts ergibt sich folglich eine Teilung des Quadrats der Fassadenfläche in einem Verhältnis von circa 3:7. Die niedrigere Sockelzone ist hierbei als ein längliches Postament gestaltet und vollkommen klassisch artikuliert mit Plinthe und Abschlußgesims. Die Fläche zwischen den abschließenden horizontalen Profilen wird bis auf einen schmalen Rahmen von einem in den Baukörper zurückgeschnittenen Paneel eingenommen. In dessen glatte Füllung sind drei jeweils circa 3' x 3' messende Fenster eingeschnitten - vollkommen glatt und ohne jeden Rahmen. Die Außenkanten der diese Fassadenzone definierenden Profile deuten eine Fortsetzung der Seiten der Ansichtsfläche des unteren Bereich des Turmes nur noch an. Der Sockel selbst ist merklich schmaler. Das Ganze erscheint so als eine Verfeinerung innerhalb der das Ganze zusammenfassenden Hüllform.

Die Ansicht des Hauptgeschosses gliedern sechs vorgelegte Säulen kompositer Ordnung. Das von diesen getragene Gesims schließt die Fassade nach oben ab. Trotz der Klassizität der Gestaltung lassen sich die Details der Ordnung auch hier auf keines der geläufigen Traktate zurückführen. Am ehesten entsprechen sie Vignolas Angaben.[45] Vor allem das Gesims ist jedoch auch gegenüber diesem Vorbild deutlich vereinfacht.[46]

An den Enden der Fassade sind jeweils Koppelsäulen angeordnet. Diese geben den Kanten des Baukörpers Halt und nehmen in dieser Hinsicht das unten realisierte Thema der rustizierten Säulen auf. Zwischen diesen Säulenpaaren ergeben sich drei von den beiden verbleibenden Stützen getrennte, identische Wandfelder. Hinter den Koppelsäulen kommt die Wandfläche bis zum Mittelpunkt des Zylinders des Säulenquerschnitts nach vorne, ist aber vollkommen glatt belassen. In den drei anderen Interkolumnien bleibt die Wandfläche etwas weiter zurück. Es ergeben sich Dreiviertelsäulen. In jedem der drei Felder ist in der Rückwand ein 3' breites, in der Höhe von der Linie der Oberkante der Basis der Ordnung bis auf das Niveau der Unterkante des Kapitells derselben reichendes Rechteck eingeschnitten. Im mittleren Feld handelt es sich dabei um das sich in die Glockenstube öffnende Fenster. Es ist durch eine hölzerne Jalousie geschlossen. In den beiden flankierenden Interkolumnien sind statt dessen leicht zurückgenommene Füllungen ausgebildet. Die quadratischen Fensterchen im Sockelbereich sind senkrecht unter diesen Rechtecken angeordnet.

Die Schmalseiten des Baukörpers sind seiner Hauptfront entsprechend gestaltet. Für ihre Ansicht ergibt sich eine Proportion von ungefähr 1:3. In das Postaments ist hier lediglich ein hochrechteckiges, an seinen Enden durch halbkreisförmige Erweiterungen ergänztes Fensterchen einge-

---

[45] Summerson, John, *Die klassische Formensprache der Architektur*, Braunschweig 1983, S. 3.

[46] V.a. der Zahnschnitt fehlt, Geison und Sima sind zusammengefaßt. Das Gebälk baut sich folgendermaßen auf:
2 Fascien,
Astragal,
cyma reversa,
Plättchen,
Fries,
cyma reversa,
Plättchen,
eine dem Zahnschnitt entsprechende Fascie,
ein dem Eierstab entsprechender halber Rundstab,
Geisonstirn,
cyma recta,
Plättchen.

schnitten. Das Hauptgeschoß rahmen die jeweiligen Ecksäulen. Diese sind auf ihrer Innenseite jeweils durch einen die Ebenen des Säulenmittelpunkts realisierenden Pilaster hinterlegt. Das Gebälk folgt dem sich ergebenden Profil allerdings nicht; dasselbe ist gerade durchgezogen. Zwischen den Pilastern verbleibt ein exakt den drei mittleren Interkolumnien der Breitseite des Baukörpers entsprechender Abstand. In die dazwischen sichtbar werdende Rückwand ist erneut ein rechteckiges Fenster eingeschnitten, welches sich wie auf der Westseite des Turmes mit einer Jalousie in die Glockenstube öffnet.

Der Baukörper der oberen Hälfte des Turmes bildet insgesamt eine Einheit auffallend klassischer Prägung; er unterscheidet sich auch hierin von den Fassadenteilen unterhalb des Kranzgesimses. Interessanterweise erinnert er hierbei wesentlich mehr an einen Denkmalssockel denn an irgendein klassisches Gebäude oder einen Teil eines solchen. Das Beispiel des Sockels des Reiterdenkmals Colleonis von Andrea Verocchio verdeutlicht den hier verwandten Typus.

Beachtenswert ist dies vor allem im Zusammenhang der Gestaltung der *steeples* der anderen Kirchen. Dort zitierte Hawksmoor Grabbauten - offensichtlich infolge ihrer memorialen Funktion. Mit dem Zitat eines Denkmalsockels findet die hinter diesen Gestaltungen stehende Idee einer ideellen Verbindung der Kirche mit dem Denkmalgedanken beziehungsweise der Assoziation von Grabbau, Denkmal und Kirche mit eben diesem Gedanken ihren quasi buchstäblichen Ausdruck. Rein funktional betrachtet entspricht der Denkmalsockel allerdings eher der Partie des Turmes unterhalb des in anderen Projekten in seiner Gestaltung deutlich als zeichenhaft-zitierendes plastisches Objekt ausgezeichneten *steeples*. Die mit dieser Gestaltung vorgenommene Deutung des Turmes als Sockel für ein Denkmal verdeutlicht insofern auch die hinter der Differenzierung der Formensprache in den anderen Entwürfen verborgene Idee der Erhebung eines Zeichens auf ein Podest. Hier ist gewissermaßen wörtlich ausgedrückt, was sonst allein in der unterschiedlichen Formensprache sichtbar wird. Insofern bestätigt der vorliegende Entwurf auch die Hypothese einer bewußten Differenzierung des Architekten zwischen der Architektur per se und die letztere ergänzenden zeichenhaften, zitierenden Objekte wie den von Nicholas Hawksmoor wiederholt realisierten Architekturminiaturen. Bezeichnenderweise trägt der Denkmalsockel von *St. Mary Woolnoth* auch kein Reiterstandbild sondern ein Stück Architektur.

VI.1.4.1.d.
Die Laternen
(Abb. 179, 181, 183, 189)

Anstelle des Turmhelms von *Christ Church, Spitalfields*, beziehungsweise der frei plastisch gestalteten *steeples* von *St. Anne* und *St. George-in-the-East* oder auch anstelle des Mausoleums auf dem Turm von *St. George, Bloomsbury*, sind im vorliegenden Fall zwei kleine, durch eine Art Balustrade verbundene Türmchen über der Kirche angeordnet.

Die beiden identisch gestalteten Laternen erheben sich jeweils über einem quadratischen Grundriß. Ihre vier Fassaden sind nicht variiert. Ohne die sie krönende Balustrade ist auch deren Form ein Quadrat. Inklusive derselben aber, welche den klaren Würfel des Baukörpers der Türmchen verschleiert, ergibt sich für die Ansichten derselben eine Proportion von circa 3:2. An den Ecken der Kuben sind jeweils ungefähr 2' breite Vorlagen angeordnet. Diese bilden vier die Kanten des Baukörpers betonende Eckpfeiler. Die klassischen, Sockel und Abschlußgesims der Laternen bezeichnenden Profile sind um diese verkröpft. In das verbleibende Wandfeld ist ein nahezu die gesamte Fläche in Anspruch nehmendes, in etwa 4' 6" x 6' 6" messendes Paneel eingeschnitten. Letzteres bildet den Rahmen für ein circa 3' breites und 6' hohes Rundbogenfenster. Zwischen der Fensteröffnung und dem Rand des Paneels verbleibt gerade der Platz für ein Kämpfergesims sowie das die Archivolte rahmende klassische Profil. Wiederum ergibt sich hier der auch bei früheren Projekten beobachtete Eindruck in einer tieferen Schicht der Wand gelegener, aus der Masse der Mauer gearbeiteter Details größerer Feinheit.

Die Achsen besagter Eckpfeiler sind bezogen auf diejenigen der vorgelegten Säulen im Geschoß darunter. Die äußeren Pfeiler der Laternen nehmen dabei die Achse der inneren der paarweise gekoppelten Säulen an der Kante des „Denkmalsockels" auf. Die zur Mitte der Fassade weisenden Vorlagen der Türmchen orientieren sich jeweils an der ihnen entsprechenden der beiden zwischen den Koppelsäulen angeordneten, isolierten Dreiviertelsäulen. Trotz der überdeutlichen Additivität und dem als kraß zu bezeichnenden Maßstabssprung ist so eine Verbindung der den oberen Teil des Turmes krönenden Laternen mit demselben hergestellt. Diese bedingte Einheit wird durch einen weitgehend identischen Detaillierungsgrad sowie eine ähnlich klassische Gestaltung der Teilbaukörper unterstützt. Die in Hawksmoors Kirchenbauten allgemein festzustellende Grenze zwischen einer betont massiven Mauerwerksarchitektur und einer gleichermaßen auffällig zitierenden, klassischen Gestaltung ist im vorliegenden Entwurf demnach auf Höhe des Kranzgesimses des Hauptbaukörpers gezogen; alles darüber entwickelt diesbezüglich eine gewisse Gemeinsamkeit.

Während über den Laternen selbst eine diese Bezeichnung wirklich verdienende, von quadratischen Eckpfeilern gerahmte Balustrade angeordnet ist, ist das die beiden miteinander verbindende, in der Breite dem mittleren Interkolumnium des unmittelbar darunter befindlichen Hauptgeschosses der oberen Partie des Turmes entsprechende Element eher als eine durchbrochene Mauerscheibe zu beschreiben. Die Form der in derselben angeordneten Öffnungen variiert und verlängert diejenige der Fenster auf den Schmalseiten des Sockelbereiches des „Denkmalsockels". Als ein Motiv - und dies gerade in der hier vorliegenden Reihung mit dem es rahmenden Band, welches zwischen den Öffnungen jeweils ein kreisrundes Element zeichnet, - ist es uns allerdings auch schon von den östlichen Türmchen von *St. Anne, Limehouse*, bekannt. Bei diesem Projekt findet es sich bereits in Vorschlägen für dessen Laterne vom Juli/August 1714.[47]

Die Wirkung der an sich kleinen, sich auf dem breiten Turm von *St. Mary* erhebenden und so die Komposition der Westansicht der Kirche abschließenden Elemente ist ungeheuer. Diese sind nicht nur isoliert lesbar, vielmehr provozieren sie auf verschiedensten Ebenen eine neue, teilweise zusätzliche Lesung von Teilen der Komposition, ja selbst der Ansicht im Ganzen. Als Ursache dieser vielschichtigen Wirksamkeit ist vor allem die Additivität der Komposition zu nennen. Durch die Isolierbarkeit der individuellen Elemente sowie die simultan gegebene Erkennbarkeit von Verbindungen einzelner Teile miteinander, welche eine Zusammenfassung derselben erlaubt, aber nicht notwendig macht, entstehen mehrere einander überlappende Bilder, innerhalb derer ein und dasselbe Element verschiedene Bedeutungen annimmt. Aus der kompositorischen Ambiguität ergibt sich so auch eine symbolische beziehungsweise semantische.

Als Form an sich erinnern die Türmchen von *St. Mary* am ehesten an die sowohl von römischen als auch französischen Beispielen bekannten, oberhalb des Hauptgesimses angeordneten turmartigen Aufbauten in der Dachzone kontinentaleuropäischer Paläste. Ein gutes Beispiel hierfür zeigen die in Hawksmoors Bibliothek vorhandenen *Palazzi di Roma* in ihren Abbildungen zum *Palazzo di Sora*.[48] Downes verweist in gleicher Weise auf das von Marot veröffentlichte *Hotel du Jars* von Mansart.[49] Darüber hinaus beweist Winstanleys Publikation zu *Audley End* in ihren Darstellungen dieses Baus aber auch das Vorhandensein ähnlicher einheimischer, das heißt englischer Beispiele.[50] Hawksmoor besaß nicht nur eine Ausgabe der letztgenannten Veröffentlichung,[51] er war mit größter Wahr-

---

47   B.L., *Map Library, K.Top.28.11.d* (Downes-Katalog Nr. 35);
      B.L., *Map Library, K.Top.28.11.e* (Downes-Katalog Nr. 36).

48   Rossi, Giovanni Jacomo de, *Palazzi di Roma*, Rom 1655.

49   Downes, a.a.O., 1959, S. 192.

50   Winstanley, H., *Royall Palace of Audley End*, London 1688, Abb. I, XI.

51   Watkin, a.a.O.

scheinlichkeit selbst als Architekt in *Audley End* tätig.[52] In diesem Zusammenhang gleichermaßen von Interesse ist allerdings auch die Existenz einer von Whistler Hawksmoor zugeschriebenen[53], auf 1707 bis 1710 zu datierenden Zeichnung eines unausgeführten Entwurfs für die Ostfront von *Kimbolton*[54], welche ebenfalls ähnliche Türmchen zeigt. Beachtenswert an diesen Beispielen ist jedoch nicht nur die gestalterischen Affinitäten der ausgeführten Lösung zu diesen. Vor allem die sich aus derselben ergebenden - zusätzlichen - Indizien für eine Verbindung des vorliegenden Entwurfs mit Motiven des zeitgenössischen Palastbaus sind festzuhalten.

Eine gewisse Ähnlichkeit der beiden Laternen der Hawksmoor-Kirche mit den von Bernini über dem Portikus des Pantheon errichteten Türmchen, welche der Architekt von Falda und Overbeke kannte[55] und die als Vorbild hinter der Anordnung ähnlicher Aufbauten über den Portiken innerhalb der Kolonnaden von *Greenwich Hospital* vermutet werden müssen, ist ebenfalls nicht gänzlich zu leugnen. Ohne die im Original gegebene Beziehung zu einem Tempelgiebel verliert diese formale Verwandtschaft aber an Bedeutung. Wesentlich aussagekräftiger als diese ist die sich im Zusammenspiel der beiden Laternen mit dem oberen Teil des Turmes ergebende Übereinstimmung mit klassischen Varianten des Typus der Zweiturmfassade. Die Gemeinsamkeiten mit römischen Kirchen wie *S. Trinita dei Monti* gehen über eine vage Ähnlichkeit deutlich hinaus, zumal wir davon ausgehen können, daß Hawksmoor diesen Entwurf gekannt haben dürfte. Auf jeden Fall standen ihm auch zu diesem Kirchengebäude Abbildungen zur Verfügung.[56] Insofern ist die in der Literatur wiederholt geäußerte Interpretation der Westfassade von *St. Mary* als einer Andeutung der traditionellen Zweiturmfassaden mittelalterlicher Kirchen durchaus berechtigt.[57] Daß dieser Typus darüber hinaus auch in den Kreisen der Architekten der Kommission aktuell war, beweist eine Reihe von Entwürfen, welche dieses Exempel in einer zeitgenössischen Formensprache umzusetzen versuchten.[58] Thornhill machte 1720 eine derartigen Vorschlag für *St. Martin-in-the-Fields*.[59] Eines der von Donaldson dokumentierten Modelle von Gibbs arbeitete ebenfalls mit diesem Typus. Der wie das besagte Modell James Gibbs' 1713 entstandene Entwurf Thomas Archers für *St. John, Smith Square*, ist bedingt auch als eine Auseinandersetzung mit diesem Thema zu betrachten, und die *minutes* der Kommission erwähnen am 4. 11. 1713 einen Vorschlag mit zwei Türmen für *St. Paul, Deptford*.

Daß Hawksmoor auf seinen betont massiven Kompositionen gerne Architekturminiaturen plazierte, ist von seinen anderen Kirchen ausreichend bekannt. Die im vorliegenden Fall zu beobachtende Erweiterung der mit denselben allgemein verbundenen detaillierteren sowie merklich klassischeren Gestaltung über den *steeple* nach unten entspricht insofern einer Vergrößerung auch des als ein zeichenhaftes Objekt zu bezeichnenden Teiles der Komposition. In gewisser Weise ist hier eine der bei *St. George, Bloomsbury*, sich offensichtlich aus der Situation des Bauplatzes ergebenden horizontalen Variante entsprechende vertikale Entwicklung zu beobachten.

---

52 Whistler, L., *The Imagination of Vanbrugh and his Fellow Artists*, London 1954, S. 20.

53 Whistler, Laurence, *Three Newly Discovered Designs for Kimbolton Castle, remodelled by Vanbrugh and Hawksmoor 1707-9, S. 335*, in: *The New English Review Magazine*, Bd. II [New Series], Nr. 5, Mai 1949, S. 332-336.

54 *V&A, prints and drawings, D.97-91.*
    Vgl. hierzu auch: Whistler, a.a.O., 1949, S. 335.

55 Falda, Giovanni Battista, *Il Nuovo Theatro delle Fabriche et Edificii in Perspettiva di Roma Moderna*, Rom 1665, Buch I, Abb. 31;
    ebd., Buch II, Abb.3.;
    Overbeke, Bonaventura van, *Reliquiae Antiquae Urbis Romae*, 3 Bde., Amsterdam 1708, Bd. I, S. 41-43.

56 Falda, a.a.O., Buch III, Abb. 18.

57 Downes, a.a.O., 1959, S. 193-194;
    Cast, David, *Seeing Vanbrugh and Hawksmoor*, S. 319, in: *Journal of the Society of Architectural Historians*, Bd. 43, Nr. 4, Dezember 1984, S. 310-327;
    Odgers, a.a.O., S. 63-64.

58 Field, John, *Early Unknown Gibbs*, S. 318, in: *Architectural Review*, Bd. 131, Nr. 783, Mai 1962, S. 315-319.

59 *R.I.B-A., J 3 113.*

Die in der dreidimensionalen Komposition so deutliche Ähnlichkeit mit romanischen Westwerken ergibt sich primär aus der Großform. In der hier untersuchten Ansicht bleibt sie - vor allem infolge der betont additiven Gestaltung des Turmes - auf die hier zwar wahrnehmbare und wirksame, sich aber nicht in den Vordergrund drängende Geometrie der Gesamtheit der Ansicht beschränkt und damit vergleichsweise abstrakt. Ähnliches gilt für die praktisch nur aus der Kombination mit den beiden die Fassade flankierenden Säulen zu erschließenden Zusammenhang der breiten Westfront von *St. Mary Woolnoth* mit dem *Tempel Salomo*.[60]

VI.1.4.1.e.
Zusammenfassung - die Bedeutung der Form

Unterstützt durch die Additivität ihrer Komposition und die sich aus dieser ergebende Möglichkeit zur Isolierung von Teilbereichen ergibt sich ein vielschichtige Aussage der Westfassade von *St. Mary*. Innerhalb der dominierenden Auffassung derselben als einer freien Interpretation traditioneller Zweiturmfassaden - und damit innerhalb der Deutung der Fassade als *porta coeli*, als der im Bild des Stadttores symbolisierten Pforte zum Himmels - gelingt es damit den Eingang in den *Tempel Salomo* ebenso anzusprechen wie mit Hilfe dem Palastbau entnommener Motive[61] die Deutung des Kirchenbaus als *domus dei* zu thematisieren. Gleichzeitig verweist der angedeutete Denkmalssockel der oberen Hälfte des Turmes auf den memorialen Aspekt sowohl des christlichen Sakralbaus als auch der Kirche als Institution.

Innerhalb der von der Tradition bestimmten Großform finden damit drei grundlegende Aspekte der *ecclesia christina* ihren formalen Ausdruck. Neben der Bewahrung des Andenkens an die Heilstat Christi wird die Aufgabe der Kirche als Heilswerkzeug hervorgehoben. Sowohl die tranzendente oder auch rein innerliche Seite dieser Mission, welche im Bild des Himmelstores anklingt, als auch besonders die weltimmanente, im Symbol des Hauses Gottes auf Erden artikulierte Bedeutung der Institution ist angesprochen. Die hier vorliegende Betonung der Motive aus der Palastarchitektur kommt insofern einem Unterstreichen der Funktion der Kirche in der Welt gleich. Daß dies der anglikanischen Staatskirche ein Anliegen gewesen sein muß, ergibt sich aus der unmittelbaren Verbindung der *Church of England* mit der weltlichen Macht von selbst. Zudem offenbart die diesen Motiven hier zugewiesene Rolle den im Folgenden noch ausführlich zu erörternden Zusammenhang der in denselben anklingenden Thematik mit der in und durch die Bauten geleisteten Darstellung des Selbstverständnisses der englischen Monarchie.[62]

VI.1.4.2.
Die Nordfassade
(Abb. 179, 190-192)

Eine zweite Hauptansicht des Baus repräsentiert die Nordfassade der Kirche. Verglichen mit der Komplexität der Westfassade von *St. Mary* ist deren Geometrie allerdings einfach. Es handelt sich

---

[60] Vgl. zum Bsp.:
Villalpando, Juan Baptista, *In Ezechielem Explanationes et Apparatus Urbis ac Templi Hieresolymitani...*, Rom 1561-1631, *De Postrema Ezechieli Prophetae Visione*, Rom 1631, Abb. 4.

[61] Vgl. hierzu auch Downes' Verweis auf *Seaton Delaval* in:
Downes, Kerry, *English Baroque Architecture*, London 1966, S. 104.

[62] Vgl. hierzu:
Teil B, VI.1.4.4.; Teil B, VI.1.5.8.; Teil B, VI.1.6.;
Teil B, VII.1.3.4.

bei ihr an sich lediglich um eine ebene Wandscheibe mit einem circa 5' hohen Sockel. Abgeschlossen wird diese durch das Kranzgesims und die darüber sichtbare Attika.

Die von dieser Seite nicht wahrzunehmenden Vorlagen an den Außenkanten der Ost- beziehungsweise Westfassaden des Gebäudes verlängern die Fassade insgesamt auf etwa 62'. Die Wandfläche hat so insgesamt eine Proportion von ungefähr 17:11. Fensteröffnungen weist diese Ansicht keine auf. Statt dessen ist die Wand durch Blendnischen gegliedert. Diese sind der fünfjochigen Gliederung des Innenraumes entsprechend in regelmäßigen Achsabständen von circa 10' 5" plaziert. Die Distanz der letzten Achse zum Rand der Fassade vergrößert sich um die Mauerstärke sowie die Tiefe besagter Vorlagen auf insgesamt ebenfalls ungefähr 10' 2".

In jeder dieser Achsen sind jeweils ein einem Kryptafenster entsprechendes rechteckiges Blendfenster im Sockel sowie ein kurz oberhalb desselben angeordnetes vertieftes rechteckiges Paneel eingefügt. Lediglich in drei der fünf Achsen - der ersten, dritten und fünften - befinden sich zusätzlich wesentlich anspruchsvoller plastisch gestaltete, eine Art Ädikula rahmende Blendnischen mit halbrundem Querschnitt. Zusammen mit ihrer rustizierten Fassung bilden diese circa 15' breite, bis zu ihrem Scheitel ungefähr 30' hohe Bögen, welche nur kurz unterhalb des Kranzgesimses enden. Diese Elemente dominieren die vorliegende Ansicht; sie verleihen der Fassade eine in sich ruhende, die Mittelachse nur schwach betonende Komposition. Lediglich als ein untergeordnetes Thema ist die im unteren Bereich vorhandene fünfteilige Gliederung spürbar. Die letztere verstärkt allerdings den der Dreizahl zum Trotz weitgehend seriellen Charakter der Fassade, welcher der Funktion derselben als Seitenansicht ohne Eingang entspricht.

Die Gestaltung der erwähnten Komponenten der Fassade ist sehr komplex. Sie bedarf von daher unbedingt einer Untersuchung im Detail.

Bei den Blendfenstern im Bereich des Sockels handelt es sich um leicht querrechteckige, circa 5' x 3' messende Nischen mit einem zweifach in die Tiefe der Mauer zurückgestuften Gewände. Das Profil desselben ist nach unten hin offen, es läuft stumpf gegen eine dort nur wenig über dem Boden angeordnete Sohlbank. Eine Differenzierung der insgesamt fünf Achsen ist auf diesem Niveau nicht vorgenommen. In den Sturz dieser angedeuteten Kryptafenster ist jeweils eine dreiteilige Keilsteingruppe integriert, welche sich aus einem Band der Rustika entwickelt.

Im Bereich der drei zusätzlich betonten Achsen setzen direkt über dem Sockel der Fassade ungefähr 15' breite rustizierte Felder an. Diese bilden angedeutete Brüstungselemente unterhalb der erwähnten Blendnischen. Das unterste der Bänder ist allerdings auch in den Zonen zwischen den durch die Rustika hervorgehobenen Hauptachsen durchgezogen. Aus ihm scheinen die in allen fünf Fällen vorhandenen Keilsteingruppen hervorzugehen. Während der eigentliche Schlußstein derselben unten etwas in die Blendnische ragt und oben erst etwas oberhalb der Oberkante des Rustikabandes endet, bilden die beiden den letzteren flankierenden Steine eine Einheit mit der Rustika. Sie sind an sich nichts anderes als die nach unten geknickten Enden des hier auf einer Breite von insgesamt etwa 7' in seiner Tiefe verdoppelten Bandes. Die zwischen den Keilsteinen verbleibenden Rillen entsprechen so in ihrer Breite und Tiefe denjenigen der Rustika der Fassade.

Das Ergebnis dieser Manipulation ist eine Auflösung der Grenze zwischen Sockel, Keilstein und Wand. Alle drei Elemente werden als eine plastische Differenzierung der Oberfläche der Masse der Mauerwerksscheibe erkenntlich. Trotz ihrer eindeutig dekorativen Verwendung ist die Rustika so in die Masse der Wand integriert. Sie erscheint als Teil der obersten Schicht der Mauer - ein Phänomen, das ihre gleichlautende Interpretation in der Westfassade bestätigt. Die rustizierten Flächen werden infolge dessen als stehen gelassene Reste der gedanklich fortgesetzten Ebene des Sockels erfahren, sie sind demnach integrale Bestandteile der Mauer. Insofern sind sie unbedingt von dem sichtlich aufgelegen konventionellen Dekor zu differenzieren.

Auf der Oberseite des von den Keilsteingruppen unterbrochenen Rustikabandes setzen die bereits erwähnten, hochrechteckigen, in die Wand vertieften Paneele an. Diese sind circa 2' 6" breit und 3' 6" hoch. Ihre Höhe entspricht damit drei Bändern der Rustika. Während sie in den unbetonten Achsen glatt aus der Wand geschnitten sind, sind in den drei verbleibenden Achsen die Rillen der

Rustika in ihrer Leibung nach hinten geführt. Auch dort ist aber kein Sturz ausgebildet; vielmehr schließt in diesen Fällen ein reguläres Band der Rustika das Paneel nach oben ab. Die sich ergebende Gegenüberstellung dieses Details mit den Keilsteingruppen stellt deren konstruktive Funktion weiter in Frage und betont den dekorativen Charakter des Reliefs der Wand, welche als eine homogene Masse gedacht ist.

Die knapp 15' breiten rustizierten Felder in den betonten Achsen der Fassade sind über dem Sturz der zweiten Reihe Nischen mit einem weiteren regulären Band fortgeführt, dann ist ein Sonderelement eingefügt, ein deutlich breiteres und tieferes Band, das auf den Seiten ein wenig über die Grenze der rustizierten Felder dringt. Mit diesem löst sich die Rustika aus der diesbezüglich ansonsten gewahrten Einheit mit der Ordnung der Westfassade. Auch wenn dies vor Ort praktisch nicht wahrnehmbar ist, führt es in der Ansicht zu einer Irritation; es stellt sich die Frage, wo die Rustika nicht der Steinlage entspricht, beziehungsweise an welcher Stelle im Bau dieser Versprung aufgenommen wird. Insofern betont auch dieses Detail die rein optischen Kriterien gehorchende Gestaltung der Oberfläche der Wand.

Auf einer Breite von jeweils circa 10' ist eben dieses Band deutlich nach vorne gezogen und als massiver Sims artikuliert. Dieser bildet die Basis der darüber in die Wandfläche eingeschnittenen Blendnische. Er wird von zwei mit ihren Außenkanten die Breite der horizontalen Fortsetzungen der Keilsteine zu ihren Füßen aufnehmenden Konsolen gestützt. Diese sind in deutlichem Kontrast zu der glatten und kräftigen Rustika fein profiliert. Sie wirken dadurch wie Additionen. Verstärkt wird dieser Eindruck durch die Plazierung der Elemente auf der darunter glatt durchlaufenden Rustika, was die feste Verankerung der dessen ungeachtet tragenden Bauteile in Frage zu stellen scheint.

Die im Grundriß halbrunden Blendnischen sind etwa 9' 6" breit. Bis zur Oberkante des Kämpfers messen sie circa 15' 6". Ein Rundbogen schließt sie in der Ansicht ab. Sie wird von zwölf, abwechselnd circa 2' 9" beziehungsweise 1' 9" breiten, in jeder Hinsicht den regulären Bändern der Rustika entsprechenden Quadern gerahmt. Lediglich unterbrochen durch das Kämpfergesims sind diese durch vierzehn Keilsteine und einen leicht hervorgehobenen Schlußstein auch um die Archivolte der Nische fortgesetzt. Diese Rustikarahmung formt den oben nur vage beschriebenen, vom Sockel der Fassade bis kurz unterhalb deren Kranzgesimses reichenden Bogen. Letzterer bindet die an sich unmaßstäblich kleinen Nischen ein in die Komposition der Gesamtfassade.

Die Bänder der Rustika sind ums Eck auch in die Rückwand der halbrunde Nische geführt. Dort brechen sie allerdings abrupt ab. Unterhalb des Kämpfers geschieht dies bereits nach gut 1', darüber - in der Halbkuppel - nach ungefähr der doppelten Strecke. Es entsteht eine andeutungsweise an das konkave Gewände des Portals der Westfassade erinnernde Situation.

In jede der genannten Nischen ist rechts und links je eine ionische Säule eingestellt. Diese ruht auf einem vollständig artikulierten klassischen Postament mit einer drei Bändern der Rustika entsprechenden Höhe. Dessen Fronten sind konkav verzerrt. Sie wiederholen damit die Rundung der Nische. Die beiden Säulen tragen ein konkaves, ebenfalls der Form der Rückwand der Nische folgendes Gebälk. Dieses setzt das erwähnte Kämpfergesims mitsamt des darunter befindlichen Rustikabands fort. Mit letzteren stößt es allerdings nur über Eck zusammen; es ergibt sich ein leicht spitzwinkliger Anschluß, dem das Gesims aber verkröpft folgt. Dem an sich unveränderten Rustikaband sind dabei zwei Fascien, eine lesbische Kyma und Plättchen aufgelegt. Aus ihm entstehen so Architrav und Fries.

Hinter den Säulen ist im unteren, der Höhe von fünf Bändern der Rustika entsprechenden Bereich eine ebene Rückwand eingefügt. Oben schließt diese mit einer glatten Deckplatte ab. In sie ist ein kleiner Bogen eingeschnitten, welcher die Rückwand der Nische wieder sichtbar werden läßt. Dessen klassisch profilierte Archivolte ruht auf Kämpferprofilen, welche die Abschlußprofile der Postamente fortsetzen. Über dem insgesamt an ein Altarmensa erinnernden Element befindet sich in der Rückwand der Nische ein erhabenes, rechteckiges, der konkaven Form der letzteren folgendes Paneel. Dieses füllt nahezu das gesamte verbleibende Interkolumnium. Über dem Gebälk der eingestellten Ordnung, im Tympanon des Bogens, wo die Rustika etwas weiter nach innen gezogen ist, setzen die Fugen der die Halbkuppel formenden Steine das strahlenförmige Muster der Keilsteine subtil fort.

Wesentlich deutlicher als das Hauptportal auf der Westseite der Kirche erinnern diese Blendnischen mit ihrer Rustikarahmung an das Vorbild des Eingangs von Wrens *St. Mary-le-Bow*[63]. Vor allem die dekorative Verwendung der Rustika verbindet die beiden Beispiele. Aber auch das Prinzip der Fassung eines Elements der klassischen Säulenarchitektur in einem rustizierten Bogen stimmt überein. Was Hawksmoor aus diesem Thema entwickelte ist jedoch - ganz abgesehen von der wesentlich größeren Präsenz, Klarheit, Härte und formalen Konsequenz seiner Details[64] - etwas gänzlich anderes als das Portal seines Lehrers. Eben diese Differenz unterscheidet die vorliegende Komposition aber auch von anderen Exempeln einer ähnlichen Verwendung der Rustika, wie der im Vergleich mit ihr plump erscheinenden Nordfassade von *St. George, Hanover Square*, oder auch den Hawksmoor aus der Literatur bekannten italienischen Vorbildern[65]. Die Gestaltung erhebt hier das gesamte Element vom Boden. Sie integriert es aber nicht wie ein Fenster in die Wand, sondern schafft eine optisch unabhängige, für sich bestehende Einheit, welche auf dem Sockel zu ruhen scheint. Downes beschreibt dieses Vorgehen treffend als einen der Vorliebe Nicholas Hawksmoors zur Erhebung von Formen auf einen Sockel verwandten Prozeß.[66]

Damit verbunden ist ein Verfremdungsprozeß. Die bei Wren noch immer funktional zu begründende Gestaltung wird hier zur Form an sich. Ganz besonders trifft dies im vorliegenden Fall auf die eingestellte Säulenarchitektur zu. Diese wandelt sich von einer zweiten Rahmung des eigentlichen Zentrums der Komposition - des Tores von *St. Mary-le-Bow* - zu einem gewissermaßen von der Nische geschützten, in derselben präsentierten plastischen Objekt. Sie ersetzt so die üblicherweise in Blendnischen plazierte figurative Plastik. Dementsprechend unterscheidet sie sich auch rein formal am deutlichsten von Wrens Portalgestaltung. Sie löst sich durch ihre an Borromini und besonders die Fenster des *Collegio di Propaganda Fide*[67] erinnernde Drehung wesentlich deutlicher aus dem Zusammenhang des rustizierten Bogens. Diese Isolierung ist durch die Beschränkung der Rustika auf die Ränder der Rückwand der Nische verstärkt. Zusammen mit den hinter der Ordnung eingefügten Formen ergibt sich ein Bild, welches in den von ihm ausgelösten Assoziationen über das bloße architektonische Zitat oder die in ihrer Wirkung zweifelsohne ungeheuer starke, rein abstrakte architektonische Skulptur[68] hinaus auch eine deutliche Symbolik erhält.

Der tischähnliche Sockel hinter den Säulen ist als Altar lesbar, das Paneel darüber als Tafelbild oder auch als eine der in der anglikanischen Kirche statt dessen allgemein üblichen Schrifttafeln[69]. Zusammen mit der ionischen Ordnung ergibt sich eine Retabel, eine konkave Variante der konvexen Altargestaltung im Innenraum der Kirche. Innerhalb dieses Bildes symbolisieren Altar und Schrifttafel die beiden Grundbestandteile des anglikanischen Gottesdienstes: Eucharistiefeier und Wortgottesdienst, den Vollzug des Sakraments sowie die Lesung und Deutung des Wortes Gottes durch die Kirche. Die Gestaltung der Rustika bewirkt darüber hinaus die Assoziation von Darstellungen Gottes im Symbol der Sonne oder auch der Lichtstrahlen, wie sie sich in der plastischen Ausstattung der

---

[63]   Summerson, a.a.O., 1986, S. 307.

[64]   Vgl. hierzu: Summerson, a.a.O., 1986, S. 307.

[65]   Rossi, Giovanni Jacomo de, *Palazzi di Roma*, Rom 1655:
z. Bsp. die Abbildungen zum *Palazzo Salvati alla Longara*.

[66]   Downes, a.a.O., Reprint 1987, S. 128:
„... *in much the same way as Hawksmoor elsewhere elevated forms on bases or pedestals*".
Vgl. auch: Downes, a.a.O., 1959, S. 193-194.

[67]   Downes, a.a.O., 1959, S. 192-194;
Summerson, a.a.O., 1986, S. 574.

[68]   Vgl.: Summerson, John, Georgian London, überarb. Ausg. 1978, Reprint 1986, S. 88:
„... *piece of sheer architectural eloquence hard to match*".

[69]   Sie tragen in der Regel die 10 Gebote, das Glaubensbekenntnis sowie das Vaterunser.
Teilweise sind sie durch Darstellungen von Moses und Aaron ergänzt.

Interieurs Hawksmoors nachweislich finden lassen.[70] Die Gruppe insgesamt nähert sich so in Form und Aussage einem allegorischen Frontispiz, wie ihn zum Beispiel die anglikanischen *Books of Common Prayer* der Zeit aufwiesen.[71] Die in ihren Formen rein architektonische Plastik wird insofern als symbolische Skulptur verständlich, als Illustration der durch die Kirche im Gottesdienst erfüllten religiösen Funktion der Vermittlung.

Völlig unabhängig von der bei Hawksmoor vor dem Hintergrund seines eigenen - in diesem Aspekt vergleichbaren - Werkes unbedingt vorauszusetzenden Hochschätzung Borrominis um seines anti-dogmatischen Umgangs mit klassischen Formen willen[72] hatte die Verwendung der sich deutlich abhebenden, borromineseken Formen in diesem Zusammenhang ihre Begründung demnach auch im Bestreben einer formalen Differenzierung der primär semantisch motivierten, als architektonisches Symbol zu bezeichnenden Elemente. In Hawksmoors Bibliothek befanden sich einige Bücher mit Abbildungen der Hauptwerke Borrominis. Für die vorliegende Gestaltung besonders interessant ist eine Tafel in Domenico de Rossis *Studio dell' Architettura Civile*[73]. Sie zeigt das Grabmal Kardinal Caracciolis in *S. Giovanni in Laterano*.[74]

Die dreifache Anordnung der Blendnischen schafft interessanterweise auch einen Bezug zu der Hawksmoor bekannten Rekonstruktion des *Tempels Salomo* durch Villalpando[75]. In der durch diesen veröffentlichten Ansicht[76] dominieren drei monumentale Blendnischen die Gestaltung des ebenso wie der Hauptbaukörper von *St. Mary* betont glatten und massiven Sockels des Tempels, welcher zudem - ebenfalls *St. Mary* entsprechend - einen quadratischen Grundriß hat.

Die Fassade insgesamt bleibt als ein Teil des Gesamtbaus erstaunlich autonom und ruht in sich. Es besteht zu keinem der anderen Elemente der Komposition ein unmittelbarer formaler Bezug. Die in der Ansicht hinter der Scheibe der Wand sichtbar werdenden Baukörper führen allesamt ein Eigenleben.

Der untere Teil der Schmalseite des Turmes verbindet sich zwar über die gemeinsame Höhe, das eben solche Kranzgesims und die Sockelzone auch in dieser Ansicht mit dem Hauptbaukörper zu einer additiven, dessen ungeachtet aber nicht zu verneinenden Einheit. Der Baukörper des Obergadens - über der Mitte des Hauptbaukörpers angeordnet - erscheint aber ebenso isoliert und aufgesetzt wie der diesbezüglich bereits untersuchte obere Teil des Turmes. Noch deutlicher als von Westen verbinden sich in dieser Ansicht allerdings der Hauptbaukörper und der untere Teil des Turmes zu einem massiven Sockel für die die Komposition additiv ergänzenden Baukörper oberhalb des Kranzgesimses. Ein wichtiger Grund hierfür ist die hier weniger gegebene Wirksamkeit des die horizontale Schichtung in Frage stellenden Gesamtbaukörpers des Turmes.

Die vier Außenansichten des Obergadens sind identisch. Sie sind äußerst glatt gehalten. Innerhalb des Rechtecks der circa 43' x 19' messenden Wandfläche definiert ein einfaches Gesims eine etwa 3' 6" hohe Attikazone, welche durch glatte Abdeckplatten abgeschlossen ist. Diese reduziert die Proportion des Rechtecks von circa 9:5 auf ungefähr 8:5. In die letztere Fläche ist direkt über ihrer

---

70   *St. Georg-in-the-East*, Chordecke;
      St. George, Bloomsbury, Retabel und Chordecke;
      Christ Church, Spitalfields, Chordecke.

71   Vgl. zum Bsp.: A. D. Profiles 22, *Hawksmoor's Christ Church Spitalfields*, A. D., Bd. 49, Nr. 7/1979, S. 4.

72   Vgl. hierzu v.a.: Teil B, VII.1.5.

73   Rossi, Domenico de, *Studio dell'Architettura Civile*, Rom 1701-21, Bd. I, Abb. 44.

74   Pevsner, Nicolaus, *Borromini e l' Inghelterra*, S. 387, Anm. 11, in: *Studi sul Borromini*, Rom 1967, S. 381-390.

75   Soo zeigt, daß Wren die Rekonstruktion Villalpandos bekannt war. Vgl. hierzu:
      Soo, Lydia M., *Reconstructing Antiquity: Wren and his Circle and the Study of Natural History, Antiquarianism and Architecture at the Royal Society*, Diss., Princeton, 1989, S. 292-294.
      Hawksmoor selbst zitiert Villalpandos Ezechiel-Ausgabe. S. hierzu: Villalpando, a.a.O., S. 145-150.

76   Villalpando, a.a.O., Abb. 12.

Unterkante eine Lunette mit einem Durchmesser von etwa 16' eingeschnitten. Es ist kein Rahmen ausgebildet. Auffällig ist allerdings, daß auch hier - wenn auch in der glatten Wand kaum sichtbar - eine dreiteilige Keilsteingruppe in den Scheitel integriert ist.

In der Ansicht des Gesamtbaus wird das untere Fünftel dieser Fassaden durch die Attika des Hauptbaukörpers verdeckt. Zudem ist über diesem - gewissermaßen als ein Echo des Obergadens - eine in ihrer Breite diejenige des letztgenannten Baukörpers wiederholende Balustrade aufgesetzt. Die Details derselben entsprechen voll und ganz denjenigen der beiden Laternen des Turmes. Pfeiler gliedern sie in drei Abschnitte. Deren Position entspricht jeweils der Mitte zwischen zwei der in den Nischen des Sockels wiederholten Fensterachsen der südlichen Außenwand. Infolge der über diese Linie hinaus reichenden Breite der Rustikarahmen der Blendnischen ergibt sich auf den ersten Blick eine Störung der Ordnung der Ansicht. Das Element erscheint als ein isoliertes additives Element. Es fügt sich damit in das der Gestaltung der Kirche zugrunde liegende Prinzip der Differenzierung von massivem Sockel und additiven Aufbauten. Verstärkt wird diese Isolierung durch die das Stück Balustrade auf seinen beiden Seiten rahmenden Voluten, welche sich mit ihrer feinen vegetabilen Ornamentik kraß von der kantigen Architektur unterscheiden. Obwohl oder - vielleicht besser - gerade weil sie so offensichtlich die Funktion der Einbindung der an sich zusammenhanglosen Balustrade in die Komposition haben, betonen sie den Eindruck eines versatzstückhaften Aufsetzen.

Aus der Kenntnis des Grundrisses sind die Balustraden allerdings als schwache Gegenstücke zum Turm verständlich; und sie entsprechen in ihrer Zurückhaltung der die Gestaltung der Kirche insgesamt auszeichnenden Unterdrückung der Querachse innerhalb seiner an sich am Zentralbau orientierten Konzeption. Die bei genauer Betrachtung nachweisbare Integration in die axiale Ordnung des Entwurfes sowie der Fassade offenbart zudem mustergültig Hawksmoors Methode der Schaffung einer additiven Einheit isolierter aber dennoch subtil aufeinander bezogener Teile.

Bezüglich der Gesamtform übernimmt vor allem der traditionelle Typus der Pfarrkirche die damit bezeichnete integrierende Aufgabe. Trotz der teilweise krassen Additivität der Komposition läßt die vertraute Silhouette des Kirchenbaus mit Westturm dieselbe selbstverständlich insgesamt als eine Einheit erscheinen. Erneut erweist sich hier die große Bedeutung des tradierten, allerdings auf seine elementare Geometrie reduzierten Bautypus für die Sakralarchitektur Hawksmoors. Dasselbe gilt auch für die Südfassade von *St. Mary*. Dort ist lediglich die Gestaltung der den Hauptbaukörper definierenden Wandscheibe variiert, die Komposition im Ganzen ist aber identisch.

VI.1.4.3.
Die Südfassade[77]

Die Gestaltung der Südfassade von *St. Mary Woolnoth* ist merklich glatter und einfacher als diejenige ihres Gegenstücks im Norden der Kirche. Deren prinzipielle, fünfachsige Gliederung ist allerdings auch hier durchgehalten, ja wesentlich klarer artikuliert. In jeder der Achsen sind übereinander ein Kryptafenster, ein rechteckiges vertieftes Paneel sowie ein schmaler, auffällig steil proportionierter Bogen, welcher wie bei *Christ Church, Spitalfields*, EG- und OG-Fenster zusammenfaßt, angeordnet. In der westlichen Achse verhinderte das dahinter befindliche Treppenhaus die Anordnung wirklicher Fenster. Dort sind diese durch Blendnischen ersetzt. Innerhalb der ansonsten konsequent durchgehaltenen Ordnung stellt lediglich der in der zweiten Achse von Westen das Kryptafenster ersetzende Eingang in das Kellergeschoß eine Ausnahme dar.

---

[77] Die Beschreibung beruht hier hauptsächlich auf Downes' Rekonstruktion in: Downes, a.a.O., Reprint 1987, S. 128.

Die beiden unteren Elemente werden heute durch den Anfang dieses Jahrhunderts entstandenen Bau des Pfarrhauses verdeckt. Die die Fenster des Gemeinderaumes umfassenden Bögen sind über diesem aber bis heute sichtbar geblieben.

Die Kryptafenster entsprechen in ihrer Form den Blendnischen auf der Nordseite des Baus. Selbst die in den Sockel eindringenden Keilsteingruppen mit ihren horizontalen Verlängerungen oberhalb desselben sind in dieser Fassade wiederholt. Allerdings entfällt in diesem Fall das diesen auf der Nordseite der Kirche unterlegte Rustikaband. Für die direkt darüber in die Wand geschnittenen Paneele gilt dasselbe. Auch sie entsprechen der Nordansicht, verzichten aber auf die dort durch die partielle Rustizierung der Fassade eingebrachte Bereicherung und Variation ihrer Gestaltung.[78]

Der Eingang in die Krypta ist trotz seiner exzentrischen Lage deutlich hervorgehoben. Es handelt sich bei ihm um einen Korbbogen, wie er bei den beiden Treppenhaustüren auf der Westseite des Kirche ebenfalls Verwendung fand. Über dem Bogen ist ein aus der die anderen Fassaden maßgeblich prägenden Bandrustika entwickeltes, pyramidales Sturzelement angeordnet. Dieses besteht aus elf von einem durchgängig horizontalen Streifen direkt oberhalb des Sockels bis zum Schlußstein in der Mitte des Sturzes in zunehmendem Maße zum Mittelpunkt des Bogens hin geknickten Rustikabändern, praktisch also um einen Ausschnitt der Rustika-Details, wie sie im unteren Teil des Turmes realisiert wurden. Beachtenswert ist hierbei vor allem die selbst beim Schlußstein nicht unterlassene Andeutung eines horizontalen Bandes, welche einen T-förmigen Schlußstein zur Folge hat. Keinesfalls ist in diesem Fall von einer bildlichen Darstellung einer notwendigen Konstruktion zu sprechen. Vielmehr folgt die vorliegende Gestaltung in diesem Detail erneut der oben bereits festgestellten Auffassung der Rustika als einer dekorativen, plastischen Gestaltung einer äußeren, hier allerdings größtenteils entfernten, oberen Schicht der massiven Wand.

Die fünf oben erwähnten, auf Höhe des Gemeinderaumes jeweils die beiden übereinander angeordneten Fenster zusammenfassenden Nischen sind insgesamt circa 5' breit. Von ihrer Unterkante bis zum Kämpfer des sie abschließenden Bogens messen sie etwa 15'. In Form und Lage entsprechen sie damit weitgehend den Blendnischen auf der Nordseite von *St. Mary*, nicht aber in ihren Abmessungen sowie ihrer Anzahl. Die zwischen ihnen verbleibenden Mauerwerkspfeiler sind nur wenig breiter[79] als die Bögen selbst. Infolgedessen ergibt sich eine spürbar unklassische, steil proportionierte Reihung. Wie bei der Pfarrkirche von Spitalfields verbindet die Bögen ein durchgehendes Kämpfergesims. An den beiden Enden der Serie ist dieses um gut 3' weitergeführt, so daß hier erneut der Eindruck eines in der Wand verborgenen Pilasters vermittelt wird. Auch die Archivolten sind - in diesem Falle dem Bau von *St. George-in-the-East* entsprechend - mit einem klassischen Profil betont.

Am unteren Ende der sich ergebenden Blendnische ist jeweils ein massiver, glatter Sims angebracht. Ungefähr 6' höher ist dieser innerhalb des Bogens wiederholt. Der letztere bildet hier die Unterkante der OG-Fenster und schließt gleichzeitig die die EG-Fenster aufnehmende Füllung im unteren Bereich der Nische ab. Für die die Bogenform vollständig in Anspruch nehmenden OG-Fenster verbleibt so eine Höhe von circa 9' bis zur Oberkante des Kämpfers. Die merklich schmaleren EG-Fenster setzen direkt über dem unteren Fensterbrett an. Die etwa 3' breiten, bis zu ihrem Scheitel circa 4' messenden, leicht hochrechteckigen Fensterchen mit einem Segmentbogen faßt ein ungefähr 10'' breiter Rahmen, dessen angedeutete „Ohren" auf Kämpferniveau an den Rand der sie aufnehmenden Bogenform stoßen. Im Scheitel des Sturzes dieser Öffnungen ist jeweils eine kleine dreiteilige Keilsteingruppe eingefügt, welche wiederum erst unter den Simsen der OG-Fenster endet.

Hier auf der Südseite fehlt die im Norden realisierte Balustrade über dem zentralen Bereich der Fassade. Verstärkt durch die nahezu als beliebig zu bezeichnende Position des einzigen Sonderele-

---

[78]   Prof. Dr. Hans Buchwald wies mich in diesem Zusammenhang auf Beispiele einer vergleichbaren Gegenüberstellung geschlossener und durchbrochener Varianten derselben Fassadengestaltung in frühchristlichen Kirchenbauten hin.

[79]   Ca. 5' 5".

ments, des Eingangs zur Krypta, ergibt sich so eine betont serielle, den Charakter einer Seitenfassade wesentlich deutlicher als auf der gegenüberliegenden Seite artikulierende Ansicht, welche an sich keinerlei Hinweis auf die den Innenraum bestimmende Biaxialität gibt.

VI.1.4.4.
Zusammenfassung - Form und Bedeutung

Die Analyse der Ansichten von *St. Mary Woolnoth* bestätigt die oben dargestellten Ergebnisse der Untersuchung der dreidimensionalen Komposition des Gesamtbaus. Selbst mit den im vorliegenden Fall als Grundmaterial herangezogenen, extrem einfachen Baukörpern gelang es dem Architekten, hier einen komplexen, kompositorisch wie semantisch vielschichtig zu deutenden Bau zu entwickeln.

Die Gestaltung der Fassaden betont allerdings nicht nur die Additivität der Komposition und arbeitet das durch diese vorgegebene komplexe Verhältnis von Turm und Hauptbaukörper heraus. Sie erhöht die damit angelegte Komplexität des Ganzen durch eine auffallend deutliche Differenzierung der Gestaltung der Einzelfassaden. Die Additivität ist so in die an sich klaren Baukörper der Kirche getragen. Bestes Beispiel hierfür sind die oben ausführlich besprochenen Gestaltungen der Fassaden des Hauptbaukörpers in ihrer unmittelbar erkennbaren Unterschiedlichkeit.

Die emphatische Darstellung der Mauerwerksscheiben der Einzelfassaden in den ihre Stirnseiten bildhaft wiedergebenden Wandvorlagen illustriert diesen Gedanken ebenfalls. Vor Ort - in der faktisch wahrgenommenen, optischen Erscheinung - wird dieser an sich erst durch diese Details erkennbar, nachvollziehbar und in seiner Umsetzung akzeptabel. Bewußt wird dabei mit dem Auseinanderfallen einer primären, optisch bestimmten Auffassung von Teilen der Komposition und ihrer sekundären, vom Intellekt, vom Verständnis des Gesamtbaus als materieller Konstruktion geprägten Interpretation gespielt. In der durch diese Maßnahmen verursachten allgemeinen Ambiguität schafft die in dieser Art lediglich an wenigen, aber effektvoll gewählten Stellen thematisierte Gleichzeitigkeit gegensätzlicher Auffassungen des Gebäudes - einer vom Schein bestimmten, bildlichen sowie einer objektiv-konstruktiven - die Grundlage für die Erkenntnis der hinter der hier als allein der primär wirksamen, bildlichen beziehungsweise perzeptionellen Auffassung des Baus zugehörig erkennbaren Additivität vorhandenen Einheit der Komposition. Die klare Geometrie des Hauptbaukörpers - zum Beispiel - wird trotz der vordergründig seine Wahrnehmung bestimmenden Unterschiede der Fassadengestaltung sowie trotz der durch die Gestaltung als erste Erklärung für dieselben nahegelegten, angedeuteten Additivität der Wandscheiben erkennbar.

Der in der abstrahierten Konstruktion und mehr noch in der Gesamtform der Kirche klar nachweisbare, traditionelle Typus bindet das Ganze zusätzlich zu einer Einheit zusammen. Die serielle Gestaltung des Seitenfassaden und die im Gegensatz dazu überdeutlich symmetrische der Westfassade unterstützen die dem traditionellen Typus entsprechende Ost-West-Orientierung und damit auch dessen Erkennbarkeit.

Die großzügige Verwendung der Rustika unterscheidet den Bau deutlich von den anderen Kirchen Hawksmoors. Verglichen mit deren Gestaltung verleiht diese *St. Mary Woolnoth* einen wesentlich dekorativeren Charakter. In der Art und Weise der Anwendung dieses Motivs offenbart sich erneut die intensive Auseinandersetzung Nicholas Hawksmoors mit der Frage des Verhältnisses von Säule, Wand und Dekoration. Diese spiegelt sich ebenfalls in der Entwicklung und Umsetzung des vorliegenden Entwurfes. Deutlich sind die Säulenschäfte in der Westfassade von *St. Mary* durch ihre Lage und vor allem durch ihre Integration in die Rustika der Wand als integraler, plastisch gestalteter Teil der Mauermasse artikuliert. Dasselbe gilt allerdings auch für die Rustika selbst. Diese ist offensichtlich nicht als additiver, der Mauer aufgelegter Dekor verstanden. Ganz im Gegenteil ist sie als plastische Gestaltung der obersten Schicht der Mauer dargestellt.

Hierin wird eine im Werk des Architekten allgemein festzustellende Differenzierung erkennbar. Die scheinbar aus der Masse der Wand gearbeitete, abstrakte plastische, gewissermaßen als strukturell zu bezeichnende Dekoration, zu welcher auch die Rustika zu zählen ist, ist klar und deutlich von dem konventionellen, unabhängig von der Mauer als Konstruktion wie auch von ihrer reinen Geometrie entwickelten beziehungsweise bestehenden und gültigen Dekor unterschieden. Der letztere erscheint in Hawksmoors Entwürfen und Bauten als isolierbare, der Wand additiv hinzugefügte, gewissermaßen aufgelegte, primär semantisch oder auch assoziativ begründete Zutat. Eine jede Säulenarchitektur klassischer Prägung unterscheidet sich insofern zuerst und vor allem im Fehlen der eben erwähnten Differenzierung, in der Verabsolutierung der von Hawksmoor offensichtlich als konventionell erkannten und dementsprechend eingesetzten Dekoration und Ordnung von dessen eigener massiver Mauerwerksarchitektur. Die bloße Konstruktion der ersteren aber fügt sich als eine der potentiellen Ausformungen der Wand, als deren Reduktion auf ein Minimum in das theoretische System des Architekten. Die Betonung der Herkunft aller, auch der additiven, klassischen, konventionellen Details aus dem identischen - für seine Sakralarchitektur im Übrigen de facto durchgehend gültigen - Material, dem Block Stein, verbindet die insofern differenzierten Gattungen der Dekoration sowie die massive Konstruktion auf einer höheren, grundsätzlichen Ebene allerdings wieder. Beispiele einer demonstrativen Darstellung dieser Auffassung finden sich im vorliegenden Bau auch. Die spezifische Gestaltung und Verwendung der Triglyphen über den Treppenhaustüren von *St. Mary* sind ein gutes und aussagekräftiges Beispiel hierfür.

Unterhalb des Kranzgesimses ist die Gestaltung des gesamten Baus durch die sich aus der beschriebenen Grundauffassung ergebende spezifische Art der Detaillierung, das heißt von der Hawksmoors Werke allgemein auszeichnenden Massenarchitektur, bestimmt. Dies verbindet die glatte Südfassade mit der rustizierten Westfassade der Kirche ebenso wie diese beiden mit der die Charakteristika der zwei letzteren in sich vereinenden Nordfassade. Darüber - und gewissermaßen auch in den Blendnischen der Nordfassade - hingegen kommt die konventionell bestimmte Säulenarchitektur zum Zuge. Bedingt in der aus deren optischer Funktion heraus notwendigen Zeichenhaftigkeit dieser Elemente sind hier von der Konvention geregelte Themen angesprochen und umgesetzt. Es sei jedoch darauf hingewiesen, daß auch diese Partien des Entwurfes in ihrer Kombination exzentrisch bleiben.

Von besonderem Interesse ist die hierbei gegenüber den anderen Entwürfen Hawksmoors festzustellende Vergrößerung des klassisch gestalteten Bereichs nach unten - bis zur Oberkante des Hauptbaukörpers - im Zusammenhang der oben erwähnten Ähnlichkeit des massiven Baukörpers mit der Rekonstruktion des Unterbaus des *Tempels Salomo* bei Villalpando. Der eigentliche Tempel unterscheidet sich in den Darstellungen dieses Autors ebenfalls durch einer feinere, klassischere Formensprache vom Unterbau. Man könnte den eigentlichen Kirchenbau folglich als einen Art Sockel lesen, der ein ein ideales Konzept versinnbildlichendes Zeichen trägt. Die traditionelle Zweiturmfassade träte insofern an die Stelle des *Tempels Salomo*. Nachdem wir schon in anderen Entwürfen beobachtet haben, daß Hawksmoor Architekturminiaturen, welche eine ideale Konzeption des Kirchenbaus symbolisieren, auf seine ansonsten eher von pragmatischen Überlegungen bestimmten Kirchenbauten plazierte, ergibt sich eine faszinierende Parallelität, welche der vorliegenden Gestaltung ein symbolisches Prinzip zu hinterlegen scheint.

Innerhalb des dessen ungeachtet die Gesamtform prägenden traditionellen Typus der Pfarrkirche fällt bei der Gestaltung von *St. Mary* die Betonung der Interpretation der Kirche als Haus Gottes über die verstärkte Verwendung aus dem Palastbau stammender Motive ins Auge. Wir haben dies oben als ein Hervorheben der Präsenz Gottes in der Welt durch und in der Kirche gedeutet. Gleichzeitig ergibt sich daraus aber auch eine Annäherung von Monarchie und Kirche. Gott ist als himmlischer Monarch dargestellt, sein Haus als ein Palast. Die Nähe dieser Gedanken zum englischen Staatskirchentum braucht sicher nicht weiter betont zu werden.

Im Zuge dieses Schwerpunkts innerhalb der Aussage des Baus ergab sich eine auffällige Bevorzugung von Anregungen aus der modernen Architektur der Zeit. Auch die unabhängig davon durchaus nachweisbaren Vorbilder aus dem Mittelalter sind so stark auf ihre bloße Geometrie reduziert, daß insgesamt eine besonders nachdrücklich klassisch - und zwar manieristisch-barock - geprägte Gestaltung entstehen konnte. In diesem Zusammenhang mag auch die Rustika eine semantische Relevanz erlangt haben. Das ursprünglich mit militärischen Konnotationen belegte Motiv fand in den Palastbauten sowohl der italienischen Renaissance als auch des kontinentalen Barock breite Verwendung. Aber auch in den zeitgenössischen Beispielen englischen Palastbaus ist es vertreten. Man denke hier nur an *Castle Howard, Blenheim Palace* oder *Seaton Delaval*.

Insgesamt offenbart sich hier erneut die der Ambiguität der Form entsprechende Ambiguität der Bedeutung der Architektur Nicholas Hawksmoors. Gleichzeitig ergibt sich aber auf den beiden genannten Ebenen eine Einheit, eine Einheit trotz und in der Vielheit, eine Einheit unter einem Leitthema. Dem letzteren sind sekundäre, das prinzipielle Zeichen gewissermaßen aber interpretierende Nebenthemen beigegeben.

VI.1.5.
Der Innenraum
(Abb. 179-180, 193-195)

Im Inneren von *St. Mary Woolnoth* ist lediglich ein einziges Interieur der Erwähnung wert: dasjenige des quadratischen Gemeinderaumes. Der schmale Vorraum ist allein als Auftakt für den Gemeinderaum von Belang. Er ist betont glatt gestaltet, seinen Charakter prägt das deutlich herausgearbeitete Material, er ist steinern und dunkel. Selbst sein oberer Abschluß, ein Tonnengewölbe, ist aus dem auch den Außenbau prägenden *Portland stone* geschaffen. Die Wirkung des Raumes beruht vor allem auf seiner Schmalheit, Enge, fast schon primitiven Sparsamkeit und Dunkelheit und dem sich daraus ergebenden Kontrast zu dem vergleichsweise lichten und reich dekorierten Gemeinderaum.

Bedingt durch den quadratischen Grundriß und die eben solche Stützenstellung im Zentrum des Raumes sind die Innenansichten des Gemeinderaumes allesamt mehr oder weniger identisch. Auf jeden Fall ist dies für den durch die interne Ordnung geschaffenen Vordergrund zutreffend. Die dessen ungeachtet deutliche Differenzierung der Seiten erfolgt fast ausschließlich durch eine unterschiedliche Gestaltung der Raumzonen hinter der Säulenstellung und vor allem durch die eben solchen Einbauten im Bereich zwischen ihr und der Hülle des Gesamtraumes. Der Zentralraum als Idee ist insofern auf das von den Säulen ausgezeichnete zentrale Quadrat beschränkt. In den dieses umgebenden Zonen ist derselbe variiert und in Frage gestellt.

VI.1.5.1.
Die quadratische Kernzone
(Abb. 179-180, 193-195)

Den primären Eindruck des Innenraumes von *St. Mary* bestimmen die in dessen Hülle eingestellten Säulengruppen. Zusammen mit dem von ihnen getragenen Gebälk formen diese einen Würfel und damit den Kern des gesamten Interieurs.

Bei den Stützen handelt es sich um kannelierte korinthische Säulen. Diese erheben sich auf L-förmigen, circa 5' hohen Sockeln. Die letzteren tragen jeweils eine der insgesamt vier Dreiergruppen. Die Details der Ordnung entsprechen denjenigen der Säulen im Innenraum von *St. George, Bloomsbury*. Lediglich ein Doppelmäander an der Untersicht des Architravs unterscheidet die vorliegende Gestaltung von der Form des in der Pfarrkirche von Bloomsbury realisierten Gebälks.

Die vier Hauptansichten des sich ergebenden zentralen Kernraumes sind bis auf minimale Unterschiede identisch. Gerahmt werden diese jeweils von den die Fläche der entsprechenden Seite des würfelförmigen internen Volumens nach außen abschließenden Koppelsäulen einerseits und dem ungefähr 5' hohen Gebälk andererseits. Die beiden Achsen der Säulen sind etwa 4' 6" voneinander entfernt. Die Zylinder der Schäfte derselben haben eine Durchmesser von circa 2' 6". Zwischen den flankierenden Säulengruppen verbleibt ein Abstand von gut 20'. Auf der gesamten Breite dieses die Ansicht dominierenden mittleren Interkolumniums ist das Gebälk leicht nach hinten gebrochen[80]. Eine genauere Untersuchung zeigt, daß es sich bei den die breite mittlere Spannweite überbrückenden Gebälkstücken um stuckierte Holzträger handelt, während die Teile über den Säulen selbst eine massive Steinkonstruktion darstellen. Das leichte Brechen des Gebälks ist insofern Hinweis auf eine konstruktive Differenzierung. Es hat allerdings auch eine gestalterische Bedeutung.

Über dem Gebälk schließt sich der das Kernvolumen in der Vertikale erweiternde Obergaden an. Auch hier sind vier identische Fassaden um den Raum angeordnet. Die glatten Wandflächen weisen jeweils eine Proportion von circa 2:1 auf. Nach oben sind diese durch ein ungefähr 3' hohes Profil abgeschlossen. Es handelt sich dabei um eine ornamental angereicherte Variante des Gesimses der internen Säulenordnung der vorliegenden Kirche. Vor allem die Einführung eines mit reichem pflanzlichen Dekor belegten Frieses unterscheidet es von dem genannten Vorbild. In die unterhalb verbleibende Fläche ist die nahezu den gesamten zur Verfügung stehenden Raum in Anspruch nehmende Lunette eingeschnitten. Diese ist von dem auch in *St. George, Bloomsbury*, verwendeten Archivoltenprofil gerahmt. In ihrem Scheitel ist ein Keilstein eingefügt. Diesen ziert eine in Stuck gearbeitete Rokoko-Variante eines korinthischen Kapitells. Dessen angedeuteter Abakus kommt direkt unterhalb des Architravs des Abschlußgesimses zu liegen und trägt dieses andeutungsweise - in der Mitte des Feldes.

Die Breite der Lunetten entspricht exakt dem Maß der mittleren Interkolumnien der Säulenstellung. Durch das leichte Brechen des Gesimses an dieser Stelle und - verstärkt - durch das Entfernen der ansonsten oberhalb des Gebälks der Ordnung vorhandenen Steinreihe in diesem Bereich ist ein Durchgehen der Form von den Postamenten der jeweiligen Säulen bis in den Bogen der entsprechenden Lunette zumindest angedeutet. Eine vom Boden bis zum Scheitel der halbkreisförmigen Fensteröffnung durchgehende Bogenform ist so genauso - und gleichzeitig - erkennbar wie die grundsätzliche Auffassung des Ganzen als einer Addition des in sich geschlossenen Volumens des Obergadens oberhalb der Ordnung.

Die letztere Interpretation der Situation wird in ihrer Wirksamkeit für die Auffassung des Raumes aufgewertet durch die Verlängerung des Gebälks der Ordnung über den quadratischen Kernbereich hinaus bis zu den Außenwänden des Gemeinderaumes. Diesen ist dort jeweils ein Pilaster vorgelegt. So entsteht eine den gesamten Raum unterhalb des Gesimses als horizontal gelagertes Volumen zusammenfassende, kreuzförmige Struktur auf welcher der Obergaden aufgesetzt erscheint.

Gleichzeitig vermittelt das - im Gegensatz zu den erkennbar schmaleren Trägern unter den Lunetten - in den Seitenzonen des Gemeinderaumes in unverminderter Stärke fortgesetzte Gebälk aber den Eindruck einer nachträgliche Füllung des mittleren Interkolumniums unter additivem Aufsetzen des Obergadens. Der letztere verbindet in diesem Sinne die um den Kernraum angeordneten Teile der Ordnung und überspannt mit den Bögen der Lunetten die zwischen diesen verbleibenden Lücken. Erst daraus entsteht der quadratische Kernbereich als klar definierter Raum im Raum. Insofern bleibt der Bogen selbst zwar ein Bestandteil des addierten Baukörpers, gleichzeitig ist er aber eindeutig auf das darunter befindliche Interkolumnium bezogen.

Insgesamt ergibt sich eine Trennung und gleichzeitige Verbindung der Teile, eine Ambiguität der Beziehungen der Elemente der räumlichen Komposition, welche diese einerseits isoliert lesbar macht, sie gleichzeitig aber auch verbindet. Diese Ambiguität bewirkt über die abstrakte, rein geometrisch begründete Ähnlichkeit der räumlichen Konstellation mit Ziborien früher Kirchenbauten oder auch mit dem Grundrißtypus der Kreuzkuppelkirche hinaus die simultane Assoziation zweier klassischer Raumtypen - des *oecus tetrastylos* und der ägyptischen Halle.

---

80   Vgl. auch: Goodhart-Rendel, a.a.O., S. 408.

Die als Einheit für sich lesbare, von der Säulenordnung bestimmte Zone des Hauptbaukörpers reproduziert ohne den Obergaden weitgehend einen Viersäulensaal,[81] dessen Ecksäulen allerdings in die beschriebenen Dreiergruppen aufgelöst sind. Selbst die würfelförmige Proportionierung des Kernbereichs fügt sich in dieses Bild. Sie entspricht Palladios Angaben zum *tetrastylos*. Die Erweiterung des Raumes in einen von der internen Ordnung getragenen Obergaden hingegen entspricht dem Prinzip der ägyptischen Halle.[82] Wie bereits erwähnt wurde, schreibt *Dean* Aldrich von *Christ Church College*, welcher Hawksmoor von seiner Arbeit in Oxford bekannt war,[83] bezüglich dieser beiden Raumtypen in der lateinischen Originalfassung seiner *Elementa Architecturae*, sie seien als Vestibül, Halle oder Speisesaal verwendet worden.[84] Die englische Übersetzung seiner Arbeit beschreibt dieselben als *„banquetting houses"*.[85] Auch Palladio erwähnt bezüglich der Ägyptischen Halle ihre Ähnlichkeit mit Basiliken oder auch Gerichtshöfen und ihre Eignung als Empfangs- und Bankettsaal.[86]

Dieselben Raumtypen lassen sich auch als Vorbilder hinter den Entwürfen für die Hallen der von Nicholas Hawksmoor mit zu verantwortenden Palastentwürfe nachweisen. Aus der Beschreibung der ursprünglichen Funktion dieser Räume in der Literatur erklärt sich dies an sich von selbst. Betrachten wir die Zeichnungen Hawksmoors für die *Hall* von *Blenheim Palace*[87], so zeigen sich darüber hinaus aber auch unmittelbar faßbare formale Ähnlichkeiten. Die sich daraus ableitenden Gemeinsamkeiten der genannten Räumlichkeiten mit Hawksmoors Kirchenbauten wie *St. Mary* waren den Zeitgenossen des Architekten durchaus gegenwärtig. In der oben bereits erwähnten Äußerung Lord Berkeleys of Stratton ist dies bereits 1713 dokumentiert.[88] Der an sich primär mit Vorbildern aus dem Sakralbau des holländischen Protestantismus oder Wrens *City Churches* in Verbindung gebrachte Grundrißtypus erhält so in seiner räumlichen Umsetzung eine vollkommen andere Deutung. Das Interieur interpretiert den Kirchenraum als einen Empfangs-, Audienz- und Bankettsaal, welcher durch seine eindeutige Beziehung zu zeitgenössischen Beispielen herrschaftlicher Repräsentationsarchitektur einen gewissermaßen höfischen Charakter erhält. Die Kirche wird insofern mit einem Hof gleichgesetzt, der Eintritt in sie mit einem Empfang bei Hofe,[89] der Gottesdienst selbst

---

[81]   Vgl. zum Bsp.: Palladio, Andrea, *The Four Books of Architecture* (unabridged and unaltered republication of the work originally published by Isaac Ware in 1738), Mineola, N.Y. 1965, Buch II, Kap. VIII, S. 44, Abb. XXV.

[82]   Vgl. zum Bsp.:
Palladion, a.a.O., 1965, Buch II, Kap. X, S. 45, Abb. XXVIII;
Palladio, Andrea, *The Architecture of A. Palladio in four Booke*, hrsg. v. G. Leoni, London 1715, Buch II, S. 15-16, Abb. XXX;
Palladio, Andrea, *L'Architettura di Andrea Palladio Diuisa in quattro libri*, Venedig 1642, Buch II, S. 41-42.

[83]   Downes, Kerry, *Hawksmoor* (Studies in Architecture, Bd. II), 2. Ausg., London 1979, S. 101-102;
Kenworthy-Brown, John, *Easton Neston, Northamptonshire (1 und 2): Hawksmoor's Work for William Permor, Lord Lempster, its History, the church monuments, the Arundel marbles*, S. 76,
in: *The Connoisseur*, Bd. 157, Nr. 632, 1964, S. 73-79 und Bd. 157, Nr. 633, 1964, S. 143-149;
Hiscock, W.G., *Henry Aldrich of Christ Church, 1648-1710*, Oxford 1960, S. 8-12.

[84]   Aldrich, Henry, *Elementa Aechitecturae Civilis ad Vitruviae Veterumque Disciplinam et Recentiorum Praesertim a Palladii Exempla Probatiora Concinnata. Auctore Henrico Aldrich*, Oxford 1789, S. 39:
„... *frequentissime vero usurpatur pro Introitu, Aula, et Triclinio* ...".

[85]   Aldrich, a.a.O., S. 49.

[86]   Palladio, a.a.O., 1715, Buch II, S. 15-16:
„... *very much resemble Basilicas, or courts of justice* ...";
„... *one may judge how commodious they were, for receiving great companies, for banquetting, and for all manner of recreations*".

[87]   *Minet Library, Archives:*
2526 in: *123/188*;
2522 in: *123/188*;
1531 in: *123/188*.

[88]   Findlay, a.a.O., S. 68.

[89]   Vgl. auch: Findlay, a.a.O., S. 68.

mit einer Audienz und die Eucharistiefeier mit einem Staatsbankett. Der Gottesdienst sowie die mit dem Leben bei Hofe verbundenen Privilegien und Pflichten sind damit als analoge Gegenstücke einander gegenüber gestellt, und die Monarchie erscheint als dem göttlichen Vorbild entsprechend. Daß eine derartige Interpretation der Institution Kirche im Allgemeinen sowie des Gottesdienstes im Besonderen der Staatskirche Englands mit ihrer engen Bindung an Staat und Monarchie genehm sein mußte, braucht nicht weiter ausgeführt zu werden.

Die Einheit des Obergadens, seine Erscheinung als ein in sich geschlossenes, stimmiges Raumteil sowie die mit dieser notwendig verbundene Wahrnehmung desselben als einem isolierbaren, additiven, insofern auch die Ambiguität des Eindrucks der Gesamtheit des Innenraumes und seiner semantisch-typologischen Interpretation unterstützenden Element wird zusätzlich betont durch die Gestaltung seiner Decke.

In der durch das oben bereits beschriebene Gesims gerahmten glatten Deckenfläche schwebt ein quadratisches Paneel, dessen Ecken allerdings in einem Kreissegment konkav nach innen gezogen sind. Das es rahmende Profil ist - wie bei allen Deckengestaltungen Hawksmoors - sehr massiv. Seine Untersicht ist mit einem Flechtwerk ähnlich demjenigen der kurzen Nebenträger der Decke über dem erhöhten Kernbereich des Gemeinderaumes von *St. George, Bloomsbury* versehen. Seine Seiten mit ihrer reichen pflanzlichen Ornamentik ähneln dagegen dem Fries des die vorliegende Decke selbst rahmenden Profils. Die sich ergebenden, insgesamt acht Ecken des Paneels sind in der Untersicht jeweils durch einen Putto betont. Im Zentrum desselben befindet sich eine die senkrechte Symmetrieachse des Kernbereichs deutlich markierende Rose. Die Form des Paneels wird zwar durch pflanzliche Ornamente in den Eckfeldern zu einem vollständigen Quadrat ergänzt. Dessen ungeachtet schiebt sich insgesamt aber eine eher achteckige oder auch andeutungsweise an ein Kreuz erinnernde Auffassung der Form in den Vordergrund.

Wie die Keilsteine der Lunetten und die durch das leichte Brechen des Gebälks der Ordnung angedeutete Zusammenfassung der letzteren sowie der darunter befindlichen Mittelinterkolumnien der internen Säulenstellung zu durchgehenden Bögen betont die Gestaltung der Decke so die beiden sich kreuzenden Achsen des quadratischen Kernraumes. Neben der stereometrischen Form der Kernzone des Gemeinderaumes wird in seiner Decke und damit im Obergaden insgesamt auch die formale Funktion des Teilraumes als Vereinigung oder auch Kreuzung der beiden Hauptrichtungen des Interieurs artikuliert. Durch dieses Hervorheben der Achsen wird eine Manipulation des Zentralraumgedankens zugunsten einer latenten Orientierung des Raumes grundsätzlich möglich.

In seiner Funktion bezüglich der Organisation des Raumes ist der Kernbereich insofern einem Tetrapylon spätrömischer Städte[90] vergleichbar. Er erscheint als ein - einem Baldachin gleich - über dem Achsenkreuz plaziertes, dieses betonendes, additiv in den Raum eingestelltes Element. Er bewirkt in dieser Form eine Betonung der grundlegenden Kreuzform des Grundrisses und damit auch der in diesem angelegten Kreuzessymbolik.

Die einzige Unregelmäßigkeit innerhalb der an sich keine der - wie eben beschrieben lediglich vorgezeichneten - Richtungen betonenden Gestaltung des Kernbereiches des Innenraumes der Kirche ist das in der Mitte des Gebälks im Osten des Raumes eingefügte, von drei Putten gestützte königliche Wappen. Dies verleiht einer der vier Seiten des zentralen Volumens - der zum Altar hin weisenden Ansicht des Kernraumes - eine leichte Betonung.

Völlig abgesehen von dieser räumlichen Wirkung interessant ist die infolge dessen vorgenommene Unterbrechung der Profile des Gebälks, welche dasselbe auf seinen einfachen geometrischen Kern reduziert und so die klassischen Profile erneut als dekorative Addition offenbart. Das königliche Wappen fügt sich außerdem auch nahtlos ein in die durch die im Bau angedeuteten Raumtypen vorgegebene semantische Interpretation des Kirchenraumes.

---

90   Vgl. zum Bsp.: Leptis Magna.

Wesentlich deutlicher als durch dieses singuläre Detail wird die Orientierung des Gesamtraumes durch die Differenzierung der hinter den Säulen sichtbar werdenden Raumteile manipuliert. Von außen wirken diese hinein in den hier isoliert betrachteten, per se nahezu vollkommenen Zentralraum.

VI.1.5.2.

Die Nordseite

Im Ganzen betrachtet ist der Schnitt durch den Gemeinderaum von *St. Mary* sowohl entlang der Ost-Westachse als auch entlang seiner Querachse axialsymmetrisch. Die sich ergebende Ansicht - unter Einbeziehung der Wirkung von Rückwand und Galerien - widerspricht dieser in sich ruhenden Ordnung der Gesamtform aber deutlich.

Die glatte und geschlossene Rückwand der Nordseite des Raumes ohne jede Fensteröffnung ist lediglich durch die beiden den Ecksäulen der internen Stützenstellung entsprechenden Pilaster gegliedert. Auf ihrer Westseite knickt diese Fläche unter 45° nach vorne, um hinter sich Platz für die Wendeltreppe des Treppenhauses zu schaffen. In das diagonale Wandstück sind sowohl im EG als auch auf Höhe der Galerie zweiflügelige Türen mit einem klassisch artikulierten hölzernen Rahmen eingefügt. Allein schon aus diesen unregelmäßigen Elementen ergibt sich ein spürbar exzentrischer Akzent innerhalb der vorliegenden Ansicht.

Noch deutlicher wurde diese Einseitigkeit aber im ursprünglichen Zustand der Kirche infolge der Wirkung der heute entfernten Galerie. Deren Front kam ungefähr auf Höhe der Mitte der Säulenschäfte, auf halbem Weg zwischen Basis und Kapitell der Ordnung zu liegen. Die hölzerne Brüstung zog sich hinter den bis zur Decke des Hauptbaukörpers reichenden Säulen von der die Ansicht im Osten begrenzenden Wand bis zur westlichen der Ecksäulen. Dort knickte sie senkrecht nach vorne und verlief parallel zu der den Gemeinderaum im Westen abschließenden Wand vor derselben. Unter diesen Bedingungen verhinderte die Decke der Galerie ein Erfassen des Raumes durch einen Betrachter im Westen desselben vor dessen Heraustreten aus ihrem Schatten, das heißt vor seinem Eintritt in den quadratischen Kernbereich. In der Zeichnung beziehungsweise in dem sich real ergebenden Bild der Seitenwand verliehen die Fronten der Galerien der Ansicht durch deren einseitige Verlängerung zudem einen merklich nach Osten verschobenen Schwerpunkt.

Getragen wurde die Galerie von den uns schon von *St. Alfege* und *St. George, Bloombury*, vertrauten manierierten Abwandlungen einer korinthischen Säule. Die Stützenstellung befand sich auf der hier betrachteten Seite des Interieurs - wie im Grundriß bereits beschrieben wurde - vollkommen im Einklang mit der Ordnung der internen Säulen. Dabei betonte die Position der mittleren Stütze auf der Querachse des Raumes dieselbe und verstellte sie gleichzeitig.

Während die Stützen eine durchgehende Ordnung aufwiesen, war diejenige der Galeriefronten offensichtlich ein Ergebnis der Anpassung an die internen Säulen. Das östliche Feld wurde lediglich von einem deutlich querrechteckigen Paneel und zwei reich verzierten Balustern gebildet. Im Bereich des mittleren Interkolumniums dagegen waren vier wesentlich kürzere, fast schon quadratische Füllungen eingefügt; auch diese wurden jeweils durch Baluster voneinander getrennt. In der Ansicht bewirkte die damit gegebene Variation der Gliederung der Fronten zusammen mit der eindeutigen Beziehung derselben zu der darunter angeordneten Mittelstütze der Galerie eine Betonung der Symmetrieachse sowie des Kernbereichs des Gemeinderaumes insgesamt. Die sich aus dem Fehlen eines westlichen Gegenstücks des beschriebenen Felds im Osten ergebende Irritation wurde dadurch aber nicht beseitigt.

Die Galerie erschien allerdings als ein isolierbarer Einbau in die steinerne Architektur des Gebäudes. Unmittelbar erkenntlich wurde dies vor allem durch die trotz des Einfügens bis zur Unterkante der Galerien reichender Rundstäben in die Kanelluren der Säulen und Pilaster unbedingt als störend empfundene Unterbrechung der vorgelegten Pilaster durch die Rückseite der hölzernen Einbauten. Aber auch das Fehlen einer Stütze unter der westlichen Ecke der Galerie erklärte sich lediglich aus einer bewußten Anpassung der Anordnung der letzteren an die insofern als primär zu bezeichnende Ordnung der Säulen.

Wesentlich deutlicher artikuliert als hier - im Norden des Gemeinderaumes - waren die im vorliegenden Fall gleichfalls spürbare Irritation sowie die dieser zugrunde liegende gegenläufige Verschiebung der Schwerpunkte der Ordnungssysteme der die Längsansichten bildenden Ebenen auf der entgegengesetzten Seite des Interieurs der Kirche, im Süden des hier untersuchten Raumes.

VI.1.5.3.
Die Südseite
(Abb. 179)

Im Prinzip wiederholte die Südseite des Innenraums von *St. Mary Woolnoth* in ihrem Originalzustand die Situation im Norden desselben - mit der durch deren U-förmigen Verlauf einseitig nach Osten erweiterten Galeriefront sowie deren massivem Gegenpart, der diagonalen Treppenhauswand im Westen der Ansicht. Durch die in vier Achsen die Rückwand durchbrechenden Fensteröffnungen kam hier allerdings ein weiteres Element der Irritation hinzu.

Ursprünglich direkt unterhalb der Galerien gelegen waren die EG-Fensterchen mit ihren Segmentbögen. Diese sind vollkommen glatt ohne jedes rahmende Profil aus der Wand geschnitten. Bei den im ursprünglichen Zustand des Interieurs unmittelbar über der Galeriedecke ansetzenden, hohen OG-Fenstern hingegen sind die auch in der Nordwand des Innenraumes von *St. George, Bloomsbury*, verwandten Kämpfer- und Archivoltenprofile eingeführt. Die letzteren fassen die Reihe der vier Fenster zusammen, lassen die diagonale Treppenhauswand jedoch vollkommen unberührt. In der Rückwand erzeugen sie damit eine noch wesentlich deutlicher von der ausgeglichenen Ordnung des Kernbereichs abweichende Asymmetrie, als dies vis-à-vis auf der weitgehend glatten Nordseite des Gemeinderaumes der Fall ist. Die Mittelachse der sich ergebenden Fensterserie ist, wie es auch diejenige der inzwischen nicht mehr vorhandenen Galeriefront war, gegenüber der Symmetrieachse der von der Hülle vorgegebenen, im Kernbereich des Raumes konsequent umgesetzten Gesamtform deutlich nach Osten verschoben.

Dadurch wird aber auch die fehlende Koordination der Ordnung der Fenster - und damit der Außenwand insgesamt - mit derjenigen der internen Stützen offensichtlich. Während die (östliche) Ecksäule Bezug auf den Mauerwerkspfeiler zwischen dem ersten und zweiten Fenster nimmt, befindet sich die innere Säule des Paares vor dem zweiten Fenster - und zwar nicht in dessen Achse, sondern leicht dagegen verschoben. Säulen und Hülle werden durch diese Unstimmigkeit merklich voneinander getrennt; die Isolierung der gesamten internen Säulenstellung von der Außenwand wird verstärkt. Wie die Galerie, bei der sich der Eindruck der Additivität dadurch ebenfalls verstärkt haben muß, erscheint sie als ein Einbau in die Hülle.

VI.1.5.4.
Die Westseite

Auf der Westseite des Innenraumes war die Konstellation - auch mit den ursprünglichen vorhandenen Galerien - eine wesentlich andere als in den beiden bereits besprochenen Ansichten. Obwohl Hinweise auf die Additivität der Galerie wie die Unterbrechung der vorgelegte Pilaster auch hier gegeben waren, fehlte die auf den beiden „Längsseiten" vorhandene Irritation, die Verschiebung der

Symmetrieachsen. Die Ordnungsstrukturen der Elemente der Ansicht fielen hier in der allen gemeinsamen Mittelachse zusammen.

Im Schnitt des originalen Interieurs rahmten die beiden seitlichen Galerien die lediglich im Bereich des Kernbereiches sichtbare Front der Westgalerie. Die letztere wurde von den beiden seitlich neben den Säulen plazierten Galeriestützen getragen. Die Front selbst wies eine Dreiteilung mit einem deutlich breiteren Mittelfeld auf. Unter dieser war zwischen den Stützen der durch eine hölzerne Konstruktion auf circa 6' Breite reduzierte, die fünfgliedrige Jochteilung des Grundrisses in diesem Maß übernehmende Zugang sichtbar. Der diesen nach oben abschließende Korbbogen wurde von der Galerie allerdings verdeckt; er war lediglich von außen - vom Vorraum aus - wirksam. Dies belegte auch hier die bewußte Additivität der Galerie. Die beiden diagonalen Treppenhausfronten mit ihren Türen ordneten sich - wie noch heute - ein in das sich ergebende, durchgehend symmetrische Bild der Ansicht.

Während die Anordnung der Galerien die Integrität des zentralen Raumes hier also in keiner Weise in Frage stellte und eine diesem kongruente zweite Schale schuf, während die abgeschrägte Form der Ecken der Außenwand dem westlichen Raumabschluß eine gewisse Geschlossenheit verlieh, geschah unter den Bedingungen des originalen Zustands des Interieurs auf der gegenüberliegenden Ostseite exakt das Gegenteil: die Form wurde geöffnet und damit in ihrer Einheit sowie Selbständigkeit in Frage gestellt. Heute, ohne die Galerien, ist dies leider nur noch bedingt wahrnehmbar.

VI.1.5.5.
Die Ostseite
(Abb. 180, 193)

Beim Blick nach Osten verliefen die das Bild des Innenraumes von *St. Mary Woolnoth* in dessen ursprünglichem Zustand rahmenden Galeriefronten ungebrochen bis zu den der ansonsten glatt belassenen Ostwand vorgelegten Pilastern. Sie lösten sich damit aus der auf den anderen Seiten des vorliegenden Interieurs weitgehend gegebenen Bindung an die den Kernbereich des Raumes definierende Säulenstellung. Zusammen mit dem hierdurch in seiner Wirkung betonten Gebälk der Ordnung bewirkten diese Bänder aus der nunmehr angenommenen Perspektive eine Zusammenfassung der links und rechts der Ost-West-Achse in einer Reihe angeordneten Säulen und Pilaster zu einer durchgehenden Kolonnade. Die beiden verbleibenden, den Durchgang nach Osten rahmenden Säulen schienen folglich frei zu stehen. Die unter diesen Voraussetzungen als zwei symmetrisch angeordnete, gewissermaßen isolierte Solitäre erfahrenen Stützen wurden so zu einem angedeuteten *screen*, einem Ansatz eines eingestellten Säulenschirms, wie wir ihn zum Beispiel von *Christ Church, Spitalfields*, kennen.

Die bei Fertigstellung des Baus neben diesen beiden Säulen im mittleren Interkolumnium symmetrisch zur Mittelachse angeordnete liturgische Möblierung - Kanzel und Ambo - verstärkte den sich ergebenden Eindruck einer zeitgemäßen Artikulation eines Lettners. Die Position der liturgischen Orte entsprach damit deren üblicher Lage in den nach der Reformation unverändert weiter verwendeten mittelalterlichen Kirchen Englands vor oder auch in der Trennwand zum Presbyterium.

Durch die Offenheit des Bereichs dahinter und die sich aus der vorliegenden Konstellation ergebende Assoziation eines Lettners wurden die leichte Brechung des Hauptgesimses sowie der dadurch angedeutete, bis zum Scheitel der im Obergaden angeordneten Lunette reichende Bogen in dieser Ansicht wesentlich deutlicher spürbar als auf den anderen Seiten des Raumes. Es ergab sich eine zumindest U-förmige, wenn nicht gar quasi-basilikale Raumauffassung, die mit der weiterhin dominanten, heute nahezu ausschließlich spürbaren zentralisierten konkurrierte.

Am Ende des dahingehend manipulierten Raumes war - und ist - die bis heute unverändert in ihrer ursprünglichen Form erhaltene Altarnische angeordnet. In ihrer Breite wiederholt diese die Öffnung des angedeuteten Lettners, das heißt das mittlere Interkolumnium der internen Säulenstellung. Überwölbt und nach oben abgeschlossen wird sie durch einen der für Hawksmoor so typischen flachen Korbbögen. Dieser ist durch ein kräftiges Profil nachgezeichnet, wie es sich auch im Chorbogen von *St. George, Bloomsbury*, findet. Das Kämpferniveau ist durch ein an die von Serlio veröffentlichen Profile römischer Triumphbögen erinnerndes Gesims betont. Besonders charakteristisch für diese ist das auch hier ausgebildete, einen Halsring andeutende untere Abschlußprofil.[91]

Das Gesims ist zu beiden Seiten des Chorbogens bis zu den der Wand in der Achse der internen Säulenstellung vorgelegten Pilastern geführt. Darüber hinaus ist es nicht fortgesetzt. Abgesehen davon, daß dadurch erneut der additiv aufgelegte Charakter der klassischen Dekorationsteile betont ist, isoliert diese Maßnahme den dem Kernbereich entsprechenden Teil der Wandfläche in der vorliegenden Ansicht. Seine Verlängerung - der östliche Arm des internen griechischen Kreuzes des Grundrisses von *St. Mary* - ist so zusätzlich von den durch die ursprünglich vorhandenen Galerien angedeuteten, insgesamt ein U formenden, seitenschiffähnlichen Raumteilen abgesetzt. Die quasibasilikale Lesung des originalen Innenraumes erfuhr auch aus diesem Detail heraus eine zusätzliche Betonung.

Die Unterseite der Archivolte des Chorbogens ist kassettiert und deutlich von der mit pflanzlichem Dekor reich ausgestatteten Decke der flache Raumzone dahinter abgehoben. Zusammen mit der Verkröpfung des Kämpfergesimses um die den Chorbogen tragenden Wandzungen ergibt sich eine klare Betonung der Wandscheibe des Hauptbaukörers. Die Altarnische selbst ist dadurch als Addition kenntlich gemacht. Infolgedessen wirkt sie leichter und weniger begrenzend. Sie bildet einen weitgehend undefinierten Hintergrund für die bis heute im Original erhaltene Retabel[92] und öffnet den Raum auf diese Weise einem großen Fenster vergleichbar nach Osten.

Die Altarretabel von *St. Mary Woolnoth* ist beachtenswert. Zwei korinthische Säulen mit gedrehtem Schaft tragen hier ein das Kämpferniveau des rahmenden Chorbogens fortsetzendes Gebälk. Im mittleren Bereich, ungefähr auf 60% seiner Gesamtbreite, ist das Gesims desselben aufgewölbt zu einem Segmentbogen. Gleichzeitig schwingt eine Art Schabracke mit sieben, jeweils einen „*cherub*" tragenden wimpelartigen Gehängen konvex nach vorne. Das Ganze ruht auf einem circa 4' hohen Sockel, welcher die Postamente der Säulen mit einbezieht.

Nahezu die gesamte Rückwand der von diesem Säulenbaldachin gefaßten Retabel nimmt ein Paneel ein. Eine Art geschweifter Giebel schließt dieses nach oben ab. Ihm sind zwei rechteckige, blau gefaßte[93] Tafeln vorgelegt, welche die Zehn Gebote tragen.[94] Das Vaterunser sowie das Glaubensbekenntnis sind deutlich untergeordnet, gewissermaßen als Nachtrag oder Fußnote auf den beiden Unterseiten hinzugefügt. Über den Tafeln sind zwei in den Büchern der Kommission ausdrücklich als solche bezeichnete[95] Cherubim,[96] Wolken und Sonnenstrahlen[97] dargestellt.

---

91   Serlio, a.a.O., Buch III, Kap. IV, fol. 54r, 56r, 58r, 60r.

92   Als Beleg für die Originalität vgl.: *L.P.L., Book of Works, MS.2701*, S. 150, 163.

93   *L.P.L., Book of Works, MS.2701*, S. 433:
„... *For Writing the Commandments at the altar with Gold Letters upon Blew Japan'd Tables* ...".

94   *L.P.L., Minutes, MS.2692*, S. 43;
L.P.L., MS.2728, fol. 122.

95   *L.P.L., Book of Works, MS.2701*, S. 150: „... *Cherubs Heads* ... ";
Ebd., S. 163: „... *Cherubs Heads* ...".

96   Zur Darstellung der Cherubim als Putten vgl.: Hew, Alexander, a.a.O., S. 13.
Danach geht dies auf eine fehlerhafte Übersetzung des Aramäischen in Hebräische zurück.

97   *L.P.L., Book of Works, MS.2701*, S. 150: „... *2 Clouds Carv'd with Rays* ...".

Insgesamt ergibt sich eine deutliche Ähnlichkeit der Gestaltung mit den Blendnischen in der Nordfassade der Kirche; wesentlich frappierender als diese ist jedoch der Bezug des Entwurfs zum *Tabernakel Mose*[98] oder auch zum *Tempel Salomo*[99], dem jeweiligen Aufbewahrungsort der beiden Gesetzestafeln, welche Moses von Gott auf dem Berge Sinai erhalten hatte. In Anbetracht der in der anglikanischen Kirche allgemein üblichen Darstellung des Dekalogs - teilweise ergänzt durch Statuen Aarons und Mose - ist diese ideelle Verbindung an sich naheliegend. In der hier vorliegenden Altargestaltung ist dieselbe offensichtlich bewußt umgesetzt.

Die gedrehten Säulen über dem Altar von *Alt-St. Peter* in Rom galten als Reliquien aus dem Tempel zu Jerusalem.[100] Der barocke Baldachin in Neubau derselben Kirche stellte diesen Bezug ebenso wieder her, wie es die beiden Säulen hier für *St. Mary* tun.[101] Die auffällig zahlreiche Verwendung von Cherubim erinnert zudem an die Beschreibung der dekorativen Ausstattung des Tempels bei Ezechiel.[102] Sie findet sich allerdings auch in anderen Kirchen der Zeit, so zum Beispiel in *St. Martin-in-the-Fields*, was ihrer Herleitung aus der Dekoration des *Tempels Salomo* jedoch keineswegs widersprechen muß. Die zwei Engel über den Schrifttafeln der Retabel verweisen auf jeden Fall auf die beiden Cherubim auf der Bundeslade. Vergleichbares gilt auch für die Wolken und Strahlen im „Giebelfeld" des das Zentrum der Retabel einnehmenden Paneels. Sie weisen hin auf die Wolke des Herren beziehungsweise das Feuer über der Stiftshütte, die beiden Zeichen der Anwesenheit Gottes in diesem, dem ersten Sakralbau der Juden. Auch die Palme als Dekorationselement kann mit der Beschreibung des Tempels zu Jerusalem in Verbindung gebracht werden.[103] Im vorliegenden Kirchenbau finden sich Palmen nicht nur im Stuckdekor der das Paneel der Decke des Obergadens ergänzenden Eckfelder,[104] sondern auch im Plafond direkt vor dem Altarbereich. Zusammen mit der für den *Tempel Salomo* ebenso wie für das *Tabernakel Mose* gültigen Beschreibung des Allerheiligsten als einem quadratischen Raum ergibt sich so auch im Interieur von Hawksmoors *St. Mary Woolnoth* ein deutlicher Bezug zum Tempel des Volkes Israel als dem Muster des christlichen Sakralbaus.

Unmittelbar vor der Retabel befindet sich seit Fertigstellung der Kirche der Altar. Ursprünglich muß es sich dabei um einen Tisch mit zumindest einer Platte aus purpurfarbenem Marmor gehandelt haben.[105] Abgeschlossen wurde der Chorraum durch eine schmiedeeiserne Chorschranke. Im Niveau war dieser um drei Stufen über den Gemeinderaum angehoben. Wie üblich handelte es sich dabei um schwarze Marmorstufen. Belegt war der Boden des Presbyteriums mit schwarzem und weißem Marmor, welcher im Schachbrettmuster verlegt war. Im vorliegenden Zusammenhang ist es beachtenswert, daß selbst dieser Belag den gängigen Rekonstruktionen des salomonischen Tempels entsprach und so die dahingehende Interpretation des vorliegenden Interieurs unterstützte.

Lassen wir die semantischen Aspekten außer Acht, so ergibt sich auf der Ostseite des Gemeinderaumes der Kirche - rein formal betrachtet - vor allem eine betont symmetrische Anordnung. Die Gestaltung des allein durch seinen Maßstab den Raum beherrschenden, mit seiner reichen Ornamentik die Aufmerksamkeit fokusierenden Chores bewirkt hier noch wesentlich deutlicher als in der Westansicht des vorliegenden Interieurs eine Betonung der Mittelachse. Im ursprünglichem Zustand

98   *2 Mose 35-40.*

99   Vgl. v.a.: *Ezechiel, 40-42.*

100   Staatsgalerie Stuttgart, *Von Bernini bis Piranesi, Römische Architekturzeichnungen des Barock* bearbeitet von *Elisabeth Kieven*, Katalog der Ausstellung in der Graphischen Sammlung der Staatsgalerie Stuttgart, Stuttgart 1993, S. 50.

101   Vgl. hierzu auch: Hew, Alexander, a.a.O., S. 12. Er bemerkt, daß auch die Beine des Altartisches gedrehte Säulen sind.

102   Vgl. zum Bsp.: *Ezechiel 41, 15ff.*

103   Vgl. zum Bsp.: *Ezechiel 41, 15ff.*

104   Birch, George H., *London Churches of the Seventeenth and Eighteenth Centuries*, London 1896, S. 161.

105   Der Steinmetz verrechnet 1727/1718 einen „....*Sup.^{ll} purple marble Table at the altar* ...".
      Vgl. hierzu: *L.P.L., Book of Works, MS.2701*, S. 154.

der Kirche hoben die Galerien diese grundsätzlich auch heute noch vorhandene Symmetrie zusätzlich hervor. Vor allem aber verliehen diese dem Raum eine gewisse Longitudinalität. Die im Zusammenhang des Gesamtraumes als ein Fehlen des den Kernraum ansonsten allseitig begrenzenden Elementes erfahrene Beschränkung der Galerien auf die Längsseiten resultierte in einer spürbaren Öffnung des zentralen Quadrats nach Osten. Es entstand eine eindeutige, wenn auch nicht absolute Orientierung des gesamten Raumes in diese Richtung.

VI.1.5.6.
Die Decke der Randzonen
(Abb. 178-180)

Aus der Gestaltung der Deckenfelder der in ihrer Raumhöhe merklich niedrigeren, zwischen dem zentralen Quadrat des durch den Obergaden nach oben erweiterten und damit hervorgehobenen Kernbereiches sowie dem Geviert der den Gesamtraum definierenden Außenwänden verbleibenden Bereiche ergibt sich ebenfalls eine die liturgisch korrekte, nach Osten weisende Orientierung des Interieurs der Kirche unterstützende Wirkung.

Um den gesamten Gemeinderaum ist entlang der Oberkante der Außenwände ein in seinen Details dem Gebälk der eingestellten korinthischen Ordnung entsprechendes Profil geführt. Im Gegensatz zu seinem Pendant verzichtet das letztere allerdings in Gänze auf das Gesims. An dessen Stelle treten in diesem Fall die direkt auf die verbleibenden Teile des Gebälks - Architrav und Fries - aufgelegten Paneele der Deckenfelder. Selbst die die letzteren gleichermaßen trennenden wie tragenden, von den Ecksäulen zu den der Außenwand vorgelegten Pilastern spannenden Gebälkstücke sind dementsprechend behandelt. Besonders deutlich wird die sich hierin manifestierende horizontale Additivität jedoch in der Gestaltung der Unterzüge, welche von den zu beiden Seiten der Ecksäulen in das Feld eingerückten Säulen zur jeweiligen Außenwand geführt sind. Auch diese liegen auf dem Fries des Gebälks der internen Säulenordnung beziehungsweise demjenigen des der Außenwand vorgelegten Profils auf. Dessen ungeachtet ist deren Untersicht aber der Gestaltung des vollständigen Gebälks angeglichenen. Der die Unterseite des letzteren zierende Doppelmäander tritt auch hier auf. Die faktische Zugehörigkeit dieser deutlich flacheren Unterzüge zur Tragkonstruktion bleibt damit optisch erkennbar.

Die letztgenannten Träger treffen im Norden und Westen des Gemeinderaumes ohne jeden Bezug zur Ordnung der Wand auf das deren Oberkante fassende Profil. Im Süden enden sie - aller konstruktiven Logik zum Trotz - über den Scheiteln der Fenster, und dies nicht einmal in deren Achse. Im Osten hingegen stellen sie einen klaren, unmittelbar intelligiblen Bezug zum Chorbogen her. Auf den beiden allgemein als die „Flanken" des Interieurs interpretierten Seiten desselben wird so eine gewisse Irritation hervorgerufen. Die Decke wird dort als ein lediglich in sich stimmiges System erkannt und von den Wänden isoliert. Insgesamt erscheint der Plafond infolgedessen als ein additiver Einbau in die von den massiven Außenwänden geformte Hülle. Notwendig ergeben sich aus der hier vorliegenden Differenzierung der Anschlüsse Unterschiede bezüglich der visuellen Wirksamkeit der durch die besagten Unterzüge markierten Richtungen für die Interpretation der Orientierung des Raumes. Während die Situation diesbezüglich im Westen weitgehend als neutral zu bezeichnen ist und während auf den beiden „Längsseiten" des Interieurs eine deutliche Lösung von der Wand zu konstatieren ist, findet im Osten eine unmittelbare Anknüpfung statt. Es ergibt sich daraus eine die korrekte Orientierung, die gewissermaßen longitudinale Ausrichtung nach Osten innerhalb des prinzipiell zentralen Konzepts subtil hervorhebende Situation. Damit spiegelt die Decke der hier betrachteten niedrigeren Ringzone des Innenraumes von *St. Mary* von neuem das Gesamtkonzept desselben und unterstreicht dasselbe auf diese Weise.

Die durch die Gesamtheit der oben erwähnten Unterzüge definierten Paneele des Plafonds weisen - erneut mit Ausnahme derjenigen der östlichen Partie des Gemeinderaumes - in mittlerem Feld
jeder der drei verbleibenden Seiten ein Medaillon auf. Dieses rahmt jeweils eine der Dreiergruppen
von Putten oder auch Cherubim, welche bei der Gestaltung der vorliegenden Kirche so zahlreich
Verwendung fanden. Wie bereits erwähnt wurde, müssen diese möglicherweise als ein Verweis auf
den *Tempel Salomo* gelesen werden.

Im östlichen Deckenfeld sind statt dessen das gleichschenklige Dreieck als Gottessymbol, die
Taube als Symbol des heiligen Geistes, Bischofsinsignien und Palmenzweig, Königskrone und Lor-
beer dargestellt. Ähnlich wie bei *St. George, Bloomsbury*, sind damit säkulare und geistliche Macht
gleichermaßen thematisiert. In den Bildern von Siegerkranz und Friedenspalme sind deren höchste
Ziele, der Lohn ihrer jeweiligen Aktivität, irdischer Ruhm und ewiger Friede vergegenwärtigt. Beide
Sphären sind gleichberechtigt unter Gott angeordnet, dessen unmittelbaren geistigen Beistand die
Taube symbolisiert. Die ideologischen Grundlagen der staatskirchlichen Verfassung des englischen
Staates[106] sowie die von dieser - offensichtlich als notwendig gegeben - postulierten Segnungen sind
in der hier vorliegenden Dekoration der Decke von *St. Mary Woolnoth* erneut beschworen.

Gänzlich unabhängig von der symbolischen Deutung der beschriebene Motive ergibt sich - unter rein formalen Gesichtspunkten - aus der Differenzierung der Dekoration der Deckenfelder allerdings auch eine zusätzliche Betonung und vor allem eine wesentlich bessere Erkennbarkeit der offensichtlich bewußt angestrebten und eingesetzten Unterschiedlichkeit der Randzonen, eine weitere
Hervorhebung der östlichen Seite des Gemeinderaumes. Diese entspricht der primär durch die heute
entfernten Galerien geprägten U-förmigen Interpretation des Interieurs innerhalb dessen ursprüngli-
cher Konzeption ebenso wie dem eben beschriebenen, lediglich fein variierten Verhältnis der Ordnung der Decke zur Gestaltung der Außenwände.

VI.1.5.7.
Die ursprüngliche Bestuhlung
(Abb. 178-180)

Die im Zusammenhang der Darstellung des Grundrisses bereits beschriebene und dort analysierte
ursprüngliche Bestuhlung unterstützte mit ihrem einzigen, Haupteingang und Altar verbindenden
Gang die Longitudinaltendenz des Interieurs der Kirche.

Falls eine in der Sakristei aufbewahrte historische Photographie, die offensichtlich vor Butterfields Eingriffen entstanden ist, noch den Originalzustand zeigen sollte, dann wurde der so hervorgehobenen Ost-West-Achse in diesem Projekt durch die Plazierung des Taufbeckens eine zusätzliche
symbolische Bedeutung verliehen. Das Fehlen von Hinweisen auf eine *christening pew*, wie sie sich
in den anderen Kirchen findet, deutet ebenfalls darauf hin, daß hier die liturgisch begründeten
Richtlinien der Kommission wörtlich umgesetzt wurden. Die im Grundriß beobachtete Definition
eines zweiten Vorbereiches im Westen - unter der Galerie - könnte ebenfalls in diesem Zusammenhang verstanden werden. Auffälligerweise wurde das Taufbecken wie der Altar in purpurfarbenem
Marmor hergestellt.[107] War dieses wirklich auf der Achse plaziert, ergab sich daraus eine die Bedeutung dieser Achse betonende Entsprechung in Farbe und Material zwischen den Orten der beiden
Sakramente der anglikanischen Kirche.

Die ursprünglich vorhandenen *box pews* reichten bis direkt unter die Basis der Säulen und bildeten - wie in allen Kirchen der Zeit - einen dunklen Sockel für den Kirchenraum. Optisch ließen sie
die Postamente der Säulen praktisch verschwinden. Seitlich waren sie deutlich bis über die Linie der

---

106   Vgl. hierzu die Einführung ins Thema der Arbeit: Teil A, III. der Bauherr

107   *L.P.L., Book of Works, MS.2701*, S. 154:
      „... *A Marble Oval Font, the pedestal of vein'd Marble, Gothurn'd the Plinth and Bason of purple Marble molded, ...* ".

Säulenstellung unter die Galerie geschoben. Insofern betonten sie die Einheit des Gesamtraumes. Durch das auf diese Weise erreichte Bewußtsein für den das Interieur insgesamt fassenden, von den Außenwänden gebildeten Raumcontainer ergab sich sowohl im Falle der Säulenarchitektur des Kernbereiches als auch bezüglich der Galerien ein Eindruck der nachträglichen Ergänzung.

Diese bedingte Lösung des Interieurs und seiner Subsysteme von der es fassenden Hülle war notwendigerweise auch von Einfluß auf die Bedeutung und Valenz des von diesen im zentralen Kernbereich formulierten Zentralbaugedankens. Trotz seiner zentralen Rolle für die Auffassung des Raumes erschien der Würfel in dessen Zentrum von daher ursprünglich lediglich als eine nachgeordnete Interpretation des dessen ungeachtet primär auf den Altarraum hin orientierten Gemeinderaumes.

VI.1.5.8.
Zusammenfassung - Form und Bedeutung

Genau wie der Außenbau der Kirche erweist sich das Interieur von *St. Mary Woolnoth* bei genauerer Betrachtung als äußerst komplex. Innerhalb der simplen Gesamtform entsteht durch die formale Isolierung der das Interieur gestaltenden Subsysteme sowie die Überlagerung der unterschiedlichen Ordnungsstrukturen derselben eine ausgeprägte Ambiguität sowohl der Raumauffassung als auch der Bedeutung der Raumgestaltung. Hülle, Säulenordnung, Obergaden und Galerien - in gewisser Weise auch die Decken -, sie alle sind als Systeme für sich behandelt und gleichzeitig engstens miteinander verwoben. Die Möblierung als ein von vorne herein additiv gedachtes System eigener Prägung vervollständigt diese komplexe Einheit.

Die Hülle dient als der das Ganze zusammenfassende Container. Sie selbst ist allerdings ebenfalls nicht ganz einfach. Die Seiten sind klar und deutlich differenziert. Während die Westseite als axialsymmetrisch mit einer schwachen Mitte und eher geschlossen bezeichnet werden könnte, ist die ebenfalls symmetrisch gestaltete Ostseite deutlich auf eine starke Mitte hin konzipiert und wird mit ihrer Chornische als offen empfunden. Die beiden verbleibenden Flanken - und vor allem die Südseite - müssen dagegen als seriell bezeichnet werden, wobei die Mitte der Serie und die Querachse des Raumes gegeneinander verschoben sind. Die Hülle ist insofern trotz ihrer insgesamt quadratischen Grundrißform als longitudinal mit Ausrichtung nach Osten zu bezeichnen. Die in die Hülle eingestellte Säulenarchitektur hingegen ist wie der Obergaden als überwiegend von einer Zentralbau-Konzeption bestimmt zu bezeichnen. Die Galerien schließlich bilden eine Hufeisenform, ein nach Osten hin geöffnetes U. Die Raumauffassung ist hier weder longitudinal noch zentral. Sie ist jedoch auch nicht mit der sich aus einem Chorgestühl ergebenden indirekten Longitudinalität zu beschreiben, zumal hier kein betonter Kopf am Westende vorgesehen war. Am ehesten entspricht die Raumkonzeption einem auf ein an seinem Rand gelegenes Zentrum fokusierten Theaterraum.

Die Überlagerung dieser drei Systeme führt zu einer Verstärkung der Axialsymmetrie an den beiden „Stirnseiten" des Raumes und vor allem in dessen Osten, wo der Fokus des Systems der Galerien mit der betonten Axialsymmetrie der Hülle zusammentrifft. Auf den Längsseiten dagegen ergibt sich aus der Überlagerung widersprüchlicher Ordnungsstrukturen eine die Mittelachse merklich in Frage stellende Irritation. Die serielle Auffassung dieser Seiten wird dadurch indirekt unterstützt.

Je nach Standpunkt wird das daraus erwachsende Gesamtsystem unterschiedlich erfahren. Im Erdgeschoß sind besonders der Longitudinalraum der Hülle und der Zentralraum des Säulenarchitektur spürbar. Das System der Galerie wirkt sich vor allem in der Ausbildung einer räumlichen Sequenz aus, die - von der Möblierung unterstützt - Vorzonen an beiden Enden des Gemeinderaumes definiert. Diese den Gedanken eines Weges entlang der Ost-West-Achse betonende räumliche Differenzierung entspricht den in anderen Projekten Hawksmoors mit Nachdruck artikulierten querschifffähnlichen Teilräumen. Auf der heute entfallenden Galerieebene verlor - bedingt durch die erzwungene Orientierung des Betrachters - die Hülle notwendigerweise an Bedeutung. Der fokusierte Raum der Galerie und der Zentralraum der Säulenarchitektur bestimmten hier den Raumeindruck. Wie bei den meisten seiner Kirchen war der Raumeindruck auf dieser Ebene auch in diesem Fall weniger geprägt von der traditionellen longitudinalen Auffassung des Kirchenraumes, welche im EG noch deutlich spürbar blieb.

Trotz dieser den Standort des Betrachters bewußt einsetzenden Manipulation der Auffassung des Raumes und der damit erreichten allgemeinen Relativierung der Gültigkeit spezifischer Lesungen bleibt der Typus des Viersäulensaales als Leitthema immer und überall erkennbar. Dieser ist dabei eindeutig als ein die Vorbilder der englischen *hall* und des antiken Speisesaals gleichermaßen integrierender, in dieser simultanen Assoziation die Kirche offensichtlich als Hofhaltung eines himmlischen Königs interpretierender Raumtypus verstanden. Als einigende Grundvorstellung des Raumes ist diese typologische und damit letztlich auch semantisch begründete Idee in der Gestaltung des Raumes allgemein spürbar.

Die komplexe Gestalt des Interieurs fördert darüber hinaus eine Vielzahl spezifischer Assoziationen, die seiner Aussage eine gewisse Ambiguität verleihen, welche die in der grundsätzlichen Raumtypologie vorgegebene Thematik aber auch vertiefen.

Die Großform der Hülle sowie die dekorativen Details vor allem der Retabel schaffen klar und deutlich erkennbare Hinweise auf den *Tempel Salomo* beziehungsweise das *Tabernakel Mose*.[108] Die Säulenarchitektur, welche für sich deutlich am antiken *oecos tetrastylos* orientiert ist, verweist in Verbindung mit dem Obergaden auf die ägyptische Halle als Anregung, und zusammen mit der Reihung von Rundbogenfenstern in der Südwand drängt sich die Ähnlichkeit mit der *Hall* von *Blenheim Palace* auf. Während *tetrastylos*, ägyptische Halle und die *hall* des zeitgenössischen englischen Palastes sich in der Interpretation der Kirche im Allgemeinen sowie des Gottesdienstes im Besonderen als Hof eines himmlischen Monarchen verbinden, erscheinen die alttestamentarischen Vorbilder - oberflächlich betrachtet - als fremd in diesem Gedankenkreis. Beachten wir jedoch, daß die Bundeslade in der Bibel wörtlich als Gnadenthron[109] bezeichnet wird, dann war auch der Tempel des alten Testaments als Thron- und Audienzsaal Gottes gedacht.

Die in der Gestaltung des Interieurs angesprochenen Themen finden demnach im Bild Gottes als einem Monarchen ihren gemeinsamen Nenner. Aus dem monarchischen Gottesbild ergab sich fast zwangsläufig die Legitimation der monarchischen Staatsordnung. Insofern lag auch das Vorbild der salomonischen Ordnung des Staates als Rechtfertigung für die staatskirchliche Verfassung des Landes nahe. Wie Konstantin konnte der alttestamentarische König als Beleg für die im Selbstverständnis der *Church of England* in der Reformation vollzogene Rückkehr des Anglikanismus zu den reinen Wurzeln der Religion herangezogen werden. Insofern ist dieses Interieur wiederum als eine künstlerische Umsetzung des hinter der englischen Verfassung in ihrer monarchistischen Lesart verborgenen Ideen zu verstehen - und damit auch als eine Propaganda, als eine Bestätigung der sowie eine Werbung für die bestehende Ordnung.

VI.1.6.
Fazit - Prinzipien und Aussagen des realisierten Entwurfs

Aus der Zusammenfassung der oben gemachten Beobachtungen sowie der Betrachtung des vorliegenden Baus in seiner Gesamtheit werden typische Charakteristika der Komposition und Detaillie-

---

108 Vgl. hierzu:
    Teil B, VI.1.4.1.d.;
    Teil B, VI.1.4.1.e.;
    Teil B, VI.1.4.2.;
    Teil B, VI.1.5.5.;
    Teil B, VI.1.5.6.

109 Vgl. zum Bsp.: *2 Mose 37*.

rung, der räumlichen Gestaltung sowie der symbolischen Aussage des Entwurfes deutlich. Auf allen Ebenen wird hierbei als ein die Gestaltung durchgängig prägendes Prinzip die Kombination unterschiedlicher Konzepte in einem komplexen Ganzen faßbar. Teilweise führt dies zu einer gleichzeitigen Gültigkeit an sich gegensätzlicher Auffassungen. Dessen ungeachtet erwirkt aber immer und überall eine merklich vorhandene, die Pluralität allerdings nicht unterdrückende Hierarchisierung eine Einheit.

Selbst auf der abstrakten Ebene der Ordnung des Grundrisses durch Maßsysteme und Achsen kann ein undogmatischer, pragmatischer Umgang mit jeweils nur Teile des Ganzen erfassenden, deutlich unterschiedlichen Ordnungsstrukturen nachgewiesen werden. Grundlage des Ganzen und damit Garant der dennoch gegebenen Einheit ist ein durchgängiges 5'-Raster. Allerdings ist dieses bereits durch die realisierten Mauerstärken durchbrochen. Unmittelbar intelligibel eingesetzt ist das abstrakte System an sich lediglich in der der Außenform zugrunde liegenden geometrischen Idee.

Auch Charakteristika der vorliegenden Komposition sind mit dem sich in den genannten Eigenheiten der Gestaltung äußernden, hinter dem Entwurf in seiner Gesamtheit spürbar vorhandenen, komplexen Gestaltideal des Architekten in Verbindung zu bringen. Bei der Architektur von *St. Mary Woolnoth* gilt dies vor allem für die Additivität der Komposition. Deutlich wird diese primär in der horizontalen Schichtung des Gebäudes. Besonders auffällig ist dieselbe im Außenbau der Kirche. Als ein konkretes Beispiel ist in diesem Zusammenhang auf jeden Fall auf das komplexe Verhältnis der Teile des Turmes von *St. Mary* zueinander sowie zum Hauptbaukörper hinzuweisen; aber auch die Isolierung der verschiedenen, insgesamt das Interieur gestaltenden Subsysteme fällt in dieselbe Kategorie. In beiden Exempeln ist die Gesamtheit der Komposition als eine Summe isolierbarer Einheiten erkennbar.

Gleichzeitig mit den sich an den hier exemplarisch erwähnten Punkten Ausdruck verschaffenden Tendenzen zur Vereinzelung der Teile ist allerdings auch eine die Isolierbarkeit der Elemente der Komposition zwar nicht in Frage stellende, dennoch aber Überschneidungen und damit Verbindungen schaffende Ambiguität charakteristisch für den Entwurf. Einzelne Teile des Baus werden gerade in ihrer Isolierbarkeit in verschiedenen Kombinationen und Zusammenhängen lesbar, welche jeweils so gestaltet sind, daß sich eine sinnvolle Deutung ergibt. Es entsteht eine Vielheit sich überschneidender Bilder, Deutungen und Bedeutungen, welche sich teilweise ergänzen, sich teilweise aber auch widersprechen. Das Verhältnis des Turms zum Hauptbaukörper ist auch hierfür eines der schlagendsten Beispiele.

Mit Hilfe dieser Technik gelingt es, geometrische Ideen in Andeutung darzustellen ohne sie faktisch und isoliert in Reinform materialisieren zu müssen. Dasselbe gilt für ideale Architektur- oder Raumkonzepte, welche ohne die sich aus ihrer konsequenten Umsetzung ergebenden funktionalen Nachteile realisiert werden können. Dadurch werden diese primär von der Idee bestimmten Formen in ein die Funktion ebenso beachtendes Ganzes integriert. Selbst die Verbindung mehrerer derartiger Ideen wird möglich. Das Verhältnis der Zentralraumidee zum Interieur der hier vorliegenden Kirche muß auch unter diesem Aspekt betrachtet werden.

Eine Sonderform des diese Simultaneität ermöglichenden Phänomens - der Ambiguität der Gestaltung - ist die sogenannte „Fiktionalität", welche sich bei der Rezeption des Gebäudes in einzelnen Bereichen ergibt. In den damit bezeichneten Fällen entsteht eine Gleichzeitigkeit einer als bildhaft-vordergründig zu beschreibenden Auffassung einerseits und des Wissens um das dieser widersprechende reale, konstruktive System andererseits.

Als eine Folge der vorliegenden Prinzipien der Gestaltung entsteht zwischen den weiterhin isolierbaren Einzelteilen der Komposition ein komplexes Geflecht formaler Beziehungen. Diese dienen unter anderem der Schaffung einer additiven Einheit. Hinter den deutlich wahrnehmbaren, sich aus der Gestaltung des Entwurfs ergebenden vereinheitlichenden Kräften steht allerdings auch eine Hierarchisierung der in ihrer Summe die gebaute Architektur formenden und definierenden Systeme.

Die Gesamtform ist im vorliegenden Fall - wie bei allen Sakralbauten Nicholas Hawksmoors - von einem auf seine geometrischen Grundcharakteristika reduzierten Bautypus bestimmt, von der weiter oben im Text als geometrisches Symbol eines Kirchenbaus bezeichneten Reduktion des Typus der englischen Pfarrkirche auf seine primitive Grundform, einen gewissermaßen horizontalen Hauptbaukörper, welchem im Westen ein Turm vorgestellt ist. Das in dieser Orientierung spürbare Respektieren übergeordneter Prinzipien findet sich im Interieur - im Verhältnis von Hülle und Einbau - ebenso wieder wie in der Detaillierung - im Verhältnis von Säulenordnung und Dekoration zur Wand. In all den genannten Fällen variiert die Gestaltung im Detail eine übergeordnete Grundvorstellung, stellt diese teilweise in Frage, beläßt ihr im Endeffekt jedoch ihre möglicherweise angezweifelte, dessen ungeachtet aber real wirksame, grundsätzliche Gültigkeit.

Der thematisierte Typus hat sowohl formale als auch symbolische Signifikanz. Zum einen dient er auf einer rein formalen Ebenen der Schaffung der Einheit der Komposition. Dies geschieht vor allem auch durch den Appell an die Sehgewohnheiten und die Erinnerung des Betrachters. Dieser erkennt den Typus selbst hinter einer stark verfremdenden Gestaltung und realisiert so die Einheit der Komposition trotz der weitgehenden Isolierung ihrer Einzelteile. Automatisch wird auf diese Weise durch das von der Erfahrung geprägte Muster eine ideelle Einheit herstellt. Zum anderen hat der Appell an die Gewohnheit aber auch einen signalisierenden Charakter. Das Erkennen des vertrauten Typus führt zum Erkennen der beherbergten Funktion. Der Typus als Grundlage der formalen Komposition ist somit auch das Grundthema der Aussage des Baus. Wie aber der Typus auf der formalen Ebene variiert und verfremdet ist und innerhalb der Großform formale Fragen ganz spezifischer Natur thematisiert sind, so ist auch die mit ihm erzielte Aussage variiert, interpretiert und durch untergeordnete Aussagen zum Thema ergänzt.

Die Andeutung einer Zweiturmfassade gehört ebenso hierher wie die Anspielungen auf die hohen Westwerke Heinrichs des Löwen. Die oben bemerkte Betonung von Motiven aus dem Palastbau ist allerdings von besonderer Signifikanz. Innerhalb der Großform des Baukörpers ist ebenso wie im Innenraum - innerhalb des Schemagrundrisses des Viersäulensaales - auf das Thema der Kirche als Haus Gottes verwiesen. Entsprechend finden sich im Außenbau von *St. Mary* Hinweise auf Palastfassaden; und im Interieur der Kirche sind antike Audienz- und Speisesäle mit den *halls* der zeitgenössischen englischen Palastarchitektur zu einem Bild der Kirche als Hofstaat Gottes verdichtet. Selbst das durch die interne Säulenstellung und den Obergaden angedeutete Ziborium[110] fügt sich als Baldachin über dem Altar - dem Thron Gottes - in dieses Bild.

Der dahinter sichtbar werdenden Betonung der Anwesenheit Gottes auf Erden im Sakralbau und damit in der Institution der Kirche einerseits sowie eines monarchischen Gottesbildes andererseits entsprechen auch die deutlichen Bezugnahmen des vorliegenden Entwurfes zum *Tabernakel Mose* sowie zum *Tempel Salomo*. Diese ziehen sich von der bloßen Silhouette, welche an Villalpandos Seitenansicht des Tempels orientiert scheint,[111] über die Säulen und Blendnischen der Fassaden bis zur Form des Innenraumes, der Dekoration des Interieurs und der Gestaltung der Retabel.

Wie der Typus der englischen Kirche bei *St. Alfege* in einem Interpretationsprozeß die einer zweiten Bedeutungsebene zugeordnete Deutung als ein von innen gesprengter klassischer Tempel erhält, so ist die Kirche hier als der königliche Hofstaat Gottes dargestellt. Die monarchische und staatskirchliche Verfassung des englischen Staates ist in einem Bild gerechtfertigt. Die Fassung dieser Interpretation in der traditionellen Großform verleiht den Institutionen die zusätzliche Autorität der nationalen Tradition.

Es zeichnet die Formensprache des vorliegenden Projekts aus, daß sie hauptsächlich an klassischen und modernen, das heißt an manieristischen beziehungsweise barocken Vorbildern, orientiert ist. Der demonstrative Primitivismus der Stepney-Kirchen entfällt hier ebenso wie die in anderen Entwürfen deutlich artikulierten Verweise auf die frühe Kirche Konstantins des Großen oder auch

---

110   Den Hinweis auf diesen interessanten Aspekt der Form verdanke ich Prof. Dr. Hans Buchwald.

111   Villalpando, a.a.O., Bd. II, Abb. 5.

auf Byzanz. Der Eklektizismus Hawksmoors muß von daher unbedingt mit der jeweiligen Deutung des Gebäudes in Zusammenhang gebracht werden.

Aber auch darüber hinaus ist die Detaillierung des Gebäudes durchaus von Interesse. Zum einen fällt auch bei diesem Sakralbau Hawksmoors die deutliche Differenzierung der Formensprache sowie des Detaillierungsgrades einzelner Baukörper ins Auge. Vor allem zwischen den deutlich feiner und klassischer gestalteten Teilen oberhalb des Hauptgesimses der Kirche und den die Masse der Mauer betonenden Bereichen darunter ergibt sich diesbezüglich eine klare Trennung. Dies unterstützt die Additivität der Komposition. Es spiegelt aber auch die bei allen sechs Entwürfen des Architekten zu beobachtende Unterscheidung der eigentlichen Architektur im Sinne einer primär funktional bestimmten Konstruktion von zeichenhaften, die Aufmerksamkeit bewußt erregenden Teilen des Gebäudes. Insofern ist die Differenzierung der Formensprache innerhalb des Gebäudes auch von der semantischen Aufgabe des jeweiligen Bauteiles bestimmt.

Im vorliegenden Falle wird durch die Verwendung eines klar als Denkmalsockel artikulierten Elements als Teil der zeichenhaften architektonischen Plastik die Verbindung des Kirchenbaus mit der Idee des Monuments oder - besser noch - mit derjenigen des Denkmals im Sinne eines das Andenken und den Ruhm in der Zeit gewährleistenden Objekts offensichtlich. Dadurch wird auch die Verwendung von Grabmonumenten in den *steeples* anderer Entwürfe Hawksmoors verständlich.

Die Tatsache, daß dieser Sockel wiederum ein architektonisches Detail - quasi eine Architekturminiatur - trägt, verdeutlicht zusammen mit der ebenso zeichenhaften Verwendung von Elementen der klassischen Ordnung als Plastik in den Blendnischen der Nordfassade die fast ausschließliche Beschränkung der Dekoration auf Architekturteile. Architektonische Zitate übernehmen weitgehend die Funktion figürlicher Plastik. Die Wahl und Gestaltung dieser Zitate verdeutlicht deren bewußt zeichenhaften, symbolischen Charakter. Die über sie - mittelbar - hergestellten Verbindungen des Entwurfes zu historischen Bauten sowie zu den von diesen vertretenen Perioden der Geschichte oder auch historischen Persönlichkeiten ist die einzige Art der Symbolik, die Eingang in Hawksmoors Baukunst fand: Mit Ausnahme der Ornamente der Stuckdecken ist hier bei *St. Mary Woolnoth* - wie bei nahezu allen anderen Kirchen des Architekten - keinerlei unmittelbar symbolischer oder gar figuraler Schmuck nachzuweisen.[112]

Zum anderen bildet die deutlich die kubische Form der Baukörper sowie die Massivität der Mauerwerksmassen[113] betonende Detaillierung aber auch die Grundlage einer offensichtlich bewußten Thematisierung des Verhältnisses von Mauer, Säule und Dekoration in der Gestaltung der Wand. Im Detail ist die Form insofern auch von einem gewissermaßen demonstrativen, sich selbst erläuternden Ansatz des Architekten Hawksmoor geprägt, der die theoretischen Grundlagen seiner Architektur intelligibel umzusetzen sucht.

Die Mauermasse ist als der Grundstoff der Architektur, als ihr Kern, ihr primäres Prinzip kenntlich gemacht. Aus ihr sind augenscheinlich selbst die Säulenschäfte der Westfassade sowie der oben - eben aus diesem Grunde - als „strukturell" bezeichnete[114] und dabei klar von additiven Dekorationsformen differenzierte Dekor geschnitten. Nicht nur die Bandrustika von *St. Mary Woolnoth* fällt in die letztere Kategorie. Selbst vordergründig anti-konstruktiv erscheinende Details wie die komplexen Sturzausbildungen der Kirche sind durch ihre Gestaltung als Relief der Maueroberfläche kenntlich gemacht und damit in die Masse der Wand integriert. Sie erscheinen als plastische Ausarbeitung der als massiv und homogen artikulierten Mauermasse.

Sichtlich additiv dieser Mauermasse aufgelegt und damit auch von ihr isoliert sind dagegen die Dekorationsformen der klassischen, von den Säulenordnungen geprägten Formensprache der Architektur. Die Erkenntnis der Konventionalität dieser traditionell als kanonisch betrachteten Formen ist in Details wie den hängenden Triglyphen-Konsolen der Treppenhaustüren kraß deutlich gemacht.

---

112 Vgl. hierzu: Teil B, VII.1.4.

113 Vgl. auch: Kaufmann, Emil, *Architecture in the Age of Reason*, New York 1968, S. 18-20.

114 Vgl. hierzu: Teil B, VI.1.4.4.

Selbst diese Details erweisen sich insofern als mehr als ein bloßes formales Spiel. Sie leben auch von ihrer Beziehung zu den durch sie gebrochenen klassischen Regeln und erhalten erst aus diesem Bewußtsein ihre volle Bedeutung. Der oben vermerkte soziale Aspekt ihrer Positionierung deutet über die damit verbundene Beziehung zum Bildungsniveau der Betrachter zweifellos ebenfalls in diese Richtung.

Die somit festzuhaltende demonstrative Umsetzung des Bewußtseins der Konventionalität klassischer Details in eine Gestaltung derselben als sichtlich isolierbaren Formen läßt hinter der Differenzierung von „strukturellem" und „additivem" Dekor eine hierarchische Auffassung, eine Unterscheidung der „eigentlichen" Architektur mit ihren primären, natürlichen und damit allgemeinen Qualitäten von einer sekundären, konventionell bestimmten, auch ideell additiven Schicht der Gestaltung spürbar werden. Insofern setzt diese Differenzierung die hinter der im Großen über die Formensprache vorgenommenen Isolierung primär semantisch begründeter, zeichenhafter Baukörper vom Kern des Gebäudes stehenden Auffassungen um in die Detaillierung der Architektur.

In den teilweise sehr auffälligen Detaillösungen zur Darstellung der Isolierung des klassischen Dekors ist allerdings neben der Additivität der dekorativen Elemente durch ihre - im Falle der erwähnten verfremdeten Triglyphen gewissermaßen als bauklotzhaft zu bezeichnende - Ausformung auch ihre Entstehung aus einem Block Stein deutlich gemacht. Additiv sind diese gestaltet als Ausdruck ihrer historisch bedingten Konventionalität, blockhaft hingegen ganz offensichtlich als ein Zeichen für ihre Entwicklung aus der per se als Massenkonstruktion definierten Architektur.

Die hierbei vorgenommene unmittelbare Verknüpfung der beiden an sich widersprüchlich erscheinenden Aussagen läßt im Zusammenhang des oben Gesagten einen weiteren Schluß auf Hawksmoors Architekturauffassung zu. Sie läßt sich lediglich aus der Vorstellung einer losgelöst von einem ursprünglich durchaus gegebenen Zusammenhang mit einer spezifischen Architektur und der dort erzielten unmittelbaren abstrakten Wirkung bestehenden Gültigkeit und Valenz historisch entstandener, in der Folge zur Konvention aufgestiegener und mit historischen Konnotationen belegter Formen erklären.

Beim „strukturellen" Dekor ist im Gegensatz dazu die im Falle des klassischen Details grundsätzlich denkbare und gegebene Trennung von konventioneller Bedeutung und Benutzung einerseits und faktischer, materieller und formaler Wirkung andererseits nicht vollzogen. Gewissermaßen besteht er - zumindest in einigen Fällen - außerhalb der Konvention beziehungsweise gänzlich unabhängig von ihr. Er arbeitet direkt mit dem Material. Seine Wirkung und seine Goutierung beruhen weniger auf dem Wissen um die Konvention und ihre Regeln als auf der direkten sinnlichen Wahrnehmung von Form und Material. Entsprechend ist er als einer oberen Schicht der Wand zugeordnet dargestellt. Er ist damit unmittelbar und unlöslich mit dem Bau verbunden. Es ist jedwede Andeutung eines plastisch modellierenden Gestaltungsprozesses vermieden. Das harte, präzise Schneiden, der substraktive Prozeß des Steinhauens ist visualisiert. Durch die so demonstrativ sichtbar gemachte Entstehung aus der Mauermasse wird diese Art des Dekors aber auch von allen konstruktiven Überlegungen gelöst. Sie kann rein der optischen Erscheinung und Wirkung entsprechend eingesetzt werden.

Diese Auffassung wird vor allem in der bei diesem Projekt besonders deutlichen Vielansichtigkeit der Entwürfe wichtig. Erkennt man die Mauermasse als die eigentliche Architektur, die Gestaltung der Oberfläche aber als eine lediglich eine obere Schicht derselben berührende, rein optischen Gesetzen unterworfenen Manipulation der Wand, wie sie ein Relief darstellt, und macht man dies auch für den Betrachter erkennbar, so stellt die deutlich unterschiedliche Gestaltung benachbarter Fassaden die Einheit des Baukörpers nicht wirklich in Frage. Die massive Konstruktion vereint die vordergründig oder - besser - oberflächlich differenzierten Teile des Ganzen.

Unter diesem Aspekt ist auch das Verhältnis von Innen- und Außenbau interessant. Ein Vergleich beider Systeme belegt zwar eine eindeutig vorhandene Beziehung zueinander. Diese ist jedoch auf keinen Fall als ein direktes Umsetzen der Konstruktion der den Innenraum fassenden Hüllelemente in den Fassaden zu bezeichnen. Im vorliegenden Fall illustrieren die mit den dahinter befindlichen, dreieckigen Treppenhäusern keinerlei Beziehung herstellenden, diese vielmehr ignorierenden Vorlagen der Westfassade und die die Treppenhäuser ebenso überspielenden Blendfenster der Süd-fassade diese gewissermaßen als „Unehrlichkeit" der Architektur Hawksmoors zu bezeichnende Diskrepanz der beiden Systeme am besten.

An die Stelle der Darstellung der faktischen, konstruktiven Übereinstimmung tritt ein sozusa-gen bildlicher Zusammenhang. Unabhängig von der unbedingt bewußt geschaffenen Abweichung des Interieurs von der durch den in der dreidimensionalen Komposition des Gesamtbaus artikulierten traditionellen Typus geweckten - konventionellen - Erwartung bereitet die Außenform in ihrer Fas-sadengestaltung auf den Innenraum und seine Orientierung vor. Im Westen ist die Achse betont, aber durch den Turm geschlossen; an den Seiten ist die serielle Ordnung herausgearbeitet. Im Norden wird durch die Balustrade die bedingte Unterdrückung der dennoch artikulierten Querachse ange-deutet. Der einfache und klare Baukörper des Obergadens macht schließlich auch den quadratischen Kernbereich im Zentrum des Innenraumes spürbar. Seine Wirkung ist allerdings untergeordnet.

Der ansonsten im Außenbau in keiner Weise spürbar gemachte Einfluß der Galerien auf die Definition des Innenraumes, die sich aufgrund ihrer Einführung ergebende U-förmige Lesart des Interieurs finden lediglich in dieser vergleichsweise zurückgenommenen Darstellung des Kernberei-ches ihren indirekten Ausdruck. De facto vermittelt die Galerie allerdings auch eher als ein additi-ves, drittes, unabhängiges System zwischen Hülle und integrierten Zentralbau, als daß sie einen grundsätzlich neuen Akzent in die Konzeption des Baus einbrächte. Insofern ist auch hier eine ide-elle Übereinstimmung festzustellen.

Durch die Außenform wird der den Innenraum prägende Konflikt von Longitudinal- und Zen-tralraum folglich durchaus in geeigneter Weise artikuliert. Das Relief der Außenwand ist dabei aller-dings kein korrektes Abbild der Ordnung des Innenraumes. Vielmehr erfolgt eine kursorische Be-schreibung grundsätzlicher Charakteristika der abstrakten Ordnung der raumbildenden Elemente. Vor dem Hintergrund der oben gemachten Beobachtungen zur Definition der Rolle der individuellen Oberflächengestaltung kann diese Lösung allerdings kaum überraschen. Sie muß vielmehr als inner-halb der gegebenen Architekturauffassung konsequent und folgerichtig bezeichnet werden.

Eine zusätzliche, jedoch völlig anders geartete Verbindung von Innen und Außen schafft das bei anderen Projekten auch innerhalb der Fassadengestaltung festgestellte motivische Arbeiten Hawksmoors. In der Wiederholung des Motivs der Lunette des Obergadens über dem Westportal kommt dies bei *St. Mary* besonders klar zum Ausdruck.

Über die reine formale Analyse hinaus sehr interessant ist die bei diesem Entwurf faßbar wer-dende Offenheit der Grundrißlösung. In anderen Entwürfen hatte Hawksmoor die dort ebenso inte-grierten Viersäulengruppen eher im Sinne einer Erinnerung an byzantinsch-frühchristliche Vorbil-der entwickelt. Auch Hawksmoor muß die Diskrepanz zwischen der hier vorliegenden Umsetzung und den erwähnten anderen Beispielen bewußt geworden sein.

Die geometrische Prinziplösung löst sich bei Voraussetzung dieses Bewußtsein allerdings von den historischen Vorbildern. Die Umsetzung des Grundrisses in eine dreidimensionale Architektur wird als eine Interpretation eines per se neutralen Prinzips in einer bestimmten, bewußt an spezifi-schen, allerdings in keiner Weise notwendig bestimmten historischen Vorbildern orientierten Hin-sicht erkenntlich. Daraus ergibt sich die Notwendigkeit zur Annahme eines Denkens in auf die bloße Geometrie reduzierten Typen. Ihre Konnotationen erhalten die zwingend als solche erkannten pri-mären, abstrakten Ideen als gewissermaßen nachträgliche Interpretation. Erst im Zuge der nachge-ordneten Gestaltung des Details werden ihnen diese beigefügt. Es wird ihnen dabei eine in diesem Sinne als aufgelegt zu bezeichnende, sekundäre Bedeutungsebene verliehen.

Es kann und muß folglich von einem Bewußtsein Hawksmoors für die Relativität historischer Typologien und damit für die Konventionalität der Beziehung von Bedeutung und abstrakter Form ausgegangen werden. Hawksmoors Semantik ist folglich ebenso wie seine Ästhetik als bewußt relati-vistisch zu bezeichnen.

VI.2.
Der Entwurfsprozeß:
Zeichnungen und Modelle - die geistige Entwicklung der Form

VI.2.1.
Die vorhandenen zeichnerischen Quellen
(Abb. 196-210)

Im Falle von *St. Mary Woolnoth* ist die Quellenlage bezüglich der zeichnerischen Dokumente zum Entwurfsprozeß vergleichsweise gut. 20 Blätter dokumentieren die Entwicklung des Entwurfes von ersten Vorentwurfszeichnungen bis zur Werk- und Ausführungsplanung. Die Zeichnungen befinden sich allesamt in der *Map Library* der *Britisch Library*.

Sechs der Blätter sind der Vorentwurfsphase im weiteren Sinne zuzuordnen:
K.Top.23.28.3f[1],
K.Top.23.28.3c[2],
K.Top.23.28.3d[3],
K.Top.23.28.3r[4],
K.Top.23.28.3p[5] und
K.Top.23.28.3q[6].

Aus der Phase der Weiterentwicklung dieser Vorentwürfe zum genehmigten Entwurf sind drei bis vier Blätter erhalten:
K.Top.23.28.3m[7],
K.Top.23.28.3o[8] und
K.Top.23.28.3a[9]
sind sicher dazu zu rechnen. Wahrscheinlich muß aber auch
K.Top.23.28.3b[10]
dieser Leistungsphase zugeordnet werden.

Die Genehmigungsplanung und deren Umsetzung in die Werkplanung dokumentieren sieben bis acht Pläne. Neben dem eben schon erwähnten Kryptagrundriß, *K.Top.23.28.3b*, handelt es sich um drei Blätter im Maßstab 1:60[11],
K.Top.23.28.3i[12],

---

[1]   Downes-Katalog Nr. 123.

[2]   Downes-Katalog Nr. 130.

[3]   Downes-Katalog Nr. 124.

[4]   Downes-Katalog Nr. 125.

[5]   Downes-Katalog Nr. 128.

[6]   Downes-Katalog Nr. 129.

[7]   Downes-Katalog Nr. 126.

[8]   Downes-Katalog Nr. 127.

[9]   Downes-Katalog Nr. 131.

[10]   Downes-Katalog Nr. 132.

[11]   1": 5'.

K.Top.23.28.3g[13] und
K.Top.23.28.3l[14],
zwei Verkleinerungen im Maßstab 1:120[15],
K.Top.23.28.3k[16] und
K.Top.23.28.3h[17],
sowie 2 Werkpläne im Maßstab 1:24[18]:
K.Top.23.28.3w recto[19] und
K.Top.23.28.3n recto[20].

Die verbleibenden drei Blätter,
K.Top.23.28.3t[21],
K.Top.23.28.3u[22] und
K.Top.23.28.3s[23]
sind im Rahmen der Weiterentwicklung des genehmigten Entwurfs nach Fertigstellung der Fundamente, aber noch vor Beginn der eigentlichen Ausführung entstanden. Sie beschäftigen sich hauptsächlich mit dem Innenraum, und zwar besonders mit der Stellung der internen Stützen.

Während des Entwurfprozesses müssen mehrere Modelle entstanden sein. Die Liste der Kommission von 1733[24] erwähnt zwei Exemplare: ein Modell von Hawksmoor sowie eines, dessen Autor in der Liste offen gelassen ist.[25] Zu diesen Modellen ist jedoch keinerlei weiteres Zeugnis erhalten. Zusammen mit den Informationen der Papiere der Kommission ergibt sich aber dennoch ein rundes Bild, und die Entwicklung des Entwurfes läßt sich weitgehend gut verfolgen.

---

12   Downes-Katalog Nr. 133.

13   Downes-Katalog Nr. 135.

14   Downes-Katalog Nr. 137.

15   1":10'.

16   Downes-Katalog Nr. 138.

17   Downes-Katalog Nr. 139.

18   1":2'.

19   Downes-Katalog Nr. 134.

20   Downes-Katalog Nr. 136.

21   Downes-Katalog Nr. 140.

22   Downes-Katalog Nr. 141.

23   Downes-Katalog Nr. 142.

24   *L.P.L., MS.2724*, fol. 4-5.

25   *L.P:L., MS.2724*, fol. 5: „*1 Lombard Street by M^r* -".

VI.2.2.
Entwurfsschritte:
Rekonstruktion und Kommentierung der Entwicklung der Form anhand der zeichnerischen
Quellen
(Abb. 196-210)

VI.2.2.1.
Vorentwürfe, März bis Mai 1716
(Abb. 196-201)

Den Startschuß für die Entwicklung des vorliegenden Entwurfes gab die Kommission am 19. 3. 1716. An diesem Tag beauftragte sie ausdrücklich beide *Surveyors*, Entwürfe für *St. Mary Woolnoth* zu entwickeln und diese zusammen mit einer Kostenschätzung vorzulegen.[26]

In den Büchern ist lediglich die Abgabe eines Entwurfs vermerkt - desjenigen von James am 23. 4. 1716[27]. Dieser ist offensichtlich jedoch bei der Kommission nicht auf große Gegenliebe gestoßen.[28] Es finden sich keine Eintragungen bezüglich einer Diskussion des Vorschlages, und am 23. 5. 1716 forderte die Kommission die *Surveyors* erneut auf, einen Entwurf - diesmal im Singular - bis zur nächsten Sitzung vorzubereiten.

Ein Großteil der Vorentwurfszeichnungen weist deutliche Hinweise auf eine Beteiligung beider *Surveyors* auf. Wir müssen folglich davon ausgehen, daß nach den ersten, separat entwickelten Vorentwürfen, die Kommission die beiden *Surveyors* faktisch zur Zusammenarbeit verpflichtete. Möglicherweise erwartete sie eine Kompromißlösung, welche die Ansätze beider vorliegenden Konzepte verband. Von James' Vorentwurf ist uns nichts als seine Existenz bekannt. Von Hawksmoors Vorschlag hingegen fehlt die Dokumentation einer Abgabe in den Büchern der Kommission. Daß aber auch er einen Vorentwurf erarbeitet hat, belegt die erste der erhaltenen Zeichnungen zu diesem Projekt. Sie ist nur an dieser Stelle sinnvoll in den Entwurfsprozeß und damit in die Serie der Zeichnungen einzuordnen.

VI.2.2.1.a.
Erster Vorentwurf, März/April 1716:
B.L., Map Library, K.Top.23.28.3f

Das Blatt zeigt Grundriß und Westansicht eines Vorschlags zur Gestaltung einer Kirche. Der Zeichenstil macht eine eigenhändige Anfertigung durch Hawksmoor wahrscheinlich,[29] und die - allerdings in einer nicht zu identifizierenden Handschrift ausgeführte - Beschriftung belegt den Zusammenhang mit *St. Mary Woolnoth*.

---

26   *L.P.L., Minutes, MS.2690*, S. 260, in: Port, M.H., Hrsg., *The Commissions for Building Fifty New Churches: The Minute Books, 1711-1727, a Calendar*, London Record Society, Bd. 23, London 1986.
Vgl. auch: Downes, Kerry, *Hawksmoor* (Studies in Architecture, Bd. II), 1. Ausg., London 1959, S. 189.

27   *L.P.L., Minutes, MS.2690*, S. 271, in: Port, a.a.O.
Vgl. auch: Downes, a.a.O., 1959, S. 189.

28   Vgl. auch: Smith, Peter, *An Attempt to Discover the Stylistic Preoccupations of the Architects who worked for the "Fifty New Churches" Commission*, a dissertation for a B.A.Hons Degree in the History of Art and Architecture (unveröffentl. Manuskript), Reading University 1980, S. 40.

29   Downes, J.K., *Nicholas Hawksmoor*, Thesis submitted for the Degree of Ph.D. in the University of London, 2 Bde., Diss., London 1959/60, S. 72-73.

Die Grundrißlösung weist bereits einige der grundlegenden Prinzipien der ausgeführten Lösung auf. Es handelt sich bei ihr um ein Quadrat, dem im Osten ein Chorraum und im Westen ein Turm angefügt sind. Aus der Position der Fenster ergibt sich eine gleichmäßige Fünfteilung des Grundrisses in beiden Richtungen. Vier eingestellte Säulen grenzen ein drei auf drei Joche messendes, zentrales Quadrat aus. Allerdings handelt es sich bei dem hier dargestellten Chorraum um eine halbrunde Apsis. Der Turm mißt in seiner Breite gerade ein Sechstel der Westfassade und erhebt sich über einem quadratischen Grundriß. Die Außenwände schließlich sind auf allen vier Seiten im Bereich der mittleren drei Joche leicht nach vorne gebrochen. Die dadurch entstehenden, angedeuteten Mittelrisaliten sind von massiven Wandvorlagen in Verlängerung der Säulenachsen gerahmt.

Die letzte Differenzierung entspricht der sich deutlich vom ausgeführten Entwurf unterscheidenden dreidimensionalen Komposition des über diesem Grundriß vorgesehenen Baukörpers. Diese betont das von den internen Stützen und den mittleren Bereichen der Außenwand angedeutete Kreuz. Die verbleibenden kleinen Quadrate in den Ecken des Grundrisses bilden im Außenbau separate Teilbaukörper. Sie bleiben circa 12' niedriger als der kreuzförmige Hauptbaukörper und sind flach gedeckt. Die hohen Mittelteile der Fassade hingegen krönt jeweils ein Tempelgiebel, welcher ein dahinter anstoßendes Satteldach verbirgt und abschließt.

Der Turm formt über dem oben beschriebenen quadratischen Grundriß einen glatten Kubus ohne ein geneigtes Dach oder einen differenzierter gestalteten *steeple*. Er ist - wie die gesamte Fassade - lediglich durch Fensteröffnungen, glatte Gesimsbänder ohne jede detailliertere Profilierung und in die Wandfläche eingeschnittene Paneele gegliedert. Das oberste seiner insgesamt vier Geschosse entspricht im Prinzip schon vollständig den Laternen über dem Turm der ausgeführten Kirche. Allerdings fehlt die die letzteren abschließende Balustrade.

Das Kranzgesims des Hauptbaukörpers ist der einzige klassische Dekor dieser Fassaden, die sich durch ihre betonte Glattheit und ihre wahrlich als primitiv zu bezeichnende Einfachheit auszeichnen. Wie schon im Rahmen der Besprechung von *St. George-in-the-East* erwähnt, muß dieser Primitivismus sicher auch als eine bewußte Bezugnahme auf Prinzipen und Charakteristika der Architektur der „*primitive christians*" verstanden werden.[30] Die von dreidimensionaler Komposition und Innenraum des vorliegenden Vorentwurfs transportierten Konnotationen weisen ebenfalls in diese Richtung.

Lassen wir den Turm außer Acht, so handelt es sich bei der dreidimensionalen Komposition des hier dargestellten Gebäudes exakt um diejenige, welche auch einem 1712-13 entstandenen[31] frühen Entwurf Nicholas Hawksmoors für die *Radcliffe Library*[32] zugrunde liegt. Der letztere weist ebenfalls die hier vorliegende fünfjochige Gliederung eines quadratischen Grundrisses auf, die Ausbildung eines zentralen Quadrats sowie die den Kernbereich in den Fassaden kenntlich machenden massiven Vorlagen. Lang und Downes haben gezeigt, daß dieser Entwurf auf einer im memorialen Charakter des Vorbildes begründeten bewußten Auseinandersetzung des Architekten mit Grelots Darstellungen der *Suleimanije* beruht.[33] Im Fall von *St. Mary Woolnoth* dürfte es mehr noch die Hawksmoor bewußte Verbindung des Baus mit dem Bautypus der *Haghia Sophia* und der Tradition der frühen beziehungsweise byzantinischen Kirche gewesen sein, welche ihn zur Aufnahme des genannten historischen Vorbildes veranlaßte. Insofern ist auch in diesem Projekt - zumindest am Anfang des Prozesses der Entwicklung des Entwurfes - die Idee der Orientierung des Sakralbaus an der Kirche des frühen Christentums spürbar - und dies weit über eine bloße Ähnlichkeit des quadra-

---

30   Vgl.: Teil B, IV.1.4.5.

31   Downes, Kerry, *Hawksmoor* (Studies in Architecture, Bd. II), 2. Ausg., London 1979, S. 279.

32   *Ashmolean Museum, Gibbs Collection, Hawksmoor Portfolio I*, fol. 4, 8, 10 (*Gillam II.6-8*), (Downes-Katalog Nr. 281-283).

33   Lang, S., *By Hawksmoor out of Gibbs*, S. 186-187, in: *Architectural Review*, Bd. CV, April 1949, S. 183-190; Downes, Kerry, *Hawksmoor*, London 1970, Reprint 1987, S. 127.

tischen Hauptbaukörpers mit Hawksmoors eigener Darstellung der „*Basilika after the Primitive Christians*"[34] von 1711 hinaus.

Im Innenraum ist allerdings ein Großteil der in Grelots Grundriß der Suleijmanie vorhandenen, die Längsachse innerhalb des Quadrats betonenden Elemente entfernt. Vor allem sind die Stützen auf die vier Ecksäulen beschränkt. In den Plänen fehlt zudem jeder Hinweis auf eine Kuppel oder ein anderes, deren zentralisierende, die Achse in der Vertikale betonende Funktion übernehmendes Element. Es entsteht eine um die Kuppel reduzierte Variante einer byzantinischen Kreuzkuppelkirche. Der die Kreuzform zusätzlich betonende, diese nach oben hebende Obergaden unterscheidet den Raum auch von Wrens Umsetzungen des Themas und den Beispielen im Sakralbau des holländischen Protestantismus. Die faktische Ähnlichkeit mit veröffentlichten Darstellungen von Kirchen der frühen Christenheit beschränkt sich insofern fast vollständig auf den Grundriß. Sie bezieht sich dabei viel eher auf die in Sir George Wheelers *Account* veröffentlichten Grundrisse frühchristlicher Kirchen[35] als auf Grelot und die *Hagia Sophia*.

Das genannte Buch befand sich in Wrens Bibliothek, und Hawksmoor kannte den Autor persönlich von Verhandlungen bezüglich seiner Privatkapelle in Spitalfields. Aber auch die von Amico veröffentlichte Kirche im Hause Annas[36] sollte hier Erwähnung finden, zumal die Ähnlichkeit des Grundrisses mit diesem Vorbild im weiteren Verlauf des Entwurfsprozesses noch zunehmen sollte. Das überdeutliche Herausarbeiten der Kreuzform kann, wie ebenfalls schon bei der Besprechung von *St. George-in-the-East* angedeutet wurde,[37] allerdings auch mit Rekonstruktionen des inneren Hofes des *Tempels Salomo*[38] in Verbindung gebracht werden. Die in dem schließlich ausgeführten Bau unbestreitbar vorhandenen Verweise auf den Tempel zu Jerusalem lassen diese Deutung der hier vorliegenden Form zumindest nicht unwahrscheinlich erscheinen.

Betrachten wir die Komposition des Vorschlags als Architektur im Sinne eines räumlichen Objekts, so ist das Gebäude hier wesentlich deutlicher als Zentralbau artikuliert, als es der ausgeführte Bau ist. Die Zentralität entsteht jedoch hauptsächlich dadurch, daß die Querachse im Baukörper durchgängig spürbar gemacht ist. Es ist weniger die vertikale Achse der Idealplanungen der Renaissance oder das zentrale Quadrat des realisierten Projekts als das den gesamten Bau durchdringende Kreuz, das die Idee des Baus und vor allem des Innenraumes bestimmt.

Die sich damit ergebende direkte Verbindung des Kernraumes mit der Hülle verhindert in diesem Vorschlag die im ausgeführten Gebäude, vor allem aber auch in späteren Vorentwurfs-Alternativen so deutliche Zweischichtigkeit des Gemeinderaumes. Damit entfällt die für die räumliche Wirkung im realisierten Bau äußerst wichtige Spannung zwischen den jeweils unterschiedlichen Regeln gehorchenden Ordnungen von Hülle und Interieur. Auch hier ergibt sich eine gewisse Ambiguität. Diese ist jedoch viel eher das Ergebnis eines Widerspruchs von Innen und Außen, eines Kontrast zwischen der die Eckräume isolierenden Additivität des Außenbaus und der den Obergaden als separaten Aufsatz definierenden, die kleinen Eckräume aber mit einbeziehenden Form des Innenraumes. Diese Spannung bewirkt ebenfalls eine gewisse Lösung des Interieurs von der Hülle, sie stellt die Idee der zentralsymmetrischen Raumkomposition jedoch in keiner Weise in Frage.

---

34   *L.P.L., MS.2750/16* (Downes-Katalog Nr. 31).

35   Wheler, G., *An account of the churches or places of assembly of the primitive Christians*, 1689, S. 62, Abb. IIII; S. 13, Abb. I.

36   Amico, Bernardino, *Plans of the Sacred Edifices of the Holy Land*, translated from the Italian by Fr. Theophilus Bellorini O.F.M. and Fr. Eugene Hoade O.F.M. with a Preface and Notes by Fr. Bellarmino Bagatti O.F.M., Jerusalem 1953, S. 38.

37   Vgl.: Teil B, IV.1.6.

38   Vgl.:
      Rekonstruktion des Nicolaus von Lyra (1270-1349), die bis ins frühe 16. Jahrhundert mehrmals veröffentlicht wurde (Curl, James Stevens, *The art and architecture of freemasonry*, London 1991, S. 82-83, Abb. 42);
      Rekonstruktion von Surenhusius in dessen *Mishnah* (Ebd., S. 89, Abb. 48);
      Rekonstruktion von Claude Perrault in Maimonides-Ausgabe (Ebd., S. 101, Abb. 62).

Dennoch ist die bis zum ausgeführten Entwurf durchgehend beibehaltene fünfjochige Gliederung auch hier schon durch die aus der Ordnung fallende Abmessung des Chores gestört. Aus dieser Differenzierung der Raumbegrenzungen ergibt sich eine gewisse Betonung der Ost-West-Achse. Dieselbe ist jedoch noch wesentlich zurückhaltender als in der heutigen Kirche und integriert sich nahezu selbstverständlich in die kreuzförmige Grundstruktur der Raumauffassung. Infolgedessen kann der Entwurf auf eine seine Zentralität verstärkende Betonung der vertikalen Achse verzichten.

Die Außenmaße des Grundrisses überschreiten diejenigen des ausgeführten Baus in beiden Richtungen um über 10'.[39] Wie eine in den Papieren der Kommission dokumentierte Antwort auf eine Befürchtungen der Nachbarn artikulierende Eingabe betont, bleibt der ausgeführte Bau innerhalb der vom Vorgängerbau vorgegebenen Baulinie.[40] Wir können demnach mit Sicherheit davon ausgehen, daß der Neubau den Bauplatz weitmöglichst auszunutzen suchte. Die Tatsache, daß bei keinem der anderen Pläne Abweichungen vom ausgeführten Maß festzustellen sind, bestätigt die sich daraus ergebende Annahme, daß das ausgeführte Außenmaß die maximale Ausnutzung darstellt. Folglich müssen die in diesem Vorschlag verwendeten Abmessungen in einem sorglosen, die Rahmenbedingungen mißachtenden Umgang mit dem zur Verfügung stehenden Grundstück begründet sein, wie er praktisch nur am Anfang eines Entwurfsprojekts denkbar ist.

Die deutlich von der Zusammenarbeit von James und Hawksmoor zeugenden Zeichnungen weisen bereits das korrekte, endgültige Maß auf. Das vorliegende Blatt muß demzufolge vor diesen, vor den aus der von der Kommission verordneten Zusammenarbeit der beiden *Surveyors* hervorgegangenen Zeichnungen der gemeinsamen Vorentwürfe entstanden sein. Eine Einordnung von *K.Top.13.28.3f* im Rahmen der erwähnten ersten Vorentwürfe im März/April 1716 und damit eine Identifizierung desselben als Hawksmoors unabhängigem ersten Beitrag sind unumgänglich.

VI.2.2.1.b.
Gemeinsame Vorentwürfe beider *Surveyors*, April bis Mai 1716
(Abb. 197-201)

Fünf Blätter sind es insgesamt, die aufgrund des Zeichenstils - und teilweise auch aufgrund der Handschrift ihrer Beschriftung - auf eine aktive Beteiligung von John James an der weiteren Entwicklung des Entwurfes hinweisen. Dieselben ordnen sich vom Entwicklungsstand des Entwurfes nahtlos ein zwischen die direkt mit dem genehmigten Entwurf verbundenen Zeichnungen und dem soeben beschriebenen ersten Vorentwurf.

Innerhalb dieser Gruppe ist ebenfalls eine gewisse Reihenfolge auszumachen. Es handelt sich um drei eng miteinander verbundene, dennoch aber deutlich differenzierte Konzepte für den Bau. Die in ihnen ersichtlich werdende Alternativenbildung setzt sich vor allem mit der Ordnung und Gestaltung des Interieurs auseinander; Grundriß und Schnitt der Außenwände sind praktisch unverändert beibehalten. Während der erste Vorschlag noch deutliche Beziehungen zu Hawksmoors eigenem ersten Vorentwurf aufweist, ist in der dritten Alternative die Lösung des genehmigten Entwurfes in groben Zügen bereits entwickelt. Daraus ergibt sich eine aus der Gesamtentwicklung heraus begründbare Ordnung der Vorschläge. Ob diese auch der tatsächlichen Reihenfolge ihrer Entstehung entspricht, muß bis zu einem gewissen Grade fraglich bleiben.

Daß die Lösungen im Geiste des beziehungsweise der Entwerfer noch bis zur Festlegung auf den genehmigten Entwurf und darüber hinaus Gültigkeit hatten, zeigt die weitere Entwicklung des Entwurfs.

---

39   Vgl. auch: Downes, a.a.O., 1959/60, S. 72-73.

40   *L.P.L., Minutes, MS.2690*, S. 297, in: Port, a.a.O.

VI.2.2.1.b.1
Die erste Alternative, April/Mai 1716
B.L., Map Library, K.Top.23.28.3c
(Abb. 197)

Von der ersten Alternative der gemeinsamen Vorentwürfe der beiden *Surveyors* zeugt lediglich ein Grundriß im Maßstab 1:120[41].

Bis auf Kleinigkeiten entsprechen die Wände des Hauptbaukörpers hier schon dem ausgeführten Entwurf. Allerdings befindet sich auf der Südseite der Kirche ein zweiter Eingang. Dieser ist in der Querachse angeordnet. Auf der gegenüberliegenden Nordseite sind in der Außenwand bereits die drei Blendnischen dargestellt; diese sind jedoch zur Mitte hin gerückt und lassen so - im Gegensatz zur seriellen Lösung der ausgeführten Planung - die drei mittleren, dem Kernbereich des Gemeinderaumes entsprechenden Joche nach außen hin sichtbar werden. Der Chorraum im Osten entspricht in seiner Breite ebenfalls bereits dem Maß des realisieren Gebäudes, er weist aber noch immer eine runde, eine apsidiale Form auf. Der Turm im Westen hat sich gegenüber dem ersten Vorentwurf am deutlichsten verändert. Auch er gleicht nun weitgehend dem endgültigen Zustand. Anstelle der kolossalen Dreiviertelsäulen an den Ecken des Quaders sowie des Einziehens der Fassaden auf dessen Schmalseiten ist hier allerdings ein rechteckiger Kubus geplant, dem auf den Ansichtsseiten an den Kanten jeweils ein Pilaster vorgelegt ist. Entsprechen ist der Raum des Narthex gegenüber seiner ausgeführten Form an den Schmalseiten um apsidiale Enden verlängert, und obwohl wir über die Vorstellungen zur Form des Turmes in der Ansicht nichts wissen, ist festzuhalten, daß sich der heute vorhandene Überstand der oberen Hälfte des Turmes an dessen Schmalseiten bei Realisierung dieser Lösung für das EG nicht ergeben hätte.

Interessant ist die exakte Übereinstimmung der hier angenommenen internen Stützenstellung mit der Ausführung. Darüber hinaus ist an der zeichnerischen Darstellung des Grundrisses - neben der Betonung der beiden Hauptachsen durch eine gestrichelte Linie - vor allem die Eintragung der von den Ecksäulen zu den Außenwänden spannenden Unterzüge der Beachtung wert. Die kleinen Quadrate in den Ecken des Raumes sind dadurch deutlich hervorgehoben. Innen, entlang der Seiten des zentralen Quadrats, ist im Gegensatz dazu kein Gebälk dargestellt. Es ergibt sich demnach auch hier eine Betonung der Kreuzform im Innenraum, wie sie im ersten Vorentwurf zu finden ist, wie sie im ausgeführten Entwurf aber nicht mehr gegeben ist. Die vorliegende Zeichnung läßt infolgedessen vermuten, daß zu diesem Zeitpunkt beziehungsweise in dieser Alternative noch immer kein Obergaden in der ausgeführten quadratischen Form geplant war. Sowohl eine Lösung mit sich überkreuzenden Tonnen, wie sie bei *St. George-in-the-East* ausgeführt wurde, als auch eine Flachdecke wie in *St. Anne, Limehouse*, wo die vier Eckfelder ebenfalls betont ausgeschieden sind, wäre grundsätzlich mit der Zeichnung kompatibel. Das Fehlen jedweder Fenster in den Außenwänden legt es allerdings nahe anzunehmen, daß die Komposition sowie die Raumstruktur des ersten, von Nicholas Hawksmoor allein verantworteten Vorentwurfes hier fortbestanden - ein kreuzförmiger Lichtgaden über dem Quadrat des Hauptbaukörpers.

Diese Annahme erklärt auch die Entwicklung des betont breiten Baukörpers des Westturmes. Dieser setzt den Baukörper des Obergadens nach Westen fort und deckt dessen Stirnseite vollständig ab, so daß die im ersten Vorentwurf offensichtlich werdenden Probleme beim Anschluß des Zentralbaus an den Turm entfallen. Der dabei entstandene breite Narthex entspricht zudem den dem Architekten zur Verfügung stehenden Informationen zur Rekonstruktion frühchristlicher Sakralbauten[42]. Dieser befindet sich damit im Einklang mit der den ersten Vorentwurf prägenden Orientierung

---

41   1":10'.

42   Vgl. zum Bsp.:
Wheeler, a.a.O., Abb. IIII, S. 62.;
Grelot, J., *A Late Voyage to Constantinople*, London 1683, Abb. V, S. 90.
Vgl. auch: Odgers, Juliat, *Hawksmoor's part in building the Fifty New Churches*, A Dissertation presented to the

der Gestaltung der Kirche an eben diesen Vorbildern. Allerdings ist der Einfluß der *Suleymanije* hier zurückgedrängt zugunsten einer viel schlichteren, einfacheren Form. Der Grundriß der oben bereits erwähnten, von Amico veröffentlichten Kirche im Hause Annas bietet sich nunmehr noch wesentlich deutlicher als Vorbild an.

Die hier betrachtete Alternative der gemeinsamen Vorentwürfe stellt eine Übergangsform zwischen dem ersten, allein von Nicholas Hawksmoor entwickelten Vorentwurf und der auf den genehmigten Entwurf hinführenden weiteren Planung dar. Diese Beobachtung unterstützt eine Reihe weiterer Indizien für eine Einordnung der vorliegenden Zeichnung an eben dieser Stelle innerhalb des Entwurfsprozesses sowie eine entsprechende Datierung derselben.

Die hier noch gegebene Planung eines apsidialen Chorraumes macht eine Entstehung des Blattes nach August 1716 - nach Beginn der Fundamentarbeiten also -[43] praktisch unmöglich. Die Bücher verzeichnen keinerlei nachträgliche Änderungen in diesem Bereich. Mit Baubeginn muß demnach die rechteckige Form des Chores bereits festgelegen haben.

Mit dieser Feststellung ist auch jeder Zusammenhang des Blattes mit den in den Büchern der Kommission nachweisbaren Diskussionen um die Stützenstellung im Mai 1717 ausgeschlossen[44]. *K.Top.23.28.3b (Abb. 204)* beweist darüber hinaus, daß mit dem Übergang zur ausgeführten Form des Chors die Position der internen Stützen in ihrer endgültigen Form noch lange nicht festlag, daß die Lösung des die erste Saison der Bauausführung bestimmenden Planes - und höchstwahrscheinlich auch diejenige des genehmigten Entwurfs - vielmehr sehr nahe mit der aus *K.Top.23.28.3p* und *K.Top.23.28.3q* zu erschließenden Stellung der internen Stützen übereingestimmt haben muß. Aus dieser Korrespondenz ergibt sich nicht nur die Einordnung der beiden letztgenannten, noch von einer apsidialen Chorgestaltung ausgehenden Blätter am Ende der Vorentwurfsphase. Es folgt daraus auch, daß die vorliegende Lösung allein ihrer Ähnlichkeit mit der realisierten Stützenstellung wegen nicht als das Endergebnis der Vorentwurfsphase betrachtet werden muß.

Der Grundriß entspricht im übrigen - in den ihn von den anderen Lösungen unterscheidenden Charakteristika, primär also der Position der internen Säulen - keiner der anderen Zeichnungen vor Aufgabe des apsidialen Chores und vor allem keinem der davor entstandenen Schnitte. Dagegen findet sich eine identische Grundrißlösung in dem oben bereits erwähnten Lageplan für *St. George, Bloomsbury*,[45] vom November 1711. Zusammen mit den Gemeinsamkeiten mit dem erstem Vorentwurf ist von daher eine Entstehung zwischen Hawksmoors unabhängigem Vorschlag und den anderen, ohne jeden Zweifel von seinem Kollegen James mit verantworteten Vorentwurfszeichnungen naheliegend. Der Maßstab der Zeichnung, 1:120[46], deutet in dieselbe Richtung. Er entspricht demjenigen des ersten Vorentwurfs, während alle weiteren Vorentwurfszeichnungen den für Nicholas Hawksmoor an sich vollkommen unüblichen Maßstab von 1:96[47] aufweisen.

Die exakte Übereinstimmung der Hülle, das heißt der Außenwände, mit den anderen Zeichnungen der gemeinsamen Vorentwürfe und vor allem mit dem von John James selbst beschrifteten *K.Top.23.28.3d* verbietet ein Herauslösen des vorliegenden Blattes - und damit dieses Vorschlags - aus dem Zusammenhang der gemeinsamen Vorentwürfe. Den genannten, in eine andere Richtung weisenden Indizien zum Trotz muß es sich hier um ein erstes Ergebnis der Zusammenarbeit der beiden *Surveyors* handeln. Dies schließt einen überproportionalen Einfluß des einen oder des anderen aber nicht aus. Die oben gemachten Beobachtungen bestätigen den Eindruck, daß der Einfluß

Department of Architecture, University of Cambridge for the Diploma Examination (unveröffentl. Manuskript), Cambridge Mai 1984, Abb. 80, 82.

43   *L.P.L., Minutes, MS.2690*, S. 297, 299, in: Port, a.a.O.;
      L.P.L., Book of Works, MS.2697, S. 660.

44   *L.P.L., Minutes, MS.2690*, S. 334, 336, 339., in: Port, a.a.O.

45   *L.P.L., MS.2715*, fol. 20-22.

46   10': 1".

47   8': 1".

Hawksmoors und seines ersten Vorentwurfs hier besonders deutlich ist - stärker als in den anderen Zeichnungen dieser gemeinsamen Planungsphase. Auf lange Sicht ist die dargestellte Lösung allerdings die einflußreichste, was mit Interesse zu vermerken ist.

Es liegt nahe anzunehmen, daß diese erste gemeinsam entwickelte Alternative von Hawksmoor selbst oder - wahrscheinlicher - einem seiner Zeichner zu Papier gebracht wurde, während bei den späteren Vorschlägen die Zeichenarbeit eher von James oder auch seinem Stab übernommen wurde. Abgesehen davon, daß dies auch ein Indiz für den Grad des individuellen Einflusses des einzelnen *Surveyors* sein dürfte, würde das den an sich unverständlichen Maßstabssprung innerhalb dieser Planungsphase erklären. Selbst die Inkonsistenz der Maßstäbe der Zeichnungen späterer Phasen ließe sich damit als Ergebnis verschiedener Maßstäbe in den weiterhin als Arbeitsgrundlage dienenden Grundplänen erklären, selbst wenn dann eindeutig Hawksmoor zuzuschreibende Blätter in den für diesen an sich ungewöhnlichen Maßstäben auftreten. Bezeichnenderweise finden sich diese ungewöhnlichen Maßstäbe lediglich bis in die Phase der Entwicklung des genehmigten Entwurfs. Mit diesem selbst kehren die Maßstäbe der Zeichnungen zu den bei Nicholas Hawksmoor allgemein üblichen zurück.

Abschließend ist festzuhalten, daß der geringe Ausarbeitungsgrad des vorliegenden Planes die Hypothese einer frühen, vorerst nicht weiter verfolgten und verworfenen Variante des gemeinsamen Vorentwurfs der beiden *Surveyors* unterstützt. Downes' Einordnung des Blattes ganz am Ende der Entwicklung zum genehmigten Entwurf[48] muß folglich korrigiert werden, und dies trotz der zugegebenermaßen deutlichen Ähnlichkeiten der Grundrißlösung mit dem ausgeführten Entwurf. Nachdem sich aus den Angaben der Bücher der Kommission eine Vorstellung des gemeinsamen Vorentwurfs am 30. Mai 1716 zwingend ergibt, folgen für die hier betrachtete Grundrißzeichnung eine Datierung auf April/Mai 1716 sowie eine Einordnung vor den im Folgenden zu besprechenden Blättern.

VI.2.2.1.b.2
Die zweite Alternative, April/Mai 1716:
B.L., Map Library, K.Top.23.28.3d (Abb. 198)
B.L., Map Library, K.Top.23.28.3r (Abb. 199)

Zwei Blätter dokumentierenden die insgesamt deutlich weiter ausgearbeitete zweite Alternative der gemeinsamen Vorentwürfe. Diese zeigen Grundriß und Längsschnitt des Vorschlags.

Mit Ausnahme der internen Säulenstellung entspricht der Grundriß exakt demjenigen der ersten Alternative. Selbst die Gesamtzahl der Säulen ist dieselbe. Darin stimmt die Zeichnung allerdings auch mit dem ausgeführten Entwurf überein. Die Säulen sind deutlich weiter auseinandergerückt als in *K.Top.23.28.3c.* Sie bilden keine Dreiergruppen an den Ecken, sondern definieren als Säulenreihen die Seiten des zentralen Quadrats. Es ist dabei keine gleichmäßige Anordnung mit fünf identischen Jochweiten angestrebt. Vielmehr ist das mittlere Interkolumnium jeweils etwas aufgeweitet. An den Längsseiten flankieren je zwei identische Joche mit circa 10' 6" Achsabstand ein leicht breiteres mit ungefähr 12' 6", während auf den Stirnseiten des Gemeinderaumes auf das reguläre Endjoch mit circa 10' 6" jeweils ein verkürztes mit etwa 9' 6" folgt, so daß in der Mittelachse ein noch stärker aufgeweitetes Interkolumnium mit einem Maß von ungefähr 14' 6" zwischen den Säulenachsen entsteht. Dessen lichte Weite von 12' entspricht derjenigen des Westeingangs, welcher hier noch deutlich mehr als ein Fünftel der Gesamtbreite des Raumes mißt.

Die Unterzüge unter der Decke sind in diesem Grundriß ebenfalls eingetragen. Diese entsprechen bereits der ausgeführten Form. Wir können davon ausgehen, daß mit dem vorliegenden Blatt

48   Downes, a.a.O., 1959/60, S. 74-75;
      Downes, a.a.O., 1979, S. 277.

die Idee eines quadratischen Obergadens - und damit die eines quadratischen Kernbereiches - diejenige einer internen Kreuzform abgelöst hat.

Interessanterweise ergib sich durch die subtile Variation der Interkolumnien - betrachten wir die interne Stützenstellung für sich - wesentlich deutlicher eine Betonung der von der Hülle vorgegebenen Ost-West-Achse im Kernbereich selbst, als dies im ausgeführten Projekt der Fall ist. Gleichzeitig ist das zentrale Quadrat durch die geschlossene Form der Stützenstellung aber auch beträchtlich härter getrennt vom Gesamtraum als heute, was diese Differenzierung als eine notwendige Reaktion auf die hier konsequent ausformulierte Zweischichtigkeit der Raumbegrenzung beziehungsweise auf die dadurch reduzierte Wirkung der Hülle in den Kernbereich hinein verständlich macht.

Der Schnitt weist sich alleine schon durch seine Darstellung der beschriebenen subtilen Variationen der Säulenabstände als das Gegenstück zu *K.Top.28.23.3d* aus. Die hier eingetragenen Maße entsprechen darüber hinaus exakt den Angaben des vorliegenden Grundrisses. Die Zeichnung bestätigt die obige Lesung der Grundrißgraphik im Vorhandensein eines quadratischen Obergadens. Obwohl der Schnitt damit schon weitgehend der ausgeführten Lösung entspricht, offenbaren sich bei seiner Betrachtung einige Differenzen, welche die Schwerpunkte der weiteren Entwicklung des Entwurfs von *St. Mary* - vom Vorentwurf der Kirche zu deren Ausführungsplanung - vorgeben.

Die Säulen selbst entsprechen an sich der Ausführung, allerdings sind sie noch nicht kanneliert. Der von ihnen gestützte Obergaden ist wesentlich höher als der realisierte. Es ergibt sich eine Proportion von circa 9:14. Diese Wandfläche wird durch vorgelegte Pilaster korinthischer Ordnung in drei, den Interkolumnien der sie tragenden Säulenstellung entsprechende Felder geteilt. Zwischen ihnen befinden sich hochrechteckige Fensteröffnungen mit einer Proportion von etwa 10:22.

Zusammen mit den den insofern erhöhten Kernbereich umgebenden niedrigen Jochen ergibt sich hier - viel deutlicher noch als im ausgeführten Entwurf - eine Beziehung zum klassischen Typus der ägyptischen Halle[49] bei Palladio[50] oder auch Vitruv[51]. Downes verweist speziell auf die Abbildung in Perraults Vitruv-Ausgabe als mögliches Vorbild.[52] Während der letztere jedoch ein vorwiegend formales Interesse Hawksmoors an diesem Typus voraussetzt, deutet Smith[53] auf Palladios Beschreibung des Typus als einer der Basilika verwandten Raumform hin und vermutet darin das Motiv für die Übernahme. Die Bedeutung wäre demnach das entscheidende Kriterium für die Wahl des historischen Vorbilds gewesen. Diese Auffassung stimmt mit den bisher gemachten Beobachtungen überein. Wie die sich im Laufe der weiteren Entwurfsentwicklung ergebende, oben bereits beschriebene Verzahnung der angedeuteten Raumtypen im ausgeführten Gebäude nahelegt, dachte Hawksmoor dabei jedoch - wahrscheinlich auch schon zu diesem Zeitpunkt - nicht nur an die Basilika im Sinne eines mit den frühchristlichen Sakralbauten verwandten Bautypus. Er war am vorliegenden historischen Typus auch als Ort kaiserlicher Hofhaltung interessiert und erinnerte sich dabei sicherlich ebenfalls an die korinthische Halle in ihrer ursprünglichen Funktion als Audienz- und Speisesaal. Was das an dieser Stelle nahezu wörtlich verwendete Zitat des klassischen Typus unab-

---

49   Vgl. auch:
      Downes, a.a.O., 1959, S. 31, 192;
      Downes, a.a.O., 1987, S. 184;
      Smith, Peter, a.a.O., S. 40;
      Worsley, Giles, *Wren and Hawksmoor, Two Conflicting Attitudes towards the Antique*, Lecture given to the Society of
      Antiquaries, Thursday, October 10th, 1991 (unveröffentl. Manuskript), S. 8;
      Worsley, Giles, *Classical Architecture in Britain - The Heroic Age*, New Haven & London 1995, S. 56.

50   Palladio, Andrea, *The Architecture of A. Palladio in four Booke*, hrsg. v. G. Leoni, London 1715,
      Buch II, Abb. XXX, S. 15-16;
      Palladio, Andrea, *L'Architettura di Andrea Palladio Diuisa in quattro libri*, Venedig 1642, Buch II, S. 41-42.

51   Vitruv, *Les Dix Livres d'Architecture de Vitruve*, hrsg. v. C. Perrault, Paris 1684, Buch VI, Kap. 5, S. 216.

52   Downes, a.a.O., 1959, S. 192.

53   Smith, Peter, a.a.O., S. 40.

hängig von den genannten semantischen Überlegungen aber auf jeden Fall beweist, ist die Berechtigung der Deutung der per se ziemlich unklaren Spuren im ausgeführten Bau in diesem Sinne.

Aufschlußreich für das Verständnis des heutigen Bauwerks ist auch die Anordnung der Galerie in diesem, dem zweiten Vorschlag der beiden *Surveyors*. Deren Position ist deutlich niedriger als schließlich ausgeführt, und ihre Stützen verbergen sich offensichtlich hinter den Säulen. Sie umzieht den Raum auf drei Seiten. Allerdings enden ihre seitlichen Arme mit der Ostseite des Kernbereiches. Das östliche Joch des Grundrisses - vor dem Chor - bleibt auf seiner gesamten Breite vom Boden bis zur Decke offen. Folglich sind sowohl der additive, eingestellte Charakter der Galerie selbst als auch die durch ihre Form bewirkte Definition eines Vorbereiches vor dem Chor und die damit einher gehende Differenzierung der räumlichen Funktion der östlichen Säulen, das heißt deren Erscheinung als eine Art *screen* oder Lettner, wesentlich klarer artikuliert als im ausgeführten Bau. Auch hier bestätigt der vorliegende Vorentwurf die Deutung des Baubestandes sowie diejenige der in diesem bewahrten Spuren früherer Entwurfsideen.

Der Schnitt durch den Chor zeigt noch immer eine Apsis mit einer Halbkuppel; derjenige durch sein westliches Gegenstück, den Turm, aber ist deutlich weiterentwickelt. Gerade in seiner Unvollständigkeit ist der letztere von Interesse. Seine Darstellung endet in angedeuteten, nach oben praktisch offenen Fortsetzungen der Mauern des EG. Der Narthex ist geklärt, darüber ist die Form des Turmes offen gelassen. Die Additivität der Komposition des Turmes muß insofern auch als ein Spiegel der Additivität des Prozesses der Entwicklung seiner formalen Idee verstanden werden.

Etwas rätselhaft ist das Fehlen jedweder Fenster und Türen in der hier zwingend ebenfalls sichtbaren Rückwand des Interieurs, dessen später so großzügig geöffnetem südlichen Raumabschluß. Möglicherweise deutet dies darauf hin, daß die Fenster in der Südfassade erst später ergänzt und in den Entwurf eingeführt wurden. Allerdings zeigt der Grundriß eine Tür in der Mittelachse, die in der vorliegenden Zeichnung ebenfalls nicht dargestellt ist. Vielleicht war die Innenansicht der Hülle dem Zeichner in diesem Moment ganz einfach nicht interessant, was für eine deutliche Trennung von internem Ausbau und Hülle im architektonischen Denken des beziehungsweise der Entwerfer sprechen würde. Hinweise auf eine derartige Auffassung finden sich im vorliegenden Entwurfsprozeß in großer Zahl.

Während der Grundriß gänzlich in einer neutralen Hand gezeichnet wurde,[54] allerdings aber in der Schrift John James' beschriftet wurde, ist der Schnitt sowohl von seinem Zeichenstil als auch aufgrund der Handschrift der Beschriftung insgesamt John James zuzuordnen. Einige dekorative Details und vor allem die fein lavierten Kapitelle identifiziert Downes dessen ungeachtet eindeutig als Ergänzungen in Hawksmoors Hand.[55] Zusammen mit der nicht in Frage zu stellenden Zusammengehörigkeit der beiden Blätter ergibt sich daraus ein überzeugender Beleg für eine echte Zusammenarbeit der beiden *Surveyors* bei diesem Vorschlag.

Die apsidiale Chorgestaltung verbietet auch hier eine Entstehung nach Beginn der Fundamentarbeiten im August 1716. Sie legt eine Anfertigung im April/Mai 1716 - als Antwort auf die Aufforderung an die beiden *Surveyors*, gemeinsam einen (Vor-)Entwurf vorzulegen - nahe.

54   Downes, a.a.O., 1959/60, S. 73-75.

55   Downes, a.a.O., 1959/60, S. 75.

VI.2.2.1.b.3
Die dritte Alternative, April/Mai 1716:
B.L., Map Library, K.Top.23.28.3p (Abb. 200)
B.L., Map Library, K.Top.23.28.3q (Abb. 201)

Entweder als alternative Überlegungen oder aber - was wahrscheinlicher ist - als eine Weiterentwicklung des eben besprochenen zweiten gemeinsamen Vorschlags beider *Surveyors* müssen die zwei letzten erhaltenen Vorentwurfszeichnungen entstanden sein, welche aus der Zusammenarbeit von James und Hawksmoor hervorgegangen sind. Die Blätter illustrieren die maßgeblichen Schnitte durch das Kirchengebäude beziehungsweise seinen Gemeinderaum - Längsschnitt und Querschnitt. Trotz einer leichten Inkonsistenz gehören sie offensichtlich zu ein und demselben Vorschlag und zeigen Überlegungen zum Schnitt einer einzigen Konzeption für die Ordnung des Innenraumes von *St. Mary Woolnoth*.

Die Zusammengehörigkeit von *K.Top.23.28.3r* und *K.Top.23.28.3p* ergibt sich aus einer ganzen Reihe gemeinsamer Besonderheiten. In beiden Fällen fällt vor allem der niedrige Obergaden ins Auge.[56] Das Maß bleibt nicht nur unterhalb der in der zweiten Alternative vorhandenen Höhe sondern auch unter der Abmessung im ausgeführten Entwurf. Außerdem hat der Zeichner das Interieur, das heißt den Bau mit Ausnahme der Außenwand, in beiden Schnitten insgesamt circa 3' niedriger dargestellt als er - wahrscheinlich nachträglich - vermaßt und schließlich auch gebaut wurde. In der soeben beschriebenen zweiten Alternative des Vorentwurfes - in *K.Top.23.28.3.r* - ist der Innenraum noch gut 1' höher als im ausgeführten Gebäude gezeichnet, und in den erst später entstandenen, verbleibenden Schnitten findet sich mit einer einzigen Ausnahme durchgehend das im vorhandenen Bau realisierte Maß. Selbst die genannte Ausnahme - *K.Top.23.28.3t* - entspricht diesbezüglich nicht den beiden vorliegenden Blättern. Dies isoliert diese von allen anderen Zeichnungen.

Aufeinander verweisende Details wie die identische Gestaltung der Decke im Obergaden oder die Andeutung der im Längsschnitt deutlich gezeigten Kämpferprofile der Fenster im Querschnitt des Obergadens belegen die Zugehörigkeit der beiden Zeichnungen zu einem einzigen gestalterischen Vorschlag auch darüber hinaus. Zudem stimmt die sich aus der Annahme einer Zusammengehörigkeit dieser beiden Blätter ergebende Stützenstellung mit der Anordnung der Kryptapfeiler in den zwei erhaltenen UG-Pläne überein. Obwohl *K.Top.23.28.3a* wahrscheinlich erst etwas später entstanden ist und obwohl *K.Top.23.28.3b (Abb. 204)* möglicherweise schon zu den Plänen des genehmigten Entwurfs zu rechnen ist, belegen diese beiden Grundrisse das Vorhandensein und die andauernde Gültigkeit eines derartigen Konzepts innerhalb des Entwurfsprozesses. Dies verleiht den Gemeinsamkeiten der beiden Schnitte zusätzliche Bedeutung. Über die bloße Bestätigung der Kompatibilität der vorliegenden Schnitte und deren gemeinsamen Ursprung hinaus ergibt sich aus der somit nachweislich gegebenen Gültigkeit des in ihnen erstmalig nachweisbaren Raumkonzepts bis in die Phase der Ausführung hinein auch die Einordnung derselben am Ende der Vorentwurfsphase.

Die Außenwände entsprechen hier, ganz im Gegensatz zum Innenraum, auch im Detail und der Form ihrer Darstellung - inklusive der nach oben offenen Abbildung des Turmes - weitgehend der zweiten Alternative. Nadelspuren belegen bei beiden Vorschlägen eine direkte Übertragung der maßgeblichen Punkte. Ein bloßer Denkfehler des Zeichners beim Kopieren als Grund für die maßlichen Differenzen zu den anderen Alternativen scheidet damit aus. Der gezeichnete Zustand, so wie er hier vorhanden ist, muß als ernsthafter Vorschlag betrachtet werden. Hülle und Interieur erfuhren in den vorliegenden Zeichnungen offensichtlich ganz bewußt eine vollkommen unterschiedliche Behandlung bei der Weiterentwicklung des Entwurfs.

Die Bewahrung der Außenwände in ihrer ursprünglichen Form und Höhe unabhängig von den Veränderungen der Maße des Innenraumes setzt eine klare Trennung von Hülle und Interieur im Denken des Entwerfers voraus. Dies gilt für die nachträglichen Korrektur der Höhe über die Verma-

---

56   Downes, a.a.O., 1959/60, S. 73-74.

ßung in den vorliegenden Blättern ebenso wie für die ursprüngliche Verkleinerung derselben beim Übergang von der zweiten Alternative. Das Interieur samt Obergaden ist demnach als additiver Einbau behandelt, welcher variiert werden kann, ohne eine Reaktion in der Hülle zu bewirken.

Das erste der hier angesprochenen Blätter - der Längsschnitt - zeigt eine Gestaltung der Südseite des Innenraumes von *St. Mary Woolnoth*, die unterhalb des Gebälks der Säulenordnung mit Ausnahme der beschriebenen Veränderung der Höhen exakt *K.Top.23.28.3r* entspricht. Die Variationen im Bereich der Apsis sind minimal; infolge der Aufgabe des halbrunden Chorgrundrisses vor Beginn der Bauarbeiten sind diese aber auch vergleichsweise uninteressant. Allerdings ist hier zum ersten Mal- und dies ebenfalls erst beim Ausziehen in Tusche - die östliche Wandscheibe des Gemeinderaumes in der Leibung herausgearbeitet. Der Chorraum ist damit als eine Addition, ein außerhalb des Hauptraumes für sich bestehender Teilraum kenntlich gemacht. Verstärkt durch den in dieser Alternative besonders großen Höhenunterschied zwischen der Attika über der Außenwand von Apsis und Hauptbaukörper einerseits und dem Dach über den Randzonen des Gemeinderaumes andererseits entwickelt sich der Chor im Osten hier zu einem schwachen Echo des Turmes im Westen. Dies ist allerdings lediglich im Schnitt oder bei einer die reale Wahrnehmung außer Acht lassenden Betrachtung der dreidimensionalen Komposition des Entwurfes relevant. Im Modell ergeben sich aber ähnliche Effekte, und die Komposition von *St. George, Bloomsbury*, belegt eine Umsetzung einer derartigen, die Geometrie der Komposition verdeutlichenden Dachlandschaft in einem ausgeführten Gebäude.

Im Bereich des Obergadens ist der Entwurf deutlich mehr verändert als innerhalb des Hauptbaukörpers. Anstelle der rechteckigen Fenster der zweiten Alternative sind hier drei Rundbögen mit profilierter Archivolte vorgesehen. Die vorgelegten Pilaster sind dabei durch zwei zwischen den Fenstern - in der Achse der beiden mittleren Säulen - angeordnete Vorlagen ersetzt. Diese reichen in ihrer Höhe lediglich bis auf das Kämpferniveau. Das das letztere betonende Gesims ist verkröpft auch um sie geführt. Es verbindet Vorlagen und Fensteröffnungen zu einer durchgehenden Arkatur. Die sich hierbei ergebenden, überhohen Postamente tragen jeweils eine Urne. Daneben sind die bis dato praktisch direkt auf dem Architrav aufliegend gezeichneten Decken der niedrigen Randzonen des Gemeinderaumes nunmehr auf das Niveau des Gesimses angehoben, was ein entsprechendes Anheben der Dächer und somit das Einfügen von Brüstungselementen in den Fenstern des Obergadens notwendig macht.

Insgesamt ergibt sich in der vorliegenden Zeichnung ein merklich weniger klassischer Eindruck als im vorhergehenden Vorschlag, und im Motiv der durch das Kämpfergesims verbundenen Rundbogenfenster klingt hier - noch deutlicher als im ausgeführten Bau - die *Hall* von *Blenheim Palace* als Anregung (neben dem Typus der ägyptischen Halle) an.

Im Querschnitt sind die Unterschiede zur zweiten Alternative der von Hawksmoor und James gemeinsam erarbeiteten Vorentwürfe noch wesentlich markanter als im Falle von *K.Top.23.28.3p*. Hier ist neben der Gestaltung des Obergadens auch die Stützenstellung verändert. Die vier Säulen unter der Ostseite des Lichtgadens sind erneut in Paaren zu Koppelsäulen zusammengefaßt. Der Abstand der jeweils inneren Säule zur Ecksäule ist hierbei noch geringer als in *K.Top.23.28.3c* oder auch im ausgeführten Zustand. Er beträgt gerade noch 3'. Wie im realisierten Bau ist über dem sich ergebenden überbreiten mittleren Interkolumnium das Gebälk leicht zurückgebrochen; ein direkt über demselben ansetzender, den gesamten Obergaden füllender Bogen ergänzt die dadurch angedeutete Öffnung nach oben. Das Profil der Archivolte desselben kollidiert mit der Decke des Obergadens, diese scheint den letzteren fast zu sprengen. Bei der von ihr gefaßten Fensteröffnung handelt es sich nicht - wie im endgültigen Entwurf - um eine Lunette, sondern um ein Thermenfenster. Gewissermaßen als ein Echo der zur Seite gerückten Säulen deuten die Pfosten dieses Fensters die beiden mittleren Säulenachsen an, welche in den Längsseiten des Kernbereichs noch real vorhanden sind.

Wie in einer frühen Ostansicht für *Christ Church, Spitalfields*,[57] sind diese Bauteile an ihren oberen Enden mit Voluten versehen. Sie erscheinen so nahezu als permutierte Säulen. Um so mehr sind sie als selbständige Elemente unter dem sie fassenden Bogen erkennbar, was die erwähnte formale Bezugnahme zur Stützenstellung des Erdgeschosses unterstreicht.

Die Galerien sind in diesem Schnitt nicht dargestellt. Allerdings ist hinter der eben beschriebenen Säulenstellung - nachträglich - freihand der Chorbogen eingetragen. Dessen Breite ist gegenüber den vorangegangenen Zeichnungen unverändert, das Kämpferniveau ist aber nach oben gerückt, und der bisher geplante Rundbogen ist durch den schließlich auch ausgeführten Korbbogen ersetzt.

Diese nachträglichen Eintragungen finden im Längsschnitt kein Echo, ebenso wie dort in den geschnittenen Wänden des Obergadens das Thermenfenster nicht dargestellt ist. Andererseits sich die Kämpferprofile der Rundbogenfenster der Längsseite des Obergadens im Querschnitt aber ebenfalls vorhanden. Sehr wahrscheinlich ist der letztere nicht exakt gleichzeitig, sondern erst nach dem Längsschnitt entstanden. In ihm wurde von daher weiter am Entwurf gearbeitet, und er blieb länger gültig. Folglich wurde auch nur er durch die erwähnte Vermaßung in den Höhen korrigiert, während dies in dem - inzwischen schon wieder überholten - Längsschnitt unterlassen wurde.

Die in *K.Top.23.28.3r* gleichermaßen vorgenommene Vermaßung deutet eine Kombination der beiden letzten Alternativen der Vorentwurfsphase im weiteren Verlauf der Entwicklung der Gestaltung der Kirche an. Das erneute Auftreten rechteckiger Obergadenfenster in später entstandenen Ansichten läßt sich mit dieser Hypothese ebenso erklären wie die Verwendung von Lunette und Thermenfenster in Hawksmoors selbständiger Überarbeitung der Vorentwürfe in *K.Top.23.28.3o*.

Trotz dieser selektiven Weiterverwendung im Entwurfsprozeß und trotz der kleinen Unstimmigkeiten vermitteln die beiden Pläne einen klaren Eindruck von der Entwurfsidee dieser dritten Alternative der von den *Surveyors* gemeinschaftlich erarbeiteten Vorentwürfe.

Es handelt sich dabei ohne Zweifel um die am deutlichsten longitudinale Lösung des gesamten Entwurfsprozesses. Die Säulen sind als zwei U-förmige Klammern zu beiden Seiten der Ost-West-Achse angeordnet, und selbst das Quadrat des Obergadens erhält durch die Variation der Form seiner Öffnungen eine deutliche Ausrichtung. Unzweideutig seriellen Seitenansichten sind ebenso deutlich axialsymmetrische Stirnseiten gegenübergestellt. Die Säulenschirme im Osten und Westen sind zu angedeuteten Schwellen reduziert, die Stirnseiten des Kernbereiches sind dort weit geöffnet, die Thermenfenster verbinden sich mit den breiten mittleren Interkolumnien zu einem die Grenze des Gebälks andeutungsweise durchbrechenden Bogen, und als Raumteil übernimmt der Obergaden die Funktion einer Kuppel über einem primär longitudinal aufgefaßten Innenraum. Der quadratische Kernraum wird so als einerseits von dem nach Osten geöffneten U der Galerien gefaßt und andererseits von der kräftigen Hauptachse durchstoßen erfahren, nicht jedoch als Raum für sich - wie in der zweiten Alternative der vorliegenden Vorentwürfe - oder aber als eine Art Baldachin über der Kreuzung der beiden unterschiedlich deutlich markierten Achsen - wie im ausgeführten Bau.

Auf einer derart abstrakten Ebene entspricht der hier untersuchte Vorschlag - nun allerdings bezüglich der Konzeption des Innenraums - ebenfalls dem oben erwähnten, offensichtlich auf Grelots Darstellung der *Suleimanije* beruhenden[58] frühen Entwurf Hawksmoors für die *Radcliffe Library*[59] von 1712-1713[60], welcher anfänglich - in der dreidimensionalen Komposition des individuell von Hawksmoor entwickelten ersten Vorentwurfs für *St. Mary* - als Anregung spürbar geworden war. Eine Signifikanz dieses spezifischen historischen Vorbildes innerhalb der bewußt angestrebten sym-

---

57   *B.L., Map Library, K.Top.23.21.2p* (Downes-Katalog Nr. 55), Anfang/Mitte 1715.

58   Lang, a.a.O., S. 186-187;
      Downes, a.a.O., 1987, S. 127.

59   *Ashmolean Museum, Gibbs Collection, Hawksmoor Portfolio I*, fol.4, 8, 10 (*Gillam II.6-8*),
      (Downes-Katalog Nr. 281-283).

60   Downes, a.a.O., 1979, S. 279.

bolischen Aussage des Entwurfes muß jedoch verneint werden. Vor allem das Fehlen klar hervorgehobener, formal differenzierter Eckstützen verhindert eine unmittelbare, bildliche Erkennbarkeit des angesprochenen historischen Bautypus. Die die Zentralsymmetrie des quadratischen Kernbereichs eher in Frage stellenden Koppelsäulen an den Stirnseiten können kein Ersatz dafür sein. Eine Bedeutung des historischen Baus als Exempel eines Prinzips räumlicher Konzeption, als Beispiel für die hier besonders eindringlich thematisierte Einführung einer deutlichen Längstendenz in den quadratischen Gesamtraum kann aber dennoch nicht ausgeschlossen werden.

Dasselbe gilt für die von Hawksmoor zumindest mit verantworteten Raumkonzeptionen für Hallen fürstlicher Paläste. Die *Hall* von *Castle Howard* ist in dieser Hinsicht besonders interessant. Die in diesen Entwürfen entwickelten Kombinationen zentraler Räume mit einer deutlichen Longitudinalität sind in der hier vorliegenden Raumkonzeption ebenso angesprochen wie der von der *Hagia Sophia* begründete Typus des Kirchenraumes. Fürstliche Halle und Sakralbau fließen in Hawksmoors Werk und besonders in diesem Entwurf - unabhängig von an Details festzumachenden, bildlichen Entsprechungen - auf der abstrakteren Ebene der Raumkonzeption zusammen in einer nicht mehr zu trennenden gemeinsamen Raumvorstellung, einem gemeinsamen Raumtypus.

Die weitere Entwurfsentwicklung beweist in der zunehmend deutlicheren Darstellung dieser Gemeinsamkeiten die Richtigkeit dieser Beobachtung, gleichzeitig aber auch die Bedeutung dieser raumtypologischen Übereinstimmung für die Aussage des Gebäudes und damit für die Interpretation des Kirchenbaus durch seinen Architekten. Die hier, in der dritten Alternative, erstmals erwähnten, an *Blenheim* und seine Halle erinnernden Details des Entwurfes fügen sich nahtlos in dieses Bild.

Die Datierung dieser dritten Vorentwurfs-Alternative ergibt sich aus dem oben Gesagten. Auch in diesem Fall gilt, daß die trotz der Weiterentwicklung im Querschnitt unverändert apsidiale Form des Chores eine Entstehung nach August 1716 unmöglich macht. Downes vermutet auch hier James als den Verfertiger der Zeichnungen.[61] Zusammen mit dem identischen, etwas außergewöhnlichen Maßstab sowie der exakten Übereinstimmung in der Darstellung der Hülle - inklusive der nur vagen Andeutung des Turmes oberhalb des Vestibüls - ergibt sich die Annahme einer Entstehung in unmittelbarem zeitlichen Zusammenhang mit *K.Top.28.3r*, welches gesichert mit beiden *Surveyors*, James und Hawksmoor, in Zusammenhang gebracht werden kann.[62] April/Mai 1716 liegt folglich auch hier nahe, obwohl eine Produktion im Zuge der Weiterbearbeitung des gemeinsamen Vorentwurfs nach der Abgabe am 30. 5. 1716 ebenfalls nicht gänzlich auszuschließen ist. Selbst in diesem Fall sind die Blätter aber mit aller größter Wahrscheinlichkeit vor den im folgenden zu behandelnden Ansichten größeren Maßstabs entstanden - und dies obwohl die letzteren in Teilen auf die zweite der erwähnten Alternativen zurückgreifen.

VI.2.2.2.
Die Entwicklung zum genehmigten Entwurf, Mai 1716 bis Ende 1717
(Abb. 202-204)

Ende Mai muß der Kommission ein Vorentwurf - wahrscheinlich eine der gerade beschriebenen Alternativen - vorgelegen haben. Dies führte allerdings zu keiner aktenkundigen und damit bindenden Entscheidung bezüglich der Form der zukünftigen Kirche. Vielmehr vertagte die Kommission dieses Problem. Am 16. April 1717[63] forderte sie die *Surveyors* schließlich nochmals zur Vorlage

---

61   Downes, a.a.O., 1959/60, S. 75.

62   Downes, a.a.O., 1959/60, S. 73.

63   *L.P.L., Minutes, MS.2690*, S. 329, in: Port, a.a.O.

eines Entwurfs auf, und gut zwei Wochen später, am 2. 5. 1717,[64] wurde endlich offiziell ein Entwurf verabschiedet. Seit der Abgabe der Vorentwürfe war inzwischen fast ein Jahr vergangen.

In der Zwischenzeit waren am 17. 8. 1716 die Fundamentarbeiten vergeben worden,[65] und der Steinmetz hatte umgehend mit der Ausführung der notwendigen Bruchsteinarbeiten begonnen. Bis Ende 1716 waren die Fundamente fertiggestellt.[66] Die *Books of Works* verzeichnen keinerlei spätere Arbeiten an diesen. Die Form der Außenwände muß demnach im August 1716 bereits festgelegt haben, und mit ihr ein sich zumindest in der Form des Chorraumes von den bisher betrachteten Vorentwürfen unterscheidender Entwurf.

Von den vier Blättern, die offensichtlich zwischen den oben besprochenen Vorentwürfen und dem Anfang Mai 1717 verabschiedeten genehmigten Entwurf entstanden sein müssen, befassen sich zwei mit dem vordringlichen Problem der Fundamente beziehungsweise dem Grundriß sowie der Konstruktion der Krypta. Die beiden anderen zeigen erste Ansätze für einen detaillierten Entwurf der Fassadengestaltung. Diese sind früher entstanden als zumindest einer, wenn nicht gar beide UG-Grundrisse. Sie sollen von daher als erstes behandelt werden.

VI.2.2.2.a.
Die Umsetzung der Vorentwürfe in Hawksmoors eigene Architektur
Juni 1716 bis April 1717
B.L., Map Library, K.Top.23.28.3m (Abb. 202)
B.L., Map Library, K.Top.23.28.3o (Abb. 203)

Die Einordnung der beiden hier vorliegenden Ansichten im Maßstab 1:48[67] in die Abfolge der Zeichnungen und Entwurfsschritte ist - wie bereits angedeutet wurde - etwas problematisch. Die Pläne sind beide nicht vermaßt; aber sie sind mit lavierter Tusche graphisch, ja malerisch aufbereitet. Dabei entsprechen sie voll und ganz dem in den drei von den *Surveyors* gemeinsam erarbeiteten Vorentwürfen durchgängig identischen Grundriß der Hülle des Gebäudes, das heißt seiner Außenwände. Zudem wiederholt der in *K.Top.23.28.3m* dargestellte Obergaden in Abmessung und Gestaltung denjenigen der zweiten der eben genannten alternativen Vorschläge. Eine Identifizierung der Blätter als Präsentationspläne zur zweiter Alternative der der von der Kommission verordneten Kooperation von Hawksmoor und James entsprungenen Vorentwürfe läge nahe; und dieser Lesung des Sachverhalts entsprechend sind die Blätter bei Kerry Downes in die Folge der Zeichnungen eingereiht.[68]

Die beiden Ansichten dokumentieren intern allerdings eine Weiterentwicklung der Entwurfsideen, sowohl individuell im einzelnen Blatt als auch als Paar. Dies widerspricht jedoch der Annahme einer Funktion der Ansichten als bloßen Präsentationszeichnungen. In den Büchern findet sich zudem keinerlei Hinweis auf eine wiederholte Vorstellung eines der Entwürfe. Weder zwei kurz hintereinander entstandene Sätze zur Präsentation geeigneter und entsprechend gestalteter Zeichnungen noch eine Überarbeitung derselben läßt sich demnach glaubhaft machen. Trotz ihrer dekorativen graphischen Aufbereitung müssen die vorliegenden Pläne folglich als Arbeitsmittel im Entwurfsprozeß gedient haben. Dies schließt eine Einordnung derselben im Rahmen der zweiten Alternative der gemeinschaftlich erarbeiteten Vorentwürfe an sich nicht aus. Aus der derselben folgenden

64   *L.P.L., Minutes, MS.2690*, S. 332, in: Port, a.a.O.

65   *L.P.L., Minutes, MS.2690*, S. 297, in: Port, a.a.O.

66   *L.P.L., Book of Works, MS.2697*, S. 660.

67   4': 1".

68   Downes, a.a.O., 1959/60, S. 73, 75.

Auslegung der Daten ergeben sich allerdings andere Probleme, welche uns zwingen, die Rolle der beiden Blätter im Entwurfsprozeß gänzlich anders zu definieren.

Wie bereits festgestellt wurde, ist in der dritten der oben im Detail besprochenen alternativen Vorschläge der beiden *Surveyors* zur Gestaltung der Kirche die interne Stützenstellung des genehmigten Entwurfes erstmals dokumentiert. Eine vorübergehende Aufgabe dieser Lösung ist auszuschließen. Wir müssen davon ausgehen, daß die sogenannte dritte Alternative de facto erst nach der zweiten entstanden ist. Dokumentieren die vorliegenden Ansichten aber eine Weiterentwicklung oder auch eine Ausarbeitung des zweiten Vorschlags, so stellt sich die Frage, warum in den Zeichnungen der folgenden Alternative - in Zeichnungen also, in welchen selbst die Form der Konsolen des Kranzgesimses detailliert dargestellt ist - die Rustizierung der Außenwand nicht ebenfalls angedeutet ist, weshalb hier eine unter diesen Voraussetzungen inzwischen überholte Gestaltung des Westportals wiederholt ist und warum trotz einer intensiven Beschäftigung mit der Gestaltung des Turmes dieser in den Schnitten weiterhin lediglich so undifferenziert angedeutet ist.

Darüber hinaus ist festzuhalten, daß selbst für den Fall, daß wir von einer gleichzeitigen, alternativen Entwicklung der beiden letzten Vorschläge der Vorentwurfsphase ausgehen, zu hinterfragen ist, weshalb eine offensichtlich nicht ernsthaft erwogene Lösung in einem derart großen Detaillierungsgrad ausgearbeitet worden sein sollte. Ihr Maßstab sowie ihre ins Detail gehende Darstellung verweisen die beiden vorliegenden Blätter unbedingt in eine spätere Leistungsphase als diejenige der oben betrachteten Vorentwurfspläne.

Schon im Rahmen der Diskussion der kleinen Unstimmigkeiten zwischen den beiden Schnitten der dritten Alternative der von den Architekten der Kommission gemeinschaftlich entwickelten Vorentwürfe sowie der *K.Top.23.28.3r* mit *K.Top.23.28.3q* verbindenden nachträglichen Vermaßung wurde die Hypothese einer Kombination der Längsseite der zweiten Alternative mit der Stirnseite der dritten als Grundlage der weiteren Entwurfsentwicklung angeregt. Dieselbe befindet sich im Einklang sowohl mit den ebenfalls schon erwähnten UG-Grundrissen als auch mit dem im genehmigten Entwurf dokumentierten Ergebnis des weiteren Überarbeitungsprozesses. Auch in diesem ist eine der dritten der genannten Alternativen entsprechende Stützenstellung mit rechteckigen Fenster in den Längsseiten des Obergadens verbunden. Hinter und unter dem an die zweite der oben dargestellten alternativen Vorschläge erinnernden Obergaden von *K.Top.23.28.3m* war von daher mit allergrößter Wahrscheinlichkeit ebenfalls an eine auf der dritten Alternative derselben beruhende Lösung für den Innenraum gedacht.

Allein diese Annahme verleiht einigen Details der im Folgenden zu besprechenden Ansichten ihre formale Berechtigung. Vor allem in *K.Top.23.28.3o* finden sich Hinweise, welche diese Hypothese unterstützen. So ist in der Westfassade das Motiv des Thermenfensters beziehungsweise der Lunette an prominenter Stelle verwendet. Diese Form stellt einen Bezug zum Schnitt der dritten Alternative her. Die an dieser Stelle erstmals nachweislich in den Entwurfsprozeß eingeführte Idee einer Lunette in der westlichen Ansicht der Kirche erhält aber auch im ausgeführten Gebäude ihre formale Berechtigung und Funktion vor allem aus der durch sie hergestellten motivischen Beziehung von Westfassade und Obergaden. Setzen wir im Falle der beiden vorliegenden Zeichnungen ein ähnliches Denken ihres Verfassers voraus, dann ist eben dies auch hier die Funktion der Lunette, und das Detail muß als ein weiteres Indiz für die Berechtigung der vorgetragenen Hypothese verstanden werden.

In demselben Blatt finden sich erste Hinweise auf ein Ersetzen der Wandvorlagen an den Ecken des Turmes durch die realisierten Dreiviertelsäulen. Die Grundrißzeichnung, welche diese Lösung erstmalig dokumentiert, *K.Top.23.28.3b*, zeigt die in der dritten Alternative entwickelte Stützenstellung. Nachdem dieser Plan aber erst kurz vor oder auch mit dem genehmigten Entwurf entstanden sein kann,[69] belegt seine Existenz nicht nur die Verbindung der Stützenstellung der dritten Alternative mit *K.Top.23.28.3o*, sondern auch dessen Rolle bei der Entwicklung des genehmigten Entwurfs

---

69 Vgl.: Teil B, VI.2.2.2.b.2.

und damit seine vergleichsweise späte Entstehung innerhalb der hier aufgezeigten Entwicklung des Entwurfs von *St. Mary Woolnoth*.

Als Summe dieser Überlegungen ist im Folgenden davon ausgegangen, daß es sich bei den beiden hier zu besprechenden Blättern um eine Weiterentwicklung der Ergebnisse der Vorentwurfsphase handelt. Bestärkt wird man in dieser, die Entstehung der Ansichten auf ein Datum nach dem 30. Mai 1716 verschiebenden Annahme durch die große Arbeitsbelastung Hawksmoors in der Zeit der Entwicklung der Vorentwürfe für *St. Mary Woolnoth*. Er hatte zu diesem Zeitpunkt fünf seiner Kirchenprojekte mitten in der Ausführung, die Winterpause war längst vorbei, und die Zeit der schleppenden Ausführung der Projekte lag noch vor ihm. Zudem war er gerade intensiv mit der Erarbeitung des am 6. 6. 1716 verabschiedeten Entwurfs für *St. George, Bloomsbury*, beschäftigt.[70] Es erscheint wenig wahrscheinlich, daß der Architekt zu diesem Termin auch noch die Zeit für die eigenhändige Entwicklung dekorativer Fassadenentwürfe in einem an sich noch gar nicht notwendigen Maßstab gefunden haben soll.

Der Zeichenstil der Ansichten läßt aber - ebenso wie die Charakteristika der in ihnen dargestellten Architektur - in beiden Fällen keinen Zweifel daran zu, daß die Pläne vollständig aus der Feder Nicholas Hawksmoos stammen.[71] Downes bringt genau dies zum Ausdruck, wenn er auf die Unvereinbarkeit dieser Zeichnungen mit James' Entwürfen für Twickenham und Little Stanmore verweist und den Widerspruch zwischen der schriftlich geäußerter Forderung desselben nach einer glatten, einfachen und vernünftigen Architektur sowie der exzentrischen, dekorativen Gestaltung dieser Fassaden hervorhebt.[72] Es ist überaus wahrscheinlich, daß der bei den anderen Kirchenprojekten immer alleine für den Entwurf verantwortliche Hawksmoor, der darüber hinaus im Falle von *St. George, Bloomsbury*, sein Geschick bewiesen hatte, den Auftrag nachträglich an sich zu reißen, sich bei nächster Gelegenheit die Zeit nahm, den gezwungenermaßen gemeinsam entwickelten und vorgestellten Vorentwurf in seinem Sinne umzuarbeiten, um bis zu der von der Kommission zurückgestellten endgültigen Verabschiedung eines Entwurfes für die Kirche eine Lösung parat zu haben, hinter der er wirklich stehen konnte. Sobald die neue Baustelle in Bloomsbury zum Laufen gebraucht war, dürfte bei ihm auch die hierfür notwendige Zeit vorhanden gewesen sein. Die vorliegenden Blätter müssen dementsprechend als Zwischenergebnisse eines im Endeffekt im genehmigten Entwurf endenden Prozesses der persönlichen Aneignung und Umarbeitung der Ergebnisse der Vorentwurfsphase durch Nicholas Hawksmoor betrachtet werden.

VI.2.2.2.a.1
B.L., Map Library, K.Top.23.28.3m
(Abb. 202)

Das vorliegende Blatt, die erste der beiden eben erwähnten Ansichten, zeigt eine vollständige Nordfassade von *St. Mary Woolnoth*.

Die Wand des Hauptbaukörpers der Kirche ist in dieser Zeichnung durch eine durchgehende Bandrustika charakterisiert. Die Bänder derselben sind hier jedoch noch wesentlich breiter als im

---

70   *L.P.L., Minutes, MS.2690*, S. 283, in: Port, a.a.O.;
     Downes, a.a.O., 1987, S. 132.139;
     Smith, Peter, a.a.O., S. 41.

71   Downes, a.a.O., 1959/60, S. 73-75.

72   Downes, a.a.O., 1959/60, S. 75:
     „... not only are they in Hawksmoor's hand, but the design can hardly be by the author, a few years before, of Twickenham and Little Stanmor Churches, who, in 1711, wished to show 'that the Beautys of Architecture may consist with ye greatest plainness of the Structure' and condemned the current 'prodigious charge' and 'neglect of Proportion' in architecture (Letter to the Duke of Buckingham, 20 October 1711, Bodl.MS.Rawl.B.376, fol. 8-9)".

ausgeführten Bau. 16 Bänder genügen für die gesamte Höhe der Fassade. Im realisierten Entwurf sind es 26. Außerdem ist die Nut zwischen den Bändern V-förmig dargestellt, wie sie in *Castle Howard* und *Blenheim Palace* ausgeführt wurde. Im erstellten Kirchenbau hat diese Nut einen rechteckigen Querschnitt, wodurch der Schatten zwischen den Bändern wesentlich härter wird. Der ausgeführte Bau erhält - unter anderem - hierdurch seine besonders kraftvolle und robuste Erscheinung. Gleichzeitig ist durch diese Detaillierung die Auffassung der Rustika als einer äußeren, plastisch bearbeiteten Schicht der massiven Mauermasse noch deutlicher zum Ausdruck gebracht, als dies bei der in diesem Vorschlag des Architekten dargestellten der Fall ist.

Im realisierten Entwurf ist die Rustika auf der Nordseite der Kirche auf dekorative Elemente beschränkt. Die ausgeführten Rustikarahmen der Blendnischen erscheinen aber dennoch - alleine schon aus ihrer Beziehung zur Westfassade - zur oberen Schicht der Mauermasse gehörig. Eine additiv applizierte Wirkung unterbleibt auch dort. Im Zusammenhang der vorliegenden Zeichnung ist diese Gestaltung auch als ein Relikt der im Prozeß der Entwicklung des Entwurfes ursprünglich den gesamten Baukörper der Kirche unterhalb ihres Hauptgesimses charakterisierenden Bandrustika zu verstehen.

In der vorliegenden Ansicht schließt die rustizierte Wandfläche oben ein Konsolgesims ab, welches Architekt Hawksmoor selbst in der Beschriftung des Blattes als am Vorbild des *Tempels des Mars Ultor* orientiert beschrieb.[73] Dasselbe ist im Detail noch wesentlich gröber als das ausgeführte. Außerdem fehlt dem Gesims die heute vorhandene Sima. Weder die hier dargestellte Form noch die schließlich realisierte entspricht allerdings im Detail der Darstellung des genannten Vorbilds in Palladios *Quattro Libri*.[74] In der vorliegenden Fassung fehlt dieser im Vergleich zum Original eben die später ergänzte Sima. Dafür sind die Profile am unteren Rand des Gesimses eine eigenständige Ergänzung Hawksmoors. Im ausgeführten Zustand hingegen ist das Element - vor allem in den Konsolen - viel zu fein gestaltet, und zusätzlich zu den Ergänzungen am unteren Rand ist das Geison dort stärker differenziert, als es das antike Muster vorgibt.

Die ausdrückliche Benennung des Vorbildes dieser doch ziemlich freien Variante ist gerade aufgrund der fehlenden Exaktheit der Reproduktion sehr aufschlußreich. Einerseits zeigt sie Hawksmoors undogmatischen, freien Umgang mit historischen Vorbildern. Andererseits beweist sie aber auch seine Kenntnis der veröffentlichten historischen Bauten und seine bewußte Verwendung ihrer Details in seinen Entwürfen. Trotz der Umarbeitung möchte der Architekt offensichtlich eine gewisse Erkennbarkeit dieser Zitate erreichen. Insofern rechtfertigt das vorliegende Dokument die Interpretation seiner Bauten in diesem Sinne. Die oftmals eher vagen Erinnerungen in seinen Entwürfen sollten erkannt und verstanden werden.

In die durchgehend rustizierte Wandfläche sind lediglich die im Grundriß der Vorentwürfe erkenntlichen Nischen eingeschnitten. Es handelt sich bei diesen um halbrunde Nischen mit einer glatten Rückwand. Ein klassisch profiliertes Kämpfergesims verbindet die drei und ist der Form folgend auch an deren Rückwand fortgesetzt. Wie im ausgeführten Bau ist das Niveau des Kämpfers darüber hinaus in der gesamten Fassade durch ein kräftiger profiliertes Band der Rustika angedeutet. Die Basis der Nischen bildet jeweils eine in ihrer Gestaltung bemerkenswerte Fensterbrett-Gruppe. Es handelt sich dabei - wie bei den ausgeführten Details über den Treppenhaustüren - um eine der für Hawksmoor so typischen, exzentrischen Kompositionen verfremdeter klassischer Dekorationselemente. Allein dieses Detail würde genügen, um die Autorenschaft des Architekten für diese Gestaltung zu beweisen.

---

73   „A: *This Cornice Like that in ye Temple of M. Vindicatori*".

74   Palladio, Andrea, *Die vier Bücher zur Architektur*, nach der Ausgabe Venedig 1570, 2. Aufl., Zürich und München 1983, Buch IV, Kap. 7, Abb. 127;
Palladio, Andrea, *The Four Books of Architecture*
(unabridged and unaltered republication of the work originally published by Isaac Ware in 1738),
Mineola, N.Y. 1965, Buch IV, Kap. 7, Abb. X.

Unter dem massiven, weitgehend dem heutigen Sims entsprechenden Fensterbrett ist eine in ihrer Breite dem von ihr verdeckten Band der Rustika entsprechende Tafel aufgelegt. Diese ist an beiden Enden auf knapp einem Drittel ihrer Länge bis über die angrenzende Nut nach unten verlängert. Dadurch löst sie sich optisch von der Struktur der rustizierten Wand. Sie scheint auf deren Oberfläche zu schwimmen. Vor dieser Tafel verbindet ein geschwungenes Element Fensterbrett und Tafel. Es handelt sich um eine zu einem massiven Element verlängerte Version der Konsolen des Hauptgesimses. Von der Tafel bleibt dahinter lediglich ein circa 6″ breiter Rand sichtbar. Unter den ebenfalls Konsolen andeutenden, sich aus der Form der Tafel ergebenden „Füßen" sind Guttae angebracht, welche unzweideutig an eine Triglyphe erinnern.

Die für Hawksmoor Fassaden charakteristische, additive, in Schichten arbeitende Dekorationsweise läßt sich in diesem Detail ebenso wiederfinden wie die Darstellung der Entstehung klassischer Details aus dem Block Stein und der bewußt verfremdende Umgang mit eben diesen Elementen, welcher deren konventionellen und additiv-dekorativen Charakter betont. Zudem ergibt sich auch hier eine Infragestellung der statischen Funktion der einzelnen Komponenten sowie der gesamten Komposition.

Unterhalb der drei Nischen ist auf deren Achse jeweils ein von einem breiten, unprofilierten Rahmen gefaßter Okulus in den ansonsten vollkommen glatten Sockel geschnitten. Über den Nischen deuten die strahlenförmig zum Mittelpunkt der Bögen verlaufenen Nuten der Rustika Keilsteine an. Vor dem sich so ergebenden Schlußstein sind Cherubim mit gekreuzten Flügeln angebracht. Zusätzlich betonen diese kleinen Akzente die Achsen der drei Nischen und damit den dem Kernbereich des Innenraumes entsprechenden Bereich der Fassade.

Die genannten Achsen sind im Obergaden fortgesetzt. Dessen Ansicht entspricht nahezu vollständig der im Schnitt in *K.Top.23.28.3r* dargestellten Innenansicht. Entsprechend ist der Baukörper hier deutlich höher als im ausgeführten Gebäude. Vier vorgelegte korinthische Pilaster und ein diesen entsprechendes Gebälk gliedern und fassen die Wandfläche. In den Interkolumnien öffnen sich die von oben bereits bekannten hochrechteckigen Fensteröffnungen. Lediglich die jeweils im Sturz eingefügten Keilsteingruppen unterscheiden die hier gezeichnete Außenseite des Obergadens von dessen im Vorentwurf entwickelter Innenansicht. Die Proportion der Fenster entspricht exakt derjenigen der Blendnischen des Hauptbaukörpers ohne den dieselben abschließenden Bögen. Dies schafft hier eine weitere Beziehung des Obergadens zum Nordfassade der Kirche. Im ausgeführten Entwurf sind diese Verbindungen im Gegensatz hierzu allerdings weitgehend verschleiert. Darüber hinaus verbirgt auch hier - wie in den Vorentwürfen - keine Attika das den Baukörper des Obergadens abschließende Zeltdach.

Die Gliederung des Turms wiederholt diejenige von Fassade und Obergaden. Bis auf Höhe des Hauptgesimses ist auch dieser durchgehend rustiziert. Das Hauptgesims schließt das erste Turmgeschoß ab. Am äußeren Rand ist dessen Fassade durch die aus den Grundrissen der Vorentwürfe bekannte Mauervorlage gefaßt. Dieselbe ist gleichermaßen rustiziert, und das Hauptgesims ist verkröpft um sie geführt. In das zwischen ihr und dem Hauptbaukörper verbleibende Wandstück sind eine Tür und ein OG-Fensterchen eingefügt. Sowohl die sich unmittelbar oberhalb des Sockels öffnende Rundbogentür als auch die leicht hochrechteckige, auf Kämpferhöhe der Blendnischen ansetzende Fensteröffnung weisen einen gut 1′ breiten, glatten, in die Wandfläche hinter der Rustika zurückgenommenen Rahmen auf.

Über dem Hauptgesims folgt ein in seiner Höhe exakt dem Obergaden entsprechendes zweites Turmgeschoß. Letzteres schließt mit einem dem Gebälk der dem Obergaden vorgelegten Pilasterordnung entsprechenden Gesims ab. In die glatte quadratische Wandfläche ist ein in Maßen und Position den Fenstern des Obergadens entsprechendes Paneel eingeschnitten, in welchem sich ein mit Kämpferprofilen und Archivolte klassisch detailliertes Rundbogenfenster befindet.

Den Abschluß des Turmes bildet eine weiteres Geschoß. Seine ebenfalls quadratische Fassade ist ungefähr 2′ schmaler als diejenige der zweiten Etage des Turmes. Über einem circa 2′ hohen

Sockel ist diese insgesamt als eine Miniatur der an einen Triumphbogen erinnernden Chorfassade von *St. Anne, Limehouse*, gestaltet: zwei Paare dorischer Pilaster rahmen einen klassisch artikulierten Bogen.

Aus dem Zusammenspiel der Teilfassaden sowie den bewußt kalkuliert eingesetzten formalen Entsprechungen ihrer Elemente ergeben sich interessante Beobachtungen.

Die Seitenfassade des Turmes und diejenige des Obergadens befinden sich - vom Grundriß bedingt - in derselben Ebene des Raumes. Durch die identische Proportion der Fenster des Obergadens einerseits und des in die Turmfassade eingeschnittenen Paneels andererseits wird zwischen beiden Teilfassaden eine Beziehung hergestellt, welche zum Vergleich anregt. Es fällt auf, daß die Pilaster des Obergadens der Schicht der glatt belassenen Wandfläche im Turm entsprechen, während die eigentliche Wand des Obergadens der Rückwand des vertieften Paneels entspricht. Infolgedessen erscheinen die Pilaster des Obergadens als Reste der in der Turmfassade noch größtenteils unberührten, oberen Schicht der Wand.

Über den in das besagte Paneel eingefügten Bogen stellt sich derselbe Effekt auch zwischen den beiden oberen Turmgeschossen ein. Das obere Stockwerk mit seiner vorgelegten Ordnung erscheint in dieser Zusammenschau als eine plastische Gestaltung der unten glatt belassenen Wandschicht. Rohling und plastische Ausarbeitung scheinen sich gegenüber zu stehen.

Schließlich wird aus dem Vergleich der zweiten Etage des Turmes mit dessen rustiziertem Hauptgeschoß auch die Natur der Rustika als einer plastischen Gestaltung der äußeren Partie der Wand deutlich. Auslöser für diese Feststellung ist vor allem die Beobachtung des die beiden unteren Geschosse zusammenfassenden Durchgehens der oben beschriebenen, die Kante des Baukörpers betonenden Wandvorlage bis in das zweite Turmgeschoß. Das dort befindliche Paneel setzt unmittelbar über dem Hauptgesims an. Nach unten ist es insofern offen. In der Ebene seiner Rückwand setzt es die Fläche des schmalen, zwischen der Vorlage am Eck des Turmes und dem Hauptbaukörper der Kirche verbleibenden Fassadenteils des unteren Stockwerks des Turmes fort. In der Zusammenfassung ergibt sich so eine bis zur Oberkante des Paneels reichende, beide Turmgeschosse verbindende Nische. Die Wandfläche mit ihrer Profilierung geht in diesem Sinne unbeeinflußt vom sie optisch unterbrechenden Hauptgesims durch, die flankierende Vorlage scheint in der glatten, das Paneel umgebenden Wandfläche des zweiten Turmgeschosses aufzugehen.

Das Hauptgesims wird hierdurch zu einem additiv aufgelegten Dekorationsteil. Gleichzeitig wird klar, daß die Rustika in einem substraktiven Prozeß - durch die Entfernung der V-förmigen Nuten aus der glatten Steinmasse - aus der Mauer selbst entwickelt ist. Im Verhältnis der Rustika zu den zurückliegenden, glatten Rahmen der Fenster wird dasselbe Thema in einer anderen Variation wiederholt. Wie in der Rückwand des Paneels eine tiefere Wandschicht sichtbar wird und damit die äußere Schicht mit den Schäften der vorgelegten Ordnung benachbarter Wandflächen oder auch den klassischen Profilen des im Paneel geborgenen Bogens gleichgesetzt wird, so wird hier die Rustika als laterale Schicht der Mauermasse erkennbar, und die vertieften, glatten Fensterrahmen korrespondieren mit der Rückwand von Paneel und vorgelegter Ordnung. Die Schäfte der Pilaster der vorgelegten Ordnung und die Rustika werden als zwei verschiedene Ausformung derselben Schicht der massiven Wand erkennbar. Es ist dies, was die Rustika von den durchgehend als additiv dargestellten klassischen Profilen der Ordnungen unterscheidet. Weiter oben wurde versucht, dies mit der Bezeichnung der Rustika als strukturellem Dekor begrifflich zu fassen und diesem als Antipode den konventionellen und additiven gegenüberzustellen.

Hawksmoors typischer, eine gründliche Analyse der Baukunst und ihrer Elemente offenbarender, seine Erkenntnisse fast schon demonstrativ umsetzender, bewußter Umgang mit den Elementen der Architektur - der Mauer, der klassischen Ordnung, der Rustika etc. - ist in dieser Zeichnung nachweisbar. Auch im Detail der vorliegenden Zeichnungen bestätigt sich so seine Autorenschaft.

VI.2.2.2.a.2
B.L., Map Library, K.Top.23.28.3o
(Abb. 203)

Das zweite der beiden erwähnten Blätter, eine Westansicht der Kirche, entspricht weitgehend der soeben beschriebenen Nordfassade. Es entwickelt die dort dargestellte Lösung aber wesentlich weiter. Vor allem gilt dies für den Bereich des Turmes. Dieser ist hier um ein zusätzliches Geschoß erhöht und durch Voluten mit dem Hauptbaukörper verbunden. Allein von daher ist die Zeichnung wahrscheinlich später als *K.Top.23.28.3m* entstanden.

Die vorliegende Ansicht klärt darüber hinaus auch das in der Nordfassade nicht eindeutig zu definierende Verhältnis des dritten Turmgeschosses zu seinem Unterbau. Dasselbe setzt den letzteren auf seiner vollen Breite nach oben fort. Der in den beiden Blättern projektierte Turm entspricht in dieser Hinsicht bereits der überbreiten Scheibe des ausgeführten Entwurfs. Dies bestärkt uns in der Annahme der Herkunft der realisierten Form des Turmes aus einer Fortsetzung des ursprünglich kreuzförmigen Obergadens nach Westen in den ersten Vorschlägen zu Beginn des hier betrachteten Entwurfsprozesses.

Das Blatt zeigt mehrere Korrekturen und Veränderungen. Sowohl beim Ausziehen der anfangs in Bleistift aufgerissenen Zeichnung als auch beim Lavieren derselben mit Tusche wurden Ergänzungen und Veränderungen vorgenommen. Das Ergebnis ist eine der reichsten, komplexesten und „barockesten" Fassadengestaltungen Hawksmoors. Vielleicht gerade deshalb ist der Entwurf eher durch seine etwas überladene Vielheit überwältigend als ausgesprochenen überzeugend und zwingend. Es fehlt ihm die Klärung zu der dennoch ungeheuer vieldeutigen und vielschichtigen Einfachheit vieler anderer Hawksmoor-Entwürfe.

Unterhalb des Hauptgesimses ist auch in dieser Ansicht die gesamte Fassade rustiziert dargestellt. Turm und Hauptbaukörper sind hierbei nicht differenziert, wie dies sowohl im genehmigten als auch im ausgeführten Entwurf der Fall ist. Vielmehr ist die Einheit des Hauptgeschosses des Gesamtgebäudes betont. Einerseits bestätigt dies die Annahme einer bewußten Differenzierung der Formensprache in der realisierten Komposition, die These einer absichtlichen Konfrontation eines massiv gestalteten Sockels - unterhalb des Hauptgesimses - mit einer klassischen, zeichenhaft-zitierenden Gestaltung der Partien oberhalb dieser Grenze. Diese Idee ist in dem hier vorliegenden Entwurf in anderer Form ebenfalls nachweisbar. Andererseits verwischt derselbe aber die aufgrund der identischen dreidimensionalen Komposition auch schon in diesem Stadium latent vorhandene Ambiguität der Komposition bezüglich der Zugehörigkeit des unteren Teils des Turmes. Der letztere ist in der hier vorgeschlagenen Ausführung zuerst und vor allem in das massive Hauptgeschoß des Gesamtbauwerks eingebunden. Die im realisierten Gebäude erreichte Nachvollziehbarkeit der geometrischen Grundvorstellung hinter der Komposition geht dadurch teilweise verloren.

Die Ecken des Hauptbaukörpers sind ebenso wie diejenigen des Turmes durch die bereits in den Grundrissen der Vorentwürfe entwickelten Vorlagen betont. Diese sind wie in der Nordansicht in die Rustika der Fassade integriert. Ihre identische Form bewirkt eine weitere Zusammenfassung der Teilfassaden und damit eine weitere Vereinheitlichung des Gesamtbaukörpers. Die Differenzierung der Form dieser Elemente im ausgeführten Entwurf entspricht demnach der gleichzeitig vorgenommenen Reduktion der Rustika auf die Turmfassaden. Beide Maßnahmen dienen einer besseren Isolierbarkeit des Baukörpers des Turmes und damit der Steigerung der sich aus der Verbindung derselben mit der durch die Verwendung unterschiedlicher Formensprachen erreichten horizontalen Zonung der Ansicht ergebenden Spannung. Erst dadurch gelingt es, die beiden an sich widersprüchlichen, für den heute vorhandenen Bau aber so wichtigen Ideen effektiv miteinander zu verbinden.

Die schmalen Fassadenteile des Hauptbaukörpers zu beiden Seiten des Turmes fassen je eine Fensterachse. Es handelt sich dabei jeweils um zwei übereinander angeordnete Rundbogenfenster sowie - im Sockel des Gebäudes - ein Kryptafenster mit Segmentbogen. Über dem deutlich größeren OG-Fenster ist auch hier ein Cherubim angeordnet. Das Kämpferniveau dieser Öffnungen ist identisch mit demjenigen der Nischen auf der Nordseite der Kirche. Entsprechend ist auch hier ein kräftigeres Rustika-Band ausgebildet. Nachträglich ist ein OG- und EG-Fenster verbindender Keilstein in die bereits vollständig lavierte Zeichnung eingetragen. Zugänge in die Treppenhäuser sind in der vorliegenden Ansichtszeichnung keine vorgesehen. Offensichtlich sollten die Treppen in diesem Stadium allein vom Gemeinderaum aus betreten werden.

Im breiten Mittelfeld der Turmfassade ist in der Bleistiftzeichnung lediglich das hier bereits bis zum Boden geführte Portal vorgesehen. Dieses ist circa 7' breit und mißt von der Schwelle bis zum Kämpfer ungefähr 15'. Es weist - ebenso wie die Fenster in den beiden flankierenden Fassadenstreifen des Hauptbaukörpers - den schon in *K.Top.23.28.3m* beobachteten und dort ausführlich diskutierten glatten Rahmen hinter der profilierten Schicht der Rustika auf. In seinem Scheitel ist eine einen Schlußstein andeutende geschwungenen Konsole angeordnet. Beim Ausziehen wurde zusätzlich eine mit etwa 15' Breite das Maß des ausgeführten Fensters deutlich übertreffende Lunette eingetragen. Über deren Scheitel ist eine barocke Kartusche angedeutet. Wahrscheinlich nochmals etwas später wurde in das Bogenfeld der Lunette - in diesem Fall mit dem Pinsel - ein von einem glatten Rahmen gefaßter Okulus eingetragen. Ob es sich dabei um eine Alternative oder aber um eine Ergänzung handeln sollte, ist nicht klar ersichtlich. Auf jeden Fall wurde dieses Element - im Gegensatz zur Lunette - im weiteren Verlauf der Entwicklung wieder aufgegeben.

In der Zone unterhalb des Hauptgesimses der Kirche ist die Anordnung der Öffnungen des ausgeführten Entwurfs hier im Prinzip schon gegeben. Trotz der durchaus vorhandenen, deutlichen formalen Gemeinsamkeiten der verwendeten Formen - mit verschiedenen Abmessungen ist insgesamt fünf Mal derselbe Kreisbogen wiederholt - bleibt die sich im ausgeführten Entwurf ergebende Ordnung und Notwendigkeit der Komposition allerdings aus. Auch die entfernt an traditionelle Dreiergruppierungen erinnernde Zusammenfassung der Öffnungen im EG ist hier nicht spürbar. Für die Einheit der Komposition ist dies im vorliegenden Entwurf zwar nicht unbedingt notwendig, nachdem diese durch die Rustika und die Vorlagen überdeutlich artikuliert ist. Die sich ergebende Beziehungslosigkeit sowie die damit einher gehende fehlende Notwendigkeit der Teile der Fassadenkomposition offenbaren aber dennoch eine Schwäche dieses allgemein etwas überladenen Entwurfs. Was ihm fehlt, sind die Feinarbeit im Detail und vor allem die hinter der Varianz deutlich spürbare Disziplin und Ordnung des ausgeführten Entwurfs. Die mangelnde Koordinierung der Höhen spielt dabei eine nicht unbedeutende Rolle.

Eine letzte Ergänzung der Zeichnung in diesem Bereich zeigt die ersten Ansätze für das insofern unbedingt notwendige, weitere Durcharbeiten des Entwurfes. Am oberen Ende der rechten Vorlage des Turmes ist - wahrscheinlich nach den Ergänzungen über dem Portal - in Bleistift freihand ein dorisches Kapitell angedeutet. Die Idee eines Übergangs von den Wandvorlagen zu den für den genehmigten und ausgeführten Entwurf charakteristischen Dreiviertelsäulen ist hier erstmalig dokumentiert. Der Schritt zur endgültigen Form muß unmittelbar nach dieser Eintragung geschehen sein.

Oberhalb des Hauptgesimses sind die Differenzen zum ausgeführten Entwurf noch wesentlich größer. In diesem Bereich ergab sich bis zur Formulierung des genehmigten Entwurfs eine vollständig neue Lösung.

Wie auf den Schmalseiten des Turmes so setzen sich auch hier die Wandvorlagen der Fassade des untersten Geschosses im zweiten Stockwerk des Turmes fort. Diese gehen dort im vorliegenden Fall allerdings nicht in der Wandfläche auf. Vielmehr bleiben sie als Lisenen erkennbar. Die zwingende Zusammenfassung der beiden Stockwerke, die wir auf der Nordseite der Turmes beobachtet haben, entfällt in dieser Ansicht. Die beiden Vorlagen bilden den betonten Rand der Fassade der zweiten Etage des Turmes. Insgesamt weist diese eine Proportion von circa 1:2 auf. Durch das dem Gebälk des Obergadens in *K.Top.23.28.3m* entsprechende Gesims wird diese nach oben abgeschlossen.

Wie auf der Nordseite ist auch hier ein Paneel in die glatte Wandfläche eingeschnitten. Dieses hat eine Proportion von ungefähr 3:2. Es ist unmittelbar auf der Attika des Hauptgeschosses aufgesetzt, hält oben eine Abstand von circa 1' 6" zum Gesims und beläßt zu seinen beiden Seiten einen gut 4' breiten Streifen der glatten Wandfläche. Im Gegensatz zu dem konventionellen klassischen Bogen im Norden ist in die Rückseite des Paneels hier eine exzentrische Variante einer Serliana eingefügt. Es handelt sich bei dieser um zwei extrem schmale flankierende Öffnungen mit einer Proportion von circa 1:3 sowie eine nur wenig breitere mittlere Öffnung mit einem Seitenverhältnis von ungefähr 1:2. Ein massives, glattes Band betont den Kämpfer des zentralen Bogens. Dasselbe dient den beiden flankierenden Öffnungen als Sturz. Massive, circa 2' 6" breite Pfeiler trennen die nur unwesentlich breiteren Öffnungen. Den Bogen über dem mittleren Interkolumnium rahmt ein glattes Band. In dessen Scheitel ist eine der in Hawksmoors Architektur allgemein üblichen Keilsteingruppen eingefügt. Der Schlußstein ist so stark ausgebildet, daß er über den Rand des Paneels hinaus bis zur Unterkante des Abschlußgesimses des Geschosses reicht. Widersinnigerweise ist oberhalb des horizontalen Sturzes der flankierenden Öffnungen jeweils ein runder Tympanon angedeutet, welcher seinerseits größtenteils von der an diesen Stellen ebenfalls eingefügten, direkt über dem Sturz ansetzenden Keilsteingruppe verdeckt wird. Gleichzeitig sind so verschiedene konstruktive Lösungen für den Sturz dargestellt. In ihrer Kombination werden diese allesamt in Frage gestellt und unglaubwürdig gemacht. Die Lösung des sich daraus ergebenden Dilemmas ist auch in dem hier vorliegenden Fall eine Betrachtung des Ganzen als einer plastischen Ausformung der Masse der Mauer und damit eine Trennung der Erscheinung von der realen Konstruktion, welche die Exzentrizität und den bewußten Widersinn der Lösung auf der visuellen Ebene zwar nicht aufheben kann, dieselben aber akzeptabel macht.

Die östliche, das heißt die der Ansicht abgewandte, hintere Scheibe der Baukörpers dieses Geschosses ist in der vorliegenden Zeichnung - im Gegensatz zu der soeben besprochenen Nordfassade in *K.Top.23.28.3m* - durch konkave Voluten mit der westlichen Außenwand des Hauptbaukörpers verbunden. An deren Enden ist über den das Eck betonenden Vorlagen jeweils ein Obelisk angeordnet. Diese später wieder aufgegebene Kombination weist deutliche Bezüge zum Entwurf der Westfassade von *St. George-in-the-East*[75] auf, wo dieses Prinzip der Verbindung zweier Baukörper verschiedener Höhe bereits Mitte 1714 in *K.Top.23.21.2k recto* nachweisbar ist. Erst Mitte 1717 wurde dort allerdings die endgültige Form der Voluten entwickelt, welche große Ähnlichkeit mit der hier vorgeschlagen Gestaltung aufweist. Es kann folglich von einer wechselseitigen Beeinflussung der beiden Projekte ausgegangen werden.

Durch diese Voluten ist das zweite Turmgeschoß - ganz anders als in der ausgeführten Kirche - eng mit dem Hauptbaukörper verbunden. Dies stimmt überein mit der der krassen Additivität des realisierten Gebäudes gleichermaßen widersprechenden Schaffung einer hinter dem Hauptgesims durchgehenden Form auf den Schmalseiten des Turmes, wie sie in *K.Top.23.28.3m* festzustellen ist. Die mit diesen Mitteln geschaffene Verbindung betont jedoch weniger die Einheit der Teile des Turmes als die Zugehörigkeit des zweiten Turmgeschosses zur Westfassade des Hauptbaukörpers. Es ist kein Gegengewicht zu der die Erkennbarkeit und Eigenständigkeit des Baukörpers des Turmes beeinträchtigenden einheitlichen Gestaltung des Hauptgeschosses geschaffen. Es besteht im vorliegenden Fall viel eher die Tendenz, auch dieses zweite Turmgeschoß in den Hauptbaukörper einzubinden und es als eine Art Aufsatz, eine Art Blendfassade zu interpretieren.

Insofern, als es als eine Basis für ein merklich zeichenhaft gedachtes abschließendes Element dient, entspricht die Funktion des hier dargestellten zweiten Turmgeschosses innerhalb der Gesamtkomposition aber dennoch derjenigen des ausgeführten „Denkmalssockels". Dieselbe ist hier allerdings noch nicht so überdeutlich klar formuliert und zum Ausdruck gebracht. Der Kontrast zwischen dem das glatte Mauerwerk betonenden zweiten Turmgeschoß und der von einer vorgelegten dori-

---

[75]   Vgl. auch: Downes, a.a.O., 1959, S. 192-194.

schen Ordnung geprägten, klassisch artikulierten, in Maßstab und Detaillierungsgrad sich klar von der Architektur darunter absetzenden dritten Etage des Turmes ist dafür aber noch größer als derjenige zwischen dem „Denkmalsockel" des zweiten Turmgeschosses des ausgeführten Entwurfs und dessen Laternen. Die zweite Etage des Turmes der vorliegenden Planung wird dadurch ebenfalls eindeutig zu einem Sockel.

Das von diesem getragene dritte Turmgeschoß entspricht in seiner Höhe und Ordnung - wie die Geschosse darunter - vollständig der Seitenansicht in *K.Top.23.28.3.m.* Im Grundriß ist das allen Turmgeschossen gemeinsame Profil mit den die Fassadenfläche seitlich fassenden Vorlagen auch hier wiederholt. Allerdings führt die insgesamt um etwa 2' reduzierten Fassadenbreite zu einer leichten Verschiebung der Achsen eben dieser flankierenden Vorlagen und bewirkt damit eine zusätzliche Lösung des Geschosses vom Unterbau. Insofern unterstützt an dieser Stelle die abstrakte Ordnung die hauptsächlich über die Formensprache und den zwischen den Geschossen vorgenommen Maßstabssprung geleistete Differenzierung. Genau am diesem Punkt ist konsequenterweise auch der krasse Kontrast der Maßstäbe der beiden Geschosse auf den Punkt gebracht. Die Tatsache, daß ein vollständiges Pilasterpaar nicht einmal die Breite der direkt darunter angeordneten Wandvorlagen erreicht, macht den Unterschied unmittelbar wahrnehmbar und kennzeichnet das Geschoß insgesamt als eine additive Architekturminiatur.

Das das Geschoß an seinem oberen Rand abschließende Gebälk der vorgelegten Ordnung ist über die gesamte Breite der Fassade gezogen und verkröpft um deren nach vorne gebrochene Enden geführt. Darunter ist allerdings keine regelmäßige Kolonnade ausgebildet. Vielmehr sind die Pilaster in ihrer Position auf komplexe Weise auf Teile der Fassade der darunter befindlichen Etagen bezogen, wodurch trotz der beschriebenen, offensichtlich gewollten Differenzierung des Geschosses eine Einbindung desselben in die Gesamtkomposition erreicht ist.

An den beiden Enden befindet sich vor den deutlich nach vorne gezogen Vorlagen jeweils das besagte Pilasterpaar. Mit seiner Innenseite verlängert die insgesamt etwa 3' breite Gruppe die innere Kante der mit ungefähr 4' deutlich breiteren Vorlagen im Geschoß darunter. Trotz der Achsenverschiebung wird so ein gewisser Bezug gewahrt. Nach einem schmalen Interkolumnium von lediglich gut 2' folgt ein weiteres Pilasterpaar, dessen gemeinsame Mittelachse der Außenkante des Paneels des zweiten Stockwerks entspricht. Anschließend verselbständigt sich die Säulenordnung, und die Wand ist bis auf schmale Wandzungen neben den Pilasterpaaren vollkommen entfernt. In die sich ergebende Öffnung sind zwei Vollsäulen eingestellt. Während dieselben die Achsen der Pfeiler der erwähnten Serliana im zweiten Turmgeschoß aufnehmen, setzen die als Anten oder Türpfosten zu bezeichnenden Wandzungen die Linie der Außenkante der flankierenden Öffnungen derselben fort. Hinter dieser Öffnung scheint - wahrscheinlich deutlich vor der Rückseite des Baukörpers Turmes - eine geschlossene Wand geplant gewesen zu sein. Anderenfalls wären der hier dargestellte Schatten nicht verständlich.

Über dem Gebälk der vorgelegten Ordnung befindet sich ein weiterer Aufbau, ein abschließendes viertes Geschoß. In seiner Geometrie und Proportion entspricht dieses exakt dem Obergaden der Kirche, wie dieser in der dritten Alternative der gemeinsamen Vorentwürfe der beiden *Surveyors* dargestellt ist. Allerdings ist anstelle des dort geplanten Zeltdaches ein Giebel vorgesehen.

Mit seiner Breite setzt dieser Baukörper das von den beiden inneren Pilasterpaaren des dritten Geschosses gerahmte Feld nach oben fort, er scheint quasi auf diesen zu ruhen. Eine große Bogenform ist direkt über dem Gebälk in die bis auf ein betont zierliches Giebelgesims und das in der Mitte unterbrochene horizontale Geison glatt belassene Wandfläche eingefügt. Es handelt sich dabei um eine deutlich an das Thermenfenster des eben bereits erwähnten Vorentwurfs erinnernde flache Blendnische, welche ein ovales Fenster faßt. Ihr Durchmesser nimmt die Breite der Öffnung in der Wand darunter auf. Zwei Vorlagen deuten die Pfosten des Thermenfensters an und verlängern die Achsen der Vollsäulen in der genannten Öffnung des dritten Turmgeschosses. Diese Pfosten werden auf den Seiten von - ebenfalls an die erwähnten früheren Varianten der Westfassade von *St. George-*

in-the-East erinnernden - Voluten flankiert. Zwischen ihnen ist der besagte ovale Okulus in die Rückwand geschnitten.

Ein verkröpftes Profil ist über den Pfosten sowie dem Mittelfeld unterhalb der Archivolte des Bogens eingefügt. Es deutet einen gesprengten Segmentgiebel an. Dies stellt die primäre Lesung des Elements als einem blinden Thermenfenster in Frage; es kann nun ebenso als ein in eine Lunette eingefügtes blindes Segmentfenster betrachtet werden. Dieselbe Lösung findet sich interessanterweise auch in - allerdings erst später entstandenen - Schnitten des Gemeinderaumes.[76] An der Berechtigung der Feststellung einer grundsätzlichen Verwandtschaft der Gestaltung dieses Geschosses mit den auf der dritten Alternative der von Hawksmoor und James gemeinsam entwickelten Vorentwürfe beruhenden Vorstellungen für die Form des Obergadens ändert dies allerdings nichts. Zusammen mit der Beziehung zu späteren Lösungen in diesem Bereich verstärkt sich der Eindruck einer bewußten Wiederholung von Motiven aus dem Innenraum in der Westfassade der Kirche.

Über dem Giebel ist als kräftiger Akroter eine Hermenbüste angeordnet. Um wessen Büste es sich dabei handeln sollte, ist nicht festzustellen. Entsprechend der Gestaltung des *steeple* von *St. George, Bloomsbury*, könnte es sich jedoch sehr gut um diejenige König Georgs I. gehandelt haben.

Durch die Addition des abschließenden vierten Geschosses wird die Lesung des dritten Turmgeschosses problematisch. Trotz der hinter der dessen Ansicht bestimmenden Ordnung durchgehenden Wandfläche entsteht der Eindruck eines dort mittig angeordneten Baukörpers. Das Bild kippt allerdings andauernd um in eine Auffassung des Ganzen, das heißt der Ordnung des dritten Turmgeschosses sowie des „Obergadens", als einer Einheit. Es ergibt sich eine Miniatur einer klassischen Basilika. Insofern erscheint die gesamte Komposition als eine freie Rekonstruktion einer Fassade für den im Innenraum thematisierten Typus der ägyptischen Halle.

Bemerkenswerterweise verwendete Lord Burlington nur wenige Jahre später bei seinem ausdrücklich auf einer Rekonstruktion der ägyptischen Halle beruhenden Entwurf für die *Assembly Rooms* in York praktisch dieselbe Fassadengestaltung für deren flankierende Baukörper.[77]

Das erstmals in den gemeinsam mit James entwickelten Vorentwürfen eingeführte Thema der ägyptischen Halle - der Deutung der Kirche als Speise- und Thronsaal, als himmlischem Hof im Bild eines antiken Audienzsaales - fand in dieser eindeutig auf Hawksmoor zurückgehenden Umarbeitung der Vorentwürfe eine weitere Ausarbeitung und muß insofern als eine von ihm zumindest gerne akzeptierte Interpretation des Kirchenbaus verstanden werden. Die Thematisierung dieses Typus erklärt zudem die hier über dem Hauptbaukörper angebrachten Obelisken - über die auch bei *St. George-in-the-East* gültigen Gründe und vor allem über den ihnen zuzumessenden, memorialen Aspekt hinaus.[78]

Gewissermaßen ein Echo dieser Obelisken bilden über den äußeren Pilasterpaaren des dritten Turmgeschosses neben dem „Obergaden" angeordnete vertikalen Element. Dieselben verlängern die genannten Pilasterpaare bis auf Traufhöhe des Giebels des vierten Turmgeschosses. Über einer dessen horizontale Geison wieder aufnehmenden Abdeckplatte ist schließlich eine konkave gefurchte Haube aufgesetzt, welche ein Ei oder auch einen Pinienzapfen trägt. Beim Schaft dieses Elements handelt es sich um einen Rohling der Pfeilergruppe darunter. Die Kapitelle und Basen der Pilaster sind entfernt, so daß von den Pilastern lediglich die Nut zwischen den Schäften verbleibt. Schlanke Voluten zu beiden Seiten und florale Girlande ergänzen das Ganze.

---

76   ***B.L., Map Library,*** *K.Top.23.28.3t*;
       B.L., Map Library, *K.Top.23.28.3u.*

77   Hawksmoor selbst entwickelte sehr ähnliche Aufbauten schon in seinem Vorschlag „*A*" für *the Queen's College, Oxford*, 1708-1709.

78   Vgl. auch: Odgers, a.a.O., S. 37.

Rein formal sind diese Elemente notwendig, um zusammen mit dem Aktoter über dem Giebel des mittleren Aufbaus die Gesamtform der Fassade zu strecken und damit die an sich sehr plumpe Proportion der Fassade zu verbergen. Mehr noch als der an einen Obergaden erinnernde Aufbau haben diese Elemente aber auch eine mehrdeutige Wirkung auf die Interpretation des Baus beziehungsweise auf die von diesem heraufbeschworenen Assoziationen. Bezogen auf den Gesamtbau erinnern sie an Fialen mittelalterlicher Türme. Wesentlich wichtiger ist jedoch ihre Wirkung im Zusammenhang der Architekturminiatur oberhalb des zweiten Geschosses. Innerhalb derselben erscheinen sie als Andeutungen einer Zweiturmfassade. Besonders stark wird dieser Eindruck durch die Ähnlichkeit der Gesamtform - und vor allem der Helme - mit Archers *St. John, Smith Square*.

Im Endeffekt ist hier das Thema der himmlischen Hofes mit einer Anspielung auf die mittelalterliche Kirche verbunden; und beide Bilder sind unauflöslich miteinander verwoben. Dies entspricht weitgehend der formal deutlich anders umgesetzten Aussage des ausgeführten Entwurfs, was Rückschlüsse auf die Bedeutung der mit den Bauten transportierten Aussagen für den Entwurf zuläßt. Bis zu einem gewissen Grad muß der Entwurfsprozeß bei Hawksmoor demnach auch als eine Suche nach einem formal befriedigenden Ausdruck der für die Aufgabe als angemessen empfundenen Aussage betrachtet werden.

Verdeutlicht durch die Addition der zuletzt diskutierten, auf die Obelisken antwortenden angedeuteten Kirchtürme ergibt sich innerhalb der Gesamtansicht ein interessantes Wechselspiel zwischen dem „eigentlichen" Gebäude, der funktional notwendigen Architektur, sowie der von dieser fast wie in einem Brüsseler Zunfthaus getragenen und präsentierten, zeichenhaften Architekturminiatur. Die letztere ist im Grunde nichts anderes als eine klassisch artikulierte Variante der Ansicht der Geschosse darunter. Diese bei keinem der anderen Entwürfe zu beobachtende Übereinstimmung belegt in einzigartiger Deutlichkeit den Charakter der bei allen Sakralbauten Hawksmoors über den eigentlichen Kirchenbauten angeordneten Objekte als zeichenhaften Miniaturen.

Die in der ausgeführten Lösung auf Höhe des Hauptgesimses angeordnete Trennlinie zwischen dem „eigentlichen" Gebäude und der Miniatur ist - wie in den meisten Kirchen Hawksmoors - in dieser Zeichnung noch weiter oben angeordnet. Hier ergibt sich daraus jedoch ein Problem. Durch die große Breite des Turmes und die innerhalb des vorliegenden Konzepts durchaus notwendige Anordnung der verbindenden Voluten verliert der Turm seine Wirkung als Einheit, als Baukörper für sich. Er ist als solcher kaum mehr zu erkennen und geht größtenteils im Hauptbaukörper auf.

Die sich daraus ergebende Fassade weist allerdings auffällige Ähnlichkeiten mit Rekonstruktionen des *Tempels Salomo* auf.[79] Auch der ausgeführte Bau thematisiert dieses Vorbild an mehreren Stellen, so daß wir davon ausgehen müssen, daß dies Hawksmoor durchaus bewußt war. Dennoch sah der Architekt offensichtlich die Notwendigkeit einer klareren Artikulation des Turmes und damit die Erfordernis einer Betonung des Typus der traditionellen Kirche, auch wenn dies auf Kosten der Deutlichkeit der Anklänge an das genannte, symbolträchtige Exempel gehen mußte. Der die Kirchen Hawksmoors insgesamt - zumindest in ihrer auf die bloße Geometrie der Außenform reduzierten Form - dominierende traditionelle Typus war ihm offensichtlich wichtiger als alle anderen Konnotationen seines Entwurfes. Sein von der Kommission genehmigter Vorschlag belegt dies in den das grundsätzliche Thema der englischen Pfarrkirche und damit den dieses signalisierenden Typus wesentlich deutlicher herausarbeitenden Korrekturen der vorliegenden Planung.

Diese Korrekturen waren jedoch auch eine Antwort auf die offensichtlichen rein kompositorischen Schwächen des hier betrachteten Entwurfes. Die vorliegende Fassade stellt eine Tour de Force, eine übertriebene, die konzentrierte Kraft und Deutlichkeit der ausgeführten Kirchenbauten

79 Hawksmoor kannte sicher: Villalpando, Juan Baptista, *In Ezechielem Explanationes et Apparatus Urbis ac Templi Hieresolymitani*, Rom 1561-1631, Bd. II, Abb. 1-8, bes. Abb. 4.
Vgl. aber auch:
Matthias Merian, in: Curl, a.a.O., S. 91, Abb. 50;
John Wood, *The Origin of Building, or, the Plagiarism of the Heathens Detected*, Bath 1741, in: Curl, a.a.O., S. 92, Abb. 51;
Fischer von Erlach, *Entwurff einer Historischen Architektur*, S. 11.

Hawksmoors vermissen lassende, gewollte Darstellung der hinter seiner Architektur und diesem Entwurf stehenden Ideen und vor allem seiner bewußten Exzentrizität dar. Es erscheint nicht unmöglich, diese extreme Ausformung und die mit ihr einher gehenden Schwächen bezüglich der Klarheit der Lösung als eine wahrscheinlich unbewußte Reaktion auf die dem Architekten von der Bauherrschaft durch die erzwungene Zusammenarbeit mit James auferlegte Zurückhaltung zu verstehen.

Die Datierung der beiden Blätter ergibt sich aus dem Gesagten weitgehend von selbst. Die Annahme ihrer Entstehung nach Abgabe der gemeinsamen Vorentwürfe begrenzt den Zeitraum nach vorne. Nach hinten wird dieser durch *K.Top.23.28.3b* begrenzt, das erstmals die Dreiviertelsäulen in der westlichen Mauer des Turmes zeigt. Dieses muß spätestens im Mai 1717 vorgelegen haben, wahrscheinlich jedoch schon früher.[80] Daraus ergibt sich ein Zeitraum von Juni 1716 bis maximal April 1717, wobei eine Entstehung im Sommer 1716 oder Winter 1716/1717 am wahrscheinlichsten ist.

VI.2.2.2.b.
Die Klärung der Fundamente: UG-Grundrisse
(Abb. 204)

Wie bereits erwähnt, setzen die Vergabe und die danach umgehend in die Hand genommene Ausführung der Fundamentarbeiten im August 1716 voraus, daß zu diesem Zeitpunkt die Außenform zumindest im Grundriß geklärt war. Zwei der erhaltenen Blätter sind mit großer Wahrscheinlichkeit im Zusammenhang der für die Vorbereitung dieser Arbeiten notwendigen Planungsleistungen entstanden. Sie zeigen jeweils einen Grundriß des Untergeschosses, das heißt der Krypta. Es handelt sich dabei einerseits um eine recht grobe Handskizze und andererseits um ein sauber mit dem Lineal gezeichnetes Blatt. Beide illustrieren in etwa dieselbe Lösung. Trotz der zwischenzeitlichen Korrekturen ist es nicht gänzlich unmöglich, daß es sich hierbei um Konzept und Reinzeichnung handelt, zumal die Skizze wahrscheinlich von Hawksmoor selbst angefertigt wurde,[81] während der korrekte Plan keinem spezifischen Zeichner zugeordnet werden kann.[82]

VI.2.2.2.b.1
B.L., Map Library, K.Top.23.28.3a
April 1716 bis April 1717:

In der eben erwähnten Handskizze im Maßstab 1:108[83]sind die Außenwände lediglich gestrichelt eingetragen, wobei der Chor gar nicht dargestellt ist. Das eigentliche Interesse liegt offensichtlich bei der Form der Gewölbe sowie der Position und Abmessung der Pfeiler der Krypta.

Die vorliegende Lösung stimmt mit der Stützenstellung der dritten Alternative der von den *Surveyors* gemeinsam entwickelten Vorentwürfe überein. Unter den Koppelsäulen im Osten und Westen ist jeweils ein doppelt breiter Pfeiler angeordnet, während quadratische Pfeiler die verbleibenden vier Säulen auf den Längsseiten tragen. Selbst das erweiterte mittlere Interkolumnium ist

---

80   Vgl.: Teil B, VI.2.2.2.b.2.

81   Downes, a.a.O., 1959/60, S. 76.

82   Downes, a.a.O., 1959/60, S. 76.

83   1":9'.

hier wiederholt. Zusätzlich ist im Mittelpunkt des quadratischen Raumes ein weiterer Pfeiler eingetragen.

Für sich genommen könnte das Blatt somit schon im April/Mai 1716 im Zuge der Vorentwürfe entstanden sein. Nur die enge Verbindung mit *K.Top.23.28.3b* macht eine spätere Entwicklung wahrscheinlich, aber nicht zwingend, zumal sich in der Position der Pfeiler leichte Differenzen zwischen den beiden Zeichnungen ergeben, welche die Handskizze eindeutig als eine Vorstufe zum genehmigten Entwurf vom Mai 1717 identifizieren.

VI.2.2.2.b.2
B.L., Map Library, K.Top.23.28.3b
Juni 1716 bis Mai 1717
(Abb. 204)

Die vorliegende Reinzeichnung im Maßstab 1:96[84] kombiniert die in der eben betrachteten Handskizze dargestellte Lösung für die Krypta mit einem Grundriß der Wände im Bereich des Sockels. Daß es sich nicht um die Wände der Krypta selbst oder auch die Fundamente handelt, beweist die Eintragung der Türen im Westen.

Abweichend von der genannten Handskizze sind die Abstände der Pfeiler in Längsrichtung nun identisch, was der durchgehenden Ordnung der Südwand im ausgeführten Bau entspricht. Diese Korrektur spiegelt die Entwicklung von der in *K.Top.23.28.3m* in der Ordnung des Obergadens noch spürbaren Lösung des Vorentwurfes zu derjenigen des genehmigten Entwurfes. Während die obige Handskizze insofern noch eher der Überarbeitungsphase der Vorentwürfe zugehörig erscheint, zeigt die vorliegende Reinzeichnung bereits die grundlegenden Entscheidungen des genehmigten Entwurfes. Der in ihr festgehaltene Grundriß der Außenwände dokumentieren zum ersten Mal die endgültige, rechteckige Form des Chors und - besonders interessant - die Dreiviertelsäulen in der Westwand des Turmes.

Die rechteckige Form des Chores verweist das Blatt in der Reihenfolge der Zeichnungen eindeutig hinter *K.Top.23.28.3p* sowie *K.Top.23.28.3q* und verbietet so eine Entstehung vor Mai/Juni 1716. Aus der Einführung der Dreiviertelsäulen ergibt sich aber auch eine Einordnung hinter *K.Top.23.28.3m* und *K.Top.23.28.3o*. Damit ist Juni 1716 als frühester Zeitpunkt der Entstehung anzusetzen.

Das Blatt weist handschriftliche Berechnungen auf. Offensichtlich handelt es sich bei diesen um Massenermittlungen, wie sie für Ausschreibung oder auch Abrechnung notwendig sind. Es scheint hierbei um Material zur Sicherung der Baugrube zu gehen. Die entsprechenden Arbeiten wurden vom Zimmermann in der Abrechnung für das Jahr 1716 in Rechnung gestellt.[85] Die Verwendung der Zeichnung für das Aufmaß legt eine Existenz derselben spätestens bei Abrechnung, möglicherweise jedoch auch schon bei Ausschreibung voraus. August 1716 wäre in letzterem Fall als spätester Zeitpunkt der Entstehung des Blattes zu bezeichnen.

Die sich hieraus ergebende, auch von Downes vertretene Datierung auf Sommer 1716[86] zieht allerdings eine Datierung der Entwicklung der Ideen des genehmigten Entwurfs auf deutlich vor Mai 1717 nach sich. Mit Ausnahme des im vorliegenden UG-Grundriß noch nicht dargestellten südlichen Krypta-Eingangs entspricht derselbe bereits vollständig demjenigen des von der Kommission verabschiedeten Vorschlags zur Gestaltung der Kirche; die auch in dem letzteren von der Ausführung abweichende Form des Obergadens beweist, daß die der hier betrachteten Zeichnung entsprechende

---

[84]   1":8'.

[85]   *L.P.L., Book of Works, MS.2697,* S. 659-660.

[86]   Downes, a.a.O., 1959/60, S. 70.

Stützenstellung selbst noch zum Zeitpunkt der erwähnten Entscheidung des Bauherren über die Form des Baus Bestand hatte.

Die notwendig aus der genannten frühen Datierung des Blattes folgende, zügige Entwicklung von den Vorentwürfen zum genehmigten Entwurf noch im Sommer 1716 ist durchaus denkbar. Allerdings entstand zwischen der Fertigstellung der Fundamente mit Ende der Bauperiode 1716 und dem Beginn der Ausführung der aufgehenden Teile eine mindestens fünf Monate während Pause, die sich in geradezu idealer Weise anbot für eine grundsätzliche Überarbeitung der Entwürfe. Auch bei der Besprechung der Ansichten in *K.Top.23.28.3m* und *K.Top.23.28.3o* ergaben sich Aspekte, welche eine spätere Datierung der Überarbeitung des Vorentwürfe wahrscheinlich erscheinen lassen. Möglicherweise war dieselbe sogar der Grund für die ansonsten in keiner Weise zu erklärende Ausdehnung der Winterpause bis in den Mai 1717. Während die Entscheidung für den rechteckigen Chor auf jeden Fall vor August 1716 gefallen sein muß, können sämtliche Überlegungen zur Gestaltung der Außenform - und mit ihnen auch sämtliche die Überarbeitung des Vorentwurfs dokumentierenden Zeichnungen - in dieser ruhigeren Zeit entstanden sein.

Einer Datierung der Anfertigung des vorliegenden Blattes auf diese Zeit - und dies bis in den Mai des Jahres 1717 hinein - steht folglich nichts im Wege. Die Korrektur der Stützenstellung, welche zur Entwicklung der endgültigen Idee für den Innenraum führte,[87] sowie die entsprechende Ausführung der Pfeiler[88] in der Krypta erfolgten erst ab Ende Mai 1717. Erst dann wurden die Arbeiten für das aufgehende Mauerwerk vergeben[89] und die Ausführung des Sockels in Angriff genommen.[90] Das hier betrachtete Blatt kann demnach direkt vor den dem genehmigten Entwurf zugehörigen Zeichnungen - oder sogar noch danach - gefertigt worden sein. Der in ihm nicht dargestellte, in der Genehmigungsplanung aber vorgesehene südliche Krypta-Eingang lag bekanntlich selbst dann noch nicht endgültig fest und wurde vor der Ausführung nochmals um ein Joch verschoben.

Downes trägt diesem Aspekt trotz seiner frühen Datierung mit seiner Einordnung des Blattes beim genehmigten Entwurf Rechnung.[91] Unabhängig davon, wann das Blatt wirklich gezeichnet wurde, handelt es sich bei ihm auf jeden Fall um den einzigen erhaltenen Grundriß, welcher dem am 2. Mai 1717 genehmigten Entwurf für *St. Mary* weitgehend entspricht.

VI.2.2.3.
Der am 2. 5. 1717 genehmigte Entwurf
Juni 1716 bis Mai 1717
(Abb. 205-208)

Irgendwann zwischen Sommer 1716 und Mai 1717 - wie gerade beschrieben aber sehr wahrscheinlich in der verlängerten Winterpause 1716/1717 - entwickelte Hawkmoor den offiziell genehmigten Entwurf. Am 16. 4. 1717 verzeichnen die *minutes* der Kommission die Anordnung zur Vorlage eines Planes für *St. Mary Woolnoth* in der nächsten Sitzung.[92] Am 2. 5. 1717 präsentierten die *Surveyors* einen Entwurf. Dieser wurde vorbehaltlich der Abgabe einer Kostenschätzung verabschiedet, und die Weiterleitung der Ausschreibung der Rohbauarbeiten an die „Gazette" wurde angeordnet[93] - ein

---

87   *L.P.L., Minutes, MS.2690*, S. 334, 336, 339, in: Port, a.a.O.

88   *L.P.L., Book of Works, MS.2697*, S. 666-669.

89   *L.P.L., Minutes, MS.2690*, S. 332, 336, in: Port, a.a.O.

90   *L.P.L., Book of Works, MS.2697*, S. 666-669, 672.

91   Downes, a.a.O., 1979, S. 277.

92   *L.P.L., Minutes, MS.2690*, S. 329, in: Port, a.a.O.

93   *L.P.L., Minutes, MS.2690*, S. 332, in: Port, a.a.O.

deutliches Zeichen dafür, daß die Kommission die umgehende Umsetzung des Entwurfes beabsichtigte, gleichzeitig aber auch ein Beweis dafür, daß die Bauarbeiten in dieser Saison noch nicht wieder aufgenommen worden waren.

Bei der nächsten Sitzung der Kommission, am 9. 5. 1717, entzündete sich dann jedoch ein Streit; nicht um die Kosten des Projektes, sondern um die geplante interne Stützenstellung.[94] Derselbe beschäftigte Kommission und Planer noch den gesamten Monat.[95] Ergebnis war die Korrektur der vorliegenden Planung im Sinne der Anordnung des ausgeführten Grundrisses.

Sieben Zeichnungen sind es, welche vor allem durch ihre nahezu vollständigen Übereinstimmung mit der Ausführung in Bezug auf die Hülle des realisierten Kirchenbaus bei gleichzeitiger Existenz von Differenzen bezüglich der sich vor allem in der Gestaltung des Obergadens auch außen hin äußernden Stützenstellung als eben jenem am 2. 5. 1717 genehmigten Entwurf zugehörig gekennzeichnet werden. Diese sind in drei verschiedenen Maßstäben verfertigt, 1:60[96], 1:120[97] und 1:24[98].

IV.2.2.3.a.
Pläne im Maßstab 1:60
(Abb. 205-206)

Die - allerdings nur minimalen - Unterschiede der erhaltenen Blätter legen es nahe, daß die Zeichnungen im Maßstab 1:60 zeitlich am frühesten entstanden sind.

Für Entwurfszeichnungen ist dieser Maßstab an sich ein sehr detaillierter. Allerdings müssen wir uns darüber im Klaren sein, daß trotz des Fehlens der endgültigen Genehmigung eines Entwurfes durch die Kommission - alleine vom Stand der Arbeiten her - eine Werkplanung notwendig war. Insofern sollte es uns nicht überraschen, daß hier Werkplanung und Überarbeitung des Entwurfs quasi gleichzeitig geschahen. Im übrigen sind auch *K.Top.23.28.3m* und *K.Top.23.28.3o*, die ersten Versuche Hawksmoors zur Überarbeitung der Vorentwürfe, in einem größeren Maßstab gefertigt.[99] Dies könnte darauf hindeuten, daß der große Maßstab auch als eine Folge der nachträglichen Umformung des gemeinsam mit James entwickelten Entwurfs durch Nicholas Hawksmoor, das heißt durch einen der beiden *Surveyors* alleine, verstanden werden muß. Die persönliche Umformung versuchte sich nach außen hinter einer „einfachen" Werkplanung zu verbergen oder auch deren Notwendigkeit zum Vorwand zu nehmen.

---

94   *L.P.L., Minutes, MS.2690,* S. 354, in: Port, a.a.O.

95   *L.P.L., Minutes, MS.2690,* S. 336, 339, in: Port, a.a.O.;
      B.L., Map Library, K.Top.23.28.3t;
      B.L., Map Library, K.Top.23.28.3u;
      B.L., Map Library, K.Top.23.28.3s.

96   1":5'.

97   1":10'.

98   1":2'.

99   1:48.

VI.2.2.3.a.1
B.L., Map Library, K.Top.23.28.3i
(Abb. 205)

K.Top.23.28.3i zeigt eine Westansicht der Kirche im Maßstab 1:60[100]. Das Blatt ist sehr wahrscheinlich vollständig von Hawksmoor selbst verfertigt.[101] Seine Angaben entsprechen bis auf kleinere Differenzen dem ausgeführten Bau.

Diese Differenzen betreffen vor allem Details. So weisen die zwei die Fassade krönenden Türmchen eine nur in dieser Zeichnung sowie in *K.Top.23.28.3k* nachweisbare, hinter der den kleinen Baukörper jeweils abschließenden Balustrade aufsteigende, glatte Attika mit circa 2' Höhe auf. Das die beiden Aufbauten an der Basis verbindende Element dagegen ist hier wesentlich niedriger dargestellt als ausgeführt. Außerdem fehlt die in der Realisierung ergänzte, etwa 2' hohe Attikazone zwischen den Türmchen und der Oberkante des zweiten Turmgeschosses. Dasselbe gilt für die Fortsetzung der Attika des Hauptbaukörpers unter dem letztgenannten Stockwerk, das heißt zwischen dem Hauptgesims der Kirche und der oberen Hälfte ihres Turmes. Derselbe ist von daher in der hier vorliegenden Darstellung insgesamt deutlich niedriger als im ausgeführten Zustand. Das erste Turmgeschoß weicht zudem auch in der Breite von seinem endgültigen Maß ab. Es ist ein wenig schmaler gezeichnet, als es realisiert wurde.

Bezüglich dekorativer Details fällt vor allem die Kartusche über der Lunette im Zentrum der Fassade ins Auge. Diese ist wesentlich aufwendiger gestaltet als die ausgeführte; sie verdeckt vollständig die drei mittleren Keilsteine der rustizierten Archivolte. Das im Hauptgeschoß ein angedeutetes Mezzanin definierende Band hingegen ist hier deutlich schmaler als im heute vorhandenen Bau, wo es sich lediglich in seiner Tiefe von den regulären Bändern der Rustika unterscheidet. Außerdem ist es - im Gegensatz zur ausgeführten Lösung - unverändert auch um den Schaft der Dreiviertelsäulen geführt. Dasselbe ist für das Band auf Höhe des Kämpfers des Portals festzuhalten. Beide Profile unterbrechen die heute vollkommen einheitliche Silhouette des Säulenschaftes.

Zudem sind in der gegenwärtig betrachteten Ansicht die beiden kurzen, im ausgeführten Entwurf lediglich angedeuteten Stücke eines Architravs oberhalb der zwei Dreiviertelsäulen jeweils diagonal gestellt; das Hauptgesims ist dementsprechend verkröpft. Es ergibt sich hier eine im Vergleich mit dem realisierten Zustand wesentlich stärkere Lösung des angedeuteten Gebälks aus der Scheibe der West-Wand und insofern auch ein heute so nicht mehr vorhandenes Spannungsverhältnis zu der dessen ungeachtet unverändert deutlich artikulierten Einbindung des Säulenschaftes in die rustizierte Wandfläche.

Im Bereich der Treppenhaustüren ist gleichermaßen eine kleine Differenz festzustellen. Die Öffnung ist etwas breiter als im realisierten Zustand und weist anstelle des ausgeführten Korbbogens einen Kreisbogen auf. Die Archivolte ist folglich etwas schmaler gezeichnet als ausgeführt. Schließlich sind die Wandvorlagen an den Rändern der Fassade des Hauptbaukörpers 1' von der Kante abgerückt; und in den beiden sich zwischen dem Turm der Kirche sowie deren Hauptbaukörper ergebenden Ecken ist hier jeweils eine denselben entsprechende, diese spiegelnde Vorlage vorgesehen.[102]

Die zwei letztgenannten Differenzen sind es vor allem, welche eine Entstehung der Zeichnung vor Beginn der Arbeiten an den aufgehenden Teilen und damit vor der Ausführung des Sockels im Jahre 1717 notwendig machen. Daß das Blatt auf jeden Fall aber auch nach *K.Top.23.28.3m* und *K.Top.23.28.3o* entstanden ist, ergibt sich allein schon aus der unübersehbar größeren Ähnlichkeit mit der Ausführung. Bezüglich *K.Top.23.28.3b* ist die Situation weniger eindeutig. Die in letzterem unterlassene Darstellung der Profilierung der Wand durch die Vorlagen an den Ecken des Baukörpers rechtfertigt aber die hier angenommene Reihenfolge.

---

100   1":5'.

101   Downes, a.a.O., 1959/60, S. 76, 80.

102   Vgl. auch: Downes, a.a.O., 1959/60, S. 79-80.

VI.2.2.3.a.2
B.L., Map Library, K.Top.23.28.3g

In *K.Top.23.28.3g* ist die Nordfassade von *St. Mary* dargestellt. Diese entspricht in den vergleichbaren Partien exakt der eben besprochen Westansicht der Kirche. Auch hier ist der Architrav der Dreiviertelsäule gegenüber der Wandfläche um 45° gedreht, und die Vorlagen auf der Westseite des Hauptbaukörpers sind ein wenig von der Ecke entfernt plaziert. Die einzige Ausnahme bilden die hier - wie im ausgeführten Bau - entfallenen Attiken über den beiden den Turm abschließenden kleinen Laternen oder auch Türmchen.

Die Fassade des Hauptbaukörpers weist darüber hinaus auch auf dieser Seite - genau wie im Westen - einige kleinere Differenzen zum ausgeführten Zustand auf. Im Sockel sind anstatt der fünf ausgeführten lediglich drei Kryptafenster vorgesehen. Die Nischen im Hauptgeschoß mit ihrer Rustikafassung sind insgesamt ein wenig breiter als in ihrer endgültigen Form. Das Gebälk der in sie eingestellten ionischen Säulen beschränkt sich auf kurze Stücke direkt über den beiden Kapitellen. Die sie beide heute verbindende Fortsetzung am Fuß der die Nische nach oben abschließenden Halbkuppel fehlt vollständig. Die beiden Säulen sind dadurch noch wesentlich deutlicher als heute als isolierte, für sich in die Nische eingestellte Objekte charakterisiert. Zwischen ihnen bleibt der Raum der Nische in seiner gesamten Höhe als Einheit erkennbar. Entsprechend fehlt auch das Paneel an deren Rückwand. Statt dessen ist hier - zumindest in der östlichen Nische - eine Plastik eingestellt. Das dargestellte Thema ist leider nicht eindeutig zu identifizieren; es scheint sich um eine klassische Krieger- oder Kaiserstatue zu handeln. Interessanterweise ähnelt diese in Pose und Kostüm deutlich einer der Statuen in Palladios Rekonstruktion einer antiken Basilika in den *Quattro Libri*.[103]

Ebenfalls beachtenswert ist das die drei Nischen auf Kämpferniveau verbindende Band. Nicht nur, daß es die später realisierte, klare Isolierbarkeit der einzelnen Nische in Frage stellt, es schafft auch eine heute nicht mehr in dieser Weise vorhandene Verbindung zur Westfassade. Seine Oberkante nimmt das Niveau des auf der letztgenannten Seite des Baus ein angedeutetes Mezzanin definierenden, schmalen Bandes auf, welches dort durch das ohne eine trennende Nut unmittelbar unterhalb anschließende Band der Rustika zu einem äquivalenten horizontalen Gliederungselement ergänzt wird.

Bezeichnenderweise stimmt auch bei dieser frühen Lösung die Unterkante der beiden Bänder nicht überein. Eine vollständige Integration der Ordnung der Rustika der beiden Fassaden ist hier nicht mehr gegeben. Dieser offensichtlich bewußte Verzicht auf eine einheitliche Ordnung verstärkt sich im weiteren Verlauf der Entwurfsentwicklung weiter. Aus der oben bereits festgehaltenen dekorativen Auffassung der Rustika ergibt sich die prinzipielle Möglichkeit dazu, und die Aufgabe der in *K.Top.23.28.3m* noch durchgehenden Rustizierung des Hauptgeschosses macht dieselbe praktisch durchführbar. Daß das somit vorhandene Potential aber auch genutzt wurde, deutet auf ein Primat der Gestaltung der einzelnen Einheit gegenüber derjenigen des Ganzen hin. Der zumindest im Falle der Südansicht nicht zu leugnende Wille des Entwerfers zur Isolierung der Einzelfassaden ist ein schlagender Beweis für die Umsetzung dieses Prinzips im vorliegenden Entwurf. Die Schaffung dieser Unstimmigkeiten ist jedoch auch im Rahmen der schon mehrfach beschriebenen, für die Auffassung des Ganzen unbedingt bedeutenden Entwicklung der kompositorischen Ambiguität des ausgeführten Gebäudes zu betrachten, welche versucht, durch eine gleichzeitige Isolierung und Einbindung der einzelnen Teile Einheit und Ablesbarkeit der Komposition gleichzeitig zu realisieren.

Die deutlichsten Unterschiede der dargestellten Ansicht - und damit des genehmigten Entwurfes insgesamt - zum ausgeführten Bau finden sich in der Zone oberhalb des Hauptgesimses. Zum einen fehlt dort wie in den vorangegangenen Zeichnungen die im heutigen Bau die Breite des Obergadens

---

103   Palladio, a.a.O., 1965, Buch III, Kap. XIX, Abb. XVIII;
      Palladio, a.a.O., 1983, Buch III, Kap. 19, Abb.114, S. 258.

in der Hauptansichtsfläche spürbar machende Balustrade. Zum anderen - und dies ist wesentlich interessanter - ist der Obergaden selbst noch deutlich anders gestaltet als im ausgeführten Gebäude. Aber auch von den Zeichnungen der Phase der Vorentwürfe und den in der sich daran anschließenden ersten Überarbeitung der letzteren entstandenen Blättern unterscheidet sich die vorliegende Lösung merklich.

Das Gesims des Obergadens übernimmt hier wie im ausgeführten Bau die Linie der Oberkante des glatten Sockels des zweiten Turmgeschosses. Infolge des oben vermerkten Fehlens der dort heute zwischen den beiden unteren Turmgeschossen eingeschobenen Attika des Hauptbaukörpers ist diese in der vorliegenden Gestaltung tiefer gerutscht als im ausgeführten Bau - und mit ihr die Oberkante des Obergadens. Das Gesims ist zudem im Detail deutlich unterschieden von dem ihm entsprechenden Profil des Turmes. Die an sich naheliegende Angleichung der beiden fand demnach erst später statt. Des weiteren ist hier zwar erstmals eine Attika vor dem Zeltdach des Obergadens angeordnet, diese ist jedoch wesentlich niedriger als die schließlich ausgeführte. Das Wichtigste und Interessanteste an der Darstellung des genannten Baukörpers sind allerdings die Form und die Anordnung der Fenster. Drei einfache Rechtecke ohne jeden Dekor sind im vorliegenden Fall in die vollkommen glatte Wandfläche geschnitten. Hier haben wir also den oben erwähnten Beleg für das Fortbestehen der auf der dritten Alternative der durch die *Surveyors* gemeinsam entwickelten Vorentwürfe beruhenden Stützenstellung, welches von *K.Top.28.23.3b* ebenfalls bestätigt wird.

Wie bei der Westfassade sind es die Unterschiede im Sockelbereich, welche die Datierung ermöglichen. Diese erfordern hier ebenso wie bei *K.Top.23.28.3i* eine Entstehung der Zeichnung bis spätestens Mai 1717. Die unbestreitbar offensichtlichen Gemeinsamkeiten rechtfertigen zusammen mit der identischen, auf Hawksmoor als Autor hinweisenden Darstellungsweise[104] die Identifikation der beiden Blätter als Bestandteile eines einzigen Satzes von Plänen.

VI.2.2.3.a.3
BL., Map Library, K.Top.23.28.3l
(Abb. 206)

Die ebenfalls im Maßstab 1:60 erhaltene Südfassade der Kirche, *K.Top.23.28.3l*, ergänzt die beiden soeben besprochen Blätter zu einem nahezu vollständigen Satz Ansichten. Der Turm ist hier allerdings nur bis zur Oberkante des Sockel des zweiten Geschosses dargestellt, und auch der Obergaden endet - ohne Attika - oberhalb des Gesimses. Die dargestellten Teile der Fassaden von Turm und Obergaden stimmen aber exakt mit *K.Top.23.28.3g* überein. Die Ansicht des Hauptbaukörpers der Kirche entspricht auch auf dieser Seite weitgehend der Ausführung. Allerdings befindet sich der seitliche Eingang zur Krypta, wie schon mehrfach erwähnt wurde, noch in der ersten, der westlichsten der Achsen, was auch in diesem Falle eine Entstehung des Blattes vor Beginn der Arbeiten am Sockel im Mai 1717 notwendig macht.

Einige wenige, dafür aber besonders interessante Unterschiede zur realisierten Fassung sind darüber hinaus zu verzeichnen. Diese dienen vor allem einer - über die später immer noch deutliche Betonung der Eigenständigkeit der hier betrachteten Fassade hinausgehenden - Differenzierung und Isolierung derselben von der Gestaltung der anderen Seiten des Baus.

Weder die in den beiden zuvor betrachteten Ansichten vorhandene Attika noch das Hauptgesims ist hier fortgeführt. Vielmehr enden beide Elemente circa 4' vom westlichen Eck der Fassade. Ein viel schmaleres und feiner profiliertes Gesims - lediglich mit einer Abdeckplatte und ohne eine richtige Attika - ist statt dessen über die gesamten Länge der Fassade geführt. Dessen Fortsetzung in einem bloßen glatten Band am oberen Ende der Chorwand macht den Bruch noch aussagekräftiger.

---

104   Downes, a.a.O., 1959/60, S. 77, 80.

Die klassischen Profile sind hiermit insgesamt als an sich austauschbare, additive Auflagen auf die eigentliche Architektur, die Mauer, kenntlich gemacht. Der sich daraus ergebende applizierte Charakter der genannten Profile ergänzt die dekorative, äußerliche Auffassung des sogenannten strukturellen Dekors insofern, als sie beide das Bewußtsein für die unter der visuellen Differenzierung der Einzelfassaden vorhandene Einheit des Baukörpers in seinen massiven Mauern fördern.

In der Ausführung zog es der Architekt aber dennoch vor, das Hauptgesims und seine Attika auch auf dieser Seite des Gebäudes fortzusetzen - hauptsächlich wahrscheinlich wegen des trotz allem wenig befriedigenden Endes des Hauptgesimses in dieser Ansicht. Interessanterweise finden sich vergleichbare, etwas unmotiviert erscheinende Details in vielen Kirchen Wrens. In Hawksmoors eigenen Werken sind solche Brüche in der Regel entweder wesentlich gewollter artikuliert und effektvoll eingesetzt, oder aber sie sind gänzlich vermieden. Der ein wenig zufällige Charakter der hier zeichnerisch dargestellten Lösung widersprach offensichtlich Hawksmoors formalen Idealen.

VI.2.2.3.b.
Pläne im Maßstab 1/120
(Abb. 207-208)

Von zwei der soeben besprochenen Ansichten im Maßstab 1:60 sind zusätzlich Fassungen in 1:120 erhalten. Downes identifiziert diese Blätter als nachträglich hergestellte Verkleinerungen der entsprechenden Zeichnungen größeren Maßstabs.[105] Für diese Annahme spricht vor allem der auf einen Bauzeichner als Autor verweisende Zeichenstil.[106] Auch die Spuren einer Übertragung von einem anderen Plan - Nadelstiche - deuten in diese Richtung. Zudem sind in den Zeichnungen zwar einige Einzelheiten weggelassen - interessanterweise vor allem freihand eingetragene dekorative Details, welche im übrigen so nicht ausgeführt wurden. Es zeigt sich in ihnen aber keinerlei Weiterentwicklung der Entwurfsgedanken. Außerdem lassen sich in den eigenhändig von Hawksmoor verfaßten Blättern im Maßstab 1:60 Spuren von Versuchen, sich selbst Details zu veranschaulichen oder auch Maße rechnerisch zu überprüfen, feststellen. Bei den beiden hier vorliegenden Plänen dagegen entfallen all diese auf ein intensives Arbeiten mit und in ihnen verweisenden Indizien.

Für die Datierung der Blätter bedeuteten diese Feststellungen, daß auch sie die oben beschriebenen Unterschiede zum ausgeführten Bestand aufweisen, welche eine Entstehung vor Mai 1717 notwendig machen und eine Identifizierung der Ansichten mit dem am 2. Mai 1717 genehmigten Entwurf nahelegen.

VI.2.2.3.b.1
B.L., Map Library, K.Top.23.28.3k
(Abb. 207)

K.Top.23.28.3k wiederholt die Westansicht von *K.Top.23.28.3i*. Das niedrige, an eine Balustrade erinnernde, die beiden Türmchen verbindende Element ist hier allerdings vollständig entfallen. Ebenso ist das Feld oberhalb der Lunette, welches im Sechzigstel von einer Kartusche eingenommen wird, offen gelassen. Am interessantesten und am verwirrendsten ist allerdings die Aufgabe der Über-Eck-Stellung des Gesimses über den Dreiviertelsäulen. In der Bleistift-Vorzeichnung ist diese noch angedeutet, in der Tusche-Fassung aber fehlt sie hier.

---

105   Downes, a.a.O., 1959/60, S. 78-79.

106   Downes, a.a.O., 1959/60, S. 78-79.

VI.2.2.3.b.2
B.L., Map Library, K.Top.23.28.3h
(Abb. 208)

Bei dem zweiten Blatt, einer Nordfassade, ist der Unterschied zu den Sechzigsteln noch geringer. Hier entfällt lediglich die in *K.Top.23.28.3g* dargestellte Statue in der östlichen der drei Nischen. Die einzige andere Differenz - eine fehlende Nut der Rustika unterhalb des das Mezzanin andeutenden Bandes an der Schmalseite des Turmes - ist mit Sicherheit auf ein Versehen zurückzuführen.

VI.2.2.3.c.
Detailansichten im Maßstab 1:24

Sowohl von einer der Nischen der Nordfassade als auch von der nördlichen Hälfte der Westansicht des Hauptgeschosses sind Zeichnungen im Maßstab 1:24[107] erhalten. Es handelt sich dabei um nur teilweise mit Lineal aufgerissene und dann vollständig freihand in Tusche ausgezogene Zeichnungen, welche jedoch detailliert vermaßt sind und zudem schriftliche Erläuterungen zu den dargestellten Details aufweisen.

Kerry Downes bezeichnet beide als vorbereitende Zeichnungen für die Ansichten des genehmigten Entwurfes.[108] Allerdings weisen die Blätter Detaillösungen auf, welche als eine Korrektur der in den oben besprochenen Ansichten dargestellten Lösungen in Richtung auf die ausgeführte Form bezeichnet werden müssen. Dies deutet darauf hin, daß die beiden Blätter später als die Sechzigstel entstanden sind. Sie dienten demnach einerseits der weiteren Klärung der Details, andererseits aber vor allem auch der Verdeutlichung und Vermittlung der entwickelten Ideen an Dritte. Die detaillierte Vermaßung und ganz besonders die erläuternde Beschriftung sprechen eindeutig für diese Funktion der vorliegenden Detailpläne. Wahrscheinlich richteten sich deren Angaben lediglich an die mit der Ausführung zu beauftragenden Handwerker, so daß Hawksmoor, der diese selbst herstellte, keinerlei Notwendigkeit dafür sah, vollendete Zeichnungen anzufertigen, wie er sie den Laien in der Kommission präsentieren mußte.

VI.2.2.3.c.1
B.L., Map Library, K.Top.23.28.3w recto

Im Falle der vorliegenden Zeichnung zur Westfassade sind die Unterschiede zu *K.Top.23.28.3i* minimal. Die Kartusche oberhalb der Lunette ist hier etwas kleiner. Die Treppenhaustür ist schmaler und damit korrekt dargestellt. Erstmalig weist diese auch die massive Archivolte des ausgeführten Baus auf. Allerdings handelt es sich dabei noch immer um einen Kreisbogen. In den „Ohren" der EG-Fenster des Treppenhauses sind darüber hinaus kleine Blümchen addiert; und der Rahmen der Fenster im OG desselben ist durch eine zusätzliche, überstehende Abdeckplatte ergänzt - beides Änderungen, die nicht zur Ausführung kamen. Das Band auf Kämpferhöhe des Portals ist nun - wie im ausgeführten Bau - im Bereich der Dreiviertelsäule auf die reguläre Stärke reduziert, so daß die Form des Schaftes durch dieses nicht gestört wird. Das schmale Mezzanin-Band und das über Eck gestellte Stück Gebälk über der Säule sind dagegen unverändert beibehalten.

Der augenfälligste und größte Unterschied zu den vorangegangenen Zeichnungen besteht in der Anordnung einer zwischen antikem Opferaltar und Urne changierenden, komplexen plastischen

---

107   1":2'.

108   Downes, a.a.O., 1959/60, S. 76, 78.

Komposition über der Attika des Hauptbaukörpers oberhalb der die Fassade seitlich begrenzenden Vorlagen. Praktisch handelt es sich dabei um einen Ersatz für die Obelisken in *K.Top.23.28.3o*, welcher allerdings wie die letzteren nicht realisiert wurde.

Trotz der Vielzahl offensichtlich kurzlebiger Versuche belegt ein Vergleich mit *K.Top.23.28.3i* erste kleine Veränderungen in Richtung auf die ausgeführten Lösung. Die sich alleine schon daraus ergebende Reihenfolge der Blätter entspricht der an sich regulären Entwicklung der Arbeit von kleineren zu größeren Maßstäben. Obwohl diese Regel - wie viele andere - bei Hawksmoor nicht prinzipiell eingehalten wurde, deuten die exakte Vermaßung der Details, die schriftlich ergänzten Aussagen bezüglich der Lage und Beziehung der Ebenen der verschiedenen Elemente über den Treppenhaustüren[109] und vor allem die für eine bildliche Vorstellung des Baus ungenügende, für die Ausführung aber voll und ganz ausreichende Darstellung der halben Fassade[110] darauf hin, daß es sich hierbei um eine Skizze zu Verdeutlichung der Details für die Ausführung, um eine faktisch als Werkplan gedachte Zeichnung handelt. Die oben für die beiden zu einer Gruppe zusammengefaßten Blätter insgesamt gemachten Beobachtungen werden insofern im einzelnen bestätigt.

Dennoch war aber auch der hier vorliegende Plan nicht die Grundlage der Ausführung. Unterschiede zur realisierten Form finden sich bereits im Sockelbereich. So ist die leicht vom Eck abgerückte Position der Wandvorlagen auch hier noch dargestellt, ebenso wie die in der Breite leicht reduzierte Abmessung des unteren Turmgeschosses weitergetragen wurde. Auch dieses Blatt kann folglich spätestens im Mai 1717 entstanden sein.

VI.2.2.3.c.2

B.L., Map Library, K.Top.23.28.3n recto

Das zweite Blatt der Gruppe zeigt die östliche Blendnische der Nordfassade der Kirche inklusive eines Details des Hauptgesimses. Das Kryptafenster unterhalb ist nur angedeutet.

Die in *K.Top.23.28.3g* und *K.Top.23.28.3h* dargestellte Gestaltung ist hier überarbeitet und nahezu vollständig zum ausgeführten Entwurf weiterentwickelt. Die zuvor geplante Fortführung des Profils der Fensterbretter bis an den Rand der Rustika-Rahmung ist durch das heute vorhandene breitere und tiefere Rustika-Band ersetzt. Das die insgesamt drei Nischen untereinander verbindende Band ist mit den allein ausgeführten Quadern überzeichnet. Der wichtigste Schritt ist allerdings in der Aufgabe der eingestellten figuralen Plastik und der Beschränkung auf das ausgeführte, rein architektonische Objekt zu erkennen. Die Einführung des dem Profil der Nische folgenden konkaven Gebälks und die Ausbildung des Paneels auf der Rückwand der Nische vollziehen diesen bereits vollständig. Der hier ausgebildete, später jedoch entfallene Rahmen des Paneels ist an sich der einzige Unterschied zum realisierten Objekt. Dieser ist vor allem insofern interessant, als er die Deutung des Paneels als Altarbild verstärkt und damit die oben vorgenommene, symbolische Interpretation der Gestaltung unterstützt.

Wie bei *K.Top.23.28.3w recto* erläutern auch hier handschriftliche Ergänzungen die Details. Vor allem sind die das in der orthogonalen Projektion nicht erkennbare Relief kennzeichnenden Maße angegeben.[111] Die ausführliche Vermaßung der Zeichnung leistet dasselbe in der Ansicht. Eine Grundrißskizze der Nische erklärt zusätzlich die Geometrie derselben sowie diejenige des in ihr plazierten Objekts.

---

109   „A befor B"; „B and C equall", etc.

110   Prof. Dr. Kerry Downes hat mich darauf hingewiesen, daß diese Methode bei Sir Christopher Wren erstmalig nachweisbar in der englischen Architekturzeichnung auftritt.

111   Rechts oben werden die Maße von Rustika, Keilsteinen und Nuten geklärt, rechts unten die Gesamtabmessungen ergänzt.

Von Interesse ist auch die nur auf der rechten Seite der Nische ausgeführte Illustration der Nuten zwischen den Rustika-Bändern. Die Darstellungsweise beschränkt sich offensichtlich ganz bewußt auf das Notwendige. Auch hierin entspricht das Blatt seinem Gegenstück in *K.Top.23.28.3w recto*. Dort ist die Nut der Rustika lediglich durch einige den Schnitt verdeutlichende Eckchen an der Kante zur Dreiviertelsäule dargestellt.

Die Nähe des gesamten Elements zur Kante der Wandfläche beweist, daß auch bei Herstellung dieses Blattes die Vorlagen auf der Ostseite des Baukörpers noch nicht geplant waren. Der Entwicklungsstand der Gestaltung entspricht folglich auch hier demjenigen des genehmigten Entwurfs; das Blatt kann demnach ebenfalls nicht später als Mai 1717 entstanden sein.

Der Beginn der Ausführung des Sockels unmittelbar nach der Vergabe der entsprechenden Gewerke am 16. Mai 1717 zieht einen Schlußstrich unter die in sich homogene Gruppe von Zeichnungen. Nachdem bereits am 16. April 1717[112], gut zwei Wochen vor der Verabschiedung des sogenannten genehmigten Entwurfes am 2. Mai 1717[113], die Ausschreibung der Steinmetz- und Maurerarbeiten von der Kommission angeordnet worden war, ist die schon von Downes[114] vorgenommene Zusammenfassung all dieser Blätter - inklusive der hier vorliegenden Detailplanungen - unter der Überschrift des genehmigten Entwurfes vollkommen gerechtfertigt.

VI.2.2.4.
Überarbeitung des Interieurs - das Problem der Stützenstellung
Mai 1717
(Abb. 209-210)

Wie bereits mehrfach erwähnt wurde, äußerte die Kommission am 9. Mai 1717 Kritik an dem zu diesem Zeitpunkt vorliegenden, die Woche zuvor genehmigten Entwurf für *St. Mary Woolnoth*. Diese Kritik betraf ganz speziell die Anzahl der Säulen. Interessanterweise bezeichnete der Bauherr die Planung dabei ausdrücklich als Hawksmoors Entwurf[115].

Der Architekt selbst war in der besagten Sitzung nicht anwesend, und so wurde James damit beauftragt, Hawksmoor die Kritik zu übermitteln und gemeinsam mit diesem einen revidierten Plan zu erarbeiten.[116] Wieder also drängte die Kommission auf eine Zusammenarbeit der beiden *Surveyors*. Am 16. Mai 1717 verzeichnen die *minutes* erneut eine Aufforderung des Auftraggebers zum Überdenken der Stützenstellung.[117] Am 23. des Monats lag dann schließlich ein revidierter Entwurf vor, welcher von der Kommission endgültig genehmigt wurde.[118]

Unter den erhaltenen Zeichnungen befinden sich drei Schnitte, welche aufgrund ihres Zeichenstils mit großer Wahrscheinlichkeit James zuzuschreiben sind.[119] Diese sind im Maßstab 1:60[120], dem Maßstab des genehmigten Entwurfs, gezeichnet und blicken nach Osten. Neben verschiedenen

---

112   *L.P.L., Minutes, MS.2690*, S. 329, in: Port, a.a.O.

113   *L.P.L., Minutes, MS.2690*, S. 189, in: Port, a.a.O.

114   Downes, a.a.O., 1959/60, S. 79-80.

115   *L.P.L., Minutes, MS.2690*, S. 334, in: Port, a.a.O.: „Hawksmoor's model of St. Mary Woolnoth church".

116   *L.P.L., Minutes, MS.2690*, S. 334, in: Port, a.a.O.: „... as they two shall think fit".

117   *L.P.L., Minutes, MS.2690*, S. 336, in: Port, a.a.O.

118   *L.P.L., Minutes, MS.2690*, S. 339, in: Port, a.a.O.

119   Downes, a.a.O., 1959/60, S. 80-81.

120   1":5'.

Variationen der Stützenstellung dokumentieren sie eine Alternativenbildung und Weiterentwicklung bezüglich der Gestaltung von Chorbogen und Obergaden. In all diesen Blättern finden sich aber auch Hinweise auf die Umsetzung der nach dem genehmigten Entwurf noch notwendigen Korrekturen in der Außenwand. Eine Einordnung derselben vor oder auch mit dem genehmigten Entwurf verbietet sich schon aus diesem Grund.

Die erwähnten Zeichnungen gehen allerdings alle noch von rechteckigen Fenstern in den Längsseiten des Obergadens aus. Damit ist die Beibehaltung der seriellen Anordnung der Säulen im Norden und Süden des Gemeinderaumes sicher anzunehmen. Den Schnitten liegt demnach noch immer das die Longitudinalität innerhalb des Quadrats betonende Prinzip der dritten Alternative der von den beiden *Surveyors* gemeinsam entwickelten Vorentwürfe zugrunde. Dieses ist in den bezeichneten Blättern mehrfach variiert. Dabei ist in der Gestaltung der Ostseite bereits ein Großteil des Weges zur endgültigen Lösung zurückgelegt, der letzte Schritt zu dem wesentlich deutlicher zentralisierenden Baldachin des ausgeführten Baus ist jedoch nicht dokumentiert.

Die letztere, die endgültige Lösung wurde mit allergrößter Wahrscheinlichkeit am 23. 5. 1717 beschlossen. Beweisbar Bestandteil der Planung ist sie allerdings erst Ende 1717 mit der ihr entsprechenden Fertigstellung der Pfeiler der Krypta.[121] Diese wurden insgesamt in der Saison 1717 erstellt,[122] was eine Entscheidung über ihre Position nicht später als Mitte 1717 voraussetzt.

Die hier vorliegenden Blätter sind demnach allesamt später als die Zeichnungen des genehmigten Entwurfes entstanden und vor der Entscheidung für die endgültige Form des Innenraumes zu datieren. Es liegt von daher nahe, sie als eine Reaktion auf die in den Büchern dokumentierte Kritik der Kommission zu verstehen und sie mit Kerry Downes als Teil der von James und Hawksmoor gemeinsam unternommenen Überarbeitung des genehmigten Entwurfs im Mai 1717 zu identifizieren.

VI.2.2.4.a.
B.L., Map Library, K.Top.23.28.3t
(Abb. 209)

Zweifelsohne das früheste der drei genannten Blätter ist *K.Top.23.28.3t*. Es zeigt im Schnitt der Südwand noch das reduzierte Hauptgesims des genehmigten Entwurfs, während die beiden anderen Zeichnungen das realisierte Konsolgesims bereits eingeführt haben. Die Gestaltung der Nordwand stand mit *K.Top.23.28.3n* praktisch schon fest, und so ist in deren Schnitt das einzig Bemerkenswerte die Tatsache, daß die Kryptafenster hier offensichtlich wirklich als Fenster gedacht waren. Sie müssen zu einem späteren Zeitpunkt geschlossen worden sein.

Die dargestellte Lösung für das Interieur und den Obergaden zeichnet sich vor allem durch ihre geringe Höhe aus. Diese unterscheidet den vorliegenden Vorschlag von der Ausführung ebenso wie von allen früheren Lösungen. Die Unterkante des Gebälks befindet sich hier circa 4' tiefer als in den beiden anderen Schnitten, welche hierin exakt mit der Ausführung übereinstimmen. Die Säulen sind infolgedessen ungefähr 3' kürzer als ausgeführt, der Sockel 1' niedriger als realisiert. In der Südwand trifft das von den Säulen getragene Gebälk folglich in etwa auf halber Höhe zwischen Kämpfer und Scheitel der Bögen der OG-Fenster auf die Wand, und der in seiner Höhe an sich korrekte Obergaden ragt lediglich circa 9' über die Attika der Fassaden des Hauptbaukörpers, etwa 2' weniger als im genehmigten Entwurfs und besagte 4' weniger als in der Ausführung, wo die Attika zusätzlich um 1' erhöht ist.

121   *L.P.L., Book of Works, MS.2697*, S. 666-669.

122   *L.P.L., Book of Works, MS.2697*, S. 666-669.

Die dargestellten Säulen der östlichen Säulenstellung sind zwar als Säulenpaare zu beiden Seiten der Achse angeordnet, der Achsabstand beträgt jedoch 7' anstatt der ausgeführten 5'. Über dem dennoch deutlich breiteren mittleren Interkolumnium ist das Gebälk nicht nur gebrochen, es ist zudem auch um den Architrav reduziert. Der Bruch ist von daher im vorliegenden Fall noch wesentlich deutlicher als im realisierten Innenraum, was der grundsätzlichen Betonung der Longitudinalität innerhalb des räumlichen Konzepts der hier betrachteten Vorschläge entspricht.

Wie heute schließt sich unmittelbar oberhalb des Attika-Streifens des Gebälks ein der Breite des Interkolumniums entsprechender, von einer klassisch profilierten Archivolte gerahmter Bogen an, welcher allerdings weder ein Thermenfenster - wie in der dritten Alternative der Vorentwürfe - noch eine Lunette - wie im ausgeführten Projekt - rahmt, sondern ein von flankierenden Voluten gestütztes Fenster mit Segmentbogen, welches auf dem den Dachaufbau verbergenden geschlossenen Streifen an der Basis des Bogens ruht. Interessanterweise entspricht diese Kombination weitgehend dem von Hawksmoor in *K.Top.23.28.3o* verwendeten Motiv einer freien Abwandlung eines Thermenfensters. Möglicherweise handelt es sich hierbei demnach um ein Überbleibsel eines früheren Entwurfsstadiums. Über die Gestaltung der Ostseite des Innenraumes im genehmigten Entwurf haben wir im Übrigen ja auch keinerlei Informationen. Oberhalb des Bogens ist anstelle eines Keilsteins eine leichte Stuckkartusche mit Palmwedeln und Blumenkränzen angebracht. Ein ähnliches Stuckdetail betont die Achse im Fries über dem mittleren Interkolumnium.

Hinter der Säulenstellung ist der Chorbogen lediglich in Bleistift angedeutet. Er bleibt mit seiner Kämpferzone ein wenig unterhalb des Ansatzes der Kapitelle. Seine Breite reduziert das mittlere Interkolumnium um 2' auf circa 13'. Der Korbbogen reicht mit seinem Scheitel bis in die Mitte des Frieses der Ordnung. Die Lage der Galerie ist zu beiden Seiten gestrichelt angedeutet.

Aufschlußreich ist die Vermaßung der nördlichen Säule. Die dort eingetragenen Maße entsprechen - im Gegensatz zur Zeichnung - bereits den ausgeführten Höhen.

VI.2.2.4.b.
B.L., Map Library, K.Top.23.28.3u
(Abb. 210)

Das zweite Blatt der hier betrachteten Gruppe von Schnitten, *K.Top.23.28.3u*, ist bezüglich der Stellung der Säulen mit *K.Top.23.28.3t* identisch, allerdings ist das gesamte Interieur um besagte 4' erhöht auf die im letztgenannten Fall in der Vermaßung bereits angegeben Maße: die Sockel auf die ausgeführten 5', die Säulen auf 24'. Die Gestaltung des Obergaden-Fensters ist ebenso dieselbe wie im ersten der drei vorliegenden Blätter, allerdings entfällt hier der dort vorhandene Stuckdekor sowohl über dem Bogen als auch auf dem Gebälk.

Das Gebälk selbst ist zwar noch immer - wie auch ausgeführt - im mittleren Feld gebrochen, es weist jedoch - ebenfalls wie im realisierten Interieur - wieder die vollständige Form inklusive der Architravs auf. Der Chorbogen ist gegenüber *K.Top.23.28.3t* praktisch unverändert. Allerdings zeigt die weiter ausgearbeitete Zeichnung nun auch das Kämpferkapitell und die klassisch profilierte Archivolte. Durch die allgemeine Anhebung der Interieurs ist der Bogen unterhalb des Gebälks nun vollständig sichtbar.

VI.2.2.4.c.
B.L., Map Library, K.Top.23.28.3s

Der dritte Schnitt zeigt - abgesehen von den Längsseiten - weitgehend die realisierte Lösung. Die Säulen sind nun auf den ausgeführten Achsabstand von 5' zusammengezogen und ruhen auf dem der endgültigen Gestaltung entsprechenden gemeinsamen Sockel. Die Kanneluren der heutigen Säulen fehlen allerdings noch immer. Auch die Lunette weist die ausgeführte Form und Größe auf, wenn auch die Profilierung der Archivolte in der Zeichnung offen gelassen ist. Ebenso stimmt die Detaillierung der Profile des Gebälks nur bedingt mit der Ausführung überein.

Was unbedingt auffällt - und dies ist für die drei vorliegenden Schnitte insgesamt der Fall - ist die im Gegensatz zur Ausführung oberhalb des Gebälks plazierte Konstruktion der Decken über den niedrigen Randzonen des Gemeinderaumes. Im realisierten Bau ist diese etwas tiefer in die dem Gesims der Ordnung entsprechende Zone verlegt. Der deutlichste Unterschied zur schließlich entwickelten Form ist allerdings der praktisch unverändert von *K.Top.23.28.3u* übernommene Chorbogen. In der Ausführung ist dieser wesentlich breiter als hier dargestellt und nimmt das Maß des erweiterten mittleren Interkolumniums auf.

Downes zieht das letztgenannte Indiz dazu heran, eine Entstehung der Zeichnung nach Beginn der Arbeiten im Jahre 1718 auszuschließen, welche die Erstellung des Chorbogens mit umfassen.[123] Für die Datierung viel aussagekräftiger als diese Beobachtung ist jedoch die oben bereits diskutierte, bis zu diesem Blatt unverändert beibehaltenen rechteckige Form der Fenster in den Längsseiten des Obergadens.

Das Blatt ist das letzte erhaltene zeichnerische Dokument zur Entwicklung des Entwurfes der Kirche. Nur kurz danach muß die Entscheidung für die ausgeführte Form des Innenraumes gefallen sein. Was dann noch ausstand, waren kleinere Korrekturen, die in den verbleibenden 14 Jahren bis zur Fertigstellung des Gebäudes vorgenommen wurden, ohne den Entwurf jedoch noch entscheidend zu verändern.

VI.2.3.
Zusammenfassung - Entwurfsprozeß und Form

Betrachten wir den Entwurfsprozeß von *St. Mary Woolnoth* in seiner Gesamtheit, so fällt eine gewisse Systematisierung der Entwurfschritte ins Auge. Diese ist am ehesten mit einer sukzessiven Einengung des Gestaltungsspielraumes durch eine Festlegung auf Prinzipien - und in späteren Phasen auch auf detailliertere, formale Lösungen - zu beschreiben.

Die primäre Entscheidung für die grundsätzliche Lösung sowie die ausschlaggebenden Prinzipien der Ordnung des Grundrisses war im vorliegenden Fall bereits im ersten Vorentwurf gefallen. Das durch Turm und Chorraum ergänzte Quadrat des Gemeinderaumes war damit ebenso festgeschrieben, wie es die fünfjochige Gliederung des Hauptbaukörpers war. Schon mit der ersten Alternative der von Hawksmoor und James gemeinsam erarbeiteten Vorentwürfe lag dann auch die überbaute Fläche des Gebäudes in ihrer Form und ihren exakten Außenmaßen fest. Dies gilt für die breite Westpartie der Kirche ebenso wie für das klare, unzweideutige Quadrat ihres Hauptbaukörpers. Die detaillierte Form der Hülle wurde zwar erst im weiteren Verlauf der Entwicklung bestimmt, dabei wurden die Außenwände jedoch nur noch plastisch bearbeitet und durchgestaltet, ihre zu diesem Zeitpunkt festgelegte Position und grundsätzliche Form wurden in keiner Weise mehr in Frage gestellt.

---

123   Downes, a.a.O., 1959/60, S. 81.

Kurz darauf - in der zweiten Alternative - geschah dasselbe bezüglich der dritten Dimension. Die räumliche Komposition wurde durch die Festlegung auf einen quadratischen Obergaden im Zentrum des Hauptbaukörpers abschließend geklärt. Offen blieb allerdings die exakte Gestalt des Turmes über der breiten Westpartie. Diese Festlegung wurde aufgeschoben bis zur detaillierten Beschäftigung mit der Entwicklung der Außenform, das heißt bis zur Gestaltung der Ansichten.

Noch vor dieser fiel in der dritten Alternative der aus der Kooperation der beiden *Surveyors* hervorgegangenen Vorentwürfe die - ursprünglich wohl auch als endgültig betrachtete - Entscheidung bezüglich der räumlichen Gestaltung des Innenraumes durch die eingestellten Stützen. Mit Abgabe des Vorentwurfes Ende Mai 1716 war der Entwurf damit grundsätzlich geklärt. Was verblieb, war die Finalisierung der Gestaltung der sichtbaren Flächen, die Detaillierung der Ansichten des in Grundriß und dreidimensionaler Komposition feststehenden Gebäudes, die Ausfüllung der vorgeklärten Struktur mit einer optisch wirksamen Oberfläche durch die plastische Gestaltung der Hülle. Der Entwurf des Turms oberhalb des Hauptgesimses wurde interessanterweise dieser zweiten Ausarbeitungsphase zugeordnet.

In der in den genehmigten Entwurf mündenden Überarbeitung der Vorentwürfe wurde exakt die eben beschriebene Arbeit geleistet. Es erfolgte die Entwicklung der Fassaden und dekorativen Details. Der bisher zurückgestellte Turm wurde dabei mit einbezogen. Am Ende eines Prozesses der Reduktion und Korrektur der überschäumenden, ersten Ideen stand ein Ergebnis, das für die weitere Entwicklung ebenso bindend war, wie die grundsätzlichen Entscheidungen der Vorentwurfsphase. Der beste Beweis für die Theorie einer sukzessiven Limitierung des Gestaltungsspielraums durch die Entscheidungen vorangegangener Entwurfphasen ist das hier zu beobachtende Festhalten an der Grundriß- und Innenraum-Lösung der dritten Alternative der zusammen mit James erarbeiteten Vorentwürfe während dieser sich immerhin über gut ein Jahr hinziehenden Periode.

Im Mai 1717 schloß sich dann aber dennoch eine kurze Phase einer erneuten Auseinandersetzung mit dem Innenraum an. Wie wir gesehen haben, war diese von außen - von der Kommission - veranlaßt. Bis zu einem gewissen Grad war die hier gegebene Wiederholung - und damit auch Infragestellung - einer an sich bereits abgeschlossenen Entwurfsphase also fremdbestimmt. Bei ihr fällt vor allem eine Beschränkung der Überarbeitung oder auch Weiterentwicklung auf das den Obergaden mit einbeziehende System des Interieurs, das heißt auf die in die Umfassungsmauern eingestellte Säulenarchitektur, ins Auge. Die Gestaltung der Hülle wurde nicht ebenfalls noch einmal in Frage gestellt, was der Logik der gesamten Entwurfsentwicklung entspricht. Nach Abschluß dieser letzten durch Zeichnungen dokumentierten Entwurfsphase Ende Mai 1717 verblieben lediglich noch kleine Unterschiede zum ausgeführten Entwurf.

Die hier sehr stringent erscheinende Folge der Entwurfsschritte schließt die Entwicklung alternativer Lösungen als Teil des Entwurfprozesses nicht aus. In allen Phasen finden sich über den engen Rahmen des aktuellen Entwurfproblems hinausgehende Vorschläge. In diesen entwickelte der Architekt neben und mit den Antworten auf die aktuellen, zur Entscheidung anstehenden Fragestellungen auch Vorschläge für erst später ernsthaft thematisierte und zu einem Entschluß geführte Entwurfprobleme. Allein daraus ergab sich auf allen Ebenen eine Vielzahl von Lösungsansätzen, welche durch echte Alternativen ergänzt wurde. Lediglich die jeweils getroffenen Festlegungen griffen nicht über die aktuelle Fragestellung hinaus. Daraus ergibt sich als Ergebnis auch hier eine einer Intervallschachtelung vergleichbare sukzessive Annäherung an die endgültige Lösung.

In der Definition, Abgrenzung und Abfolge der thematisierten Entwurfprobleme und mehr noch im Verhältnis späterer Vorschläge zu den formalen Festlegungen früherer Entwurfphasen offenbart sich hierbei eine der organischen Auffassung der Schönheit, wie sie als Hintergrund der klassischen Architekturtraktate bekannt ist, widersprechende Differenzierung voneinander unabhängig betrachteter Subsystemen. Die damit vorgenommene Isolierung und Vereinzelung individueller Partien des Gebäudes steht dem traditionellen Konzept einer den gesamten Bau bis ins kleinste Detail erfassenden, durchgängigen organischen Harmonie diametral entgegen.

Die Trennung des Turmes von der Hülle des Hauptbaukörpers und dessen Einordnung im Rahmen der Entwicklung der plastischen Gestaltung der in Lage und Abmessung schon festgelegten Wände mag in diesem Zusammenhang besonders auffällig erscheinen. Noch interessanter sind aber die isolierte Behandlung des Systems des Interieurs und dessen Unabhängigkeit von der Hülle. Dieselben zeigten sich bereits in dem die Außenwände trotz deutlicher Veränderungen des Interieurs unverändert beibehaltenden Übergang von der zweiten zur dritten Alternative der von Hawksmoor und James gemeinsam verantworteten Vorentwürfe. Sie erlaubten aber auch die oben beschriebene nachträgliche Änderung der Ordnung des Innenraumes ohne jede Rückwirkung auf den restlichen Entwurf.

Daneben ist die gleichermaßen unabhängige Behandlung der Galerie zu bemerken. Diese wurde ebenfalls als additives Element immer wieder in die Überlegungen einbezogen, nie aber wurde sie in den Bau selbst oder - besser - das System des Interieurs integriert. Ihre Form blieb bis über das Ende des dokumentierten Entwurfsprozesses hinaus offen. Auch für die Entwicklung der Fassaden gilt diese Beobachtung. Gerade die großen Veränderungen innerhalb der Gestaltung der Ansichten geschahen vollkommen unabhängig von Überlegungen zum Innenraum oder Baukörper der Kirche. Die letzteren wurden in der entsprechenden Phase ganz einfach in der derzeitig gültigen Lösung vorausgesetzt, nur um - im Falle des Innenraumes - kurz darauf, diesmal aber ohne jedwede Reaktion in der Fassade, doch noch geändert zu werden.

Der Entwurfsprozeß erscheint insofern auf weiten Stecken als eine Abfolge weitgehend isolierter Entwicklungen von Subsystemen. Deren Integration in den Gesamtentwurf erfolgt hauptsächlich über die ganz am Anfang der Entwicklung festgelegten, sehr abstrakten, grundlegenden, den gesamten Bau erfassenden Prinzipen, die aus vorhergegangenen Phasen vorgegebenen Rahmenbedingungen sowie die trotz allem an sich sehr konsequente und sinnvolle Ordnung der Entwurfsschritte beziehungsweise der in ihnen zur Entscheidung gebrachten Fragestellungen.

Auf keinen Fall ist der Prozeß von einer bei jedem Schritt spürbaren, ganzheitlichen organischen Auffassung des Gebäudes geprägt. Unter dieser Voraussetzung hätte jede über ein dekoratives Detail hinausgehende, die Struktur der Gebäudes betreffende Änderung des Entwurfes zu Reaktionen im gesamten Gebäude führen müssen, oder aber der Entwurfsprozeß hätte sich - im anderen Extremfall - auf die Verfeinerung und Herausarbeitung der organischen, harmonischen Einheit der entwickelten Lösung beschränken müssen. Im vorliegenden Entwurfsprozeß geschah exakt das Gegenteil. Subsysteme wurden definiert und weitgehend unabhängig voneinander weiterentwickelt. Die Arbeit im Detail verdeutlichte die Brüche der Komposition viel eher, als daß sie auf eine Harmonisierung des Ganzen hinwirkte.

Vom ihrem Prinzip scheint diese Methode weitgehend der Additivität der Gestaltung des endgültigen Baus zu entsprechen. Die Entwurfsmethode trennt sozusagen zeitlich im Arbeitsprozeß, was die Gestaltung formal in der Komposition trennt. An viele Stellen sind die Brüche in der Gestaltung auch wirklich eindeutig mit der Definition der Subsysteme im Entwurfsprozeß in Zusammenhang zu bringen. Allerdings ist die Beziehung zwischen der der Entwicklung zugrunde liegenden Methode und der daraus entstandenen Form nicht so simpel und einfach, wie es den Anschein haben könnte. So ist zum Beispiel gerade der überdeutliche Bruch zwischen den beiden Teilen des Turmes im ausgeführten Gebäude - trotz der erwähnten Trennung im Entwurfsprozeß - kein Ergebnis der zeitlich verschobenen Entstehung der beiden Teile oder auch der Zuordnung zu verschiedenen Entwurfsschritten und Subsystemen. Vielmehr wurde die realisierte harte Zäsur erst innerhalb der in sich geschlossenen Phase der Erarbeitung der Fassaden nach und nach entwickelt. Anfangs wurde der gerade erst entworfene, bezüglich der Position innerhalb des Entwurfsprozesses an sich addierte obere Teil des Turmes sogar so eng mit dem Hauptbaukörper verbunden, daß das Hauptgesims als Abschluß eines isolierbaren Baukörpers in Frage gestellt wurde. Das formale Ergebnis ist demnach offensichtlich keine notwendige Folge der Arbeitsweise, sondern ein bewußt angestrebter Effekt, welcher allerdings das der Entwurfsmethode gleichermaßen zugrunde liegende Konzept der Architektur in ein Bild umsetzt.

Die Parallelität von Entwurfmethode und Kompositionsprinzipien kann von daher nur bedingt zur Erklärung der Form herangezogen werden. Vielmehr müssen beide in gleicher Weise als Indizien für eine beide prägende und ermöglichende Auffassung der Architektur verstanden werden. Diese äußerte sich als Gestaltideal in der Komposition beziehungsweise als auf dieses Ideal gerichteter Gestaltwille im Entwurfsprozeß. Dieser Gestaltwille war es auch, der im Rahmen der dies zwar ermöglichenden, aber nicht zwingend bewirkenden Entwurfsmethode die für Nicholas Hawksmoor typische Form der Baukunst entstehen ließ.

Die Wirkung dieses Mechanismus wird in dem in einigen Fällen im Verlauf der Entwicklung der Form klar zu verfolgenden sukzessiven Herausarbeiten typischer Charakteristika deutlich. Die damit angesprochenen Eigenheiten der Architektur sind in den früheren Entwurfsstadien nicht von vorne herein in der für den ausgeführten Entwurf bezeichnenden Deutlichkeit vorhanden, quasi als natürlicher, unbewußter Ausfluß der Persönlichkeit des Entwerfers in den von ihm entwickelten Formen - oder auch als Ergebnis des Entwurfsprozesses. Vielmehr sind sie oftmals erst durch mehrfaches Überarbeiten des jeweiligen Konzepts herausgebildet, was einen bewußt gesteuerten Prozeß, also den besagten, in diese Richtung weisenden Gestaltwillen voraussetzt.

Im Falle des Turmes lassen sich neben der grundsätzlichen Überarbeitung seiner Form im genehmigten Entwurf, welche primär der Lösung des oberen Teiles des Turmes vom Hauptbaukörper diente, innerhalb der einen - einzigen - sich diesem Problem annehmenden Entwurfsphase einige die Additivität der Komposition und vor allem die Lösung des ersten Turmgeschosses aus dem Hauptbaukörper unterstützende Korrekturen beobachten. Die Beschränkung der Rustika auf das erste Turmgeschoß, die nachträgliche Differenzierung von Wandvorlagen und Dreiviertelsäulen sowie die Einführung der anfänglich nicht geplanten Attikastreifen zwischen den Turmgeschossen verstärkten allesamt eine offensichtlich angestrebte Isolierbarkeit der Elemente der Komposition.

Im Bereich des ersten Turmgeschosses wurde so erst mit der erwähnten Durcharbeitung die optische Wirksamkeit der im Konzept des Entwurfes von Anfang an latent vorhandenen Ambiguität der dreidimensionalen Komposition erzielt.

Auch die Ambiguität der Raumauffassung wurde im Verlauf des Entwurfsprozesses von der bloßen Isolierbarkeit des Subsystems des Interieur des ersten Vorentwurfs, über die fast vollständige Isolierung desselben in der zweiten Alternative der beiden *Surveyors* zuzurechnenden Vorentwürfe und die spannungsvolle, aber weitgehend eindeutige Kombination von longitudinalem Interieur und quadratischer Gesamtform in der dritten Alternative derselben zu der jede eindeutige Lesung verbietenden subtilen Andeutung von Longitudinalität, Quadrat-, U- und Kreuzform im ausgeführten Gebäude weiterentwickelt. An der Verfeinerung von Hawksmoors Spiel mit der Orientierung des Innenraumes wurde kontinuierlich weiter gearbeitet.

Während sich im Innenraum daraus auch eine allmählich deutlicher werdende Trennung der Systeme von Hülle und Interieur ergab, welche aber dennoch erst mit der endgültigen Korrektur der internen Stützenstellung und der sich daraus ergebenden Diskrepanz zur Ordnung der Südfassade akut wurde, entstand aus der Betonung und Weiterentwicklung der Ambiguität im Außenbau eine anfangs so noch nicht erreichte Nachvollziehbarkeit der dreidimensionalen Komposition der Entwurfes.

Im Detail ergibt sich Ähnliches, wobei hier ein direkter Einfuß der Trennung von Subsystemen durch die Entwurfsmethode mit noch wesentlich größerer Sicherheit ausgeschlossen werden kann. Die Entwicklungen spielten sich hier nahezu ausschließlich innerhalb einer Entwurfsphase sowie innerhalb eines einzigen dieser Subsysteme ab.

Die erst nach dem genehmigten Entwurf vorgenommene Verschiebung der Wandvorlagen an die Ecken und die sich damit ergebende Interpretation derselben als den Stirnseiten massiver Mauerwerksscheiben betonten die Auffassung der massiven Mauer als dem konstruktiven Grundelement aller Architektur ebenso wie es die Gestaltung der Dreiviertelsäulen tat. Die mit der Ausbildung der letzteren eingefügten Kapitelle hingegen belegten die Additivität klassischen Dekors, ein Thema, welches auch in der - allerdings dann doch nicht so ausgeführten - Gestaltung der Südfassade des genehmigten Entwurfs verdeutlicht wurde. Und die Überarbeitung des Profils der Nuten der Rustika ließ zusammen mit der - übergeordneten Überlegungen zur Komposition gehorchenden - Reduzierung derselben sowie den nach und nach entwickelten Unstimmigkeiten zwischen den Ordnungen der beiden Felder im Norden und Westen des Baus die Auffassung der Rustika als Dekoration, als plastisch bearbeiteter oberer Schicht der Mauer, als sogenanntem „strukturellen Dekor" in zunehmendem Maße optisch wahrnehmbar werden.

Die Interpretation der Säule schließlich als einem Mischelement, deren Schaft als eine Reduktion der Mauer aufgefaßt ist, deren Profile jedoch als konventionelle, dekorative Additionen charakterisiert sind, wurde zwar ebenfalls schon mehrfach in den früheren Ansichten der Kirche thematisiert, die rustizierten Dreiviertelsäulen der ausgeführten Turmfassade sind aber eine der deutlichsten Aussagen diesbezüglich, welche sich in Hawksmoors Architektur finden lassen.

Die beschriebenen Maßnahmen zur Verdeutlichung der hinter Hawksmoors Komposition und Detaillierung stehenden Prinzipien ordnen sich größtenteils ein in einen allgemein festzustellenden Klärungsprozeß. Nach der Tour de Force der ersten Vorschläge zur Gestaltung der Fassaden erkannte der Architekt offensichtlich die Schwächen der von ihm an diesem Punkt geplanten Gestaltung. Auf jeden Fall belegt die Weiterentwicklung derselben zum genehmigten Entwurf den Willen seines Schöpfers zur Klärung, Reduzierung und Ordnung, zur Verdeutlichung des Gestaltideals, teilweise auch zur Wiederherstellung in den genannten überladenen Fassadenentwürfen verschütteter Qualitäten des bisher erarbeiteten Konzepts. So drohte der den Entwurf von Anfang an prägende Typus der Pfarrkirche mit Westturm, welcher bisher zwar weitgehend variiert und permutiert, aber nicht wirklich in Frage gestellt worden war, hier seine Wirkung einzubüßen. Seine wiedererlangte Wirksamkeit im genehmigten Entwurf belegt seine Bedeutung für den Entwurf sowie die dahinter stehende Interpretation der Aufgabe. Das Endergebnis erreichte mit weniger Mitteln eine wesentlich größere Ausdruckskraft - auch und vor allem bezüglich des Gestaltideals des Architekten.

Die in dem eben erwähnten, kurzen Ausschnitt des Entstehungsprozesses der Kirche dokumentierte Alternativenbildung kann als eine Störung der linearen Entwicklung des Entwurfes aufgefaßt werden. De facto belegt diese aber nur den in jeder Entwurfsphase vorgenommenen Ausleseprozeß. Aus den über das eigentliche Ziel hinaus schießenden Vorschlägen wurden hierbei jeweils die weiterzutragenden Ideen gefiltert und den übergeordneten, im einzelnen Versuch teilweise etwas vernachläßigten grundlegenden Prinzipien, wie der Festlegung auf die Erkennbarkeit des traditionellen Kirchentypus, untergeordnet und einverleibt. Dabei wurden die in den ersten Versuchen oftmals überdeutlich artikulierten Ideen notwendigerweise zumindest teilweise relativiert. Das Ergebnis war eine durch neue Ideen angereicherte, den grundlegenden Prinzipien aber weiterhin verpflichtete Gestaltung.

Die in diesem Verfahren trotz der Additivität von Entwurfsprozeß und Gestaltideal spürbar werdende Hierarchie innerhalb der die Gestaltung regelnden Prinzipien und Ideen bewirkte demnach eine Umformung der in den Entwurf eingebrachten Ideen in der weiteren Bearbeitung. Die charakteristische Ambiguität der Kompositionen muß in dieser Hinsicht auch als ein Versuch der Einbindung bei gleichzeitiger Bewahrung der Erkennbarkeit verstanden werden. In den Zwischenstadien des Entwurfes sind von daher die in den Entwurf eingebrachten Ideen oftmals wesentlich klarer zu erkennen als in der endgültigen Gestaltung. Diese erläutern so an vielen Stellen die im realisierten Bau verbliebenen Spuren.

Beispiele hierfür sind die im ausgeführten Entwurf nur noch angedeuteten quergelagerten Vorzonen an den beiden Stirnseiten des Gemeinderaumes, die den vor allem bei *St. George-in-the-East* klar artikulierten querschiffähnlichen Raumzonen anderer Kirchenbauten Hawksmoors entsprechen. Diese finden sich in der zweiten und dritten Alternative der von beiden *Surveyors* gemeinsam entwickelten Vorentwürfe durch die Verkürzung der Galerie wesentlich deutlicher artikuliert als im realisierten Gebäude. Die Breite des Westturmes und die Anordnung der Balustrade über der Nordfassade sind als Residuen der von Hawksmoor im ersten Vorentwurf entwickelten und in der ersten Alternative der mit James erarbeiteten Vorentwürfe beibehaltenen Kreuzform des Obergadens ebenfalls wesentlich besser verständlich; und die im ausgeführten Bau nur noch bedingt zu erkennende Gestaltung eines betont massiven Sockels - möglicherweise in Anlehnung an Darstellungen des Tempelberges - ist in dem vollständig rustizierten Sockel der ersten erhaltenen Ansichten unmittelbar faßbar.

Auch die Auffassung der oberen Teile des Turmes als einer Architekturminiatur ist in diesen Blättern in extremer Deutlichkeit ausgedrückt, während sie im ausgeführten Gebäude durch die sich aufdrängende primäre Interpretation des zweiten Turmgeschosses als „Denkmalsockel" weitgehend überstrahlt wird.

Dasselbe gilt auch für weniger formal, räumlich oder funktional wirksame, primär symbolisch begründete Entwurfsideen. Hier ist die Gefahr einer Verunklärung durch den Prozeß der Einordnung in das Ganze notwendigerweise noch stärker, denn Formen verlieren bei einer Änderung oder Variation noch wesentlich schneller die ihre Signifikanz begründende Erkennbarkeit, als sie als rein formale oder räumliche Konzepte wirkungslos werden.

Deutlichstes Beispiel hierfür ist die am Anfang - bei der Formulierung der grundlegenden Prinzipien des Entwurfes im ersten Vorentwurf beziehungsweise der ersten Alternative der gemeinsam von James und Hawksmoor eingebrachten Vorentwürfe - überdeutliche Bezugnahme auf byzantinische Vorbilder, den Typus der Kreuzkuppelkirche und möglicherweise auch den Hof im *Tempel Salomo*. Später wurden diese Ideen überlagert durch das Bild es antiken Speise- und Audienzsaales als Andeutung eines himmlischen Hofes, das vor allem in der Einführung des Typus des ägyptischen Saales in der zweiten Alternative der der Zusammenarbeit der *Surveyors* entsprungenen Vorentwürfe nachweisbar ist. In der dritten Alternative trat der Hinweis auf zeitgenössichen *halls* fürstlicher Residenzen, wie denjenigen von *Blenheim Palace* und *Castle Howard*, als weitere Konnotation hinzu - und damit der Hinweis auf die Parallelität des englischen Hofes und der göttlichen Herrschaft.

Im Endeffekt waren diese späteren Interpretationen wesentlich wichtiger als die das Grundkonzept ursprünglich bestimmenden Verweise auf die *primitive christians*, und die mit der Assoziation der konstantinischen Ordnung verbundene Rechtfertigung des englischen Staatskirchentums wurde durch die bedeutend direktere Verbindung mit einem monarchischen Gottesbild ersetzt. Die Kirche wurde als Thronsaal Gottes dargestellt; der Verbindung von Staat und Kirche in der Monarchie wurde auf diesem Wege Ausdruck und Berechtigung verschafft. Das Thema des *Tempels Salomo* hingegen fand andere Möglichkeiten des Ausdrucks in der Großform des Turmes, der paarweisen Anordnung der Dreiviertelsäulen, den Blendnischen der Nordfassade, dem Altar und seinen gedrehten Säulen.[124]

Dieser Prozeß der Umdeutung, der Reinterpretation der in seinen grundlegenden Prinzipien bereits festliegenden Entwurfes ist in mehrfacher Hinsicht aufschlußreich. Grundriß- und Raumtypen erhielten währenddessen plötzlich eine ganz neue Bedeutung. Derselbe Grundriß, der in der ersten Alternative der von beiden Architekten gemeinsam ausgearbeiteten Vorentwürfe zu einem Verweis auf das frühe Christentum verwandt wurde, endete im ausgeführten Bau als eine Erinnerung an antike Audienzsäale und die *Hall* von *Castle Howard*.

Alleine schon aufgrund dieser Entwicklung kann kein Zweifel daran bestehen, daß Hawksmoor sich der Ambiguität und flexiblen Benutzbarkeit historischer Typen auf dieser abstrakten Ebene

---

124   Vgl. hierzu:
Teil B, VI.1.4.1.d.;
Teil B, VI.1.4.1.e.;
Teil B, VI.1.4.2.;
Teil B, VI.1.5.5.;
Teil B, VI.1.5.6.;
Teil B, VI.1.5.7.;
Teil B, VI.1.6.

bewußt war, daß er ihre bedeutungsneutralen Qualitäten ebenso erkannt hatte wie ihre mehrfache Deutbarkeit. Nur ihre Umsetzung im Detail verband sie erkennbar mit einem historischen Vorbild, nur dadurch erhielten sie eine spezifische Signifikanz für die Aussage des Gebäudes. Gerade der in Hawksmoors Sakralarchitektur so zahlreich verwendete Typus des Viersäulensaales wies je nach Detaillierung verschiedenste Konnotationen auf. Dies barg die Möglichkeit der Manipulation oder auch der vieldeutigen Überlagerung in sich. Gleichzeitig konnten die historischen Typen aber auch - quasi unbemerkt - als bloße räumliche oder funktionale Musterlösungen herangezogen werden. Beide Verwendungen konnten sich überlagern und ergänzen.

Daß die dem Gebäude in der dreidimensionalen Umsetzung und Detaillierung der Typen verliehene Bedeutung dessen ungeachtet aber keinesfalls beliebig war, daß die Reinterpretation bewußt und mit Absicht geschah, belegt die hier zu beobachtende Verwendung ganz unterschiedlicher Formen zur Artikulation ein und derselben Bedeutung in verschiedenen Phasen der Entwicklung des Entwurfes.

Dies gilt nicht nur für das oben erwähnte Beispiel des *Tempel Salomo*, viel deutlicher läßt es sich im Falle der Interpretation der Kirche als himmlischem Hof demonstrieren. Sowohl in den ersten erhaltenen Fassadenentwürfen als auch im genehmigten Entwurf dominiert diese Thematik die Interpretation der durch den Typus der traditionellen Pfarrkirche symbolisierten Institution Kirche. Sie findet jedoch in diesen beiden Entwurfsstadien - vor allem im Außenbau - eine vollkommen andere formale Umsetzung. Die Gründe hierfür sind in der hierarchischen Auffassung des unumstößlichen Primats einer grundsätzlichen, sehr abstrakt gehaltenen geometrischen Kompositionsidee und - damit verbunden - einer grundsätzlichen Aussage des Entwurfes zu suchen. Die Darstellung der Funktion des Baus in einer das überlieferte Muster der Pfarrkirchen Englands in seiner Reduktion auf die grundsätzliche Geometrie umsetzenden dreidimensionalen Komposition hatte unbedingten Vorrang vor der angestrebten Interpretation der Institution im Entwurf.

Die sich im Anschluß an die ersten Fassadenentwürfe ergebende - auch rein formal notwendige - Klärung und Vereinfachung der Komposition bei Entwicklung des genehmigten Entwurfes zielte auf die Verdeutlichung dieser primären Idee und damit auf die Rückkehr zu einer deutlich ablesbaren Darstellung des auf ein geometrisches Symbol reduzierbaren Typus der englischen Gemeindekirche. Dem hatte sich die Interpretation der Kirche als himmlischer Hof in ihrer Form unterzuordnen. Der Verlauf des Entwurfsprozesses offenbart insofern, als er die Suche nach einem diesen Vorgaben gemäßen Ausdruck für die unverändert beibehaltene Aussage illustriert, die Bedeutung derselben für den Entwerfer. Diese war ihm offensichtlich wichtiger als die sie ausdrückende Form, die Aussage wurde gewahrt, die Form aber geändert. Hawksmoors Architektur ist insofern alles andere als das „anti-rhetorical and disenchanted experiment of variations ad libidum"[125], als das sie Tafuri beschreibt.

Haksmoors Symbolismus verzichtet allerdings weitgehend auf figurale Plastik zur Verdeutlichung der Aussage seiner Bauten. Der hier betrachtete Entwurfsprozeß von *St. Mary Woolnoth* belegt mit einem konkreten Beispiel den bewußten Ersatz einer Statue durch rein architektonische Objekte. Diese Beobachtung ist lediglich ein weiterer Beleg für die These der symbolischen Verwendung von Architekturformen durch den Architekten.

Dessen Symbolik ist insgesamt rein architektonisch. Dies bedeutet aber keinesfalls einen Verzicht auf die Einführung historischer oder literarischer Themen in die Baukunst. Vielmehr zog Hawksmoor es vor, den *Tempel Salomo* anstelle einer Statue desselben, eine antike Basilika anstatt einer römischen Kaiserstatue, die *Haghia Sophia* anstatt eines Portraits Kaiser Konstantins, einige Palastmotive anstelle eines fürstlichen Reiterstandbildes und den oben beschriebenen Denkmalsockel des Turmes der vorliegenden Kirche anstelle des von diesem angedeuteten Denkmals selbst zu verwenden. Er interpretierte den Bau und die von ihm beherbergte Funktion durch Verweise auf mit

---

125 Tafuri, Manfredo, *Theories and History of Architecture*, London 1980, S. 24.

historischen Bauten verbundene und insofern durch diese symbolisch darzustellende Zeiten und Persönlichkeiten.[126]

VI.2.4.
Der Einfluß von John James

Die Mitwirkung des zweiten *Surveyors*, John James', an der Erarbeitung des Entwurfes von *St. Mary Woolnoth* ist dokumentiert und folglich nicht zu leugnen. Die Quellen geben unmittelbar allerdings keinerlei Auskunft über die Art und das Ausmaß des sich hieraus ergebenden Einflusses auf die schließlich entwickelte Form.

Aus der Analyse des Entwurfsprozesses ergeben sich vor allem zwei Beobachtungen, die in diesem Zusammenhang von Bedeutung sind. Zum einen läßt sich die Mitwirkung James' allein in den beiden Phasen der Beschäftigung mit dem Innenraum der Kirche nachweisen. Zum anderen kehrt der Entwurfprozeß mit der ausgeführten Lösung in dieser Frage zu dem noch von Hawksmoors unabhängigem, ersten Vorentwurf geprägten Vorschlag der ersten Alternative der von beiden Architekten gemeinsam entwickelten Vorentwürfe zurück. Auch bezüglich der Gestaltung des Innenraumes ist James' prägender Einfluß demnach in Frage zu stellen. Die grundsätzliche Möglichkeit eines solchen ist dessen ungeachtet aber zu erwähnen.

Die gegenüber dem ersten Vorentwurf deutlich veränderte Gesamtform - ein potentieller Ansatzpunkt für eine Einwirkung des Kollegen - war größtenteils von den Bedingungen des Grundstücks bestimmt. Außerdem entwickelte sich diese konsequent aus den in Hawksmoors erstem Vorentwurf gemachten Festlegungen. Die Ausgestaltung der Hülle in den Ansichten ist aufgrund der stilistischen Eigenheiten der realisierten Lösung vollständig Hawksmoor zuzurechnen. Dieser Schluß wird auch durch die Zuschreibung der diese Entwurfsphase dokumentierenden Blätter sowie deren Einordnung in den Entwurfsprozeß unterstützt. Die Tatsache, daß selbst in von James persönlich gefertigten Zeichnungen zum Innenraum die Details teilweise von seinem Partner Nicholas Hawksmoor eingetragen wurden, verbietet zusammen mit den Gemeinsamkeiten der schließlich ausgeführten Formgebung mit den Lösungen anderer Interieurs des letzteren darüber hinaus auch die Annahme der Verantwortlichkeit James' für die Detaillierung des Innenraumes. Außerhalb der Konzeption des Interieurs verbleibt demnach kein Spielraum für einen maßgeblichen Einfluß John James' auf die Gestaltung des vorliegenden Projekts.

Eine äußerst interessante Spekulation ist die Annahme der Verantwortlichkeit James' für das Einbringen der Idee der Ägyptischen Halle in den Entwurfsprozeß - in der zweiten Alternative der gemeinsamen Vorentwürfe. Diese wird durch die für Hawksmoor an sich ungewöhnliche, sehr korrekte Art des Zitats in *K.Top.23.28.3r* unterstützt. War dies der Fall, so hatte James nicht nur einen nachhaltigen Einfluß auf die Interpretation der Institution Kirche in diesem Bau, sondern auch auf die Gestaltung des Innenraumes. Der die frühchristlichen oder auch byzantinischen Assoziationen anderer Kirchenbauten Hawksmoors zurückdrängende, klassische Innenraum wäre dann als eine Folge seiner Mitarbeit zu betrachten.

Interessanterweise trug Hawksmoor gerade in den eben genannten, ansonsten von James gezeichneten Schnitt eigenhändig die Kapitelle ein. Dies spricht für eine enge Zusammenarbeit und ein grundsätzliches Einverständnis der beiden Väter des hier diskutierten Vorschlags bei dessen Entwicklung. Hawksmoor muß die Einführung der erwähnten Idee vollständig gebilligt haben, falls diese nicht doch gemeinsam entwickelt oder gar von ihm angeregt worden war. In den später erarbeiteten Ansichten baute der Architekt die damit verbundene Aussage weiter aus. Spätestens zu diesem Zeitpunkt war die Idee demzufolge - unabhängig davon, von wem sie ursprünglich gestammt

---

126   Vgl. hierzu auch: Teil B, VII.1.4.

hatte - zum integralen Bestandteil des Konzepts Nicholas Hawksmoors für den vorliegenden Bau geworden.

Die additive Architekturauffassung Hawksmoors und vor allem seine Trennung von Hülle und Interieur sowohl in der Architektur selbst als auch innerhalb des dieselbe gerierenden Entwurfsprozesses hätte eine nahtlose Einfügung anderer Konzepte durchaus erlaubt; das von Hawksmoor der Hülle verliehene Primat ließ exakt in dem hier angesprochenen Bereich einige Großzügigkeit und Flexibilität von Seiten des Architekten erwarten. Das ausgeführte Interieur verwandelte den reinen Typus allerdings weitgehend; aufgrund ihrer komplexen räumlichen und symbolischen Ambiguität läßt sich auch in dieser Gestaltung der prägende Einfluß Hawksmoors vermuten.

Es besteht folglich kein Grund, das Fazit Kerry Downes' in Frage zu stellen, welcher James eine deutlich untergeordnete Rolle beimißt. Er geht sowohl in den frühen Entwürfen als auch in der Ausführung von Hawksmoor als dem verantwortlichen Kopf hinter den grundsätzlichen Entwurfsentscheidungen aus. Die Zeichnungen für das Projekt sind seiner Meinung nach zweifelsohne das Ergebnis gemeinsamer Arbeit; einige von ihnen repräsentierten möglicherweise eigene Ideen John James' bezüglich alternativer Dimensionen und Anordnungen. Sein Einfluß beschränkte sich aber immer auf den durch eine engen Zusammenarbeit mit Hawksmoor unter dessen Führung vorgegebenen Rahmen.[127]

---

[127] Downes, a.a.O., 1959, S. 191:
  „Yet in both the early design and the building, the general lines [...] were undoubtedly due to Hawksmoor. [...] The drawings themselves, however, were a joint production of the Surveyors, and several of them may represent James's own ideas of alternative dimensions and arrangements, within the circumstances of their collaboration and Hawksmoor's leadership".

VI.3.
Die Ausführung - die Umsetzung des Entwurfs im Projekt

VI.3.1
Vorgeschichte

VI.3.1.1.
1712-1716 - Entscheidung für das Projekt

Wie bereits erwähnt wurde, bildet das Projekt von *St. Mary Woolnoth* eine Ausnahme innerhalb der von der Kommission ausgeführten Bauten. Es entstand nicht als eine Antwort auf den Mangel an Kirchenbauten in den neuen Stadtvierteln der Hauptstadt für eine in ihrer Abgrenzung von einer mittelalterlichen Muttergemeinde erst zu definierende Gemeinde. Vielmehr ersetzte der Neubau einen vorhandenen älteren Kirchenbau für eine funktionierende, an der Ausführung des Projektes interessierte Pfarrgemeinde.

Im Brand von London war der alte, im Kern aus dem späten 15. Jahrhundert stammende Bau beschädigt worden. Danach war dieser von Wren nur provisorisch wiederhergestellt worden. 1712 gelang es der Gemeinde, vor dem Hintergrund des offensichtlich erneut bedenklichen Zustands der vorhandenen Baulichkeit einen Parlamentsbeschluß zur Aufnahme des Projektes eines Neubaus ihrer Kirche in das Programm der *Fifty New Churches* zu erwirken.

Auch wenn die Kommission sich anfangs gegen diese zusätzliche Belastung ihrer Finanzen und die in ihren Augen dem Geiste des *Act* von 1711 widersprechende Verwendung ihrer Mittel sträubte, ließ ihr der Parlamentsbeschluß keine Wahl. Drängte die Pfarrei auf dessen Erfüllung, mußte sie reagieren. Von sich aus ergriff sie allerdings keine Initiative, und das Projekt ruhte vorerst noch einige Jahre. Erst 1716 findet sich in den Papieren der Kommission eine Eingabe der Gemeinde um Ausführung des Neubaus für *St. Mary*[1]. Die erst gut zwei Monate amtierende dritte Kommission reagierte umgehend. Am 19. 3. 1716 erteilte sie ihren beiden *Surveyors* den Auftrag, Entwürfe zu erarbeiten.[2]

VI.3.1.2.
März 1716 bis August 1716 - Vorentwürfe, Abbruch des Altbaus

Neben der Entwicklung einer Planung für den Neubau war der Abbruch - die Vorbereitung des Bauplatzes - die vordringliche Aufgabe des ersten halben Jahres. Infolge der innerstädtischen Lage war diese alles andere als unproblematisch. Am 26. 3. 1716 beauftragte die Kommission John James mit der Entwicklung eines Konzepts für diese Maßnahme in Zusammenarbeit mit geeigneten Firmen.[3] Die Abwicklung der sich daraus ergebenden Ausschreibung zog sich bis Mai 1716 hin.[4] Erst nach knapp zwei Monaten, am 23. 5. 1716, kam es schließlich zur Vergabe der Abbrucharbeiten.[5]

---

1   L.P.L., MS.2716, S. 176.

2   *L.P.L., Minutes, MS.2690*, S. 260, in: Port, M.H., Hrsg., *The Commissions for Building Fifty New Churches: The Minute Books, 1711-1727, a Calendar*, London Record Society, Bd. 23, London 1986.
     Vgl. auch: Downes, Kerry, *Hawksmoor* (Studies in Architecture, Bd. II), 1. Ausg., London 1959, S. 189.

3   *L.P.L., Minutes, MS.2690*, S. 260, in: Port, a.a.O.

4   *L.P.L., Minutes, MS.2690*, S. 271, 273, 275, 277, in: Port, a.a.O.;

Parallel dazu erarbeiteten die *Surveyors* im März/April separate erste Vorentwürfe *(Abb. 196).*[6] Nach deren Ablehnung Ende April[7] erfolgte die oben erwähnte Beauftragung beider mit der Entwicklung eines gemeinsamen Vorentwurfs.[8] Am 30. 4. 1716 müssen die Ergebnisse dieser Zusammenarbeit der Kommission vorgelegen haben *(Abb. 197-201).*[9] Eine offizielle Verabschiedung eines Entwurfes blieb aber dennoch aus.

Statt dessen verzeichnen die Bücher vor allem eine intensive Beschäftigung mit den sich aus dem bevorstehenden Abbruch ergebenden Problemen. Abgesehen von Schutzmaßnahmen für die benachbarten Gebäude[10] und einer hölzernen Staubwand zu den angrenzenden Straßen[11] waren es vor allem zwei Fragenkreise, welche Kommission und Gemeinde hierbei bewegten. Zum einen war im vorhandenen Altbau eine Vielzahl von Grabdenkmälern vorhanden, deren Verlust die Gemeinde zu vermeiden suchte.[12] Neben der Genehmigung zur deren Abnahme[13] ist die von der Kommission beauftragte Aufnahme dieser Denkmäler[14] ein bemerkenswerter Vorgang, belegt sie doch die große Bedeutung, welche das Gremium den Zeugnissen der lokalen Geschichte zumaß. Das hierin sichtbar werdende Gespür für die memoriale Bedeutung materieller Objekte, welches auch in Hawksmoors Auffassung des Sakralbaus zum Ausdruck kommt, scheint in den Kreisen der Kommission kein Einzelfall gewesen zu sein, was die Interpretation der von ihr beauftragten Architektur in dieser Hinsicht unterstützt.

Das zweite Problem war etwas heikler. Beim Abbruch der alten Kirche war mit dem Freilegen einer Vielzahl alter Begräbnisse zu rechnen. Deren Wiederbestattung in geweihter Erde wurde den *Surveyors* zur Aufgabe gemacht.[15]

Auch wenn die beiden Themen per se keinerlei reale Beziehung zum Entwurf der neuen Kirche hatten, illustrieren sie dennoch deutlich die vollkommen anderen Bedingungen, unter welchen im vorliegenden Projekt gearbeitet werden mußte. Vor allem aber müssen dieselben beim Architekten das Bewußtsein für eine mit dem Ort verbundene Tradition verstärkt haben. Daß der Gedanke eines Einflusses der Historie einer Kirche Hawksmoor zumindest nicht unbekannt war, belegen Beispiele wie die klassische Umsetzung des typischen gotischen Turmhelmes des Vorgängerbaus in Wrens

---

L.P.L., MS.2716, S. 176, 178, 180-192, 194-195.

5   *L.P.L., Minutes, MS.2690*, S. 279.

6   *B.L., Map Library, K.Top.23.28.3f* (Downes-Katalog Nr. 123).

7   *L.P.L., Minutes, MS.2690*, S. 271, in: Port, a.a.O.;
     Downes, a.a.O., 1959, S. 189;
     Smith, Peter, *An Attempt to Discover the Stylistic Preoccupations of the Architects who worked for the "Fifty New Churches" Commission,* a dissertation for a B.A.Hons Degree in the History of Art and Architecture (unveröffentl. Manuskript), Reading University 1980, S. 40.

8   *L.P.L., Minutes, MS.2690* , S. 279, in: Port, a.a.O.

9   Vgl. hierzu:
     B.L., Map Library, K.Top.23.28.3c (Downes-Katalog Nr. 130);
     B.L., Map Library, K.Top.23.28.3d (Downes-Katalog Nr. 124);
     B.L., Map Library, K.Top.23.28.3r (Downes-Katalog Nr. 125);
     B.L., Map Library, K.Top.23.28.3p (Downes-Katalog Nr. 128);
     B.L., Map Library, K.Top.23.28.3q (Downes-Katalog Nr. 129).

10   *L.P.L., MS.2716*, S. 201;
     L.P.L., Minutes, MS.2690, S. 53, in: Port, a.a.O.

11   *L.P.L., MS.2716*, S. 197, 204.

12   *L.P.L., Minutes, MS.2690*, S. 28., in: Port, a.a.O.

13   *L.P.L., Minutes, MS.2690*, S. 277, in: Port, a.a.O.

14   *L.P.L., MS.2716*, S. 199.

15   *L.P.L., Minutes, MS.2690*, S. 285, 290, in: Port, a.a.O.

St. Mary-le-Bow[16], einem Projekt, an dessen Durchführung sein Schüler ebenfalls persönlich beteiligt war.

Im Juni/Juli 1716 muß der Abbruch endgültig durchgeführt worden sein. Anfang August war dann alles bereit zum Beginn der Bauarbeiten. Vorsorglich versicherte die Kommission den Nachbarn, der neue Bau werde die Fundamente der alten Kirche nicht überschreiten.[17] Dies ist als ein weiterer Beleg für die schwierigen Bedingungen des hier betrachteten Entwurfes zu werten. Im vorliegenden Fall waren die angesprochenen Probleme allerdings rein praktischer Natur.

VI.3.2.
Der Bauprozeß:
Rekonstruktion und Kommentierung des Prozesses der Materialisierung der Form

VI.3.2.1.
August 1716 bis Mai 1717 - Fundamentarbeiten und Entwurf

Am 10. 8. 1717 forderte die Kommission die *Surveyors* dazu auf, Angebote von Steinmetzen für die hier - im Gegensatz zu den anderen Projekten - in Bruchstein auszuführenden Fundamente einzuholen.[18] Bereits eine Woche später, am 17. August 1716, wurden die entsprechenden Arbeiten vergeben.[19] Der auf Anraten der *Surveyors* damit beauftragte Thomas Dunn muß umgehend mit der Ausführung begonnen haben. Noch vor der Winterpause hatte er - trotz der durch die zum Schutz der Nachbargebäude notwendigen Maßnahmen zur Sicherung der Baugrube[20] erschwerten Bedingungen - die Fundamente unter den Außenwänden vollständig abgeschlossen.[21] Diese waren Ende des Jahres bis auf das natürliche Niveau aufgeführt, so daß mit der kommenden Saison die Arbeiten an den aufgehenden Teilen beginnen konnten.

Im Zuge der Fundamentarbeiten stieß man allerdings nicht nur auf die erwarteten Begräbnisse, sondern auch auf römische Reste. Diese erregten das Interesse sowohl der *Society of Antiquaries* als auch der *Royal Society*. In beiden Gesellschaften wurden einzelne Stücke vorgestellt und die Funde in ihrer Gesamtheit diskutiert.[22] Stukeley bezeichnete dieselben bereits 1717 als die Reste eines

---

16   Whinney, Margaret, *Wren*, London 1971, Reprint 1987, S. 71.

17   *L.P.L., Minutes, MS.2690*, S. 297, in: Port, a.a.O.

18   *L.P.L., Minutes, MS.2690*, S. 297, in: Port, a.a.O.

19   *L.P.L., Minutes, MS.2690*, S. 299, in: Port, a.a.O.

20   *L.P.L., Book of Works, MS.2697*, S. 659-660.

21   *L.P.L., Book of Works, MS.2697*, S. 660.

22   Society of Antiquaries, *Common Place Book 264* (*Society of Antiquaries, Library, MS.264*), S. 64, Eintagung vom 13. 6. 1722;
Ebd., fol. 99v-100r;
Ebd., S. 123, Eintragung vom 17. 6. 1724;
Evans, *A History of the Society of Antiquaries*, Oxford 1956, S. 73;
Bailey, N., *The Antiquities of London and Westminster*, London 1734, S. 147;
Soo, Lydia M., *Reconstructing Antiquity: Wren and his Circle and the Study of Natural History, Antiquarianism and Architecture at the Royal Society*, Diss., Princeton 1989, S. 213-214.
Vgl. hierzu auch: Pugin, A. und Britton, J., *Architectural Illustrations of the Public Buildings of London*, 2 Bde., London 1825, 1828, S. 91.

römischen Tempels [23] - eine Deutung, welche Dr. Harwood im Jahre 1724 wiederholte. [24] Für den historisch interessierten Hawksmoor kann dies nicht ohne Bedeutung gewesen sein. Noch wesentlich mehr als die oben beschriebenen, die mittelalterliche Tradition des Bauplatzes ins Bewußtsein rufenden Probleme mit den vorhandenen Grabdenkmalen und Begräbnissen - und auch mehr als die im Falle von *St. George, Bloomsbury*, entdeckte römischen Wasserleitung - verlieh dies dem Entwurf einen historischen Kontext, der theoretisch ignoriert, ganz sicher aber nicht übersehen werden konnte. Zwei Auswirkungen dieses Wissens sind für den Entwurf von besonderem Interesse.

Zum einen konnte dieses als Argument für die Berechtigung der Verwendung römisch-antiker Formen auf englischem Boden dienen, das heißt, es gab der klassischen Formensprache über die Nachahmung der per se als vorbildlich erachteten Beispiele der Antike hinaus einen nationalen Aspekt bei. Mit einer klassischen Gestaltung konnte - in einem Fall wie diesem - demnach Anspruch auf einen direkten Zugang zum klassischen Erbe erhoben werden, unabhängig von der Vermittlung durch die modernen Italiener oder Franzosen. Klassische Formensprache und die Suche nach einem nationalen Idiom wurden somit vereinbar.

Zum anderen war allerdings auch die bloße Superposition einer neuen Kirche über einen römischen Sakralbau voller Symbolik und Aussagekraft. Neben der Idee der Überwindung des Heidentums durch die christliche Kirche drängte sich dabei die Vorstellung einer die Epochen der Geschichte verbindenden Kontinuität im Sakralbau auf. Die schon mehrfach diskutierte Verwendung von Tempelformen in den Kirchenentwürfen Hawksmoors - von *St. Alfege* angefangen bis zum Portikus von *St. George, Bloomsbury* - sprach exakt die hiermit in die Überlegungen eingebrachte Sprache. Die in frühen Entwurfsstadien[25] gegebene Ähnlichkeit des vorliegenden Projektes mit der von Palladio veröffentlichten Rekonstruktion des Doppeltempels von Sol und Luna im Garten von *S. Maria Nova* erhält in diesem Kontext eine zusätzliche Bedeutung, zumal vor dem Hintergrund der traditionellen Verbindung Mariens mit der Mondsymbolik. Noch wesentlich überzeugender erscheint allerdings die Annahme eines Einflusses auf die klassisch-antike Vorbilder mit dem *Tempel Salomo* und der mittelalterlichen Kirche zu einem komplexen Ganzen verknüpfende Gestaltung des endgültigen Entwurfes von *St. Mary*. Diese kann als eine Umsetzung der sich aus dem Fund ergebenden oder - besser - der von diesem bekräftigten Idee der historischen Kontinuität im Sakralbau in ein Bild betrachtet werden.

Es ist unklar, welche Planung den zu dieser Zeit vorgenommenen Fundamentarbeiten zugrunde lag. In den Papieren finden sich keinerlei Belege für eine weitere Beschäftigung der Kommission mit dem noch immer nicht offiziell verabschiedeten Entwurf für *St. Mary Woolnoth*. Das Fehlen jeglicher Hinweise auf spätere Änderungen im Bereich der Fundamente macht allerdings zumindest eine Überarbeitung der Vorentwürfe im Grundriß der Außenwände, wie diese in den beiden erhaltenen UG-Grundrissen *(Abb. 204)*[26] dokumentiert ist, vor Beginn dieser Arbeiten notwendig.

Unklar bleibt damit auch der Punkt, an dem mit einem Einfluß der Kenntnis von der Existenz eines römischen Vorgängerbaus auf den Entwurfsprozeß gerechnet werden kann. Bis zum Ende der sich an diese Saison anschließenden, verlängerten, bis Mai 1717 reichenden Winterpause muß auf jeden Fall aus der Überarbeitung der gemeinsam mit James entwickelten Vorentwürfe durch Hawksmoor *(Abb. 202-203)*[27] der sogenannte genehmigte Entwurf *(Abb. 205-208)*[28] entstanden sein.

---

23   Society of Antiquaries, *Common Place Book 264* (*Society of Antiquaries, Library, MS.264*), fol. 99v.

24   Society of Antiquaries, *Minute Book*, Bd. I, 1. 1. 1718 - 26. 10. 1732 (*Society of Antiquaries, Library*), S. 123.

25   Vgl. Ansicht der ersten Überarbeitungsphase: *B.L., Map Library, K.Top.23.28.3o (Abb. 203)*.
      Vgl. aber auch schon den Grundriß der gemeinsamen Vorentwürfe:
      B.L., Map Library, K.Top.23.28.3c (Abb. 197);
      B.L., Map Library, K.Top.23.28.3d (Abb. 198).

26   *B.L., Map Library, K.Top.23.28.3a* (Downes-Katalog Nr. *131*);
      B.L., Map Library, K.Top.23.28.3b (Downes-Katalog Nr. *132*).

27   Vgl.: *B.L., Map Library, K.Top.23.28.3m* (Downes-Katalog Nr. 126);

Am 16. 4. 1717 ordnete die Kommission zusammen mit der Ausschreibung der Steinmetz-, Maurer-
und Zimmerarbeiten auch die Vorlage dieses Entwurfs an.[29] Zwei Wochen später, am 2. 5. 1717, lag
der schon weitgehend der Ausführung entsprechende Entwurf Hawksmoors vor und wurde von der
Kommission verabschiedet.[30] Sein Maßstab weist denselben als eine fertige Werkplanung aus. Dies
ermöglichte seine unverzügliche Umsetzung.

Die schon mehrfach erwähnte, im Zusammenhang der Darstellung des Entwurfsprozesses ausführlich besprochene Diskussion um die Anordnung der internen Stützen[31] führte allerdings noch
vor Beginn der Arbeiten an den aufgehenden Teilen zu einigen Änderungen. In diesem Zusammenhang wurde John James offensichtlich wieder hinzugezogen. [32] Am 23. Mai 1717 wurde dann
schließlich der endgültige Entwurf verabschiedet,[33] welcher allerdings durch keinerlei Zeichnungen
dokumentiert ist. Über die Stützenstellung hinaus müssen Teile der den genehmigten Entwurf noch
von der Ausführung unterscheidenden Details bis dahin korrigiert worden sein, denn unmittelbar
nach der am 16. 5. 1717 erfolgten Vergabe der Steinmetz- und Maurerarbeiten[34] begann die Umsetzung einer zumindest im Bereich des Sockels vollständig der Ausführung entsprechenden Planung.

VI.3.2.2.
Mai bis Dezember 1717 - Sockel und Säulenstellung

Ende 1717 hatte der Bau bereits eine Höhe von 6' 6" über dem Sockel erreicht. Interessanterweise
waren hierbei - im Gegensatz zu dem bei den anderen Kirchen üblichen Usus - auch schon die Pfeiler der Krypta errichtet worden.[35] Wie die Bücher beweisen, müssen diese insgesamt - mit Fundament, Basis und Kapitell[36] - im Zuge der Mitte Mai 1717 vergebenen Arbeiten entstanden sein.
Nachdem keine späteren Ergänzungen vorgenommen wurden, lag damit die Position der internen
Stützen ein für allemal fest.

   B.L., Map Library, K.Top.23.28.3o (Downes-Katalog Nr. 127).

28 *B.L., Map Library, K.Top.23.28.3i* (Downes-Katalog Nr. 133);
   B.L., Map Library, K.Top.23.28.3w recto (Downes-Katalog Nr. 134);
   B.L., Map Library, K.Top.23.28.3g (Downes-Katalog Nr. 136);
   B.L., Map Library, K.Top.23.28.3n recto (Downes-Katalog Nr. 137);
   B.L., Map Library, K.Top.23.28.3l (Downes-Katalog Nr. 138);
   B.L., Map Library, K.Top.23.28.3k (Downes-Katalog Nr. 139);
   B.L., Map Library, K.Top.23.28.3h (Downes-Katalog Nr. 140).

29 *L.P.L., Minutes, MS.2690*, S. 329., in: Port, a.a.O.

30 *L.P.L., Minutes, MS.2690*, S. 332;, in: Port, a.a.O.
   Vgl. auch:
   Downes, a.a.O., 1959, S. 189;
   Smith, Peter, a.a.O., S. 40.

31 Vgl.: *L.P.L., Minutes, MS.2690*, S. 334, 336., in: Port, a.a.O.

32 Vgl.:
   B.L., Map Library, K.Top.23.28.3t (Downes-Katalog Nr. 140) - *Abb. 209*;
   B.L., Map Library, K.Top.23.28.3u (Downes-Katalog Nr. 141) - *Abb. 210*;
   B.L., Map Library, K.Top.23.28.3s (Downes-Katalog Nr. 142).

33 *L.P.L., Minutes, MS.2690*, S. 339., in: Port, a.a.O.

34 L.P.L., Minutes, MS.2690, S. 336., in: Port, a.a.O.

35 *L.P.L., Bills, MS.2719*, S. 118;
   L.P.L., Book of Works, MS.2697, S. 666-672.

36 *L.P.L., Book of Works, MS.2697*, S. 666-669.

Einige Rätsel geben die vom Maurer auf Nachweis verrichteten Leistungen auf.[37] Neben dem Reinigen eines nicht näher definierten Gewölbes im Kirchhof sind hierbei Arbeiten an einen *„House of Office"* erwähnt. Möglicherweise handelte es sich dabei um eine erst nachträglich in die Planung aufgenommene Sakristei. Dies würde auch die in diesem Zusammenhang erwähnten Abbrucharbeiten im Osten der Kirche erklären. Es dürfte sich bei diesen um das Herstellen eines Türdurchbruchs gehandelt haben - des dort noch heute vorhandenen Durchgang in die Räume des inzwischen im Süden der Kirche errichteten neuen Pfarrhauses.

Die Verrechnung eines Modells des Dachs von *St. Mary* durch den Zimmermann[38] belegt daneben, daß parallel zur Ausführung des Gebäudes noch an der konstruktiven Durcharbeitung des Entwurfes gearbeitet wurde.

VI.3.2.3.
1718/1719 - der sich entwickelnde Bau beunruhigt die Nachbarn.

Die nächste Saison, Januar 1718 bis 25. März 1719, verlief ruhig und ohne besondere Ereignisse. Ende der Saison hatten die Außenwände allgemein das Niveau der Oberkante des Gesimses der ionischen Säulen in den Nischen der Nordfassade erreicht[39]. Nachdem die Fertigstellung der Wände nun absehbar erschien, erfolgte noch in der Winterpause, am 29. 1. 1719, die Vergabe der Zimmermannsarbeiten.[40]

Kurz vor der zu erwartenden Wiederaufnahme der Arbeiten im Frühjahr 1719 hatte sich Hawksmoor allerdings erneut mit den Befürchtungen der Nachbarn, genauer gesagt mit dem Einspruch von Mr. Dodson, welcher zwei Häuser in der Umgebung besaß, auseinander zu setzten.[41] Dieser vermutete jetzt, wo er den Bau langsam emporwachsen sah, offensichtlich, daß der Turm seine beiden Häuser beträchtlich belästigen würde.

Hawksmoors Stellungnahme[42], der sich die Kommission uneingeschränkt anschloß,[43] ist in mehrfacher Hinsicht interessant. Der Architekt rechnete dem Beschwerdeführer darin vor, wie viel mehr Licht er durch die gegenüber der alten Kirche veränderte Geometrie erhielt. Beachtlich ist hierbei, daß er es so darstellte, als sei die endgültige Form und Höhe des Turmes noch offen. Wir wissen aber, daß der genehmigte Entwurf der Ausführung schon weitgehend entsprach. Er besteht allerdings die Möglichkeit, daß Hawksmoor noch mit dem Gedanken einer zusätzlichen Addition spielte. Eine reizvolle Idee wäre die Anordnung zweier Turmhelme über den beiden Laternen. Die in *K.Top.23.28.3i (Abb. 205)* und *K.Top.23.28.3k (Abb. 207)* dargestellten Attiken hinter den Balustraden der beiden Türmchen könnten als Hinweise in diesem Sinne verstanden werden. Möglicherweise handelte es sich bei der vorliegenden Ausdrucksweise des *Surveyors* aber auch nur um eine geschickte Taktik zur Besänftigung des die Klage führenden Nachbarn, welche es ihm ermöglichte, auf

---

37   *L.P.L., Bills, MS.2719*, S. 119.

38   *L.P.L., Bills, MS.2719*, S. 116.

39   *L.P.L., Bills, MS.2719*, S. 127, 133;
      L.P.L., Book of Works, MS.2697, S. 677-684.
      Zu Zwischenständen vgl. die Berichte der *Surveyors*:
      L.P.L., MS.2724, fol. 61r-v (6. 3. 1718);
      L.P.L., MS.2724, fol. 65r (3. 4. 1718);
      L.P.L., MS.2724, fol. 67v (8. 5. 1718).

40   *L.P.L., Minutes, MS.2691*, S. 41, in: Port, a.a.O.

41   *L.P.L., Minutes, MS.2691*, S. 44, in: Port, a.a.O.

42   *L.P.L., MS.2716*, S. 213.

43   *L.P.L., Minutes, MS.2691*, S. 61, in: Port, a.a.O.

eine Vorstellung der Zeichnungen mit ihrer breiten, sicher weiteren Widerstand hervorrufenden Westfront zu verzichten.

Die an sich erwartete Wiederaufnahme der Arbeiten rückte allerdings plötzlich in weite Ferne, und so blieb viel Zeit für die Beschäftigung mit diesem - und ähnlichen - Einsprüchen.

VI.3.2.4.
1719/1720[44] - der Bau steht still

Im Jahr 1719 stand der Bau insgesamt vollkommen still. Die durch die Neuordnung der Finanzen der Kommission entstandenen Turbulenzen erfaßten nun auch dieses Projekt. Die *Books of Works* verzeichnen lediglich einige Zimmermanns- und Schlosserarbeiten. An den begonnenen Außenwänden wurde aber keinerlei weitere Arbeit vorgenommen.[45]

Das einzige, das Kommission und *Surveyors* an diesem Projekt weiterhin beschäftigte, waren besagte Einsprüche von Nachbarn[46]. Auch Mr. Dodson, der sich im Vorjahr mit seinen Klagen bezüglich einer möglichen Beeinträchtigung seiner Besitzungen an die Kommission gewandt hatte, erhielt nun als späte Antwort auf seine Befürchtungen die Zusage, die Auskragung des Gesimses im Westen des Turmes werde auf ein Minimum beschränkt.[47] Der Vergleich von genehmigtem Entwurf und Ausführung beweist allerdings, daß dies reine Beschwichtigung war. Das Gesims wurde exakt so ausgeführt, wie es bereits 1717 geplant war.

VI.3.2.5.
1720/1721[48] - vorübergehende Wiederaufnahme der Arbeiten

Noch vor Beginn der neuen Abrechnungsperiode am 25. 3. 1720 meldete sich am 10. März 1720 - nach einem ganzen Jahr ohne Fortschritte - die Gemeinde zu Wort. Sir Gilbert Heathcote trug die Bitte um schnellstmögliche Beseitigung des den Verkehr eminent behindernden Gerüstes und damit um Wiederaufnahme der Arbeiten vor.[49] Die beiden *Surveyors* nahmen dieses Argument nur zu gerne auf und gaben am 31. 3. 1720 um die Bewilligung der Mittel zur Fertigstellung der Nordfassade ein, um das ansonsten unumgängliche vorzeitige Entfernen des zur Ausführung unbedingt notwendigen Gerüstes zu verhindern.[50] Jedoch erst nach einem erneuten Hinweis auf diese Problematik im Bericht der *Surveyors* vom 7. 4. 1720[51] ließ sich die Kommission zu einer Entscheidung bewegen. Unter Verweis auf das angeführte Argument beauftragte das Gremium Nicholas Hawksmoor an diesem Tag, die Nordfassade vollständig fertigstellen zu lassen.[52]

---

44   25. März 1719 bis 25. März 1720.

45   *L.P.L., Book of Works, MS.2697*, S. 678.

46   *L.P.L., Minutes, MS.2691*, S. 77, 73, in: Port, a.a.O.

47   *L.P.L., Minutes, MS.2691*, S. 73, in: Port, a.a.O.

48   25. März 1720 bis 25. März 1721.

49   *L.P.L., Minutes, MS.2691*, S. 95, in: Port, a.a.O.

50   *L.P.L., Minutes, MS.2691*, S. 100, in: Port, a.a.O.

51   *L.P.L., MS.2724*, fol. 75v.

52   *L.P.L., Minutes, MS.2691*, S. 102, in: Port, a.a.O.

Am 28. April wurde der eben erwähnte Auftrag nachträglich in die Freigabe der von den *Surveyors* am 31. 3. 1720 angemahnten Arbeiten[53] integriert. Diese umfaßten Maßnahmen innerhalb der Gesamtheit der zur Zeit stilliegenden Kirchenprojekte. Im Besonderen betraf dies neben *St. Mary Woolnoth Christ Church, Spitalfields, St. Anne, Limehouse,* und *St. George, Bloomsbury.* Als eine Voraussetzung für deren endgültige Genehmigung forderte die Kommission nun allerdings die Vorlage einer Kostenschätzung. Nach deren Diskussion und Genehmigung am 5. 5. 1720[54] sowie nach Abschluß der auch bei den anderen Projekten nachweisbaren Verhandlungen mit den Handwerkern über eine der geänderten finanziellen Situation des Bauherren angepaßte Regelung der Zahlungsmodalitäten[55] versprach der Steinmetz am 12. Mai 1720, die Nord- und Westwand der Kirche umgehend fertigzustellen. Die Arbeiten sollten sofort, das heißt in der folgenden Woche, aufgenommen werden.[56]

Mitte Mai 1720 fand so die Arbeitspause ihr - allerdings nur vorläufiges - Ende. Reibungslos ging die Ausführung der zugesagten Arbeiten aber dennoch nicht vonstatten. Vielmehr gelang es trotz wiederholter Eingaben der Gemeinde in diesem Sinne[57] nicht, bis Ende der Saison die Fertigstellung der erwähnten Fassaden durch den Steinmetz zu erwirken. Zwar erreichte die Nordfassade der Kirche die Oberkante der Attika, auf der Westseite des Gebäudes stoppten die Arbeiten aber unterhalb des Kranzgesimses, und auch im Norden war das letztere offensichtlich noch nicht vollständig fertiggestellt.[58]

An sich war der erreicht Fortschritt aber nicht unbeachtlich. Auch die anderen Außenwände hatten Ende des Jahres das Niveau der Westfassade erreicht, und selbst die Gewölbe der Krypta waren in der verkürzten Bauperiode eingefügt worden. Weshalb dies hier früher als in den anderen Bauten und bei offenem Dach geschehen war, ist eine offene Frage. Die Enge des Bauplatzes und des Innenraumes sowie die offensichtlich unumstößlich festliegende, durch die frühe Erstellung der Kryptapfeiler weitgehend festgelegte Position der internen Stützen mögen eine Rolle bei der Entscheidung für diese von der Regel abweichende Reihenfolge der Ausführung gespielt haben.

Darüber hinaus belegen die *Books of Works* in dieser Saison sogar erste Bodenbelagsarbeiten im Inneren von *St. Mary Woolnoth* am Westende der Kirche.[59]

Die Kommission zeigte sich dessen ungeachtet verärgert: das Gerüst war Ende 1720 noch immer nicht zu entfernen. Am 6. Februar 1721 fiel daraufhin der Beschluß zum sofortigen Abbau desselben in der *Lombard Street.* Der Steinmetz wurde zur nächsten Sitzung einbestellt, um die Sache zu klären und die Verzögerungen zu rechtfertigen.[60] Nachdem derselbe diese Aufforderung wiederholt mißachtet hatte, wurden ihm am 30. 3. 1721 der Entzug des Auftrags sowie eine Konventionalstrafe angedroht.[61] Als er am 3. 4. 1721 endlich erschien, wurde ihm aber dennoch eine letzte Frist von 5 Wochen zur Fertigstellung des Hauptgesimses auf der Nordseite eingeräumt, welche er einzuhalten versprach.[62]

---

53   *L.P.L., Minutes, MS.2691,* S. 108, in: Port, a.a.O.

54   *L.P.L., Minutes, MS.2691,* S. 108, in: Port, a.a.O.

55   *L.P.L., Minutes, MS.2691,* S. 108, 109, in: Port, a.a.O.

56   *L.P.L., Minutes, MS.2691,* S. 109, in: Port, a.a.O.

57   *L.P.L., MS.2716,* fol. 215, 217v.

58   Vgl.: Teil B, VI.3.2.06.

59   *L.P.L., Bills, MS.2719,* S. 138, 141; *L.P.L., Book of Works, MS.2697,* S. 691-695.

60   *L.P.L., Minutes, MS.2691,* S. 141, in: Port, a.a.O.

61   *L.P.L., Minutes, MS.2691,* S. 151, in: Port, a.a.O.

62   *L.P.L., Minutes, MS.2691,* S. 153, in: Port, a.a.O.

VI.3.2.6.
1721 - Fertigstellung der Nordwand

Anfang 1721 - vor Wiederaufnahme der Arbeiten an *St. Mary Woolnoth* - hatte sich die Kommission eine Übersicht über die ausstehenden Rechnungen sowie die zu erwartenden Kosten der Fertigstellung sämtlicher in der Ausführung begriffener Projekte verschafft.[63] Die unmittelbaren Folgen dieser Bestandsaufnahme für das vorliegende Bauvorhaben waren eher nachteilig. In der anstehenden Bauperiode beschränkte man sich voll und ganz auf die Fertigstellung der Nordwand und die Entfernung des Gerüstes. Beides muß spätestens am 25. 10. 1721 abgeschlossen gewesen sein, als Hawksmoor und James ihren Bericht zum Baufortschritt der Kirche vorlegten.[64] Obwohl die Gemeinde versuchte, Druck zu machen, und obwohl sie selbst die Vermittlung von Krediten offerierte,[65] tat sich in diesem Jahr danach nichts mehr.

Allerdings wurden die *Surveyors* gebeten, die Entwürfe nochmals vorzulegen - *„for reconsideration"*, wie sich die Kommission ausdrückte.[66] Daraus kann lediglich der Schluß gezogen werden, daß die Bauherrschaft nun versuchte, durch eine Reduktion der Planung Kosten einzusparen. Offensichtlich konnte Hawksmoor das Gremium aber von der Sinnlosigkeit dieses Unterfangens überzeugen. Der Entwurf wurde auch weiterhin unverändert ausgeführt. Seine Fertigstellung sollte allerdings noch einige Zeit auf sich warten lassen. Die nächste Bauperiode zeitigte ebenfalls kaum Fortschritte.

VI.3.2.7.
1722[67] - Fertigstellung der Außenwände[68]

Die schleppende, kaum erwähnenswerte Geschwindigkeit der Ausführung setzte sich noch bis Ende 1722 fort. In dieser Saison wurden lediglich die Außenwände von Hauptbaukörper und Turm bis zur Oberkante der Attika über dem Hauptgesims fertiggestellt.[69] Ende des Jahres zeigten sich dann aber erste Anzeichen einer Besserung der finanziellen Situation der Kommission. Am 8. 11. 1722 wurden die Handwerker allesamt für die nächste Sitzung einbestellt, und die Vorbereitung von Blanko-Zahlungsfreigaben wurde angeordnet.[70] Ein kurz darauf entstandener Brief der beiden *Surveyors* belegt ebenfalls den neuen Optimismus. Nach Tätigung der Zahlungen versprachen dieselben in dem genannten Schriftstück einen schnellen Baufortschritt im kommenden Jahr[71] - und sie sollten damit Recht behalten.

---

63   *L.P.L., Minutes, MS.2691*, S. 134, in: Port, a.a.O.
      Vgl. auch: *Christ Church; St. Anne; St. George-in-the-East; St. George, Bloomsbury.*

64   *L.P.L., MS.2724*, S. 85r.

65   *L.P.L., MS.2716*, fol. 218-219r.

66   *L.P.L., Minutes, MS.2691*, S. 164, in: Port, a.a.O.

67   Abrechnungsperiode der *Books of Works*: 25. 3. 1722 bis 25. 3. 1723.

68   Vgl. auch: Downes, a.a.O., 1959, S. 189.

69   *L.P.L., Bills, MS.2719*, S. 145;
      L.P.L., Book of Works, MS.2698, S. 50-52.

70   *L.P.L., Minutes, MS.2691*, S. 145, in: Port, a.a.O.

71   *L.P.L., MS.2724*, S. 91.

VI.3.2.8.
1723/1724[72] - Innenstützen und Turm[73]

Am 23. 1. 1723 erhielten die *Surveyors*, James und Hawksmoor, von der Bauherrschaft den Auftrag, die Weiterführung der Ausführung der bereits vergebenen Leistungen - der Maurer-, Steinmetz- (und Zimmermanns-) Arbeiten - zu veranlassen.[74] Nach Vorlage und Revision von Kostenschätzungen für die zu diesem Zeitpunkt noch ausstehenden Maßnahmen[75] sowie nach einer erneuten Überprüfung des vorliegenden Entwurfs durch die Kommission[76] erfolgte im Mai dann auch die bis dato noch immer nicht vorgenommene Vergabe zweier weiterer Hauptgewerke, der Flaschner- und Schreinerarbeiten.[77]

Bis Ende des Jahres war der Turm der Kirche vollständig fertiggestellt. Der additive obere Teil desselben war insgesamt in einem Zug aufgeführt worden. Das Interieur von *St. Mary* hatte die Oberkante der Kapitelle erreicht; die Säulen waren vollständig errichtet.[78] Spätestens bis März 1724 waren im Turm zudem auch das Dach und die Holzbalkendecken fertiggestellt; die Zimmermannsarbeiten an der Holzkonstruktion der Dächer der niedrigen Seitenteile des Gemeinderaumes waren abgeschlossen. Selbst die Holzträger, welche die breiten mittleren Interkolumnien der Stützen im Innenraum überspannen, waren inzwischen eingebracht worden.[79]

Von besonderem Interesse ist eine offensichtlich Anfang der Saison vom Steinmetzen verfaßte Eingabe.[80] Entgegen eines ihm von den *Surveyors* entgegengehaltenen Beschlusses der Kommission, die Fertigstellung der Türme vorläufig zurückzustellen, bat dieser darin um die Erlaubnis, umgehend an die Ausführung des genannten Bauteils gehen zu dürfen. Nach Fertigstellung des Daches seien diese Arbeiten - vor allem in dem hier vorliegenden, speziellen Falle - viel gefährlicher und vor allem wesentlich teurer. Wie der eben erwähnte, in den Büchern dokumentierte Baufortschritt beweist, folgte die Kommission dieser Argumentation des Auftragnehmers.

Bill[81] datiert das Schreiben unverständlicher Weise auf 13. 3. 1724. Da der Steinmetz in diesem aber auch die Bezahlung der beim Abbau des Gerüstes entstandenen Kosten anmahnte und nachdem zu dem von Bill genannten Zeitpunkt die Türme bereits ausgeführt waren, ist diese Deutung des Sachverhalts auszuschließen. Der Beschluß, auf den sich die *Surveyors* in den hier dokumentarisch faßbaren Verhandlungen mit dem Steinmetz beriefen, ist in den Büchern lediglich für den Fall von *Christ Church, Spitalfields*, nachweisbar. Am 24. 1. 1723 ist in den Unterlagen zu diesem Projekt ein Auftrag an John James verzeichnet, eine Kostenschätzung ohne Ausführung des Turmes vorzulegen.[82] Anscheinend wurde der sich hinter dieser Anfrage verbergende Gedanke einer Trennung der Ausführung der funktional notwendigen Teile von derjenigen des eher symbolisch begründeten

72 25. 3. 1723 bis 25. 3. 1724.

73 Vgl. auch: Downes, a.a.O., 1959, S. 189.

74 *L.P.L., Minutes, MS.2691*, S. 192, in: Port, a.a.O.

75 *L.P.L., Minutes, MS.2691*, S. 194, in: Port, a.a.O.;
    L.P.L., MS.2728, S. 114.

76 *L.P.L., Minutes, MS.2691*, S. 200 (28. 3. 1723), in: Port, a.a.O.

77 *L.P.L., Minutes, MS.2691*, S. 201, 204, 207, in: Port, a.a.O.

78 *L.P.L., Bills, MS.2719*, S. 154;
    L.P.L., Book of Works, MS.2698, S. 159.

79 *L.P.L., Book of Works, MS.2698*, S. 157.

80 *L.P.L., MS.2716*, S. 220.

81 Bill, E.G.W., *The Queen Anne Churches - A Catalogue of the Papers in Lambeth Palace Library of the Commission for Building Fifty New Churches in London and Westminster 1711-1759*, London 1979, S. 79.

82 *L.P.L., Minutes, MS.2691*, S. 192, in: Port, a.a.O.

Turmes sowie einer damit zu erreichenden Senkung der jährlichen Ausgaben durch eine bewußte Streckung der Bauzeit bei allen Kirchenbauten verfolgt.

Dies könnte zu dem Schluß verleiten, die Zurückstellung der Ausführung der Türme durch die Kommission habe deren formale Additivität in der ausgeführten Architektur begründet. Das vorliegende Beispiel belegt aber gerade in seiner trotz Erteilung der Genehmigung zur Mißachtung dieses Beschlusses entstandenen extremen Additivtät die Irrelevanz desselben für die Form der ausgeführten Kirchen. Die Tatsache, daß die additive Gestaltung im vorliegenden Falle darüber hinaus bereits in dem wesentlich früher entstandenen genehmigten Entwurf *(Abb. 205-208)* nachzuweisen ist, verbietet selbst eine Erklärung der genannten Charakteristik aus dem Einfluß der tatsächlich gegebenen schleppenden Ausführung des Baus.

VI.3.2.9.
1724/1725[83] - Obergaden[84]

Die Saison 1724/25 verlief ähnlich reibungslos wie die vorangegangene. Neben der Vergabe der Glaser- und Gipserarbeiten[85] sowie derjenigen der Beschläge für die *pews*[86] verzeichnen die Bücher der Kommission lediglich die Ergebnisse der Ausführung.

Ende 1724 war der Obergaden samt der in keiner der erhaltenen Zeichnungen nachzuweisenden Balustrade über der Nordfassade vollständig fertiggestellt, die Säulen waren kannelliert. Die Freitreppen im Westen waren ebenso ausgeführt wie der Eingang in die Krypta von Süden.[87] Spätestens mit Ende der Abrechnungsperiode im März 1725 war zudem auch der Dachstuhl über dem Obergaden errichtet, und die für die Bleideckung des Daches notwendige Schalung war eingebracht. Die Zimmermannsarbeiten an *pews* und Galerien waren abgeschlossen, während der Glaser seine Arbeit schon aufgenommen hatte. Selbst die Deckung war offensichtlich bereits größtenteils aufgebracht.[88] Der Bau war damit - nach knapp 9 Jahren Bauzeit - endlich im Trockenen.

Auffällig ist die Tatsache der Erwähnung sowohl der Keilsteingruppen über den Treppenhaustüren als auch der Gestaltung der südlichen Krypratür in der vorliegenden Bauperiode. Die beiden Details wurden offensichtlich erst zu diesem Zeitpunkt - gewissermaßen nachträglich - ausgeführt. Mit den letztgenannten Ergänzungen war der Außenbau der Kirche dann aber praktisch vollständig abgeschlossen. Die Arbeit an *St. Mary* verlegte sich nun nahezu ausschließlich in den Innenraum.

VI.3.2.10.
1725 bis März 1731 - Ausstattung des Interieurs
Fertigstellung des Baus[89]

Bis Januar 1727 waren auch im Innenraum von *St. Mary Woolnoth* die wichtigsten Arbeiten erledigt. Die Glaserarbeiten waren abgeschlossen, die Wände verputzt und die Stuckdecken mit ihren Details fertiggestellt, der Schreiner hatte zusammen mit dem Schnitzer Galeriefronten, *pews*, Kanzel und

---

83   25. 3. 1724 bis 25. 3. 1725.

84   Vgl. auch: Downes, a.a.O., 1959, S. 189.

85   *L.P.L., Minutes, MS.2691*, S. 280, 283, in: Port, a.a.O.

86   *L.P.L., Minutes, MS.2691*, S. 286, 290, in: Port, a.a.O.

87   *L.P.L., Bills, MS.2719*, S. 159-167.

88   *L.P.L., Book of Works, MS.2700*, S. 47-58.

89   Vgl. auch: Downes, a.a.O., 1959, S.189.

Reader's Desk, *Clerk's Desk*, *Churchwardens'* und *Christening Pew* abgeschlossen, die Türen und Windfänge waren eingebaut.[90] Zusätzlich zu erwähnen ist hier lediglich das Verschließen der fünf Kryptafenster im Norden der Kirche.[91] An deren Außenbau wurden in der genannten Zeit die letzten Restarbeiten an der Bleideckung erledigt. Die zeitgleiche Ausführung des Belags der per se ziemlich begrenzten Freiflächen kennzeichnete den Beginn der Arbeiten an den Außenanlagen.[92]

Für die letzte Saison, 1. 1. 1727 bis 25. 3. 2728, verblieben im Innenraum lediglich die Naturstein-Bodenbeläge inklusive des üblichen schwarz-weißen Marmorbelags im Chor, der Altar - die Retabel[93] ebenso wie der ausnahmsweise aus purpurfarbenem Marmor hergestellte Altartisch[94] - sowie das aus demselben Material gehaune Taufbecken[95].[96]

Neben den mit der eigentlichen Kirche verbundenen Arbeiten finden sich in den vorliegenden Büchern allerdings auch Eintragungen, welche uns über ein heute nicht mehr erhaltenes Nebengebäude oder - besser - einen eben solchen Nebenraum informieren.

Bereits in der Abrechnungsperiode 1725/1726 wurden Arbeiten an der *„Vestry"*, offensichtlich einem Sakristeiraum, verzeichnet.[97] Da für denselben keine größeren Steinmetz- oder Maurerarbeiten abgerechnet wurden, da er andererseits jedoch eine vollständige Dachkonstruktion und Bleideckung erhielt,[98] kann es sich bei den genannten Maßnahmen nicht um den bloßen Ausbau eines Raumes in einem der umliegenden Häuser gehandelt haben. Es liegt vielmehr nahe anzunehmen, daß die genannte *„Vestry"* identisch ist mit einem Raum, für welchen bereits 1717 Maurerarbeiten verrechnet worden waren. Der letztere wird in den Papieren als *„House of Office"* am Ende des Kirchhofes bezeichnet.[99] Die hier vorliegende Eintragungen unterstützen folglich die bereits geäußerte Vermutung, daß zu einem Zeitpunkt kurz nach Beginn der Ausführung ein kleiner Sakristeiraum in der Südostecke des Grundstücks in die Planung aufgenommen und parallel zum eigentlichen Kirchenbau realisiert wurde. Für diesen wurde nachträglich der Türdurchbruch in der Ostwand des Gemeinderaumes geschaffen, welcher noch heute die Sakristei - inzwischen allerdings diejenige des deutlich später errichteten neuen Pfarrhaus - erschließt.

In den Unterlagen der Kommission finden sich die letzten Eintragungen bezüglich *St. Mary Woolnoth* im *Book of Works* für den Zeitraum vom 25. 3. 1729 bis 25. 3. 1731. Diese befassen sich mit der Malerarbeit an den beiden an der Retabel angebrachten Tafeln mit den Zehn Geboten und vor allem mit der Installation einer Uhr.[100] Zur Weihe der Kirche findet sich im vorliegenden Fall keine Eintragung in den Büchern. Erfolgt sein muß diese spätestens 1731.

---

90 *L.P.L., Bills, MS.2719*, S. 181, 183, 184;
    L.P.L., Book of Works, MS.2700, S. 261-274.

91 *L.P.L., Bills, MS.2719*, S. 181;
    L.P.L., Book of Works, MS.2700, S.266-267.

92 *L.P.L., Book of Works, MS.2700*, S. 261, 265.

93 *L.P.L., Book of Works, MS.2701*, S. 163.

94 *L.P.L., Book of Works, MS.2701*, S. 154.

95 *L.P.L., Book of Works, MS.2701*, S. 154.

96 *L.P.L., Book of Works, MS.2701*, S. 148-163.

97 *L.P.L., Book of Works, MS.2700*, S. 262, 266-267;
    L.P.L., Book of Works, MS.2701, S. 148, 149, 153-154, 161-163.

98 *L.P.L., Book of Works, MS.2700*, S. 262.

99 *L.P.L., Bills, MS.2719*, S. 119.

100 *L.P.L., Book of Works, MS.2701*, S. 433-436.
    Zur Uhr vgl. auch: *L.P.L., Book of Works, MS.2701*, S. 148, 293-294.

VI.3.3.
Zusammenfassung - Bauprozeß, Entwurfsprozeß und Form

Im Gegensatz zu den hinter der Form des vorliegenden Entwurfes sichtbar werdenden allgemeinen Prinzipien der Gestaltung, welche eindeutig eine grundsätzliche Übereinstimmung mit den anderen Sakralbauten Hawksmoors offenbaren, unterscheiden sein Ausführungsprozeß und vor allem dessen Verhältnis zu seinem Entwurfsprozeß das Projekt von *St. Mary Woolnoth* deutlich von der Mehrzahl der anderen Bauvorhaben. Gerade diese Diskrepanzen aber lassen eine Untersuchung der Implikationen des Prozesses der Durchführung des hier betrachteten Projekts besonders interessant erscheinen.

Die Betrachtung der Genese der Architektur belegt, daß der Entwurf von *St. Mary* an sich vollkommen unabhängig von der Materialisierung des Gebäudes im Bauprozeß entwickelt wurde. Die Gestaltung der Kirche stand mit Baubeginn bereits so weit fest, daß die Ausführung des Bauwerks de facto zu einer Umsetzung der a priori entwickelten Vorstellungen wurde. Dieses Faktum unterscheidet das hier betrachtete Projekt von fast allen anderen Bauvorhaben, bei welchen Änderungen während des Bauprozesses ein gewohntes Phänomen waren. Lediglich *St. Alfege* ist in dieser Hinsicht mit *St. Mary Woolnoth* vergleichbar; dort ist die Entwicklung des Entwurfes allerdings nur mangelhaft dokumentiert. Besondere Beachtung verdient in diesem Zusammenhang die im Falle der Pfarrkirche von Greenwich infolge deren zügiger Umsetzung erst gar nicht notwendige Treue zu den bei *St. Mary* insgesamt bereits früh gefällten Entwurfsentscheidungen während der langen Phasen einer zögerlichen oder auch stilliegenden Ausführung.

Daraus ergibt sich, daß Zeit und Gelegenheit alleine als Erklärung für die Änderungen und die sich daraus ergebenden formalen Entscheidungen in anderen Entwurfsprozessen nicht genügen. Die Charakteristika der Form waren auch unabhängig vom realen Prozeß der Entstehung des Baus gültig in dem sie prägenden Gestaltideal. Dieses im Prozeß der Entwicklung der Form angestrebte Ziel war ausschlaggebend für das Vorhandensein oder auch das Fehlen des Willens zur weiteren Überarbeitung beziehungsweise Revision des Entwurfes. Es war ebenso die formende Kraft hinter der Gestaltung wie es der Motor hinter den bei *St. Mary Woolnoth* nur bedingt gegebenen - in der Einführung der Balustrade über der Nordfassade zu vermutenden - nachträglichen Änderungen und Ergänzungen der Entwürfe war.

Besonders deutlich wird dies im Falle der im Verhältnis der beiden unteren Turmgeschosse klar artikulierten Additivität der Komposition. Die Betrachtung des Entwurfsprozesses hat gezeigt, daß diese nicht einfach mit der - zugegebenermaßen als additiv oder auch sukzessive zu bezeichnenden - Entwurfsmethode erklärt werden kann, daß sie vielmehr im Nachhinein bewußt herausgearbeitet wurde. Die Ordnung der Ausführung entsprach zwar in der Trennung der Bauabschnitte exakt der Additivität der Gestaltung. Die letztere lag jedoch schon vor Baubeginn und vor der Entstehung der die Additivität der Ausführung begründenden finanziellen Schwierigkeiten fest.

Eine ähnliche Folgerung muß aus der hier vorliegenden Abweichung vom regulären, das heißt dem bei den anderen Projekten üblichen Ablauf im Falle des Interieurs gezogen werden. Mit der frühzeitigen Errichtung der Pfeiler der Krypta und der damit spätestens mit Beginn der Ausführung der Hülle vollzogenen Festlegung der Stützenstellung offenbaren sich die vorhandenen Differenzen zwischen Hülle und Interieur als eine durchaus korrigierbare und damit bewußt angestrebte Isolierung der beiden Subsysteme - unabhängig von einem jeden realen Einfluß der Bauausführung.

Eine indirekte Beeinflussung der regulären Abfolge der Bauausführung auf die Strukturierung des Entwurfsprozesses kann aber dennoch nicht gänzlich ausgeschlossen werden. Die oben beobachteten, eben bereits vermerkten Prozesse eines gezielten Herausarbeitens formaler Charakteristika relativieren jedoch auch deren Einfluß auf die endgültige Form auf eine Rückbeziehung auf eine beiden gleichermaßen zugrunde liegende Auffassung der Architektur, welche notwendig von der Erfahrung der Praxis mit geprägt sein mußte.

Interessanterweise ist der Entwurf jedoch nicht nur ohne einen unmittelbaren Einfluß der realen Bauausführung zu seiner endgültigen Form gelangt. Dasselbe gilt auch für die in den Büchern dokumentierten Versuche zur nachträglichen Änderung des Entwurfes von Seiten der Kommission unter dem Aspekt der Einsparung. Selbst die wiederholten Einsprüche von Nachbarn blieben ohne jede Auswirkung auf die konzipierte Gestaltung.

Die erfolgreiche Weigerung zur Revision des Entwurfes beweist erneut die oben bereits bemerkte Treue zum genehmigten Entwurf in seiner Ende Mai 1717 erreichten Form. Das sich darin manifestierenden Festhalten an offensichtlich für gut und richtig befundenen Entwurfslösungen war eine fundamentale Voraussetzung des für Hawksmoors Arbeitsweise allgemein charakteristischen sukzessiven Entwurfsprozesses. Gleichzeitig demonstriert dessen Erfolg aber auch das Durchsetzungsvermögen des Architekten und damit ebenfalls - was von besonderem Interesse ist - sein durchaus nicht schlechtes Verhältnis zu beziehungsweise seinen Einfluß bei der für dieses Projekt in seiner Gesamtheit verantwortlichen dritten Kommission.

Die guten Beziehungen des Architekten zu derselben oder - besser - das schon bei *St. George, Bloomsbury*, als das Geheimnis des Erfolgs Hawksmoors vermutete Gespür des *Surveyors* für deren Wünsche mögen über die sozialen Motive hinaus ein Grund für die Ähnlichkeiten der beiden letzten, allein unter der Ägide der 1715 neu berufenen Kommission entstandenen Entwürfe gewesen sein.

Die in dem genannten Gremium repräsentierte Bauherrschaft hatte im Mai 1717 zwar aktiv und auch im Detail in den Entwurfsprozeß eingegriffen, indem sie die Stützenstellung kritisiert hatte. Es ist dies der konkreteste Hinweis auf eine über undifferenzierte Zustimmung oder Ablehnung hinausgehende Kritik der Kommission an den Entwürfen Hawksmoors. Auch diese blieb aber rein negativ, verlangte eine andere Lösung, überließ dieselbe jedoch vollständig den Architekten. Nach den ihrer Kritik Rechnung tragenden Korrekturen, welche bemerkenswerterweise in einem Rückgriff auf eine frühere Variante bestanden, war die Kommission dann sogar bereit, mit dem Architekten die beschlossene Lösung gegen die Einsprüche der Nachbarn zu verteidigen sowie die die Wahrheit verschleiernden beschwichtigenden Antworten auf deren Beschwerden zu formulieren und mit zu tragen.

Den Einfluß der Kirchengemeinde hielt sie ihrem *Surveyor* sogar noch weiter vom Halse. Die letztere hatte während der Abwicklung des Projektes in keiner Weise mehr Einfluß, als den sich während der Ausführung erst formierenden neuen Gemeinden der anderen Kirchen zugestanden worden war.

Gleichzeitig mit diesen Belegen für die weitgehende Freiheit von klar festzumachenden, die Lösung exakt bestimmenden Einflüssen zeigt die Betrachtung der Ausführung von *St. Mary Woolnoth* aber auch einen indirekten Einfluß der Gemeinde, der vorhandenen Kirche und ihrer Tradition auf den Kontext des Entwurfes. Die im Zuge der Durchführung des Projekts an Nicholas Hawksmoor herangetragenen Probleme mit den im Altbau vorhandenen Grabdenkmalen sowie mit den unter diesem zu erwartenden - und dann auch gefundenden - Grabstätten führten zu einer Betonung beziehungsweise Bestätigung der Idee des Sakralbaus als einem Monument für den Tod und die Auferstehung, für das Leben und die Leistung des Kirchenpatrons oder auch Christi. Zusammen mit dem Fund der Reste eines römischen Tempels bei den Ausschachtungsarbeiten verdichtete sich das Ganze zu einem die lokale mittelalterliche Tradition mit der römischen Antike und biblischen Vorbildern verbindenden Bild der Kontinuität des Sakralbaus - im Abstrakten ebenso wie im Exempel des hier zu überbauenden Bodens. Aus diesem historischen Kontext heraus erscheint der Eklektizismus des Entwurfes als Antwort auf den Bezugsrahmen, als eine die Idee des Kontextualismus in die Dimension der Zeit erweiternde Anpassung der Gestaltung der Kirche an die vorgefundene Situation.

VI.4.
Der Bauplatz - der Kontext des Entwurfs

Die Sonderstellung des Projektes innerhalb der unter dem *Act* errichteten Kirchenbauten verleiht dem Kontext bei *St. Mary Woolnoth* eine besondere Bedeutung. Der Entwurf war für eine traditionsreiche Gemeinde im Zentrum der seit römischen Zeiten kontinuierlich bewohnten *City of London* bestimmt. Er hatte sich damit sowohl in einen historischen als auch in einen baulichen Kontext einzufügen, der wesentlich stärker und bestimmender war, als es vor allem in den neuen und armen Gemeinden in Stepney der Fall gewesen war, wo nicht nur die Gemeinde selbst, sondern auch die Stadtstruktur erst im Entstehen gewesen war.

VI.4.1.
Die Geschichte der Gemeinde - der historische Kontext

Die Gründung der Gemeinde geht in angelsächsische Zeit zurück. Ihr Name bewahrt in verballhornter Form den Namen des Gründers, Wulfnoth de Waldebroc, eines sächsischen Adeligen.[1] Nach der Eroberung durch die Normannen wurde die Kirche im Rahmen des Kirchenbauprogramms William the Conquerors in Stein neu errichtet.[2] Im 12. Jahrhundert finden wir diese dann unter der Bezeichnung „*Wlnodmariecherche*" erwähnt,[3] was ihre frühzeitige Weihe als Marienkirche belegt. 1734 bemerkte auch Bailey, die Kirche sei seit alters her der Mutter Gottes, „*St. Mary of the Nativity*",[4] geweiht.

1438 wurde der normannische Bau durch einen Neubau ersetzt,[5] welcher seinerseits nach lediglich 50 Jahren einem neuen Gebäude weichen mußte. Mit diesem erhielt die Kirche den bis zu ihrem Abbruch im Jahre 1717 erhaltenen Turm. Außerdem wurde ihr ein Beinhaus angefügt[6] - möglicherweise das 1717 in der Abrechnung des Maurers erwähnte Gewölbe im Kirchhof. Dieser, der vierte Kirchenbau an derselben Stelle, wurde im Brand von London 1666 beschädigt.[7] Im Zuge von Wrens Wiederaufbaumaßnahmen wurden bis 1677 durch die Firma des Steinmetzen Thomas Whitling Dach und Fassade renoviert.[8] Die finanziellen Mittel hierfür waren eine Spende von Sir Thomas Vyner, zu dessen Ehren Weinblätter als Dekorationselement eingeführt wurden.[9] Die Wie-

---

[1]   Cast, David, *Seeing Vanbrugh and Hawksmoor*, S. 318, in: *Journal of the Society of Architectural Historians*, Bd. 43, Nr. 4, Dezember 1984, S. 310-327;
Saunders, Ann, *The Art and Architecture of London*, 2. Ausg., Oxford 1988, S. 70.

[2]   Saunders, a.a.O., S. 70.

[3]   Cast, a.a.O., 1984, S. 318.

[4]   Bailey, N., *The Antiquities of London and Westminster*, London 1734, S. 147.

[5]   Cast, a.a.O., 1984, S. 318;
Newcourt, Ric., *Repertorium Ecclesiasticum Parocchiale Londinese: An Ecclesiastical Parochial History of the Diocese of London*, 2 Bde., London 1708-1710, S. 461.

[6]   Cast, a.a.O., 1984, S. 318.

[7]   Cast, a.a.O., 1984, S. 318;
Newcourt, a.a.O., S. 461;
Downes, Kerry, *Hawksmoor*, London 1970, Reprint 1987, S. 128;
Downes, Kerry, *Hawksmoor* (Studies in Architecture, Bd. II), 1. Ausg., London 1959, S. 189.

[8]   Downes, a.a.O., 1959, S. 189;
Downes, a.a.O., 1987, S. 128;
Newcourt, a.a.O., S. 461;
Cast, a.a.O., 1984, S. 318.

[9]   Cast, a.a.O., 1984, S. 318.

derherstellung des später auch noch der Hawksmoor-Kirche dienenden Pfarrhauses zog sich etwas länger hin. Sie wurde erst 1693 abgeschlossen.[10]

1708 beschrieb Edward Hatton die Kirche als *„modern Gothick"* und *„graceful, being adorned with a large Cornish, pediments, Cartoyes, Pine-Apples, Entablements and Enrichments, in 2 of the Middle Peers with Vine-trees, their leaves also and fruit".[11]* Er hob vor allem die reiche Gestaltung der Nordfassade hervor und erwähnte im Innenraum den schwarzweißen Boden des Altarraumes.[12] Die Arbeiten scheinen jedoch nicht sehr solide ausgeführt gewesen zu sein, denn schon 1712 befand sich die Kirche erneut in einem derart miserablen Zustand, daß die Gemeinde den oben bereits erwähnten Parlamentsbeschluß erwirken konnte, welcher das Projekt zu einem Teil des Programmes der *Fifty New Churches* werden ließ.[13]

Hawksmoors Neubau war demnach die sechste Kirche auf dem hier vorliegenden Grundstück. Dessen Nutzung für einen Sakralbau reichte bis in die Ursprünge der englischen Geschichte zurück, und durch die Entdeckung von Resten eines römischen Tempels während der Ausschachtungsarbeiten wurde diese Ahnenreihe bis in die Antike verlängert.

Die potentiellen, sich aus dem daraus notwendig erwachsenden Bewußtsein historischer Kontinuität ergebenden Folgen für den Entwurf und seine Gestaltung wurden oben bereits angesprochen. Vor allem auf das sich daraus ergebende Verhältnis zur römischen Architektur der Antike wurde verwiesen.[14] Darüber hinaus lassen sich Auswirkungen dieses Bewußtseins im vorliegenden Projekt aber kaum an individuellen Lösungen festmachen. Zwar ist - wie bei allen Entwürfen Hawksmoors - ein grundsätzliches Einbeziehen historischer Erfahrungen nachzuweisen, was durch den hier besonders deutlich spürbaren historischen Kontext gefördert worden sein könnte. Sowohl eine typologische Beziehung zur Architektur der Vergangenheit als auch ein die massive Mauerwerksarchitektur des Baus überformender, historische Vorbilder bewußt und gezielt zitierender, den Bau in seinem massiven Kern jedoch kaum berührender Eklektizismus sind feststellen. Unmittelbar läßt sich das Wissen um die lange und bedeutende Geschichte der Vorgängerbauten jedoch höchstens zur Erklärung der Betonung des Aspekts der lokalen Tradition innerhalb des insofern als allgemein zu bezeichnenden Komplexes der Verwendung historischer Anregungen heranziehen. Es rechtfertigt damit möglicherweise die deutlich auf mittelalterliche Kirchen verweisenden Elemente des Entwurfes.

Vor dem Hintergrund einer intensiven wissenschaftlichen Auseinandersetzung mit den Zeugnissen der eigenen, nationalen Geschichte,[15] welche Williams dazu veranlaßt, die Jahre 1660 bis 1730 als *„the golden age of English medieval scholarship"[16]* zu bezeichnen, erscheint Hawksmoors Reaktion auf den hier gegebenen geschichtlichen Bezugsrahmen allerdings als vollkommen dem Geist der Zeit entsprechend. Das somit unabhängig von einer faktischen Tradition des Ortes anzu-

---

10   Newcourt, a.a.O., S. 461.

11   Cast, a.a.O., 1984, S. 318.

12   Hatton, Edward, *A New View of London or an Ample Account of the City*, 2 Bde., London 1708, Bd. II, S. 410-411.

13   Downes, a.a.O., 1987, S. 128, 189.

14   Vgl. hierzu:
      Teil B, V.3.2.02.;
      Teil B, VI.3.2.01.; VI.3.3.;
      Teil B, VII.4.

15   Vgl. u.a.:
      Williams, Basil, *The Oxford History of England*, hrsg. v. G.N. Clark, Bd. 11, *The Whig Supremacy, 1714-1716*,
      Oxford 1945, S. 368-372;
      Clark, G.N., *The Oxford History of England*, hrsg. v. G.N. Clark, Bd. 10, *The Later Stuarts, 1660-1714*,
      Oxford 1945, S. 365-366;
      Evans, *A History of the Society of Antiquaries*, Oxford 1956, S. 48-49.

16   Williams, a.a.O., S. 368.

nehmende grundsätzliche Interesse am Mittelalter erklärt auch die mittelalterlichen Anklänge in Hawksmoors Entwürfen für Kirchen ohne eine eben solche Tradition.

Was neben diesen lediglich zu vermutenden, sich zudem auf einer weitgehend abstrakten Ebene bewegenden Einflüsse allerdings sehr interessant ist, sind die Gemeinsamkeiten des Entwurfes mit der Gestaltung seines unmittelbaren Vorgängers. Sowohl das auffällige Hauptgesims und die insgesamt recht ornamentale Gestaltung als auch die Ausbildung der Nordfassade als Hauptfassade sind Charakteristika beider Bauten. Selbst die Bezeichnung des Stils als *„modern Gothick"* ist nicht zu weit von Hawksmoors Eklektizismus entfernt, auch wenn Hatton darunter sicher noch etwas ganz anderes verstand.

VI.4.2.

Die Bevölkerung der Gemeinde - die soziale Situation

Wie die Tradition der Kirche und ihres Standortes, so war auch die Gemeinde eine gewachsene und etablierte Sache. Die Pfarrei lag im Herzen des kommerziellen Zentrums der Nation. Zwei Blocks nach Norden befand sich die 1570 von Thomas Gresham gegründete und nach dem Brand von London von Edward Jarman wiedererrichtete *Royal Exchange*.[17] Ungefähr ebenso weit nach Westen lag der alte *Stocks Market*, auf welchem 1728 ein Wettbewerb zur Errichtung der offiziellen Residenz des *Lord Mayors - Mansion House* - ausgeschrieben wurde.[18] Die 1694 gegründete *Bank of England* war bis 1734 in der ebenfalls nur gut 200m entfernten *Grocers' Hall* untergebracht. *Lombard Street*, im Norden der Kirche, war nachweislich schon seit 1318 der Ort der Ansiedlung italienischer Bankhäuser;[19] und Edward Lloyd, der Vater von *Lloyds of London*, hatte sein 1686 gegründetes Kaffeehaus, den Ursprung der Versicherungsbörse, zum Zeitpunkt der Entstehung des Entwurfes ebenfalls nach *Lombard Street* verlegt. Er starb als Gemeindemitglied von *St. Mary Woolnoth* und ist dort begraben.[20]

Die Bevölkerung der Gemeinde war demnach weniger fein und gebildet als reich und geschäftstüchtig. Es waren Händler und keine Höflinge, die hier ihre Wohnung und ihre Arbeitsstätte hatten. Viele waren selbständige Unternehmer. Ihr Geschmack war sicherlich nicht so verfeinert wie derjenige der Bewohner von *Hanover Square*, *St. James's Square* oder auch - in gewisser Weise - von *Bloomsbury Square*. Weder der demonstrative Klassizismus von *St. Alphege* und *St. George, Bloomsbury*, noch der reduktionistische Primitivismus der Kirchen im *East End* war hier angebracht. Eine betont kräftige, aber ebenso repräsentative Gestaltung traf die Stimmung der erfolgreichen Unternehmer sicher am besten. Daß hier die schmückende, dekorative, aber robuste Rustika - und nicht ein kühler, klassischer Säulenportikus - zum Leitthema der Gestaltung gemacht wurde, ist auch aus diesen Bedingungen heraus zu verstehen.

Die für kommerziell erfolgreiche Schichten bezeichnende Mischung von äußerlichem Traditionalismus und Fortschrittlichkeit fand in der Gestaltung der Kirche ebenso ihren Widerhall. Wesentlich deutlicher als bei allen anderen Entwürfen wurde hier eine Annäherung an die Idee der zentralsymmetrischen Idealkirche versucht - oder auch an die Experimente des protestantischen Kirchenbaus in Holland. Der Innenraum wagte die innerhalb der Entwürfe Hawksmoors deutlichste Lösung sowohl von der basilikalen Vorstellung traditioneller Pfarrkirchen als auch vom Typus der einfachen Einraumkirche, wie er in den *College Chapels* vorgeprägt war. Dennoch wurde aber Wert darauf

---

17   Saunders, a.a.O., S. 68.

18   Saunders, a.a.O., S. 72.

19   Saunders, a.a.O., S. 70.

20   Saunders, a.a.O., S. 78.

gelegt, das Bild der traditionellen Pfarrkirche innerhalb des ersten Eindrucks des Außenbaus nicht aufzugeben.

Die sich ergebende, wenn auch nur bedingte Anpassung an die traditionelle gesellschaftliche Norm war im Falle des englischen Staats der Zeit - und dies in besonderer Weise bezüglich der Religion - allerdings nicht nur der in allen Gesellschaften zu beobachtenden Tendenz zur Übernahme äußerlicher Formen der bestehenden Ordnung durch aufsteigende Schichten zuzuschreiben. Durch die staatskirchliche Verfassung des Königreiches war diese de facto gesetzlich verordnet. Bezeichnenderweise wurde die Form der Kirche der Gemeinde von der Kommission und ihrem Architekten ebenso verordnet. Die obige Betrachtung der Abwicklung des Projektes hat dies deutlich gezeigt. Die Anpassung der Gestaltung an die Gemeinde und deren Kultur muß von daher als ein bewußtes Eingehen des Entwerfers auf die potentiellen Nutzer erkannt werden.

Das im Rahmen dieser Kombination traditioneller und moderner, zeitgenössischer Vorstellungen des Kirchenbaus bei diesem Projekt vollzogene Zurückdrängen der in den anderen Kirchen Hawksmoors deutlich artikulierten Assoziation der byzantinisch-konstantinischen Kirche durch den Zentralbau zugunsten eines Ausdrucks des Gottesbildes im Symbol des durch Motive aus dem Palastbau illustrierten himmlischen Hofes könnte dementsprechend ebenfalls in einem soziokulturellen Zusammenhang gesehen und verstanden werden.

Die Bevölkerung der *City* war seit dem Bürgerkrieg bekannt für ihre protestantisch-puritanische Auffassung der Kirche.[21] Einer der Kerngedanken der sich hinter dieser Bezeichnung verbergenden Religiosität war die Suche nach einem unmittelbaren Zugang zu Gott und zur Religion. Dies bedeutete aber eine Absage an die Idee der Betrachtung der Tradition der Institution Kirche als einem direkten Ausdruck des Willens Gottes.[22] Damit befand sich diese in den Kreisen der Wirtschaft weit verbreitete Auffassung im Gegensatz zu der gewissermaßen katholisierenden, die Rolle der Tradition in Theologie und Kirche betonenden, offiziellen *Church of England*[23] in der Nachfolge des von Cromwell hingerichteten Erzbischofs Laud. Trotz der Ablösung der Stuarts durch die protestantische Dynastie der Hannoveraner verband sich die Monarchie auch weiterhin fast notwendigerweise mit diesem Standpunkt der anglikanischen Kirche. Auch ihre Rechte beruhten ausschließlich auf Tradition, und nur eine Anerkenntnis der in der Geschichte gefallenen Entscheidungen konnte die unbedingt im Interesse der Zentrale liegende Einheit von Staat und Kirche gewährleisten. Die Direktheit des puritanisch-protestantischen Ansatzes entsprach aber viel eher der nüchternen, von Pragmatismus und Aktivität geprägten, zupackenden Mentalität der Geschäftswelt der aufsteigenden Weltmacht England.[24]

Insofern ist die in der dreidimensionalen Architektur erreichte Umdeutung oder auch Neuinterpretation des mit der byzantinischen Kreuzkuppelkirche ebenso wie mit den protestantischen Kirchen in Holland verbundenden Grundrißtypus in ein Symbol für ein monarchisches Gottesbild möglicherweise auch als eine Reaktion des Entwerfers auf diese für die Gemeinde typische Mentalität zu verstehen. Sie leistete die Rechtfertigung des Staatskirchentums unabhängig von jedem Rückgriff auf die Tradition der Institution. Ausschließlich aus dem Gottesbild heraus wurde die Ordnung des englischen Staates, wurden Monarchie und Staatskirchentum als dem Wesen Gottes, als der sich aus

21   Kluxen Kurt, *Geschichte Englands: von den Anfängen bis zur Gegenwart*, 2.Aufl., Stuttgart 1976, S. 308-309, 323;
     Davies, Godfrey, *The Oxford History of England*, hrsg. v. G.N. Clark, Bd. 9, *The Early Stuarts, 1603-1660*, Oxford 1945, S. 126;
     Davies, Horton, *Worship and Theology in England from Andrews to Baxter and Fox, 1603-1690*, Princeton 1975, S. 252.

22   Vgl. hierzu:
     Davies, Godfrey, a.a.O., 1945, S. 390;
     Jones, R.F., *Ancients and Moderns*, New York 1982, S. 139.

23   Zur „*via media*" der anglikanischen Kirche vgl. auch: Davies, Godfrey, a.a.O., 1945, S. 390.

24   Davies, Godfrey, a.a.O., 1945, S. 69, Anm. 3, S. 69-70;
     Davies, Horton, a.a.O., S. 252.

diesem ergebenden göttlichen Ordnung entsprechend interpretiert. Die englische Monarchie erschien als Spiegelbild der göttlichen, *Whitehall* als das weltliche Gegenstück des himmlischen Hofes Gottes.

Damit schuf Hawksmoor ein deutliches Zeichen für die Präsenz des Staates und seinen Anspruch auf Einheit in einem gerade infolge seines wirtschaftlichen Erfolges denselben in seiner traditionellen Ordnung in Frage stellenden Milieu: die Monarchie wurde als natürlich dargestellt, sie wurde als dem Wesen Gottes und damit auch seinem Willen entsprechend erläutert.

VI.4.3.
Der Standort - räumlicher und städtebaulicher Rahmen

Die Situation der Kirche hat sich seit der Schaffung der *King William Street* und dem Abbruch der sie ursprünglich vom *Mansion House Place* trennenden Baublocks stark verändert. Ursprünglich war der Bau auf allen Seiten vergleichsweise eng eingebaut. Sein Umfeld war von den im Prinzip noch immer mittelalterlichen, auf den nach dem Brand von 1666 unverändert wiederhergestellten Stadtgrundriß zurückzuführenden Straßenräumen der *City* geprägt. Aus keiner Perspektive war das Gebäude in seiner Gesamtheit erfaßbar. Ebenso wenig ergaben sich axiale Blickbeziehungen, die Straßenraum und Objekt räumlich verbunden hätten und damit eine Einheit von grundlegender Stadtstruktur und hervorgehobenen Kirchenbau geschaffen hätten.[25] *St. Mary* nahm vielmehr ein an sich vollkommen reguläres Eckgrundstück ein; für ihre Wirkung im Stadtgefüge mußte sie sich alleine auf ihre eigene architektonische Gestaltung verlassen.

Im Norden und Osten der Kirche hat sich die Situation bis heute am wenigsten verändert. Im Osten war *St. Mary* schon immer bis auf einen schmalen Bauwich angebaut. Ihre Nordseite dagegen bildete seit dem Mittelalter - wie heute - eine Fortsetzung der südlichen Straßenwand von *Lombard Street*. Die letztere endete zur Zeit der Entstehung des Entwurfes jedoch noch nicht auf der Höhe der Westfassade der Kirche. Sie war um zwei Blocks weiter nach Westen geführt, bevor sie in den sich vor dem damals noch den Grund des heutigen *Mansion House* einnehmenden *Stocks Market* befindlichen *Poultry Market* mündete. Zwischen dem Platz - zu dieser Zeit dem größten öffentlichen Raum der *City* - und der Westfassade der Kirche befanden sich hintereinander angeordnet die im Osten durch eine schmale Gasse abgelöste *St. Mary Woolchurch* sowie ein weiterer Baublock, welcher durch einen axial auf die Westfassade von *St. Mary Woolnoth* zulaufenden, schmalen Innenhof mittig geteilt wurde. Direkt vor der Westfassade der Kirche verblieb lediglich eine etwas breitere Gasse.

---

[25]   1710: *London, Westminster u: Soudwark*, G. Bodenehr fec: et extrudit AUGUSTAE Vindelicorum cum Gratia et Privilegio Sac: Caes: Maj:, B.L., *Map Library*, MAPS 185.n.1.(24.);
1720: *London, Westminster and Southwalk*, By A Lea and Richard Glynne at the Atlas and Hercules in Fleet Street, B.L., *Map Library*, K.Top.20.31.a;
1720: Seymour, R., *A Survey of the Cities of London and Westminster*, 2 Bde., London 1735, Abb. V.1, Buch 2, S. 151;
1666-1723: *An Exact Surveigh of the Streets, Lanes and Churches [...] 10 Decem.ʳ A.° Dom.ⁱ 1666*, by George Vertue, 1723, B.L., *Map Library*, S.T.L.;
1723: *New and Exact Plan of the City's of London and Westminster, the Borough of Southwalk And the Additional New Buildings Churches & c. to the present Year 1723*, Printed and Sold by George Wildey, B.L., *Map Library*, Maps 177.fol. 2.(2.);
1724: *A New and Exact Plan of the City of London and Suburbs, With the addition of the new Buildings, Churches & c. to this present Year 1724 [...]*, Printed and Sold by Hen: Overton at the White Horse without Newgate, B.L., *Map Library*, Maps 177.e.2.(8.);
1736: *London Surveyed or a new Map of the Cities of London and Westminster and the Borough of Southwalk Shewing the several Streets and Lanes with most of yᵉ Alleys & Thorough Fairs; with the additional new Buildings to this present Year 1736*, Printed for John Bowles, B.L., *Map Library*, 3480.(49.);
1739: *A Pocket Map of London, Westminster and Southwalk, With ye New Buildings to yᵉ Jear 1739*, Tᵗ Amsterdam, By Hendrik de Leth, In de Visser, 1743, B.L., *Map Library*, Maps CC.2.d.25;
1758: *A Map of London, Westminster and Southwalk, With yᵉ New Buildings to yᵉ Year 1758*, M. Cooper, 1758, B.L., *Map Library*, Maps 185.n.1.(25.).

Diesen Straßenraum setzte im Süden eine in einem geschwungenen Bogen nach Südsüdost führende Gasse fort. Die das schmale Sträßchen im Osten begrenzende Bebauung schloß direkt an die Südwestecke der Kirche an. Zwischen der genannten Häuserzeile, der Südfassade der Kirche sowie der Bebauung in deren Osten verblieb ein kleiner, dreieckiger Kirchhof. Auf dessen Ostseite befand sich das *General Post Office*, dessen Leiter, der *Postmaster-General*, erfolgreich um die Schaffung eines direkten Zugangs in die Galerie von *St. Mary* eingegeben hatte. Die Bücher dokumentieren sowohl die deswegen notwendigen Verhandlungen mit Gemeinde und Kommission als auch die Erstellung des Übergangs.[26] Derselbe mündete offensichtlich an der Südostecke - wahrscheinlich oberhalb des bereits beschriebenen externen Sakristeiraumes - auf der Galerie.

Leider geben die erhaltenen Lage- und Stadtpläne keine eindeutige Auskunft über die Position des Pfarrhauses sowie den Ort der in den *Books of Works* erwähnten „*Cloysters*"[27], welche wahrscheinlich mit dem gleichermaßen in den Papieren genannten, 1717 geräumten Gewölbe[28] gleichzusetzen sind. Beide dürften diese sich in der südlich an den Bau der Kirche anschließenden Häuserzeile befunden haben.

Aus der komplexen und beengten räumlichen Situation erklären sich manche Eigenheiten des realisierten Entwurfes.

Vom öffentlichen Raum aus sichtbar waren lediglich zwei Fassaden der Kirche, ihre Westfassade und die Nordfassade. Die Ostfassade war wie heute praktisch nicht einzusehen, während die Südfassade nur vom Kirchhof aus zu erfassen war. Die Differenzierung der Gestaltung der Ansichten und vor allem die großen Unterschiede zwischen Nord- und Südfassade erscheinen vor diesem Hintergrund aus ihrer vollkommen unterschiedlichen Situation heraus verständlich und folgerichtig. Die geschlossene und großzügigere, auf jeden Fall auch stärker in den Raum hinein wirkende und in der Gestaltung der Blendnischen deutlich zeichenhaft gedachte Lösung wandte sich der belebten, verkehrsreichen *Lombard Street* zu und gewährleistete in ihrer Geschlossenheit die notwendige Ruhe im Innenraum, während die kleinteiligere, dafür aber großzügig mit Fenster durchbrochene Südfassade auf einen ruhigen Innenhof hin orientiert war.

Die massive westliche Scheibe sowie die sich hinter dieser nach Norden und Süden öffnenden Seiteneingänge des Sakralbaus erscheinen ebenso als eine folgerichtige Antwort auf die ursprünglich gegebene räumliche Situation. Sie ermöglichten ein gefahrloses Betreten und Verlassen der Kirche entlang der Fassade ohne jedwede Behinderung durch den auch im Westen an der Kirche vorbei fließenden Verkehr. Außerdem entstanden neben dem Turm unterhalb der Westfassade des Hauptbaukörpers kleine beruhigte Vorzonen. Von diesen wurden sowohl die Treppenhäuser als auch die besagten Türen zum „Narthex" der Kirche erschlossen.

Von Norden - von der *Lombard Street* aus betrachtet - war diese Lösung besonders vorteilhaft. Der Seiteneingang übernahm hier die Funktion der dringend notwendigen, in der Nordfassade des Hauptbaukörpers infolge des Verkehrs aber nicht anzuordnenden Pforte von der Hauptzugangsseite. Er wurde damit zum eigentlichen, zum „funktionalen" Hauptportal des Gebäudes. Die große Breite des Turmes verringerte die Tiefe des genannten Vorbereichs so weit, daß der räumliche Zusammenhang der Stirnseite des Turmes mit der *Lombard Street* nicht verloren ging. Der kleine Vorplatz erschien aus dieser Perspektive folglich ebenso als eine Erweiterung der *Lombard Street*, wie er als Aufweitung der Straße im Westen der Kirche betrachtet werden konnte. Die variierte Symmetrie der beiden schmalen, sich über Eck gegenüberstehenden Fassaden von Hauptbaukörper und Turm ver-

---

26   *L.P.L., MS.2716*, S. 222, 224;
      L.P.L., Minutes, MS.2691, S. 431, 434, in: Port, M.H., Hrsg., *The Commissions for Building Fifty New Churches: The Minute Books, 1711-1727, a Calendar*, London Record Society, Bd. 23, London 1986.

27   *L.P.L., Book of Works, MS.2701*, S. 153-155.

28   *L.P.L., Bills, MS.2720*, S. 665.

deutlicht bis heute diesen Gedanken in der Andeutung einer Auffassung als Ecklösung *(Abb. 187)*.
Die im Zuge der Beschreibung der Architektur ausführlich besprochene Ambiguität der Komposition
des Turmes bewirkte gleichzeitig aber eine diese Turm und Hauptbaukörper unterhalb des Hauptgesimses zusammenbindende Auffassung in Frage stellende, auf die Ordnung des Gebäudes in sich
verweisende, eminent wirkungsvolle Betonung des an sich sehr schmalen Seiteneingangs durch die
Andeutung eines Spalts zwischen der westlichen Mauerwerksscheibe und dem Hauptbaukörper.

Die auffällige Fassadengestaltung im Norden und der aus dem Straßenraum heraus schon früh
sichtbar werdende Turm wiesen bei der Bewegung entlang der *Lombard Street* auf den Sakralbau
und seinen Eingang hin. Die breite Form des Turmes gewährleistete dabei die Erkennbarkeit der
Lage der Zugangsseite und machte die Orientierung des Gebäudes wesentlich früher und klarer
nachvollziehbar, als es zum Beispiel ein quadratischer Turm jemals gekonnt hätte. Der an sich kom-
plizierte Weg aus der *Lombard Street* in den Kirchenraum wurde so sicher geführt und erschien
selbstverständlich. Unabhängig von den für ihn fraglos gleichermaßen relevanten Motiven der Suche
nach einer bewußt außergewöhnlichen, semantisch angemessenen und durch ihre bloße Breite die
Wirkung der Kirche steigernden Lösung ist dieser auf die Fernwirkung des Baus und ihre allein
damit zu erreichende optische Anbindung an das Wegenetz der Stadt abzielende Effekt innerhalb des
Kalküls des Entwerfers nicht zu vernachlässigen.

Von Süden kommend bot sich der identisch gestaltete zweite Seiteneingang den Verkehrsströ-
men der beiden hier in einem leicht spitzen Winkel zusammentreffenden Gassen ähnlich selbstverständlich an.

Der „gestalterische" Haupteingang im Westen war zwar axial auf den durchgehenden, aber pri-
vaten Innenhof des gegenüber gelegenen Blocks bezogen. Die Betonung hatte jedoch eher symbolische und interne formale Gründe als funktionale oder städtebauliche. Weder waren aus dieser Richtung große Besucherströme zu erwarten, noch ergab sich durch diesen Innenhof irgendeine interessante Beziehung mit anderen Merkpunkten im Stadtraum. Allerdings bildete die Hofeinfahrt über
den Straßenraum hinweg ein Pendant zum Hauptportal der Kirche, was dessen Wirkung und damit
auch diejenige der internen Ordnung des Kirchenbaus im öffentlichen Raum zusätzlich betont haben
dürfte.

Wir müssen uns über die Beziehungen zum Umraum hinaus aber auch bewußt machen, daß die
umgebende Bebauung insgesamt deutlich anders war als heute. Die typischen Ziegelbauten des späten 17. Jahrhunderts, die das Bild des aus dem Brand von 1666 wiedererstanden London prägten,
unterschieden sich sowohl im Material als auch in ihrer schlichten Glattheit deutlich von der Gestaltung der Kirche. Der Bau kam schon alleine deshalb trotz seiner beengten Lage deutlich als ein
Sonderelement innerhalb der weitgehend homogenen Stadtstruktur zur Geltung.

Darüber hinaus war die umliegende Bebauung auch wesentlich niedriger als heute. Die Häuser
reichten mit ihren Attiken in der Regel lediglich bis auf die Höhe des Hauptgesimses der Kirche. Aus
einiger Entfernung - vor allem aber vom *Stocks Market* und vom *Poultry Market* im Westen - muß
der gesamte obere Teil des Turmes über der regulären Bebauung sichtbar geworden sein. Die extreme Additivität des Turmes von *St. Mary* spiegelt insofern auch eine Differenzierung seiner Teile
bezüglich ihrer optischen Funktion beziehungsweise ihres originalen räumlichen Bezugssystems.
Von der Kirche war infolge der dichten Bebauung aus der Entfernung lediglich der obere Teil des
Turmes sichtbar. Die angedeutete Zweiturmfassade thronte demnach als ein Zeichen für die ansonsten nicht sichtbare Kirche über den Dächern der Stadt und wies den Weg zum Gotteshaus. Das sich
aus der Unmöglichkeit einer axialen Annäherung von Westen ergebende Fehlen einer in den
Stadtraum hinein wirksamen Gesamtansicht des Gebäudes könnte damit auch für die Entscheidung
zu der im vorliegenden Fall vergleichsweise weitgehenden Vereinheitlichung der oberen Teile des
Turmes durch die Erweiterung des zitathaft-zeichenhaften Bereichs bis hinunter zur Oberkante des
Hauptgesimses verantwortlich sein. Wie bei *St. George, Bloomsbury*, der Protikus der eigentlichen
Kirche als Zeichen vorgestellt wurde, um in den *Bloomsbury Market* hinein zu wirken, so wurde hier
die komplexe Komposition der einen „Denkmalsockel" und Palastmotive in einer verfremdeten Mi-

niatur einer Kirche mit Zweiturmfassade verbindenden oberen Hälfte des Turmes als Signal für die Kirche über dieselbe erhoben, um bis auf den *Stocks Market* hinüber wirksam zu werden.

Bei der Annäherung an den Bau durch die Gassen ergab sich dann nochmals ein gänzlich anderes Bild. Dem Betrachter wurde durch die Struktur der Stadt, durch die Kanalisierung seiner Bewegung und seines Blickes in jedem Fall eine seitliche Annäherung an den Turm aufgezwungen. An den wenigen Punkten, von welchen eine gleichzeitige Erfassung von Turm und Hauptbaukörper überhaupt möglich war, ergab sich eine verkürzte, schmale Ansicht des *Turmes (Abb. 181)*. Dessen oberer Teil verlor aus dieser Perspektive etwas von seinem Modellcharakter und fügte sich stärker in die Gesamtkomposition, welche unter diesen Voraussetzungen wesentlich deutlicher als bei frontaler Annäherung am traditionellen Typus der englischen Pfarrkirche orientiert erschien. In dem sich hierbei ergebenden Zusammenhang war die ausgeführte Höhe des Turmes exakt die richtige. Über die dessen ungeachtet gültigen semantischen Motive hinaus ergab sich hieraus eine zusätzliche Begründung für die auffallend niedrigen Aufsätze ohne Turmhelm.

Die städtebauliche Einbindung ermöglichte insofern auch eine starke Verfremdung des allen Kirchenentwürfen Hawksmoors zugrunde liegenden Typus, ohne daß dieser seine Wirkung einbüßte. In diesem Sinne ist der vorliegende Entwurf auch als ein weiteres Beispiel für die Berücksichtigung der faktisch gegebenen optischen Wirkung des Gebäudes in der Architektur Nicholas Hawksmoors zu betrachten.

VI.4.4.
Zusammenfassung - Kontext und Form

Die obige Analyse des Verhältnisses der von Hawksmoor entwickelten Form zum räumlichen Kontext belegt ein differenziertes Eingehen des Architekten auf die gebaute Umgebung. Obwohl wir keine detaillierten Angaben über die Architektur der die Kirche umgebenden Bebauung machen können, wird klar, daß dieses Eingehen keinesfalls mit einer stilistischen Anpassung verwechselt werden darf. Die Bezugsgrößen, die Hawksmoors Entwurf primär beeinflußten, waren wesentlich abstrakterer Art. Er reagierte mit seiner Gestaltung vor allem auf die räumliche Situation sowie die sich daraus für den Neubau, seine Wirkung, Wahrnehmung und Erkennbarkeit ergebenden Bedingungen.

Sowohl die deutliche Differenzierung der Gestaltung der Einzelfassaden als auch die komplexe Lösung für Westfassade und Turm der Kirche sind demnach im Grundsatz als Reflex auf die räumlichen Rahmenbedingungen zu verstehen. Die entwickelten Antworten sind dabei deutlich von einem gezielten Einsatz der unterschiedlichen Wirkung des Baus aus verschiedenen Positionen und Blickwinkeln geprägt. Sie belegen insofern von neuem die unbestreitbar große Bedeutung der realen Situation der Wahrnehmung für die Formfindung in Nicholas Hawksmoors Architektur. Vor allem aber zeigt sich ein effektiver Einsatz der Gestaltung zur Führung der Nutzer.

Die Ambiguität der vorliegenden Komposition - vor allem in Falle der Westfassade beziehungsweise des Turmes von *St. Mary* - wird dabei über die bereits beschriebenen Ursachen im Gestaltideal Hawksmoors hinaus als ein Ausdruck der Widersprüche zwischen der klaren internen Ordnung des Objektes selbst und den sich aus der Reaktion auf die Stadtstruktur ergebenden Anforderungen erkenntlich. Die vorliegende Auflösung der Widersprüche in einer mehrdeutigen Situation offenbart einen trotz des unbestreitbaren Kontextualismus Hawksmoors deutlich vorhandenen Willen zur Isolierung, zur Selbständigkeit des eingefügten Objektes gegenüber der Stadtstruktur. Insofern entspricht die hier artikulierte Vorstellung zum Verhältnis von Einzelgebäude und Stadtstruktur Hawksmoors architektonischer, auf ein Gebäude beschränkter Kompositionsweise, welche aus aufeinander bezogenen, aber mit einem deutlichen Eigenleben versehenden, klar isolierbar gehaltenen Einzelteilen ein additives Ganze zu schaffen versucht.

Demzufolge erklärt die Analyse des Verhältnisses von Kontext und Bau keine der grundlegenden charakteristischen Eigenheiten der Architektur Hawksmoors im Allgemeinen, sondern lediglich
einzelne, individuelle Lösungen. Die Additvität und Ambiguität der Gestaltung der Westfassade wird
in ihrer individuellen Ausgestaltung aus dem Bezug zum räumlichen Kontext verständlich. Sie ermöglicht eine Verbindung vielfältiger, teilweise widersprüchlicher Funktionen, des weithin sichtbaren Zeichens, der Führung des Nutzers im Mittel- und Nahbereich, des Ausdrucks der inneren Ordnung im Außenbau und der Einpassung in die Stadtstruktur. Das Prinzip an sich ist jedoch keine
notwendige Folge der komplexen Anforderungen, sondern die spezifische Antwort des Architekten
auf dieselben.

Aus diesen zu erklären sind allerdings die Ähnlichkeiten des vorliegenden Entwurfes mit dem
Vorgängerbau, welcher auf denselben Kontext reagiert hatte. Selbst die ornamentale Gestaltung und
das auffällige Kranzgesims sind als mehr oder weniger unvermeidliche Antworten auf Umgebung
und Bauplatz zu verstehen, welche diese Mittel als eine der wenigen Möglichkeiten zur Darstellung
des Bau als einem Besonderen im Allgemeinen der Stadtstruktur übrig ließen.

Der äußerst interessante historische Kontext des Baus und die Reaktion seines Schöpfers auf
diesen sind zwar ebenso wenig notwendig miteinander verbunden wie der räumliche Kontext und die
realisierte Form, ihre Betrachtung macht den Charakter des Hawksmoors Architektur im ganzen
auszeichnenden Eklektizismus aber besser verständlich. Dessen Verbindung mit der Idee einer die
Geschichte der Baukunst als eine Versuchsreihe auffassenden Kontinuität der Architektur wird hier
im Vorhandensein von Resten zumindest zweier früherer Versuche und im Wissen um drei weitere
Zwischenstadien manifest. Die vorhandene Form wird so als eine bildliche Umsetzung der sich daraus ergebenden zeitlosen, aber nicht unhistorischen Validität früherer Lösungen und Interpretationen
des Sakralbaus verständlich.

Gleichzeitig wird durch die Geschichte des Baus und seiner Vorgänger die Hawksmoors Entwürfe allgemein charakterisierende Kombination römischer und mittelalterlicher Motive als gleichermaßen „englisch" verständlich.[29] Im Fall von *St. Mary Woolnoth* kann beides mit vollem Recht
als Teil der lokalen Tradition reklamiert werden. Was hier durch archäologische Funde belegbar
war, hatte für den Architekten jedoch auch darüber hinaus seine Gültigkeit. Die hieraus resultierende
gleichzeitige Verbindung mit Rom und dem frühen England der Angelsachsen, mit der antiken
Kultur und Großmacht des römischen Reiches sowie der lokalen nationalen Tradition entsprach voll
und ganz der nach dem spanischen Erbfolgekrieg vorherrschenden nationalistischen Grundstim-
mung der englischen Gesellschaft[30] und vor allem der vom Handel mit Übersee lebenden Einwoh-
nerschaft der *City of London.*[31] England, das sich seitdem erstmals seiner Großmachtrolle bewußt
geworden war, erkannte und empfand sich als der natürliche Erbe Roms, wie dies in der westlichen
Tradition in solchen Fällen allgemein üblich war. Seine in den Verfassungsquerelen des vergangenen Jahrhunderts als juristische, politische und theologische Rechtfertigung aufgearbeiteten natio-

---

29   Zur Interpretation des Stils Hawksmoors als dem Ergebnis einer bewußten Entwicklung eines „*national style*" vgl.:
Cast, David, *Speaking of Architecture: The Evolution of a Vocabulary in Vasari, Jones, and Sir John Vanbrugh*,
S. 186-187, in: *Journal of the Society of Architectural Historians*, Bd. LII, Nr. 2, Juni 1993, S. 179-188;
Cast, a.a.O., 1984, S. 311-323.

30   Clark, a.a.O., S. 188-205;
White, R.J., *A Short History of England*, Cambridge 1967, S. 189-190.

31   Zum Nationalismus in der Literatur der Zeit vgl.: Furquhar, *Discourse upon Comedy*, 1702
(Downes, Kerry, *Vanbrugh: a biography*, New York 1987, S. 184-188);
in der Architekturtheorie vgl.:
Aldrich, Henry, *Elementa Aechitecturae Civilis ad Vitruviae Veterumque Disciplinam et Recentiorum Praesertim a
Palladii Exempla Probatiora Concinnata. Auctore Henrico Aldrich*, Oxford 1789, S. 49-54;
Fréart de Chambray, Roland, *A Paralell of Architecture Both Ancient and Modern*, John Evelyn Hrsg., London 1680,
John Evelyns Widmung, S. 118;
bei Hawksmoor selbst vgl. zum Bsp.:
Explanation of the Obelisk, Blenheim Palace, Long Library, portfolio 'Inscriptions of Blenheim I', Nr.14.F,
veröffentl. in: Downes, Kerry, *Hawksmoor* (Studies in Architecture, Bd. II), 2. Ausg., London 1979, S. 263.

nalen Ursprünge[32] aber erkannte es als den Grund für seine Überlegenheit über die anderen Erben Roms. Wrens lobende Erwähnung der angelsächsischen Architektur weist exakt in diese Richtung[33] - ebenso wie Hickes Berufung auf die Tradition der Sächsischen Kirche.[34]

Die Wirkung des historischen Kontexts überlagerte sich weitgehend mit derjenigen des sozialen Kontexts. Dessen Auswirkungen waren allerdings wesentlich spezifischer. Die Untersuchung des soziokulturellen Milieus erklärt die ganz eigentümliche Interpretation der auch alle anderen Entwürfe Hawksmoors prägenden staatskirchlichen Thematik als Anpassung an die puritanisch geprägte Religiosität der Gemeinde.[35] Gottesbild und Gottes Wort, das in der Heiligen Schrift belegte Vorbild der *Bundeslade* und des *Tempel Salomo* als erste Sakralbauten ersetzten in diesem Fall traditionell bestimmte Assoziationen wie die konstantinische Ära.

Aus der Verbindung mit dem eng mit dem Selbstverständnis Englands als protestantischer Vormacht[36] verbundenen englischen Nationalismus, welcher eine Aufwertung der lokalen Tradition mit sich brachte, und der gleichermaßen daraus folgenden selbstverständlichen Reklamation der Erbschaft Roms ergab sich zusammen mit den deutlich monarchistisch-höfisch geprägten Bildern eines himmlischen Hofes eine Metapher der protestantischen Monarchie Englands als dem gottgewollten Ideal der englischen Ordnung.

Beachtlich daran ist nicht die uns bereits von anderen Projekten bekannte Aussage, sondern deren subtile Anpassung an den Adressaten. Die an sich auch in ihrer theologischen Selbstrechtfertigung eine Zwischenposition zwischen Katholizismus und fundamentalistischem Calvinismus kontinentaler Prägung einnehmende *Church of England*[37] wurde hier mit „protestantischen", die Tradition der Kirche bewußt in den Hintergrund drängenden Argumenten verteidigt und in ihrer monarchischen Konstitution dargestellt. Auch im Bereich der Aussage erkennen wir demnach eine eindeutige, die Prinzipien dessen ungeachtet aber nicht berührende Anpassung des Entwurfes an den Kontext.

---

32   Williams, a.a.O., S. 365-366;
     Clark, a.a.O., S. 365-366.

33   *The Wren Society*, Bde. 1-20, Oxford 1924-1943, Bd. XI., S. 15.

34   Evans, a.a.O., 1956, S. 48-49.

35   Die Prädestinationslehre des Calvinismus, welche persönlichen Erfolg und Reichtum als Hinweise auf die Bestimmung zur Erlösung deutete, machte den calvinistischen Puritanismus zur natürlichen Konfession erfolgreicher Geschäftsleute. Vgl. hierzu: *Der neue Brockhaus*, Wiesbaden 1973, Stichworte *Calvin* und *Prädestination*.

36   Vgl. als Beleg hierfür Englands Rolle in der Weltpolitik seit dem Dreißigjährigen Krieg, seine Rivalitäten mit den katholischen Mächten Spanien und Frankreich, seine Unterstützung Preußens und sein Verhältnis zu Schweden. Zu den Hintergründen vgl. v.a. den Kampf gegen den sich mit dem Katholizismus verbindenden Absolutismus der Stuarts. Vgl. hierzu in der Sekundärliteratur z. Bsp. auch: Kluxen, a.a.O., S. 380, 417; Clark, a.a.O., S. 76.

37   Vgl. hierzu z. Bsp.: Davies, Godfrey, a.a.O., 1945, S. 390.